十三經古注

〔漢〕鄭玄等注

六

春秋經傳集解

中華書局

本册目録

〔著者小傳〕杜預，晉杜陵人。字元凱。博學多通。泰始中，爲河南尹、秦州刺史，拜度支尚書，嗣拜鎮南大將軍，都督荆州諸軍事，以平吴功封當陽縣侯。功成之後，耽思經籍，爲《春秋左氏經傳集解》，又參考衆家譜第，爲之《釋例》，又作《盟會圖》、《春秋長曆》，備成一家之學。嘗對武帝言曰：「臣有《左傳》癖。」卒贈征南大將軍，謚成。

春秋經傳集解

四部備要

經部

上海中華書局據相臺岳氏家塾本校刊

桐鄉 陸費逵 總勘
杭縣 高時顯 吳汝霖 輯校
杭縣 丁輔之 監造

春秋名號歸一圖卷上

周　魯　齊　晉

周 姬姓黃帝苗裔后稷之後也武王伐紂而有天下至幽王爲犬戎所殺謂之西周平王東遷洛邑謂之東周即春秋之始也今據經傳有異呼者合而錄之

文王 太王之子也見序 文王昌 桓大註 周文王 僖十九年文王並同 皇祖

文王 哀二

周桓公 周公黑肩 隱六桓五桓十八

王子克 莊王弟 子儀 並同桓十八

平王 見序隱三年同 宜臼 昭二十六年王名也

召康公 僖四 召公奭 爲周太保 召伯 定九年傳引甘棠之詩

召穆公 僖二十四 召公虎 同上年註召穆公周之卿士

石速 莊十九年王之元士也 膳夫 同上年即石速也

蘇忿生 隱十一 司寇蘇公 武王時爲司寇同上年註

王子帶 僖十一惠王之子襄王母弟也 叔帶 僖二十四昭二十六 太叔帶 僖七

甘昭公 僖二十四食邑於甘諡昭

周公閱 文十四 宰孔 僖五年註 宰周公 僖九年經五年周公同

王子虎 僖二十八王之卿士 王叔 同上年文三 王叔文公 文三王卿士也虎名

叔族文諡

叔興 僖十六周內史也 叔興父 後爲大夫僖二十八年

蔿國 莊十六周大夫 子國 同上年字也

陳嬀 陳國嬀姓之女 王后 惠后 並同莊十八年襄王子帶之母

王世子 僖五年經 王太子鄭 同上年傳 襄王 僖二十四經云天王同

虢仲 桓八年王之卿士也 虢公林父 同上年

王季子 宣十年天王母弟季子成公元年同 劉康公 同上年食采於劉十五年同

樊皮 莊二十九周大夫樊其采地皮名 樊仲皮 莊公三十年

王札子 王子札 上註云王札子即王子札也 王子捷 並同宣十五年

王叔陳生 襄十年王之卿士也 王叔 同上年下云王叔氏

單公子愆期 成愆 襄公三十年蔿邑大夫按釋例即一人也

芮伯 文公元年周大夫也 芮良夫 同上年

毛伯 毛國伯爵諸侯爲王卿士者也文元 毛伯衛 衛伯字也同上年

尹子 成十六年經王卿士者也文元 尹武公 經傳異文

劉夏 襄十五天子官師非卿也下云劉子 劉定公 昭元

原伯 昭十二年周大夫 原公 同上年

周甘人 昭九周大夫襄也

祈招 昭十二周大夫爲司馬掌兵甲之職招名也 圻父 同襄十六年

甘簡公之弟過 昭十二名過周之卿士 甘悼公 同上年悼公即過 甘過

襄三十年

單子 單襄公 並同成元年十六年經傳異文

毛伯過 昭十八周大夫

毛得 同昭十八過之族 毛伯得 昭二十六

景王昭十一

王猛昭二十二景王子也　王子猛同上年王子名猛　悼王並同上年未即位追謚

劉獻公昭十三年定公之子王卿士名摯亦云劉子　劉摯昭二十二註　劉子摯同上年

原伯魯昭十八周大夫　原伯魯之子昭二十九即伯魯也　伯魯子上年註

伯蚡昭二十二劉獻公之庶子　劉狄昭二十六劉蚡也　劉文公昭二十三年　劉卷杜云劉卷即劉蚡也定四

單子昭二十六　單穆公昭二十二單旗　單旗昭二十二年下云單子同或云單氏謂單子之家也

單子昭十一年　成公同上年單子為王官伯

賓起昭二十二年王子朝之傳也　賓孟同上年即賓起也

樊頃子昭二十二　樊齊名也同上年

王子朝昭二十二景王長庶子　西王昭二十三子朝在王城之西故謂西王

王子匄昭二十二子猛之母弟　東王昭二十三敬王居狄泉在王城之東故曰東王　敬

王昭二十二年冬即位定五年殺王子朝于楚

召莊公昭二十二　召伯奐昭二十召莊公

召簡公昭二十四莊公子　召伯盈同上年註簡公

甘平公昭三十周卿士

甘桓公昭二十四　甘氏下云甘氏又往矣即桓公也

尹氏固昭二十六王子朝之黨　尹圉昭二十三尹文公也與尹固同是子朝之黨疑是一人

夷王昭二十六厲王父

宣王厲王子

幽王宣王子

伯服幽王少子褒姒所生　攜王伯服

惠王平王六世孫

定王襄王孫

簡王　靈王定王孫並同上年

魯姬姓侯爵文王之子周公旦之後也周公翼戴天子輔相成王成王封其子伯禽爲魯侯至隱公十三君春秋之始也今據經傳有異文呼者合而言之

魯公文十二　禽父昭十二　伯禽定四周公之子始封之君

魯武公哀二十四　武公敖桓六註哀二十四註

仲子惠公夫人桓公之母宋武公之女隱元傳　惠公仲子隱元年經傳　子氏同上年傳仲子也　夫人子氏隱二

魯隱公下云隱公同　魯隱並見杜序公名息姑與桓閔文宣成襄經及傳不載故知而不書凡諸侯皆放此

費伯隱元年魯大夫　費庈父隱二年

聲子惠公元妃姪娣隱公之母也隱元　君氏隱公攝位不敢從正君之禮尊其母避正夫人故書曰君氏卒隱三

公子益師隱元年經　衆父益師字也經傳異文

公子彄隱五年經孝公子臧僖伯同上年公子彄也諡僖
臧孫達桓二年僖伯之子也臧哀伯同上年卽臧孫達
臧孫辰莊二十八魯大夫臧文仲莊十一
臧孫許宣十八文仲之子武仲之父成二年臧孫同臧宣叔宣十八
臧武仲成十八魯大夫文仲之孫宣叔之子臧紇襄四年臧武仲也臧孫襄十四臧
紇也下云臧氏並同
臧昭伯昭二十五臧爲之子也臧孫同上年下云臧氏同呼族
公子展展氏祖夷伯僖十五年展氏之祖父夷諡伯字經震夷伯之廟
無駭隱二年經魯卿未賜族者也司空無駭同上年傳展氏隱八年無駭卒公賜
族曰展氏賜族之始
展禽魯大夫僖二十六柳下惠並同上年名獲字禽柳下食邑諡惠按血脈圖盜跖之兄
也按莊子卽柳下季也
公子翬隱四年十年魯大夫貶去族下皆同羽父同上年字也
子同桓六年桓公子莊公文姜所生莊公春秋十二公唯莊僖昭定名諡見傳
夫人姜氏桓三桓六夫人齊女也文姜桓六
公子慶父莊二年三十二年慶父同仲慶父莊八共仲閔二
公孫敖僖十五慶父之子也魯大夫孟穆伯文元年下云穆伯同
文伯文十四穆伯之子穀也穀文元文十四
公子遂僖二十六魯卿莊公之子公孫敖從父昆弟襄仲文七東門襄仲僖二
十六年襄仲居東門故曰東門襄仲東門遂襄公二十三東門氏同上年仲

文十八年傳仲卽襄仲也仲遂宣八經
公孫歸父宣十襄仲之子也子家同上年字也東門氏呼其族也宣十八逐
東門氏卽歸父也
仲嬰齊成十五年襄仲子公孫歸父弟宣十八年逐東門氏又使嬰齊紹其後曰仲氏
公子牙莊三十二同母弟叔牙僖叔叔孫氏並同上年
公孫茲僖四經叔牙子也叔孫戴伯同上年戴氏也
叔孫得臣文元叔牙之孫莊叔文三昭五
叔彭生文十一經莊叔仲惠伯叔牙孫叔仲惠伯同上年傳文十八諡文七年文十四
叔孫舒哀二十六武叔之子文子同上年
公子友莊二十五魯上卿莊公之母弟季子公子友字閔元季友莊三十二成季
友昭三十二
季文子文十八季友之孫魯之宗卿季孫行父也下云文子同季孫行父同上年經
下傳云行父
季孫宿襄六行父之子魯之正卿也季武子同上年
公彌襄二十三季武子長庶子也公鉏公鉏註上
悼子襄二十三季武子庶子紇平子父也悼子紇註季悼子昭十二
季孫平子昭九年季孫意如季孫意如昭十三平子季孫並同上年
季氏昭二十六
季孫斯定五年平子意如子桓子季桓子桓子同上年
南孺子哀三季桓子之妻南氏同上年

季康子哀八桓子之子肥　肥哀三
公父歜定五年季桓子從父昆弟父文伯　公父文伯同上年
公山不狃定五年季氏臣費宰子洩也　費宰子洩同上年洩亦作泄
鍼巫莊三十二魯大夫傳云鍼巫氏謂其家也　鍼季並同
公子魚閔二奚斯也　奚斯同上年
夫人風氏文四莊公妃僖公之母魯之附庸須句國之女　成風文五
夫人姜氏哀姜莊公夫人莊二十四　哀姜同上年傳　夫人氏僖元年經不言姜闕文
子子在喪之稱也文公子惡文十八年經書子卒　惡傳云殺惡註惡太子上年同
公子買僖二十八經魯大夫　子叢同上年經傳異文
婦姜文四年有姑之稱　夫人姜氏文十八惡視之母出姜也　出姜上年同註文公薨而見出故曰出姜　哀姜上年同傳東門至卽出姜也
惠叔文元文伯弟名難　難文元文七
仲孫蔑文十四文伯穀之子　孟獻子文十五
仲孫羯襄二十三孟莊子速之庶子孺子秩之弟孝伯也　孟孝伯同上年襄三十一年
孝伯同上年　孟孫同上年
子服昭伯昭十六惠伯之子子服回　子服回同上年
敬嬴文十八文公妃宣公母　夫人嬴氏宣八
僖公閔二莊公之子成風所生閔公庶兄也　魯申定四年
公孫嬰齊成二叔肸之子魯大夫　子叔聲伯成六　聲伯成八　嬰齊成十六
子叔嬰齊同上年
叔老襄十四聲伯子也　子叔齊子同上年子叔族也齊子字也襄十六年云齊子
叔弓昭三叔老子也　敬子同上年　子叔子昭二
宣伯文十一成八叔孫得臣之子僑如　叔孫僑如成二　僑如成十六　叔孫宣伯成六　叔孫氏襄二十三呼其家也
叔孫豹成十六僑如之弟也　叔孫穆子襄二十八下云叔孫皆同二十七二十九唯云穆子皆同　穆叔襄公二年
叔孫不敢定元年武叔之父下云不敢同　叔孫成子定十年下云成子同
叔孫氏定八　武叔上年註叔孫不敢之子州仇也同上後註　叔孫武叔州仇哀十一註　州仇同上年　叔孫武叔哀十一註　叔孫同上年　武叔懿子定十　子叔孫同上年
叔孫輒定十二年叔孫氏族恨叔孫不禮叛而出奔　子張字也哀八年奔在吳
公若藐定十叔孫氏之族郈宰　公若同上年
伯姬成九年穆姜之女成公之姊妹　共姬襄三十年在魯曰伯姬嫁為宋共公夫人故曰共姬從夫之諡也
郰人紇襄十年郰邑大夫仲尼父叔梁紇也　叔梁紇註　郰叔紇襄十七
厚成叔襄十四年後改為郈氏名瘠　厚孫同上年稱其族也　瘠同上年
公子稠襄三十一敬歸之娣齊歸之子昭公名　稠父昭二十五　魯昭公上註
孟莊子襄十六獻子之子魯公族大夫　孟孺子速同上年　莊子速同上年
仲孫速襄二十孟氏本出共仲故族稱仲孫亦曰孟孫

昭子昭四昭十叔孫豹之庶子叔孫婼同上年註昭二十五叔孫昭子同上年
叔孫昭二十三二十四叔孫氏昭二十五
孔子序素王今古皆云見序仲尼散在諸卷孔丘序定十哀十六尼父哀十
大
孟椒襄二十三孟獻子之孫子服惠伯子服惠伯同上年子服椒昭三惠
伯同上年子服湫昭十三湫子服惠伯子服子襄二十八子服氏昭十
六族也
閔子馬襄二十三魯大夫閔馬父閔馬父同上年註昭十八二十六
叔仲帶襄三十一叔仲小之父也叔仲父襄二十八叔仲昭伯襄七叔仲惠伯
之孫叔仲昭子昭四叔仲帶也
榮駕鵝定元年魯大夫榮成伯同上年
孟丙昭四年叔孫豹之子孟同上年下皆呼孟
仲壬孟丙之弟同昭四年仲亦同上年下云仲者皆仲壬也
孟僖子昭七仲孫貜也仲孫貜昭九
孟懿子昭二十五孟僖之子仲孫何忌仲孫何忌同上年何忌昭七孟孫
定元
仲孫閱襄三年僖子之子南宮敬叔南宮敬叔昭十一哀三孔子弟子也下云敬叔
並同
孟孺子哀十一孟懿子之子孟孺子洩武伯彘孟孺子洩同上年下云右御同右
師孟武伯哀十四註孟孫同上年武伯彘孟孫並哀十一

子家懿伯昭二十五年註云子家懿伯羈莊公玄孫子家羈昭公十五二莊公玄孫下
註云羈也自稱子家子並同上年子家氏定元
齊歸襄三十一昭公之母胡女也齊諡歸姓夫人歸氏昭十一經小君齊歸
昭十一
叔仲小昭十二叔仲帶之子叔仲子當世所呼叔仲穆子同上年
南蒯昭十二南遺之子季氏費邑宰南氏昭十三
琴張琴牢子開並同昭二十年孔子弟子也
叔輒昭二十一叔弓之子伯張伯張子叔並同上年
公子宋定元昭公弟定公同上年宋父昭二十五
季公若昭二十五下云公若季公亥公亥即公若也同上年
秦遄之妻昭二十五秦姬昭二十五年
郈昭伯昭二十五年郈孫同上年下云郈氏同
公爲昭二十五昭公子務人務人昭二十九公叔務人哀十一
洩聲子昭二十六魯大夫下云聲子同野洩同上年字亦作泄同
苫夷定七季氏家臣苫越定八
公斂處父定七孟氏家臣成宰公斂陽公斂陽上註
季孫寤季寤季桓子之弟子言字也並同定八年
定姒定十五定公夫人姒氏同上年
子服何哀三十二子服景伯子服景伯同上年景伯哀十
顏羽哀十一孟氏臣字子羽子羽同上年

樊遲哀十一孔子弟子樊須字子遲　樊須上註下云須也同
冉求哀十一三十三求名字子有孔子弟子　冉有　有子並哀十一
孟之側哀十一年孟氏族　子反哀十一或云字反何論云孟之反
子貢定十五衛人姓端木名賜孔子弟子　衛賜　端木賜見上
公孫成哀十五公孫氏為孟氏成邑宰下大成皆同　公孫宿宿即名也哀十四
公子寧哀二年哀十七公子也　悼公同上年
公子有山哀二十四年季孫之黨　公孫有山氏哀二十七公自其家出遜于邾
故呼其家
齊姜姓侯爵太公望之後也其先四岳佐禹有功遂封於呂故太公曰呂望也太公股肱周室成
王封其子呂伋為齊侯僖公九年即隱之元年也今據經傳有異呼者合而言之
呂伋昭十二太公望之子　齊丁公丁伋諡也襄二十五
齊侯祿父桓十四　齊僖公桓十五經
弟年隱七　季仲年同上年傳　齊仲年桓三
諸兒莊八經　齊襄公莊九經
公子小白莊八　齊小白莊九　齊侯小白僖十七　齊桓公莊九或云
齊桓僖十九
王姬莊十一冬嫁為齊桓夫人魯主婚也見經　共姬莊十一此與齊姜並不從夫人之諡
鮑叔牙莊八年傳自正鄭也　小鮑叔莊九年
鮑牽成十七鮑叔牙曾孫　鮑莊子同上年
鮑國成十七牽之弟齊人召於魯而立之定九年鮑子九十餘　鮑文子同上年註

管仲莊八年管仲夷吾　夷吾同上年　管敬仲閔元年
齊無知莊八年經　公孫無知同上年傳　無知仲孫昭四與仲孫湫同呼族也
高傒莊二十二齊鄭惠公族　高子閔二　敬仲襄二十九
高固宣五齊大夫下云高子同　高宣子宣十四年
高止襄二十九高厚之子　高子容同上年　高氏同上年
公孫蠆襄二十九蠆子尾齊大夫　子尾襄二十八高子尾　子尾氏
高彊昭八昭十子尾之子　子良孺子同昭八謂其幼也　子良氏昭八呼其家也
高張昭二十九高偃子　高昭子哀五年
公子完莊二十二陳公子完　敬仲上年同自陳奔齊國
仲孫齊大夫閔元年適魯還齊使齊桓務寧魯難桓公魯其言魯人嘉之不名　仲孫湫同上
年湫即名也
公子昭僖十七桓公子也　齊孝公僖二十二年
公子潘僖十七桓公子　齊侯潘文十四　齊昭公　齊潘定四年
公子無虧桓公子也閔二　武孟閔二年
雍巫雍人名巫僖十七　易牙同上年字也
國歸父僖二十九年　國莊子僖三十三下云國子族也
國佐齊上鄭宣十　國子成十七　國武子並同上年　賓媚人成二年國佐也
國弱成十八佐之孫　國景子襄二十六　國子同上
國夏哀三　國惠子哀五　惠子哀六
國姜昭四國氏姜姓魯大夫叔孫豹之妻　國氏北婦人並同上年齊在魯之北故豎牛

云
公子商人僖公十七齊懿公文十八商人同上年
公子元僖十七齊侯元宣十齊惠公文十四十八年惠公同
子叔姬文十四魯女齊侯舍之母叔姬傳昭姬並同上年齊昭公夫人從夫之謚
豎貂僖三年寺人貂同上年十七年同
晏弱宣十五桓子晏嬰父也世呼晏子晏桓子宣十四
晏嬰襄二十五晏弱之子大夫晏子嬰襄十七世呼晏子晏平仲襄二十三
齊侯無野成九年經頃公成二年傳
齊侯環襄十九齊環襄十八靈公名靈公同上年註
太子光靈公太子襄元世子光襄二齊莊公襄十
陳文子襄二十三二十八陳無須襄二十七
陳桓子襄二十八年陳無宇襄六二十四文子之子
孫書昭十九陳無宇之子子占也子占同上年書哀十一陳僖子謂其弟書
陳武子昭二十六年子彊字也並同上年
陳乞哀四下云陳子皆同陳僖子同上年大年同
陳恆哀十四陳成子同上年陳常兄弟八人昭子莊簡子齒宣子來穆子安廩丘子意茲
子芒盈惠子得陳常同上年大夫陳子哀二十七
陳逆哀十四子行陳氏宗也子行同上年
陳瓘哀十五大夫陳恆之兄子玉子玉同上年
析文子襄十八齊大夫子家子家同上年析歸父襄二十三

崔杼襄元諸卷皆云崔子崔子　崔武子諡也襄二年
華還襄二十三年齊大夫華周同上年即華還也
杞殖襄二十三年齊大夫杞梁同上年即杞殖也
棠姜襄二十五下云姜氏同東郭姜同上年
慶封襄二十五崔杼黨慶季襄二十八季字也子家亦字也慶氏並同上年
北郭佐襄二十八冬齊大夫北郭子車同上年下云子車皆同
慶舍慶封子也代父專政子之字也並同襄二十八年
慶嗣襄二十八慶封之族子息同上年慶嗣
慶奊襄二十八慶繩同上年慶奊
公孫竈襄二十九子雅子雅襄二十八欒子雅惠公族
欒施昭十年正卿也大夫子雅之子子旗昭八年字也
公孫明昭四年齊大夫子明字也北婦人之客謂子明也並同上年
公子固昭八子尾之屬子成頃公子也子成同上年
子工昭八子成之弟鑄也鑄同上年
子車昭八頃公之孫捷也捷　公孫捷昭十子淵捷昭二十六年下云淵捷同
公孫青昭二十頃公之孫子石同上年
梁丘據昭二十嬖大夫子猶同上年二十六年字也
子囊帶昭二十六齊大夫囊帶囊帶同上年註
齊侯杵臼襄二十五立哀五年卒在位五十九年齊景公魯叔孫僑如奔納女於靈
公生景公

鬻姒之子荼哀五年下云荼皆同君荼哀六年陳乞弒其君荼孺子六年註云
孺子同安孺子哀八年杜云安號也
公子陽生哀五年六年齊陽生哀六年經陽生同上年傳悼公同上年
齊侯陽生哀十註齊悼公哀八
弦施哀四至六年奔魯弦多哀十一年
公子鉏昭二十六哀五南郭且于且于卽鉏也哀五年奔魯居於南郭故曰南郭且于
哀六
闞止哀六陽生家臣子我也簡公寵之以國政致陳恆弒並在十四年子我哀六年十四年
壬哀六悼公之子簡公齊簡公哀十四君壬陳恆弒其君壬並同哀十四
齊侯敬哀十七年註簡公弟齊侯同上年
宗樓哀十一宗子陽同上年子陽註
大陸子方哀十四子我臣東郭賈卽子方也
顏庚哀二十三齊大夫顏涿聚顏涿聚同上年注哀二十七
晉姬姓侯爵武王之子唐叔虞所封之國也成王封母弟虞於唐燮父改唐爲晉昭侯封桓叔於
曲沃相襲至武公遂幷宗國爲晉侯今合而錄之
唐叔昭十五封之君始唐叔虞桓六昭元叔虞昭元唐之季世其君曰叔虞叔虞成
王之母弟太叔太叔晉侯同上年注
僖侯桓六司徒同上年名也晉廢司徒之官爲改中軍避僖侯之諱也
太子仇桓二穆侯之太子文侯也文侯同上年文侯仇昭二十三注
成師桓二桓叔同上年曲沃伯同上年晉文侯卒子昭侯立元年危不自安故封桓

叔爲曲沃伯
曲沃莊伯桓二桓叔子桓叔卒立莊伯襲父之爵亦爲曲沃伯
曲沃伯莊十六年武公襲父之爵亦爲曲沃伯曲沃武公桓三莊伯之子莊伯卒武
公立晉武公莊十六年曲沃武公遂幷晉國僖王因使虢公以君命命爲晉侯卽獻公之父
文公重耳之祖也晉侯同上年
晉獻公僖九年武公之子也晉侯佹諸名也同上年
太子申生僖五年傳世子申生僖五年經太子僖四僖十共太子僖十
共子昭二十八晉申生同上年註
荀息僖二晉大夫荀叔僖九年
驪姬莊二十八姬氏僖公四年
卓子莊二十八僖九姬之娣生卓子驪公卓子僖九
夷吾莊二十八獻公子小戎子生夷吾僖九晉侯夷吾僖二十四經晉惠公
僖九二十三惠公僖十五晉侯晉君同上年
懷嬴僖二十二秦女先妻子圉子圉諡懷公故曰懷嬴嬴女同上年辰嬴後妻文公
生公子樂諡曰辰嬴文六
太子圉僖十七惠公太子懷公子圉圉同上年懷公僖十五年註二十三
二十四孺子僖五
公子重耳莊二十八獻公子犬戎狐姬生僖九二十三晉公子僖二十三晉重
耳定四晉文公同上年文公僖三十八
韓簡僖十五韓萬之孫定伯國語諡也

寺人披 僖五年 寺人勃鞮 僖二十五

司空季子 僖二十三胥臣白季也 胥臣 名也同上年 臼季 僖三十三食采於白

瑕呂飴甥 僖十五卽呂甥也蓋姓瑕呂名飴甥字子金 呂甥子金 同上年 瑕

甥 僖二十四 陰飴甥 僖十五食采於陰

趙衰 僖二十三正卿也趙盾之父 子餘 僖二十四字也 趙成子 文五謚也 成季

文六 孟子餘 昭元年 原大夫 僖二十五

原同 僖二十四季隗生原邑也 原叔 宣十五 趙同 宣十二

屏括 僖二十四季隗生同之第屏邑 屏季 宣二 公族大夫 同上年

樓嬰 僖二十四括之第樓邑 趙嬰 成四 趙嬰齊 宣十二

頭須 僖二十四一曰里鳧須 里鳧須 同上年註

趙盾 文六傳宣二經叔隗生 盾 僖二十三 趙宣子 宣子 同上年宣二 宣

孟 成八

趙武 襄十八正卿也朔之子盾之孫莊姬所生也 趙文子 襄二十五二十六 趙孟

襄三十一

趙朔 宣十二盾之子 趙莊子 並同上年

趙成 昭五昭七 趙景子 昭七

趙鞅 昭二十五執政上卿 志父 哀二簡子之一名也定公十三年避范中行氏出奔晉侯召歸

復位改名志父 趙簡子 昭二十五 先主 哀二十年無恤呼簡子

無恤 哀二十鞅之子簡子廢嫡子伯魯而立襄子 襄子 哀二十七 趙孟 哀二十年當世

所呼

趙姬 僖二十四文公女成公之姊趙衰妻也宣二 君姬氏 同上年

趙莊姬 成四成八晉成公女趙朔妻 姬氏 同上年 孟姬 成十七

趙旃 宣十二 趙傁 同上年老稱

邯鄲午 定十三 趙午 國語十五註

狐突 閔二年晉大夫文公外祖狐毛狐偃之父也 伯行 同上年

狐偃 僖二十三狐突之子 子犯 同上年字也 舅氏 僖二十四子犯重耳舅也 舅犯

國語十

狐射姑 文六年狐偃之子 賈季 同上年食采於賈字季

狐鞫居 文二 續簡伯 同上年 續鞫居 文六

狐庸 成七巫臣之子父子自楚奔晉 邢伯 襄十八晉大夫 屈狐庸 襄三十一 邢侯

襄十八昭十四

介推 僖二十四 介之推 同上年

先軫 僖二十八三十二 原軫 同上年食采於原

先蔑 文六士伯也 士伯 文七

先且居 先軫之子僖三十三 霍伯 文五年先軫之子食采於霍

先縠 宣十二年中軍佐也 原縠 同上 彘季 與士魴同字 彘子 並同上年

欒枝 僖二十七二十八 欒貞子 僖二十七註文五

欒書 宣十二年盾之子黶之父 欒伯 同上年當世所呼成二年同 欒武子 並同上年

襄十四年武子同

弁糾 成十八 欒糾 同上年

欒黶 成十七欒書之子 欒桓子 襄二十二 欒伯 襄十四 桓主 襄二十一卿士
曰主
欒盈 襄十八黶之子也 欒懷子 襄二十一 陪臣盈 襄二十一自稱 欒孺子
襄二十二下欒氏同
魏犨 僖二十七年畢萬之子也 魏武子 僖二十七年
陽處父 僖三十二年 晉處父 文二 太傅陽子 文六下云陽子同
郤缺 僖三十三郤芮之子 冀缺 同上年 郤成子 文十三
郤克 宣十七下云郤子同 郤子 郤獻子 同上年成二 郤伯 成二 駒伯
宣十二國語十二與郤錡同
郤犨 成十一年郤克從父兄弟 苦成叔 成十四年晉卿士也 苦成 同上年
郤錡 成十三郤克子卿士也下云郤子同 駒伯 與郤克同成十七
郤至 成二年三郤皆正卿 溫季 成十六年新軍佐 季子 字也成十七年
郤毅 成十三郤至弟 步毅 成十大
韓武子 唐宰相世系韓厥之父也 子輿 成二字也
韓厥 宣十二韓萬玄孫 韓獻子 同上年
韓無忌 成十八韓厥子襄七 公族穆子 襄七年為公族大夫下云穆子同
韓起 襄七無忌弟宣子 士起 襄二十六大夫入天子之國則稱士 韓宣子 同上年
韓不信 昭三十二年韓起之孫 伯音 字也同上年 韓簡子 同上年定元年
士會 文大士蔿之孫將中軍加太傅 士季 文七 隨季 文六註食采於隨字季 隨會
季氏 宣十大年呼其字氏 隨武子 僖二十八宣十二武謚也 范武子

成十八初封隨後改封范故互而言之或曰隨武子或曰范武子其後有范文子士燮范宣子士匄
范獻子士鞅皆為執政上卿襄十七 范會
士貞 士渥濁宣十二 士伯 宣十五 士貞伯 成五 士渥濁 成十八
范文子 成二 士燮 同上 范叔 同上 燮 宣十七 文子 襄二十六
范匄 成十六年自稱匄也同 士匄 成十七 范宣子 成十八年文子之子
士魴 成十八 彘季 同上年與先縠同字
士弱 襄九士渥濁之子莊子或云士弱氏 士莊子 同上年 士莊伯 襄公二十五與
已前鞏朔同諡 士鞅 襄十四士匄之子上卿也鞅也同 范鞅 襄十八昭五 范叔
襄二十九 范獻子 同上代魏舒將中軍
士文伯 襄三十士弱子 伯瑕 同上昭十二年
士景伯 昭十三士文伯之子彌牟 士伯 昭二十三字與士貞子同 彌牟 昭十三 士
彌牟 昭二十三 司馬彌牟鄬大夫 昭二十八年
范吉射 定十三士鞅子下云范氏 士吉射 同上年 范昭子 同上年哀五昭子同
范皋夷 定十三范氏側室子也 士皋夷 哀三年
荀林父 僖二十七中行桓子中行氏之祖也 荀伯 文七 伯氏 宣十五伯字也 桓子
同上年 中行桓子 宣六桓子始將中軍自此以為族世稱中行 中行伯 宣十
五成二年皆曰中行伯自後子孫襲將中行者皆曰中行伯伯爵也與字義乖
荀首 宣十二林父弟趙同趙嬰兄知氏之先與中行同祖自此分族稱知氏 知莊子
知季 同上年
荀罃 成三荀首之子 知武子 襄十四 知伯 成十八襄十三

荀庚成三林父之子中行伯同上年襄將中行

荀偃成十六荀庚子中軍帥中行偃成十七官臣偃襄十八自誓中行

伯襄十四伯游襄十三字也中行獻子襄十六十八獻子中行

氏襄一十三族也

荀盈襄二十七知罃之子晉上卿也知盈昭五知氏昭九伯夙襄二十七知悼

子襄二十三

荀吳襄二十六林父之孫偃之子中行伯國語十五自林父至吳三世襄將中行故族稱

中行氏中行吳昭五穆子昭十二中行穆子同上年襄二十六

荀躒昭九年荀盈之子下軍佐也知躒昭二十六下云知氏同知伯昭二十一知

文子定十四

荀寅定十三昭二十九中行荀吳之子下卿將中軍中行寅昭二十九中行文子

定十三

荀瑤哀二十三荀躒之子知伯襄子知伯豫讓主也知伯襄子並同上年

箕鄭文九註箕鄭父文八文九

胥甲文公十二胥臣之子胥甲父宣元

晉靈公宣三夷皋同上年經云弒其君夷皋

公子黑臀宣二年文公之子也成公同上晉侯黑臀宣九

丕鄭僖十丕鄭父僖十一經

晉侯驩文六晉襄公文二文六子僖三十三年傳曰子墨衰經謂襄公也公未葬故曰

子

魏錡宣十二年魏犨之子廚武子宣十二呂錡成十六即魏錡也呂相父

呂相成十三魏錡之子魏相成十八

魏絳襄三魏莊子襄四獻子之父也

魏舒魏絳之子執政大夫昭二十八魏獻子同上年下云魏子同

魏曼多定十三魏襄子同上年

詹嘉文十三瑕嘉成元年詹嘉處瑕故曰瑕嘉

解張成二年張侯同上年

晉景公成十年晉侯獳同上年

晉侯成十年經太子也景公在州蒲生代父稱爵失人子之禮也太子州蒲傳晉

厲公成十三君州蒲十八年經弒其君州蒲

孫周成十七晉襄公曾孫悼公周子十八晉侯周襄十五悼公周成十八

晉悼公襄十六

羊舌大夫閔二年為太子申生軍尉叔向祖父也

羊舌職成十八佐祁奚伯華叔向之父叔魚叔虎皆庶子也

羊舌赤襄三職之子叔向之兄伯華同上年註字也銅鞮伯華昭五銅鞮所封

之邑也

羊舌肸昭五年羊舌職之子也叔向襄十四叔肸襄十一叔譽禮記趙文

子與叔譽觀九原叔譽叔向也

羊舌虎襄二十一下云虎也同叔向庶弟也叔虎同上年

羊舌鮒昭十三叔向庶弟也叔鮒同上年下云鮒也同叔魚字也並同十三

晉平公襄十八註　曾臣彪襄十八傳　晉侯彪昭十

申公巫臣宣十二本楚大夫出奔仕晉晉以爲邢邑大夫下晉臣同　屈巫成二　子靈昭二十八

樂王鮒襄二十一欒大夫也　王鮒同上年　鮒昭元年　欒桓子同上年

祁奚襄三晉大夫　祁大夫國語

女齊襄二十司馬侯下云齊也襄二十九　司馬侯襄二十六昭元　女叔齊昭五　叔齊昭元　女叔侯襄二十八　叔侯同上年

女寬昭二十六大夫　女叔寬定元年

師曠襄十八昭八　子野字也昭八　工昭九傳曰酌以飲工工謂樂師師曠也

嬖叔昭九　外嬖外都大夫公之嬖者傳曰公欲廢知氏而立其外嬖禮記謂之李調是也

鞏朔　鞏伯　士莊伯並同成二年下與士弱同謚

楊石昭五叔向子食我　食我同上年　楊食我　伯石並昭二十八

張趯昭三大夫也　孟同上年

少姜昭二晉平公之愛妾齊之女也　少齊昭三謂之少齊言異衆妾也

大戎狐姬莊二十八年文公之母　狐季姬昭公十三

籍黶昭十五註晉卿籍談九世祖也司晉典籍故曰籍氏　孫伯黶昭十五

籍談昭三十　叔氏同上呼其族也　籍父敬而不名

晉頃公昭十三　晉侯去疾同上年

晉昭公昭十六　晉侯夷同上年

史墨昭三十二晉太史也　蔡墨昭二十九卿史墨也　蔡史墨同上年

晉定公哀二年　晉午同上年

郵無恤哀二年王良也　王良　郵良　子良並同上年

楚隆趙襄子家臣　陪臣隆哀二十年自稱也

春秋名號歸一圖卷上

春秋名號歸一圖卷下

楚　鄭　衛　秦
宋　陳　蔡　曹
吳　邾　杞　莒
滕　薛　許　雜小國

旁引王者附

楚（芈姓子爵顓頊之後也周成王封熊繹於楚至熊通乃僭號稱王）
熊通（史記楚世家武王名）楚武王（莊四年傳註楚自魯桓之世始僭稱王）
屈瑕（桓十一）莫敖（同上年莫敖楚官也莊四年屈重亦襲此官）
屈禦寇（僖二十五息公子邊）息公子邊（同上年）
屈建（襄二十二）子木（襄二十五年為令尹）
公子元（莊三十）令尹子文（莊二十八年子元同）
鬭廉（桓九若敖子也）鬭射（莊三十）
鬭穀於菟（鬭伯比之子莊三十僖二十）令尹子文（同上年下子文同）
鬭克（僖二十五）子儀（文十四）申公子儀（同上年）
得臣（僖二十三宣十二）成得臣（僖二十三）令尹（同上年）子玉（僖二十七）
鬭椒（宣二宣四司馬子良之子）子越椒（下云椒也越椒同）子越　司馬
令尹　伯棼（同上年亦作賁襄二十六若敖謂伯賁也）
鬭勃（僖二十八年楚大夫）子上（同上年）令尹子上（僖三十三年為令尹）楚子
上　子上（同上年）

成大心（文五令尹得臣之子也）大心（僖二十八）孫伯（同上年）大孫伯（僖三
十三）
成嘉（文十二若敖曾孫）子孔（同上年）
鬭宜申（僖二十大二十八）宜申（僖二十八文十）子西（同上年）
鬭般（宣四子文之子子揚亦作班）子揚（同上年）申公鬭班（莊三十）司馬
子西（僖二十六註）
箴尹克黃（宣四子揚之子子文之孫箴尹楚官）箴尹鬭（楚王改其名曰生）
成然（昭十三韋龜之子鬭辛之父）郊尹　蔓成然（同上年）
鬭成然（昭十四令尹子旗）子旗（同上年定五）
鬭辛（昭十四成然之子）鄖公辛（定四年楚滅鄖為邑辛為邑大夫）
鬭懷（定四年鬭辛之弟）懷（上年同下云懷也）
仲歸（文五文十）子家（同上年）
息嬀（莊十四嬀姓之女息侯之妻）文夫人（莊二十八文王滅息以息嬀為夫人）
申公叔侯（僖二十六）申叔（僖二十八）
蔿賈（僖二十七伯嬴孫叔敖之父）伯嬴（同上字也宣四年）
孫叔敖（宣十一註蔿賈之子）令尹孫叔敖（宣十二）孫叔（同上年）蔿敖
（同上年）蔿艾獵（宣十一）
楚子頵（文元年經弒其君頵）楚成王（同上年）
榮黃（僖二十八年）榮季（同上年）
太子商臣（僖三十三）世子商臣（文元）穆王（文元文十）

息公子朱文九子朱息公也子朱息公同上年

文之無畏文十左司馬也下云無畏子舟字也同上年申舟宣十四年楚子使申舟聘齊

公子燮文十四王子燮同上年楚僭稱王故公子亦呼王子

公子嬰齊宣十一年註莊王之弟楚之正卿成二先大夫嬰齊昭七左尹

子重宣十一子重字也令尹子重成二子重同上年

公子側宣十二註正卿成十六經子反宣十二註字也宣十五成二成十七成十五成十六

司馬成十六大司馬側側成四子反名成九成十六

潘尫宣十二大夫師叔同上年

潘黨宣十二潘尫之子叔黨同上年潘尫之黨成十六

楚子旅宣十八經楚莊王文十四年傳

公子貞襄七經莊王之子子囊同上年成十五襄十三

公子壬夫襄五令尹子辛同上年右尹子辛成十六

公子辰成九年子商楚太宰也見成十年

公子穀臣成三王子邲戰下句與成二年皆云王子即穀臣也

司馬子庚襄十二莊王子午也公子午襄十五令尹公子午皆同

楚子審襄十三年共王也共王成二年文七年襄五年楚共王皆同

養由基成十六養叔襄十四

公子追舒襄十五莊王子子南為箴尹箴尹同上年子南襄二十一令尹子南

同令尹子南襄二十二

叔伯僖二十三薳呂臣同上年

鍼尹固定四年鍼或作箴哀十六工尹固哀十八或云工尹亦同薳固薳氏固名

箴尹楚官改職為工尹並同十八年

薳子馮襄二十一年為令尹薳子同上年

薳罷襄三十下云薳氏子蕩襄二十七三十令尹子蕩同

申叔豫襄三十一申叔時之孫申叔跪之子申叔下並云申叔或云夫子大夫之美稱

伍舉襄二十六年椒舉同上年

伍奢昭二十子胥之父連尹奢昭二十七

棠君尚昭二十年伍尚昭二十奢之子員之兄

伍員昭二十下云員同伍舉之孫伍奢之子子胥同上年昭三十一

申無宇昭十一芋尹昭七十三芋尹無宇昭十三

楚子昭襄二十八楚康王同上年

郟敖襄二十九康王子熊麇同上年楚子麇昭元經

公子圍昭元康王弟楚令尹襄三十令尹圍昭元大夫圍昭公元年

王子圍襄二十九楚公子圍昭元熊虔昭元楚子昭十一其君

虔昭十三楚靈王昭元庶子圍昭元王子襄二十

公子黑肱昭元宮廄尹子晳同上年子晳昭十三

觀從昭十三觀起之子其子從子玉同上年

王子比昭元公子比昭十二子干昭元右尹子干昭元楚公子

昭元年與公子圍皆曰楚公子三月晉楚會盟重言楚公子者皆公子圍也冬秦后子與子干俱奔

子干在晉后子謂楚公子者即子干也 楚君子干昭十三 訾敖昭十三不成君者楚人皆謂之敖葬於郟曰郟敖死於訾曰訾敖

公子弃疾昭十二 蔡公昭十三 君司馬昭十三 熊居同上年立後改名居 楚子居昭二十六 平王昭十三年後二十六年楚平王同

右尹子革昭十二 鄭丹昭十二 然丹昭十三

陽匄昭十七穆王曾孫令尹子瑕 令尹子瑕同上年

陽令終昭二十七陽匄子 中廄尹同上年

公子魴下云魴也自稱 司馬子魚同昭十七年下云子魚者皆同

太子建昭十九郹陽封人之女生 楚太子建哀十六 王子建昭二十六 子木哀六

勝哀十六子木之子 白公同上年下云王孫亦謂白公也

囊瓦定二年子囊之孫以王父字為氏 令尹子常昭二十六下子常同 楚瓦定四

子常同上年

郤宛昭二十七 子惡 左尹並同上年

沈尹氏葉公子高之父也昭三十一下云戌也自稱 左司馬戌昭三十一註定四下云司馬皆同

葉公定五年食采於葉楚僭稱王故宰邑皆僭稱公 諸梁定五諸梁即名也下葉公諸梁同

沈諸梁哀十九父為沈尹戌子高以父之邑為氏改封葉故互言之 子高哀十六

伯州犂晉大夫伯宗之子下云太宰州犂同昭元 太宰同上年呼其官

王孫由于定四下由于同 寢尹哀十八 吳由于同上年

季羋羋楚姓也平王之女昭王之妹定五 季羋畀我服虔云畀我即季羋字也定四

太子壬昭二十六平王太子 楚子軫立後改名哀六年 楚昭王同上年

越女之子章哀六年昭王妾章惠王 楚惠王同上年哀十六

公子結定四年昭王兄 子期定四哀十六

公孫寬哀十九子期之子 司馬哀十六

公子申昭王兄定四哀六年十三年與成六年公子申同名相去八十年非一人也 子西哀十六與穆王之世鬬宜申同字子西

公孫寧哀十八子西之子下云寧同 令尹哀十六十七 子國十七下十八年右司馬子國同

公孫朝哀十七 武成尹同上年 令尹之子同上年

公子啓哀六昭王兄也王救陳在外將卒欲立子西子期子閭皆辭之 子閭同上年與公子申公子結皆平王之子也

鄭姬姓伯爵西周厲王之子宣王之母弟桓公友所封之國也

莊公寤生隱元 鄭伯寤生桓十一經 鄭莊公隱十一桓十一

公子呂隱元鄭大夫 子封同上年

共叔段隱元 共叔莊十六 京城太叔隱元下云太叔同 太叔段隱元

祭仲隱元祭氏仲名初為祭封人掌封疆者後以為氏 祭足字也桓五 祭仲足桓五

祭封人仲足桓十一年

公孫閼隱十一鄭大夫 子都同上年 公子閼莊十六與隱十一年相去三十四年不合別有公子同名世族未遠蓋一人也子當為孫

曼伯桓五昭十一　檀伯守櫟大夫也櫟鄭邑名桓十五年
鄭太子忽桓元　世子忽桓十五經　公子忽隱三桓十　鄭忽桓六　鄭昭
公　昭公桓十一
公子突隱九　突桓十一　鄭伯突桓十五經　鄭伯桓十二十五　厲公桓十
一十五莊四
洩伯隱七年字亦作泄　洩駕隱五宣三
洩堵俞彌僖二十四註云堵俞彌　子俞彌文公娶于蘇所生宣三年傳下云俞彌
高渠彌鄭卿桓十七十八　高伯桓十七
鄭子昭公弟子儀桓十八莊十四在位十四年遭弒傳復云鄭子蓋其微弱臣子不以君禮赴於諸
侯　子儀莊十四　鄭伯莊三傳莊四經
鄭伯捷文公也僖三十二年　鄭文公僖二十三　鄭捷定四　鄭伯僖二十四三十
三十三
公子蘭文公子燕姞生僖三十宣三　鄭伯蘭宣三　鄭穆公三年冬
子良穆公庶子宣四成三　去疾宣四　公子去疾成二
公孫輒襄九伯有之父　子耳襄八襄九註襄十
行人良霄襄十一公孫輒之子　伯有襄十五　伯有氏襄二十九　良氏襄三
十
公子宋宣四　子公同上年
公子歸生宣四　子家同上年執政大夫仁而不武懼譖從逆春秋書爲首惡陷弒君之名
公子堅宣四　襄公堅同上年　鄭伯堅成四經　鄭襄公同上年

太子夷文十七　君之嫡夷同上年　鄭靈公宣四　其君夷宣四經
天子蠻成二　子貉昭二十八
世子華僖七經　太子華僖七傳　子華同上年
公子魚臣宣十二　僕叔同上年
石制宣十二　子服同上年
公孫申成四九　叔申成十十四
公子班成十　子如同上年
鄭伯費成六　鄭悼公同上年
鄭伯睔襄二　鄭成公同上年
髠頑成十成公太子　太子髠頑成十七　鄭伯髠頑襄七　鄭僖公同上
年
鄭子罕成十六穆公之子執政上卿襄二　公子喜成十六釋例謚成子經傳不見
子展襄八子罕之子上卿也　舍之名也同上八年　公孫舍之襄九　罕氏襄二
十九釋例謚桓子
子皮襄二十九子展之子代父爲上卿　罕虎襄三十子皮子罕之孫以王父字爲罕氏昭三
同
嬰齊昭十六子皮之子　子齹　孺子同上年
罕達哀二哀十二十三子齹之子　子姚哀二哀九　武子賸哀九　鄭子賸哀十
三
罕朔昭七　馬師氏同上年馬師職也

公子偃成三穆公子也 子游成六
公孫蠆襄九襄十四襄十九公子偃之子 子蟜襄八
游販襄二十二公孫蠆之子太叔之兄 子明同上年
子太叔襄二十四正卿 太叔襄二十二昭元 游吉襄二十八公子偃之孫以王父字為
氏昭子
公子發襄五經穆公之子子產父 子國成五襄二襄三釋例諡惠子
子產襄十五公子發之子執政上卿昭二十 子美襄二十五 公孫僑襄二十二昭元
穆公之孫 鄭僑襄二十四 少正襄二十二鄭卿官也
國參哀五子產之子 子思 桓子思哀七桓諡也
公子騑襄九穆公之子執政上云騑也同 子駟成十襄八
公孫黑襄十五 子皙襄三十昭元 駟氏同上年
公孫夏襄十子駟之子文卿也 子西同上年
駟帶襄三十子西之子 子上同上年昭十八
駟偃昭十九駟帶之子 子游同上年與公子偃同名同字
駟乞昭十九子游叔父 子瑕同上年
駟歂定八駟乞之子 子然襄元定八註
駟弘哀二十七駟歂之子 子般哀二
公子嘉襄九穆公之子 子孔襄八 司徒孔襄十九傳以襄十年嘗為司徒之官故云
公孫楚昭元穆公孫太叔之叔父嬖大夫 游楚 游氏 子南子
南氏同上年

子張宣十四穆公孫 公孫黑肱襄二十二 伯張同上年
子華襄十九穆公之孫子然之子 然丹子革名昭九昭十六 鄭丹昭十二註仕楚為右
尹楚人謂之鄭丹
然明襄二十四鄭大夫 鬷蔑蔑名也 鬷明並昭二十八
印段襄二十七 印氏同上年 子石襄三十
印癸昭十六印段之子 子柳同上年
公孫段襄二十七 子石同上年 伯石亦字伯石襄三十 公孫段氏昭元
豐施昭七公孫段之子也 豐氏同上年昭元 子旗昭十六
豐卷襄三十 子張同上年
公孫揮襄二十四 子羽同上年二十九行人子羽同 行人揮昭元
馬師頡襄三十子羽孫馬師官也 羽頡同上年以王父字為氏
渾罕昭四年鄭大夫 子寬同上年
宛射犬襄三十四 鄭公孫同上年下云公孫同
鄭伯嘉昭十二經 鄭簡公同上年下云簡公同
鄭伯寧昭二十八經 鄭定公同上年
鄭伯蠆定九經 鄭獻公同上年
鄭勝哀二 鄭聲公同上年
衛姬姓侯爵文王之子武王之弟康叔所封之國也
其君完隱四年衛州吁弒其君完 桓公同上年 衛桓公隱五年
公子晉隱五 衛侯晉桓十二 衛宣公桓十三

石碏隱四衛大夫 石子同隱四呼其氏也

石稷成二年下云石子同石碏四世孫 石成子同上年 石子同上年

石買襄十七 石共子襄十九

悼子襄十九 石惡襄二十七二十八

石孟襄二十二 石㚖同上年

從子圃襄二十八年 石圃哀十七年

壽子桓十六 壽同上年

公子朔桓十六 衛侯朔同上年 惠公同上年

昭伯閔二諡也惠公庶兄宣公子也 公子頑同上年

戴公閔二宣姜生立其年卒 申同上年註名也

甯速閔二註 甯莊子同上年

甯俞僖二十八註下甯子同 甯武子同上年

甯殖襄元經二十傳 甯惠子襄二十或云甯子見成十四

甯喜襄二十六甯惠子下云甯子甯氏 悼子襄一十

子路杜序孔子弟子孔悝邑宰也定十二定十四同 仲由同上年下由也同 季路哀十四

季子哀十五

衛侯燬僖二十五 燬僖十八傳 衛文公閔二

衛子僖二十五經 衛侯鄭宣九 衛成公僖三十一

叔武僖二十八成公弟 衛子僖二十八經 夷叔同上夷諡也 衛武定四

公子瑕僖二十八 子適僖三十

衛侯速成二 衛穆公同上年

孫良夫宣七經林父之父成十四 孫桓子同上年傳成三年孫子同

孫林父襄七傳下云孫子孫氏同 孫文子成十四

孫襄襄二十六林父之子 伯國同上年

衛侯臧成十四經 衛定公成十四傳 定公同上年

衛侯弟黑背成十經 子叔黑背同上年傳

衛獻公襄十四 衛侯衎襄二十六

公孫剽襄元子叔黑背子襄十四 衛侯剽襄二十六註 弒其君剽同上年

子叔同上年

北宮括成十七 北宮懿子襄十四下云懿子同

北宮佗襄三十 北宮文子襄三十一

北宮喜昭十下云北宮子北宮氏皆同 貞子昭二十與析成子皆生賜諡

蘧伯玉襄十四 蘧瑗襄二十九

庾公差襄十四 子魚同上年

毋弟鱄襄十四 衛侯之弟鱄襄二十七 子鮮同上

太叔文子襄二十五下云文子 太叔儀襄二十七 世叔儀昭三十二經註

世叔齊哀十一經太叔懿子之子 太叔疾上年傳云即世叔齊也下云疾同 太叔悼子並同上年

太叔遺哀十六太叔疾之弟 太叔僖子同上年

史狗襄二十九史朝之子 衛文子同上年

史鰌 襄二十九年 史魚 同上年

公叔文子 定六下云文子同 公叔發 襄二十九

孔成子 昭七衞卿孔達之孫 孔烝鉏 同上年

孔文子 哀十一執政上卿悝之父 羈之孫圉 昭七 孔圉 哀十五 烝鉏之

曾孫圉 同昭七年烝鉏羈之父也

孔姬 哀十五蒯聵之姊孔圉之妻悝之母也伯姬姬氏同 孔伯姬 伯姬 同上年

孔悝 哀十五孔文子圉之子 孔叔 同上年

王孫牟 昭十二康叔之子 康伯 同上年

衞侯兄縶 昭二十靈公兄 孟縶 昭七 公孟 昭二十 公孟縶 同上年

析朱鉏 昭二十 成子 同上年與北宮貞子皆生賜謚 析成子 同上

齊豹 昭二十下云齊氏同 齊氏子 同上謂其家也 衞司寇 昭三十一年

公子荊 襄二十九 南楚 昭二十 公南楚 同上年

祝佗 定四祝史名佗 太祝子魚 同上年下云子魚同

衞侯元 哀三 衞靈公 同上年

蒯聵 定十四 世子蒯聵 定十四經 太子蒯聵 定十四傳 曾孫蒯聵

哀二 莊公 哀十五

亡人之子輒 哀二 衞侯輒 哀十五 出公輒 哀十二 衞出公 哀二

十六

公子郢 哀二公孫彌牟之父 子南 同上年

公孫彌牟 哀二十五彌牟子南之子 南氏 以父字為族 文子子之 並同上年

高柴 哀十七衞大夫孔子弟子也 柴 哀十五 子羔 同上年 季羔 哀十七

褚師比 哀十六哀二十五 褚師 哀二十五 褚師聲子 同上年

司徒瞞成 哀十五 瞞成 哀十六 子還成 哀十六經

襄公之孫般師 哀十七 公孫般師 般師 並同上年

公子起 哀十七靈公子 其君起 哀十八

公文要 哀二十五 公文懿子 同上年

彌子瑕 定六嬖大夫 彭封彌子 哀二十五下云彌子

夫人之弟期 哀二十五 司徒期 同上年下云期

王孫齊 哀二十六衞大夫王孫賈之子 昭子 同上年

衞大夫肸 哀十六註 下臣肸 哀十六 鄢武子 同上年

子伯 哀十六註 子伯季子 同上年

許公爲 哀十六 許爲 同上年

公子黚 哀二十六蒯聵庶弟 悼公 同上年

秦 嬴姓伯翳自伯益佐堯舜有功舜乃賜姓封邑至周穆之世造父與秦仲有功遂爲列國穆公

始見春秋

秦穆公 秦穆 秦伯任好 穆公名文六年卒

公孫枝 僖九秦大夫僖十五 子桑 文三

孟明 僖二十二下云孟子 孟明視 文二 百里孟明視 僖三十三

西乞 僖三十三 西乞術 同上年

白乙 僖三十三 白乙丙 僖三十三

太子罃僖十五　秦伯罃文十八　秦康公僖十五文七
秦伯之弟鍼昭元經下云鍼同　后子同上年秦奔晉　自景公母弟鍼
註　秦鍼傳註　秦公子昭元　秦伯車弟鍼　公子鍼並釋例
秦穆姬僖十五下穆姬同　秦穆夫人穆公夫人　伯姬僖十五姬姓之女嫁於秦
也在晉曰伯姬伯謂長女也在秦曰穆姬從夫之謚也嫁於小國則不從夫之謚紀伯姬鄭伯姬潞
伯姬是也次國亦不從夫之謚自有謚者文姜聲姜出姜是齊姜齊歸是也其有叔姬者各據本國長
幼次序
宋子姓公爵其先契之後也武王伐紂封微子啓爲宋公以繼殷之祀也
宋穆公隱三　宋公和同上年經
宋殤公隱三四年殤公同　與夷隱三
孔父桓二大司馬孔父　孔父嘉桓二　大司馬隱三　司馬桓二呼其官也
宋武公　司空武公名司空故廢司空之官改爲司城避其諱也桓六
華父督桓元　宋督桓二　督　大宰同上年
司馬華孫文十五貴而不名　華耦同上年華督孫　司馬子伯文十八
華定襄二十九　宋司徒同上年　華費遂昭二十大司馬　司馬同上年
華貙昭二十一年大司馬華費遂之子爲少司馬　子皮字也同上年
少司寇牼昭二十華亥庶兄　華牼同上年
其君捷莊十二經　閔公同上年
公子御說莊十一宋莊公子　宋公御說僖九　宋桓公同上年
公子馮隱四年三年馮也亦同　宋公馮莊二年經　宋莊公莊二經

太子兹父僖八　宋子九年經　宋公兹父僖二十三　宋襄公同上年
大司馬固僖二十二莊公孫　公孫固僖二十七
目夷僖八下九年公子目夷同　子魚僖十九下云司馬子魚同　司馬子魚　司
馬僖三十三　宋公王臣文七　宋王臣定四　宋成公文七
司徒皇父文十一下云皇父戴公子　皇父充石同上年
宋昭公文十六下昭公同　杵臼同上年昭公名
公子鮑文十七十六　宋公鮑成二　宋文公同上年
高哀文十四　子哀同上年
王姬文十六下云夫人王姬同　襄夫人同上年　君祖母同上
公子圍龜成五年　子靈同上年
靈不緩哀二十六公子圍龜之後　左師同上年
羊斟宣二年御士　叔牂同上年
蕩澤成十五公孫壽之孫　大夫山　子山並同上年
宋共公成十五　宋公固同上年
子罕襄六下云司城子罕同　司城子罕同上年　樂喜襄九
樂轡襄六　子蕩同上年
桐門右師定九　樂大心同上年　樂祁昭二十二子罕孫定八　樂祁犁
同上年定六經　子梁定八　司城子梁昭二十七
樂溷定八樂祁子　子明定九
樂茷哀二十大樂溷子　子潞　司城茷並同上年

樂得哀二十六門尹得同上年

褚師段襄二十段共公子子石同上年

宋伯姬襄二十六三十共姬同上年從夫之謚

合左師襄十七合向戌邑也下云左師皆謂官也宋左師向戌並同上年

向魋哀十三桓魋同上年下云司馬桓魋魋也皆同桓司馬哀十四司馬

同上年此亦與子仲同十四年傳云司馬欲入子謂向魋也

左師向巢官也哀十四向巢左師巢同上年

向宜昭二十一向戌子子祿同上年

皇野哀十四司馬子仲同哀十四十七年末子仲同司馬哀十四年傳上云司

馬曰司馬請謂子仲也下云司馬欲入謂向魋也

公子朝宋公子名朝出奔仕衛淫亂懼罪奔晉昭二十一年歸宋衛公子朝在衛為大

夫懼罪奔晉昭二十一年自晉歸宋救華氏之亂其年傳以仕衛之故謂之衛公子朝宋子

朝哀十一年經註也下云子朝並同宋朝歸宋後至定十四年衛靈公為南子召之朝復

適衛宋公子朝定十四哀十一

世子成成十五宋公成昭十年宋平公昭十一元公父也

世子痤襄二十六年經太子痤同上年經傳異文

世子佐昭四太子佐同上年宋公佐昭二十五年經下云宋公同宋元

公昭二十五二十六

公子城昭二十年下云城也也語助子城字也同上年

太子欒元公太子也昭二十二十五宋景公哀二十六

杞姒之子非我哀十七皇非我哀二十五司馬同上年

公之弟辰定十年註云景公弟辰傳云辰同母弟辰並同昭二十定十一

公孫周哀二十六元公孫子高同上年

周之子得哀二十六公孫周之子昭公同上年

陳嬀姓侯爵舜之後也周武王封遏父之子滿於陳賜姓嬀氏號胡公即始封之祖也

陳侯林莊元年陳莊公莊二年

五父隱六年威公之弟也陳公子佗同上年陳佗威六年文公子佗

桓五年陳五父隱七年五父佗襄二十五年註

陳侯躍威十二年厲公同上年

公子完莊二十二年厲公子也敬仲同上年

陳子僖二十八年經先君未葬故曰子陳侯朔文十三年陳共公文元年

轅濤塗陳大夫下云濤塗僖四轅宣仲僖五年

陳侯杵臼僖十二陳宣公十三年

陳侯平國弒其君平國同宣十陳靈公宣九靈侯成二年

少西子夏之名徵舒之祖宣十一註子夏同上註

夏徵舒宣十一年大夫也下云徵舒同夏氏同十一年少西氏同上年皆謂徵舒之

家夏南子夏之後字子南成二年

夏齧昭二十三年徵舒玄孫陳大夫齧同上年陳夏齧同上

成公午宣十一陳侯午襄四陳成公襄四

陳侯之弟黃襄二十公子黃同上年

鍼子隱八年陳大夫陳鍼子同上年
陳鍼宜咎陳大夫襄二十四陳鍼同上鍼宜咎同上年註宜咎同上年
葴尹宜咎昭四年陳大夫奔楚為葴尹
公子招昭元年八年子招並同上陳侯之弟招昭八經司徒招
八年傳
太子偃師襄二十五世子偃師昭八年經悼太子偃師同上年傳
孫吳昭八年太子偃師之子悼太子之子吳昭十三陳侯吳昭四陳
惠公同上年陳侯溺昭八年陳哀公同上年
陳子先君未葬定四年會諸侯稱子陳侯柳定八陳懷公同上年至湣公為楚所滅
蔡姬姓侯爵武王封弟叔度為蔡侯叔度作亂見誅其子蔡仲名胡成王復封之於蔡也
蔡叔定四年始封之君蔡叔度蔡世家叔度之名也得罪放逐尚書有放驩兜之義寬而
宥之放之於遠也
蔡仲定四年蔡叔之子周公舉而命之蔡侯同上年註周公以王命命之為蔡侯胡同上
年蔡仲名也尚書云小子胡
蔡侯考父隱八年蔡宣公同上年
蔡侯封人桓十七年蔡威侯同上年
蔡季桓十七年蔡侯獻舞莊十年蔡哀侯莊十四年
蔡甲午定四莊侯註蔡侯甲午蔡世家蔡莊公襄八註
蔡侯申宣十七蔡文公同上年蔡文侯襄十二
公子燮襄八年司馬燮同上年蔡司馬襄十二

聲子蔡大夫也與楚大夫伍舉世相善歸生名也並同襄二十六年
蔡侯成二年蔡景公同上年襄三十年其君固襄三十年
世子般襄三十太子般同上年蔡侯昭十一蔡靈侯昭十一楚靈王
誘而殺之刑其士七十人遂圍蔡滅之蔡靈公昭十三年楚平自蔡得國復封其孫盧為
蔡侯遂得成禮葬之
世子有昭十一年隱太子同上年蔡靈公之太子蔡平公之父
蔡侯廬昭十三隱太子之子盧楚靈滅蔡為邑使公子棄疾為蔡公疾即位是為平王乃封盧而
復之蔡平公昭二十一年平侯同上年
太子朱昭二十一年傳蔡侯朱昭二十一年經平侯之子
蔡侯　蔡君並定三年蔡侯申宣十七年蔡侯申卒諡曰文侯今昭侯是玄孫不合
與高祖同名春秋之譏也哀四
蔡昭侯哀四年為大夫公孫翩所弒蔡昭公同上年經
公孫霍哀四年經公孫盱同上年傳註云盱即霍也弒君之黨
曹姬姓伯爵文王之子振鐸之後也武王封弟振鐸於陶丘即其國也
曹伯終生桓十年曹桓公同上年
曹太子桓九年世子射姑同上年曹伯射姑莊二十三曹莊公
莊二十四曹赤莊二十四年自外歸于曹曹僖公同上年註
曹伯班僖七曹昭公同上年
曹伯襄僖二十八經曹共公僖二十三
曹伯壽宣十四曹文公同上年

曹伯廬成十三　曹宣公同上年
公子負芻成十三　曹伯負芻襄十七　曹成公成十五
子臧成十五子臧惡篡弒之君抱清慎之故能守節讓位致邑全身公子之賢無以加也　公子
欣時成十三傳欣時即子臧名也
曹伯滕昭十四　曹武公同上年
曹伯須昭十八　曹平公同上年
曹伯午昭二十七年　曹悼公昭二十八
曹伯露定公八年　曹靖公同上年
公孫彊哀七年寵嬖大夫執政喪國　司城彊哀八年
吳姬姓子爵周大王之子太伯仲雍之後也武王封周章爲吳子至壽夢而僭號稱王始通中國
吳子壽夢襄十二　吳子乘名也同上年
吳子諸樊乘之長子也襄十四　吳子遏名也襄二十五
吳子句餘襄二十八　吳子夷末同上年註昭十五
吳子餘祭襄二十九　戴吳史記即餘祭也
吳公子札襄二十九壽夢之子　季子襄三十一註昭二十七至哀公十年九十餘歲　札
襄二十九經　季札襄三十一年註　延州來季子昭二十七延州來季札之邑也
禮記謂之延陵季子
吳子僚昭二十年註　其君僚昭二十七經　州于昭二十七經
鱄設諸昭二十七年　鱄諸定十註
吳公子光諸樊子也昭十七　吳光十七年註昭三十　吳子光定十四　吳

子闔廬號也昭二十七年三十年闔廬同
吳太宰嚭晉大夫伯宗曾孫伯州犂之孫吳大夫哀元年七年太宰同　子餘字也　太
宰子餘哀八年
王子姑曹哀八年　公子姑曹哀十七
邾曹姓子爵顓頊之後有陸終氏生子曰邾安周武王封其苗裔邾俠居邾十二世至儀父始見
春秋
邾儀父字也桓十七　邾子克名也隱元莊十大年同　邾莊公見後序與邾子
穿同諡
邾子蘧蒢文十三　邾文公文十四
邾定公文十四下定公同　貜且同上年
邾子牼襄十七　邾宣公成十八
邾子華昭元年　邾悼公同上年
邾子穿定三年經　邾莊公同上年
邾子益定十五註哀七　邾隱公同上年下云邾子同
太子革哀八年二十四年並同　邾桓公
茅夷鴻哀七年　茅成子邾大夫也下云成子同上年
杞姒姓公爵夏禹之苗裔也武王克殷求禹後得東樓公而封之九世至成公始見春秋
杞子僖二十三年經杞入春秋自桓以來二年本皆侯爵莊二十七年爲時王所黜稱伯成公始用
夷禮復爲仲尼所貶故僖二十三年書杞子卒　杞成公同上年傳
杞子僖二十七年桓公朝魯猶有夷禮故亦書子　杞伯姑容襄六　杞桓公同上

年
杞伯匄襄二十三杞孝公同上年
杞子襄二十九年文公來盟復用夷禮春秋賤之故貶書子杞伯益姑昭六年卒經復
稱伯杞文公同昭六年
杞伯郁釐昭二十四年杞平公同上年
杞伯成定四年杞悼公同上年
杞伯過哀八年杞僖公哀九年
莒嬴姓子爵少昊之後周武王封玆輿於莒十一世至玆丕公始見春秋自共公以下微弱不復
見
莒挐僖元年莒子弟挐同上年
莒子僖二十六年經莒玆丕公同上年傳註莒夷無謚以號為稱此即時君之號也其後
各以還都為號莒期定四年
莒紀公文十八庶其同上年經
太子僕莒紀公太子文十八莒僕同上年
犂比公號也襄十六襄二十一密州名也襄三十一買朱鉏同上年密州之字也
乃經傳互文鉏註唯一字
莒展昭元年展輿襄三十一
著丘公昭四年十四年莒子朱成十四
公弟庚輿昭十四莒子庚輿昭二十三經莒共公昭十九此一君有謚
僖二十六年杜云莒夷無謚此即不言

莒玆大夫莒大夫昭十四蒲餘侯同上年蒲輿侯玆夫此在下文
滕姬姓侯爵文王子叔繡之後也自叔繡至宣公十七世始見春秋
滕子嬰齊僖十九滕宣公同上年
滕子宣九年卒經不書名滕昭公同上年傳
滕子成十六年文公卒經不書名滕文公同上年傳滕侯並同上年滕本侯爵自隱
十一年傳稱侯二年朝魯稱子蓋為時王所黜其後不復本爵今文公傳註復云侯者是杜呼其舊
爵
滕子原昭三年滕成公襄六
滕子寧昭二十八滕悼公同上年
滕子結哀四滕頃公同上年
滕子虞母哀十一滕隱公同上年
薛任姓侯爵黃帝之苗裔仲虺居薛為湯左相武王復其封為薛侯齊桓黜之為伯
薛伯穀昭三十一年薛獻公同上年
薛伯定定十二薛襄公同上年
薛伯夷哀十年經薛惠公同上年經
許姜姓男爵堯四嶽伯夷之國也周武王封文叔於許十一世至莊公始見春秋
許男業文五年許僖公六年
許男新臣僖四許穆公同上年
許男錫我宣十七許昭公同上年
許男甯襄二十六許靈公同上年

其君買昭十九年許悼公瘧飲太子止之藥卒孔子以君父有疾藥當由醫太子可以視膳問安
不宜獨進藥物責止失於慎慮致害君親故加弒逆之名亦以教誠許悼公同上年許
男成哀十三年許元公同上年
雜小國凡見經傳小國并旁引者附
越子定十四勾踐同上年允常子也下云越子勾踐
常壽過昭十三越大夫同上
紀裂繻紀國大夫隱二年紀子帛字也隱二
郕太子朱儒文十一郕伯同上年
有窮后羿襄四下云后羿夷羿同上年夷氏也下云羿同鉏羿註
戎子駒支駒支名也姜戎氏同上襄十四
韓服桓九年巴大夫巴行人　巴客同上年行人與客雖非名字謚號考其傳義亦
宜錄之
北燕伯昭十二北燕伯款昭三燕簡公同上昭六年簡公同
鄧侯吾離桓七經鄧侯同上傳
季杼哀元后杼襄四少康子亦同哀元
孔甲夏之天子少康之後九世君夏后並昭二十九
逢公殷諸侯姜姓逢伯陵並同昭二十
州公州國名公爵淳于公淳于州國所都同桓五年
唐侯定三年唐成公同上年
南燕伯莊二十燕仲父同上年

虢公莊二十年周惠王為子頹之亂以失國二十一年虢公與鄭厲公共討子頹以安王室虢叔
莊二十一虢公醜僖五醜即名也莊三十二年有神降於莘至僖五年為晉獻所滅
卜招父僖十七招傳云招曰然
臯陶堯舜臣也文五年庭堅臯陶字也文十八年
高陽氏　顓頊文十八年
高辛氏　帝嚳文十八年
伯虎文十八年朱虎同上年
仲熊文十八熊羆同上年
渾敦文十八驩兜同上年
窮奇文十八共工同上年
檮杌文十八年饕餮傳無異名三苗也夏鯀註云鯀夏禹父也同上
伯封昭二十八封豕同上年其三凶封豕所有異呼皆天下之民各據其惡目之也
后夔妃昭二十八玄妻同上年
管叔周公之兄成王叔父與蔡叔祿父作亂基閼王室周公誅之管叔鮮鮮即叔之名也
同定四年

春秋名號歸一圖卷下

春秋年表

	己未					甲子			
周	平王四十九年	五十年	五十一年	桓王元年	二年	三年	四年	五年	六年
	平王宜臼四十九年入春秋			平王太子洩父之子					
魯	隱公元年	二年	三年	四年	五年	六年	七年	八年	九年
	隱公息姑惠公長庶子亦名息								
蔡	自宣侯考父二十八年入春秋戴侯子							六月卒桓	
曹	自桓公終生三十五年入春秋穆公子								
衛	自桓公完十三年入春秋莊公太子			三月弒弟州吁自立		殺宣公晉立桓公弟			
滕	至魯隱七年見滕侯卒						三月卒		
晉	自鄂侯二年入春秋孝侯子郄都于鄂曰鄂侯							哀侯光立	
鄭	自莊公寤生入春秋武公子								
齊	自僖公祿甫九年入春秋莊公子								
秦	至穆公任好始見于春秋僖五年								
楚	自武王十九年入春秋名熊通蚡冒弟								
宋	自穆公和八年入春秋八月卒兄宣公	子殤公與夷立							
杞	自武公十一年入春秋								
陳	自桓公鮑二十三年入春秋文公長子								
吳	自太伯十九世至壽夢入春秋成六年								
邾	儀父克後裔子								
莒	至魯文公十八年見庶其								
薛	魯隱公十一年見來朝名穀莊三十一年見卒其後至昭三十一年見獻公卒								
許	至魯隱十一年見莊公及許叔立至桓十五年入許即穆公新臣								
郯	至魯僖七年見來朝								

						甲戌						
周		七年		八年	九年		十年	十一年	十二年		十三年	十四年
魯		十年		十一年	桓公元年		二年	三年	四年		五年	六年
				十一月弒桓公允立惠公子								
蔡	侯封人立宣公子											
曹												
衛												
滕												
晉	鄂侯子	曲沃武公稱立莊伯子						曲沃武公伐翼逐于汾隰小子侯立哀侯子				曲沃伯
鄭												
齊												
秦												
楚												
宋							正月弒穆公子莊公馮立					
杞												
陳											正月卒弟厲公佗殺太子免立躍	
吳												
邾												
莒												
薛				來朝								
許												
郯												

甲申

十五年	十六年	十七年	十八年	十九年	二十年	二十一年	二十二年	二十三年	莊王元年	二年
									莊王桓王太子	
七年	八年	九年	十年	十一年	十二年	十三年	十四年	十五年	十六年	十七年
										六月卒哀侯獻
			正月卒　曹莊公射姑立桓公世子							
					十一月卒衛惠公朔立宣公太子				出奔齊衛黔牟立	
誘殺之晉哀侯弟緡立										
				五月卒　鄭昭公忽立莊公太子			宋納鄭厲公突立忽出奔衛突奔忽復歸弒立子亹秋			
							十二月卒子襄公諸兒立			
年弒免弟躍立亦爲厲公					八月卒太子免三弟長曰躍中曰林少曰杵臼林立爲莊公					
								入許		

三年	四年	五年	六年	七年	八年
十八年	莊公元年	二年	三年	四年	五年
四月薨	莊公同桓公子立				
舞立桓侯弟					
					齊立惠公黔牟奔周
齊殺之立子儀昭公弟					
			三月卒子文王熊貲立		
		十二月卒子閔公捷立			
	十月卒宣公杵臼立				
					郳犂來朝

九年	十年	十一年	十二年	十三年	十四年	十五年	僖王元年	二年	三年	四年	五年
六年	七年	八年	九年	十年	十一年	十二年	十三年	十四年	十五年	十六年	十七年

僖王莊王子

惠公復入

同盟于幽

晉滅　晉武公三十九年卒

納厲公殺子儀

十一月弒無知自立　齊殺無知桓公小白立襄公弟

八月弒子游立　秋殺子游桓公御說立

十二月卒

盟于幽

惠王元年	二年	三年	四年	五年	六年
十八年	十九年	二十年	二十一年	二十二年	二十三年

惠王僖王子

卒

蔡穆侯肸立哀侯子

十一

晉獻公佹諸立武公子

五月卒鄭文公捷立厲公子

六月卒子杜敖立囏弒成王頵立一作惲

邾子瑣立

甲寅

七年	二十四年	月卒僖公夷立莊公子
八年	二十五年	五月卒
九年	二十六年	衞懿公赤立惠公子
十年	二十七年	
十一年	二十八年	四月卒文公遫蔡立
十二年	二十九年	
十三年	三十年	
十四年	三十一年	
十五年	三十二年	八月卒；四月薛伯

甲子

		薨；卒
十六年	閔公元年	閔公啓方莊公子八月弒僖公申閔公庶兄立；昭公班立僖公子
十七年	二年	狄滅衞戴公申立黔牟弟衞文公燬立戴公弟
十八年	僖公元年	
十九年	二年	
二十年	三年	
二十一年	四年	夏卒僖公業立
二十二年	五年	
二十三年	六年	晉執虞公以媵秦穆

甲戌

二十四年	二十五年	襄王元年	二年	三年	四年	五年	六年	七年	八年	九年	十年
		襄王惠王太子鄭									
七年	八年	九年	十年	十一年	十二年	十三年	十四年	十五年	十六年	十七年	十八年
							冬卒蔡莊公甲午立穆侯子				
七月卒	曹共公襄立昭公子										
		九月卒立奚齊殺及卓子晉惠公夷吾立閔公弟						秦獲晉侯歸			
										十二月卒子無	
姬											
		正月卒太子襄公茲父立									
					十二月卒子穆公款立						
來朝											

甲申

十一年	十二年	十三年	十四年	十五年	十六年	十七年	十八年	十九年	二十年	二十一年	二十二年
十九年	二十年	二十一年	二十二年	二十三年	二十四年	二十五年	二十六年	二十七年	二十八年	二十九年	三十年
						四月卒	衛成公鄭立文公子出奔楚復歸晉人執衛侯衛				
				九月卒晉懷公			圉子立秦納文公重耳立獻公子殺懷公				
弑殺立孝公昭公桓公子							六月卒弟昭公潘立				
				五月卒子成公			王臣立				
				十一月卒弟桓			公姑容立來朝				
								六月卒子共公朔立			

二十三年　三十一年
二十四年　三十二年
二十五年　三十三年　冬薨
二十六年　文公元年　文公興，僖公子，立
二十七年　二年
二十八年　三年
二十九年　四年
三十年　五年
三十一年　六年
三十二年　七年
三十三年　八年

立公子瑕殺衛侯歸于衛

十二月卒　晉襄公讙立，文公子

四月卒　鄭穆公蘭立，文公子

八月卒　靈公夷皐立，襄公子

夏卒　康公罃立，穆公子

十月弑子　穆王商臣立

四月卒　昭

十月卒　昭公錫我立

甲辰

頃王元年　九年
二年　十年
三年　十一年
四年　十二年
五年　十三年
六年　十四年
匡王元年　十五年
二年　十六年
三年　十七年

頃王，襄王子
匡王，頃王子

卒　蔡文公申立，穆侯孫，莊侯子

八月卒　曹文公壽立，共公子

滕昭公來朝

五月卒，子舍立，弑，立懿公商人，即昭公弟，五月弑兄惠

子莊王旅立，一名侶

卒

十一月弑，弟文公鮑立

公杵臼立，成公少子

來朝

五月卒，子　靈公平國立

五月卒，子　定公貜且立

甲寅

周：四年　五年　六年　定王元年　二年　三年　四年　五年　六年　七年　八年　九年

定王匡王弟

魯：十八年　宣公元年　二年　三年　四年　五年　六年　七年　八年　九年　十年　十一年

二月薨　宣公倭文公子立一名接又作委作俀

十月卒　衛穆公遬

八月卒　滕文公立

九月卒　晉景公獳

九月弒晉成公黑臀立襄公弟

十月卒靈公夷立弒鄭襄公堅立靈公庶弟

公元立

四月卒頃

二月卒共公稻立康公子一名和

正月卒桓公立共公子

五月弒楚

十月紀公庶其弒子季佗立

甲子

周：十年　十一年　十二年　十三年　十四年　十五年　十六年　十七年　十八年　十九年

魯：十二年　十三年　十四年　十五年　十六年　十七年　十八年　成公元年　二年　三年

十月薨　成公黑肱宣公子

二月卒　蔡景侯固立

五月卒　曹宣公盧立文公子亦名盧

九月卒　衛定

立成公子

立成公子

公無野立惠公子

七月卒子共王審立

八月卒子共公固立

子入陳太子成公午立

正月卒靈公甯立

甲戌

周	魯	記事
		公臧立穆公子
二十年	四年	三月卒悼公費立
二十一年	五年	
簡王元年	六年	簡王定王子；六月卒成公睔立悼公弟；吳壽夢立一曰乘
二年	七年	
三年	八年	
四年	九年	十月卒靈公環立頃公子
五年	十年	六月卒厲公州蒲立景公太子
六年	十一年	
七年	十二年	
八年	十三年	五月卒

甲申

周	魯	記事
九年	十四年	曹成公負芻立宣公庶子；十月卒；十月卒景公立桓公子；莒子朱卒一名渠丘公犂比公密州立又名買朱鉏
十年	十五年	衛獻公衎立定公子；六月卒少子平公成立；遷于葉
十一年	十六年	四月卒滕成公原立
十二年	十七年	十二月卒宣公牼立來朝
十三年	十八年	八月薨；正月殺悼公周立景公子
十四年	襄公元年	襄公午成公子
靈王元年	二年	靈王簡王子；六月卒僖公髡頑立成公子
二年	三年	
三年	四年	三月卒子哀公瀾立

甲午

四年	五年	六年	七年	八年	九年	十年	十一年	十二年	十三年	十四年
五年	六年	七年	八年	九年	十年	十一年	十二年	十三年	十四年	十五年

出奔齊　衛殤公剽立定

十一月卒晉平

十二月弒閔公嘉立僖公子

九月卒子康王昭立

三月卒子孝公匄立

九月卒　吳諸樊立壽夢長子一曰遏

穆公來朝

甲辰　　甲寅

十五年	十六年	十七年	十八年	十九年	二十年	二十一年	二十二年	二十三年	二十四年	二十五年
十六年	十七年	十八年	十九年	二十年	二十一年	二十二年	二十三年	二十四年	二十五年	二十六年

十月卒　曹武公滕立成公子

公弟

二月

公彪立悼公子

五月弒景公杵臼立

七月卒莊公光立靈公子

三月卒弟文公益姑立

十二月卒吳餘蔡立

晉執宣公二月卒悼公華立

晉執犂比公

八月

二十六年	二十七年	景王元年	二年	三年	四年	五年	六年
		景王靈王子					
二十七年	二十八年	二十九年	三十年	三十一年	公昭元年	二年	三年
				六月薨	昭公稠襄公子立		
			四月殺	蔡靈侯般立景侯子			
殺 衛侯衎復歸		五月卒	衛襄公惡立獻公子				
							正月卒
莊公異母弟							
	十二月卒子郟敖麇立			十一月弒靈王虔立康王弟一名圍			
一名戴諸樊弟		五月弒	夷末立一名句餘餘祭弟				
					六月卒莊公穿立		
				十一月弒子展輿立奔吳太子著丘公去疾立			
卒悼公買立							
							穆公來朝

甲子

七年	八年	九年	十年	十一年	十二年	十三年	十四年	十五年	十六年	十七年
四年	五年	六年	七年	八年	九年	十年	十一年	十二年	十三年	十四年
							楚滅蔡	蔡平侯廬立景侯子		
										三月
			八月卒	衛靈公元立襄公子						
悼公寧立										
						七月卒	晉昭公夷立平公子			
								三月卒定公寧立簡公子		
	七月卒哀公立景公子									
									四月弒公子比立殺	
						十二月卒子元公佐立				
		正月卒弟平公郁釐立								
				四月	縊冬楚滅陳封其大夫穿封戌爲陳公楚平王即位悼					
										八月
					遷于夷					

周	魯
十八年	十五年
十九年	十六年
二十年	十七年
二十一年	十八年
二十二年	十九年
二十三年	二十年
二十四年	二十一年
二十五年	二十二年
敬王元年	二十三年
二年	二十四年
三年	二十五年

十一月卒蔡悼侯東國立之弟廬六月卒蔡昭侯

卒　曹平公須立武公子　三月卒　曹悼公午立平公子

八月卒　晉頃公去疾立昭公子

平王熊居立即棄疾靈王弟

十一

八月卒子悼公成立

太子之子歸于陳是爲惠公

正月卒　吳僚立又名州于夷昧子

卒庚輿立是爲共公　奔紀障　來奔復納郊公

還于白羽五月卒斯立

來朝

周	魯
四年	二十六年
五年	二十七年
六年	二十八年
七年	二十九年
八年	三十年
九年	三十一年
十年	三十二年
十一年	定公元年
十二年	二年

十二月薨定公宋昭公弟

申立悼侯弟

十月卒　曹聲公野立悼公弟　聲公殺　隱公通立平公弟

七月卒　滕頃公結　立

六月卒　晉定公午立頃公子

四月卒獻公臺立定公子

九月卒昭王軫立平王子一名珍

月卒子景公頭曼立

四月殺　吳闔廬立一名光諸樊子

四月獻公穀卒子襄公定立

春秋經傳集解　年表　二七

甲午

十三年	十四年	十五年	十六年	十七年	十八年	十九年	二十年
三年	四年	五年	六年	七年	八年	九年	十年
	隱公殺	靖公露立聲公弟			三月卒	曹伯陽立靖公子	
						四月卒聲公勝立獻公子	
						秋卒惠公立哀公太子之子	
	五月卒子隱公乞卒弟僖公過立						
	二月卒子懷公柳立				七月卒子閔公越立		
二月卒隱公益立							
			鄭滅許以斯歸元公成立				

甲辰

二十一年	二十二年	二十三年	二十四年	二十五年	二十六年	二十七年	二十八年	二十九年
十一年	十二年	十三年	十四年	十五年	哀公元年	二年	三年	四年
				五月薨	哀公蔣定公子立			
								二月殺
						四月卒	衛出公輒立靈公太子蒯	
								八月卒
							十月卒悼公立惠公子	
			五月卒	吳夫	差立			
				來朝				
春卒比立弒惠公夷立一名寅								
								晉執小邾子

春秋年表

三十年	五年	蔡成侯朔立昭侯子		聵子	隱公虞母立	九月卒晏孺子荼立殺悼公陽生立景公子							
三十一年	六年						七月卒子惠王章立						
三十二年	七年							十二月卒子閔公維立	來				
三十三年	八年		宋滅曹虜伯陽						歸				
三十四年	九年												
三十五年	十年					三月弒簡公任立悼公子				來奔	五月卒		
三十六年	十一年												
三十七年	十二年												
三十八年	十三年											夏卒	
三十九年	十四年												

春秋序

春秋者魯史記之名也記事者以事繫日以日繫月以月繫時以時繫年所以紀遠近别同異也○〔别〕音鼈故史之所記必表年以首事年有四時故錯舉以爲所記之名也周禮有史官掌邦國四方之事達四方之志諸侯亦各有國史大事書之於策小事簡牘而已孟子曰楚謂之檮杌晉謂之乘而魯謂之春秋其實一也○〔乘〕去聲韓宣子適魯〔宣子〕名起晉大夫適魯在昭二年見易象與魯春秋曰周禮盡在魯矣○〔盡〕津忍反後放此吾乃今知周公之德與周之所以王○〔王〕于況反又如字韓子所見蓋周之舊典禮經也周德既衰官失其守上之人不能使春秋昭明赴告策書○〔告〕古毒反又如字諸所記注多違舊章仲尼因魯史策書成文考其真僞而志其典禮上以遵周公之遺制下以明將來之法其教之所存文之所害則刊而正之以示勸戒其餘則皆即用舊史史有文質辭有詳略不必改也故傳曰其善志又曰非聖人孰能脩之蓋周公之志仲尼從而明之左丘明受經於仲尼以爲經者不刊之書也故傳或先經以始事○〔先〕去聲或後經以終義○〔後〕去聲或依經以辯理或錯經以合異隨義而發其例之所重○〔重〕去聲舊史遺文略不盡

舉非聖人所脩之要故也身爲國史躬覽載籍必廣記而備言之其文緩其旨遠將令學者原始要終○〔要〕平聲尋其枝葉究其所窮優而柔之使自求之饜而飫之使自趨之○〔趨〕七住反又平聲若江海之浸膏澤之潤涣然冰釋怡然理順然後爲得也其發凡以言例皆經國之常制周公之垂法史書之舊章仲尼從而脩之以成一經之通體其微顯闡幽裁成義類者皆據舊例而發義指行事以正褒貶諸稱書不書先書故書不言不稱書曰之類皆所以起新舊發大義謂之變例然亦有史所不書即以爲義者此蓋春秋新意故傳不言凡曲而暢之也其經無義例因行事而言則傳直言其歸趣而已○〔趣〕去聲非例也故發傳之體有三而爲例之情有五○〔爲〕于僞反又如字一曰微而顯文見於此而起義在彼○〔見〕音現下同稱族尊君命舍族尊夫人梁亡城緣陵之類是也○〔舍〕音捨二曰志而晦約言示制推以知例參會不地與謀曰及之類是也○〔參〕音驂又音三〔與〕音預三曰婉而成章曲從義訓以示大順諸所諱辟璧假許田之類是也○〔辟〕本作避音同後放此四曰盡而不汙○〔汙〕音紆曲也直書其事具文見意丹楹刻桷天王求車齊侯獻捷之類是也五曰懲惡而勸善求名而亡欲蓋而章書齊豹

盜三叛人名之類是也推此五體以尋經傳觸類而長之○〔長〕上聲附于二百四十二年行事王道之正人倫之紀備矣或曰春秋以錯文見義若如所論則經當有事同文異而無其義也先儒所傳皆不其然答曰春秋雖以一字爲襃貶然皆須數句以成言○〔數〕色主反下同非如八卦之爻可錯綜爲六十四也固當依傳以爲斷古今言左氏春秋者多矣今其遺文可見者十數家大體轉相祖述進不成爲錯綜經文以盡其變退不守丘明之傳於丘明之傳有所不通皆沒而不說而更膚引公羊穀梁適足自亂預今所以爲異專脩丘明之傳以釋經經之條貫必出於傳○〔貫〕古亂反傳之義例總歸諸凡推變例以正襃貶簡二傳而去異端○〔去〕上聲蓋丘明之志也其有疑錯則備論而闕之以俟後賢然劉子駿創通大義賈景伯父子許惠卿皆先儒之美者也末有潁子嚴者雖淺近亦復名家○〔復〕扶又反下同故特舉劉賈許潁之違以見同異分經之年與傳之年相附比其義類○〔比〕毗志反各隨而解之名曰經傳集解又別集諸例及地名譜第歷數○〔譜〕布古反相與爲部凡四十部十五卷皆顯其異同從而釋之名曰釋例將令學者觀其所聚異同之說釋例詳之也

或曰春秋之作左傳及穀梁無明文說者以爲仲尼自衛反魯脩春秋立素王○〔王〕去聲下王魯素王同丘明爲素臣言公羊者亦云黜周而王魯危行言孫以辟當時之害故微其文隱其義公羊經止獲麟而左氏經終孔丘卒敢問所安答曰異乎余所聞仲尼曰文王既沒文不在茲乎此制作之本意也歎曰鳳鳥不至河不出圖吾已矣夫蓋傷時王之政也麟鳳五靈王者之嘉瑞也今麟出非其時虛其應而失其歸此聖人所以爲感也絕筆於獲麟之一句者所感而起固所以爲終也曰然則春秋何始於魯隱公答曰周平王東周之始王也隱公讓國之賢君也考乎其時則相接言乎其位則列國本乎其始則周公之祚胤也若平王能祈天永命紹開中興○〔中〕丁仲反隱公能弘宣祖業光啓王室則西周之美可尋文武之迹不隊是故因其歷數附其行事采周之舊以會成王義垂法將來所書之王即平王也所用之歷即周正也所稱之公即魯隱也安在其黜周而王魯乎子曰如有用我者吾其爲東周乎此其義也若夫制作之文所以章往考來情見乎辭言高則旨遠辭約則義微此理之常非隱之也聖人包周身之防○〔防〕扶放反又音房既作之後方

復隱諱以辟患。非所聞也。子路欲使門人爲臣。孔子以爲欺天。而云仲尼素王。丘明素臣。又非通論也。先儒以爲制作三年。文成致麟。既已妖妄。又引經以至仲尼卒。亦又近誣。據公羊經止獲麟。而左氏小邾射不在三叛之數。〇〔射〕音亦故余以爲感麟而作。作起獲麟。則文止於所起。爲得其實。至於反袂拭面。稱吾道窮。亦無取焉。

春秋經傳集解隱公第一

隱公名息姑惠公之子母聲子謚法不尸其位曰隱

杜氏註　盡十一年

傳惠公元妃孟子言元妃明始適夫人也子宋姓惠公名不皇謚法愛人好與曰惠○[適]丁歷反孟子卒不稱薨不成喪也無謚先夫死不得從夫謚○[謚]實至反繼室以聲子生隱公聲謚也蓋孟子之姪娣也諸侯始娶則同姓之國以姪娣媵元妃死則次妃攝治內事猶不得稱夫人故謂之繼室○[姪]直結反又大一反兄女也[娣]大計反女弟也宋武公生仲子仲子生而有文在其手曰爲魯夫人故仲子歸于我婦人謂嫁曰歸以手理自然成字有若天命故嫁之於魯○婦人謂嫁曰歸本或無曰字此依公羊傳生桓公而惠公薨言歸魯而生男惠公不以桓生之年薨是以隱公立而奉之隱公繼室之子當嗣世以禎祥之故追成父志爲桓尚少是以立爲大子帥國人奉之爲經元年春不書即位傳○[禎]音貞[爲]桓于僞反[大]舊太字皆作大後大字皆放此

經元年春王正月隱公之始年周王之正月也凡人君即位欲其體元以居正故不言一年一月也隱雖不即位然攝行君事故亦朝廟告朔也告朔朝正例在襄二十九年即位例在隱莊閔僖元年○[朝]直遙反下同三月公及邾儀父盟于蔑附庸之君未王命例稱名能自通于大國繼好息民故書字貴之名例在莊五年邾今魯國鄒縣也蔑姑蔑魯地魯國卞縣南有姑蔑城○[蔑]亡結反夏五月鄭伯克段于鄢不稱國討而言鄭伯譏失教也段不弟故不言弟明鄭伯雖失教而段亦凶逆以君討臣而用二君之例者言段強大儁傑據大都以耦國所謂得儁曰克也國討例在莊二十二年得儁例在莊十一年母弟例在宣十七年鄭在滎陽宛陵縣西南鄢今潁川鄢陵縣○[段]徒亂反[鄢]於晚反又於建反又於然反秋七月天王使宰咺來歸惠公仲子之賵宰官咺名也咺贈死不及尸弔生不及哀豫凶事故貶而名之此天子大夫稱字之例仲子者桓公之母婦人無謚故以字配姓來者自外之文歸者不反之辭○[咺]呼阮反[賵]芳鳳反九月及宋人盟于宿客主無名皆微者也宿小國東平無鹽縣也凡盟以國地者國主亦與盟例在僖十九年宋今梁國睢陽縣○[與]音預下同[睢]音雖冬十有二月祭伯來祭伯諸侯爲王卿士者祭國伯爵也傳曰非王命也釋其不稱使○[祭]側界反傳祭仲同公子益師卒傳例曰公不與小斂故不書日所以示薄厚也春秋不以日月爲例唯卿佐之喪獨託日以見義者事之得失既未足以褒貶人君然亦非死日者之罪無辭可以寄文而人臣輕賤死日可略故特假日以見義○[斂]力驗反[見]賢遍反下同

傳元年春王周正月言周以別夏殷○[別]彼列反[夏]戶雅反三代之號可以意求不書即位攝也假攝君政不脩即位之禮故史不書於策傳所以見異於常○[見]賢遍反三月公及邾儀父盟于蔑邾子克也克儀父名未王命故不書爵曰儀父貴之也王未賜命以爲諸侯其後儀父服事齊桓以獎王室王命以爲邾子故莊十六年經書邾子克卒○故不書爵一本無故字[獎]將丈反公攝位而欲求好於邾故爲蔑之盟解所以與盟也○[好]呼報反夏四月費伯帥師城郎不書非公命也費伯魯大夫郎魯邑高平方與縣東南有郁郎亭傳曰君舉必書然則史之策書皆君命也今不書於經亦因史之舊法故傳釋之諸魯事傳釋不書他皆放此○[費]音祕[郁]於六反初鄭武公娶于申曰武姜申國今南陽宛縣○[宛]於元反生莊公及共叔段段出奔共故曰共叔猶晉侯在鄂謂之鄂侯○[共]音恭地名莊公寤生驚姜氏故名曰寤生遂惡之寐寤而莊公已生故驚而惡之○[寤]五故反[惡]烏路反愛共叔段欲立之欲立以爲大子亟請於武

公公弗許。及莊公卽位，爲之請制。公曰：制，巖邑也，虢叔死焉，他邑唯命。虢叔東虢君也恃制巖險而不脩德鄭滅之恐段復然故開以佗邑虢國今熒陽縣○〔亟〕欺冀反數也〔爲〕于僞反〔虢〕瓜伯反國名請京，使居之，謂之京城大叔。公順姜請使段居京謂之京城大叔言寵異於衆臣京鄭邑今熒陽京縣○〔大〕音泰下皆同祭仲曰：都城過百雉，國之害也。祭仲鄭大夫方丈曰堵三堵曰雉一雉之牆長三丈高一丈侯伯之城方五里徑三百雉故其大都不得過百雉○〔長〕直亮反又如字〔高〕古報反又如字先王之制，大都不過參國之一，三分國城之一○〔參〕七南反又音三中五之一，小九之一。今京不度，非制也，不合法度非先王制君將不堪。公曰：姜氏欲之，焉辟害？對曰：姜氏何厭之有？不如早爲之所，使得其所宜○〔焉〕於虔反〔厭〕於鹽反無使滋蔓。蔓，難圖也。蔓草猶不可除，況君之寵弟乎？公曰：多行不義，必自斃，子姑待之。斃踣也姑且也○〔踣〕蒲北反既而大叔命西鄙、北鄙貳於己。鄙鄭邊邑貳兩屬公子呂曰：國不堪貳，君將若之何？公子呂鄭大夫欲與大叔，臣請事之；若弗與，則請除之，無生民心。叔久不除則舉國之民當生他心公曰：無庸，將自及。言無用除之禍將自及大叔又收貳以爲己邑，前兩屬者今皆取以爲己邑至于廩延。言轉侵多也廩延鄭邑陳留酸棗縣北有延津○〔廩〕力錦反子封曰：可矣，厚將得衆。子封公子呂也厚謂土地廣大公曰：不義不暱，厚將崩。不義於君不親於兄非衆所附雖厚必崩○〔暱〕女乙反親也大叔完聚，完城郭聚人民○〔完〕音桓繕甲兵，具卒乘，步曰卒車曰乘○〔繕〕市戰反〔乘〕繩證反下同將襲鄭。夫人將啓之。啓開也公聞其期，曰：可矣。命子封帥車二百乘以伐京。古者兵車一乘甲士三人步卒七十二人京叛大叔段，段入于鄢，公伐諸鄢。五月辛丑，大叔出奔共。共國今汲郡共縣○〔共〕音恭

書曰：鄭伯克段于鄢。段不弟，故不言弟；如二君，故曰克；稱鄭伯，譏失教也；謂之鄭志。不言出奔，難之也。傳言夫子作春秋改舊史以明義不早爲之所而養成其惡故曰失教段實出奔而以克爲文明鄭伯志在於殺難言其奔○〔難〕乃旦反

遂寘姜氏于城潁，城潁鄭地○〔寘〕之豉反而誓之曰：不及黃泉，無相見也。地中之泉故曰黃泉既而悔之。潁考叔爲潁谷封人，封人典封疆者聞之，有獻於公。公賜之食，食舍肉。公問之，對曰：小人有母，皆嘗小人之食矣，未嘗君之羹，請以遺之。食而不啜羹欲以發問也宋華元殺羊爲羹饗士蓋古賜賤官之常○〔舍〕音捨〔遺〕唯季反下同〔華〕戶化反公曰：爾有母遺，繄我獨無！繄語助○〔繄〕烏兮反又烏帝反潁考叔曰：敢問何謂也？據武姜在設疑也公語之故，且告之悔。對曰：君何患焉？若闕地及泉，隧而相見，其誰曰不然？隧若今延道○〔語〕魚據反〔闕〕其月反〔隧〕音遂公從之。公入而賦：大隧之中，其樂也融融。賦賦詩也融融和樂也○〔樂〕音洛下同姜出而賦：大隧之外，其樂也洩洩。洩洩舒散也○〔洩〕羊世反遂爲母子如初。君子曰：潁考叔純孝也，純猶篤也愛其母，施及莊公。詩曰：孝子不匱，永錫爾類。其是之謂乎？不匱純孝也莊公雖失之於初孝心不忘考叔感而通之所謂永錫爾類詩人之作各以情言君子論之不以文害意故春秋傳引詩不皆與今說詩者

同他皆放此。○[施]以豉反，又式智反。[匱]其位反。秋。七月。天王使宰咺來歸惠公仲子之賵。緩。且子氏未薨。故名。惠公葬在春秋前，故曰緩也。子氏仲子也，薨在二年。賵，助喪之物。天子七月而葬。同軌畢至。言同軌，以別四夷之國。○[別]彼列反。諸侯五月。同盟至。同在方嶽之盟。大夫三月。同位至。古者行役不踰時。士踰月。外姻至。踰月，度月也。姻猶親也。此言赴弔各以遠近爲差，因爲葬節。贈死不及尸。尸，未葬之通稱。○[稱]尺證反。弔生不及哀。諸侯已上，既葬則縗麻除，無哭位，諒闇終喪。○[上]時掌反。[縗]七雷反。[諒]音亮，又音良。[闇]如字。豫凶事。非禮也。仲子在而來賵，故曰豫凶事。八月。紀人伐夷。夷不告。故不書。夷國在城陽莊武縣。紀國在東莞劇縣。隱十一年傳例曰：凡諸侯有命，告則書，不然則否。史不書於策，故夫子亦不書于經，傳見其事，以明春秋例也。他皆放此。○[莞]音官。有蜚。不爲災。亦不書。蜚，負蠜也。莊二十九年傳例曰：凡物不爲災不書。又於此發之者，明傳之所據非唯史策，兼采簡牘之記。他皆放此。○[蜚]扶味反。[蠜]音煩。惠公之季年。敗宋師于黄。黄，宋邑。陳留外黄縣東有黄城。○[敗]音拜。敗他也，後放此。公立而求成焉。九月。及宋人盟于宿。始通也。經無義例，故傳直言其歸趣而已。他皆放此。冬。十月。庚申。改葬惠公。公弗臨。故不書。以桓爲大子，故隱公讓而不敢爲喪主。隱攝君政，故據隱而言。惠公之薨也。有宋師。大子少。葬故有闕。是以改葬。○[少]去聲。衛侯來會葬。不見公。亦不書。諸侯會葬，非禮也。不得接公成禮，故不書於策。他皆放此。衛國在汲郡朝歌縣。○[朝]如字。鄭共叔之亂。公孫滑出奔衛。公孫滑，共叔段之子。[滑]于八反，又乎八反。○衛人爲之伐鄭。取廩延。鄭人以王師。虢師。伐衛南鄙。虢，西虢國也。弘農陜縣東南有虢城。○[爲]于僞反。[陜]失冉反。請師於邾。邾子使私於公子豫。公子豫，魯大夫。私請師。○[豫]音預。豫請往。公弗許。遂行。及邾人。鄭人。盟于翼。翼，邾地。不書。非公命也。非公命不書，三見者，皆與作大事，各舉以備文。新作南門。不書。亦非公命也。十二月。祭伯來。非王命也。衆父卒。衆父，公子益師字。○[衆]音終。公不與小斂。故不書日。禮，卿佐之喪，小斂大斂，君皆親臨之，崇恩厚也。始死，情之所篤，禮之所崇，故以小斂爲文。至於但臨大斂及不臨其喪，亦同不書日。○[與]音預。[斂]力驗反。注皆同。

經二年。春。公會戎于潛。戎狄夷蠻，皆氏羌之別種也。戎而書會者，順其俗以爲禮，皆謂居中國若戎子駒支者。陳留濟陽縣東南有戎城。潛，魯地。○[氏]都兮反。[羌]卻良反。[種]章勇反。[駒]音拘。[濟]子禮反，水名。凡地名皆同。夏。五月。莒人入向。向，小國也。譙國龍亢縣東南有向城。莒國，今城陽莒縣也。將卑師少稱人，弗地曰入，例在襄十三年。○[向]舒亮反。[亢]音剛，又苦浪反。無駭帥師入極。無駭，魯卿。極，附庸小國。無駭不書氏，未賜族。賜族例在八年。○[駭]戶楷反。秋。八月。庚辰。公及戎盟于唐。高平方與縣北有武唐亭。八月無庚辰，庚辰，七月九日也。日月必有誤。○[方]音房。[與]音預。九月。紀裂繻來逆女。裂繻，紀大夫。傳曰：卿爲君逆也。以別卿自逆也。逆女或稱使，或不稱使，昏禮不稱主人，史各隨其實而書，非例也。他放此。○[繻]音須。冬。十月。伯姬歸于紀。無傳。伯姬，魯女，裂繻所逆者。紀子帛。莒子盟于密。子帛，裂繻字也。莒魯有怨，紀侯既昏于魯，使大夫盟莒以和解之。子帛爲魯結好息民，故傳曰魯故也。比之內大夫而在莒子上，稱字以嘉之也。字例在閔元年。密，莒邑。城陽淳于縣東北有密鄉。○[帛]音白。[解]如字，又戶買反。[好]呼報反。十有二月。乙卯。夫人子氏薨。無傳。桓未爲君，仲子不應稱夫人。隱讓桓以爲大子，成其母喪以赴諸侯，故經於此稱夫人也。不反哭，故不書葬，例在三年。鄭人伐衛。凡師有鐘鼓曰伐，例在莊二十九年。

傳二年春，公會戎于潛，脩惠公之好也。戎請盟，公辭。許其脩好而不許其盟，禦夷狄者不壹而足。○[好]呼報反，下同。莒子娶于向，向姜不安莒而歸。夏，莒人入向，以姜氏還。傳言失昏姻之義，凡得失小故經無異文，而傳備其事，案文則是非足以爲戒，他皆放此。○[還]音旋，後皆同。司空無駭入極，費庈父勝之。魯司徒、司馬、司空皆卿也。庈父，費伯也。前年城郎，今因得以勝極，故傳於前年發之。○[庈]音琴。戎請盟。秋，盟于唐，復脩戎好也。○[復]扶又反。九月，紀裂繻來逆女，卿爲君逆也。○[爲]于僞反。冬，紀子帛、莒子盟于密，魯故也。鄭人伐衛，討公孫滑之亂也。治元年取廩延之亂。

經三年春王二月己巳，日有食之。無傳。日行遲，一歲一周天；月行疾，一月一周天，一歲凡十二交會。然日月動物，雖行度有大量，不能不小有盈縮，故有雖交會而不食者，或有頻交而食者。唯正陽之月，君子忌之，故有伐鼓用幣之事。今釋例以長歷推經傳，明此食是二月朔也。不書朔，史失之。書朔日，例在桓十七年。○[己巳]上音紀，下音祀，後倣此。[食]如字，本或作蝕，音同。[量]音亮。[縮]所六反。三月庚戌，天王崩。周平王也。實以壬戌崩，欲諸侯之速至，故遠日以赴。春秋不書實崩日而書遠日者，即傳其僞以懲臣子之過也。襄二十九年傳曰：鄭上卿有事，使印段如周會葬。今不書葬，魯不會。○[傳]直專反，[印]因刃反。夏四月辛卯，君氏卒。隱不敢從正君之禮，故亦不敢備禮於其母。秋，武氏子來求賻。武氏子，天子大夫之嗣也。平王喪在殯，新王未得行其爵命，聽於冢宰，故傳曰王未葬，釋其所以稱父族，又不稱使也。魯不共奉王喪，致令有求，經直文以示不敬，故傳不復具釋也。○[賻]音附，[共]音恭。八月庚辰，宋公和卒。稱卒者，略外以別內也。元年大夫盟於宿，故赴以名，例在七年。○[別]音鼈。冬十有二月，齊侯、鄭伯盟于石門。來告故書。石門，齊地，或曰濟北盧縣故城西南濟水之門。癸未，葬宋穆公。無傳。魯使大夫會葬，故書。始死書卒，史在國承赴爲君故，惡其薨名，改赴書也。書葬則舉謚稱公者，會葬者在外，據彼國之辭也。書葬例在昭六年。○[爲]于僞反，[惡]烏路反。

傳三年春王三月壬戌，平王崩，赴以庚戌，故書之。夏，君氏卒，聲子也。不赴于諸侯，不反哭于寢，不祔于姑，故不曰薨，不稱夫人，故不言葬，夫人喪禮有三：薨則赴於同盟之國，一也；既葬，日中自墓反，虞於正寢，所謂反哭于寢，二也；卒哭而祔於祖姑，三也。若此，則書曰夫人某氏薨，葬我小君某氏，此備禮之文也。其或不赴不祔，則爲不成喪，故死不稱夫人薨，葬不言葬我小君某氏。反哭則書葬，不反哭則不書葬。今聲子三禮皆闕，釋例論之詳矣。○[祔]音附。不書姓，爲公故，曰君氏。不書姓，辟正夫人也。隱見爲君，故特書於經，稱曰君氏，以別凡妾媵。○[爲]于僞反。鄭武公、莊公爲平王卿士。卿士，王卿之執政者，言父子秉周之政。王貳于虢，虢，西虢公，亦仕王朝，王欲分政於虢，不復專任鄭伯。○[朝]直遙反，[復]扶又反，[任]而鴆反，後不音者皆同。鄭伯怨王，王曰無之。故周鄭交質：王子狐爲質於鄭，鄭公子忽爲質於周。王子狐，平王子。○[質]音致，下同。[狐]音胡。王崩，周人將畀虢公政。周人遂成平王本意。○[畀]必二反，與也。四月，鄭祭足帥師取温之麥。秋，又取成周之禾。四月，今二月也；秋，今之夏也。麥禾皆未熟，言取者，蓋芟踐之。温，今河內温縣。成周，洛陽縣也。○[祭]側界反，[芟]所衘反。周鄭交惡。兩相疾惡。君子曰：信不由中，質無益也。明恕而行，要之以禮，雖無有質，誰能閒之？苟有明信，澗谿沼沚之毛，谿，亦澗也。沼，池也。沚，小渚也毛草也○〔要〕於遙反蘋蘩薀藻之菜蘋大蓱也蘩皤蒿薀藻聚藻也○〔薀〕紆粉反〔蓱〕蒲丁反〔皤〕蒲多反白蒿也筐筥錡釜之器方曰筐圓曰筥無足曰釜有足曰錡○〔筐〕丘方反〔筥〕九呂反〔錡〕其綺反筐筥皆器也潢汙行潦之水潢汙渟水行潦流潦○〔潢〕音黃〔汙〕音烏可薦於鬼神可羞於王公羞進也而況君子結二國之信行之以禮又焉用質通言盟約彼此之情故言二國○〔焉〕於虔反風有采蘩采蘋采蘩采蘋詩國風義取於不嫌薄物雅有行葦泂酌詩大雅也行葦篇義取忠厚也泂酌篇義取雖行潦可以共祭祀也○〔泂〕音迥昭忠信也明有忠信之行雖薄物皆可為用○〔行〕下孟反武氏子來求賻王未葬也宋穆公疾召大司馬孔父而屬殤公焉曰先君舍與夷而立寡人先君穆公兄宣公也與夷宣公子即所屬殤公○〔屬〕章欲反〔殤〕舒羊反〔舍〕音捨〔與〕如字一音餘寡人弗敢忘若以大夫之靈得保首領以沒先君若問與夷其將何辭以對請子奉之以主社稷寡人雖死亦無悔焉對曰羣臣願奉馮也馮穆公子莊公也○〔馮〕皮冰反公曰不可先君以寡人為賢使主社稷若弃德不讓是廢先君之舉也豈曰能賢言不讓則不足稱賢光昭先君之令德可不務乎吾子其無廢先君之功先君以舉賢為功我若不賢是廢之使公子馮出居於鄭辟殤公也八月庚辰宋穆公卒殤公即位君子曰宋宣公可謂知人矣立穆公其子饗之命以義夫命出於義也夫語助○〔夫〕音符商頌曰殷受命咸宜百祿是荷其是之謂乎詩頌言殷湯武丁受命皆以義故任荷天之百祿也帥義而行

殤公宜受此命宜荷此祿公子馮不帥父義忿而則出奔因鄭以求入終傷咸宜之福故知人之稱唯在宣公也殷禮有兄弟相及不必傳子孫宋其後也故指稱商頌○〔荷〕河可反又音何〔稱〕尺證反冬齊鄭盟于石門尋盧之盟也盧盟在春秋前盧齊地今濟北盧縣故城庚戌鄭伯之車僨于濟既盟而遇大風傳記異也十二月無庚戌日誤○〔僨〕弗問反仆也衛莊公娶于齊東宮得臣之妹曰莊姜得臣齊大子也大子不敢居上位故常處東宮美而無子衛人所為賦碩人也碩人詩義取莊姜美于色賢于德而不見荅終以無子國人憂之○〔為〕于偽反又娶于陳曰厲嬀生孝伯早死陳今陳國陳縣○〔嬀〕九危反其娣戴嬀生桓公莊姜以為己子嬀陳姓也厲戴皆謚雖為莊姜子然大子之位未定公子州吁嬖人之子也嬖親幸也○〔吁〕況于反〔嬖〕必計反賤而得幸曰嬖有寵而好兵公弗禁莊姜惡之石碏諫曰臣聞愛子教之以義方石碏衛大夫○〔碏〕七略反弗納於邪驕奢淫泆所自邪也四者之來寵祿過也將立州吁乃定之矣若猶未也階之為禍言將立為大子則宜早定若不早定州吁必緣寵而為禍○〔泆〕音逸夫寵而不驕驕而能降降而不憾憾而能眕者鮮矣如此者少也降其身則必恨恨則思亂不能自安自重○〔憾〕胡暗反〔眕〕之忍反重也〔鮮〕息淺反且夫賤妨貴少陵長遠閒親新閒舊小加大小國而加兵於大國如息侯伐鄭之比○〔妨〕音芳〔少〕詩照反〔長〕丁丈反〔閒〕閒廁之閒下同〔比〕必二反淫破義所謂六逆也君義臣行父慈子孝兄愛弟敬所謂六順也臣行君之義去順效逆所以速禍也君人者將禍是務去而速之無乃不可乎弗聽其

子厚與州吁游禁之不可桓公立乃老（老致仕也四年經書州吁弑其君故傳先經以始事○〔去〕起呂反〔先〕悉薦反）

經四年春王二月莒人伐杞取牟婁（無傳書取言易也例在襄十三年杞國本都陳留雍丘縣推尋事跡桓六年淳于公亡國杞似并之遷都淳于僖十四年又遷緣陵襄二十九年晉人城杞之淳于杞又遷都淳于牟婁杞邑城陽諸縣東北有婁鄉○〔杞〕音起〔牟〕亡侯反〔易〕以豉反〔雍〕於用反）戊申衛州吁弑其君完（稱臣弑君臣之罪也例在宣四年戊申三月十七日有日而無月）夏公及宋公遇于清（遇者草次之期二國各簡其禮若道路相逢遇也清衛邑濟北東阿縣有清亭）宋公陳侯蔡人衛人伐鄭秋翬帥師會宋公陳侯蔡人衛人伐鄭（公子翬魯大夫不稱公子疾其固請强君以不義也諸外大夫貶皆稱人至於內大夫貶則皆去族稱名於記事之體他國可言某人而己國之卿佐不得言魯人此所以為異也翬溺去族傳曰疾之叔孫豹則曰言違命此其例也○〔翬〕許歸反〔强〕其丈反〔去〕起呂反下同〔溺〕乃歷反）九月衛人殺州吁于濮（州吁弑君而立未列於會故不稱君例在成十六年濮陳地水名○〔濮〕音卜）冬十有二月衛人立晉（衛人逆公子晉而立之善其得衆故不書入於衛變文以示義例在成十八年）

傳四年春衛州吁弑桓公而立公與宋公為會將尋宿之盟未及期衛人來告亂夏公及宋公遇于清（宿盟在元年）宋殤公之即位也公子馮出奔鄭鄭人欲納之及衛州吁立將脩先君之怨於鄭（謂二年鄭人伐衛之怨）而求寵於諸侯以和其民（諸簒立者諸侯既與之會則不復討故欲求此寵）使告於宋曰君若伐鄭以除君害（害謂宋公子馮）君為主敝邑以賦與陳蔡從則衛國之願也（言舉國之賦調○〔從〕才用反〔調〕徒弔反）宋人許之於是陳蔡方睦於衛（蔡今汝南上蔡縣）故宋公陳侯蔡人衛人伐鄭圍其東門五日而還公問於衆仲曰衛州吁其成乎（衆仲魯大夫）對曰臣聞以德和民不聞以亂（亂謂阻兵而安忍）以亂猶治絲而棼之也（絲見棼緼益所以亂○〔棼〕音墳〔緼〕於云反）夫州吁阻兵而安忍阻兵無衆安忍無親衆叛親離難以濟矣（恃兵則民殘民殘則衆叛安忍則刑過刑過則親離）夫兵猶火也弗戢將自焚也夫州吁弑其君而虐用其民於是乎不務令德而欲以亂成必不免矣（○〔戢〕莊立反）秋諸侯復伐鄭宋公使來乞師（乞師不書非卿）公辭之（從衆仲之言）羽父請以師會之（羽父公子翬）公弗許固請而行故書曰翬帥師疾之也諸侯之師敗鄭徒兵取其禾而還（時鄭不車戰）州吁未能和其民厚問定君於石子（石子石碏也以州吁不安諸其父）石子曰王覲為可曰何以得覲曰陳桓公方有寵於王陳衛方睦若朝陳使請必可得也厚從州吁如陳石碏使告于陳曰衛國褊小老夫耄矣無能為也此二人者實弑寡君敢即圖之（八十日耄稱國小己老自謙以委陳使因其往就圖之）陳人執之而請涖于衛（請衛人自臨討之○〔涖〕音利）九月衛人使右宰醜涖殺州吁于濮石碏使其宰獳羊肩涖殺石厚于陳君子曰石碏純臣也惡州吁而厚與

焉大義滅親，其是之謂乎。子從弒君之賊，國之大逆，不可不除，故曰大義滅親。明小義則當兼子愛之。○[獳]奴侯反。[惡]烏路反。[與]音預。衞人逆公子晉于邢。冬，十二月，宣公即位。公子晉也。○[邢]音刑，國名。書曰衞人立晉，衆也。

經五年，春，公矢魚于棠。書陳魚以示非禮也。書棠，譏遠地也。今高平方與縣北有武唐亭，魯侯觀魚臺。夏，四月，葬衞桓公。秋，衞師入郕。將卑師衆，但稱師，此史之常也。○[郕]音成，國名。九月，考仲子之宮，初獻六羽。成仲子宮，安其主而祭之。惠公以仲子手文娶之，欲以為夫人，諸侯無二嫡，蓋隱公成父之志，為別立宮也。公問羽數，故書羽。婦人無謚，因姓以名宮。邾人、鄭人伐宋。邾主兵，故序鄭上。螟。無傳。蟲食苗心者為災，故書。冬，十有二月辛巳，公子彄卒。大夫書卒不書葬，葬者臣子之事，非公家所及。○[彄]苦侯反。○宋人伐鄭，圍長葛。潁川長社縣北有長葛城。

傳五年，春，公將如棠觀魚者。臧僖伯諫曰：凡物不足以講大事，臧僖伯，公子彄也。僖，謚也。大事，祀與戎。其材不足以備器用，則君不舉焉。材謂皮革齒牙骨角毛羽也。器用，軍國之器。君將納民於軌物者也。故講事以度軌量謂之軌，取材以章物采謂之物，不軌不物謂之亂政，亂政亟行，所以敗也。言器用衆物不入法度，則為不軌不物，亂敗之所起。○[度]待洛反，一音如字。[亟]欺冀反，數也。故春蒐、夏苗、秋獮、冬狩，蒐，索擇取不孕者。苗，為苗除害也。獮，殺也，以殺為名，順秋氣也。狩，圍守也，冬物畢成，獲則取之，無所擇也。○[蒐]所求反。[獮]息淺反。皆於農隙以講事也。各隨時事之閑。○[隙]去逆反。三年而治兵，入而振旅，雖四時講武，猶復三年而大習。出曰治兵，始治其事。入曰振旅，治兵禮畢，整衆而還。振，整也。旅，衆也。歸而飲至，以數軍實。飲於廟，以數車徒器械及所獲也。○[數]所主反。昭文章，車服旌旗。明貴賤，辨等列，等列，行伍。順少長，出則少者在前，還則在後，所謂順也。○[少]詩照反。習威儀也。鳥獸之肉不登於俎，俎，祭宗廟器。皮革齒牙骨角毛羽不登於器，謂以飾法度之器。則公不射，古之制也。若夫山林川澤之實，器用之資，皁隸之事，官司之守，非君所及也。士臣皁，皁臣輿，輿臣隸。言取此雜猥之物以資器備，是小臣有司之職，非諸侯之所親也。○[射]食亦反。[皁]才早反。公曰：吾將略地焉。孫辭以略地。略，總攝巡行之名。傳曰東略之不知，西則否矣。○[行]下孟反。遂往陳魚而觀之。陳，設張也。公大設捕魚之備而觀之。僖伯稱疾不從。書曰公矢魚于棠，非禮也，且言遠地也。矢亦陳也。棠實他竟，故曰遠地。○[從]才用反。

曲沃莊伯以鄭人、邢人伐翼，曲沃，晉別封成師之邑，在河東聞喜縣。莊伯，成師子也。翼，晉舊都，在平陽絳邑縣東。邢國在廣平襄國縣。○[沃]烏毒反。王使尹氏、武氏助之。翼侯奔隨。尹氏、武氏皆周世族大夫也。晉內相攻伐，不告亂，故不書。傳具其事，為後晉事張本。曲沃及翼本末見桓二年。隨，晉地。夏，葬衞桓公。衞亂，是以緩。有州吁之亂，十四月乃葬，傳明其非慢也。四月，鄭人侵衞牧，牧，衞邑。經書夏四月葬衞桓公，今傳直言夏，而更以四月附鄭人侵衞牧者，於下事宜得月，以明事之先後，故不復備舉經文。三年君氏卒，其義亦同，他皆放此。以報東門之役。東門役在四年。衞人以燕師伐鄭。南燕國，今東郡燕縣。鄭祭足、原繁、洩駕以三軍軍其前，使曼伯與子元潛軍軍其後。燕人畏鄭三軍，而不虞制人。北制，鄭邑，今河南成皋縣也，一名虎牢。○[洩]息列反。六月，鄭二公子以制人敗燕師于北制。二公子，曼伯、子元也。君子曰：不備不虞不可以師曲沃叛王秋王命虢公伐曲沃而立哀侯于翼春翼侯奔隨故立其子光衞之亂也郕人侵衞故衞師入郕郕國也東平剛父縣西南有郕鄉九月考仲子之宮將萬焉萬舞也公問羽數於衆仲問執羽人數對曰天子用八八八六十四人諸侯用六六六三十六人大夫四四四十六人士二二二四人士有功賜用樂夫舞所以節八音而行八風八音金石絲竹匏土革木也八風八方之風也以八音之器播八方之風手之舞之足之蹈之節其制而序其情○八音金鐘石磬絲琴瑟竹簫管土塤木柷敔匏笙革鼓也八方之風謂東方谷風東南清明風南方凱風西南涼風西方閶闔風西北不周風北方廣莫風東北融風故自八以下唯天子得盡物數故以八爲列諸侯則不敢用八公從之於是初獻六羽始用六佾也魯唯文王周公廟得用八而他公遂因仍僭而用之今隱公特立此婦人之廟詳問衆仲衆仲因明大典故傳亦因言始用六佾其後季氏舞八佾於庭知唯在仲子廟用六○[佾]音逸宋人取邾田邾人告於鄭曰請君釋憾於宋敝邑爲道釋四年再見伐之恨○[道]音導鄭人以王師會之王師不書不以告也伐宋入其郛以報東門之役郛郭也東門役在四年○[郛]芳夫反宋人使來告命告命策書公聞其入郛也將救之問於使者曰師何及對曰未及國忿公知而故問責窮辭○[使]所吏反公怒乃止辭使者曰君命寡人同恤社稷之難今問諸使者曰師未及國非寡人之所敢知也爲七年公伐邾傳○[難]乃旦反冬十二月辛巳臧僖伯卒公曰叔父有憾於寡人諸侯稱同姓大夫長曰伯父少曰叔父有恨恨諫觀魚不聽寡人弗敢忘

葬之加一等加命服之等宋人伐鄭圍長葛以報入郛之役也

經六年春鄭人來渝平和而不盟曰平○[渝]羊朱反變也夏五月辛酉公會齊侯盟于艾泰山牟縣東南有艾山○[艾]五蓋反秋七月雖無事而書首月具四時以成歲也他皆放此冬宋人取長葛秋取冬乃告也上有伐鄭圍長葛長葛鄭邑可知故不言鄭也前年冬圍不克而還今冬乘長葛無備而取之言易也○[易]以豉反

傳六年春鄭人來渝平更成也渝變也公之爲公子戰於狐壤爲鄭所執逃歸怨鄭鄭伐宋公欲救宋宋使者失辭公怒而止忿宋則欲厚鄭鄭因此而來故經書渝平傳曰更成翼九宗五正頃父之子嘉父逆晉侯于隨翼晉舊都也唐叔始封受懷姓九宗職官五正遂世爲晉強家五正五官之長九宗一姓爲九族也頃父之子嘉父晉大夫○[頃]音傾納諸鄂晉人謂之鄂侯鄂晉別邑諸地名疑者皆言有以示不審闕者不復記其闕他皆放此前年桓王立此侯之子於翼故不得復入翼別居鄂夏盟于艾始平于齊也春秋前魯與齊不平今乃弃惡結好故言始平于齊○[好]呼報反五月庚申鄭伯侵陳大獲往歲鄭伯請成于陳成猶平也陳侯不許五父諫曰親仁善鄰國之寶也君其許鄭五父陳公子佗陳侯曰宋衞實難可畏難也○[難]乃旦反鄭何能爲遂不許君子曰善不可失惡不可長其陳桓公之謂乎長惡不悛從自及也悛止也從隨也○[悛]七全反雖欲救之其將能乎商書曰惡之易也如火之燎于原不可鄉邇商書盤庚言惡易長如火焚原野不可鄉近其猶可撲滅言不可撲滅周任有言周任周大夫

曰爲國家者見惡如農夫之務去草焉芟夷蕰崇之絕其本根勿使能殖則善者信矣芟刈也夷殺也蕰積也崇聚也○〔去〕起呂反〔芟〕所銜反〔蕰〕紆粉反〔信〕如字一音申秋宋人取長葛冬京師來告饑公爲之請糴於宋衞齊鄭禮也告饑不以王命故傳言京師而不書於經也雖非王命而公共以稱命己國不足旁請鄰國故曰禮也傳見隱之賢○〔爲〕于僞反鄭伯如周始朝桓王也桓王即位周鄭交惡至是乃朝故曰始王不禮焉周桓公言於王曰我周之東遷晉鄭焉依周桓公周公黑肩也周采地扶風雍縣東北有周城幽王爲犬戎所殺平王東徙晉文侯鄭武公左右王室故曰晉鄭焉依○〔焉〕依如字或於虔反善鄭以勸來者猶懼不蔇蔇至也○〔蔇〕其器反況不禮焉鄭不來矣爲桓五年諸侯從王伐鄭傳

經七年春王三月叔姬歸于紀無傳叔姬伯姬之娣也至是歸者待年於父母國不與嫡俱行故書滕侯卒傳例曰不書名未同盟也滕國在沛國公丘縣東南○〔沛〕音貝夏城中丘城例在莊二十九年中丘在琅邪臨沂縣東北齊侯使其弟年來聘諸聘皆使卿執玉帛以相存問例在襄九年秋公伐邾冬天王使凡伯來聘凡伯周卿士凡國伯爵也汲郡共縣東南有凡城戎伐凡伯于楚丘以歸戎鳴鐘鼓以伐天子之使見夷狄強虣不書凡伯敗者單使無衆非戰陳也但言以歸非執也楚丘衞地在濟陰成武縣西南○〔虣〕蒲報反

傳七年春滕侯卒不書名未同盟也凡諸侯同盟於是稱名故薨則赴以名盟以名告神故薨亦以名告同盟告終稱嗣也以繼好息民告亡者之終稱嗣位之主嗣位之主當奉而不忘故曰繼好好同則和親故曰息民謂之禮經此言凡例乃周公所制禮經也十一年不告之例又曰不書於策明禮經皆當書於策仲尼脩春秋皆承策爲經丘明之傳博采衆記故始開凡例特顯此二句他皆放此夏城中丘書不時也齊侯使夷仲年來聘結艾之盟也艾盟在六年秋宋及鄭平七月庚申盟于宿公伐邾爲宋討也公距宋而更與鄭平欲以鄭爲援今鄭復與宋盟故懼而伐邾欲以求宋故曰爲宋討○〔爲〕宋于僞反初戎朝于周發幣于公卿凡伯弗賓朝而發幣於公卿如今計獻詣公府卿寺冬王使凡伯來聘還戎伐之于楚丘以歸傳言凡伯所以見伐陳及鄭平六年鄭侵陳大獲今乃平十二月陳五父如鄭涖盟涖臨也壬申及鄭伯盟歃如忘志不在於歃血○〔歃〕色洽反〔忘〕亡亮反服虔云如而也洩伯曰五父必不免不賴盟矣洩伯鄭洩駕○〔洩〕息列反鄭良佐如陳涖盟良佐鄭大夫辛巳及陳侯盟亦知陳之將亂也入其國觀其政治故揔言之也皆爲桓五年六年陳亂蔡人殺陳佗傳鄭公子忽在王所故陳侯請妻之以忽有王寵故○〔妻〕七計反鄭伯許之乃成昏爲鄭忽失齊昏援以至出奔傳

經八年春宋公衞侯遇于垂垂衞地濟陰句陽縣東北有垂亭○〔句〕古侯反三月鄭伯使宛來歸祊宛鄭大夫不書氏未賜族祊鄭祀泰山之邑在琅邪費縣東南○〔宛〕於阮反〔祊〕必彭反〔費〕音祕庚寅我入祊桓元年乃卒易祊田知此入祊未肯受而有之夏六月己亥蔡侯考父卒無傳襄六年傳曰杞桓公卒始赴以名同盟故也諸侯同盟稱名者非唯見在位二君也嘗與其父同盟則亦以名赴其子亦所以繼好也蔡未與隱盟蓋春秋前與惠公盟故赴以名○〔見〕賢遍反辛亥宿男卒無傳元年宋魯大夫盟于宿宿

與盟也晉荀偃禱河稱齊晉君名然後自稱名知雖大夫出盟亦當先稱己君之名以啓神明故薨皆從身盟之例當告以名也傳例曰赴以名則亦書之不然則否辟不敏也今宿赴不以名故亦不書名諸例或發於始事或發於後者因宜有所異同亦或丘明所得記注本末不能皆備故秋七月庚午宋公齊侯衛侯盟于瓦屋齊侯尊宋使主會故宋公序齊上瓦屋周地八月葬蔡宣公無傳三月而葬速九月辛卯公及莒人盟于浮來莒人微者不嫌敵公侯故直稱公例在僖二十九年浮來紀邑東莞縣北有邳鄉邳鄉西有公來山號曰邳來閒〇〔邳〕蒲悲反螟無傳爲災冬十有二月無駭卒公不與小斂故不書日卒而後賜族故不書氏

傳八年春齊侯將平宋衛平宋衛於鄭有會期宋公以幣請於衛請先相見宋敬齊命衛侯許之故遇于犬丘犬丘垂也地有兩名鄭伯請釋泰山之祀而祀周公以泰山之祊易許田三月鄭伯使宛來歸祊不祀泰山也成王營王城有遷都之志故賜周公許田以爲魯國朝宿之邑後世因而立周公別廟焉鄭桓公周宣王之母弟封鄭有助祭泰山之邑在祊鄭以天子不能復巡狩故欲以祊易許田各從本國所近之宜恐魯以周公別廟爲疑故云已廢泰山之祀而欲爲魯祀周公孫辭以有求也許田近許之田夏虢公忌父始作卿士于周周人於此遂畀之政四月甲辰鄭公子忽如陳逆婦嬀辛亥以嬀氏歸甲寅入于鄭陳鍼子送女先配而後祖鍼子曰是不爲夫婦誣其祖矣非禮也何以能育鍼子陳大夫禮逆婦必先告祖廟而後行故楚公子圍稱告莊共之廟鄭忽先逆婦而後告廟故曰先配而後祖〇〔鍼〕其廉反齊人卒平宋衛于鄭秋會于溫盟于瓦屋以釋東門之役禮也會溫不書不以告也定國息民故曰禮也平宋衛二國忿鄭之謀鄭不與盟故不書八月丙戌鄭伯以齊人朝王禮也言鄭伯不以虢公得政而背王故禮之齊稱人略從國辭上有七月庚午下有九月辛卯則八月不得有丙戌公及莒人盟于浮來以成紀好也二年紀莒盟于密爲魯故今公尋之故曰以成紀好冬齊侯使來告成三國齊侯冬來告稱秋和三國公使衆仲對曰君釋三國之圖以鳩其民君之惠也寡君聞命矣敢不承受君之明德鳩集也無駭卒羽父請謚與族公問族於衆仲衆仲對曰天子建德立有德以爲諸侯因生以賜姓因其所由生以賜姓謂若舜由嬀汭故陳爲嬀姓胙之土而命之氏報之以土而命氏曰陳〇〔胙〕才故反諸侯以字諸侯位卑不得賜姓故其臣因氏其王父字爲謚因以爲族或使卽先人之謚稱以爲族官有世功則有官族邑亦如之謂取其舊官舊邑之稱以爲族皆稟之時君〇〔稱〕尺證反公命以字爲展氏諸侯之子稱公子公子之子稱公孫公孫之子以王父字爲氏無駭公子展之孫故爲展氏

經九年春天王使南季來聘無傳南季天子大夫也南氏季字也三月癸酉大雨震電庚辰大雨雪三月今正月〇〔雨〕雪于付反傳同挾卒無傳挾魯大夫未賜族〇〔挾〕音協夏城郎秋七月冬公會齊侯于防防魯地在琅邪華縣東南

傳九年春王三月癸酉大雨霖以震書始也書癸酉始雨日庚辰大雨雪亦如之書時失也夏之正月微陽始出未可震電既震電又

不當大雨雪，故皆為時失。凡雨自三日以往為霖。此解經書霖也。而經無霖字，經誤。平地尺為大雪。夏，城郎，書，不時也。宋公不王。不共王職。鄭伯為王左卿士，以王命討之，伐宋。宋以入郛之役怨公，不告命。入郛在五年。公以七年伐邾，欲以說宋，而宋猶不和也。○[說]音悅。公怒，絕宋使。秋，鄭人以王命來告伐宋。遣使致王命也。伐宋未得志，故復更告之。冬，公會齊侯于防，謀伐宋也。北戎侵鄭。鄭伯禦之，患戎師，曰：「彼徒我車，懼其侵軼我也。」徒，步兵也。軼，突也。○[軼]音迭，又音逸。公子突曰：「使勇而無剛者嘗寇而速去之，公子突，鄭厲公。嘗，試也。勇則能往，無剛不恥退。君為三覆以待之。覆，伏兵也。○[覆]扶又反，下同。戎輕而不整，貪而無親，勝不相讓，敗不相救，先者見獲，必務進，進而遇覆，必速奔，後者不救，則無繼矣。乃可以逞。」逞，解也。○[輕]遣政反。從之。戎人之前遇覆者奔，祝聃逐之，祝聃，鄭大夫。○[聃]乃甘反，一音士甘反。衷戎師，前後擊之，盡殪。為三部伏兵。祝聃帥勇而無剛者先犯戎而速奔，以遇二伏兵，至後伏兵起，戎還走，祝聃反逐之，戎前後及中三處受敵，故曰衷戎師。殪，死也。○[衷]丁仲反，又音忠。[殪]於計反。戎師大奔。後駐軍不復繼也。十一月甲寅，鄭人大敗戎師。此皆春秋時事，雖經無正文，所謂必廣記而備言之。將令學者原始要終，尋其枝葉，究其所窮。他皆放此。○[要]於遙反。

經十年春王二月，公會齊侯、鄭伯于中丘。傳言正月會，癸丑盟。釋例推經傳日月，癸丑是正月二十六日，知經二月誤。夏，翬帥師會齊人、鄭人伐宋。公子翬不待公命而貪會二國之君，疾其專進，故去氏。齊鄭以公不至，故亦更使微者從之伐宋。不言及，明翬專行，非鄧之謀也。及例在宣七年。六月壬戌，公敗宋師于菅。齊鄭後期，故公獨敗宋師。書敗宋，未陳也。敗例在莊十一年。菅，宋地。○[菅]古顏反。辛未，取郜。辛巳，取防。鄭後至，得郜防二邑，歸功于魯，故書取，明不用師徒也。濟陰成武縣東南有郜城，高平昌邑縣西南有西防城。○[郜]古報反。秋，宋人、衛人入鄭。宋人、蔡人、衛人伐戴。鄭伯伐取之。三國伐戴，鄭伯因其不和，伐而取之。書伐，用師徒也。書取，克之易也。戴國，今陳留外黃縣東南有戴城。冬十月壬午，齊人、鄭人入郕。

傳十年春王正月，公會齊侯、鄭伯于中丘。癸丑，盟于鄧，為師期。尋九年會于防，謀伐宋也。公既會而盟，不書，非後也。蓋公還告會而不告盟。鄧，魯地。夏五月，羽父先會齊侯、鄭伯伐宋。言先會，明非公本期，釋翬之去族。六月戊申，公會齊侯、鄭伯于老桃。會不書，不告於廟也。老桃，宋地。六月無戊申。戊申，五月二十三日，日誤。壬戌，公敗宋師于菅。庚午，鄭師入郜。辛未，歸于我。庚辰，鄭師入防。辛巳，歸于我。壬戌，六月七日。庚午，十五日。庚辰，二十五日。鄭伯後期，而公獨敗宋師，故鄭頻獨進兵以入郜防，入而不有，命魯取之。推功上爵，讓以自替，不有其實，故經但書魯取，以成鄭志，善之也。君子謂鄭莊公於是乎可謂正矣。以王命討不庭，下之事上，皆成禮於庭中。不貪其土，以勞王爵，正之體也。勞者敘其勤以答之。諸侯相朝，逆之以饗餼，謂之郊勞。魯侯爵尊，鄭伯爵卑，故言以勞王爵。○[勞]力報反。蔡人、衛人、郕人不會王命。不伐宋也。秋七月庚寅，鄭師入郊，猶在郊。鄭師還，駐兵於遠郊。宋人、衛人入鄭。宋、衛奇兵乘虛入鄭。蔡人從之伐戴。從宋衛伐戴也。八月壬戌，鄭伯圍戴。癸亥，克之，取三師焉。三國之軍在戴，故鄭伯合圍之。師者，軍旅之逓稱○〔稱〕尺證反宋衛既入鄭而以伐戴召蔡人伐戴乃召之蔡人怒故不和而敗言鄭取之易也九月戊寅鄭伯入宋報入鄭也九月無戊寅戊寅八月二十四日冬齊人鄭人入郕討違王命也

經十有一年春滕侯薛侯來朝諸侯相朝例在文十五年夏公會鄭伯于時來時來郲也熒陽縣東有釐城鄭地也○〔釐〕音來又力之反秋七月壬午公及齊侯鄭伯入許與謀曰及還使許叔居之故不言滅也許潁川許昌縣○〔與〕音預〔還〕音環冬十有一月壬辰公薨實弒書薨又不地者史策所諱也

傳十一年春滕侯薛侯來朝爭長薛魯國薛縣薛侯曰我先封薛祖奚仲夏所封在周之前滕侯曰我周之卜正也卜正卜官之長薛庶姓也我不可以後之庶姓非周之同姓公使羽父請於薛侯曰君與滕君辱在寡人周諺有之曰山有木工則度之賓有禮主則擇之擇所宜而行之○〔度〕大洛反周之宗盟異姓爲後盟載書皆先同姓例在定四年寡人若朝于薛不敢與諸任齒薛任姓齒列也○〔任〕音壬君若辱貺寡人則願以滕君爲請薛侯許之乃長滕侯夏公會鄭伯于郲謀伐許也鄭伯將伐許五月甲辰授兵於大宮大宮鄭祖廟○〔大〕音泰公孫閼與潁考叔爭車公孫閼鄭大夫○〔閼〕於葛反潁考叔挾輈以走輈車轅也〔輈〕張留反○子都拔棘以逐之子都公孫閼棘戟也及大逵弗及子都怒逵道方九軌也○〔逵〕求龜反九達謂之逵秋七月公會齊侯鄭伯伐許庚辰傅于許傅于許城下○〔傅〕音附潁考叔取鄭伯之

旗蝥弧以先登蝥弧旗名〔蝥〕亡侯反○子都自下射之顛顛隊而死○〔射〕食亦反〔隊〕直類反瑕叔盈又以蝥弧登瑕叔盈鄭大夫周麾而呼曰君登矣周徧也麾招也○〔呼〕火故反鄭師畢登壬午遂入許許莊公奔衛奔不書兵亂遁逃未知所在齊侯以許讓公公曰君謂許不共不共職貢○〔共〕音恭故從君討之許既伏其罪矣雖君有命寡人弗敢與聞乃與鄭人鄭伯使許大夫百里奉許叔以居許東偏許叔許莊公之弟東偏東鄙也○〔與〕音預曰天禍許國鬼神實不逞于許君而假手于我寡人借手于我寡德之人以討許寡人唯是一二父兄不能共億父兄同姓羣臣共給億安也其敢以許自爲功乎寡人有弟不能和協而使餬其口於四方弟共叔段也餬鬻也段出奔在元年其況能久有許乎吾子其奉許叔以撫柔此民也吾將使獲也佐吾子獲鄭大夫公孫獲若寡人得沒于地以壽終天其以禮悔禍于許言天加禮於許而悔禍之無寧茲許公復奉其社稷無寧寧也茲此也○〔復〕扶又反又音服唯我鄭國之有請謁焉如舊昏媾謁告也婦之父曰昏重昏曰媾其能降以相從也降降心也無滋他族實偪處此以與我鄭國爭此土也吾子孫其覆亡之不暇而況能禋祀許乎絜齊以享謂之禋祀謂許山川之祀寡人之使吾子處此不唯許國之爲亦聊以固吾圉也圉邊垂也〔爲〕于僞反○乃使公孫獲處許西偏曰凡而器用財賄無寘於許我死乃亟

去之。吾先君新邑於此，（此今河南新鄭，舊鄭在京兆。○〔寘〕之豉反。）王室而既卑矣，周之子孫日失其序。（鄭亦周之子孫。）夫許，大岳之胤也。（大岳，神農之後，堯四岳也。胤，繼也。○〔大〕音泰。）天而既厭周德矣，吾其能與許爭乎？君子謂鄭莊公於是乎有禮。禮，經國家，定社稷，序民人，利後嗣者也。許無刑而伐之，服而舍之，（刑，法也。）度德而處之，量力而行之，相時而動，無累後人，（我死乃亟去之，無累後人。○〔度〕待洛反。〔量〕音良。〔相〕息亮反。）可謂知禮矣。鄭伯使卒出豭，行出犬雞，以詛射潁考叔者。（百人為卒，二十五人為行。行亦卒之行列。疾射潁考叔者，故令卒及行間皆詛之。○〔豭〕音加。〔行〕戶剛反。）君子謂鄭莊公失政刑矣。政以治民，刑以正邪。既無德政，又無威刑，是以及邪。（大臣不睦，又不能用刑於邪人。）邪而詛之，將何益矣！王取鄔、劉、（二邑在河南緱氏縣西南有鄔聚，西北有劉亭。○〔鄔〕烏戶反。）蔿、邘之田于鄭，（蔿邘，鄭二邑。○〔蔿〕于委反。〔邘〕音于。）而與鄭人蘇忿生之田：（蘇忿生，周武王司寇蘇公也。○〔忿〕芳粉反。）溫、（今溫縣。）原、（在沁水縣西。）絺、（在野王縣西南。○〔絺〕勑之反。）樊、（一名陽樊，野王縣西南有陽樊城。）隰郕、（在懷縣西南。）欑茅、（在脩武縣北。○〔欑〕才官反。）向、（軹縣西有地名向上。○〔向〕音餉。）盟、（今盟津。○〔盟〕音孟。）州、（今州縣。）陘、（闕。○〔陘〕音刑。）隤、（在脩武縣北。○〔隤〕徒回反。）懷。（今懷縣。凡十二邑，皆蘇忿生之田。欑茅、隤屬汲郡，餘皆屬河內。）君子是以知桓王之失鄭也。恕而行之，德之則也，禮之經也。己弗能有，而以與人，人之不至，不亦宜乎？（蘇氏叛王，十二邑王所不能有，為桓五年從王伐鄭張本。）鄭、息有違言，（以言語相違恨。）息侯伐鄭，鄭伯與戰于竟，息師大敗而還。（息國，汝南新息縣。○〔竟〕音境。）君子是以知息之將亡也。不度德，（鄭莊賢。○〔度〕待洛反。）不量力，（息國弱。）不親親，（鄭息同姓之國。）不徵辭，（言語相恨，當明徵其辭。）不察有罪，（以審曲直。不宜輕鬭。）犯五不韙而以伐人，其喪師也，不亦宜乎？（韙，是也。○〔韙〕韋鬼反。〔喪〕息浪反。）

冬十月，鄭伯以虢師伐宋。壬戌，大敗宋師，以報其入鄭也。（入鄭在十年。）宋不告命，故不書。凡諸侯有命，告則書，不然則否。（命者，國之大事政令也。承其告辭，史乃書之于策。若所傳聞行言，非將君命，則記在簡牘而已，不得記於典策。此蓋周禮之舊制。）師出臧否，亦如之。（臧否謂善惡得失也。滅而告敗，勝而告克，此皆互言。不須兩告乃書。○〔否〕音鄙，又方九反。）雖及滅國，滅不告敗，勝不告克，不書于策。羽父請殺桓公，將以求大宰。（大宰，官名。○〔大〕音泰。）公曰：為其少故也，吾將授之矣。（授桓位。○〔為〕于僞反。〔少〕詩照反。）使營菟裘，吾將老焉。（菟裘，魯邑，在泰山梁父縣南。不欲復居魯朝，故別營外邑。○〔菟〕兎都反。）羽父懼，反譖公于桓公而請弒之。公之為公子也，與鄭人戰于狐壤，止焉。（內諱獲，故言止。狐壤，鄭地。○〔譖〕側鴆反。）鄭人囚諸尹氏，（尹氏，鄭大夫。）賂尹氏，而禱於其主鍾巫，（主，尹氏所主祭。）遂與尹氏歸，而立其主。（立鍾巫於魯。）十一月，公祭鍾巫，齊于社圃，（社圃，園名。○〔圃〕音補。）館于寪氏。（館，舍也。寪氏，魯大夫。○〔寪〕于委反。）壬辰，羽父使賊弒公于寪氏，立桓公，而討寪氏，有死者。（欲以弒君之罪加寪氏，而復不能正法誅之。傳言進退無據。）不書葬，不成喪也。（桓弒隱篡立，故喪禮不成。）

春秋經傳集解隱公第一

春秋經傳集解桓公第二

桓公名軌惠公之子隱公之弟母仲子史記亦名允諡法辟土服遠曰桓

杜氏註　盡十八年

經元年春王正月公卽位嗣子位定於初喪而改元必須踰年者繼父之業成父之志不忍有變於中年也諸侯每首歲必有禮於廟諸遭喪繼位者因此而改元正位百官以序故國史亦書卽位之事於策桓公篡立而用常禮欲自同於遭喪繼位者釋例論之備矣○〔篡〕初患反三月公會鄭伯于垂鄭伯以璧假許田夏四月丁未公及鄭伯盟于越公以篡立而脩好於鄭鄭因而迎之成禮於垂終易二田然後結盟垂犬丘衛地也越近垂地名鄭求祀周公魯聽受祊田令鄭廢泰山之祀知其非禮故以璧假爲文時之所隱○〔祊〕百庚反秋大水書災也傳例曰凡平原出水爲大水冬十月

傳元年春公卽位脩好于鄭鄭人請復祀周公卒易祊田事在隱八年○〔復〕扶又反公許之三月鄭伯以璧假許田爲周公祊故也魯不宜聽鄭祀周公又不宜易取祊田犯二不宜以動故隱其實不言祊稱璧假言若進璧以假田非久易也○〔爲〕于僞反夏四月丁未公及鄭伯盟于越結祊成也結成易二田之事也傳以經不書祊故獨見祊○〔見〕賢遍反盟曰渝盟無享國渝變也秋大水凡平原出水爲大水廣平曰原冬鄭伯拜盟鄭伯若自來則經不書若遣使則當言鄭人不得稱鄭伯疑謬誤宋華父督見孔父之妻于路華父督宋戴公孫也孔父嘉孔子六世祖○〔華〕戶化反目逆而送之曰美而豔色美曰豔○〔豔〕以贍反

經二年春王正月戊申宋督弒其君與夷及其大夫孔父稱督以弒罪在督也孔父稱名者內不能治其閨門外取怨於民身死而禍及其君滕子來朝無傳隱十一年稱侯今稱子者蓋時王所黜三月公會齊侯陳侯鄭伯于稷以成宋亂成平也宋有弒君之亂故爲會欲以平之稷宋地夏四月取郜大鼎于宋戊申納于大廟宋以鼎賂公大廟周公廟也始欲平宋之亂終於受賂故備書之戊申五月十日○〔郜〕古報反〔大〕音泰秋七月杞侯來朝公卽位而來朝蔡侯鄭伯會于鄧潁川召陵縣西南有鄧城九月入杞不稱主帥微者也弗地曰入○〔帥〕所類反或作帥○公及戎盟于唐冬公至自唐傳例曰告于廟也特相會故致地也凡公行還不書至者皆不告廟也隱不書至謙不敢自同於正君書勞策勳

傳二年春宋督攻孔氏殺孔父而取其妻公怒督懼遂弒殤公君子以督爲有無君之心而後動於惡雖有君若無也故先書弒其君會于稷以成宋亂爲賂故立華氏也經稱平宋亂者蓋以魯君受賂立華氏貪縱之甚惡其指斥故遠言始與齊陳鄭爲會之本意也傳言爲賂故立華氏明經本書平宋亂爲公諱在受賂立華氏也猶璧假許田爲周公祊故所謂婉而成章督未死而賜族督之妄也○〔爲〕賂于僞反宋殤公立十年十一戰殤公以隱四年立十一戰皆在隱公世民不堪命孔父嘉爲司馬督爲大宰故因民之不堪命先宣言曰司馬則然言公之數戰則司馬使爾嘉孔父字○〔數〕音朔己殺孔父而弒殤公召莊公于鄭而立之以親鄭莊公公子馮也隱三年出居于鄭馮入宋不書不告也○〔馮〕皮冰反以郜大鼎賂公郜國所造器也故繫名於郜濟陰成武縣東南有北郜城齊陳鄭皆有賂

故遂相宋公。夏四月，取郜大鼎于宋。戊申，納于大廟。非禮也。臧哀伯諫曰：臧哀伯，魯大夫，僖伯之子。君人者將昭德塞違，以臨照百官，猶懼或失之，故昭令德以示子孫。是以清廟茅屋，以茅飾屋，著儉也。清廟，肅然清靜之稱也。○〔稱〕尺證反。大路越席，大路，玉路，祀天車也。越席，結草。○〔越〕戶括反。大羹不致，大羹，肉汁。不致五味。粢食不鑿，黍稷曰粢。不精鑿。○〔粢〕音咨。〔食〕音嗣。〔鑿〕子洛反，精米也。字林作糳，子沃反，云糲米一斛舂爲八斗。昭其儉也。此四者皆示儉。袞、冕、黻、珽，袞，畫衣也。冕，冠也。黻，韋韠，以蔽膝也。珽，玉笏也，若今吏之持簿。○〔珽〕他頂反。〔韠〕音必。〔簿〕步古反。徐廣云：持簿，手版也。帶、裳、幅、舃，帶，革帶也。衣下曰裳。幅，若今行縢者。舃，複履。○〔幅〕音逼。〔縢〕徒登反。〔複〕音福。衡、紞、紘、綖，衡，維持冠者。紞，冠之垂者。紘，纓從下而上者。綖，冠上覆。○〔紞〕多敢反。〔紘〕獲耕反。〔綖〕音延，字林弋善反。昭其度也。尊卑各有制度。藻率、鞞鞛，藻率，以韋爲之，所以藉玉也。王五采，公侯伯三采，子男二采。鞞，佩刀削上飾。鞛，下飾。○〔率〕劣戌反。〔鞞〕補頂反。〔鞛〕布孔反。〔削〕仙妙反。鞶、厲、游、纓，鞶，紳帶也，一名大帶。厲，大帶之垂者。游，旌旗之游。纓，在馬膺前，如索帬。○〔鞶〕步干反。〔游〕音留。〔索〕悉各反。昭其數也。尊卑各有數。火、龍、黼、黻，火，畫火也。龍，畫龍也。白與黑謂之黼，形若斧。黑與青謂之黻，兩已相戾。昭其文也。以文章明貴賤。五色比象，昭其物也。車服器械之有五色，皆以比象天地四方，以示器物不虛設。○〔比〕弁是反。鍚、鸞、和、鈴，昭其聲也。鍚在馬額，鸞在鑣，和在衡，鈴在旂，動皆有鳴聲。○〔鍚〕音揚，馬面當盧。三辰旂旗，昭其明也。三辰，日月星也。畫於旂旗，象天之明。夫德，儉而有度，登降有數，登降，謂上下尊卑。文物以紀之，聲明以發之，以臨照百官，百官於是乎戒懼，而不敢易紀律。今滅德立違，謂立華督違命之臣。而寘其賂器

於大廟，以明示百官，百官象之，其又何誅焉？國家之敗，由官邪也。官之失德，寵賂章也。郜鼎在廟，章孰甚焉？武王克商，遷九鼎于雒邑，九鼎，殷所受夏九鼎也。武王克商，乃營雒邑而後去之，又遷九鼎焉。時但營洛邑，未有都城。至周公乃卒營雒邑，謂之王城，即今河南城也。故傳曰：成王定鼎于郟鄏。○〔雒〕音洛。義士猶或非之，蓋伯夷之屬。而況將昭違亂之賂器於大廟，其若之何？公不聽。周內史聞之，曰：臧孫達其有後於魯乎！君違，不忘諫之以德。內史，周大夫官也。僖伯諫隱觀魚，其子哀伯諫桓納鼎，積善之家必有餘慶，故曰其有後於魯。秋七月，杞侯來朝，不敬。杞侯歸，乃謀伐之。蔡侯、鄭伯會于鄧，始懼楚也。楚國，今南郡江陵縣北紀南城也。楚武王始僭號稱王，欲害中國，蔡、鄭姬姓，近楚，故懼而會謀。九月，入杞，討不敬也。公及戎盟于唐，脩舊好也。惠隱之好。冬，公至自唐，告于廟也。凡公行，告于宗廟；反行，飲至，舍爵，策勳焉，禮也。爵，飲酒器也。既飲置爵，則書勳勞於策，言速紀有功也。○〔舍〕音赦，置也。舊音捨。特相會，往來稱地，讓事也。特相會，公與一國會也。會必有主，二人獨會，則莫肯爲主，兩讓，會事不成，故但書地。自參以上，則往稱地，來稱會，成事也。成會事。○〔參〕七南反，一音三。初，晉穆侯之夫人姜氏以條之役生大子，命之曰仇。條，晉地。大子，文侯也。意取於戰相仇怨。其弟以千畝之戰生，命之曰成師。桓叔也。西河界休縣南有地名千畝。意取能成其衆。師服曰：異哉，君之名子也！師服，晉大夫。夫名以制義，名之必可言也。義以出禮，禮從義出。禮以體政，政以禮成。政以正民，是以政成而

民聽易則生亂反易禮義則亂生也嘉耦曰妃怨耦曰仇古之命也自古有此言○〔耦〕五口反〔妃〕芳非反今君命大子曰仇弟曰成師始兆亂矣兄其替乎穆侯愛少子桓叔俱取於戰以爲名所附意異故師服知桓叔之黨必盛於晉以傾宗國故因名以諷諫惠之二十四年晉始亂故封桓叔于曲沃惠魯惠公也晉文侯卒子昭侯元年危不自安封成師爲曲沃伯靖侯之孫欒賓傅之靖侯桓叔之高祖父言得貴寵公孫爲傅相○〔靖〕才井反〔欒〕力官反師服曰吾聞國家之立也本大而末小是以能固故天子建國立諸侯也諸侯立家卿大夫稱家卿置側室側室衆子也得立此一官大夫有貳宗適子爲小宗次者爲貳宗以相輔貳士有隸子弟士卑自以其子弟爲僕隸庶人工商各有分親皆有等衰庶人無復尊卑以親疏爲分別也衰殺也○〔分〕扶問反又如字〔親〕七刃反又如字是以民服事其上而下無覬覦下不冀望上位○〔覬〕音冀〔覦〕羊朱反今晉甸侯也而建國本既弱矣其能久乎諸侯而在甸服者惠之三十年晉潘父弒昭侯而納桓叔不克潘父晉大夫也昭侯文侯子晉人立孝侯昭侯子也惠之四十五年曲沃莊伯伐翼弒孝侯莊伯桓叔子翼晉國所都翼人立其弟鄂侯鄂侯生哀侯鄂侯以隱五年奔隨其年秋王立哀侯于翼哀侯侵陘庭之田陘庭翼南鄙邑○〔陘〕音刑陘庭南鄙啓曲沃伐翼

經三年春正月公會齊侯于嬴經之首時必書王明此歷天王之所班也其或廢法違常失不班歷故不書王嬴齊邑今泰山嬴縣○經三年正月從此盡十七年皆無王唯十年有二傳以爲義或有王字者非〔嬴〕音盈夏齊侯衛侯胥命于蒲申約言以相命而不歃血也蒲衛地在陳留長垣縣西南○〔歃〕所洽反六月公會杞侯于郕秋七月壬辰朔日有食之既無傳既盡也歷家之說謂日光以望時遙奪月光故月食日月同會月奄日故日食食有上下者行有高下日光輪存而中食者相奄密故日光溢出皆既者正相當而相奄閒疏也然聖人不言月食日而以自食爲文者闕於所不見公子翬如齊逆女禮君有故則使卿逆九月齊侯送姜氏于讙讙魯地濟北蛇丘縣西有下讙亭已去齊國故不言女未至於魯故不稱夫人○〔讙〕呼端反〔蛇〕以支反公會齊侯于讙無傳夫人姜氏至自齊無傳告於廟也不言翬以至者齊侯送之公受之於讙冬齊侯使其弟年來聘有年無傳五穀皆熟書有年

傳三年春曲沃武公伐翼次于陘庭韓萬御戎梁弘爲右武公曲沃莊伯子也韓萬莊伯弟也御戎僕也右戎車之右逐翼侯于汾隰汾隰汾水邊○〔汾〕扶云反驂絓而止驂騑馬○〔驂〕音參〔絓〕音畫夜獲之及欒共叔共叔桓叔之傅欒賓之子也身傅翼侯父子各殉所奉之主故并見獲而死會于嬴成昏于齊也公不由媒介自與齊侯會而成昏非禮也夏齊侯衛侯胥命于蒲不盟也公會杞侯于郕杞求成也二年入杞故今來求成秋公子翬如齊逆女修先君之好故曰公子昏禮雖奉時君之命其言必稱先君以爲禮辭故公子翬逆女傳稱修先君之好公子遂逆女傳稱尊君命互舉其義齊侯送姜氏非禮也凡公女嫁于敵國姊妹則上卿送之以禮於先君公子則下卿送之於大國雖公子亦上卿送之於天子則諸卿皆行公不自送於小國則

上大夫送之冬齊仲年來聘致夫人也古者女出嫁又使大夫隨加聘問存謙敬序殷勤也在魯而出則曰致女在他國而來則揔曰聘故傳以致夫人釋之芮伯萬之母芮姜惡芮伯之多寵人也故逐之出居于魏爲明年秦侵芮張本芮國在馮翊臨晉縣魏國河東河北縣○〔芮〕如銳反〔惡〕烏路反

經四年春正月公狩于郎冬獵曰狩行三驅之禮得田狩之時故傳曰書時禮也周之春夏之冬也田狩從夏時郎非國內之狩地故書地夏天王使宰渠伯糾來聘宰官渠氏伯糾名也王官之宰當以才授位而伯糾攝父之職出聘列國故書名以譏之國史之記必書年以集此公之事書首時以成此年之歲故春秋有空時而無事者今不書秋冬首月史闕文他皆放此

傳四年春正月公狩于郎書時禮也郎非狩地故唯時合禮夏周宰渠伯糾來聘父在故名秋秦師侵芮敗焉小之也秦以芮小輕之故爲芮所敗冬王師秦師圍魏執芮伯以歸三年芮伯出居魏芮更立君秦爲芮所敗故以芮伯歸將欲納之

經五年春正月甲戌己丑陳侯鮑卒未同盟而書名者來赴以名故也甲戌前年十二月二十一日己丑此年正月六日陳亂故再赴赴雖日異而皆以正月起文故但書正月慎疑審事故從赴兩書○〔鮑〕步飽反夏齊侯鄭伯如紀外相朝皆言如齊欲滅紀紀人懼而來告故書天王使仍叔之子來聘仍叔天子之大夫稱仍叔之子本於父字幼弱之辭也譏使童子出聘葬陳桓公無傳城祝丘無傳齊鄭將襲紀故秋蔡人衛人陳人從王伐鄭王自爲伐鄭之主君臣之辭也王師敗不書不以告○〔從〕如字又才用反大雩傳例曰書不時也失龍見之時螽無傳蚣蝑之屬爲災故書○〔蚣〕相容反〔蝑〕相魚反冬州公如曹不書奔以朝出也爲下寶來書也曹國今濟陰定陶縣

傳五年春正月甲戌己丑陳侯鮑卒再赴也於是陳亂文公子佗殺大子免而代之佗桓公弟五父也稱文公子明佗非桓公母弟也免桓公大子○〔佗〕大何反〔免〕音問公疾病而亂作國人分散故再赴夏齊侯鄭伯朝于紀欲以襲之紀人知之王奪鄭伯政鄭伯不朝奪不使知王政秋王以諸侯伐鄭鄭伯禦之王爲中軍虢公林父將右軍蔡人衛人屬焉虢公林父王卿士○〔將〕子匠反下同周公黑肩將左軍陳人屬焉黑肩周桓公也鄭子元請爲左拒以當蔡人衛人子元鄭公子拒方陳○〔拒〕俱甫反下同〔陳〕直覲反下同爲右拒以當陳人曰陳亂民莫有鬭心若先犯之必奔王卒顧之必亂蔡衛不枝固將先奔不能相枝持也既而萃於王卒可以集事從之萃聚也集成也曼伯爲右拒曼伯檀伯○〔曼〕音萬祭仲足爲左拒原繁高渠彌以中軍奉公爲魚麗之陳先偏後伍伍承彌縫司馬法車戰二十五乘爲偏以車居前以伍次之承偏之隙而彌縫闕漏也五人爲伍此蓋魚麗陳法○〔麗〕力知反戰于繻葛繻葛鄭地○〔繻〕音須命二拒曰旝動而鼓旝旃也通帛爲之蓋今大將之麾也執以爲號令○〔旝〕古外反又古活反本亦作檜建大木置石其上發機以磓敵蔡衛陳皆奔王卒亂鄭師合以攻之王卒大敗祝聃射王中肩王亦能軍雖軍敗身傷猶殿而不奔故言能軍○〔射〕食亦反〔中〕丁仲反〔殿〕多見反祝聃請從之公曰君子不欲多上人況敢陵天子乎苟自救也社

稷無隕多矣。鄭於此收兵自退。○〔隕〕于敏反。夜，鄭伯使祭足勞王，且問左右。祭足，即祭仲之字，蓋名仲字仲足也。勞王問左右，言鄭志在苟免，王討之非也。○〔勞〕力報反。仍叔之子弱也。仍叔之子來聘，童子將命，無速反之心，久留在魯，故經書夏聘，傳釋之於末秋。

秋，大雩。書不時也。十一公傳唯此年及襄二十六年有兩秋，此發雩祭之例，欲顯天時以指事，故重言秋，異於凡事。凡祀，啓蟄而郊，言凡祀，通下三句天地宗廟之事也。啓蟄，夏正建寅之月。祀天南郊。○〔蟄〕直立反。龍見而雩，龍見，建巳之月。蒼龍宿之體，昏見東方。萬物始盛，待雨而大，故祭天，遠爲百穀祈膏雨。○〔見〕賢遍反。〔宿〕音秀。始殺而嘗，建酉之月，陰氣始殺，嘉穀始熟，故薦嘗於宗廟。閉蟄而烝，建亥之月，昆蟲閉戶，萬物皆成，可薦者衆，故烝祭宗廟。釋例論之備矣。過則書。卜日有吉否，過次節則書，以譏慢也。

冬，淳于公如曹。度其國危，遂不復。淳于，州國所都，城陽淳于縣也。國有危難，不能自安，故出朝，而遂不還。○〔度〕待洛反。

經六年春正月，寔來。寔，實也。不言州公者，承上五年冬經，如曹，閒無異事，省文，從可知。○〔寔〕時力反。夏四月，公會紀侯于成。成，魯地，在泰山鉅平縣東南。秋八月壬午，大閱。齊爲大國，以戎事徵諸侯之戍，嘉美鄭忽，而忽欲以有功爲班，怒而訴齊，魯人懼之，故以非時簡車馬。蔡人殺陳佗。佗立踰年不稱爵者，篡立未會諸侯也。傳例在莊二十二年。九月丁卯，子同生。桓公子莊公也。十二公唯子同是適夫人之長子，備用大子之禮，故史書之於策。不稱大子者，書始生也。冬，紀侯來朝。

傳六年春，自曹來朝。書曰「寔來」，不復其國也。亦承五年冬傳，淳于公如曹也。言奔則來行朝禮，言朝則遂留不去，故變文言寔來。

楚武王侵隨，隨國，今義陽隨縣。使薳章求成焉。薳章，楚大夫。○〔薳〕于委反。軍於瑕以待之。瑕，隨地。隨人使少師董成。少師，隨大夫。董，正也。○〔少〕詩照反。鬬伯比言於楚子曰：「吾不得志於漢東也，我則使然。鬬伯比，楚大夫，令尹子文之父。我張吾三軍而被吾甲兵，以武臨之，彼則懼而協以謀我，故難閒也。漢東之國隨爲大，隨張必棄小國。張，自侈大也。○隨張，〔張〕豬亮反，一如字。小國離，楚之利也。少師侈，請羸師以張之。」羸，弱也。○〔羸〕劣追反。熊率且比曰：「季梁在何益？」熊率且比，楚大夫。季梁，隨賢臣。○〔率〕音律。〔且〕子余反。鬬伯比曰：「以爲後圖，少師得其君。」言季梁之諫不過一見從，隨侯卒當以少師爲計，故云以爲後圖。二年蔡侯鄭伯會于鄧，始懼楚。楚子自此遂盛，終於抗衡中國，故傳備言其事以終始之。王毀軍而納少師。從伯比之謀。

少師歸，請追楚師。隨侯將許之。信楚弱也。季梁止之，曰：「天方授楚，楚之羸，其誘我也。君何急焉？臣聞小之能敵大也，小道大淫。所謂道，忠於民而信於神也。上思利民，忠也；祝史正辭，信也。正辭，不虛稱君美。今民餒而君逞欲，逞，快也。○〔餒〕奴罪反。祝史矯舉以祭，臣不知其可也。」詐稱功德以欺鬼神。公曰：「吾牲牷肥腯，粢盛豐備，何則不信？」牲，牛羊豕也。牷，純色完全也。腯亦肥也。黍稷曰粢，在器曰盛。○〔牷〕音全。〔腯〕徒忽反。對曰：「夫民，神之主也。言鬼神之情，依民而行。是以聖王先成民而後致力於神。故奉牲以告曰『博碩肥腯』，謂民力之普存也。博，廣也。碩，大也。謂其畜之碩大蕃滋也，謂其不疾瘯蠡也，謂其備腯咸有也。雖告神以博碩肥腯，其實皆當兼此四謂，民力適完，則六畜既大而滋也，皮毛無疥癬，兼備而無有所闕。

〇［畜］許又反。［瘯］七木反。［蠡］力果反。瘯蠡，皮肥也。奉盛以告曰絜粢豐盛，謂其三時不害而民和年豐也。三時，春夏秋。奉酒醴以告曰嘉栗旨酒，嘉，善也。栗，謹敬也。謂其上下皆有嘉德而無違心也。所謂馨香無讒慝也。馨，香之遠聞。〇［慝］他得反。故務其三時，脩其五教，父義，母慈，兄友，弟恭，子孝。親其九族，以致其禋祀。禋，絜敬。九族謂外祖父、外祖母、從母子及妻父、妻母、姑之子、姊妹之子、女子之子、并己之同族，皆外親有服而異族者也。於是乎民和而神降之福，故動則有成。今民各有心，而鬼神乏主，民饑餒也。君雖獨豐，其何福之有？君姑脩政，而親兄弟之國，庶免於難。隨侯懼而脩政，楚不敢伐。夏，會于成，紀來諮謀齊難也。齊欲滅紀，故來謀之。〇［難］乃旦反。北戎伐齊，齊侯使乞師于鄭。鄭大子忽帥師救齊。六月，大敗戎師，獲其二帥大良、少良，甲首三百，以獻於齊。甲首，被甲者首。〇二［帥］所類反。［少］詩照反。於是諸侯之大夫戍齊，齊人饋之餼，生曰餼。使魯爲其班，後鄭。班，次也。魯親班齊饋，則亦使大夫戍齊矣。經不書，蓋史闕文。鄭忽以其有功也，怒，故有郎之師。郎師在十年。公之未昏於齊也，齊侯欲以文姜妻鄭大子忽。大子忽辭。人問其故，大子曰：人各有耦，齊大，非吾耦也。詩云：自求多福。詩大雅文王。言求福由己，非由人也。〇［妻］七計反。在我而已，大國何爲？君子曰：善自爲謀。言獨絜其身，謀不及國。及其敗戎師也，齊侯又請妻之。欲以他女妻之。固辭。人問其故，大子曰：無事於齊，

吾猶不敢。今以君命奔齊之急，而受室以歸，是以師昏也。民其謂我何？言必見怪於民。遂辭諸鄭伯。假父之命以爲辭。爲十一年鄭忽出奔衛傳。秋，大閱，簡車馬也。九月丁卯，子同生，以大子生之禮舉之，接以大牢，大牢，牛羊豕也。以禮接夫人，重適也。〇［接］如字。禮記作音捷。卜士負之，士妻食之，禮，世子生三日，卜士負之，射人以桑弧蓬矢射天地四方。卜士之妻爲乳母。〇［食］音嗣。［射］天地食亦反。公與文姜宗婦命之。世子生三月，君夫人沐浴於外寢，立於阼階西鄉，世婦抱子升自西階，君命之，乃降。蓋同宗之婦。公問名於申繻。申繻，魯大夫。〇［繻］音須。對曰：名有五，有信，有義，有象，有假，有類。以名生爲信，若唐叔虞、魯公子友。以德命爲義，若文王名昌，武王名發。以類命爲象，若孔子首象尼丘。取於物爲假，若伯魚生，人有饋之魚，因名之曰鯉。取於父爲類。若子同生，有與父同者。不以國，國君之子，不自以本國爲名也。不以官，不以山川，不以隱疾，隱痛疾患，辟不祥也。不以畜牲，畜牲，六畜。不以器幣。幣，玉帛。周人以諱事神，名，終將諱之。君父之名，固非臣子所斥，然禮既卒哭，以木鐸徇曰：舍故而諱新，謂舍親盡之祖，而諱新死者。故言以諱事神，名終將諱之。自父至高祖，皆不敢斥言。〇［舍］音捨。故以國則廢名，國不可易，故廢名。以官則廢職，以山川則廢主，改其山川之名。以畜牲則廢祀，名豬則廢豬，名羊則廢羊。以器幣則廢禮。晉以僖侯廢司徒，僖侯名司徒，廢爲中軍。宋以武公廢司空，武公名司空，廢爲司城。先君獻武廢二山，二山，具、敖也。魯獻公名具，武公名敖，更以其鄉名山。〇［敖］五羔反。是以大物不可以命。公曰：是其生也，與吾同物，命之曰同。物，類也。謂

同日。冬，紀侯來朝，請王命以求成于齊，公告不能。紀微弱，不能自通於天子，欲因公以請王命。公無寵於王，故告不能。

經七年春二月己亥，焚咸丘。無傳。焚，火田也。咸丘，魯地，高平鉅野縣南有咸亭。譏盡物，故書。夏，穀伯綏來朝。鄧侯吾離來朝。不揔稱朝者，各自行朝禮也。穀國在南鄉筑陽縣北。○[筑]音竹。

傳七年春，穀伯、鄧侯來朝。名，賤之也。辟陋小國，賤之，禮不足，故書名。以春來，夏乃行朝禮，故經書夏。○[辟]匹亦反。夏，盟、向求成于鄭，既而背之。盟、向二邑名。隱十一年王以與鄭，故求與鄭成。○[盟]音孟。[向]傷亮反。[背]音佩。秋，鄭人、齊人、衛人伐盟、向。王遷盟、向之民于郟。郟，王城。冬，曲沃伯誘晉小子侯殺之。曲沃伯，武公也。小子侯，哀侯子。

經八年春正月己卯，烝。無傳。此夏之仲月，非爲過而書者，爲下五月復烝見瀆也。則在五年。[見]賢遍反。○天王使家父來聘。無傳。家父，天子大夫。家，氏；父，字。夏五月丁丑，烝。無傳。秋，伐邾。無傳。冬十月，雨雪。無傳。今八月也，書時失。○[雨]于付反。祭公來，遂逆王后于紀。祭公，諸侯爲天子三公者。王使魯主昏，故祭公來受命而迎也。天子無外，故因稱王后。卿不書，舉重略輕。○[祭]側界反。

傳八年春，滅翼。曲沃滅之。隨少師有寵。楚鬭伯比曰：可矣。讎有釁，不可失也。釁，瑕隙也。無德者寵，國之釁也。夏，楚子合諸侯于沈鹿。沈鹿，楚地。黃、隨不會。黃國，今弋陽縣。使薳章讓黃。責其不會。楚子伐隨，軍於漢、淮之間。季梁請下之，下之請服也。○[下]遐嫁反。弗許而後戰，所以怒我而怠寇也。少師謂隨侯曰：必速戰，不然，將失楚師。隨侯禦之，望楚師。遙見楚師。季梁曰：楚人上左，君必左。君，楚君也。無與王遇，且攻其右，右無良焉，必敗。偏敗，衆乃攜矣。少師曰：不當王，非敵也。弗從。不從季梁謀。戰于速杞，隨師敗績。隨侯逸。速杞，隨地。逸，逃也。鬭丹獲其戎車，與其戎右少師。鬭丹，楚大夫。戎車，君所乘兵車也。戎右，車右也。寵之，故以爲右。秋，隨及楚平。楚子將不許。鬭伯比曰：天去其疾矣。去疾，謂少師見獲而死。隨未可克也。乃盟而還。冬，王命虢仲立晉哀侯之弟緡于晉。虢仲，王卿士，虢公林父。○[緡]亡巾反。祭公來，遂逆王后于紀，禮也。天子娶於諸侯，使同姓諸侯爲之主。祭公來受命於魯，故曰禮。

經九年春，紀季姜歸于京師。季姜，桓王后也。季，字；姜，紀姓也。書字者，伸父母之尊。夏四月。秋七月。冬，曹伯使其世子射姑來朝。曹伯有疾，故使其子來朝。○[射]姑音亦，又音夜。

傳九年春，紀季姜歸于京師。凡諸侯之女行，唯王后書。爲書婦人行例也。適諸侯雖告魯，猶不書。巴子使韓服告于楚，請與鄧爲好。韓服，巴行人。巴國在巴郡江州縣。楚子使道朔將巴客以聘於鄧。道朔，楚大夫。巴客，韓服。鄧南鄙鄾人攻而奪之幣。鄾在今鄧縣南，沔水之北。○[鄾]音憂。殺道朔及巴行人。楚子使薳章讓於鄧。鄧人弗受。言非鄾人所攻。夏，楚使鬭廉帥師及巴師圍鄾。鬭廉，楚大夫。鄧養甥、聃甥帥師救鄾。三逐巴師，不克。二甥皆鄧大夫。○[聃]音男。鬭廉衡陳其師於巴師之中，以戰而北。衡，橫也。分巴師爲二部，鬭北廉横陳於其間以與鄧師戰而僞北走也○[衡]如字一音横[陳]直覲反鄧人逐之背巴師而夾攻之楚師僞走鄧師逐之背巴師巴師攻之楚師自前還與戰○[背]音佩鄧師大敗鄧人宵潰宵夜也秋虢仲芮伯梁伯荀侯賈伯伐曲沃梁國在馮翊夏陽縣荀賈皆國名冬曹大子來朝賓之以上卿禮也諸侯之適子未誓於天子而攝其君則以皮帛繼子男故賓之以上卿各當其國之上卿○[適]丁歷反享曹大子初獻樂奏而歎酒始獻施父曰曹大子其有憂乎非歎所也施父魯大夫○[施]色豉反

經十年春王正月庚申曹伯終生卒未同盟而赴以名夏五月葬曹桓公無傳秋公會衛侯于桃丘弗遇無傳衛侯與公爲會期中背公更與齊鄭故公獨往而不相遇也桃丘衛地濟北東阿縣東南有桃城冬十有二月丙午齊侯衛侯鄭伯來戰于郎改侵伐而書來戰善魯之用周班惡三國討有辭○[惡]烏洛反又烏路反

傳十年春曹桓公卒終施父之言虢仲譖其大夫詹父於王虢仲王卿士詹父屬大夫○[譖]側鴆反詹父有辭以王師伐虢夏虢公出奔虞虞國在河東大陽縣秋秦人納芮伯萬于芮四年圍魏所執者初虞叔有玉虞叔虞公之弟虞公求旃旃之也○[旃]之然反弗獻既而悔之曰周諺有之匹夫無罪懷璧其罪人利其璧以璧爲罪吾焉用此其以賈害也賈買也○[焉]音煙[賈]音古乃獻之又求其寶劍叔曰是無厭也無厭將及我將殺我○[厭]於鹽反遂伐虞公故虞公出奔共池共池地名闕○[共]音洪一音恭冬齊衛鄭來戰于郎我有辭也初北戎病齊在六年諸侯救之鄭公子忽有功焉齊人餼諸侯使魯次之魯以周班後鄭鄭人怒請師於齊齊人以衛師助之故不稱侵伐不稱侵伐而以戰爲文明魯直諸侯曲故言我有辭以禮自釋交綏而退無敗績○[綏]荀隹反先書齊衛王爵也鄭主兵而序齊衛下者以王爵次之也春秋所以見魯猶秉周禮

經十有一年春正月齊人衛人鄭人盟于惡曹惡曹地闕夏五月癸未鄭伯寤生卒同盟於元年赴以名秋七月葬鄭莊公無傳三月而葬速九月宋人執鄭祭仲祭氏仲名不稱行人聽迫脅以逐君罪之也行人例在襄十一年釋例詳之突歸于鄭突厲公也爲宋所納故曰歸例在成十八年不稱公子從告文連祭仲故不言鄭鄭忽出奔衛忽昭公也莊公既葬不稱爵者鄭人賤之以名赴柔會宋公陳侯蔡叔盟于折無傳柔魯大夫未賜族者蔡叔蔡大夫叔名也折地闕○[折]之設反公會宋公于夫鍾無傳夫鍾郕地○[夫]音扶冬十有二月公會宋公于闞無傳闞魯地在東平須昌縣東南○[闞]口暫反

傳十一年春齊衛鄭宋盟于惡曹宋不書經闕楚屈瑕將盟貳軫貳軫二國名○[屈]居勿反鄖人軍於蒲騷將與隨絞州蓼伐楚師鄖國在江夏雲杜縣東南有鄖城蒲騷鄖邑絞國名州國在南郡華容縣東南蓼國今義陽棘陽縣東南湖陽城○[鄖]音云[騷]音蕭[絞]古卯反莫敖患之莫敖楚官名即屈瑕○[敖]五刀反鬭廉曰鄖人軍其郊必不誡且日虞四邑之至也虞度也四邑隨絞州蓼也君次於郊郢以禦四邑君謂屈瑕也郊郢楚地○[郢]以井反我以銳師宵加於鄖鄖有虞心而恃其城恃近

（其城。）莫有鬭志。若敗鄭師，四邑必離。莫敖曰：盍請濟師於王。（盍，何不也。濟，益也。）對曰：師克在和，不在衆。商周之不敵，君之所聞也。（商，紂也。周，武王也。傳曰：武王有亂臣十人，紂有億兆夷人。）成軍以出，又何濟焉。莫敖曰：卜之。對曰：卜以決疑，不疑何卜。遂敗鄭師於蒲騷，卒盟而還。（卒盟，貳軫。）鄭昭公之敗北戎也，（在六年。）齊人將妻之，昭公辭。祭仲曰：必取之。君多內寵，子無大援，將不立。三公子皆君也。（子突、子亹、子儀之母皆有寵。○〔妻〕七計反。〔亹〕亾匪反。）弗從。夏，鄭莊公卒。初，祭封人仲足有寵於莊公，（祭，鄭地。陳留長垣縣東北有祭城。封人，守封疆者，因以所守爲氏。）莊公使爲卿，爲公娶鄧曼，生昭公，故祭仲立之。（曼，鄧姓。○〔爲〕于僞反。〔曼〕音萬。）宋雍氏女於鄭莊公，曰雍姞，生厲公。（雍氏，姞姓，宋大夫也。以女妻人曰女。○〔雍〕於恭反。〔女〕尼據反。〔姞〕其吉反。）雍氏宗有寵於宋莊公，故誘祭仲而執之，（祭仲之如宋，非會非聘，見誘而以行人應命。）曰：不立突，將死。亦執厲公而求賂焉。祭仲與宋人盟，以厲公歸而立之。秋九月丁亥，昭公奔衛。己亥，厲公立。

經十有二年春正月。夏六月壬寅，公會杞侯、莒子，盟于曲池。（曲池，魯地。魯國汶陽縣北有曲水亭。）秋七月丁亥，公會宋公、燕人，盟于穀丘。（穀丘，宋地。燕人，南燕大夫。）八月壬辰，陳侯躍卒。（無傳。厲公也。十一年與魯大夫盟於折。不書葬，魯不會也。壬辰，七月二十三日，書於八月，從赴。）公會宋公于虛。（虛，宋地。○〔虛〕去魚反。）冬十有一月，公會宋公于龜。（龜，宋地。）丙戌，公會鄭伯，盟于武父。（武父，鄭地。陳留濟陽縣東北有武父城。）丙戌，衛侯晉卒。（無傳。重書丙戌，非義例，因史成文也。未同盟而赴以名。）十有二月，及鄭師伐宋。丁未，戰于宋。（既書伐宋，又重書戰者，以見宋之無信也。莊十一年傳例曰：皆陳曰戰。尤其無信，故以獨戰爲文。）

傳十二年夏，盟于曲池，平杞、莒也。（隱四年，莒人伐杞，自是遂不平。）公欲平宋、鄭。秋，公及宋公盟于句瀆之丘。（句瀆之丘，即穀丘也。宋以立厲公故，多責賂於鄭，鄭人不堪，故不平。○〔句〕古侯反。〔瀆〕音豆。）宋成未可知也，故又會于虛；冬，又會于龜。宋公辭平，故與鄭伯盟于武父。（宋公貪鄭賂，故與公三會而卒辭，不與鄭平。）遂帥師而伐宋，戰焉，宋無信也。君子曰：苟信不繼，盟無益也。詩云：君子屢盟，亂是用長。無信也。（詩小雅。言無信故數盟，數盟則情疏，情疏則憾結，故云長亂。○〔長〕丁丈反。）楚伐絞，軍其南門。莫敖屈瑕曰：絞小而輕，輕則寡謀。請無扞采樵者以誘之。（扞，衛也。樵，薪也。○〔輕〕遣政反。〔扞〕戶旦反。）從之。絞人獲三十人。（獲楚人也。）明日，絞人爭出，驅楚役徒於山中。楚人坐其北門，而覆諸山下，（坐，猶守也。覆，設伏兵而待之。○〔覆〕扶又反。）大敗之，爲城下之盟而還。（城下盟，諸侯所深恥。）伐絞之役，楚師分涉於彭。（彭水在新城昌魏縣。）羅人欲伐之，使伯嘉諜之，三巡數之。（羅，熊姓國，在宜城縣西山中，後徙南郡枝江縣。伯嘉，羅大夫。諜，伺也。巡，遍也。○〔數〕色主反。）

經十有三年春二月，公會紀侯、鄭伯。己巳，及齊侯、宋公、衛侯、燕人戰。齊師、宋師、衛師、燕師敗績。（大崩曰敗績。例在莊

十一年或稱人或稱師史異辭也衞宣公未葬惠公稱侯以接鄰國非禮也三月葬衞宣
公無傳夏大水無傳秋七月冬十月無傳
傳十三年春楚屈瑕伐羅鬭伯比送之還謂其御曰
莫敖必敗舉趾高心不固矣趾足也遂見楚子曰必濟
師難言屈瑕將敗故以益師諷諫○[見]賢遍反[難]乃旦反楚子辭焉不解其旨故拒之○
[解]戶買反入告夫人鄧曼鄧曼曰大夫其非衆之謂鄧曼楚武
王夫人言伯比意不在於益衆也其謂君撫小民以信訓諸司以德
而威莫敖以刑也莫敖狃於蒲騷之役將自用也狃忕
也蒲騷在十一年○[狃]女久反[忕]時世反必小羅君若不鎮撫其不設備
乎夫固謂君訓衆而好鎮撫之撫小民以信也○[好]呼報反又如字○召
諸司而勸之以令德訓諸司以德也見莫敖而告諸天之不
假易也諸之也言天不借貸慢易之人威莫敖以刑也○[易]以豉反不然夫豈不
知楚師之盡行也楚子使賴人追之不及賴國在義陽隨縣賴
人仕於楚者○[盡]津忍反此類可以意求莫敖使徇于師曰諫者有刑徇宣
令也○[徇]音殉及鄢亂次以濟鄢水在襄陽宜城縣入漢○[鄢]於晚反又於萬反遂
無次且不設備及羅羅與盧戎兩軍之盧戎南蠻大敗之
莫敖縊于荒谷羣帥囚于冶父縊自經也荒谷冶父皆楚地以聽
刑楚子曰孤之罪也皆免之宋多責賂於鄭立突賂鄭
不堪命故以紀魯及齊與宋衞燕戰不書所戰後也
公後地期而及其戰故不書所戰之地鄭人來請脩好

經十有四年春正月公會鄭伯于曹脩十二年武父之好以曹地曹
與會無冰無傳書時失夏五不書月闕文鄭伯使其弟語來盟秋
八月壬申御廩災御廩藏公所親耕以奉粢盛之倉天火曰災例在宣十六年○[廩]力
錦反乙亥嘗先其時亦過也既戒日致齊廩雖災苟不害嘉穀則祭不應廢故書以示法○[先]悉
薦反冬十有二月丁巳齊侯祿父卒無傳隱六年盟於艾宋人以
齊人蔡人衞人陳人伐鄭凡師能左右之曰以例在僖二十六年
傳十四年春會于曹曹人致餼禮也熟曰饔生曰餼夏鄭子
人來尋盟且脩曹之會子人即弟語也其後為子人氏秋八月壬申
御廩災乙亥嘗書不害也災其屋救之則息不及穀故曰書不害冬宋
人以諸侯伐鄭報宋之戰也在十二年焚渠門入及大逵
渠門鄭城門逵道方九軌伐東郊取牛首東郊鄭郊牛首鄭邑以大宮之椽
歸為盧門之椽大宮鄭祖廟盧門宋城門告伐而不告入取故不書○[大]音泰
經十有五年春二月天王使家父來求車三月乙未
天王崩無傳桓王也夏四月己巳葬齊僖公無傳五月鄭伯
突出奔蔡突既篡立權不足以自固又不能倚任祭仲反與小臣造賊盜之計故以自奔為文
罪之也例在昭三年鄭世子忽復歸于鄭忽實居君位故今還以復其位之例為文
也稱世子者忽為大子有母氏之寵宗卿之援有功於諸侯此大子之盛者也而守介節以失大國之助
知三公子之強不從祭仲之言修小善絜小行從匹夫之仁忘社稷之大計故君子謂之善自為謀言不
能謀國也父卒而不能自君鄭人亦不君之出則降名以赴入則逆以大子之禮始於見逐終於見殺三
公子更立亂鄭國者實忽之由復歸例在成十八年許叔入于許許叔莊公弟也隱十一年

鄭使許大夫奉許叔居許東偏鄭莊公既卒乃入居位許人嘉之以字告也叔本不去國雖稱入非國逆例

公會齊侯于艾邾人牟人葛人來朝無傳三人皆附庸之世子也其君應稱名故其子降稱人牟國今泰山牟縣葛國在梁國寧陵縣東北秋九月鄭伯突入于櫟櫟鄭別都也今河南陽翟縣未得國直書入無義例也○[櫟]音歷冬十有一月公會宋公衛侯陳侯于袲伐鄭袲宋地在沛國相縣西南先行會禮而後伐也○[袲]昌氏反[相]息亮反

傳十五年春天王使家父來求車非禮也諸侯不貢車服車服上之所以賜下天子不私求財諸侯有常職貢祭仲專鄭伯患之使其壻雍糾殺之將享諸郊雍姬知之謂其母曰父與夫孰親其母曰人盡夫也父一而已胡可比也婦人在室則天父出則天夫女以為疑故母以所生為本解之遂告祭仲曰雍氏舍其室而將享子於郊吾惑之以告祭仲殺雍糾尸諸周氏之汪汪池也周氏鄭大夫殺而暴其尸以示戮也○[舍]音捨[汪]烏黃反[暴]步卜反公載以出愍其見殺故載其尸共出國曰謀及婦人宜其死也夏厲公出奔蔡六月乙亥昭公入許叔入于許公會齊侯于艾謀定許也秋鄭伯因櫟人殺檀伯而遂居櫟檀伯鄭守櫟大夫冬會于袲謀伐鄭將納厲公也弗克而還

經十有六年春正月公會宋公蔡侯衛侯于曹夏四月公會宋公衛侯陳侯蔡侯伐鄭春既謀之今書會者魯諱議納不正蔡常在衛上今序陳下蓋後至秋七月公至自伐鄭用飲至之禮故書冬城向傳曰書時也而下有十一月舊說因謂傳誤此城向亦俱是十一月但本事異各隨本而書之耳經書夏叔弓如滕五月葬滕成公傳云五月叔弓如滕卽知但稱時者未必與下月異也又推校此年閏在六月則月却而節前水星可在十一月而正也詩云定之方中作于楚宮此未正中也功役之事皆總指天象不與言歷數同也故傳之釋經皆通言一時不月別○[向]失亮反[定]丁佞反十有一月衛侯朔出奔齊惠公也朔讒構取國故不言二公子逐罪之也

傳十六年春正月會于曹謀伐鄭也前年冬謀納厲公不克故復更謀夏伐鄭秋七月公至自伐鄭以飲至之禮也冬城向書時也初衛宣公烝於夷姜生急子夷姜宣公之庶母也上淫曰烝屬諸右公子為之娶於齊而美公取之生壽及朔屬壽於左公子左右媵之子因以為號○[屬]音燭下同[為]于僞反[媵]羊政反夷姜縊失寵而自經死宣姜與公子朔構急子宣姜宣公所取急子之妻構會其過惡○[構]古豆反[會]古外反公使諸齊使盜待諸莘將殺之莘衛地陽平縣西北有莘亭○公[使]所吏反[莘]所巾反壽子告之使行行去也不可曰弃父之命惡用子矣惡安也○[惡]音烏有無父之國則可也及行飲以酒壽子載其旌以先盜殺之急子至曰我之求也此何罪請殺我乎又殺之二公子故怨惠公十一月左公子洩右公子職立公子黔牟黔牟羣公子○[飲]於鴆反[洩]息列反[黔]其廉反惠公奔齊

經十有七年春正月丙辰公會齊侯紀侯盟于黃黃齊地二月丙午公會邾儀父盟于趡趡魯地稱字義與蔑盟同二月無丙

午丙午三月四日也日月必有誤○[趡]翠軌反夏五月丙午及齊師戰于奚奚魯地皆陳曰戰○[陳]直覲反六月丁丑蔡侯封人卒十一年大夫盟于折秋八月蔡季自陳歸于蔡季蔡侯弟也言歸爲陳所納癸巳葬蔡桓侯無傳稱侯蓋謬誤三月而葬速及宋人衛人伐邾冬十月朔日有食之甲乙者歷之紀也晦朔者日月之會也日食不可以不存晦朔晦朔須甲乙而可推故日食必以書朔日爲例

傳十七年春盟于黃平齊紀且謀衛故也齊欲滅紀衛逐其君及邾儀父盟于趡尋蔑之盟也蔑盟在隱元年夏及齊師戰于奚疆事也爭疆界也於是齊人侵魯疆疆吏來告公曰疆埸之事慎守其一而備其不虞虞度也不度猶不意也○[埸]音亦姑盡所備焉事至而戰又何謁焉齊背盟而來公以信待故不書侵伐蔡桓侯卒蔡人召蔡季于陳桓侯無子故召季而立之季內得國人之望外有諸侯之助故書字以善得衆稱歸以明外納秋蔡季自陳歸于蔡蔡人嘉之也嘉之故以字告伐邾宋志也邾宋爭疆魯從宋志背趡之盟冬十月朔日有食之不書日官失之也天子有日官諸侯有日御日官日御典歷數者日官居卿以厎日禮也日官天子掌歷者不在六卿之數而位從卿故言居卿也厎平也謂平歷數○[厎]音旨日御不失日以授百官于朝日官平歷以班諸侯諸侯奉之不失天時以授百官初鄭伯將以高渠彌爲卿昭公惡之固諫不聽昭公立懼其殺己也辛卯弒昭公而立公子亹公子亹昭公弟○[惡]烏路反[亹]音尾君子謂昭公知所惡矣公子達曰公子達魯大夫高伯其爲戮乎復惡已甚矣復重也本爲昭公所惡而復弒君重爲惡也○[復]扶又反一音服

經十有八年春王正月公會齊侯于濼濼水在濟南歷城縣西北入濟○[濼]盧篤力角二反公與夫人姜氏遂如齊公本與夫人俱行至濼公與齊侯行會禮故先書會濼既會而相隨至齊故曰遂夏四月丙子公薨于齊不言戕諱之也戕例在宣十八年丁酉公之喪至自齊無傳告廟也丁酉五月一日有日而無月秋七月冬十有二月己丑葬我君桓公無傳九月乃葬緩慢也

傳十八年春公將有行遂與姜氏如齊始議行事申繻曰女有家男有室無相瀆也謂之有禮易此必敗女安夫之家夫安妻之室違此則爲瀆今公將姜氏如齊故知其當致禍亂公會齊侯于濼遂及文姜如齊齊侯通焉公讁之讁譴也○[讁]直革反以告夫人告齊侯夏四月丙子享公齊侯爲公設享燕之禮使公子彭生乘公公薨于車上車曰乘彭生多力拉公幹而殺之○[乘]如字又純證反[拉]力荅反[幹]古旦反魯人告于齊曰寡君畏君之威不敢寧居來脩舊好禮成而不反無所歸咎惡於諸侯請以彭生除之除恥辱之惡也齊人殺彭生不書非卿秋齊侯師于首止陳師首止討鄭弒君也首止衛地陳留襄邑縣東南有首鄉子亹會之高渠彌相不知齊欲討己○[相]息亮反七月戊戌齊人殺子亹而轘高渠彌車裂曰轘○[轘]音患祭仲逆鄭子于陳而立之鄭子昭公弟子儀也是行也祭仲知之

故稱疾不往。人曰：祭仲以知免。仲曰：信也。時人譏祭仲失忠臣之節。仲以子亹爲渠彌所立，本既不正，又不能固位安民，宜其見除，故卽而然議者之言，以明本意。○〔知〕音智。周公欲弒莊王而立王子克。莊王，桓王大子。王子克，莊王弟子儀。辛伯告王，遂與王殺周公黑肩。王子克奔燕。辛伯，周大夫。初，子儀有寵於桓王，桓王屬諸周公。辛伯諫曰：竝后、妾如后。○〔屬〕音燭。匹嫡、庶如嫡。兩政、臣擅命。耦國，都如國。亂之本也。周公弗從，故及。及於難也。

春秋經傳集解桓公第二

春秋經傳集解莊公第三

莊公名同，桓公子，母文姜。謚法：勝敵克亂曰莊。

杜氏註　盡三十二年

經元年春王正月。三月，夫人孫于齊。夫人，莊公母也。魯人責之，故出奔。内諱奔，謂之孫，猶孫讓而去。○〔孫〕本作遜。孫　夏，單伯送王姬。無傳。單伯，天子卿也。單，采地。伯，爵也。王將嫁女于齊，既命魯爲主，故單伯送女。不稱使也。王姬不稱字，以王爲尊，且別於內女也。天子嫁女於諸侯，使同姓諸侯主之，不親昏，尊卑不敵。○〔單〕音善。秋，築王姬之館于外。公在諒闇，慮齊侯當親迎，不忍便以禮接於廟，又不敢逆王命，故築舍於外。○〔諒〕音梁，又音亮。〔迎〕魚敬反。冬十月乙亥，陳侯林卒。無傳。未同盟而赴以名。王使榮叔來錫桓公命。無傳。榮叔，周大夫。榮，氏；叔，字。錫，賜也。追命桓公，襃稱其德，若昭七年王追命衛襄之比。王姬歸于齊。無傳。不書逆，公不與接。齊師遷紀郱、鄑、郚。無傳。齊欲滅紀，故徙其三邑之民而取其地。郱在東莞臨朐縣東南，郚在朱虛縣東南，北海都昌縣西有訾城。○〔郱〕蒲丁反，〔鄑〕子斯反，〔郚〕音吾，〔朐〕其俱反，〔訾〕子斯反。

傳元年春，不稱即位，文姜出故也。文姜與桓俱行，而桓爲齊所殺，故不敢還。莊公父弒母出，故不忍行即位之禮。據文姜未還，故傳稱文姜出也。姜於是感公意而還，不書，不告廟。三月，夫人孫于齊。不稱姜氏，絶不爲親，禮也。姜氏，齊姓。於文姜之義，宜與齊絶，而復奔齊，故於其奔，去姜氏以示義。秋，築王姬之館于外。爲外，禮也。齊彊魯弱，又委罪於彭生，魯不能讎齊，然喪制未闋，故異其禮，得禮之變。○〔闋〕苦穴反。

經二年春王二月，葬陳莊公。無傳。魯往會之，故書。例在昭六年。夏，公子慶父帥師伐於餘丘。無傳。於餘丘，國名也。莊公時年十五，則慶父，莊公庶兄。秋七月，齊王姬卒。無傳。魯爲之主，比之內女。冬十有二月，夫人姜氏會齊侯于禚。夫人行不以禮，故還皆不書，不告廟也。禚，齊地。○〔禚〕諸若反。乙酉，宋公馮卒。無傳。再與桓同盟。○〔馮〕皮冰反。

傳二年冬，夫人姜氏會齊侯于禚，書，姦也。文姜前與公俱如齊，後懼而出奔，至此始與齊好會。會非夫人之事，顯然書之，傳曰書姦。姦在夫人，文姜比年出會，其義皆同。

經三年春王正月，溺會齊師伐衛。溺，魯大夫。疾其專命而行，故去氏。○〔溺〕乃狄反，〔去〕起呂反。夏四月，葬宋莊公。無傳。五月，葬桓王。秋，紀季以酅入于齊。季，紀侯弟。酅，紀邑，在齊國東安平縣。齊欲滅紀，故季以邑入齊爲附庸，先祀不廢，社稷有奉，故書字貴之。○〔酅〕戶圭反。冬，公次于滑。滑，鄭地，在陳留襄邑縣西北。傳例曰：凡師過信爲次。兵未有所加，所次則書之，既書兵所加，則不書其所次，以事爲宜，非虛次。

傳三年春，溺會齊師伐衛，疾之也。重明上傳例。夏五月，葬桓王，緩也。以桓十五年三月崩，七月乃葬，故曰緩。秋，紀季以酅入于齊，紀於是乎始判。判，分也。言分爲附庸始於此。冬，公次于滑，將會鄭伯，謀紀故也。鄭伯辭以難。厲公在櫟故。○〔難〕乃旦反，〔櫟〕音歷。凡師一宿爲舍，再宿爲信，過信爲次。爲經書次例也。舍不書，輕也。言凡師，通君臣。

經四年春王二月，夫人姜氏享齊侯于祝丘。無傳。享，食也。兩君相見之禮，非夫人所用，直書以見其失。祝丘，魯地。○〔食〕音嗣，又如字。三月，紀伯姬卒。無傳。隱二年裂繻所逆者，內女唯諸侯夫人卒葬皆書，恩成於敵體。夏，齊侯、陳侯、鄭伯遇于垂。無傳。紀侯大去其國。以國與季，季奉社稷，故不言滅。不見迫逐，故不言奔。

大去者不反之辭 六月乙丑齊侯葬紀伯姬 無傳紀季入酅為齊附庸而紀侯大去其國齊侯加禮初附以崇厚義故攝伯姬之喪而以紀國夫人禮葬之 秋七月 冬公及齊人狩于禚 無傳公越竟與齊微者俱狩失禮可知○[狩]手又反

傳四年春王三月楚武王荊尸授師孑焉以伐隨 尸陳也荊亦楚也更為楚陳兵之法揚雄方言孑者戟也然則楚始於此參用戟為陳○[孑]吉熱反方言云楚謂戟為孑為[陳]直覲反 將齊入告夫人鄧曼曰余心蕩 將授兵於廟故齊蕩動散也○[齊]側皆反 鄧曼歎曰王祿盡矣盈而蕩天之道也先君其知之矣故臨武事將發大命而蕩王心焉 楚為小國僻陋在夷至此武王始起其眾僭號稱王陳兵授師志意盈滿臨齊而散故鄧曼以天地鬼神為徵應之符 若師徒無虧王薨於行國之福也 王薨於行不死於敵 王遂行卒於樠木之下 樠木木名○[樠]郎蕩反又莫昆反又武元反 令尹鬬祁莫敖屈重除道梁溠營軍臨隨隨人懼行成 時祕王喪故為奇兵更開直道溠水在義陽厥縣西東南入鄖水梁橋也隨人不意其至故懼而行成○[重]直用反一直容反[溠]側嫁反[鄖]音云 莫敖以王命入盟隨侯且請為會於漢汭而還 汭內也謂漢西○[汭]如銳反水曲曰汭 濟漢而後發喪紀侯不能下齊以與紀季 不能降屈事齊盡以國與季明季不叛 夏紀侯大去其國違齊難也 違辟也○[難]乃旦反

經五年春王正月 夏夫人姜氏如齊師 無傳書姦 秋郳犁來來朝 附庸國也東海昌慮縣東北有郳城犁來名○[郳]五兮反 冬公會齊人宋人陳人蔡人伐衛

傳五年秋郳犁來來朝名未王命也 未受爵命為諸侯傳發附庸稱名例也其後數從齊桓以尊周室王命以為小邾子○[數]音朔 冬伐衛納惠公也 惠公朔也桓十六年出奔齊

經六年春王正月王人子突救衛 王人王之微官也雖官卑而見授以大事故稱人而又稱字 夏六月衛侯朔入于衛 朔為諸侯所納不稱歸而以國逆為文朔懼失眾心以國逆告也歸入例在成十八年 秋公至自伐衛 無傳告於廟也 螟 無傳為災○[螟]音冥 冬齊人來歸衛俘 公羊穀梁經傳皆言衛寶此傳亦言寶唯此經言俘疑經誤俘囚也○[俘]芳夫反

傳六年春王人救衛 夏衛侯入放公子黔牟于周放甯跪于秦殺左公子洩右公子職 甯跪衛大夫宥之以遠曰放○[甯]乃定反[跪]其毀反 乃即位君子以二公子之立黔牟為不度矣夫能固位者必度其本末而後立衷焉不知其本不謀知本之不枝弗強 本末終始也衷節適也譬之樹木本弱者其枝必披非人力所能強成○[度]待洛反下同[衷]丁仲反王音忠[強]其丈反[披]普靡反又普加反 詩云本枝百世 詩大雅言文王本枝俱茂蕃滋百世也 冬齊人來歸衛寶文姜請之也 公親與齊共伐衛事畢而還文姜淫於齊侯故求其所獲珍寶使以歸魯欲說魯以謝慙○[說]音悅 楚文王伐申過鄧鄧祁侯曰吾甥也 祁謚也姊妹之子曰甥 止而享之騅甥聃甥養甥請殺楚子 皆鄧甥仕於舅氏也○[騅]音隹 鄧侯弗許三甥曰亡鄧國者必此人也若不早圖後君噬齊 若齧腹齊喻不可及 其及圖之乎圖之此為時矣鄧侯曰

人將不食吾餘（言自害其甥必為人所賤）對曰若不從三臣抑社稷實不血食而君焉取餘（言君無復餘○〔焉〕於虔反）弗從還年楚子伐鄧（伐申還之年）十六年楚復伐鄧滅之（魯莊公十六年楚終強盛為經書楚事張本）

經七年春夫人姜氏會齊侯于防（防魯地）夏四月辛卯夜恆星不見（恆常也謂常見之星辛卯四月五日月光尚微蓋時無雲日光不以昏沒○〔見〕賢遍反）夜中星隕如雨（如而也夜半乃有雲星落而且雨其數多皆記異也日光不匿恆星不見而云夜中者以水漏知之○〔中〕丁仲反又如字〔隕〕于閔反）秋大水（無傳）無麥苗（今五月周之秋平地出水漂殺熟麥及五稼之苗○〔漂〕匹妙反）冬夫人姜氏會齊侯于穀（無傳穀齊地今濟北穀城縣）

傳七年春文姜會齊侯于防齊志也（文姜數與齊侯會至齊地則姦發夫人至魯地則齊侯之志故傳略舉二端以言之○〔數〕音朔）夏恆星不見夜明也星隕如雨與雨偕也（偕俱也）秋無麥苗不害嘉穀也（黍稷尚可更種故曰不害嘉穀）

經八年春王正月師次于郎以俟陳人蔡人（無傳期共伐郕陳蔡不至故駐師于郎以待之）甲午治兵（治兵於廟習號令將以圍郕）夏師及齊師圍郕郕降于齊師（二國同討而齊獨納郕○〔降〕戶江反）秋師還（時史善公克己復禮全軍而還故特書師還）冬十有一月癸未齊無知弒其君諸兒（稱臣臣之罪也○〔兒〕如字一音五兮反）

傳八年春治兵于廟禮也夏師及齊師圍郕郕降于齊師仲慶父請伐齊師（齊不與魯共其功故欲伐之）公曰不可我實不德齊師何罪罪我之由夏書曰皐陶邁種德（夏書逸書也稱皐陶能勉種德邁勉也）德乃降姑務脩德以待時乎（言苟有德乃為人所降服姑且也）秋師還君子是以善魯莊公（傳言經所以即用舊史之文）

齊侯使連稱管至父戍葵丘（連稱管至父皆齊大夫戍守也葵丘齊地臨淄縣西有地名葵丘○〔稱〕尺證反又如字）瓜時而往曰及瓜而代期戍公問不至（問命也○〔期〕音基）請代弗許故謀作亂僖公之母弟曰夷仲年生公孫無知有寵於僖公衣服禮秩如適（適大子○〔適〕丁歷反）襄公絀之二人因之以作亂（二人連稱管至父○〔絀〕勑律反）連稱有從妹在公宮無寵使閒公（伺公之閒隙○〔從〕才用反下同）曰捷吾以女為夫人（捷克也宣無知之言○〔捷〕在接反〔女〕音汝）

冬十二月齊侯游于姑棼遂田于貝丘（姑棼貝丘皆齊地田獵也樂安博昌縣南有地名貝丘○〔棼〕扶云反〔貝〕補蓋反）見大豕從者曰公子彭生也（公見大豕而從者見彭生皆妖鬼）公怒曰彭生敢見射之豕人立而啼公懼隊于車傷足喪屨反誅屨於徒人費（誅責也○〔見〕賢遍反〔射〕食亦反〔隊〕直類反〔喪〕息浪反〔費〕音祕）弗得鞭之見血走出遇賊于門劫而束之費曰我奚御哉袒而示之背信之費請先入（詐欲助賊○〔御〕魚呂反〔袒〕音但）伏公而出鬭死于門中石之紛如死于階下（石之紛如齊小臣亦鬭死）遂入殺孟陽于牀（孟陽亦小臣代公居牀）曰非君也不類見公之足于戶下遂弒之而立無

知（經書十一月癸未長曆推之月六日也傳云十二月傳誤）初襄公立無常（政令無常）鮑叔牙曰君使民慢亂將作矣奉公子小白出奔莒（鮑叔牙小白傳小白僖公庶子○〔鮑〕步卯反）亂作管夷吾召忽奉公子糾來奔（管夷吾召忽皆子糾傳也子糾小白庶兄來不書皆非卿也爲九年公伐齊納子糾齊小白入于齊傳○〔召〕時照反）初公孫無知虐于雍廩（雍廩齊大夫爲殺無知傳）

經九年春齊人殺無知（無知弑君而立未列於會故不書爵例在成十六年）公及齊大夫盟于蔇（齊亂無君故大夫得敵於公蓋欲迎子糾也來者非一人故不稱名）（蔇魯地琅邪繒縣北有蔇亭○〔蔇〕其器反）夏公伐齊納子糾齊小白入于齊（二公子各有黨故雖盟而迎子糾當須伐乃得入又出在小白之後小白稱入從國逆之文本無位）秋七月丁酉葬齊襄公（無傳九月乃葬亂故）八月庚申及齊師戰于乾時我師敗績（小白既定而公猶不退師歷時而戰戰遂大敗不稱公戰公敗諱之乾時齊地時水在樂安界岐流旱則竭涸故曰乾時○〔乾〕音干）九月齊人取子糾殺之（公子爲賊亂則書齊實告殺而書取者時史惡齊志在譎以求管仲非不忍其親故極言之○〔惡〕烏路反〔譎〕古穴反）冬浚洙（無傳洙水在魯城北下合泗浚深之爲齊備）

傳九年春雍廩殺無知公及齊大夫盟于蔇齊無君也夏公伐齊納子糾桓公自莒先入（桓公小白）秋師及齊師戰于乾時我師敗績公喪戎路傳乘而歸（戎路兵車傳乘乘他車○〔喪〕息浪反〔乘〕繩正反〔乘〕他如字）秦子梁子以公旗辟于下道（二子公御及戎右也以誤齊師○〔辟〕音避）是以皆止（止獲也）鮑叔帥師來言曰子糾親也請君討之（鮑叔乘勝而進軍志在生得管仲故託不忍之辭）管召讎也請受而甘心焉（管仲射桓公故曰讎甘心言欲快意戮殺之）乃殺子糾于生竇（生竇魯地○〔竇〕音豆）召忽死之管仲請囚鮑叔受之及堂阜而稅之（堂阜齊地東莞蒙陰縣西北有夷吾亭或曰鮑叔解夷吾縛於此因以爲名○〔稅〕土活反一失銳反）歸而以告曰管夷吾治於高傒（高傒齊卿高敬仲也言管仲治理政事之才多於敬仲○〔傒〕音兮）使相可也公從之（○〔相〕息亮反）

經十年春王正月公敗齊師于長勺（齊人雖成列魯以權譎稽之列成而不得用故以未陳爲文例在十一年長勺魯地○〔勺〕上酌反〔陳〕直覲反）二月公侵宋（無傳侵例在二十九年）三月宋人遷宿（無傳宋强遷之而取其地故文異於邢遷○〔强〕其丈反）夏六月齊師宋師次于郎（不言侵伐齊爲兵主背蔇之盟義與長勺同）公敗宋師于乘丘（乘丘魯地○〔乘〕繩證反）○秋九月荊敗蔡師于莘（荊楚本號後改爲楚楚辟陋在夷於此始通中國然告命之辭猶未合典禮故不稱將帥莘蔡地○〔莘〕所巾反〔將〕子匠反〔帥〕所類反）以蔡侯獻舞歸（獻舞蔡季）冬十月齊師滅譚（譚國在濟南平陵縣西南傳曰譚無禮此直釋所以見滅經無義例他皆放此滅例在文十五年）譚子奔莒（不言出奔國滅無所出）

傳十年春齊師伐我（不書侵伐齊背蔇之盟我有辭）公將戰曹劌請見（曹劌魯人○〔劌〕古衞反〔見〕賢遍反）其鄉人曰肉食者謀之又何閒焉（肉食在位者閒猶與也○〔與〕音預）劌曰肉食者鄙未能遠謀乃入見問何以戰公曰衣食所安弗敢專也必以分人對曰小惠未徧民弗從也（分公衣食所惠不過左右故曰未徧）公曰犧牲玉帛弗敢加也必以信（祝辭不敢以小爲大以惡爲美）對曰小信未

孚神弗福也孚大信也公曰小大之獄雖不能察必以情必盡己情察審也對曰忠之屬也上思利民忠也可以一戰戰則請從公與之乘共乘兵車○〔從〕去聲〔乘〕繩證反戰于長勺公將鼓之劌曰未可齊人三鼓劌曰可矣齊師敗績公將馳之劌曰未可下視其轍視車跡也○〔三〕息暫反又如字登軾而望之曰可矣遂逐齊師既克公問其故對曰夫戰勇氣也一鼓作氣再而衰三而竭彼竭我盈故克之夫大國難測也懼有伏焉恐詐奔吾視其轍亂望其旗靡故逐之旗靡轍亂怖遽夏六月齊師宋師次于郎公子偃曰宋師不整可敗也公子偃魯大夫宋敗齊必還請擊之公弗許自雩門竊出蒙皋比而先犯之雩門魯南城門皋比虎皮○〔比〕音毗公從之大敗宋師于乘丘齊師乃還蔡哀侯娶于陳息侯亦娶焉息嬀將歸過蔡蔡侯曰吾姨也妻之姊妹曰姨止而見之弗賓不禮敬也息侯聞之怒使謂楚文王曰伐我吾求救於蔡而伐之楚子從之秋九月楚敗蔡師于莘以蔡侯獻舞歸齊侯之出也過譚譚不禮焉及其入也諸侯皆賀譚又不至以九年入○〔過〕平聲冬齊師滅譚譚無禮也譚子奔莒同盟故也傳言譚不能及遠所以亡

經十有一年春王正月無傳夏五月戊寅公敗宋師于鄑鄑魯地傳例曰敵未陳曰敗某師○〔鄑〕子斯反秋宋大水公使弔之故書冬王姬歸于齊魯主昏不書齊侯逆不見公

傳十一年夏宋爲乘丘之役故侵我公禦之宋師未陳而薄之敗諸鄑凡師敵未陳曰敗某師通謂設權譎變詐以勝敵彼我不得成列成列而不得用故以未陳獨敗爲文○〔爲〕乘于僞反〔陳〕直覲反皆陳曰戰堅而有備各得其所成敗決於志力者也大崩曰敗績師徒撓敗若沮岸崩山喪其功績故曰敗績○〔撓〕乃孝反一音乃巧反〔沮〕在呂反壞也一音子餘反岸崩謂之沮得儁曰克謂若大叔段之比才力足以服衆威權足以自固進不成爲外寇強敵退復狡壯有二君之難而實非二君克而勝之則不言彼敗績但書所克之名○〔儁〕音俊覆而敗之曰取某師覆謂威力兼備若羅網所掩覆一軍皆見禽制故以取爲文京師敗曰王師敗績于某王者無敵於天下天下非所得與戰者然春秋之世據有其事事列於經則不得不因申其義有時而敗則以自敗爲文明天下莫之得校○〔校〕音教秋宋大水公使弔焉曰天作淫雨害於粢盛若之何不弔不爲天所愍弔對曰孤實不敬天降之災又以爲君憂拜命之辱謝辱厚命臧文仲曰宋其興乎臧文仲魯大夫禹湯罪己其興也悖焉悖盛貌○〔悖〕蒲忽反一作勃桀紂罪人其亡也忽焉忽速貌且列國有凶稱孤禮也列國諸侯無凶則常稱寡人言懼而名禮其庶乎言懼罪己名禮稱孤其庶庶幾於興○言懼而名禮絕句既而聞之曰公子御說之辭也宋莊公子○〔御〕魚呂反〔說〕音悅臧孫達曰是宜爲君有恤民之心冬齊侯來逆共姬齊桓公也○〔共〕音恭乘丘之役在十年公以金僕姑射南宮長萬金僕姑矢名南宮長萬宋大夫○〔射〕食亦反〔長〕丁丈反公右歂孫生

搏之（搏，取也。不書獲萬，時未爲卿。○〔歂〕市專反。〔搏〕音博。）宋人請之，宋公靳之（戲而相愧曰靳。魯聽其得還。○〔靳〕居覲反。服云：耻而惡之曰靳。）曰：始吾敬子，今子魯囚也，吾弗敬子矣。病之（萬不以爲戲而以爲己病，爲宋萬弒君傳。）

經十有二年春王三月，紀叔姬歸于酅（無傳。紀侯去國而死，叔姬歸魯，紀季自定於齊而後歸之，全守節義以終婦道，故繫之紀而以初嫁爲文，賢之也。來歸不書，非寧且非大歸。〔酅〕音攜。）○夏四月。秋八月甲午，宋萬弒其君捷及其大夫仇牧（捷，閔公。不書葬，亂也。萬及仇牧皆宋卿。仇牧稱名，不警而遇賊，無善事可褒。）冬十月，宋萬出奔陳（奔例在宣十年。）

傳十二年秋，宋萬弒閔公于蒙澤（蒙澤，宋地。梁國有蒙縣。）遇仇牧于門，批而殺之（手批之也。○〔批〕普迷反，又蒲穴反，擊也。）遇大宰督于東宮之西，又殺之（殺督不書，宋不以告。○〔大〕音泰。）立子游（子游，宋公子。）羣公子奔蕭，公子御說奔亳（蕭，宋邑，今沛國蕭縣。亳，宋邑，蒙縣西北有亳城。）南宮牛、猛獲帥師圍亳（牛，長萬之子。猛獲，其黨。）冬十月，蕭叔大心（叔，蕭大夫名。）及戴、武、宣、穆、莊之族（宋五公之子孫。）以曹師伐之，殺南宮牛于師，殺子游于宋，立桓公（桓公，御說。）猛獲奔衛，南宮萬奔陳，以乘車輦其母，一日而至（乘車非兵車，駕人曰輦。宋去陳二百六十里，言萬之多力。○〔乘〕繩證反。）宋人請猛獲于衛，衛人欲勿與，石祁子曰：不可（石祁子，衛大夫。）天下之惡一也，惡於宋而保於我，保之何補？得一夫而失一國，與惡而弃好，非謀也（宋衛本同好國。○〔好〕呼報反。）衛人歸之。亦請南宮萬于陳以賂，陳人使婦人飲之酒，而以犀革裹之，比及宋，手足皆見。宋人皆醢之（醢，肉醬。并醢猛獲，故言皆。○請南宮長萬于陳以賂絕句。〔飲〕於鴆反。〔見〕賢遍反。〔醢〕音海。）

經十有三年春，齊侯、宋人、陳人、蔡人、邾人會于北杏（北杏，齊地。杏，戶猛反。）○夏六月，齊人滅遂（遂國在濟北蛇丘縣東北。○〔蛇〕音移。）秋七月。冬，公會齊侯盟于柯（此柯今濟北東阿，齊之阿邑。猶祝柯今爲祝阿。○〔柯〕古何反。）

傳十三年春，會于北杏，以平宋亂（宋有弒君之亂，齊桓欲脩霸業。）遂人不至。夏，齊人滅遂而戍之（戍，守也。）冬，盟于柯，始及齊平也（始與齊桓通好。）宋人背北杏之會（○〔背〕音佩。）

經十有四年春，齊人、陳人、曹人伐宋（背北杏會故。）夏，單伯會伐宋（既伐宋，單伯乃至，故曰會伐宋。單伯，周大夫。）秋七月，荊入蔡（入例在文十五年。）冬，單伯會齊侯、宋公、衛侯、鄭伯于鄄（鄄，衛地，今東郡鄄城也。齊桓脩霸業，卒平宋亂，宋人服從，欲歸功天子，故赴以單伯會諸侯爲文。○〔鄄〕音絹，一音真。）

傳十四年春，諸侯伐宋，齊請師于周（齊欲崇天子，故請師，假王命以示大順。經書人，傳言諸侯，總衆國之辭。）夏，單伯會之，取成于宋而還。鄭厲公自櫟侵鄭（厲公以桓十五年入櫟，遂居之。○〔櫟〕音歷。）及大陵，獲傅瑕（大陵，鄭地。傅瑕，鄭大夫。）傅瑕曰：苟舍我，吾請納君。與之盟而赦之。六月甲子，傅瑕殺鄭子及其二子而納厲公（鄭子，莊四年稱伯會諸侯，今見殺不稱君，無諡者，微弱臣子不以君禮成喪告諸侯。○〔舍〕音捨。）初，內蛇與外蛇鬭於鄭南門中。內蛇死。六年而厲公入。公聞之。問於申繻曰。猶有妖乎。對曰。人之所忌。其氣燄以取之。妖由人興也。尚書洛誥。無若火始燄燄。未盛而進退之時。以喻人心不堅正。○〔繻〕音須。人無釁焉。妖不自作。人棄常。則妖興。故有妖。厲公入。遂殺傅瑕。使謂原繁曰。傅瑕貳。言有二心於己。○〔釁〕許靳反。周有常刑。既伏其罪矣。納我而無二心者。吾皆許之上大夫之事。吾願與伯父圖之。上大夫。卿也。伯父。謂原繁。疑原繁有二心。且寡人出。伯父無裏言。無納我之言。入。又不念寡人。不親附己。寡人憾焉。對曰。先君桓公命我先人典司宗祏。桓公。鄭始受封君也。宗祏。宗廟中藏主石室。言己世宗廟守臣。○〔祏〕音石。〔守〕手又反。爲社稷有主而外其心。其何貳如之。苟主社稷。國內之民。其誰不爲臣。臣無二心。天之制也。子儀在位十四年矣。子儀。鄭子也。而謀召君者。庸非貳乎。庸。用也。莊公之子猶有八人。若皆以官爵行賂勸貳而可以濟事。君其若之何。臣聞命矣。乃縊而死。○莊公子猶有八人。傳唯見四人。子忽。子亹。子儀並死。獨厲公在。八人名字。記傳無聞。蔡哀侯爲莘故。繩息嬀以語楚子。莘役在十年。繩。譽也。○〔爲〕于僞反。〔語〕魚據反。〔繩〕食承反。楚子如息。以食入享。遂滅息。僞設享食之具。○〔食〕音嗣。以息嬀歸。生堵敖及成王焉。未言。未與王言。〔堵〕丁古反。○楚子問之。對曰。吾一婦人而事二夫。縱弗能死。其又奚言。楚子以蔡侯滅息。遂伐蔡。欲以說息嬀。○〔說〕音悅。秋七月。楚入蔡。君子曰。商書所謂惡之易也。如火之燎于原。不可鄉邇。其猶可撲滅者。其如蔡哀侯乎。商書。盤庚。言惡易長而難滅。冬。會于鄄。宋服故也。

經十有五年春。齊侯。宋公。陳侯。衛侯。鄭伯會于鄄。夏。夫人姜氏如齊。無傳。夫人文姜。齊桓公姊妹。父母在則禮有歸寧。沒則使卿寧。秋。宋人。齊人。邾人伐郳。宋主兵。故序齊上。○〔郳〕五兮反。鄭人侵宋。冬十月。

傳十五年春。復會焉。齊始霸也。始爲諸侯長。○〔復〕扶又反。秋。諸侯爲宋伐郳。郳屬宋而叛。故齊桓爲之伐郳。鄭人閒之而侵宋。

經十有六年春王正月。夏。宋人。齊人。衛人伐鄭。宋主兵也。班序上下。以國大小爲次。征伐則以主兵爲先。春秋之常也。他皆放此。秋。荊伐鄭。冬十有二月。會齊侯。宋公。陳侯。衛侯。鄭伯。許男。滑伯。滕子同盟于幽。書會。魯會之。不書其人。微者也。言同盟。服異也。陳國小。每盟會皆在衛下。齊桓始霸。楚亦始彊。陳侯介於二大國之閒。而爲三恪之客。故齊桓因而進之。遂班在衛上。終於春秋。滑國都費。河南緱氏縣。幽。宋地。○〔費〕扶味反。又音祕。〔緱〕古侯反。邾子克卒。無傳。克。儀父名。稱子者。蓋齊桓請王命以爲諸侯。再同盟。

傳十六年夏。諸侯伐鄭。宋故也。鄭侵宋故。鄭伯自櫟入。在十四年。緩告于楚。秋。楚伐鄭及櫟。爲不禮故也。鄭伯治與於雍糾之亂者。在桓十五年。○〔爲〕于僞反。〔與〕音預。九月。殺公子閼。刖強鉏。二子。祭仲黨。斷足曰刖。○〔閼〕安反。〔刖〕音月。又五刮反。〔鉏〕仕魚反。未公父定叔出奔衛。共叔段之孫。定。謚也。三年而復之。曰。不可使共叔無後於鄭使以十月入曰戾月也就盈數焉數滿於十君子謂强鉏不能衛其足言其不能早辟害冬同盟于幽鄭成也王使虢公命曲沃伯以一軍爲晉侯曲沃武公遂幷晉國僖王因就命爲晉侯小國故一軍初晉武公伐夷執夷詭諸夷詭諸周大夫夷采地名〇〔詭〕九委反蔿國請而免之蔿國周大夫〇〔蔿〕于委反既而弗報詭諸不報施於蔿國〇〔施〕始豉反故子國作亂謂晉人曰與我伐夷而取其地使晉取夷地遂以晉師伐夷殺夷詭諸周公忌父出奔虢周公忌父王卿士辟子國之難惠王立而復之魯桓十五年經書桓王崩魯莊三年經書葬桓王自此以來周有莊王又有僖王崩葬皆不見於經傳王室微弱不能復自通於諸侯故傳因周公見忌父之事而見惠王惠王立在此年之末

經十有七年春齊人執鄭詹齊桓始霸鄭既伐宋又不朝齊詹爲鄭執政大臣詣齊見執不稱行人罪之也行人例在襄十一年諸執大夫皆稱人以執之大夫賤故〇〔詹〕之廉反夏齊人殲于遂殲盡也齊人戍遂翫而無備遂人討而殲盡殺之故時史因以自盡爲文〇〔殲〕子廉反秋鄭詹自齊逃來無傳詹不能伏節守死以解國患而遁逃苟免書逃以賤之冬多麋無傳麋多則害五稼故以災書〇〔麋〕亡悲反

傳十七年春齊人執鄭詹鄭不朝也夏遂因氏頜氏工婁氏須遂氏饗齊戍醉而殺之齊人殲焉饗酒食也四族遂之彊宗齊滅遂戍之在十三年〇〔頜〕烏納反又苦荅反

經十有八年春王三月日有食之無傳不書日官失之夏公追戎于濟西戎來侵魯公逐之於濟水之西秋有蜮蜮短狐也蓋以含沙射人爲災〇〔蜮〕音或本草謂之射工冬十月

傳十八年春虢公晉侯朝王王饗醴命之宥王之觀羣后始則行饗禮先置醴酒示不忘古飲宴則命以幣物宥助也所以助歡敬之意言備設皆賜玉五瑴馬三匹非禮也雙玉爲瑴〇〔瑴〕音角王命諸侯名位不同禮亦異數不以禮假人侯而與公同賜是借人禮虢公晉侯鄭伯使原莊公逆王后于陳陳嬀歸于京師虢晉朝王鄭伯又以齊執其卿故求王爲援皆在周倡義爲王定昏陳人敬從得同姓宗國之禮故傳詳其事不書不告實惠后陳嬀後號惠后寵愛少子亂周室事在僖二十四年故傳於此並正其后稱〇〔稱〕尺證反夏公追戎于濟西不言其來諱之也戎來侵魯魯人不知去乃追之故諱不言其來秋有蜮爲災也初楚武王克權使鬭緡尹之權國名南郡當陽縣東南有權城鬭緡楚大夫〇〔緡〕亡巾反以叛圍而殺之緡以權叛〇以叛句遷權於那處那處楚地南郡編縣東南有那口城〇〔那〕乃多反〔處〕昌呂反又昌慮反使閻敖尹之閻敖楚大夫及文王即位與巴人伐申而驚其師驚巴師巴人叛楚而伐那處取之遂門于楚攻楚城門閻敖游涌而逸涌水在南郡華容縣閻敖既不能守城又游涌水而走〇〔涌〕音勇楚子殺之其族爲亂冬巴人因之以伐楚

經十有九年春王正月夏四月秋公子結媵陳人之婦于鄄遂及齊侯宋公盟無傳公子結魯大夫公羊穀梁皆以爲魯女媵陳侯之婦其稱陳人之婦未入國略言也大夫出竟有可以安社稷利國家者則專之可也結在鄄聞齊宋有會權事之宜去其本職遂與二君爲盟故備書之本非魯公意而又失媵陳之好故冬各來伐夫人

姜氏如莒（無傳非父母國而往書姦）冬齊人宋人陳人伐我西鄙（無傳幽之盟魯使微者會鄄之盟又使賤臣行所以受敵鄙邊邑）

傳十九年春楚子禦之大敗於津（禦巴人為巴人所敗津楚地或曰江陵縣有津鄉）還鬻拳弗納遂伐黃（鬻拳楚大閽黃嬴姓國今弋陽縣○〔鬻〕音育）敗黃師于踖陵（踖陵黃地○〔踖〕在亦反一音七略反）還及湫有疾（湫南郡鄀縣東南有湫城○〔湫〕子小反〔鄀〕音若）夏六月庚申卒鬻拳葬諸夕室（夕室地名）亦自殺也而葬於絰皇（絰皇冢前闕生守門故死不失職○〔絰〕田結反）初鬻拳強諫楚子楚子弗從臨之以兵懼而從之鬻拳曰吾懼君以兵罪莫大焉遂自刖也楚人以為大閽謂之大伯（若今城門校尉官○〔強〕其丈反〔大〕伯音泰）使其後掌之（使其子孫常主此官）君子曰鬻拳可謂愛君矣諫以自納於刑刑猶不忘納君於善（言愛君明非臣法也楚能盡其忠愛所以興）初王姚嬖于莊王生子頹（王姚莊王之妾也姚姓也）子頹有寵蔿國為之師及惠王即位（周惠王莊王孫）取蔿國之圃以為囿（圃園也囿苑也）邊伯之宮近於王宮王取之（邊伯周大夫）王奪子禽祝跪與詹父田（三子周大夫○〔跪〕求委反）而收膳夫之秩（膳夫石速也秩祿也）故蔿國邊伯石速詹父子禽祝跪作亂因蘇氏（蘇氏周大夫桓王奪其十二邑以與鄭自此以來遂不和）秋五大夫奉子頹以伐王（石速士也故不在五大夫數）不克出奔溫（溫蘇氏邑）蘇子奉子頹以奔衛衛師燕師伐周（燕南燕）冬立子頹

經二十年春王二月夫人姜氏如莒（無傳）夏齊大災（無傳來告以大故書天火曰災例在宣十六年）秋七月冬齊人伐戎（無傳）

傳二十年春鄭伯和王室不克（克能也）執燕仲父（燕仲父南燕伯為伐周故）夏鄭伯遂以王歸王處于櫟秋王及鄭伯入于鄔（鄔王所取鄭邑○〔鄔〕音塢）遂入成周取其寶器而還冬王子頹享五大夫樂及徧舞（皆舞六代之樂）鄭伯聞之見虢叔（虢叔虢公字）曰寡人聞之哀樂失時殃咎必至今王子頹歌舞不倦樂禍也夫司寇行戮（司寇刑官○〔樂〕音洛）君為之不舉（去盛饌）而況敢樂禍乎奸王之位禍孰大焉臨禍忘憂憂必及之盍納王乎虢公曰寡人之願也（○〔奸〕音干〔盍〕胡臘反）

經二十有一年春王正月夏五月辛酉鄭伯突卒（十六年與魯大夫盟于幽）秋七月戊戌夫人姜氏薨（無傳薨寢祔姑赴於諸侯故具小君禮書之）冬十有二月葬鄭厲公（無傳八月乃葬緩慢也）

傳二十一年春胥命于弭夏同伐王城（鄭虢相命也弭鄭地○〔弭〕面爾反）鄭伯將王自圉門入虢叔自北門入殺王子頹及五大夫鄭伯享王于闕西辟樂備（闕象魏也樂備備六代之樂○〔圉〕魚呂反〔辟〕蒲歷反）王與之武公之略自虎牢以東（略界也鄭武公傳平王平王賜之自虎牢以東後失其地故惠王今復與之虎牢河南成皋縣）原伯曰鄭伯效尤其亦將有咎（原伯原莊公也言效子頹舞徧樂）五月鄭厲公卒王巡虢守（巡守於虢國也天子省方謂之巡守○〔守〕音狩）虢公為王宮于玤（玤虢

地。○〔拜〕蒲項反。王與之酒泉。（酒泉，周邑。）鄭伯之享王也，王以后之鞶鑑予之。（后，王后也。鞶帶而以鑑為飾也，今西方羌胡猶然，古之遺服。○〔鞶〕步干反。）虢公請器，王予之爵。（爵，飲酒器。）鄭伯由是始惡於王。（為僖二十四年鄭執王使張本。○〔惡〕烏路反。）冬，王歸自虢。（傳言王之偏也。）

經二十有二年春王正月，肆大眚。（無傳。赦有罪也。易稱赦過宥罪，書稱眚災肆赦，傳稱肆眚圍鄭，皆放赦罪人，盪滌衆故，以新其心，有時而用之，非制所常，故書。○〔眚〕所景反。）癸丑，葬我小君文姜。（無傳。反哭成喪，故稱小君。）陳人殺其公子御寇。（宣公大子也。陳人惡其殺大子之名，故不稱君父，以國討公子告。○〔御〕音禦。）夏五月。秋七月丙申，及齊高傒盟于防。（無傳。高傒，齊之貴卿，而與魯之微者盟，齊桓謙接諸侯，以崇霸業。）冬，公如齊納幣。（無傳。公不使卿而親納幣，非禮也。母喪未再期而圖昏。二傳不見所譏，左氏又無傳，失禮明故。）

傳二十二年春，陳人殺其大子御寇。（傳稱大子，以實言。）陳公子完與顓孫奔齊。（公子完、顓孫，皆御寇之黨。）顓孫自齊來奔。（不書，非卿。）齊侯使敬仲為卿。（敬仲，陳公子完。）辭曰：「羈旅之臣，（羈，寄也。旅，客也。）幸若獲宥，及於寬政，（宥，赦也。）赦其不閑於教訓，而免於罪戾，弛於負擔，（弛，去離也。）君之惠也。所獲多矣，敢辱高位以速官謗？（敢，不敢也。）請以死告。（以死自誓。）詩云：『翹翹車乘，招我以弓，豈不欲往，畏我友朋。』」（逸詩也。翹翹，遠貌。古者聘士以弓。言雖貪顯命，懼為朋友所譏責。○〔乘〕繩證反。）使為工正。（掌百工之官。）飲桓公酒，樂。（齊桓賢之，故就其家會，據主人之辭，故言飲桓公酒。○〔飲〕於鴆反。〔樂〕音洛。）公曰：「以火繼之。」辭曰：「臣卜其晝，未卜其夜，不敢。」君子曰：「酒以成禮，不繼以淫，義也。（夜飲為淫樂。）以君成禮，弗納於淫，仁也。」初，懿氏卜妻敬仲。（懿氏，陳大夫。龜曰卜。○〔妻〕七計反。）其妻占之，曰：「吉。（懿氏妻。）是謂鳳皇于飛，和鳴鏘鏘。（雄曰鳳，雌曰皇，雄雌俱飛，相和而鳴鏘鏘然，猶敬仲夫妻相隨適齊，有聲譽。）有嬀之後，將育于姜。（嬀，陳姓。姜，齊姓。）五世其昌，並于正卿。八世之後，莫之與京。」（京，大也。）陳厲公，蔡出也，（姊妹之子曰出。）故蔡人殺五父而立之，（五父，陳佗也。殺陳佗在桓六年。）生敬仲。其少也，周史有以周易見陳侯者，（周大史也。〔少〕詩照反。）○陳侯使筮之，（蓍曰筮。）遇觀䷓（坤下巽上，觀。○〔觀〕古亂反。）之否䷋，（坤下乾上，否。觀六四爻變而為否。）曰：「是謂觀國之光，利用賓于王。（此周易觀卦六四爻辭。易之為書，六爻皆有變象，又有互體，聖人隨其義而論之。）此其代陳有國乎？不在此，其在異國；非此其身，在其子孫。光，遠而自他有耀者也。坤，土也。巽，風也。乾，天也。風為天，於土上，山也。（巽變為乾，故曰風為天。自二至四有艮象，艮為山。）有山之材，而照之以天光，於是乎居土上，（山則材之所生，上有乾，下有坤，故言居土上，照之以天光。）故曰：『觀國之光，利用賓于王。』（四為諸侯，變而之乾，有國朝王之象。）庭實旅百，奉之以玉帛，天地之美具焉，故曰：『利用賓于王。』（艮為門庭，乾為金玉，坤為布帛，諸侯朝王，陳贄幣之象。旅，陳也。百，言物備。）猶有觀焉，故曰其在後乎。（因觀文以博占，故言猶有觀，非在己之言，故知在子孫。）風行而著於土，故曰其在異國乎。若在異國，必姜姓也。姜，大嶽之後也。（姜姓之先為堯四嶽〇[著]直略反山嶽則配天物莫能兩大陳衰此其昌乎變而象艮故知當興於大嶽之後得大嶽之權則有配天之大功故知陳必衰及陳之初亡也昭八年楚滅陳陳桓子始大於齊桓子敬仲五世孫陳無宇其後亡也哀十七年楚復滅陳成子得政成子陳常也敬仲八世孫陳完有禮於齊子孫世不忘德德協於卜故傳備言其終始卜筮者聖人所以定猶豫決疑似因生義教者也尚書洪範通龜筮以同卿士之數南蒯卜亂而遇元吉惠伯荅以忠信則可臧會卜僭遂獲其應丘明故舉諸縣驗於行事者以示來世而君子志其善者遠者他皆放此〇[蒯]苦怪反

經二十有三年春公至自齊無傳祭叔來聘無傳穀梁以祭叔為祭公來聘魯天子內臣不得外交故不言使不與其得使聘〇[祭]側界反夏公如齊觀社齊因祭社蒐軍實故公往觀之公至自齊無傳荊人來聘無傳不書荊子使某來聘君臣同辭者蓋楚之始通未成其禮公及齊侯遇于穀無傳〇[穀]音谷蕭叔朝公無傳蕭附庸國叔名就穀朝公故不言來凡在外朝則禮不得具嘉禮不野合秋丹桓宮楹桓公廟也楹柱也冬十有一月曹伯射姑卒無傳未同盟而赴以名〇[射]示亦反又音亦十有二月甲寅公會齊侯盟于扈無傳扈鄭地在滎陽卷縣西北〇[扈]音戶[卷]音權

傳二十三年夏公如齊觀社非禮也曹劌諫曰不可夫禮所以整民也故會以訓上下之則制財用之節貢賦多少朝以正班爵之義帥長幼之序征伐以討其不然不然不用命諸侯有王從王事王有巡守省四方以大習之大習會朝之禮非是君不舉矣君舉必書書於策書而不法後

嗣何觀晉桓莊之族偪桓叔莊伯之子孫強盛偪迫公室〇[偪]彼力反獻公患之士蔿曰去富子則羣公子可謀也已士蔿晉大夫富子二族之富強者〇[蔿]于委反[去]起呂反公曰爾試其事士蔿與羣公子謀譖富子而去之以罪狀誣之同其族所惡其富強故士蔿得因而閒之用其所親為譖則似信離其骨肉則黨弱羣公子終所以見滅〇[惡]烏路反秋丹桓宮之楹

經二十有四年春王三月刻桓宮桷刻鏤也桷椽也將逆夫人故為盛飾葬曹莊公無傳夏公如齊逆女無傳親逆禮也秋公至自齊無傳八月丁丑夫人姜氏入哀姜也公羊傳以為姜氏要公不與公俱入蓋以孟任故丁丑入而明日乃朝廟〇[要]於遙反[任]音壬後同戊寅大夫宗婦覿用幣宗婦同姓大夫之婦禮小君至大夫執贄以見明臣子之道莊公欲奢夸夫人故使大夫宗婦同贄俱見大水無傳冬戎侵曹無傳曹羈出奔陳無傳羈蓋曹世子也先君既葬而不稱爵者微弱不能自定曹人以名赴赤歸于曹無傳赤曹僖公也蓋為戎所納故曰歸郭公無傳蓋經闕誤也自曹羈以下公羊穀梁之說既不了又不可通之於左氏故不采用

傳二十四年春刻其桷皆非禮也并非丹楹故言皆御孫諫曰臣聞之儉德之共也侈惡之大也御孫魯大夫〇[御]魚呂反先君有共德而君納諸大惡無乃不可乎以不丹楹刻桷為共秋哀姜至公使宗婦覿用幣非禮也傳不言大夫唯舉非常御孫曰男贄大者玉帛公侯伯子男執玉諸侯世子附庸孤卿執帛小者禽鳥卿執羔大夫執鴈士執雉以章物也章所執之物別貴賤女贄不過榛栗棗脩以告虔也榛小栗脩脯虔敬也皆取其名以示敬〇[榛]側巾反[脩]鍛脯加薑桂曰脩今

男女同贄是無別也男女之別國之大節也而由夫人亂之無乃不可乎晉士蔿又與羣公子謀使殺游氏之二子游氏二子亦桓莊之族士蔿告晉侯曰可矣不過二年君必無患

經二十有五年春陳侯使女叔來聘女叔陳卿女氏叔字○[女]音汝夏五月癸丑衞侯朔卒無傳惠公也書名十六年與內大夫盟于幽六月辛未朔日有食之鼓用牲于社鼓伐鼓也用牲以祭社傳例曰非常也伯姬歸于杞無傳不書逆女逆者微秋大水鼓用牲于社于門門國門也傳例曰亦非常也冬公子友如陳無傳報女叔之聘諸魯出朝聘皆書如不果彼國必成其禮故不稱朝聘春秋之常也公子友莊公之母弟稱公子者史策之通言母弟至親異於他臣其相殺害則稱弟以示義至於嘉好之事兄弟篤睦非例所興或稱弟或稱公子仍舊史之文也母弟例在宣十七年

傳二十五年春陳女叔來聘始結陳好也嘉之故不名季友相魯原仲相陳二人有舊故女叔來聘季友冬亦報聘嘉好接備卿以字為嘉則稱名其常也夏六月辛未朔日有食之鼓用牲于社非常也非常鼓之月長歷推之辛未實七月朔置閏失所故致月錯唯正月之朔慝未作正月夏之四月周之六月謂正陽之月今書六月而傳云唯者明此月非正陽月也慝陰氣○[正]音政[慝]他得反日有食之於是乎用幣于社伐鼓于朝日食歷之常也然食於正陽之月則諸侯用幣于社請救於上公伐鼓于朝退而自責以明陰不宜侵陽臣不宜掩君以示大義秋大水鼓用牲于社于門亦非常也失常禮凡天災有幣無牲天災日月食大水也祈請而已不用牲也非日月之眚不鼓眚猶災也月侵日為眚陰陽逆順之事賢聖所重故特鼓之○[眚]所景反晉士蔿使羣公子盡殺游氏之族乃城聚而處之聚晉邑冬晉侯圍聚盡殺羣公子卒如士蔿之計

經二十有六年春公伐戎無傳夏公至自伐戎無傳曹殺其大夫無傳不稱名非其罪例在文七年秋公會宋人齊人伐徐無傳宋序齊上主兵冬十有二月癸亥朔日有食之無傳

傳二十六年春晉士蔿為大司空大司空卿官夏士蔿城絳以深其宮絳晉所都也今平陽絳邑縣秋虢人侵晉冬虢人又侵晉為傳明年晉將伐虢張本此年經傳各自言其事者或經是直文或策書雖存而簡牘散落不究其本末故傳不復申解但言傳事而已

經二十有七年春公會杞伯姬于洮伯姬莊公女洮魯地○[洮]他刀反夏六月公會齊侯宋公陳侯鄭伯同盟于幽秋公子友如陳葬原仲原仲陳大夫原氏仲字也禮臣既卒不名故稱字季友違禮會外大夫葬具見其事亦所以知譏○[見]賢遍反冬杞伯姬來傳例曰歸寧莒慶來逆叔姬無傳慶莒大夫叔姬莊公女卿自為逆則稱字例在宣五年杞伯來朝無傳杞稱伯者蓋為時王所黜公會齊侯于城濮無傳城濮衛地將討衛也

傳二十七年春公會杞伯姬于洮非事也非諸侯之事天子非展義不巡守天子巡守所以宣布德義諸侯非民事不舉卿非君命不越竟○[竟]音境夏同盟于幽陳鄭服也二十二年陳亂

（而齊納敬仲。二十五年。鄭文公之四年。獲成於楚。皆有二心於齊。今始服也。）秋。公子友如陳。葬原仲。非禮也。原仲。季友之舊也。冬。杞伯姬來。歸寧也。（寧。問父母安否。）凡諸侯之女歸寧曰來。出曰來歸。（歸。不反之辭。）夫人歸寧曰如某。出曰歸于某。晉侯將伐虢。士蔿曰。不可。虢公驕。若驟得勝於我。必棄其民。（棄民。不養之。）無衆而後伐之。欲禦我誰與。夫禮樂慈愛。戰所畜也。夫民讓事樂和。愛親哀喪。而後可用也。（上之使民。以義讓哀樂為本。言不可力彊。○〔彊〕其丈反。下同。〔樂〕音洛。）虢弗畜也。亟戰將饑。（言虢不畜義讓而力戰。○〔亟〕欺冀反。）王使召伯廖賜齊侯命。（召伯廖。王卿士。賜命為侯伯。○〔召〕音邵。〔廖〕力彫反。）且請伐衛。以其立子頹也。（立子頹在十九年。）

經二十有八年。春。王三月甲寅。齊人伐衛。衛人及齊人戰。衛人敗績。（齊侯稱人者。諱取賂而還。以賤者告。不地者。史失之。）夏。四月丁未。邾子瑣卒。（無傳。未同盟而赴以名。）秋。荆伐鄭。公會齊人。宋人救鄭。冬。築郿。（郿。魯下邑。傳例曰。邑曰築。○〔郿〕亡悲反。）大無麥禾。（書於冬者。五穀畢入。計食不足。而後書也。）臧孫辰告糴于齊。（臧孫辰。魯大夫臧文仲。）

傳二十八年。春。齊侯伐衛。戰。敗衛師。數之以王命。取賂而還。晉獻公娶于賈。無子。（賈。姬姓國也。）烝於齊姜。（齊姜。武公妾。）生秦穆夫人及大子申生。又娶二女於戎。大戎狐姬生重耳。（大戎。唐叔子孫別在戎狄者。○〔重〕直龍反。）小戎子生夷吾。（小戎。允姓之戎。子。女也。）晉伐驪戎。驪戎男女以驪姬。（驪戎在京兆新豐縣。其君姬姓。其爵男也。納女於人曰女。○〔女〕昵據反。）歸。生奚齊。其娣生卓子。驪姬嬖。欲立其子。賂外嬖梁五。與東關嬖五。（姓梁名五。在閨闥之外者。東關嬖五。別在關塞者。亦名五。皆大夫。為獻公所嬖幸。視聽外事。）使言於公曰。曲沃。君之宗也。（曲沃。桓叔所封。先君宗廟所在。）蒲與二屈。君之疆也。（蒲。今平陽蒲子縣。二屈。今平陽北屈縣。或云二當為北。○〔屈〕求勿反。又居勿反。）不可以無主。宗邑無主。則民不威。疆埸無主。則啓戎心。戎之生心。民慢其政。國之患也。若使大子主曲沃。而重耳。夷吾主蒲與屈。則可以威民而懼戎。且旌君伐。（旌。章也。伐。功也。）使俱曰。狄之廣莫。於晉為都。晉之啓土。不亦宜乎。（廣莫。狄地之曠絶也。卽謂蒲子北屈也。言遣二公子出都之。則晉方當大開土界。獻公未決。故復使二五俱說此矣。）晉侯說。夏。使大子居曲沃。重耳居蒲城。夷吾居屈。羣公子皆鄙。（鄙。邊邑。〔說〕音悅。）○唯二姬之子在絳。二五卒與驪姬譖羣公子而立奚齊。晉人謂之二五耦。（二耜相耦。廣一尺。共起一伐。言二人俱共墜傷晉室若此。○〔譖〕責鴆反。〔耜〕音似。〔廣〕古曠反。）楚令尹子元欲蠱文夫人。（文夫人。息嬀也。子元。文王弟。蠱。惑以淫事。）為館於其宮側。而振萬焉。（振。動也。萬。舞也。）夫人聞之。泣曰。先君以是舞也。習戎備也。今令尹不尋諸仇讎。而於未亡人之側。不亦異乎。（尋。用也。婦人既寡。自稱未亡人。）御人以告子元。（御人。夫人之侍人。）子元曰。婦人不忘襲讎。我反忘之。秋。子元以車六百乘伐鄭。入于桔柣之門。（桔柣。鄭遠郊之門也。○〔乘〕繩證反。〔桔〕戶結反。〔柣〕待結反。）子元。鬬御彊。鬬梧耿之不比爲旆子元自與三子特建旆以居前廣充幅長尋曰旐繼旐曰旆○[御]魚呂反[殭]其良反又居良反[比]并里反鬬班王孫游王孫喜殿三子在後爲反禦○[殿]丁見反衆車入自純門及逵市純門鄭外郭門也逵市郭內道上市縣門不發楚言而出子元曰鄭有人焉縣門施於內城門鄭示楚以閑暇故不閉城門出兵而效楚言故子元畏之不敢進○[縣]音懸諸侯救鄭楚師夜遁鄭人將奔桐丘許昌縣東北有桐丘城諜告曰楚幕有烏乃止諜閒也幕帳也冬饑臧孫辰告糴于齊禮也經書大無麥禾傳言饑傳又先書饑在築郿上者說始糴經在下須得糴嫌或諱饑故曰禮築郿非都也凡邑有宗廟先君之主曰都無曰邑邑曰築都曰城周禮四縣爲都四井爲邑然宗廟所在則雖邑曰都尊之也言凡邑則他築非例

經二十有九年春新延廄傳例曰書不時言新者皆舊物不可用更造之辭○[廄]居又反夏鄭人侵許傳例曰無鐘鼓曰侵秋有蜚傳例曰爲災○[蜚]扶味反冬十有二月紀叔姬卒無傳紀國雖滅叔姬執節守義故繫之紀賢而錄之城諸及防諸防皆魯邑傳例曰書時也諸非備難而興作傳皆重云時以釋之他皆放此諸今城陽諸縣

傳二十九年春新作延廄書不時也經無作字蓋闕凡馬日中而出日中而入日中春秋分也治廄當以秋分因馬向入而脩之今以春作故曰不時○[向]許亮反夏鄭人侵許凡師有鐘鼓曰伐聲其罪無曰侵鐘鼓無聲輕曰襲掩其不備[輕]遣政反○秋有蜚爲災也凡物不爲災不書冬十二月城諸及防書時也凡土功龍見而畢務戒事也謂今九月周十一月龍星角亢晨見東方三務始畢戒民以土功事○[見]賢遍反[亢]苦浪反又音剛火見而致用大火心星次角亢見者致築作之物水昏正而栽謂今十月定星昏而中於是樹板幹而興作[栽]才代反一音再說文云築牆長板[定]多佞反○日至而畢日南至微陽始動故土功息樊皮叛王樊皮周大夫樊其采地皮名

經三十年春王正月夏次于成無傳將卑師少故直言次齊將降鄣故設備○[將]子匠反[降]戶江反秋七月齊人降鄣無傳鄣紀附庸國東平無鹽縣東北有鄣城小國孤危不能自固蓋齊遙以兵威脅使降附八月癸亥葬紀叔姬無傳以賢錄也無臣子故不作謚九月庚午朔日有食之鼓用牲于社無傳冬公及齊侯遇于魯濟濟水歷齊魯界在齊界爲齊濟在魯界爲魯濟蓋魯地○[濟]子禮反齊人伐山戎山戎北狄

傳三十年春王命虢公討樊皮夏四月丙辰虢公入樊執樊仲皮歸于京師楚公子元歸自伐鄭而處王宮欲遂蠱文夫人鬬射師諫則執而梏之射師鬬廉也足曰桎手曰梏○[射]食亦反[梏]古毒反秋申公鬬班殺子元申楚縣楚僭號縣尹皆稱公鬬穀於菟爲令尹自毀其家以紓楚國之難鬬穀於菟令尹子文也毀減紓緩也○[穀]奴走反楚人謂乳曰穀[於]音烏[菟]音徒[紓]音舒[難]乃旦反冬遇于魯濟謀山戎也以其病燕故也齊桓行霸故欲爲燕謀難燕國今薊縣○[薊]音計

經三十有一年春築臺于郎無傳刺奢且非土功之時夏四月薛伯卒無傳未同盟築臺于薛無傳薛魯地六月齊侯來獻戎捷傳例曰諸侯不相遺俘捷獲也獻奉上之辭齊侯以獻捷禮來故書以示過秋築臺于秦無傳東平范縣西北有秦亭冬不雨無傳不書旱不爲災例在僖三年

傳三十一年夏六月齊侯來獻戎捷非禮也凡諸侯有四夷之功則獻于王王以警于夷以警懼夷狄中國則否諸侯不相遺俘雖夷狄俘猶不以相遺

經三十有二年春城小穀小穀齊邑濟北穀城縣城中有管仲井大都以名通者則不繫國夏宋公齊侯遇于梁丘齊爲宋之請見故進其班梁丘在高平昌邑縣西南秋七月癸巳公子牙卒牙慶父同母弟僖叔也飲酖而死不以罪告故得書卒書日者公有疾不責公不與小斂○[酖]音鴆八月癸亥公薨于路寢路寢正寢也公薨皆書其所詳凶變冬十月己未子般卒子般莊公大子先君未葬故不稱爵不書殺諱之也○[般]音班[殺]音弒一音如字公子慶父如齊無傳慶父既弒子般季友出奔國人不與故懼而適齊欲以求援時無君假赴告之禮而行狄伐邢無傳邢國在廣平襄國縣

傳三十二年春城小穀爲管仲也公感齊桓之德故爲管仲城私邑○[爲]于僞反下同齊侯爲楚伐鄭之故請會于諸侯楚伐鄭在二十八年謀爲鄭報楚宋公請先見于齊侯夏遇于梁丘○[見]音現又如字

秋七月有神降于莘有神聲以接人莘虢地○[莘]所巾反惠王問諸內史過曰是何故也內史過周大夫○[過]古禾反對曰國之將興明神降之監其德也將亡神又降之觀其惡也故有得神以興亦有以亡虞夏商周皆有之亦有神異王曰若之何對曰以其物享焉其至之日亦其物也享祭也若以甲乙日至祭先脾玉用蒼服上青以此類祭之王從之內史過往聞虢請命聞虢請於神求賜土田之命反曰虢必亡矣虐而聽於神神居莘六月虢公使祝應宗區史嚚享焉神賜之土田祝大祝宗宗人史大史應區嚚皆名○[區]音驅[嚚]五巾反史嚚曰虢其亡乎吾聞之國將興聽於民政順民心將亡聽於神求福於神神聰明正直而壹者也依人而行唯德是與虢多涼德其何土之能得涼薄也爲僖二年晉滅下陽傳

初公築臺臨黨氏黨氏魯大夫築臺不書不告廟○[黨]音掌見孟任從之閟孟任黨氏女閟不從公○[閟]音祕而以夫人言許之許以爲夫人割臂盟公生子般焉雩講于梁氏女公子觀之雩祭天也講肄也梁氏魯大夫女公子子般妹○[肄]音四又以二反圉人犖自牆外與之戲圉人掌養馬者以慢言戲之○[犖]音洛子般怒使鞭之公曰不如殺之是不可鞭犖有力焉能投蓋于稷門蓋覆也稷門魯南城門走而自投接其屋之桷反覆門上公疾問後於叔牙對曰慶父材蓋欲進其同母兄問於季友對曰臣以死奉般季友莊公母弟故欲立般公曰鄉者牙曰慶父材成季使以君命命僖叔待于鍼巫氏成季季友也鍼巫氏魯大夫○[鄉]許亮反[鍼]其廉反使鍼季酖之酖鳥名其羽有毒以畫酒飲之則死曰飲此則有後於魯國不然死且無後飲之歸及逵泉而卒立叔孫氏逵泉魯地不以罪誅故得立後世其祿八月癸亥公薨于路寢子般卽位次于黨氏卽喪位次舍也冬十月己未共仲使圉人犖賊子般于黨氏共仲慶父○[共]音恭成季奔陳出奔不書國亂史失之立閔公閔公莊公庶子於是年八歲

春秋經傳集解莊公第三

春秋經傳集解閔公第四

閔公名啓方莊公之子母叔姜史記云名開謚法在國遭難曰閔

杜氏註　盡二年

經元年春王正月齊人救邢夏六月辛酉葬我君莊公秋八月公及齊侯盟于落姑落姑齊地季子來歸季子公子友之字季子忠於社稷爲國人所思故賢而字之齊侯許納故曰歸冬齊仲孫來齊仲孫齊大夫以事出疆因來省難非齊侯命故不稱使也還使齊侯務寧魯亂故嘉而字之來者事實省難其志也故經但書仲孫之來而傳尋仲孫之志

傳元年春不書即位亂故也國亂不得成禮狄人伐邢狄伐邢在往年冬管敬仲言於齊侯曰戎狄豺狼不可厭也敬仲管夷吾○〔豺〕士皆反〔厭〕一鹽反諸夏親暱不可棄也諸夏中國也暱近也宴安酖毒不可懷也以宴安比之酖毒詩云豈不懷歸畏此簡書詩小雅也文王爲西伯勞來諸侯之詩簡書同惡相恤之謂也同恤所惡請救邢以從簡書齊人救邢夏六月葬莊公亂故是以緩十一月乃葬秋八月公及齊侯盟于落姑請復季友也閔公初立國家多難以季子忠賢故請霸主而復之齊侯許之使召諸陳公次于郎以待之非師旅之事故不書次季子來歸嘉之也冬齊仲孫湫來省難湫仲孫名〔湫〕子小反○書曰仲孫亦嘉之也仲孫歸曰不去慶父魯難未已時慶父亦還魯〔去〕起呂反下同○公曰若之何而去之對曰難不已將自斃斃踣也君其待之公曰魯可取乎對曰不可猶秉周禮周禮所以本也臣聞之國將亡本必先顛而後枝葉從之魯不棄周禮未可動也君其務寧魯難而親之親有禮因重固能重能固則當就成之閒攜貳離而相疑者則當因而閒之覆昏亂覆敗也霸王之器也霸王所用故以器爲喻○〔王〕于況反晉侯作二軍晉本一軍見莊十六年公將上軍大子申生將下軍趙夙御戎畢萬爲右爲公御右也夙趙衰兄畢萬魏犨祖父○〔將〕子匠反〔衰〕初危反〔犨〕尺由反以滅耿滅霍滅魏平陽皮氏縣東南有耿鄉永安縣東北有霍大山三國皆姬姓還爲太子城曲沃賜趙夙耿賜畢萬魏以爲大夫士蔿曰大子不得立矣分之都城而位以卿先爲之極又焉得立位以卿謂將下軍不如逃之無使罪至爲吳大伯不亦可乎大伯周大王之適子知其父欲立季歷故讓位而適吳猶有令名與其及也言雖去猶有令名勝於留而及禍且諺曰心苟無瑕何恤乎無家天若祚大子其無晉乎爲晉殺申生傳卜偃曰畢萬之後必大卜偃晉掌卜大夫萬盈數也魏大名也以是始賞天啓之矣天子曰兆民諸侯曰萬民今名之大以從盈數其必有衆以魏從萬有衆象初畢萬筮仕於晉遇屯䷂震下坎上屯之比䷇坤下坎上比屯初九變而爲比辛廖占之曰吉辛廖晉大夫○〔廖〕力彫反屯固比入吉孰大焉其必蕃昌屯險難所以爲堅固比親密所以得入震爲土震變爲坤車從馬震爲車坤爲馬足居之震爲足兄長之震爲長男〔長〕丁丈反○母

覆之坤爲母衆歸之坤爲衆六體不易初一爻變有此六義不可易也合而能固安而能殺公侯之卦也比合屯固坤安震殺故曰公侯之卦公侯之子孫必復其始畢萬公高之後傳爲魏之子孫衆多張本

經二年春王正月齊人遷陽無傳陽國名蓋齊人偪徙之夏五月乙酉吉禘于莊公三年喪畢致新死者之主於廟廟之遠主當遷入祧因是大祭以審昭穆謂之禘莊公喪制未闋時別立廟廟成而吉祭又不於大廟故詳書以示譏○祧他彫反〔昭〕上饒反〔闋〕苦穴反秋八月辛丑公薨實弑書薨又不地者皆史策諱之九月夫人姜氏孫于邾哀姜外淫故孫稱姜氏○〔孫〕音遜公子慶父出奔莒弑閔公故冬齊高子來盟無傳蓋高傒也齊侯使來平魯亂僖公新立因遂結盟故不稱使也魯人貴之故不書名子男子之美稱○美〔稱〕尺證反十有二月狄入衛書入不能有其地例在襄十三年鄭弃其師高克見惡久不得還師潰而克奔陳故克狀其事以告魯也

傳二年春虢公敗犬戎于渭汭犬戎西戎別在中國者渭水出隴西東入河水之隈曲曰汭○〔汭〕如銳反〔隈〕烏回反舟之僑曰無德而祿殃也殃將至矣遂奔晉舟之僑虢大夫夏吉禘于莊公速也初公傅奪卜齮田公不禁卜齮魯大夫也公即位年八歲知愛其傅而遂成其意以奪齮田齮忿其傅并及公故慶父因之○〔齮〕魚綺反秋八月辛丑共仲使卜齮賊公于武闈宮中小門謂之闈○〔共〕音恭成季以僖公適邾僖公閔公庶兄成風之子共仲奔莒乃入立之以賂求共仲于莒莒人歸之及密使公子魚請密魯地琅邪費縣北有密如亭公子魚奚斯也不許哭而往共仲曰奚斯之聲也乃縊慶父之罪雖重季子推親親之恩欲同之叔牙存孟氏之族故略其罪不書殺又不書卒閔公哀姜之娣叔姜之子也故齊人立之共仲通於哀姜哀姜欲立之閔公之死也哀姜與知之故孫于邾齊人取而殺之于夷以其尸歸爲僖元年齊人殺哀姜傳夷魯地○〔與〕音預〔孫〕音遜僖公請而葬之哀姜之罪已重而僖公請其喪還者外欲固齊以居厚內存母子不絶之義爲國家之大計成季之將生也桓公使卜楚丘之父卜之卜楚丘魯掌卜大夫曰男也其名曰友在公之右在右言用事閒于兩社爲公室輔兩社周社亳社兩社之閒朝廷執政所在季氏亡則魯不昌又筮之遇大有䷍乾下離上大有之乾䷀乾下乾上乾大有六五變而爲乾曰同復于父敬如君所筮者之辭也乾爲君父離變爲乾故曰同復于父見敬與君同及生有文在其手曰友遂以命之遂以爲名冬十二月狄人伐衛衛懿公好鶴鶴有乘軒者軒大夫車○〔好〕呼報反〔軒〕許言反將戰國人受甲者皆曰使鶴鶴實有祿位余焉能戰公與石祁子玦與甯莊子矢使守莊子甯速也玦玉玦〔玦〕古穴反〔守〕手又反○曰以此贊國擇利而爲之贊助也玦示以當決斷矢示以禦難與夫人繡衣曰聽於二子取其文章順序渠孔御戎子伯爲右黃夷前驅孔嬰齊殿傳言衛侯失民有素雖臨事而戒猶無所及○〔殿〕丁練反及狄人戰于熒澤此熒澤當在河北君死國散經不書滅者狄不能赴衛之君臣皆盡衛師敗績遂滅衛無復文告齊桓爲之告諸侯言狄已去言衛之存故但以入爲文○〔熒〕戶扃反衛侯不去其旗是以甚敗狄人囚史華龍滑與禮孔以逐衛人二

人曰我大史也實掌其祭不先國不可得也 夷狄畏鬼故恐 言當先白神○[去]起呂反[華]胡化反 乃先之至則告守曰不可待也 守石甯二大夫 夜與國人出狄入衛遂從之又敗諸河 衛將東走渡河 狄復逐而敗之 初惠公之即位也少 蓋年十五六 齊人使昭伯烝於宣姜不可强之 昭伯惠公庶兄宣公子頑也昭伯不可 生齊子戴公文公宋桓夫人許穆夫人文公爲衛之多患也先適齊及敗宋桓公逆諸河 迎衛敗衆 宵濟 夜渡畏狄 衛之遺民男女七百有三十人益之以共滕之民爲五千人 共及滕衛別邑○[共]音恭 立戴公以廬于曹 廬舍也曹衛下邑戴公名申立其年卒而立文公 許穆夫人賦載馳 載馳詩衛風也許穆夫人痛衛之亡思歸唁之不可故作詩以言志 齊侯使公子無虧帥車三百乘甲士三千人以戍曹 無虧齊桓公子武孟也車甲之賦異於常故傳別見之 歸公乘馬祭服五稱牛羊豕雞狗皆三百與門材 歸遺也四馬曰乘衣單複具曰稱門材使先立門戶 ○[稱]尺證反 歸夫人魚軒 魚軒夫人車以魚皮爲飾 重錦三十兩 重錦錦之熟細者以二丈雙行故曰兩三十兩三十匹也 鄭人惡高克使帥師次于河上久而弗召師潰而歸高克奔陳 高克鄭大夫也好利而不顧其君文公惡之而不能遠故使帥師而不召 鄭人爲之賦清人 清人詩鄭風刺文公退臣不以道危國亡師之本 晉侯使大子申生伐東山皐落氏 赤狄別種也皐落其氏族 里克諫曰大子奉冢祀社稷之粢盛 里克晉大夫冢大也 以朝夕視君膳者也 膳廚膳 故曰冢子君行則守有守

則從從曰撫軍守曰監國古之制也夫帥師專行謀 帥師者必專謀軍事○[守]手又反下同[從]才用反[監]古銜反 誓軍旅 宣號令也 君與國政之所圖也非大子之事也 國政正卿 師在制命而已 命將軍所制 稟命則不威專命則不孝故君之嗣適不可以帥師君失其官帥師不威將焉用之 大子統帥是失其官也專命則不孝是爲帥必不威也 且臣聞皐落氏將戰君其舍之公曰寡人有子未知其誰立焉不對而退見大子大子曰吾其廢乎對曰告之以臨民 謂居曲沃 教之以軍旅 謂將下軍 不共是懼何故廢乎且子懼不孝無懼弗得立脩己而不責人則免於難大子帥師公衣之偏衣 偏衣左右異色其半似公服○[衣]之偏於既反下衣身之偏衣之純衣之尨服同 佩之金玦 以金爲玦 狐突御戎先友爲右 狐突伯行重耳外祖父也爲申生御申生以大子將上軍 梁餘子養御罕夷先丹木爲右 罕夷晉下軍卿也梁餘子養爲罕夷御 羊舌大夫爲尉 羊舌大夫叔向祖父也尉軍尉○[向]許丈反 先友曰衣身之偏 偏半也 握兵之要 謂佩金玦將上軍 在此行也子其勉之偏躬無慝 分身衣之半非惡意也 兵要遠災 威權在己可以遠害○[遠]去聲下同 親以無災又何患焉狐突歎曰時事之徵也 歎以先友爲不知君心 衣身之章也 章貴賤 佩衷之旗也 旗表也所以表明其中心○[衷]音忠 故敬其事則命以始 賞以春夏 服其身則衣之純 必以純色爲服 用其衷則佩之度 衷中也佩玉者士君子常度 今命以時卒閟其事也

冬十二月閔盡之時衣之尨服遠其躬也尨雜色佩以金玦棄其
衷也服以遠之時以閟之尨涼冬殺金寒玦離胡可
恃也寒涼殺離言無溫潤玦如環而缺不連雖欲勉之狄可盡乎梁餘
子養曰帥師者受命於廟受脤於社脤宜社之肉盛以脤器○脤市
軫反有常服矣不獲而尨命可知也韋弁服軍之常也尨偏衣死而
不孝不如逃之罕夷曰尨奇無常雜色奇怪非常之服金玦不
復雖復何爲君有心矣有害大子之心先丹木曰是服也狂
夫阻之阻疑也言雖狂夫猶知有疑曰盡敵而反公辭○盡子忍反下盡敵同
敵可盡乎雖盡敵猶有內讒不如違之違去也狐突欲
行行亦去也羊舌大夫曰不可違命不孝棄事不忠雖知
其寒惡不可取子其死之寒薄也大子將戰狐突諫曰
不可昔辛伯諗周桓公諗告也事在桓十八年○諗音審說文云深諫云內
寵並后外寵二政嬖子配適大都耦國亂之本也周
公弗從故及於難今亂本成矣驪姬爲內寵二五爲外寵奚齊爲嬖子曲
沃爲大都故曰亂本成矣立可必乎孝而安民子其圖之奉身爲孝不戰爲
安民與其危身以速罪也有功益見害故言孰與危身以召罪成風聞
成季之繇乃事之成風莊公之妾僖公之母也繇卦兆之占辭○繇直救反而屬
僖公焉故成季立之僖之元年齊桓公遷邢于夷儀
二年封衛于楚丘邢遷如歸衛國忘亡忘其滅亡之困衛文
公大布之衣大帛之冠大布麤布大帛厚繒蓋用諸侯諒闇之服○諒音良又音
亮務材訓農通商惠工加惠於百工賞其利器用敬教勸學授方
任能方百事之宜也元年革車三十乘季年乃三百乘衛文公以
此年冬立齊桓公始平魯亂故傳因言齊之所以霸衛之所由興革車兵車季年在僖二十五年蓋招懷
迸散故能致十倍之衆○〔乘〕繩證反〔迸〕槃諍反

春秋經傳集解閔公第四

春秋經傳集解僖公上第五

僖公名申莊公之子閔公之兄母成風謚法小心畏忌曰僖

杜氏註　盡十五年

經元年春王正月齊師宋師曹伯次于聶北救邢齊帥諸侯之師救邢次于聶北者案兵觀釁以待事也次例在莊三年聶北邢地○[聶]女輒反夏六月邢遷于夷儀邢遷如歸故以自遷為辭夷儀邢地齊師宋師曹師城邢傳例曰救患分災禮也一事而再列三國於文不可言諸侯師故秋七月戊辰夫人姜氏薨于夷齊人以歸傳在閔二年不言齊人殺諱之書地者明在外薨楚人伐鄭荊始改號曰楚八月公會齊侯宋公鄭伯曹伯邾人于檉檉宋地陳國陳縣西北有檉城公及其會而不書盟還不以盟告○[檉]勑呈反九月公敗邾師于偃偃邾地冬十月壬午公子友帥師敗莒師于酈獲莒挐酈魯地挐莒子之弟不書弟者非卿非卿則不應書嘉季友之功故特書其所獲大夫生死皆曰獲獲例在昭二十三年○[酈]力知反[挐]女居反又女加反十有二月丁巳夫人氏之喪至自齊僖公請而葬之故告於廟而書喪至也齊侯既殺哀姜以其尸歸絶之於魯僖公請其喪而還不稱姜闕文

傳元年春不稱即位公出故也國亂身出復入故即位之禮有闕公出復入不書諱之也諱國惡禮也掩惡揚善義存君親故通有諱例皆當時臣子率意而隱故無深淺常準聖賢從之以通人理有時而聽之可也諸侯救邢實大夫而曰諸侯揔衆國之辭邢人潰出奔師奔聶北之師也潰不書不告也師遂逐狄人具邢器用而遷之師無私焉皆撰具還之無所私取○[撰]仕轉反夏邢遷于夷儀諸侯城之救患也凡侯伯救患分災討罪禮也侯伯州長也分穀帛○[分]甫問反又如字秋楚人伐鄭鄭即齊故也盟于犖謀救鄭也犖即檉也地有二名○[犖]音洛九月公敗邾師于偃虛丘之戍將歸者也虛丘邾地邾人既送哀姜還齊人殺之因戍虛丘欲以侵魯公以義求齊送姜氏之喪邾人懼乃歸故公要而敗之○[虛]起居反[要]於遙反冬莒人來求賂求還慶父之賂公子友敗諸酈獲莒子之弟挐非卿也嘉獲之也莒既不能為魯討慶父受魯之賂而又重來其求無厭故嘉季友之獲而書之[重]直用反○公賜季友汶陽之田及費汶陽田汶水北地汶水出泰山萊蕪縣西入濟○[費]音祕夫人氏之喪至自齊君子以齊人之殺哀姜也為已甚矣女子從人者也言女子有三從之義在夫家有罪非父母家所宜討也

經二年春王正月城楚丘楚丘衛邑不言城衛衛未遷夏五月辛巳葬我小君哀姜無傳反哭成喪故稱小君例在定十五年虞師晉師滅下陽下陽虢邑在河東大陽縣晉於此始赴見經滅例在襄十三年○[大]音泰一如字秋九月齊侯宋公江人黃人盟于貫貫宋地梁國蒙縣西北有貫城貫與貰字相似江國在汝南安陽縣○[貰]市夜反又音世冬十月不雨傳在三年楚人侵鄭

傳二年春諸侯城楚丘而封衛焉君死國滅故傳言封不書所會後也諸侯既罷而魯後至諱不及期故以獨城為文晉荀息請以屈產之乘與垂棘之璧假道於虞以伐虢荀息荀叔也屈地生良馬垂棘出美玉故以為名四馬曰乘自晉適虢途出於虞故借道○[屈]求勿反又居勿反[乘]繩證反公曰是

吾寶也對曰若得道於虞猶外府也公曰宮之奇存焉宮之奇虞忠臣對曰宮之奇之爲人也懦而不能强諫懦弱也○〔懦〕乃亂反又乃貨反〔强〕其良反又其丈反且少長於君君暱之雖諫將不聽親而狎之必輕其言○〔少〕詩照反〔長〕丁丈反〔暱〕女乙反乃使荀息假道於虞曰冀爲不道入自顛軨伐鄍三門前是冀伐虞至鄍鄍虞邑河東大陽縣東北有顛軨坂○〔軨〕音零〔坂〕音反冀之既病則亦唯君故言虞報伐冀使病將欲假道故稱虞疆以說其心冀國名平陽皮氏縣東北有冀亭今虢爲不道保於逆旅逆旅客舍也虢稍遣人分依客舍以聚衆抄晉邊邑○〔抄〕初教反又楚稍反强取物以侵敝邑之南鄙敢請假道以請罪于虢問虢伐己以何罪虞公許之且請先伐虢喜於厚賂而欲求媚宮之奇諫不聽遂起師夏晉里克荀息帥師會虞師伐虢滅下陽晉猶主兵不信虞先書虞賄故也虞非倡兵之首而先書之惡貪賄也秋盟于貫服江黃也江黃楚與國也始來服齊故爲合諸侯齊寺人貂始漏師于多魚寺人內奄官豎貂也多魚地名闕齊桓多嬖寵內則如夫人者六人外則幸豎貂易牙之等終以此亂國傳言貂於此始擅貴寵漏洩桓公軍事爲齊亂張本○〔寺〕如字又音侍虢公敗戎于桑田桑田虢地在弘農陝縣東北晉卜偃曰虢必亡矣亡下陽不懼而又有功是天奪之鑒鑒所以自照而益其疾也驕則生疾必易晉而不撫其民矣不可以五稔稔熟也爲下五年晉滅虢張本○〔易〕以豉反冬楚人伐鄭鬭章囚鄭聃伯經書侵傳言伐本以伐興權行侵掠爲後年楚伐鄭鄭伯欲成張本○〔聃〕乃甘反〔掠〕音亮

經三年春王正月不雨夏四月不雨一時不雨則書首月傳例曰不日旱不爲災徐人取舒無傳徐國在下邳僮縣東南舒國今廬江舒縣勝國而不用大師亦曰取例在襄十三年六月雨示旱不竟夏秋齊侯宋公江人黃人會于陽穀陽穀齊地在東平須昌縣北冬公子友如齊涖盟涖臨也○〔涖〕音利又音類楚人伐鄭

傳三年春不雨夏六月雨自十月不雨至于五月不曰旱不爲災也周六月夏四月於播種五稼無損秋會于陽穀謀伐楚也二年楚侵鄭故齊侯爲陽穀之會來尋盟冬公子友如齊涖盟公時不會陽穀故齊侯自陽穀遣人詣魯求尋盟魯使上卿詣齊受盟謙也楚人伐鄭鄭伯欲成孔叔不可曰齊方勤我孔叔鄭大夫勤恤鄭難弃德不祥祥善也齊侯與蔡姬乘舟于囿蕩公蔡姬齊侯夫人蕩搖也囿苑也蓋魚池在苑中公懼變色禁之不可公怒歸之未絶之也蔡人嫁之爲明年齊侵蔡傳

經四年春王正月公會齊侯宋公陳侯衛侯鄭伯許男曹伯侵蔡蔡潰民逃其上曰潰例在文三年遂伐楚次于陘遂兩事之辭楚彊齊欲綏之以德故不速進而次陘楚地潁川召陵縣南有陘亭○〔陘〕音刑夏許男新臣卒未同盟而赴以名楚屈完來盟于師盟于召陵屈完楚大夫也楚子遣完如師以觀齊屈完觀齊之盛因而求盟故不稱使以完來盟爲文齊桓退舍以禮楚故盟召陵召陵潁川縣也齊人執陳轅濤塗轅濤塗陳大夫秋及江人黃人伐陳受齊命討陳之罪而以與謀爲文者時齊不行使魯爲主與謀例在宣七年八月公

至自伐楚。（無傳。告于廟。）葬許穆公。冬，十有二月，公孫茲帥師會齊人、宋人、衛人、鄭人、許人、曹人侵陳。（公孫茲，叔牙子，叔孫戴伯。）

傳四年春，齊侯以諸侯之師侵蔡。蔡潰，遂伐楚。楚子使與師言曰：君處北海，寡人處南海，唯是風馬牛不相及也。（楚界猶未至南海，因齊處北海，遂稱所近。牛馬風逸，蓋末界之微事，故以取喻。）不虞君之涉吾地也，何故？管仲對曰：昔召康公命我先君大公（召康公，周大保召公奭也。）曰：五侯九伯，女實征之，以夾輔周室。（五等諸侯，九州之伯，皆得征討其罪。齊桓因此命以夸楚。○〔女〕音汝。）賜我先君履，東至于海，西至于河，南至于穆陵，北至于無棣。（穆陵、無棣，皆齊竟也。履，所踐履之界。齊桓又因以自言其盛。○〔棣〕大計反。）爾貢包茅不入，王祭不共，無以縮酒，寡人是徵。（包，裹束也。茅，菁茅也。束茅而灌之以酒為縮酒。尚書包匭菁茅。茅之為異未審。○〔共〕音恭。）昭王南征而不復，寡人是問。（昭王，成王之孫。南巡守，涉漢，船壞而溺。周人諱而不赴，諸侯不知其故，故問之。）對曰：貢之不入，寡君之罪也，敢不共給？昭王之不復，君其問諸水濱。（昭王時，漢非楚竟，故不受罪。）師進，次于陘。（楚不服罪，故復進師。）夏，楚子使屈完如師。（如陘之師，觀強弱。）師退，次于召陵。（完請盟，故。）齊侯陳諸侯之師，與屈完乘而觀之。（乘，共載。○〔乘〕繩證反。）齊侯曰：豈不穀是為？先君之好是繼，與不穀同好如何？（言諸侯之附從，非為己，乃尋先君之好。謙而自廣，因求與楚同好。孤、寡、不穀，諸侯謙稱。○〔為〕于偽反。〔稱〕尺證反。）對曰：君惠徼福於敝邑之社稷，辱收寡君，寡君之願也。齊侯曰：以此眾戰，誰能禦之？以此攻城，何城不克？對曰：君若以德綏諸侯，誰敢不服？君若以力，楚國方城以為城，漢水以為池，（方城山在南陽葉縣南，以言竟土之遠。漢水出武都，至江夏，南入江，言其險固以當城池。○〔徼〕古堯反，要也。〔葉〕始涉反。〔當〕丁浪反。）雖眾，無所用之。屈完及諸侯盟。陳轅濤塗謂鄭申侯曰：師出於陳、鄭之閒，國必甚病。（申侯，鄭大夫。當有共給之費，故。）若出於東方，觀兵於東夷，循海而歸，其可也。（東夷，郯、莒、徐夷也。觀兵，示威。）申侯曰：善。濤塗以告，齊侯許之。（許出東方。）申侯見曰：師老矣，若出於東方而遇敵，懼不可用也。若出於陳、鄭之閒，共其資糧屝屨，其可也。（屝，草屨。○〔見〕賢遍反。〔屝〕符費反。）齊侯說，與之虎牢。（還以鄭邑賜之。）執轅濤塗。秋，伐陳，討不忠也。（以濤塗為誤軍道。）許穆公卒于師，葬之以侯，禮也。（男而以侯禮加一等。）凡諸侯薨于朝會，加一等。（諸侯命有三等，公為上等，侯伯中等，子男為下等。）死王事，加二等。（謂以死勤事。）於是有以袞斂。（袞衣，公服也。謂加二等。○〔斂〕力驗反。）冬，叔孫戴伯帥師會諸侯之師侵陳。陳成，歸轅濤塗。（陳服罪，故歸其大夫。戴，謚也。）初，晉獻公欲以驪姬為夫人，卜之不吉，筮之吉。公曰：從筮。卜人曰：筮短龜長，不如從長。（物生而後有象，象而後有滋，滋而後有數。龜象筮數，故象長數短。）且其繇曰：專之渝，攘公之羭。（繇，卜兆辭。渝，變也。攘，除也。羭，美也。言變乃除公之美。○〔繇〕直救反。〔渝〕羊朱反，下〔羭〕同音。）一薰一蕕，十年尚猶有臭。（薰，香草。蕕，臭草。）

十年有臭言善易消惡難除 必不可弗聽立之生奚齊其娣生卓子及將立奚齊既與中大夫成謀姬謂大子曰君夢齊姜必速祭之 齊姜大子母言求食○[卓]吐濁反 大子祭于曲沃歸胙于公 胙祭之酒肉 公田姬寘諸宮六日公至毒而獻之 毒酒經宿輒敗而經六日明公之惑 公祭之地地墳與犬犬斃與小臣小臣亦斃姬泣曰賊由大子大子奔新城 新城曲沃○[墳]扶粉反 公殺其傅杜原款或謂大子子辭君必辯焉 以六日之狀自理○[款]苦管反[辯]兵免反 大子曰君非姬氏居不安食不飽我辭姬必有罪君老矣吾又不樂 吾自理則姬死姬死則君必不樂不樂爲由吾也○[樂]音洛 曰子其行乎大子曰君實不察其罪被此名也以出人誰納我十二月戊申縊于新城姬遂譖二公子曰皆知之重耳奔蒲夷吾奔屈 二子時在朝爲明年晉殺申生傳○[被]皮寄反又皮綺反[縊]一賜反[譖]側鴆反

經五年春晉侯殺其世子申生 稱晉侯惡用讒書春從告 杞伯姬來朝其子 無傳伯姬來寧寧成風也朝其子者時子年在十歲左右因有諸侯子得行朝義而卒不成朝禮故繫於母而曰朝其子○[杞]伯姬來絶句來歸寧朝其子猶言其子朝 夏公孫茲如牟 叔孫戴伯娶於牟卿非君命不越竟故奉公命聘於牟因自爲逆 公及齊侯宋公陳侯衛侯鄭伯許男曹伯會王世子于首止 惠王大子鄭也不名而殊會尊之也首止衛地陳留襄邑縣東南有首鄉 秋八月諸侯盟于首止 閒無異事復稱諸侯者王世子不盟故也王之世子尊與王同齊桓行霸翼戴天子尊崇王室故殊貴世子 鄭伯逃歸不盟 逃其師而歸也逃例在文三年 楚人滅弦弦子奔黃 弦國在弋陽軑縣東南 九月戊申朔日有食之 無傳 冬晉人執虞公 虞公貪璧馬之寶距絕忠諫稱人以執同於無道於其民之例例在成十五年所以罪虞且言易也晉侯脩虞之祀而歸其職貢於王故不以滅同姓爲譏

傳五年春王正月辛亥朔日南至 周正月今十一月冬至之日日南極 公既視朔遂登觀臺以望而書禮也 視朔親告朔也觀臺臺上構屋可以遠觀者也朔旦冬至歷數之所始治歷者因此則可以明其術數審別陰陽敘事訓民魯君不能常此脩此禮故善公之得禮○[觀]古亂反 凡分至啓閉必書雲物 分春秋分也至冬夏至也啓立春立夏閉立秋立冬雲物氣色災變也傳重申周典不言公者日官掌其職○[重]直用反 爲備故也 素察妖祥逆爲之備 晉侯使以殺大子申生之故來告 釋經必須告乃書

初晉侯使士蔿爲二公子築蒲與屈不慎寘薪焉 不謹慎○[爲]于僞反 夷吾訴之公使讓之 譙讓之 士蔿稽首而對曰臣聞之無喪而慼憂必讎焉 讎猶對也 無戎而城讎必保焉 保而守之 寇讎之保又何慎焉守官廢命不敬固讎之保不忠失忠與敬何以事君詩云懷德惟寧宗子惟城 詩大雅懷德以安則宗子之固若城 君其脩德而固宗子何城如之 言城不如固宗子 三年將尋師焉焉用慎 尋用也 退而賦曰狐裘尨茸一國三公吾誰適從 士蔿自作詩也尨茸亂貌公與二公子爲三言城不堅則爲公子所訴爲公所讓堅之則爲固讎不忠無以事君故不知所從○[尨]莫江反又音蒙[適]丁歷反 及難公使寺人披伐蒲重耳曰君父之

命不校乃徇曰校者吾讎也踰垣而走披斬其袪遂出奔翟袪袂也○〔難〕乃旦反〔袪〕起魚反〔翟〕音狄夏公孫茲如牟娶焉因聘而娶故傳實其事會于首止會王大子鄭謀寧周也惠王以惠后故將廢大子鄭而立王子帶故齊桓帥諸侯會王大子以定其位陳轅宣仲怨鄭申侯之反己於召陵宣仲轅濤塗故勸之城其賜邑齊桓所賜虎牢曰美城之大名也子孫不忘吾助子請乃爲之請於諸侯而城之美樓櫓之備設遂譖諸鄭伯曰美城其賜邑將以叛也申侯由是得罪爲七年鄭殺申侯傳秋諸侯盟王使周公召鄭伯曰吾撫女以從楚輔之以晉可以少安周公宰孔也王恨齊桓定大子之位故召鄭伯使叛齊也晉楚不服於齊故以鎮安鄭鄭伯喜於王命而懼其不朝於齊也故逃歸不盟孔叔止之曰國君不可以輕輕則失親孔叔鄭大夫親黨援也○〔輕〕遣正反失親患必至病而乞盟所喪多矣君必悔之弗聽逃其師而歸○〔喪〕息浪反楚鬬穀於菟滅弦弦子奔黃於是江黃道柏方睦於齊皆弦姻也姻外親也道國在汝南安陽縣南柏國名汝南西平縣有柏亭弦子恃之而不事楚又不設備故亡晉侯復假道於虞以伐虢宮之奇諫曰虢虞之表也虢亡虞必從之晉不可啓寇不可翫翫習也一之謂甚其可再乎爲二年假晉道滅下陽諺所謂輔車相依脣亡齒寒者其虞虢之謂也輔頰輔車牙車○〔車〕天奢反公曰晉吾宗也豈害我哉對曰

大伯虞仲大王之昭也大伯不從是以不嗣大伯虞仲皆大王之子不從父命俱讓適吳仲雍支子別封西吳虞公其後也穆生昭昭生穆以世次計故大伯虞仲於周爲昭○〔昭〕上饒反後昭穆放此虢仲虢叔王季之穆也王季者大伯虞仲之母弟也虢仲虢叔王季之子文王之母弟也仲叔皆虢君字爲文王卿士勳在王室藏於盟府盟府司盟之官將虢是滅何愛於虞且虞能親於桓莊乎其愛之也桓莊之族何罪而以爲戮不唯偪乎桓叔莊伯之族晉獻公之從祖昆弟獻公患其偪盡殺之事在莊二十五年○〔偪〕彼力反親以寵偪猶尚害之況以國乎公曰吾享祀豐絜神必據我據猶安也對曰臣聞之鬼神非人實親惟德是依故周書曰皇天無親惟德是輔周書逸書又曰黍稷非馨明德惟馨馨香之遠聞○〔聞〕音問又如字又曰民不易物惟德繄物黍稷牲玉無德則不見饗有德則見饗言物一而異用○〔繄〕烏兮反如是則非德民不和神不享矣神所馮依將在德矣若晉取虞而明德以薦馨香神其吐之乎弗聽許晉使宮之奇以其族行行去也○〔馮〕皮冰反曰虞不臘矣臘歲終祭衆神之名在此行也晉不更舉矣不更舉兵八月甲午晉侯圍上陽上陽虢國都在弘農陝縣東南問於卜偃曰吾其濟乎對曰克之公曰何時對曰童謠云丙之晨龍尾伏辰龍尾尾星也日月之會曰辰日在尾故尾星伏不見均服振振取虢之旂戎事上下同服振振盛貌旂軍之旌旗鶉之賁賁天策焞焞火中成軍虢公其奔鶉鶉火星也賁賁鳥星之體也天策傅說星時近日

星微焞焞無光耀也言丙子平旦鶉火中軍事有成功也此已上皆童謠言也童齔之子未有念慮之感而會成嬉戲之言似若有馮者其言或中或否博覽之士能懼思之人兼而志之以爲鑒戒以爲將來之驗有益於世教○[賁]音奔[焞]他門反[齔]初問反其九月十月之交乎以星驗推之知九月十月之交謂夏之九月十月也交晦朔交會丙子旦日在尾月在策是夜日月合朔於尾月行疾故至旦而過在策鶉火中必是時也冬十二月丙子朔晉滅虢虢公醜奔京師不書不告也周十二月夏之十月師還館于虞遂襲虞滅之執虞公及其大夫井伯以媵秦穆姬秦穆姬晉獻公女送女曰媵以屈辱之而脩虞祀且歸其職貢於王虞所命祀故書曰晉人執虞公罪虞且言易也

經六年春王正月夏公會齊侯宋公陳侯衛侯曹伯伐鄭圍新城新城鄭新密今滎陽密縣秋楚人圍許楚子不親圍以圍者告諸侯遂救許皆伐鄭之諸侯故不復更敘冬公至自伐鄭無傳

傳六年春晉侯使賈華伐屈夷吾不能守盟而行賈華晉大夫非不欲校力不能守言不如重耳之賢將奔狄郤芮曰後出同走罪也嫌與重耳同謀而相隨○[郤]去逆反[芮]如銳反不如之梁梁近秦而幸焉乃之梁以梁爲秦所親幸秦既大國且穆姬在焉故欲因以求之夏諸侯伐鄭以其逃首止之盟故也首止盟在五年圍新密鄭所以不時城也實新密而經言新城者鄭以非時興土功齊桓聲其罪以告諸侯秋楚子圍許以救鄭諸侯救許乃還冬蔡穆侯將許僖公以見楚子於武城楚子退舍武城猶有忿志而諸侯各罷兵故蔡將許君歸楚武城楚地在南陽宛縣北○[宛]於元反許男面縛銜璧大夫衰絰士輿櫬縛手於後唯見其面以璧爲贄手縛故銜之櫬棺也將受死故衰絰○[衰]七雷反楚子問諸逢伯逢伯楚大夫對曰昔武王克殷微子啓如是微子啓紂庶兄宋之祖也武王親釋其縛受其璧而祓之祓除凶之禮○[祓]芳弗反焚其櫬禮而命之使復其所楚子從之

經七年春齊人伐鄭夏小邾子來朝無傳郳犂來始得王命而來朝也邾之別封故曰小邾鄭殺其大夫申侯申侯鄭卿專利而不厭故稱名以殺罪之也例在文六年[厭]於鹽反傳同○秋七月公會齊侯宋公陳世子款鄭世子華盟于甯母高平方與縣東有泥母亭音如甯○[母]如字又音無[與]音預[泥]乃麗反曹伯班卒無傳五年同盟于首止公子友如齊無傳罷盟而聘謝不敏也冬葬曹昭公無傳

傳七年春齊人伐鄭孔叔言於鄭伯曰諺有之曰心則不競何憚於病競強也憚難也○[難]乃旦反既不能彊又不能弱所以斃也國危矣請下齊以救國公曰吾知其所由來矣姑少待我欲以申侯說對曰朝不及夕何以待君夏鄭殺申侯以說于齊且用陳轅濤塗之譖也濤塗譖在五年初申侯申出也姊妹之子爲出有寵於楚文王文王將死與之璧使行曰唯我知女女專利而不厭予取予求不女疵瑕也從我取從我求我不以女爲罪釁○[女]音汝後之人將求多於女謂嗣君也求多以禮義大望責之女必不免我死女必速行無

適小國，將不女容焉。（政狹法峻。）既葬，出奔鄭，又有寵於厲公。子文聞其死也，曰：古人有言曰：知臣莫若君。弗可改也已。秋，盟于甯母，謀鄭故也。管仲言於齊侯曰：臣聞之，招攜以禮，懷遠以德。（攜，離也。）德禮不易，無人不懷。齊侯脩禮於諸侯，諸侯官受方物。（諸侯官司各於齊受其方所當貢天子之物。）鄭伯使大子華聽命於會，言於齊侯曰：洩氏、孔氏、子人氏三族，實違君命。（三族，鄭大夫。○〔洩〕息列反。）若君去之以為成，我以鄭為內臣，君亦無所不利焉。（以鄭事齊，如封內臣。○〔去〕起呂反。）齊侯將許之。管仲曰：君以禮與信屬諸侯，而以姦終之，無乃不可乎？子父不奸之謂禮，守命共時之謂信。（守君命，共時事。〔奸〕音干。〔共〕音恭。）○違此二者，姦莫大焉。公曰：諸侯有討於鄭，未捷。今苟有釁，從之不亦可乎？（子華犯父命，是其釁隙。）對曰：君若綏之以德，加之以訓辭，而帥諸侯以討鄭，鄭將覆亡之不暇，豈敢不懼？若揔其罪人以臨之，（揔，將領也。子華奸父之命，即罪人。）鄭有辭矣，何懼？（以大義為辭。）且夫合諸侯以崇德也，會而列姦，何以示後嗣？（列姦，用子華。）夫諸侯之會，其德刑禮義，無國不記。記姦之位，（位，會位也。子華為姦人，而列在會位，將為諸侯所記。）君盟替矣。（替，廢也。）作而不記，非盛德也。（君舉必書，雖復齊史隱諱，亦損盛德。）君其勿許，鄭必受盟。夫子華既為大子，而求介於大國，以弱其國，亦必不免。（介，因也。）鄭有叔詹、堵叔、師叔三良為政，未可閒也。齊侯辭焉。子華由是得罪於鄭。冬，鄭伯使請盟于齊。（以齊侯不聽子華故。）閏月，惠王崩。襄王惡大叔帶之難，（襄王，惠王大子鄭也。大叔帶，襄王弟，惠后之子也。有寵於惠后，惠后欲立之，未及而卒。）懼不立，不發喪而告難于齊。（為八年盟洮傳。○〔洮〕他刀反。）

經八年春王正月，公會王人、齊侯、宋公、衛侯、許男、曹伯、陳世子款盟于洮。（王人與諸侯盟，不譏者，王室有難故。洮，曹地。）鄭伯乞盟。（新服未與會，故不序列，別言乞盟。）夏，狄伐晉。秋七月，禘于大廟，用致夫人。（禘，三年大祭之名。大廟，周公廟。致者，致新死之主於廟，而列之昭穆。夫人淫而與殺，不薨於寢，於禮不應致，故僖公疑其禮，歷三禘，今果行之，嫌異常，故書之。○〔殺〕音試。）冬十有二月丁未，天王崩。（實以前年閏月崩，以今年十二月丁未告。）

傳八年春，盟于洮，謀王室也。鄭伯乞盟，請服也。襄王定位而後發喪。（王人會洮還，而後王位定。）晉里克帥師，梁由靡御，虢射為右，以敗狄于采桑。（傳言前年事也。平陽北屈縣西南有采桑津。○〔射〕食亦反。）梁由靡曰：狄無恥，從之必大克。（不恥走，故可逐。）里克曰：懼之而已，無速眾狄。（恐怨深而羣黨來報。）虢射曰：期年，狄必至，示之弱矣。（○〔期〕音基。）夏，狄伐晉，報采桑之役也。復期月。（明期年之言驗。）秋，禘而致哀姜焉，非禮也。凡夫人不薨于寢，不殯于廟，不赴于同，不祔于姑，則弗致也。（寢，小寢。同，同盟。將葬，又不以殯過廟。據經哀姜薨葬之文，則為殯廟赴同祔姑。今當以不薨于寢，不得致也。）冬，王人來告喪難故也。是以緩。有大叔帶之難。宋公疾，大子茲父固請曰：「目夷長且仁，君其立之。」茲父，襄公也。目夷，茲父庶兄子魚也。公命子魚，子魚辭曰：「能以國讓，仁孰大焉？臣不及也，且又不順。」立庶不順禮。遂走而退。

經九年春王三月丁丑，宋公御說卒。四同盟。○[御]魚呂反，[說]音悅。

夏，公會宰周公、齊侯、宋子、衛侯、鄭伯、許男、曹伯于葵丘。周公，宰孔也。宰，官；周，采地。天子三公不字。宋子，襄公也。傳例曰：在喪，公侯曰子。陳留外黃縣東有葵丘。

秋七月乙酉，伯姬卒。無傳。公羊、穀梁曰：未適人，故不稱國。已許嫁，則以成人之禮書，不復殤也。婦人許嫁而笄，猶丈夫之冠。

九月戊辰，諸侯盟于葵丘。夏會葵丘，次伯姬卒文，不相比，故重言諸侯。宰孔先歸，不與盟。

甲子，晉侯佹諸卒。未同盟而赴以名。甲子，九月十一日。戊辰，十五日也。書在盟後，從赴。○[佹]九委反。

冬，晉里克殺其君之子奚齊。獻公未葬，奚齊未成君，故稱君之子。奚齊受命繼位，無罪，故里克稱名。

傳九年春，宋桓公卒，未葬而襄公會諸侯，故曰子。凡在喪，王曰小童，公侯曰子。在喪，未葬也。小童者，童蒙幼末之稱。子者，繼父之辭。公侯位尊，上連王者，下絕伯子男。周康王在喪，稱予一人釗，禮稱亦不言小童，或所稱之辭各有所施，此謂王自稱之辭，非諸下所得書，故經無其事，傳通取舊典之文，以事相接。○之[稱]去聲，[釗]古堯反，又音昭。

夏，會于葵丘，尋盟，且脩好，禮也。王使宰孔賜齊侯胙，胙，祭肉。尊之，比二王後。曰：「天子有事于文武，有祭事也。使孔賜伯舅胙。」天子謂異姓諸侯曰伯舅。齊侯將下拜。孔曰：「且有後命。天子使孔曰：『以伯舅耋老，加勞，賜一級，無下拜。』」七十曰耋。級，等也。○[耋]田節反，一他結反，[勞]力報反。對曰：「天威不違顏咫尺，言天鑒察不遠，威嚴常在顏面之前。八寸曰咫。小白余敢貪天子之命無下拜？小白，齊侯名。余，身也。恐隕越于下，隕越，顛墜也。據天王居上，故言恐顛墜于下。以遺天子羞。敢不下拜？」下拜，登受。拜堂下，受胙於堂上。○[遺]于季反。

秋，齊侯盟諸侯于葵丘，曰：「凡我同盟之人，既盟之後，言歸于好。」義取脩好，故傳顯其盟辭。宰孔先歸，既會，先諸侯去。○[先]悉薦反。遇晉侯，曰：「可無會也。晉侯欲求會葵丘。齊侯不務德而勤遠略，故北伐山戎，在莊三十一年。南伐楚，在四年。西為此會也。東略之不知，西則否矣。言或向東，必不能復西略。其在亂乎？君務靖亂，無勤於行。」在存也，微戒獻公，言晉將有亂。晉侯乃還。不復會齊。

九月，晉獻公卒。里克、丕鄭欲納文公，故以三公子之徒作亂。丕鄭，晉大夫。三公子，申生、重耳、夷吾。○[丕]普悲反。

初，獻公使荀息傅奚齊，公疾，召之，曰：「以是藐諸孤，言其幼賤，與諸子縣藐。○[藐]妙小反，又亡角反。辱在大夫，其若之何？」欲屈辱荀息，使保護之。稽首而對曰：「臣竭其股肱之力，加之以忠貞。其濟，君之靈也；不濟，則以死繼之。」公曰：「何謂忠貞？」對曰：「公家之利，知無不為，忠也。送往事居，耦俱無猜，貞也。」往，死者。居，生者。耦，兩也。送死事生，兩無疑恨，所謂正也。

及里克將殺奚齊，先告荀息曰：「三怨將作，三公子之徒。秦、晉輔之，子將何如？」荀息曰：「將死之。」里克曰：「無益也。」荀叔曰：「吾與先君言矣，不可以貳。能欲復言而愛身乎？荀叔，荀息也。復言，言可復也。雖無

益也將焉辟之且人之欲善誰不如我我欲無貳而
能謂人已乎言不能止里克使不忠於申生等冬十月里克殺奚齊
于次次喪寢書曰殺其君之子未葬也荀息將死之人
曰不如立卓子而輔之荀息立公子卓以葬十一月
里克殺公子卓于朝荀息死之君子曰詩所謂白圭
之玷尚可磨也斯言之玷不可為也詩大雅言此言之缺難治甚於
白圭○[玷]丁簟反又丁念反荀息有焉有此詩人重言之義齊侯以諸侯之
師伐晉及高梁而還討晉亂也高梁晉地在平陽楊縣西南令不及
魯故不書前已發不書例今復重發嫌霸者異於凡諸侯晉郤芮使夷吾重
賂秦以求入郤芮郤克祖父從夷吾者○[從]才用反曰人實有國我何
愛焉言國非己之有何愛而不以賂秦入而能民土於何有從之能得
民不患無土齊隰朋帥師會秦師納晉惠公隰朋齊大夫惠公夷吾
秦伯謂郤芮曰公子誰恃對曰臣聞亡人無黨有黨
必有讎言夷吾無黨無黨則無讎易出易入以微勸秦夷吾弱不好弄弄戲也
能鬭不過有節制長亦不改不識其他公謂公孫枝曰
夷吾其定乎公孫枝秦大夫子桑也對曰臣聞之唯則定國詩
曰不識不知順帝之則文王之謂也詩大雅帝天也則法也言文王
闇行自然合天之法又曰不僭不賊鮮不為則僭過差也賊傷害也皆忌克也
能不然則可為人法則○[鮮]息淺反無好無惡不忌不克之謂也今其
言多忌克既僭而賊難哉言能自定難公曰忌則多怨又焉能

克是吾利也其言雖多忌適足以自害不能勝人也秦伯慮其還害己故曰是吾利宋
襄公即位以公子目夷為仁使為左師以聽政於是
宋治故魚氏世為左師
經十年春王正月公如齊無傳狄滅溫溫子奔衛蓋中國之
狄滅而居其土地晉里克弒其君卓及其大夫荀息弒卓在前年而
以今春書者從赴也獻公既葬卓已免喪故稱君也荀息稱名者雖欲復言本無遠謀從君於昏夏
齊侯許男伐北戎無傳北伐山戎晉殺其大夫里克奚齊者先君所
命卓子又以在國嗣位罪未為無道而里克親為三怨之主累弒二君故稱名以罪之秋七月
冬大雨雪無傳平地尺為大雪○[雨]于付反
傳十年春狄滅溫蘇子無信也蘇子叛王即狄又不
能於狄狄人伐之王不救故滅蘇子奔衛蘇子周司寇蘇公之
後也國於溫故曰溫子叛王事在莊十九年夏四月周公忌父王子黨會
齊隰朋立晉侯周公忌父周卿士王子黨周大夫晉侯殺里克以說
自解說不篡將殺里克公使謂之曰微子則不及此雖然
子弒二君與一大夫為子君者不亦難乎對曰不有
廢也君何以興欲加之罪其無辭乎言欲加己罪不患無辭臣
聞命矣伏劍而死於是丕鄭聘于秦且謝緩賂故不
及丕鄭里克黨以在秦故不及里克俱死晉侯改葬共大子共大子申生也○[共]
音恭[大]音泰秋狐突適下國下國曲沃新城遇大子大子使登僕
忽如夢而相見狐突本為申生御故復使登車為僕而告之曰夷吾無禮余得

請於帝矣請罰夷吾將以晉畀秦秦將祀余對曰臣聞之神不歆非類民不祀非族君祀無乃殄乎歆饗也殄絕也且民何罪失刑乏祀君其圖之君曰諾吾將復請七日新城西偏將有巫者而見我焉新城曲沃也將因巫而見許之遂不見狐突許其言申生之象亦沒○見賢遍反又如字及期而往告之曰帝許我罰有罪矣敝於韓敝敗也韓晉地獨敝惠公故言罰有罪明不復以晉畀秦夷吾忌克多怨終於失國雖改葬加謚申生猶怨傳言鬼神所馮有時而信丕鄭之如秦也言於秦伯曰呂甥郤稱冀芮實爲不從若重問以召之三子晉大夫不從不與秦賂問聘問之幣○稱尺證反又如字臣出晉君君納重耳蔑不濟矣蔑無也冬秦伯使泠至報問且召三子泠至秦大夫○泠力丁反郤芮曰幣重而言甘誘我也遂殺丕鄭祁舉祁舉晉大夫及七輿大夫侯伯七命副車七乘左行共華右行賈華叔堅騅歂纍虎特宮山祁皆里丕之黨也七子七輿大夫○行戶剛反共音恭騅音隹歂市專反纍力追反丕豹奔秦丕豹丕鄭之子言於秦伯曰晉侯背大主而忌小怨民弗與也伐之必出大主秦也小怨里丕公曰失衆焉能殺謂殺里丕之黨違禍誰能出君謂豹避禍也爲明年晉殺丕鄭傳

經十有一年春晉殺其大夫丕鄭父以私怨謀亂國書名罪之書春從告夏公及夫人姜氏會齊侯于陽穀無傳婦人送迎不出門見兄弟不踰閾與公俱會齊侯非禮○閾音域門限也秋八月大雩無傳過時故書冬楚人伐黃

傳十一年春晉侯使以丕鄭之亂來告釋經書在今年天王使召武公內史過賜晉侯命天王周襄王召武公周卿士內史過周大夫諸侯即位天子賜之命圭爲瑞○過古禾反受玉惰過歸告王曰晉侯其無後乎王賜之命而惰於受瑞先自弃也已其何繼之有禮國之幹也敬禮之輿也不敬則禮不行禮不行則上下昏何以長世爲惠公不終張本○長直良反又丁丈反夏揚拒泉皐伊雒之戎同伐京師入王城焚東門揚拒泉皐皆戎邑及諸雜戎居伊水雒水之閒者今伊闕北有泉亭○拒俱宇反王子帶召之也王子帶甘昭公也召戎欲因以篡位秦晉伐戎以救周秋晉侯平戎于王爲二十四年天王出居鄭傳黃人不歸楚貢冬楚人伐黃黃人恃齊故

經十有二年春王三月庚午日有食之無傳不書朔官失之夏楚人滅黃秋七月冬十有二月丁丑陳侯杵臼卒無傳遺世子與僖公同盟甯母及洮○臼其九反

傳十二年春諸侯城衛楚丘之郛懼狄難也楚丘衛國都郛郭也爲明年春秋侵衛傳○郛芳夫反難乃旦反黃人恃諸侯之睦于齊也不共楚職曰自郢及我九百里焉能害我夏楚滅黃郢楚都○共音恭王以戎難故討王子帶子帶前年召戎伐周秋王子帶奔齊冬齊侯使管夷吾平戎于王使隰朋平戎于晉平和也前年晉救周伐戎故戎與周晉不和王以上卿之禮饗管仲管

仲辭曰臣賤有司也有天子之二守國高在國子高子天子所命爲齊守臣皆上卿也莊二十二年高傒始見經僖二十八年國歸父乃見傳歸父之父曰懿仲高傒之子曰莊子不知今當誰世○[守]手又反若節春秋來承王命何以禮焉節時也陪臣敢辭諸侯之臣曰陪臣王曰舅氏伯舅之使故曰舅氏余嘉乃勳應乃懿德謂督不忘往踐乃職無逆朕命功勳美德可謂正而不可忘者不言位而言職者管仲位卑而執齊政故欲以職尊之管仲受下卿之禮而還管仲不敢以職自高卒受本位之禮君子曰管氏之世祀也宜哉讓不忘其上詩曰愷悌君子神所勞矣詩大雅愷樂也悌易也言樂易君子爲神所勞來故世祀也管仲之後於齊沒不復見傳亦舉其無驗○[愷]開在反[悌]音弟[勞]力報反[來]力代反

經十有三年春狄侵衞傳在前年春夏四月葬陳宣公無傳公會齊侯宋公陳侯衞侯鄭伯許男曹伯于鹹鹹衞地東郡濮陽縣東南有鹹城秋九月大雩無傳書過冬公子友如齊無傳

傳十三年春齊侯使仲孫湫聘于周且言王子帶前年王子帶奔齊言欲復之事畢不與王言不言子帶事歸復命曰未可王怒未怠其十年乎不十年王弗召也夏會于鹹淮夷病杞故且謀王室也秋爲戎難故諸侯戍周齊仲孫湫致之戍守也致諸侯戍卒于周○[爲]于僞反[難]乃旦反冬晉荐饑麥禾皆不熟○[荐]在薦反使乞糴于秦秦伯謂子桑與諸乎對曰重施而報君將何求言不損秦[施]式豉反○重施而不報其民必攜攜而討焉無衆必敗不義故民離謂百里與諸乎百里秦大夫對曰天災流行國家代有救災恤鄰道也行道有福丕鄭之子豹在秦請伐晉欲爲父報怨秦伯曰其君是惡其民何罪秦於是乎輸粟于晉自雍及絳相繼雍秦國都絳晉國都○[雍]於用反○命之曰汎舟之役從渭水運入河汾

經十有四年春諸侯城緣陵緣陵杞邑辟淮夷遷都于緣陵夏六月季姬及鄫子遇于防使鄫子來朝季姬魯女鄫夫人也鄫子本無朝志爲季姬所召而來故言使鄫子來朝鄫國今琅邪鄫縣○[鄫]似綾反秋八月辛卯沙鹿崩沙鹿山名陽平元城縣東有沙鹿土山在晉地災害繫於所災所害故不繫國狄侵鄭無傳冬蔡侯肸卒無傳未同盟而赴以名○[肸]許乙反

傳十四年春諸侯城緣陵而遷杞焉不書其人有闕也闕謂器用不具城池未固而去爲惠不終也澶淵之會既而無歸大夫不書而國別稱人今此揔曰諸侯君臣之辭不言城杞杞未遷也○[澶]市然反鄫季姬來寧公怒止之以鄫子之不朝也來寧不書而後年書歸鄫更嫁之文也明公絕鄫昏既來朝而還○[還]戶關反夏遇于防而使來朝秋八月辛卯沙鹿崩晉卜偃曰期年將有大咎幾亡國國主山川山崩川竭亡國之徵○[期]音基[咎]其九反[幾]音祈又音機冬秦饑使乞糴于晉晉人弗與慶鄭曰背施無親慶鄭晉大夫○[背]音佩[施]式豉反幸災不仁貪愛不祥怒鄰不義四德皆失何以守國虢射曰皮之不存毛將安傅虢射惠公舅也皮以喻所許秦城毛以喻糴言既背秦施爲怨以深雖與之糴猶無皮而施毛○[傅]音附

慶鄭曰弃信背鄰患孰恤之無信患作失援必斃是則然矣虢射曰無損於怨而厚於寇不如勿與言與秦粟不足解怨適足使秦強慶鄭曰背施幸災民所弃也近猶讎之況怨敵乎弗聽退曰君其悔是哉

經十有五年春王正月公如齊無傳諸侯五年再相朝禮也例在文十五年楚人伐徐三月公會齊侯宋公陳侯衛侯鄭伯許男曹伯盟于牡丘牡丘地名闕遂次于匡匡衛地在陳留長垣縣西南公孫敖帥師及諸侯之大夫救徐公孫敖慶父之子諸侯既盟次匡皆遣大夫將兵救徐故不復具列國別也夏五月日有食之秋七月齊師曹師伐厲厲楚與國義陽隨縣北有厲鄉八月螽無傳為災九月公至自會無傳季姬歸于鄫無傳來寧不書此書者以明中絕○[中]丁仲反又如字己卯晦震夷伯之廟夷伯魯大夫展氏之祖父夷謚伯字震者雷電擊之大夫既卒書字冬宋人伐曹楚人敗徐于婁林婁林徐地下邳僮縣東南有婁亭○[婁]力侯反十有一月壬戌晉侯及秦伯戰于韓獲晉侯例得大夫曰獲晉侯背施無親愎諫違卜故貶絕下從衆臣之例而不言以歸不書敗績晉師不大崩○[愎]皮逼反

傳十五年春楚人伐徐徐即諸夏故也三月盟于牡丘尋葵丘之盟且救徐也葵丘盟在九年孟穆伯帥師及諸侯之師救徐諸侯次于匡以待之夏五月日有食之不書朔與日官失之也秋伐厲以救徐也晉侯之入也秦穆姬屬賈君焉晉侯入在九年穆姬申生姊秦穆夫人賈君晉獻公次妃賈女也○[屬]音燭且曰盡納羣公子羣公子晉武獻之族宣二年傳曰驪姬之亂詛無畜羣公子○[詛]莊據反晉侯烝於賈君又不納羣公子是以穆姬怨之晉侯許賂中大夫中大夫國內執政里丕等既而皆背之賂秦伯以河外列城五東盡虢略南及華山內及解梁城既而不與河外河南也東盡虢略從河南而東盡虢界也解梁城今河東解縣也華山在弘農華陰縣西南○[解]音蟹晉饑秦輸之粟在十三年秦饑晉閉之糴在十四年故秦伯伐晉卜徒父筮之吉徒父秦之掌龜卜者卜人而用筮不能通三易之占故據其所見雜占而言之涉河侯車敗詰之秦伯之軍涉河則晉侯車敗也秦伯不解謂敗在己故詰之○[詰]起吉反對曰乃大吉也三敗必獲晉君其卦遇蠱䷑巽下艮上蠱曰千乘三去三去之餘獲其雄狐夫狐蠱必其君也於周易利涉大川往有事也亦秦勝晉之卦也今此所言蓋卜筮書雜辭以狐蠱為君其義欲以喻晉惠公其象未聞○[去]起居反又起據反一起呂反蠱之貞風也其悔山也內卦為貞外卦為悔巽為風秦象艮為山晉象歲云秋矣我落其實而取其材所以克也周九月夏之七月孟秋也艮為山山有木今歲已秋風吹落山木之實則材為人所取實落材亡不敗何待三敗及韓晉侯車三壞晉侯謂慶鄭曰寇深矣若之何對曰君實深之可若何公曰不孫卜右慶鄭吉弗使惡其不孫不以為車右此夷吾之多忌○[孫]音遜步揚御戎家僕徒為右步揚郤犨之父乘小駟鄭入也鄭所獻馬名小駟慶鄭曰古者大事必乘其產生其水土而知其人心安其教訓而服習其道唯所

納之無不如志今乘異產以從戎事及懼而變將與人易變易人意亂氣狡憤陰血周作張脈僨興外彊中乾狡戾也僨動也氣狡憤於外則血脈必周身而作隨氣張動外雖有彊形而內實乾竭○[憤]扶粉反[張]中亮反[僨]方問反進退不可周旋不能君必悔之弗聽九月晉侯逆秦師使韓簡視師韓簡晉大夫韓萬之孫復曰師少於我鬬士倍我公曰何故對曰出因其資謂奔梁求秦入用其寵爲秦所納饑食其粟三施而無報是以來也今又擊之我怠秦奮倍猶未也公曰一夫不可狃況國乎狃忕也言辟秦則使忕來○[施]式示反[忕]時世反又時設反遂使請戰曰寡人不佞能合其衆而不能離也君若不還無所逃命秦伯使公孫枝對曰君之未入寡人懼之入而未定列猶吾憂也列位也苟列定矣敢不承命韓簡退曰吾幸而得囚得囚爲幸言必敗壬戌戰于韓原九月十三日晉戎馬還濘而止濘泥也還便旋也小駟不調故隋泥中○[濘]乃定反[隋]大果反公號慶鄭慶鄭曰愎諫違卜愎戾也○[號]戶刀反又戶報反固敗是求又何逃焉遂去之梁由靡御韓簡虢射爲右輅秦伯將止之輅迎也止獲也○[輅]五嫁反鄭以救公誤之遂失秦伯秦獲晉侯以歸經書十一月壬戌十四日經從赴晉大夫反首拔舍從之反首亂頭髮下垂也拔草舍止壞形毀服○[拔]蒲末反秦伯使辭焉曰二三子何其慼也寡人之從君而西也亦晉之妖夢是踐豈敢以至狐突不寐而與神言故謂之妖夢申生言帝許罰有罪今將晉君而西以厭息此語踐厭也○[厭]於冉反又於輒反晉大夫三拜稽首曰君履后土而戴皇天皇天后土實聞君之言羣臣敢在下風穆姬聞晉侯將至以大子罃弘與女簡璧登臺而履薪焉罃康公名弘其母弟也簡璧罃弘姊妹古之宮閉者皆居之臺以抗絕之穆姬欲自罪故登臺而薦之以薪左右上下者皆履柴乃得通○[罃]於耕反使以免服衰絰逆且告免衰絰遭喪之服令行人服此服迎秦伯且告將以恥辱自殺○[免]音問[衰]七雷反[絰]大結反曰上天降災使我兩君匪以玉帛相見而以興戎若晉君朝以入則婢子夕以死夕以入則朝以死唯君裁之乃舍諸靈臺在京兆鄠縣周之故臺亦所以抗絕令不得通外內大夫請以入公曰獲晉侯以厚歸也既而喪歸焉用之若將晉侯入則夫人或自殺大夫其何有焉何有猶何得且晉人慼憂以重我謂反首拔舍天地以要我不圖晉憂重其怒也我食吾言背天地也食消也○[重]直用反重怒難任背天不祥必歸晉君任當也○[任]音壬○公子縶曰不如殺之無聚慝焉公子縶秦大夫恐夷吾歸復相聚爲惡○[縶]張執反[慝]他得反子桑曰歸之而質其大子必得大成晉未可滅而殺其君祇以成惡祇適也○[質]音置[祇]音支且史佚有言曰無始禍史佚周武王時大史名佚無怙亂恃人亂爲己利無重怒重怒難任陵人不祥乃許晉平晉侯使郤乞告瑕呂飴甥且召之郤乞晉大夫也瑕呂飴甥即呂甥也蓋姓瑕呂名飴甥字子金晉侯聞秦將許之平故告呂甥召使迎己○[飴]音怡子金

教之言曰：朝國人而以君命賞。恐國人不從，故先賞之於朝。且告之曰：孤雖歸，辱社稷矣，其卜貳圉也。貳，代也。圉，惠公大子懷公。衆皆哭。哀君不還國。晉於是乎作爰田。分公田之稅應入公者，爰之於所賞之衆。呂甥曰：君亡之不恤，而羣臣是憂，惠之至也。將若君何？衆曰：何爲而可？對曰：征繕以輔孺子。征，賦也。繕，治也。孺子，大子圉。諸侯聞之，喪君有君，羣臣輯睦，甲兵益多，好我者勸，惡我者懼，庶有益乎？衆說。晉於是乎作州兵。五黨爲州。州，二千五百家也。因此又使州長各繕甲兵。○〔喪〕息浪反。〔輯〕音集，又七入反。初，晉獻公筮嫁伯姬於秦，遇歸妹䷵兌下震上，歸妹。之睽䷥。兌下離上，睽。歸妹上六變而爲睽。史蘇占之，曰：不吉。史蘇，晉卜筮之史。其繇曰：士刲羊，亦無衁也。女承筐，亦無貺也。周易歸妹上六爻辭也。衁，血也。貺，賜也。刲羊，士之功；承筐，女之職。上六無應，所求不獲，故下刲無血，上承無實，不吉之象也。離爲中女，震爲長男，故稱士女。○〔繇〕直救反。〔刲〕苦圭反。〔衁〕音荒。〔中〕丁仲反。西鄰責言，不可償也。將嫁女於西，而遇不吉之卦，故知有責讓之言，不可報償。○鄰〔責〕音債，又如字。〔償〕市亮反，又音常。歸妹之睽，猶無相也。歸妹，女嫁之卦。睽，乖離之象。故曰無相。相，助也。○〔相〕息亮反。震之離，亦離之震，二卦變而氣相通。爲雷爲火，爲嬴敗姬。嬴，秦姓。姬，晉姓。震爲雷，離爲火，火動熾而害其母。女嫁反害其家之象，故曰爲嬴敗姬。車說其輹，火焚其旗，不利行師，敗于宗丘。輹，車下縛也。丘猶邑也。震爲車，離爲火。上六爻在震則無應，故車脫輹；在離則失位，故火焚旗。言皆失車火之用也。車敗旗焚，故不利行師。火還害母，故敗不出國，近在宗邑。○〔說〕吐活反。〔輹〕音福，又音服。歸妹睽孤，寇張之弧。此睽上九爻辭也。處睽之極，故曰睽孤。失位孤絕，故遇寇難而有弓矢之警，皆不吉之象。姪其從姑，震爲木，離爲火。火從木生，離爲震妹，於火爲姑。謂我姪者，我謂之姑，謂子圉質秦。○〔姪〕待結反。字林丈一反。六年其逋，逃歸其國，而弃其家。逋，亡也。家謂子圉婦懷嬴。○〔逋〕補吾反。明年其死於高梁之虛。惠公死之明年，文公入殺懷公于高梁。高梁，晉地，在平陽楊氏縣西南。凡筮者用周易，則其象可推；非此而往，則臨時占者或取於象，或取於氣，或取於時日王相以成其占。若盡附會以爻象，則構虛而不經，故略言其歸趣。他皆放此。○〔虛〕去魚反。〔王〕于況反。〔相〕息亮反。及惠公在秦，曰：先君若從史蘇之占，吾不及此夫！韓簡侍，曰：龜，象也；筮，數也。物生而後有象，象而後有滋，滋而後有數。先君之敗德，及可數乎？史蘇是占，勿從何益？言龜以象示，筮以數告，象數相因而生，然後有占，占所以知吉凶，不能變吉凶。故先君敗德，非筮數所生。雖復不從史蘇，不能益禍。○〔夫〕音扶。先君之敗德及絕句，可數乎一讀，及可數乎。〔數〕色主反。〔復〕扶又反。詩曰：下民之孽，匪降自天。僔沓背憎，職競由人。詩小雅。言民之有邪惡，非天所降。僔沓面語，背相憎疾，皆人競所主作。因以諷諫惠公，有以召此禍也。○〔僔〕尊本反。震夷伯之廟，罪之也。於是展氏有隱慝焉。隱慝，非法所得尊貴。罪所不加，是以聖人因天地之變、自然之妖以感動之。知達之主則識先聖之情以自厲，中下之主亦信妖祥以不妄，神道助教，唯此爲深。○〔知〕音智。冬，宋人伐曹，討舊怨也。莊十四年，曹與諸侯伐宋。楚敗徐于婁林，徐恃救也。恃齊救。十月，晉陰飴甥會秦伯，盟于王城。陰飴甥即呂甥也。食采於陰，故曰陰飴甥。王城，秦地，馮翊臨晉縣東有王城，今名武鄉。秦伯曰：晉國和乎？對曰：不和。小人恥失其君而悼喪其親，痛其親爲秦所殺。不憚征繕以立圉也，曰：

必報讎，寧事戎狄。君子愛其君而知其罪，不憚征繕以待秦命，曰必報德，有死無二。以此不和。秦伯曰：國謂君何？對曰：小人慼，謂之不免；君子恕，以爲必歸。小人曰：我毒秦，秦豈歸君？（毒謂三施不報。）君子曰：我知罪矣，秦必歸君。貳而執之，服而舍之，德莫厚焉，刑莫威焉。服者懷德，貳者畏刑。此一役也，（言還惠公，使諸侯威服，復可當一事之功。○〔舍〕如字，又音捨。〔還〕音環。）秦可以霸。納而不定，廢而不立，以德爲怨，秦不其然。秦伯曰：是吾心也。改館晉侯，饋七牢焉。（牛羊豕各一爲一牢。）蛾析謂慶鄭曰：盍行乎？（蛾析，晉大夫也。○〔蛾〕魚綺反，一五何反。）對曰：陷君於敗，（謂呼不往，誤晉御，失秦伯。）敗而不死，又使失刑，非人臣也。臣而不臣，行將焉入？十一月，晉侯歸。丁丑，殺慶鄭而後入。（丁丑，月二十九日。）是歲，晉又饑，秦伯又餼之粟，曰：吾怨其君而矜其民。且吾聞唐叔之封也，箕子曰：其後必大。晉其庸可冀乎？（唐叔，晉始封之君，武王之子。箕子，殷王帝乙之子，紂之庶兄。○〔餼〕許氣反。）姑樹德焉，以待能者。於是秦始征晉河東，置官司焉。（征，賦也。）

春秋經傳集解僖公上第五

春秋經傳集解僖公中第六

杜氏註　盡二十六年

經十有六年春王正月戊申朔隕石于宋五隕落也聞其隕
視之石數之五各隨其聞見先後而記之莊七年星隕如雨見星之隕而隊於四遠若山若水不見在地
之驗此則見在地之驗而不見始隕之星史各據事而書○〔數〕色主反〔隊〕直類反是月六鷁
退飛過宋都是月隕石之月重言是月嫌同日鷁水鳥高飛遇風而退宋人以為災告於諸
侯故書○〔鷁〕五歷反〔過〕古禾反〔重〕直用反三月壬申公子季友卒無傳稱字者貴
之公與小斂故書日夏四月丙申鄫季姬卒無傳○〔鄫〕似陵反秋七月
甲子公孫茲卒無傳冬十有二月公會齊侯宋公陳侯
衛侯鄭伯許男邢侯曹伯于淮臨淮郡左右

傳十六年春隕石于宋五隕星也但言星則嫌星使石隕故重言隕星
六鷁退飛過宋都風也大鷁遇迅風而退飛風高不為物害故不記風之異周
內史叔興聘于宋宋襄公問焉曰是何祥也吉凶焉
在祥吉凶之先見者襄公以為石隕鷁退能為禍福之始故問其所在對曰今茲魯多
大喪今茲此歲明年齊有亂君將得諸侯而不終魯喪齊亂宋襄
公不終別以政刑吉凶他占知之退而告人曰君失問是陰陽之事
非吉凶所生也言石隕鷁退陰陽錯逆所為非人所生襄公不知陰陽而問人事故曰君
失問叔興自以對非其實恐為有識所譏故退而告人吉凶由人吾不敢逆君
故也積善餘慶積惡餘殃故曰吉凶由人君問吉凶不敢逆之故假他占以對夏齊伐厲
不克救徐而還十五年齊伐厲以救徐秋狄侵晉取狐廚受鐸
涉汾及昆都因晉敗也狐廚受鐸昆都晉三邑平陽臨汾縣西北有狐谷亭汾水
出大原南入河王以戎難告于齊齊徵諸侯而戍周十一年戎伐京
師以來遂為王室難冬十一月乙卯鄭殺子華終管仲之言事在七年十
二月會于淮謀鄫且東略也鄫為淮夷所病故城鄫役人病
有夜登丘而呼曰齊有亂不果城而還役人遇厲氣不堪久駐故
作妖言○〔呼〕火故反〔還〕音旋

經十有七年春齊人徐人伐英氏夏滅項項國今汝陰項縣公
在會別遣師滅項不言師諱之秋夫人姜氏會齊侯于卞卞今魯國卞縣○〔卞〕
皮彥反九月公至自會公既見執于齊猶以會致者諱之冬十有二月
乙亥齊侯小白卒與僖公八同盟赴以名

傳十七年春齊人為徐伐英氏以報婁林之役也英氏
楚與國婁林役在十五年夏晉大子圉為質於秦秦歸河東而妻
之秦征河東置官司在十五年惠公之在梁也梁伯妻之梁嬴孕
過期過十月不產懷子曰孕○〔過〕古禾反卜招父與其子卜之卜招父梁大卜
○〔招〕上遙反其子曰將生一男一女招曰然男為人臣女
為人妾故名男曰圉女曰妾圉養馬者不聘曰妾及子圉西質
妾為宦女焉宦事秦為妾師滅項師魯師淮之會公有諸侯
之事未歸而取項淮會在前年冬諸侯之事會同講禮之事齊人以為討
而止公內諱執皆言止秋聲姜以公故會齊侯于卞聲姜僖公夫人
齊女九月公至書曰至自會猶有諸侯之事焉且諱之

也。恥見執，故諱會以告廟。齊侯之夫人三：王姬、徐嬴、蔡姬，皆無子。齊侯好內，多內寵，內嬖如夫人者六人：長衞姬生武孟，公子無虧。○[好]呼報反。少衞姬生惠公，公子元。鄭姬生孝公，公子昭。葛嬴生昭公，公子潘。密姬生懿公，公子商人。宋華子生公子雍。華氏之女，子姓。○[華]戶化反。公與管仲屬孝公於宋襄公，以爲大子。雍巫有寵於衞共姬，因寺人貂以薦羞於公，雍巫，雍人名巫，卽易牙。○[屬]音燭。[共]音恭。亦有寵，公許之立武孟。易牙既有寵於公，爲長衞姬請立武孟。管仲卒，五公子皆求立。冬十月乙亥，齊桓公卒。乙亥，月八日。易牙入，與寺人貂因內寵以殺羣吏，內寵，內官之有權寵者。而立公子無虧。孝公奔宋。十二月乙亥，赴。辛巳，夜殯。六十七日乃殯。

經十有八年春王正月，宋公、曹伯、衞人、邾人伐齊。納孝公。夏，師救齊。無傳。五月戊寅，宋師及齊師戰于甗，齊師敗績。無虧既死，曹、衞、邾先去，魯亦罷歸，故宋師獨與齊戰。不稱宋公，不親戰也。大崩曰敗績。甗，齊地。○[甗]魚免反，又音言，一音彥。狄救齊。無傳。救四公子之徒。秋八月丁亥，葬齊桓公。十一月而葬，亂故。八月無丁亥，日誤。冬，邢人、狄人伐衞。狄稱人者，史異辭，傳無義例。

傳十八年春，宋襄公以諸侯伐齊。三月，齊人殺無虧。以說宋。○[說]音悅，又如字。鄭伯始朝于楚。中國無霸故。楚子賜之金，既而悔之，與之盟曰：「無以鑄兵！」楚金利故。故以鑄三鐘。古者以銅爲兵。傳言楚無霸者遠略。齊人將立孝公，不勝四公子之徒，遂與宋人戰。無虧已死，故曰四公子。○[勝]音升，又升證反。夏五月，宋敗齊師于甗，立孝公而還。秋八月，葬齊桓公。孝公立而後得葬。冬，邢人、狄人伐衞，圍菟圃。衞侯以國讓父兄子弟及朝衆，曰：「苟能治之，燬請從焉。」燬，衞文公名。○[菟]音徒。衆不可，不聽衞侯讓。而後師于訾婁。陳師訾婁。訾婁，衞邑。○[訾]子斯反。[婁]郎句反，又郎鉤反。狄師還。獨言狄還，則邢留距衞。言邢所以終爲衞所滅。梁伯益其國而不能實也，多築城邑，而無民以實之。命曰新里，秦取之。

經十有九年春王三月，宋人執滕子嬰齊。稱人以執，宋以罪及民。告例在成十五年。傳例不以名爲義，書名及不書名皆從赴。夏六月，宋公、曹人、邾人盟于曹南。無傳。曹雖與盟而猶不服，不肯致餼，無地主之禮，故不以國地，而曰曹南，所以及秋而見圍。鄫子會盟于邾。不及曹南之盟，諸侯既罷，鄫乃會之於邾，故不言如會。己酉，邾人執鄫子用之。稱人以執，宋以罪及民告也。鄫雖失大國會盟之信，然宋用之爲罰已虐，故直書用之，言若用畜產也。不書社，赴不及也。不書宋使邾，而以邾自用爲文，南面之君善惡自專，不得託之於他命。○[畜]許又反。秋，宋人圍曹，衞人伐邢。伐邢在圍曹前，經書在後，從赴。冬，會陳人、蔡人、楚人、鄭人盟于齊。地於齊，齊亦與盟。梁亡。以自亡爲文，非取者之罪，所以惡梁。

傳十九年春，遂城而居之。承前年傳取新里，故不復言秦也。爲此冬梁亡傳。宋人執滕宣公。夏，宋公使邾文公用鄫子于次睢之社，欲以屬東夷。睢水受汴，東經陳留、梁、譙、沛、彭城縣入泗。此水次有妖神，東夷皆社祠之。

一一〇

蓋殺人而用祭○〔睢〕音雖〔屬〕朱欲反司馬子魚曰古者六畜不相爲用六畜不相爲用謂若祭馬先不用馬○〔畜〕許又反小事不用大牲而況敢用人乎祭祀以爲人也民神之主也用人其誰饗之齊桓公存三亡國以屬諸侯三亡國魯衛邢義士猶曰薄德謂欲因亂取魯緩救邢衛今一會而虐二國之君宋公三月以會召諸侯執滕子六月而會盟其月二十二日執鄫子故云一會而虐二國之君又用諸淫昏之鬼非周社故將以求霸不亦難乎得死爲幸恐其亡國秋衛人伐邢以報菟圃之役邢不速退所以獨見伐於是衛大旱卜有事於山川不吉有事祭也甯莊子曰昔周饑克殷而年豐今邢方無道諸侯無伯伯長也天其或者欲使衛討邢乎從之師興而雨宋人圍曹討不服也曹南盟不脩地主之禮故子魚言於宋公曰文王聞崇德亂而伐之軍三旬而不降崇崇侯虎退脩教而復伐之因壘而降復往攻之備不改前而崇自服○〔復〕扶又反詩曰刑于寡妻至于兄弟以御于家邦詩大雅言文王之教自近及遠寡妻嫡妻謂大姒也刑法也○〔御〕如字治也詩五嫁反迎也今君德無乃猶有所闕而以伐人若之何盍姑內省德乎無闕而後動陳穆公請脩好於諸侯以無忘齊桓之德冬盟于齊脩桓公之好也宋襄暴虐故思齊桓梁亡不書其主自取之也不書取梁者主名初梁伯好土功亟城而弗處民罷而弗堪則曰某寇將至乃溝公宮溝塹○〔亟〕欺冀反〔罷〕音皮曰秦將襲我民懼而潰秦遂取梁

經二十年春新作南門魯城南門也本名稷門僖公更高大之今猶不與諸門同改名高門也言新以易舊言作以興事皆更造之文也夏郜子來朝無傳郜姬姓國○〔郜〕古報反五月乙巳西宮災無傳西宮公別宮也天火曰災例在宣十六年鄭人入滑入例在襄十三年○〔滑〕于八反秋齊人狄人盟于邢冬楚人伐隨

傳二十年春新作南門書不時也失土功之時凡啓塞從時門戶道橋謂之啓城郭牆塹謂之塞皆官民之開閉不可一日而闕故特隨壞時而治之今僖公脩飾城門非開閉之急故以土功之制譏之傳嫌啓塞皆從土功之時故別起從時之例滑人叛鄭而服於衛夏鄭公子士洩堵寇帥師入滑公子士鄭文公子洩堵寇鄭大夫○〔洩〕息列反秋齊狄盟于邢爲邢謀衛難也於是衛方病邢隨以漢東諸侯叛楚冬楚鬭穀於菟帥師伐隨取成而還君子曰隨之見伐不量力也量力而動其過鮮矣善敗由己而由人乎哉詩曰豈不夙夜謂行多露詩召南言豈不欲早暮而行懼多露之濡己以喻違禮而行必有汙辱是亦量宜相時而動之義○〔穀〕奴口反〔於〕音烏〔菟〕音徒宋襄公欲合諸侯臧文仲聞之曰以欲從人則可屈己之欲從衆之善以人從欲鮮濟爲明年鹿上盟

傳

經二十有一年春狄侵衛無傳爲邢故宋人齊人楚人盟于鹿上鹿上宋地汝陰有原鹿縣宋爲盟主故在齊人上夏大旱雩不獲雨故書旱自

（夏及秋五稼皆不收。）秋，宋公、楚子、陳侯、蔡侯、鄭伯、許男、曹伯會于盂。（盂，宋地。楚始與中國行會禮，故稱爵。）執宋公以伐宋。（不言楚執宋公者，宋無德而爭盟，爲諸侯所疾，故摠見衆國共執之文。）冬，公伐邾。（無傳。爲邾滅須句故。○〔句〕其俱反，傳同。）楚人使宜申來獻捷。（無傳。獻宋捷也。不言宋者，秋伐宋，冬來獻捷，事不異年，從可知。不稱楚子使來，不稱君命行禮。）十有二月癸丑，公會諸侯盟于薄，釋宋公。（諸侯既與楚共伐宋，宋服，故爲薄盟以釋之。公本無會期，聞盟而往，故書公會諸侯。）

傳二十一年春，宋人爲鹿上之盟，以求諸侯於楚。楚人許之。公子目夷曰：小國爭盟，禍也。宋其亡乎，幸而後敗。（謂軍敗。）夏，大旱。公欲焚巫尪。（巫尪，女巫也，主祈禱請雨者。或以爲尪非巫也，瘠病之人，其面上向，俗謂天哀其病，恐雨入其鼻，故爲之旱，是以公欲焚之。○〔尪〕烏黄反。）臧文仲曰：非旱備也。脩城郭，貶食省用，務穡勸分，（穡，儉也。勸分，有無相濟。○〔貶〕彼檢反。）此其務也。巫尪何爲？天欲殺之，則如勿生；若能爲旱，焚之滋甚。公從之。是歲也，饑而不害。（不傷害民。）

秋，諸侯會宋公于盂。子魚曰：禍其在此乎！君欲已甚，其何以堪之？於是楚執宋公以伐宋。冬，會于薄以釋之。子魚曰：禍猶未也，未足以懲君。（爲二十二年戰泓傳。）任、宿、須句、顓臾，風姓也，實司大皞與有濟之祀，（司，主也。大皞，伏羲。四國，伏羲之後，故主其祀。任，今任城縣也。顓臾在泰山南武陽縣東北。須句在東平須昌縣西北。四國封近於濟，故世祀之。○〔任〕音壬。〔皞〕胡老反。〔濟〕子禮反。）以服事諸夏。（與諸夏同服王事。）邾人滅須句，須句子來奔，因成風也。（須句，成風家。）成風爲之言於公曰：崇明祀，保小寡，周禮也。（明祀，大皞、有濟之祀。保，安也。○〔爲〕于僞反。）蠻夷猾夏，周禍也。（此邾滅須句而曰蠻夷，昭二十三年，叔孫豹曰：邾又夷也。然則邾雖曹姓之國，迫近諸戎，雜用夷禮，故極言之。猾夏，亂諸夏。）若封須句，是崇皞、濟而脩祀紓禍也。（紓，解也。爲明年伐邾傳。○〔紓〕音舒。）

經二十有二年春，公伐邾，取須句。（須句雖別國，而削弱不能自通，爲魯私屬，若顓臾之比。魯謂之社稷之臣，故滅、奔及反其君皆略不備書，唯書伐邾取須句。）夏，宋公、衛侯、許男、滕子伐鄭。秋八月丁未，及邾人戰于升陘。（升陘，魯地。邾人縣公冑于魚門，故深恥之，不言公，又不言師敗績。）冬十有一月己巳朔，宋公及楚人戰于泓，宋師敗績。（泓，水名。宋伐鄭，楚救之，故戰也。楚告命不以主帥人數，故略稱人。）

傳二十二年春，伐邾，取須句，反其君焉，禮也。（得恤寡小之禮。）

三月，鄭伯如楚。夏，宋公伐鄭。子魚曰：所謂禍在此矣。（怒鄭至楚，故伐之。爲下泓戰起。）初，平王之東遷也，（周幽王爲犬戎所滅，平王嗣立，故東遷洛邑。）辛有適伊川，見被髮而祭於野者，（辛有，周大夫。伊川，周地。伊水也。）曰：不及百年，此其戎乎！其禮先亡矣。（被髮而祭，有象夷狄。）秋，秦、晉遷陸渾之戎于伊川。（允姓之戎居陸渾，在秦晉西北，二國誘而徙之伊川，遂從戎號，至今爲陸渾縣也。計此去辛有過百年，而云不及百年，傳舉其事驗，不必其年信。○〔渾〕戶門反，一胡困反。）

晉大子圉爲質於秦，將逃歸，謂嬴氏曰：與子歸乎？（嬴氏，秦所妻子圉懷嬴也。○〔質〕音致。〔妻〕七計反。）對曰：子，晉大子，而辱於秦。子之欲歸，不亦宜乎？寡君之使婢子侍執巾櫛，（婢子，婦人

一一二

之卑稱也○[櫛]側乙反[稱]尺證反以固子也從子而歸棄君命也不敢從亦不敢言遂逃歸傳終史蘇之占富辰言於王曰請召大叔富辰周大夫大叔王子帶十二年奔齊詩曰協比其鄰昏姻孔云詩小雅言王者為政先和協近親則昏姻甚相歸附也鄰猶近也孔甚也云旋也吾兄弟之不協焉能怨諸侯之不睦王說王子帶自齊復歸于京師王召之也傳終仲孫湫之言也為二十四年天王出居于鄭起○[湫]子小反邾人以須句故出師公卑邾不設備而禦之卑小也○[禦]魚呂反臧文仲曰國無小不可易也無備雖眾不可恃也詩曰戰戰兢兢如臨深淵如履薄冰詩小雅言常戒懼又曰敬之敬之天維顯思顯明也思猶辭也命不易哉周頌言有國宜敬戒天明臨下奉承其命甚難先王之明德猶無不難也無不懼也況我小國乎君其無謂邾小蠭蠆有毒而況國乎弗聽八月丁未公及邾師戰于升陘我師敗績邾人獲公冑縣諸魚門冑兜鍪魚門邾城門楚人伐宋以救鄭宋公將戰大司馬固諫曰天之棄商久矣君將興之弗可赦也已大司馬固莊公之孫公孫固也言君興天所棄必不可不如赦楚勿與戰弗聽冬十一月己巳朔宋公及楚人戰于泓宋人既成列楚人未既濟未盡渡泓水司馬曰子魚也彼眾我寡及其未既濟也請擊之公曰不可既濟而未成列又以告公曰未可既陳而後擊之宋師敗績公傷股門官殲焉門官守門者師行則

在君左右殲盡也○[陳]直覲反[殲]子廉反國人皆咎公公曰君子不重傷不禽二毛二毛頭白有二色古之為軍也不以阻隘也不因阻隘以求勝寡人雖亡國之餘宋商紂之後不鼓不成列恥以詐勝子魚曰君未知戰勍敵之人隘而不列天贊我也勍強也言楚在險隘不得陳列天所以佐宋阻而鼓之不亦可乎猶有懼焉雖因阻擊之猶恐不勝且今之勍者皆吾敵也雖及胡耇獲則取之何有於二毛今之勍者謂與吾競者胡耇元老之稱明恥教戰求殺敵也明設刑戮以恥不果傷未及死如何勿重言尚能害己若愛重傷則如勿傷愛其二毛則如服焉言苟不欲傷殺敵人則本可不須鬬三軍以利用也為利興金鼓以聲氣也鼓以佐士眾之聲氣利而用之阻隘可也聲盛致志鼓儳可也儳巖未整陳○[儳]仕銜反丙子晨鄭文夫人芈氏姜氏勞楚子於柯澤楚子還過鄭鄭文公夫人芈氏楚女姜氏齊女也柯澤鄭地○[芈]彌爾反[勞]力報反楚子使師縉示之俘馘師縉楚樂師也俘所得囚馘所截耳君子曰非禮也婦人送迎不出門見兄弟不踰閾閾門限○[閾]音域又況域反戎事不邇女器邇近也器物也言俘馘非近婦人之物丁丑楚子入饗于鄭為鄭所饗九獻用上公之禮九獻酒而禮畢庭實旅百庭中所陳品數百也加籩豆六品食物六品加於籩豆籩豆禮食器饗畢夜出文芈送于軍取鄭二姬以歸二姬文芈女也叔詹曰楚王其不沒乎不以壽終為禮卒於無別無別不可謂禮將何以沒諸侯是以知其不遂霸也

（言楚子所以師敗城濮終爲商臣所弒。○〔別〕彼列反。）

經二十有三年春，齊侯伐宋，圍緍。（緍，宋邑。高平昌邑縣東南有東緍城。○〔緍〕亡巾反。）夏五月庚寅，宋公茲父卒。（三同盟。）秋，楚人伐陳。

冬十有一月，杞子卒。（傳例曰：不書名，未同盟也。杞入春秋稱侯，莊二十七年絀稱伯，至此用夷禮，貶稱子。○〔絀〕勑律反。）

傳二十三年春，齊侯伐宋，圍緍，以討其不與盟于齊也。（十九年盟于齊，以無忘桓公之德，而宋獨不會。復召齊人共盟鹿上，故今討之。○〔與〕音預。）夏五月，宋襄公卒，傷於泓故也。（終子魚之言。得死爲幸。）秋，楚成得臣帥師伐陳，討其貳於宋也。（成得臣，子玉也。）遂取焦、夷，城頓而還。（焦，今譙縣也。夷一名城父，今譙郡城父縣。二地皆陳邑。頓國，今汝陰南頓縣。）子文以爲之功，使爲令尹。叔伯曰：子若國何？（叔伯，楚大夫薳呂臣也。以爲子玉不任令尹。○〔薳〕爲彼反。〔任〕音壬。）對曰：吾以靖國也。夫有大功而無貴仕，（貴仕，貴位。）其人能靖者與有幾？（言必矜功爲亂，不可賞。○〔與〕音餘。〔幾〕居豈反。）

九月，晉惠公卒。（經在明年，從赴。）懷公命無從亡人。（懷公，子圉。亡人，重耳。）期，期而不至，無赦。狐突之子毛及偃從重耳在秦，弗召。（偃，子犯也。○〔期期〕上如字，下音基。〔從〕才用反。）冬，懷公執狐突，曰：子來則免。（未期而執突，以不召子故。）對曰：子之能仕，父教之忠，古之制也。策名委質，貳乃辟也。（名書於所臣之策，屈膝而君事之，則不可以貳。辟，罪也。○〔質〕如字。〔辟〕婢亦反。）今臣之子名在重耳，有年數矣。若又召之，教之貳也。父教子貳，何以事君？刑之不濫，君之明也，臣之願也。淫刑以逞，誰則無罪？臣聞命矣。乃殺之。卜偃稱疾不出，曰：周書有之：乃大明服。（周書，康誥。言君能大明則民服。）己則不明，而殺人以逞，不亦難乎？民不見德，而唯戮是聞，其何後之有？（言懷公必無後於晉，爲二十四年殺懷公張本。）

十一月，杞成公卒。書曰子，杞，夷也。（成公始行夷禮以終其身，故於卒貶之。杞實稱伯，仲尼以文貶稱子，故傳言書曰子以明之。）不書名，未同盟也。凡諸侯同盟，死則赴以名，禮也。（隱七年已見，今重發不書名者，疑降爵故也。此凡又爲國史承告而書例。）赴以名，則亦書之，（謂未同盟。）不然則否，（謂同盟而不以名告。）辟不敏也。（敏猶審也。同盟然後告名，赴者之禮也。承赴然後書策，史官之制也。內外之宜不同，故傳重詳其義。）

晉公子重耳之及於難也，晉人伐諸蒲城。（事在五年。）蒲城人欲戰，重耳不可，曰：保君父之命而享其生祿，（享，受也。保，猶恃也。）於是乎得人。（以祿致衆。）有人而校，罪莫大焉。（校，報也。）吾其奔也。遂奔狄。從者狐偃、趙衰、（衰，趙夙弟。）顛頡、魏武子、（武子，魏犨。○〔頡〕戶結反。〔犨〕尺由反。）司空季子。（胥臣臼季也。時狐毛、賈佗皆從，而獨舉此五人，賢而有大功。○〔臼〕其九反。）狄人伐廧咎如，（廧咎如，赤狄之別種也。隗，姓。○〔廧〕在良反。〔咎〕古刀反。〔隗〕五罪反，下同。）獲其二女叔隗、季隗，納諸公子。公子取季隗，生伯儵、叔劉；以叔隗妻趙衰，生盾。（盾，趙宣子。○〔儵〕直由反。〔妻〕七計反。〔盾〕徒本反。）將適齊，謂季隗曰：待我二十五年，不來而後嫁。對曰：我二十五年矣，又如是而嫁，則就木焉。（言將死入木，不復成嫁。）請待子。處狄十二年而行。（以五年奔狄，至十六年而去。）過衛，衛文公不禮焉出於五鹿五鹿衞地今衞縣西北有地名五鹿陽平元城縣東亦有五鹿乞食於野人野人與之塊公子怒欲鞭之子犯曰天賜也得土有國之祥故以爲天賜○〔塊〕苦對反又苦怪反稽首受而載之及齊齊桓公妻之有馬二十乘四馬爲乘八十匹也公子安之從者以爲不可將行謀於桑下齊桓既卒知孝公不可恃故蠶妾在其上以告姜氏姜氏殺之姜氏重耳妻恐孝公怒其去故殺妾以滅口而謂公子曰子有四方之志其聞之者吾殺之矣公子曰無之姜曰行也懷與安實敗名公子不可姜與子犯謀醉而遣之醒以戈逐子犯無去志故怒○〔敗〕必邁反〔醒〕星頂反及曹曹共公聞其駢脅欲觀其裸浴薄而觀之薄迫也駢脅合幹○〔脅〕許業反駢脅并也脅幹謂之肋〔裸〕力果反僖負羈之妻曰吾觀晉公子之從者皆足以相國若以相若遂以爲傳相○〔羈〕紀宜反〔相〕息亮反夫子必反其國反其國必得志於諸侯得志於諸侯而誅無禮曹其首也子盍蚤自貳焉自貳自別異於曹乃饋盤飧寘璧焉臣無竟外之交故用盤藏璧飧中不欲令人見○〔飧〕音孫公子受飧反璧及宋宋襄公贈之以馬二十乘贈送也及鄭鄭文公亦不禮焉叔詹諫曰臣聞天之所啓人弗及也啓開也晉公子有三焉天其或者將建諸君其禮焉男女同姓其生不蕃蕃息也〔蕃〕音煩○晉公子姬出也而至于今一也大戎狐姬之子故曰姬出離外之患出奔在外而天不靖晉國殆將啓之二也有三士足以上人而從之三也國語狐偃趙衰賈佗三人皆卿才○〔從〕如字一才用反○晉鄭同儕儕等也〔儕〕士皆反○其過子弟固將禮焉況天之所啓乎弗聽及楚楚子饗之曰公子若反晉國則何以報不穀對曰子女玉帛則君有之羽毛齒革則君地生焉其波及晉國者君之餘也其何以報君曰雖然何以報我對曰若以君之靈得反晉國晉楚治兵遇於中原其辟君三舍若不獲命三退不得楚止命也○〔過〕古禾反其左執鞭弭右屬櫜鞬以與君周旋弭弓末無緣者櫜以受箭鞬以受弓屬著也周旋相追逐也○〔弭〕莫爾反〔屬〕音燭〔櫜〕古刀反〔鞬〕九言反〔緣〕悅絹反子玉請殺之畏其志大楚子曰晉公子廣而儉志廣而體儉文而有禮其從者肅而寬肅敬也忠而能力晉侯無親外內惡之晉侯惠公○〔惡〕去聲吾聞姬姓唐叔之後其後衰者也其將由晉公子乎天將興之誰能廢之違天必有大咎乃送諸秦秦伯納女五人懷嬴與焉懷嬴子圉妻子圉謚懷公故號爲懷嬴奉匜沃盥既而揮之匜沃盥器也揮湔也○〔奉〕芳勇反〔匜〕以支反一以紙反〔盥〕古緩反怒曰秦晉匹也何以卑我匹敵也公子懼降服而囚去上服自拘囚以謝之○〔去〕起呂反他日公享之子犯曰吾不如衰之文也有文辭也〔衰〕初危反○請使衰從公子賦河水河水逸詩義取河水朝宗于海海喻秦公賦六月六月詩小雅道尹吉甫佐宣王征伐喻公子還晉必能匡王國古者禮會因古詩以見意故言賦詩斷章也其全稱詩篇者多取首章之

義他皆放此○[見]賢遍反[斷]端緩反趙衰曰重耳拜賜公子降拜稽首公降一級而辭焉下階一級辭公子稽首衰曰君稱所以佐天子者命重耳重耳敢不拜詩首章言匡王國次章言佐天子故趙衰因通言之爲明年秦伯納之張本

經二十有四年春王正月夏狄伐鄭秋七月冬天王出居于鄭襄王也天子以天下爲家故所在稱居天子無外而書出者譏王蔽於匹夫之孝不顧天下之重因其辟母弟之難書出言其自絕於周晉侯夷吾卒文公定位而後告未同盟而赴以名

傳二十四年春王正月秦伯納之不書不告入也納重耳也及河子犯以璧授公子曰臣負羈絏從君巡於天下羈馬羈絏馬繮○[羈]紀宜反馬絡頭也[絏]息列反繮也[從]才用反又如字臣之罪甚多矣臣猶知之而況君乎請由此亡公子曰所不與舅氏同心者有如白水子犯重耳舅也言與舅氏同心之明如此白水猶詩言謂予不信有如皦日投其璧于河質信於河○[質]音致濟河圍令狐入桑泉取臼衰桑泉在河東解縣西解縣東南有臼城○[衰]初危反[解]戶買反二月甲午晉師軍于廬柳懷公遣軍距重耳秦伯使公子縶如晉師師退軍于郇解縣西北有郇城辛丑狐偃及秦晉之大夫盟于郇壬寅公子入于晉師丙午入于曲沃丁未朝于武宮文公之祖武公廟戊申使殺懷公于高梁不書亦不告也懷公奔高梁高梁在平陽楊縣西南再發不告者言外諸侯入及見殺亦皆須告乃書於策呂郤畏偪呂甥郤芮惠公舊臣故畏爲文公所偪害將焚公宮而弑晉侯寺人披請見公使讓之且辭焉辭不見○請[見]賢遍反曰蒲城之役在五年君命一宿女即至即日至其後余從狄君以田渭濱田獵女爲惠公來求殺余命女三宿女中宿至雖有君命何其速也夫袪猶在披所斬文公衣袂也○[爲]于僞反[中]丁仲反下注同[袪]起魚反女其行乎對曰臣謂君之入也其知之矣知君人之道若猶未也又將及難君命無二古之制也除君之惡唯力是視蒲人狄人余何有焉當二君世君爲蒲狄之人於我有何義今君即位其無蒲狄乎齊桓公置射鉤而使管仲相乾時之役管仲射桓公中帶鉤○[射]食亦反君若易之何辱命焉言君反齊桓已將自去不須辱君命行者甚衆豈唯刑臣披奄人故稱刑臣公見之以難告告呂郤欲焚公宮三月晉侯潛會秦伯于王城己丑晦公宮火瑕甥郤芮不獲公乃如河上秦伯誘而殺之晉侯逆夫人嬴氏以歸秦穆公女文嬴也秦伯送衞於晉三千人實紀綱之僕新有呂郤之難國未輯睦故以兵衞文公諸門戶僕隸之事皆秦卒共之爲紀綱初晉侯之豎頭須守藏者也頭須一曰里鳧須豎左右小吏○[豎]上注反[藏]才浪反下同里[鳧]須房孚反韓詩外傳云晉文公亡過曹里鳧須從因盜重耳資而亡重耳無糧餒不能行介子推割股以食重耳然後能行其出也竊藏以逃文公出時盡用以求納之求納文公及入求見公辭焉以沐謂僕人曰沐則心覆心覆則圖反宜吾不得見也居者爲社稷

之守行者爲羈紲之僕其亦可也何必罪居者國君而讎匹夫懼者甚衆矣僕人以告公遽見之言弃小怨所以能安衆○〔見〕賢遍反下得見同狄人歸季隗于晉而請其二子二子伯儵叔劉文公妻趙衰生原同屏括樓嬰原屏樓三子之邑○〔妻〕七計反〔屏〕步丁反趙姬請逆盾與其母趙姬文公女也盾狄女叔隗之子子餘辭子餘趙衰字姬曰得寵而忘舊何以使人必逆之固請許之來以盾爲才固請于公以爲嫡子而使其三子下之以叔隗爲內子而己下之卿之嫡妻爲內子皆非此年事蓋因狄人歸季隗遂終言叔隗晉侯賞從亡者介之推不言祿祿亦弗及介推文公微臣之語助○〔從〕才用反〔推〕昌誰反推曰獻公之子九人唯君在矣惠懷無親外內弃之天未絶晉必將有主主晉祀者非君而誰天實置之而二三子以爲己力不亦誣乎竊人之財猶謂之盜況貪天之功以爲己力乎下義其罪上賞其姦上下相蒙蒙欺也難與處矣其母曰盍亦求之以死誰懟對曰尤而效之罪又甚焉且出怨言不食其食怨言謂上下相蒙難與處○〔懟〕直類反其母曰亦使知之若何既不求之且欲令推達言於文公對曰言身之文也身將隱焉用文之是求顯也其母曰能如是乎與女偕隱偕俱也○〔女〕音汝遂隱而死晉侯求之不獲以緜上爲之田曰以志吾過且旌善人旌表也西河界休縣南有地名緜上鄭之入滑也滑人

聽命入滑在二十年師還又即衛鄭公子士洩堵俞彌帥師伐滑堵俞彌鄭大夫王使伯服游孫伯如鄭請滑二子周大夫鄭伯怨惠王之入而不與厲公爵也事在莊二十一年又怨襄王之與衛滑也怨王助衛爲滑請故不聽王命而執二子王怒將以狄伐鄭富辰諫曰不可臣聞之大上以德撫民無親疏也其次親親以相及也先親以及疏推恩以成義昔周公弔二叔之不咸故封建親戚以蕃屏周弔傷也咸同也周公傷夏殷之叔世疏其親戚以至滅亡故廣封其兄弟管蔡郕霍魯衛毛聃郜雍曹滕畢原酆郇文之昭也十六國皆文王子也管國在滎陽京縣東北雍國在河內山陽縣西畢國在長安縣西北酆國在始平鄠縣東○〔聃〕乃甘反〔雍〕於用反〔郇〕音荀邘晉應韓武之穆也四國皆武王子應國在襄陽城父縣西南韓國在河東郡界河內野王縣西北有邘城○〔邘〕音于凡蔣邢茅胙祭周公之胤也胤嗣也蔣在弋陽期思縣高平昌邑縣西有茅鄉東郡燕縣西南有胙亭○〔祭〕音瘵召穆公思周德之不類故糾合宗族于成周而作詩類善也糾收也召穆公周卿士名虎召采地扶風雍縣東南有召亭周厲王之時周德衰微兄弟道缺召穆公于東都收會宗族特作此周公之樂歌常棣詩屬小雅曰常棣之華鄂不韡韡常棣棣也鄂鄂然華外發不韡韡言韡韡以喻兄弟和睦則強盛而有光輝韡韡然○〔不〕方九反〔韡〕韋鬼反凡今之人莫如兄弟言致韡韡之盛莫如親兄弟其四章曰兄弟鬩于牆外禦其侮鬩訟爭貌言內雖不和猶宜外扞異族之侵侮○〔鬩〕呼歷反如是則兄弟雖有小忿不廢懿親懿美也今天子不忍小忿以弃鄭親其若之何

庸勳親親暱近尊賢德之大者也（庸，用也。暱，親也。○〔暱〕女乙反。）卽聾從昧與頑用嚚姦之大者也棄德崇姦禍之大者也（崇，聚也。）鄭有平惠之勳（平王東遷，晉、鄭是依。惠王出奔，虢、鄭納之。是其勳也。）又有厲宣之親（鄭始封之祖桓公友，周厲王之子，宣王之母弟。）棄嬖寵而用三良（七年殺嬖臣申侯，十六年殺寵子子華也。三良，叔詹、堵叔、師叔，所謂尊賢。）於諸姬爲近（道近，當暱之。）四德具矣耳不聽五聲之和爲聾目不別五色之章爲昧心不則德義之經爲頑口不道忠信之言爲嚚狄皆則之四姦具矣周之有懿德也猶曰莫如兄弟故封建之（當周公時，故言周之有懿德。）其懷柔天下也猶懼有外侮扞禦侮者莫如親親故以親屏周召穆公亦云（周公作詩，召公歌之，故言亦云。）今周德既衰於是乎又渝周召以從諸姦無乃不可乎（變周召親兄弟之道。）民未忘禍王又興之（前有子頽之亂，中有叔帶召狄，故曰民未忘禍。）其若文武何（言將廢文武之功業。）王弗聽使頽叔桃子出狄師（二子，周大夫。）夏狄伐鄭取櫟王德狄人將以其女爲后富辰諫曰不可臣聞之曰報者倦矣施者未厭（施，功勞也。有勞則望報過甚。○〔櫟〕力狄反。〔施〕如字。〔厭〕於豔反，又於鹽反。）狄固貪惏王又啓之女德無極婦怨無終（婦女之志，近之則不知止足，遠之則忿怨無已。終猶已也。○〔惏〕力南反。方言云：殺人而取其財曰惏。）狄必爲患王又弗聽初甘昭公有寵於惠后（甘昭公，王子帶也。食邑於甘，河南縣西南有甘水。）惠后將立之未及而卒昭公奔齊（奔齊在十二年。）王

復之（在二十二年。）又通於隗氏（隗氏，王所立狄后。）王替隗氏（替，廢也。）頽叔桃子曰我實使狄狄其怨我遂奉大叔以狄師攻王王御士將禦之（周禮，王之御士十二人。）王曰先后其謂我何（先后，惠后也。誅大叔，恐違先后志。）寧使諸侯圖之王遂出及坎欿國人納之（坎欿，周地，在河南鞏縣東。○〔欿〕大感反。）秋頽叔桃子奉大叔以狄師伐周大敗周師獲周公忌父原伯毛伯富辰（原、毛，皆采邑。）王出適鄭處于氾（鄭南氾也，在襄城縣南。○〔氾〕音凡，後皆同。）大叔以隗氏居于溫鄭子華之弟子臧出奔宋（十六年殺子華故。）好聚鷸冠（鷸，鳥名。聚鷸羽以爲冠，非法之服。○〔鷸〕尹橘反，翠鳥也。）鄭伯聞而惡之（惡其服非法。）使盜誘之八月盜殺之于陳宋之間君子曰服之不衷身之災也（衷猶適也。○〔衷〕音忠，一丁仲反。）詩曰彼已之子不稱其服（詩曹風。刺小人在位，言彼人之德不稱其服。○〔已〕音記。〔稱〕尺證反。）子臧之服不稱也夫詩曰自詒伊慼其子臧之謂矣（詩小雅。詒，遺也。慼，憂也。取其自遺憂。○〔遺〕唯季反。）夏書曰地平天成稱也（夏書，逸書。地平其化，天成其施，上下相稱爲宜。）宋及楚平宋成公如楚還入於鄭鄭伯將享之問禮於皇武子（皇武子，鄭卿。）對曰宋先代之後也於周爲客天子有事膰焉（有事，祭宗廟也。膰，祭肉。尊之，故賜以祭胙。）有喪拜焉（宋弔周喪，王特拜謝之。）豐厚可也鄭伯從之享宋公有加禮也（禮物事事加厚。善鄭能尊先代。）冬王使來告難曰不穀不德得罪于母弟之寵子帶鄙在鄭地氾（鄙，野也。）敢告叔父

天子謂同姓諸侯曰叔父。臧文仲對曰：天子蒙塵于外，敢不奔問官守。官守，王之羣臣。〔守〕手又反，下同。○王使簡師父告于晉，使左鄢父告于秦。二子，周大夫。○〔鄢〕於晚反。天子無出，書曰天王出居于鄭，辟母弟之難也。叔帶，襄王同母弟。天子凶服降名，禮也。凶服，素服。降名，稱不穀。鄭伯與孔將鉏、石甲父、侯宣多省視官具于氾，三子，鄭大夫。省官司，具器用。○〔鉏〕仕居反。而後聽其私政，禮也。得先君後己之禮。衞人將伐邢，禮至曰：不得其守，國不可得也。禮至，衞大夫。守，謂邢正卿國子。我請昆弟仕焉。乃往，得仕。爲明年滅邢傳。

經。二十有五年，春，王正月丙午，衞侯燬滅邢。衞、邢同姓，惡其親親相滅，故稱名罪之。夏，四月癸酉，衞侯燬卒。無傳。五同盟。宋蕩伯姬來逆婦。無傳。伯姬，魯女，爲宋大夫蕩氏妻也。自爲其子來逆，稱婦，姑在之辭。婦人越竟迎婦，非禮，故書。○〔爲〕于僞反。宋殺其大夫。無傳。其事則未聞。於例爲大夫無罪，故不稱名。秋，楚人圍陳，納頓子于頓。頓迫於陳而出奔楚，故楚圍陳以納頓子。不言遂，明一事也。子玉稱人，從告。頓子不言歸，與師見納故。葬衞文公。無傳。冬，十有二月癸亥，公會衞子、莒慶盟于洮。洮，魯地。衞文公既葬，成公不稱爵者，述父之志，降名從未成君，故書子以善之。莒慶不稱氏，未賜族。

傳。二十五年，春，衞人伐邢，二禮從國子巡城，掖以赴外，殺之。正月丙午，衞侯燬滅邢，同姓也，故名。禮至爲銘曰：余掖殺國子，莫余敢止。惡其不知恥，詐以滅同姓，而反銘功於器。秦伯師于河上，將納王。狐偃言於晉侯曰：求諸侯莫如勤王。勤納王也。諸侯信之，且大義也。繼文之業，而信宣於諸侯，今爲可矣。晉文侯仇爲平王侯伯，匡輔周室。王使卜偃卜之，曰：吉。遇黃帝戰于阪泉之兆。黃帝與神農之後姜氏戰于阪泉之野，勝之。今得其兆，故以爲吉。公曰：吾不堪也。文公自以爲己當此兆，故曰不堪。對曰：周禮未改，今之王，古之帝也。言周德雖衰，其命未改，今之周王，自當帝兆，不謂晉。公曰：筮之。筮之，遇大有䷍乾下離上，大有。之睽䷥，兌下離上，睽。大有九三變而爲睽。曰：吉。遇公用享于天子之卦。大有九三爻辭也。三爲三公而得位，變而爲兌，兌爲說，得位而說，故能爲王所宴饗也。戰克而王饗，吉孰大焉。言卜筮協吉。且是卦也，方更總言二卦之義，不繫於一爻。天爲澤以當日，天子降心以逆公，不亦可乎。乾爲天，兌爲澤，乾變爲兌而上當離，離爲日，日之在天，垂曜在澤，天子在上，說心在下，是降心逆公之象。大有去睽而復，亦其所也。言去睽卦，還論大有，亦有天子降心之象。乾尊離卑，降尊下卑，亦其義也。晉侯辭秦師而下。辭讓秦師，使還，順流，故曰下。三月甲辰，次于陽樊，右師圍温，大叔在温故。左師逆王。夏，四月丁巳，王入于王城，取大叔于温，殺之于隰城。戊午，晉侯朝王，王饗醴，命之宥。既行饗禮而設醴酒，又加之以幣帛，以助歡也。宥，助也。請隧，弗許，闕地通路曰隧，王之葬禮也。諸侯皆縣柩而下。曰：王章也。章顯王者與諸侯異。未有代德而有二王，亦叔父之所惡也。與之陽樊、温、原、欑茅之田。晉於是始啓南陽。在晉山南河北，故曰南陽。○〔欑〕才官反。陽樊不服，圍之。蒼葛呼曰：蒼葛，陽樊人。○〔呼〕喚故反。德以柔中國，刑以威四夷，宜吾不敢服也此誰非王之親姻其俘之也乃出其民取其土而已。秋秦晉伐鄀鄀本在商密秦楚界上小國其後遷於南郡鄀縣○鄀音若。楚鬭克屈禦寇以申息之師戍商密鬭克申公子儀屈禦寇息公子邊商密鄀別邑今南鄉丹水縣戍守也二子屯兵於析以爲商密援。秦人過析隈入而係輿人以圍商密昏而傳焉析楚邑一名白羽今南鄉析縣隈隱蔽之處係縛輿人詐爲克析得其囚俘者昏而傳城不欲令商密知囚非析人○隈烏回反係音計傳音附。宵坎血加書僞與子儀子邊盟者掘地爲坎以埋盟之餘血加盟書其上。商密人懼曰秦取析矣戍人反矣乃降秦師秦師囚申公子儀息公子邊以歸商密既降析戍亦敗故得囚二子。楚令尹子玉追秦師弗及不復言晉者秦爲兵主。遂圍陳納頓子于頓爲頓圍陳。冬晉侯圍原命三日之糧原不降命去之諜出諜閒也。曰原將降矣軍吏曰請待之公曰信國之寶也民之所庇也得原失信何以庇之所亡滋多退一舍而原降遷原伯貫于冀伯貫周守原大夫也。趙衰爲原大夫狐溱爲溫大夫狐溱狐毛之子。衛人平莒于我十二月盟于洮脩衛文公之好且及莒平也莒以元年酈之役怨魯衛文公將平之未及而卒成公追成父志降名以行事故曰脩文公之好○酈力知反。晉侯問原守於寺人勃鞮勃鞮披也○守手又反鞮丁兮反。對曰昔趙衰以壺飧從徑餒而弗食言其廉且仁不忘君也徑猶行也○飧音孫從才用反。故使處原從披言也衰雖有大功猶簡小善以進之示不遺勞。

經二十有六年春王正月己未公會莒子衛甯速盟于向向莒地甯速衛大夫莊子也○向舒亮反。齊人侵我西鄙公追齊師至酅弗及公逐齊師遠至齊地故書之濟北穀城縣西有地名酅下○酅戶圭反。夏齊人伐我北鄙孝公未入魯竟先使微者伐之。衛人伐齊公子遂如楚乞師公子遂魯卿也乞不保得之辭。秋楚人滅夔以夔子歸夔楚同姓國今建平秭歸縣夔有不祀之罪故不譏楚滅同姓。冬楚人伐宋圍緡公以楚師伐齊取穀傳例曰能左右之曰以。公至自伐齊無傳。

傳二十六年春王正月公會莒茲丕公茲丕時君之號莒夷無謚以號爲稱。甯莊子盟于向尋洮之盟也洮盟在前年。齊師侵我西鄙討是二盟也夏齊孝公伐我北鄙衛人伐齊洮之盟故也公使展喜犒師勞齊師。使受命于展禽柳下惠。齊侯未入竟展喜從之曰寡君聞君親舉玉趾將辱於敝邑使下臣犒執事言執事不敢斥尊。齊侯曰魯人恐乎對曰小人恐矣君子則否齊侯曰室如縣罄野無青草何恃而不恐如而也時夏四月今之二月野物未成故言居室而資糧縣盡在野則無蔬食之物所以當恐。對曰恃先王之命昔周公大公股肱周室夾輔成王成王勞之而賜之盟曰世世子孫無相害也載在盟府載載書也。大師職之職主也大公爲大師兼主司盟之官。桓公是以糾合諸侯而謀其不協彌縫其闕而匡救其災昭舊職也及君卽位諸侯之望曰其率桓之功率循也○

〔縫〕扶容反。我敝邑用不敢保聚。用此舊盟，故不聚衆保守。曰豈其嗣世九年。而弃命廢職。其若先君何。君必不然。恃此以不恐。齊侯乃還。東門襄仲、臧文仲如楚乞師。襄仲居東門，故以爲氏。臧文仲爲襄仲副使，故不書。臧孫見子玉而道之伐齊宋。以其不臣也。言其不臣事周室，可以此罪責而伐之。夔子不祀祝融與鬻熊。祝融，高辛氏之火正，楚之遠祖也。鬻熊，祝融之十二世孫。夔，楚之別封，故亦世紹其祀。楚人讓之。對曰。我先王熊摯有疾。鬼神弗赦。而自竄于夔。熊摯，楚嫡子。有疾不得嗣位，故別封爲夔子。吾是以失楚。又何祀焉。廢其常祀，而飾辭文過。秋。楚成得臣、鬬宜申帥師滅夔。以夔子歸。成得臣，令尹子玉也。鬬宜申，司馬子西也。宋以其善於晉侯也。重耳之出也，宋襄公贈馬二十乘。叛楚卽晉。冬。楚令尹子玉、司馬子西帥師伐宋。圍緡。公以楚師伐齊。取穀。凡師能左右之曰以。左右，謂進退在己。○〔左右〕並如字。寘桓公子雍於穀。易牙奉之以爲魯援。雍本與孝公爭立，故使居穀以偪齊。楚申公叔侯戍之。爲二十八年楚子使申叔去穀張本。桓公之子七人。爲七大夫於楚。言孝公不能撫公族。

春秋經傳集解僖公中第六

春秋經傳集解僖公下第七

杜氏註　　盡三十三年

經二十有七年春杞子來朝夏六月庚寅齊侯昭卒（十九年與魯大夫盟于齊）秋八月乙未葬齊孝公（無傳三月而葬速）乙巳公子遂帥師入杞（弗地曰入八月無乙巳乙巳九月六日）冬楚人陳侯蔡侯鄭伯許男圍宋（傳言楚子使子玉去宋經書人者恥不得志以微者告猶序諸侯之上楚主兵故）十有二月甲戌公會諸侯盟于宋（無傳諸侯伐宋公與楚有好而往會之非後期宋方見圍無嫌於與盟故直以宋地）

傳二十七年春杞桓公來朝用夷禮故曰子（杞先代之後而迫於東夷風俗雜壞言語衣服有時而夷故杞子卒傳言其夷也今稱朝者始於朝禮終而不全異於介葛盧故唯貶其爵）公卑杞杞不共也（杞用夷禮故賤之○〔共〕音恭）夏齊孝公卒有齊怨（前年齊再伐魯）不廢喪紀禮也（弔贈之數不有廢）秋入杞責無禮也（責不共也）楚子將圍宋使子文治兵於睽（子文時不爲令尹故云使治兵習號令也睽楚邑）終朝而畢不戮一人（終朝自旦及食時也子文欲委重於子玉故略其事）子玉復治兵於蔿（子玉爲令尹故蔿楚邑○〔蔿〕于委反）終日而畢鞭七人貫三人耳國老皆賀子文子文飲之酒（賀子玉堪其事○〔貫〕音官又古亂反〔飲〕於鴆反）蔿賈尚幼後至不賀（蔿賈伯嬴孫叔敖之父幼少也）子文問之對曰不知所賀子之傳政於子玉曰以靖國也靖諸內而敗諸外所獲幾何子玉之敗子之舉也舉以敗國將何賀焉子玉剛而無禮不可以治民過三百乘其不能以入矣苟入而賀何後之有（三百乘二萬二千五百人）冬楚子及諸侯圍宋宋公孫固如晉告急（公孫固宋莊公孫）先軫曰報施救患取威定霸於是乎在矣（先軫晉下軍之佐原軫也報宋贈馬之施）狐偃曰楚始得曹而新昏於衛若伐曹衛楚必救之則齊宋免矣（前年楚使申叔侯戍穀以偪齊）於是乎蒐于被廬（晉常以春蒐禮改政令敬其始也被廬晉地）作三軍（閔元年晉獻公作二軍今復大國之禮）謀元帥（中軍帥）趙衰曰郤縠可臣亟聞其言矣說禮樂而敦詩書詩書義之府也禮樂德之則也德義利之本也夏書曰賦納以言明試以功車服以庸（尚書虞夏書也賦納以言觀其志也明試以功考其事也車服以庸以庸報其勞也賦猶取也庸功也○〔縠〕胡木反〔亟〕欺冀反數也〔說〕音悅）君其試之乃使郤縠將中軍郤溱佐之使狐偃將上軍讓於狐毛而佐之（狐毛偃之兄）命趙衰爲卿讓於欒枝先軫（欒枝貞子也欒賓之孫）使欒枝將下軍先軫佐之荀林父御戎魏犫爲右（荀林父中行桓子○〔行〕戶剛反）晉侯始入而教其民二年欲用之（二十四年入）子犯曰民未知義未安其居（無義則苟生）於是乎出定襄王（二十五年定襄王以示事君之義）入務利民民懷生矣將用之子犯曰民未知信未宣其用（宣明也未明於見用之信）於是乎伐原以示之信（伐原在二十五年）民易資者不求豐焉（不詐以求多）明徵其辭（重言信）公曰可矣乎子犯曰民未知禮未

生其共於是乎大蒐以示之禮蒐順少長明貴賤作執秩以正其官執秩主爵秩之官民聽不惑而後用之出穀戍釋宋圍楚子使申叔去穀子玉去宋一戰而霸文之教也謂明年戰城濮

經二十有八年春晉侯侵曹晉侯伐衛再舉晉侯者曹衛兩來告公子買戍衛不卒戍刺之公子買魯大夫子叢也內殺大夫皆書刺言用周禮三刺之法示不枉濫也公實畏晉殺子叢而誣叢以廢戍之罪恐不爲遠近所信故顯書其罪楚人救衛三月丙午晉侯入曹執曹伯畀宋人畀與也執諸侯當以歸京師晉欲怒楚使戰故以與宋所謂譎而不正夏四月己巳晉侯齊師宋師秦師及楚人戰于城濮楚師敗績宋公齊國歸父秦小子慭既次城濮以師屬晉不與戰也子玉及陳蔡之師不書楚人恥敗告文略也大崩曰敗績○〔慭〕魚覲反不〔與〕音預楚殺其大夫得臣子玉違其君命以取敗稱名以殺罪之衛侯出奔楚五月癸丑公會晉侯齊侯宋公蔡侯鄭伯衛子莒子盟于踐土踐土鄭地王子虎臨盟不同歃故不書衛侯出奔其弟叔武攝位受盟非王命所加從未成君之禮故稱子而序鄭伯之下經書癸丑月十八日也傳書癸亥月二十八日經傳必有誤○〔踐〕慈演反〔土〕如字一音杜陳侯如會無傳陳本與楚楚敗懼而屬晉來不及盟故曰如會公朝于王所無傳王在踐土非京師故曰王所六月衛侯鄭自楚復歸于衛復其位曰復歸晉人感叔武之賢而復衛侯衛侯之入由于叔武故以國逆爲文例在成十八年衛元咺出奔晉元咺衛大夫雖爲叔武訟失君臣之節故無賢文奔例在宣十年○〔咺〕況晚反陳侯款卒無傳凡四同盟秋杞伯姬來無傳莊公女歸寧曰來公子遂如齊無傳聘也冬公會晉侯齊侯宋公蔡侯鄭伯陳子莒子邾子秦人于溫陳共公稱子先君未葬例在九年宋襄公稱子自在本班陳共公稱子降在鄭下陳懷公稱子而在鄭上傳無義例蓋主會所次非褒貶也天王狩于河陽晉地今河內有河陽縣晉實召王爲其辭逆而意順故經以王狩爲辭壬申公朝于王所壬申十月十日有日而無月史闕文晉人執衛侯歸之于京師稱人以執罪及民也例在成十五年諸侯不得相治故歸之京師衛元咺自晉復歸于衛元咺與衛侯訟得勝而歸從國逆例者明衛侯無道於民國人與元咺諸侯遂圍許會溫諸侯也許比再會不至故因會共伐之曹伯襄復歸于曹晉感侯獳之言而復曹伯故從國逆例○〔獳〕乃侯反遂會諸侯圍許言遂得復而行不歸國也

傳二十八年春晉侯將伐曹假道于衛曹在衛東故衛人弗許還自南河濟從汲郡南渡出衛南而東侵曹伐衛正月戊申取五鹿五鹿衛地二月晉郤縠卒原軫將中軍胥臣佐下軍上德也先軫以下軍佐超將中軍故曰上德胥臣司空季子晉侯齊侯盟于斂盂斂盂衛地○〔斂〕音廉又力檢反衛侯請盟晉人弗許衛侯欲與楚國人不欲故出其君以說于晉衛侯出居于襄牛襄牛衛地○〔說〕音悅公子買戍衛晉伐衛衛楚之昏姻魯欲與楚故戍衛楚人救衛不克公懼於晉殺子叢以說焉召子叢而殺之以謝晉謂楚人曰不卒戍也詐告楚人言子叢不終戍事而歸故殺之殺子叢在楚救衛下經在上者救衛赴晚至晉侯圍曹門焉多死攻曹城門曹人尸諸城上磔晉死人於城上○〔磔〕張宅反晉侯患之聽輿人之謀曰稱舍於墓輿衆也舍墓爲將發冢師遷焉曹人兇懼遷至曹人墓兇兇恐懼聲○〔兇〕凶勇反爲

其所得者棺而出之因其兇也而攻之三月丙午入曹數之以其不用僖負羈而乘軒者三百人也且曰獻狀軒大夫車言其無德居位者多故責其功狀○[棺]古患反一音官令無入僖負羈之宮而免其族報施也報殯璧之施○[施]始豉反魏犫顛頡怒曰勞之不圖報於何有二子各有從亡之勞[頡]戶結反[從]才用反○爇僖負羈氏爇燒也魏犫傷於胷公欲殺之而愛其材材力使問且視之病將殺之魏犫束胷見使者曰以君之靈不有寧也言不以病故自安寧○[見]賢遍反距躍三百曲踊三百距躍超越也曲踊跳踊也百猶勵也○[三]如字又息暫反[百]音陌下放此[勵]音邁乃舍之殺顛頡以徇于師立舟之僑以為戎右舟之僑故虢臣閔二年奔晉以代魏犫為先歸張本[舍]如字又音捨○宋人使門尹般如晉師告急門尹般宋大夫○[般]音班○公曰宋人告急舍之則絕與晉絕告楚不許我欲戰矣齊秦未可若之何未肯戰先軫曰使宋舍我而賂齊秦求救於齊秦○[舍]音捨藉之告楚假借齊秦使為宋請○[藉]在亦反借也我執曹君而分曹衛之田以賜宋人楚愛曹衛必不許也不許齊秦之請喜賂怒頑能無戰乎言齊秦喜得宋賂而怒楚之頑必自戰也不可告請故曰頑公說執曹伯分曹衛之田以畀宋人楚子入居于申申在方城內故曰入使申叔去穀二十六年申叔戍穀使子玉去宋曰無從晉師晉侯在外十九年矣而果得晉國晉侯生十七年而亡亡十九年而反凡三十六年至此四十矣險阻艱難備嘗之

矣民之情偽盡知之矣天假之年獻公之子九人唯文公在故曰天假之年而除其害除惠懷呂郤天之所置其可廢乎軍志曰允當則歸無求過分軍志兵書又曰知難而退又曰有德不可敵此三志者晉之謂矣謂今與晉遇當用此三志子玉使伯棼請戰伯棼子越椒也鬭伯比之孫○[棼]扶云反又扶粉反曰非敢必有功也願以閒執讒慝之口閒執猶塞也讒慝若蔿賈之言謂子玉不能以三百乘入○[慝]吐得反王怒少與之師唯西廣東宮與若敖之六卒實從之楚子還申遣此兵以就前圍宋之衆楚有左右廣又大子有宮甲分取以給之若敖楚武王之祖父葬若敖者子玉之祖也六卒子玉宗人之兵六言人言不悉御以益之○[廣]古曠反子玉使宛春告於晉師曰請復衛侯而封曹臣亦釋宋之圍衛侯未出竟曹伯見執在宋已失位故言復衛封曹○[宛]於元反又於阮反子犯曰子玉無禮哉君取一臣取二君取一以釋宋圍惠晉侯臣取二復曹衛為己功不可失矣言可伐先軫曰子與之定人之謂禮楚一言而定三國我一言而亡之我則無禮何以戰乎不許楚言是棄宋也救而棄之謂諸侯何言將為諸侯所怪楚有三施我有三怨怨讎已多將何以戰不如私許復曹衛以攜之私許二國使告絕於楚而後復之攜離也○[施]始豉反執宛春以怒楚既戰而後圖之須勝負決乃定計公說乃拘宛春於衛且私許復曹衛曹衛告絕於楚子玉怒從晉師晉師退軍吏曰以君辟臣辱也且楚師老矣何故退子犯曰師直為壯

曲爲老，豈在久乎？微楚之惠不及此，重耳過楚，楚成王有贈送之惠。退三舍辟之，所以報也。一舍，三十里。初，楚子云若反國，何以報我，故以退三舍爲報。背惠食言，以亢其讎，亢猶當也，讎謂楚也。○〔亢〕苦浪反。我曲楚直，其衆素飽，不可謂老。直氣盈飽。我退而楚還，我將何求？若其不還，君退臣犯，曲在彼矣。」退三舍。楚衆欲止，子玉不可。夏四月戊辰，晉侯、宋公、齊國歸父、崔夭、秦小子憖次于城濮。國歸父、崔夭，齊大夫也。小子憖，秦穆公子也。城濮，衛地。楚師背酅而舍。酅，丘陵險阻名。○〔酅〕戶圭反。晉侯患之，聽輿人之誦，恐衆畏險，故聽其歌誦。曰：「原田每每，舍其舊而新是謀。」高平曰原。喻晉君美盛，若原田之草每每然，可以謀立新功，不足念舊惠。○〔每〕亡回反，又梅對反。〔舍〕音捨。公疑焉。疑衆謂己背舊謀新。子犯曰：「戰也。戰而捷，必得諸侯。若其不捷，表裏山河，必無害也。」晉國外河而內山。公曰：「若楚惠何？」欒貞子曰：「漢陽諸姬，楚實盡之。貞子，欒枝也。水北曰陽。姬姓之國在漢北者，楚盡滅之。思小惠而忘大恥，不如戰也。」晉侯夢與楚子搏，搏，手搏。楚子伏己而盬其腦，盬，嗁也。○〔盬〕音古。〔嗁〕子答反，又所答反。是以懼。子犯曰：「吉。我得天，楚伏其罪，吾且柔之矣。」晉侯上向，故得天。楚子下向地，故伏其罪。腦所以柔物。子犯見事宜，故權言以答夢。子玉使鬭勃請戰，鬭勃，楚大夫。曰：「請與君之士戲，君馮軾而觀之，得臣與寓目焉。」寓，寄也。○〔與〕音預。晉侯使欒枝對曰：「寡君聞命矣。楚君之惠，未之敢忘，是以在此。爲大夫退，其敢當君乎？既不獲命矣，不獲止命。敢煩大夫謂二三子：煩鬭勃令戒敕子玉、子西之屬。戒爾車乘，敬爾君事，詰朝將見。」詰朝，平旦。○〔見〕如字，又賢遍反。晉車七百乘，韅、靷、鞅、靽。五萬二千五百人。在背曰韅，在胷曰靷，在腹曰鞅，在後曰靽。言駕乘脩備。○〔韅〕許見反，又去見反。〔靷〕以刃反。〔鞅〕於杖反。〔靽〕音半。晉侯登有莘之虛以觀師，曰：「少長有禮，其可用也。」有莘，故國名。少長猶言大小。○〔莘〕所巾反。〔虛〕丘魚反。遂伐其木以益其兵。伐木以益攻戰之具，輿曳柴亦是也。己巳，晉師陳于莘北，胥臣以下軍之佐當陳、蔡。子玉以若敖之六卒將中軍，曰：「今日必無晉矣。」子西將左，子上將右。子西，鬭宜申。子上，鬭勃。○〔陳〕直覲反。胥臣蒙馬以虎皮，先犯陳、蔡。陳、蔡奔，楚右師潰。陳、蔡屬楚右師。狐毛設二旆而退之。旆，大旗也。又建二旆而退，使若大將稍卻。欒枝使輿曳柴而僞遁，曳柴起塵，詐爲衆走。楚師馳之，原軫、郤溱以中軍公族橫擊之。公族，公所率之軍。狐毛、狐偃以上軍夾攻子西，楚左師潰。楚師敗績。子玉收其卒而止，故不敗。三軍唯中軍完，是大崩。晉師三日館穀，館，舍也。食楚軍穀三日。及癸酉而還。甲午，至于衡雍，作王宮于踐土。衡雍，鄭地，今熒陽卷縣。王聞晉戰勝，自往勞之，故爲作宮。○〔雍〕於用反。〔卷〕音權。鄉役之三月，鄉猶屬也。城濮之役前三月。○〔鄉〕許亮反。〔屬〕音燭。鄭伯如楚致其師，爲楚師既敗而懼，使子人九行成于晉。子人，氏；九，名。晉欒枝入盟鄭伯。五月丙午，晉侯及鄭伯盟于衡雍。丁未，獻楚俘于王：駟介百乘，徒兵千。駟介，四馬被甲。徒兵，步卒。鄭伯傅王，用平禮也。傅，相也。以

（周平王享晉文侯仇之禮享晉侯）己酉王享醴命晉侯宥（既饗又命晉侯助以束帛以將厚意）王命尹氏及王子虎內史叔興父策命晉侯爲侯伯（以策書命晉侯爲伯也周禮九命作伯尹氏王子虎皆王卿士也叔興父大夫也三官命之以寵晉）賜之大輅之服戎輅之服（大輅金輅戎輅戎車二輅各有服）彤弓一彤矢百玈弓矢千（彤赤弓玈黑弓弓一矢百則矢千弓十矣諸侯賜弓矢然後專征伐○[玈]音盧）秬鬯一卣（秬黑黍鬯香酒所以降神卣器名○[卣]音酉）虎賁三百人曰王謂叔父敬服王命以綏四國糾逖王慝（逖遠也有惡於王者糾而遠之○[賁]音奔[逖]勑歷反[慝]他得反）晉侯三辭從命曰重耳敢再拜稽首奉揚天子之丕顯休命（稽首首至地丕大也休美也○[三]息暫反又如字）受策以出出入三覲（出入猶去來也從衛來至去凡三見王）衛侯聞楚師敗懼出奔楚遂適陳（自襄牛出）使元咺奉叔武以受盟（奉使攝君事）癸亥王子虎盟諸侯于王庭（踐土宮之庭書踐土別於京師）要言曰皆獎王室無相害也有渝此盟明神殛之俾隊其師無克祚國（獎助也渝變也殛誅也俾使也隊隕也克能也○[隊]直類反）及而玄孫無有老幼君子謂是盟也信（合義信）謂晉於是役也能以德攻（以文德教民而後用之）初楚子玉自爲瓊弁玉纓未之服也（弁以鹿子皮爲之瓊玉之別名次之以飾弁及纓詩云會弁如星）先戰夢河神謂己曰畀余余賜女孟諸之麋（孟諸宋藪澤水草之交曰麋[先]如字又悉薦反）○弗致也大心與子西使榮黃諫（大心子玉之子子西子玉之族子玉剛愎故因榮黃榮黃榮季也○[愎]皮逼反）弗聽榮季曰死而利國猶或爲之況瓊玉乎是糞土也而可以濟師將何愛焉（因神之欲以附百姓之願濟師之理○[糞]弗問反）弗聽出告二子曰非神敗令尹令尹其不勤民實自敗也（盡心盡力無所愛惜爲勤）既敗王使謂之曰大夫若入其若申息之老何（申息二邑子弟皆從子玉而死言何以見其父老）子西孫伯曰得臣將死二臣止之曰君其將以爲戮（孫伯即大心子玉之子也二子以此荅王使言欲令子玉往就君戮）及連穀而死（至連穀王無赦命故自殺也文十年傳曰城濮之役王使止子玉曰無死不及子西亦自殺縊而縣絕故得不死王時別遣追前使連穀楚地殺得臣經在踐土盟上傳在下者說晉事畢而次及楚屬文之宜○[屬]音燭）晉侯聞之而後喜可知也（喜見於顏色○[見]賢遍反）曰莫余毒也已蔿呂臣實爲令尹奉己而已不在民矣（言其自守無大志）或訴元咺於衛侯曰立叔武矣其子角從公公使殺之（角元咺子○[從]才用反又如字）咺不廢命奉夷叔以入守（夷叔武諡○[守]手又反）六月晉人復衛侯（以叔武受盟於踐土故聽衛侯歸○[聽]吐丁反）甯武子與衛人盟于宛濮（武子甯俞也陳留長垣縣西南有宛亭近濮水）曰天禍衛國君臣不協以及此憂也（衛侯欲與楚國人不欲故不和也）今天誘其衷（衷中也）使皆降心以相從也不有居者誰守社稷不有行者誰扞牧圉（牛曰牧馬曰圉）不協之故用昭乞盟于爾大神以誘天衷自今日以往既盟之後行者無保其力居者無懼其罪有渝此盟以相及也（以惡相及）明神先君是糾是殛國人聞此

盟也。而後不貳。傳言叔武之賢，甯俞之忠，衛侯所以書復歸。衛侯先期入。不信叔武。○[先]悉薦反。○甯子先長牂守門，以爲使也，與之乘而入。長牂，衛大夫。甯子患公之欲速，故先入，欲安喻國人。○[牂]子郎反。公子歂犬、華仲前驅。衛侯遂驅，奄甯子未備。二子，衛大夫。○[歂]市專反。[華]戶化反，又如字。叔武將沐，聞君至，喜，捉髮走出。前驅射而殺之。公知其無罪也，枕之股而哭之。公以叔武尸枕其股。○[射]食亦反。歂犬走出。手射叔武故。公使殺之。元咺出奔晉。元咺以衛侯驅入殺叔武，故至晉愬之。城濮之戰，晉中軍風于澤，牛馬因風而走，皆失之。亡大旆之左旃。大旆，旗名。繫旐曰旆，通帛曰旃。○[旃]章然反。祁瞞奸命，掌此二事而不脩，爲奸軍令。○[瞞]莫干反。[奸]音干。司馬殺之，以徇于諸侯，使茅茷代之。師還。壬午，濟河。舟之僑先歸，士會攝右。權代舟之僑也。士會，隨武子，士蔿之孫。○[茷]扶廢反。秋七月丙申，振旅，愷以入于晉。愷，樂也。○[樂]音洛。○獻俘授馘，飲至大賞。授，數也。獻楚俘於廟。○[數]色主反。徵會討貳。徵召諸侯，將冬會于溫。殺舟之僑以徇于國，民於是大服。君子謂文公其能刑矣，三罪而民服。三罪，顛頡、祁瞞、舟之僑。詩云：惠此中國，以綏四方。不失賞刑之謂也。詩大雅。言賞刑不失，則中國受惠，四方安靖。冬，會于溫，討不服也。討衛、許。衛侯與元咺訟，爭殺叔武事。甯武子爲輔，鍼莊子爲坐，士榮爲大士。大士，治獄官也。周禮，命夫命婦不躬坐獄訟。元咺又不宜與其君對坐，故使鍼莊子爲主，又使衛之忠臣及其獄官質正元咺。傳曰王叔之宰與伯輿之大夫坐獄於王庭，名不身親，蓋今長吏有罪，先驗吏卒之義也。○[鍼]其廉反。衛侯不勝。三子辭屈。殺士榮，刖鍼莊子，謂甯俞忠而免之。執衛侯，歸之于京師，寘諸深室。深室，別爲囚室。甯子職納橐饘焉。甯俞以君在幽隘，故親以衣食爲己職。橐，衣囊。饘，糜也。言其忠至，所慮者深。○[饘]之然反。元咺歸于衛，立公子瑕。瑕，衛公子適也。是會也，晉侯召王，以諸侯見，且使王狩。晉侯大合諸侯，而欲尊事天子以爲名義，自嫌強大，不敢朝周，喻王出狩，因得盡羣臣之禮，皆譎而不正之事。仲尼曰：以臣召君，不可以訓。故書曰：天王狩于河陽，言非其地也。使若天王自狩以失地，故書河陽，實以屬晉，非王狩地。且明德也。隱其召君之闕，欲以明晉之功德。河陽之狩，趙盾之弒，泄冶之罪，皆違凡變例，以起大義，危疑之理，故特稱仲尼以明之。壬申，公朝于王所。執衛侯，經在朝王下，傳在上者，告執晚。丁丑，諸侯圍許。十月十五日，有日無月。晉侯有疾，曹伯之豎侯獳貨筮史，豎，掌通內外者。史，晉史。使曰以曹爲解。以滅曹爲解故。○[解]戶賣反，又古買反。齊桓公爲會而封異姓，封邢、衛。今君爲會而滅同姓。曹叔振鐸，文之昭也；叔振鐸，曹始封君，文王之子。先君唐叔，武之穆也。且合諸侯而滅兄弟，非禮也。與衛偕命，私許復曹、衛。而不與偕復，非信也。同罪異罰，非刑也。衛已復故。禮以行義，信以守禮，刑以正邪，舍此三者，君將若之何？公說，復曹伯，遂會諸侯于許。晉侯作三行以禦狄。荀林父將中行，屠擊將右行，先蔑將左行。晉置上中下三軍，今復增置三行，以辟天子六軍之名。三行無佐，疑大夫帥。○[舍]音捨。[行]戶郎反。

經二十有九年春，介葛盧來。介，東夷國也，在城陽黔陬縣。葛盧，介君名也。不稱朝不見公且不能行朝禮雖不見公國賓禮之故書。公至自圍許。傳無夏六月。會王人、晉人、宋人、齊人、陳人、蔡人、秦人盟于翟泉。翟泉今洛陽城內大倉西南池水也魯侯諱盟天子大夫諸侯大夫又違禮盟公侯王子虎違禮下盟故不言公會又皆稱人○[翟]直歷反秋，大雨雹。○[雨]于付反[雹]蒲學反冬，介葛盧來。

傳。二十九年春，介葛盧來朝，舍于昌衍之上。魯縣東南有昌平城○[衍]以善反公在會，饋之芻米，禮也。嫌公行不當致饋故曰禮也夏，公會王子虎、晉狐偃、宋公孫固、齊國歸父、陳轅濤塗、秦小子憖，盟于翟泉，尋踐土之盟，且謀伐鄭也。經書蔡人而傳無名氏卿微者秦小子憖在蔡下者若宋向戌之後會○[憖]魚覲反卿不書，罪之也。晉侯始霸翼戴天子諸侯輯睦王室無虞而王子虎下盟列國以瀆大典諸侯大夫上敵公侯虧禮傷教故貶諸大夫諱公與盟在禮，卿不會公侯，會伯子男可也。大國之卿當小國之君故可以會伯子男諸卿之見貶亦兼有此闕故傳重發之秋，大雨雹，爲災也。冬，介葛盧來，以未見公，故復來朝，禮之，加燕好。燕燕禮也好好貨也一歲再來故加之介葛盧聞牛鳴，曰：「是生三犧，皆用之矣，其音云。」問之而信。傳言人聽或通鳥獸之情

經。三十年春王正月。夏，狄侵齊。秋，衛殺其大夫元咺及公子瑕。咺見殺稱名者訟君求直又先歸立公子瑕非國人所與罪之也瑕立經年未會諸侯故不稱君衛侯鄭歸于衛。魯爲之請故從諸侯納之例例在成十八年晉人、秦人圍鄭。晉軍函陵秦軍氾南各使微者圍鄭故稱人○[氾]音凡介人侵蕭。傳無冬，天王使宰周公來聘。周公天子三公兼冢宰也○[兼]如字又經念反公子遂如京師，遂如晉。如京師報宰周公

傳。三十年春，晉人侵鄭，以觀其可攻與否。狄閒晉之有鄭虞也，夏，狄侵齊。齊晉與國晉侯使醫衍酖衛侯。衍醫名晉侯實怨衛侯欲殺而罪不及死故使醫因治疾而加酖毒甯俞貨醫，使薄其酖，不死。甯俞視衛侯衣食故得知之公爲之請，納玉於王與晉侯，皆十瑴。王許之。雙玉曰瑴公本與衛同好故爲之請○[瑴]音角秋，乃釋衛侯。衛侯使賂周歂、冶廑，曰：「苟能納我，吾使爾爲卿。」恐元咺距己故賂周冶○[歂]市專反[廑]音覲又音謹周、冶殺元咺及子適、子儀。子儀瑕母弟不書殺賤也○[適]丁歷反公入祀先君，周、冶既服將命，服卿服將入廟受命周歂先入，及門，遇疾而死。冶廑辭卿。見周歂死而懼

九月甲午，晉侯、秦伯圍鄭，以其無禮於晉，文公亡過鄭鄭不禮之且貳於楚也。晉軍函陵，秦軍氾南。此東氾也在滎陽中牟縣南佚之狐言於鄭伯曰：「國危矣，若使燭之武見秦君，師必退。」佚之狐燭之武皆鄭大夫公從之。辭曰：「臣之壯也，猶不如人；今老矣，無能爲也已。」公曰：「吾不能早用子，今急而求子，是寡人之過也。然鄭亡，子亦有不利焉。」許之，夜縋而出，縋縣城而下○[縋]丈僞反見秦伯，曰：「秦、晉圍鄭，鄭既知亡矣。若亡鄭而有益於君，敢以煩執事。執事亦謂秦越國以鄙遠，君知其難也，設得鄭以爲秦邊邑則越晉而難保焉用亡鄭以陪鄰？陪益也鄰之厚，君之薄也。若舍鄭以爲東道主，行李之往來，共其

乏困，（行李，使人。○〔舍〕音捨，又如字。〔共〕音恭。）君亦無所害。且君嘗爲晉君賜矣，許君焦、瑕，朝濟而夕設版焉，君之所知也。（晉君謂惠公也。焦、瑕，晉河外五城之二邑。朝濟河而夕設版築以距秦，言背秦之速。）夫晉何厭之有？既東封鄭，又欲肆其西封。（封，疆也。肆，申也。○〔厭〕於鹽反。）若不闕秦，將焉取之？闕秦以利晉，唯君圖之。」秦伯說，與鄭人盟，使杞子、逢孫、楊孫戍之，乃還。（三子，秦大夫，反爲鄭守。）子犯請擊之，公曰：「不可。微夫人之力不及此。（請擊秦也。夫人謂秦穆公。○〔夫〕音扶。）因人之力而敝之，不仁；失其所與，不知；以亂易整，不武。（秦晉和整而還相攻，更爲亂也。○〔知〕音智。）吾其還也。」亦去之。初，鄭公子蘭出奔晉，（蘭，鄭穆公。）從於晉侯伐鄭，請無與圍鄭。許之，使待命于東。（晉東界。○〔與〕音預。）鄭石申父、侯宣多逆以爲大子，以求成于晉，晉人許之。（二子，鄭大夫。言穆公所以立。）冬，王使周公閱來聘，饗有昌歜、白黑、形鹽。（昌歜，昌蒲葅。白，熬稻。黑，熬黍。形鹽，鹽形象虎。○〔歜〕在感反。〔葅〕莊居反。）辭曰：「國君文足昭也，武可畏也，則有備物之饗以象其德；薦五味，羞嘉穀，鹽虎形，（嘉穀，熬稻黍也，以象其文也。鹽虎形，以象武也。）以獻其功，吾何以堪之？」東門襄仲將聘于周，遂初聘于晉。（公既命襄仲聘周，未行，故曰將。又命自周聘晉，故曰遂。自入春秋，魯始聘晉，故曰初。）

經三十有一年春，取濟西田。（晉分曹田以賜魯，故不繫曹。不用師徒，故曰取。）公子遂如晉。夏四月，四卜郊，不從，乃免牲。（龜曰卜。不從，不吉也。卜郊不吉，故免牲。免猶縱也。）猶三望。（三望，分野之星、國中山川，皆因郊祀望而祭之。魯廢郊天，而修其小祀，故曰猶。猶者，可止之辭。）秋七月。冬，杞伯姬來求婦。（無傳。自爲其子成昏。）狄圍衛。十有二月，衛遷于帝丘。（辟狄難也。帝丘，今東郡濮陽縣。故帝顓頊之虛，故曰帝丘。○〔虛〕起魚反。）

傳三十一年春，取濟西田，分曹地也。（二十八年，晉文討曹，分其地，竟界未定，至是乃以賜諸侯。）使臧文仲往，宿於重館。（高平方與縣西北有重鄉城。○〔重〕直龍反。〔方〕音房。〔與〕音預。）重館人告曰：「晉新得諸侯，必親其共。不速行，將無及也。」從之，分曹地，自洮以南，東傅于濟，盡曹地也。（文仲不書，請田而已，非聘享會同也。濟水自熒陽東過魯之西，至樂安入海。○〔傅〕音附。）襄仲如晉，拜曹田也。夏四月，四卜郊，不從，乃免牲，非禮也。（諸侯不得郊天，魯以周公故，得用天子禮樂，故郊爲魯常祀。）猶三望，亦非禮也。禮不卜常祀，（必其時。）而卜其牲、日，（卜牲與日，知吉凶。）牛卜日曰牲。（既得吉日，則牛改名曰牲。）牲成而卜郊，上怠慢也。（怠於占典，慢瀆龜策。）望，郊之細也。不郊，亦無望可也。秋，晉蒐于清原，作五軍以禦狄。（二十八年，晉作三行，今罷之，更爲上下新軍。河東聞喜縣北有清原。○〔行〕戶郎反。）趙衰爲卿。（二十七年，命趙衰爲卿，讓於欒枝。今始從原大夫爲新軍帥。）冬，狄圍衛，衛遷于帝丘。卜曰三百年。衛成公夢康叔曰：「相奪予享。」（相，夏后啓之孫，居帝丘。享，祭也。○〔相〕息亮反。）公命祀相。甯武子不可，曰：「鬼神非其族類，不歆其祀。（歆，猶饗也。○〔歆〕許金反。）杞、鄫何事？（言杞、鄫夏後，自當祀相。）相之不享於此久矣，非衛之罪也。（言帝丘久不祀。）

相非衛所絕不可以閒成王周公之命祀諸侯受命各有常祀請改祀命改祀相之命鄭洩駕惡公子瑕鄭伯亦惡之故公子瑕出奔楚瑕文公子傳爲納瑕張本洩駕亦鄭大夫隱五年洩駕距此九十年疑非一人

經三十有二年春王正月夏四月己丑鄭伯捷卒無傳衛人侵狄報前年狄圍衛秋衛人及狄盟不地者就狄廬帳盟冬十有二月己卯晉侯重耳卒同盟踐土翟泉

傳三十二年春楚鬬章請平于晉晉陽處父報之晉楚始通陽處父晉大夫晉楚自春秋以來始交使命爲和同夏狄有亂衛人侵狄狄請平焉秋衛人及狄盟冬晉文公卒庚辰將殯于曲沃殯窆棺也曲沃有舊宮焉○〔窆〕彼驗反出絳柩有聲如牛如牛呴聲○〔呴〕呼口反卜偃使大夫拜曰君命大事將有西師過軼我擊之必大捷焉聲自柩出故曰君命大事戎事也卜偃聞秦密謀故因柩聲以正衆心○〔過〕古禾反又古臥反〔軼〕直結反又音逸杞子自鄭使告于秦三十年秦使大夫杞子戍鄭曰鄭人使我掌其北門之管管籥也若潛師以來國可得也穆公訪諸蹇叔蹇叔曰勞師以襲遠非所聞也蹇叔秦大夫師勞力竭遠主備之無乃不可乎師之所爲鄭必知之勤而無所必有悖心將害良善○〔悖〕必內反○且行千里其誰不知公辭焉辭不受其諫召孟明西乞白乙使出師於東門之外孟明百里孟明視西乞西乞術白乙白乙丙蹇叔哭之曰孟子吾見師之出而不見其入也公使謂之曰爾何知中壽爾墓之木拱矣合手曰拱言其過老悖不可用蹇叔之子與師哭而送之曰晉人禦師必於殽殽在弘農澠池縣西○〔殽〕戶交反〔澠〕緜善反又羊恕反〔與〕音預殽有二陵焉大阜曰陵其南陵夏后皐之墓也皐夏桀之祖父其北陵文王之所辟風雨也此道在二殽之間南谷中谷深委曲兩山相嶔故可以辟風雨古道由此魏武帝西討巴漢惡其險而更開北山高道○〔辟〕音避〔嶔〕許金反必死是閒以其深險故余收爾骨焉秦師遂東爲明年晉敗秦于殽傳

經三十有三年春王二月秦人入滑滅而書入不能有其地齊侯使國歸父來聘夏四月辛巳晉人及姜戎敗秦師于殽晉侯諱背喪用兵故通以賤者告姜戎姜姓之戎居晉南鄙戎子駒支之先也晉人角之諸戎掎之不同陳故言及○〔掎〕居綺反癸巳葬晉文公狄侵齊公伐邾取訾婁秋公子遂帥師伐邾晉人敗狄于箕大原陽邑縣南有箕城郤缺稱人者未爲卿○〔訾〕子斯反冬十月公如齊十有二月公至自齊乙巳公薨于小寢小寢內寢也乙巳十一月十二日經書十二月誤隕霜不殺草李梅實無傳書時失也周十一月今九月霜當微而重重而不能殺草所以爲災晉人陳人鄭人伐許

傳三十三年春秦師過周北門左右免冑而下王城之北門冑兜鍪兵車非大將御者在中故左右下御不下超乘者三百乘王孫滿尚幼觀之言於王曰秦師輕而無禮必敗謂過天子門不卷甲束兵超乘示勇○〔輕〕遣政反輕則寡謀無禮則脫脫易也○〔脫〕他活反入險而

脫又不能謀能無敗乎及滑鄭商人弦高將市於周遇之以乘韋先牛十二犒師商行賈也乘四韋先韋乃入牛古者將獻遺於人必有以先之○〔先〕悉薦反曰寡君聞吾子將步師出於敝邑敢犒從者不腆敝邑爲從者之淹居則具一日之積腆厚也淹久也積芻米菜薪○〔從〕才用反〔積〕子賜反行則備一夕之衞且使遽告于鄭遽傳車○〔遽〕其據反〔傳〕張戀反鄭穆公使視客館視秦三大夫之舍則束載厲兵秣馬矣嚴兵待秦師使皇武子辭焉曰吾子淹久於敝邑唯是脯資餼牽竭矣資糧也生曰餼牽謂牛羊豕○〔餼〕許氣反爲吾子之將行也示知其情鄭之有原圃猶秦之有具囿也原圃具囿皆囿名吾子取其麋鹿以閒敝邑若何使秦戍自取麋鹿以爲行資今敝邑得閒暇若何猶如何熒陽中牟縣西有圃田澤○〔閒〕音閑杞子奔齊逢孫揚孫奔宋孟明曰鄭有備矣不可冀也攻之不克圍之不繼吾其還也滅滑而還齊國莊子來聘自郊勞至于贈賄禮成而加之以敏迎來曰郊勞送去曰贈賄敏審當於事○〔勞〕力報反臧文仲言於公曰國子爲政齊猶有禮君其朝焉臣聞之服於有禮社稷之衞也爲公如齊傳晉原軫曰秦違蹇叔而以貪勤民天奉我也奉與也奉不可失敵不可縱縱敵患生違天不祥必伐秦師欒枝曰未報秦施而伐其師其爲死君乎言以君死故忘秦施○〔施〕始豉反先軫曰秦不哀吾喪而伐吾同姓秦則無禮何施之爲言秦以無禮加己施不足顧吾聞之一日縱敵數世之患也謀及子孫可謂死君乎言不可謂背君○〔數〕所主反遂發命遽興姜戎子墨衰絰晉文公未葬故襄公稱子以凶服從戎故墨之梁弘御戎萊駒爲右

夏四月辛巳敗秦師于殽獲百里孟明視西乞術白乙丙以歸遂墨以葬文公晉於是始墨後遂常以爲俗記禮所由變文嬴請三帥文嬴晉文公始適秦秦穆公所妻夫人襄公嫡母三帥孟明等曰彼實構吾二君寡君若得而食之不厭君何辱討焉使歸就戮于秦以逞寡君之志若何公許之先軫朝問秦囚公曰夫人請之吾舍之矣先軫怒曰武夫力而拘諸原婦人暫而免諸國暫猶卒也○〔厭〕於豔反又於鹽反墮軍實而長寇讎亡無日矣墮毀也○〔墮〕許規反不顧而唾公使陽處父追之及諸河則在舟中矣釋左驂以公命贈孟明欲使還拜謝因而執之孟明稽首曰君之惠不以纍臣釁鼓纍囚繫也殺人以血塗鼓謂之釁鼓使歸就戮于秦寡君之以爲戮死且不朽若從君惠而免之三年將拜君賜意欲報伐晉秦伯素服郊次待之於郊鄉師而哭曰孤違蹇叔以辱二三子孤之罪也不替孟明孤之過也大夫何罪且吾不以一眚掩大德眚過也○〔鄉〕許亮反〔眚〕所景反狄侵齊因晉喪也公伐邾取訾婁以報升陘之役在二十二年邾人不設備秋襄仲復伐邾魯亦因晉喪以陵小國狄伐晉及箕八月戊子晉侯

敗狄于箕。郤缺獲白狄子。白狄，狄別種也。故西河郡有白部胡。先軫曰：匹夫逞志於君，謂不顧而唾。而無討，敢不自討乎？免冑入狄師，死焉。狄人歸其元，元，首。面如生。言其有異於人。初，白季使過冀，見冀缺耨，其妻饁之。白季，胥臣也。冀，晉邑。耨，鋤也。野饋曰饁。○耨，乃豆反。饁，于輒反。敬，相待如賓。與之歸，言諸文公曰：敬，德之聚也。能敬必有德。德以治民，君請用之。臣聞之：出門如賓，如見大賓。承事如祭，常謹敬也。仁之則也。公曰：其父有罪，可乎？缺父冀芮，欲殺文公，在二十四年。○殺，音試，或如字。對曰：舜之罪也殛鯀，其舉也興禹。禹，鯀子。管敬仲，桓之賊也，實相以濟。康誥曰：父不慈，子不祗，兄不友，弟不共，不相及也。康誥，周書。祗，敬也。○相，息亮反。詩曰：采葑采菲，無以下體。君取節焉可也。詩，國風也。葑菲之菜，上善下惡，食之者不以其惡而弃其善，言可取其善節。文公以為下軍大夫。反自箕，襄公以三命命先且居將中軍，且居，先軫之子。其父死敵，故進之。○且，子徐反。以再命命先茅之縣賞胥臣，曰：舉郤缺，子之功也。先茅絕後，故取其縣以賞胥臣。以一命命郤缺為卿，復與之冀，還其父故邑。亦未有軍行。雖登卿位，未有軍列。○行，戶剛反。冬，公如齊朝，且弔有狄師也。反，薨于小寢，即安也。小寢，夫人寢也。譏公就所安，不終于路寢。晉、陳、鄭伐許，討其貳於楚也。楚令尹子上侵陳、蔡。陳、蔡成，遂伐鄭，將納公子瑕。三十一年瑕奔楚。門于桔柣之門，瑕覆于周氏之汪。車傾覆池水中。○桔，戶結反。柣，大結反。汪，烏黃反。外僕髡屯禽之以獻。殺瑕以獻鄭伯。文夫人斂而葬之鄶城之下。鄭文公夫人也。鄶城，故鄶國，在滎陽密縣東北。傳言穆公所以遂有國。○斂，力鹽反。鄶，古外反。

晉陽處父侵蔡，楚子上救之，與晉師夾泜而軍。泜水出魯陽縣東，經襄城定陵入汝。○泜，音雉，又直里反。陽子患之，使謂子上曰：吾聞之：文不犯順，武不違敵。子若欲戰，則吾退舍，子濟而陳，欲辟楚，使渡成陳而後戰。遲速唯命。不然，紓我。紓，緩也。○紓，音舒，一直呂反。老師費財，亦無益也。師久為老。乃駕以待。子上欲涉，大孫伯曰：不可。晉人無信，半涉而薄我，悔敗何及？不如紓之。乃退舍。楚退，欲使晉渡。陽子宣言曰：楚師遁矣。遂歸。楚師亦歸。大子商臣譖子上曰：受晉賂而辟之，楚之恥也，罪莫大焉。王殺子上。商臣怨子上止王立己，故譖之。

葬僖公，緩。文公元年。經書四月葬僖公，僖公實以今年十一月薨，并閏七月乃葬，故傳云緩。自此以下，遂因說作主祭祀之事，文相次也。皆當次在經葬僖公下，今在此，簡編倒錯。作主，非禮也。文二年乃作主，遂因葬文通譏之。凡君薨，卒哭而祔，祔而作主，特祀於主，既葬反虞，則免喪，故曰卒哭。哭止也。以新死者之神祔之於祖，尸柩已遠，孝子思慕，故進木主，立几筵焉，特用喪禮祭祀於寢，不同之於宗廟。言凡君者，謂諸侯以上，不通於卿大夫。烝、嘗、禘於廟。冬祭曰烝，秋祭曰嘗。新主既特祀於寢，則宗廟四時常祀自如舊也。三年禮畢，又大禘，乃皆同於吉。

春秋經傳集解僖公下第七

春秋經傳集解文公上第八

（文公名興僖公子母聲姜謚法慈惠愛民曰文忠信接禮曰文）

杜氏註　盡十年

經元年春王正月公即位（無傳先君未葬而公即位不可曠年無君）二月癸亥日有食之（無傳癸亥月一日不書朔官失之）天王使叔服來會葬（叔氏服字諸侯喪天子使大夫會葬禮也）夏四月丁巳葬我君僖公（七月而葬緩）天王使毛伯來錫公命（毛國伯爵諸侯爲王卿士者諸侯即位天子賜以命圭合瑞爲信僖十一年王賜晉侯命亦其比也）晉侯伐衛（晉襄公先告諸侯而伐衛雖大夫親伐而稱晉侯從告辭也）叔孫得臣如京師（得臣叔牙之孫）衛人伐晉（衛孔達爲政不共盟主興兵鄰國受討喪邑故貶稱人）秋公孫敖會晉侯于戚（戚衛邑在頓丘衛縣西禮卿不會公侯而春秋魯大夫皆不貶者體例已舉故據用魯史成文而已內稱公卒稱薨皆用魯史）冬十月丁未楚世子商臣弒其君頵（商臣穆王也弒君例在宣四年〔頵〕憂倫反又丘倫反）○公孫敖如齊（傳例曰始聘焉禮也）

傳元年春王使內史叔服來會葬公孫敖聞其能相人也（公孫敖魯大夫慶父之子）見其二子焉叔服曰穀也食子難也收子（穀文伯難惠叔食子奉祭祀供養者也收子葬子身也○〔見〕賢遍反〔食〕音嗣〔難〕乃多反又如字）穀也豐下必有後於魯國（豐下蓋面方爲八年公孫敖奔莒傳）於是閏三月非禮也（於歷法閏當在僖公末年誤於今年三月置閏蓋時達歷者所譏）先王之正時也履端於始舉正於中歸餘於終（步歷之始以爲術之端首朞之日三百六十有六日日月之行又有遲速而必分爲十二月舉中氣以正月有餘日則歸之於終積而爲閏故言歸餘於終）履端於始序則不愆（四時無愆過）舉正於中民則不惑（斗建不失其次寒暑不失其常故無疑惑）歸餘於終事則不悖（四時得所則事無悖亂）夏四月丁巳葬僖公（傳皆不虛載經文而此經孤見知僖公末年傳宜在此下）王使毛伯衛來錫公命（衛毛伯字）叔孫得臣如周拜（謝賜命）晉文公之季年諸侯朝晉衛成公不朝使孔達侵鄭伐緜訾及匡（孔達衛大夫匡在潁川新汲縣東北○〔訾〕子斯反）晉襄公既祥（諸侯雖諒闇亦因祥祭爲位而哭）使告于諸侯而伐衛及南陽（今河內地）先且居曰效尤禍也（尤衛不朝故伐今不朝王是效衛致禍時王在溫故勸之○〔且〕子餘反）請君朝王臣從師晉侯朝王于溫先且居胥臣伐衛五月辛酉朔晉師圍戚六月戊戌取之獲孫昭子（昭子衛大夫食戚邑）衛人使告于陳陳共公曰更伐之我辭之（見伐求和不競大甚故使報伐示己力足以距晉○〔共〕音恭〔更〕古孟反又音庚）衛孔達帥師伐晉君子以爲古古者越國而謀（合古之道而失今事霸主之禮故國失其邑身見執辱）秋晉侯疆戚田故公孫敖會之（晉取衛田正其疆界）初楚子將以商臣爲大子訪諸令尹子上子上曰君之齒未也（齒年也言尚少）而又多愛黜乃亂也楚國之舉恒在少者（舉立也）且是人也蠭目而豺聲忍人也（能忍行不義○〔蠭〕本作蜂）不可立也弗聽既又欲立王子職而黜大子商臣（職商臣庶弟）商臣聞之而未察告其師潘崇曰若之何而察之潘崇曰享江芊而勿敬也

江芊成王妹嫁於江○〔芊〕亡氏反從之江芊怒曰呼役夫呼發聲也役夫賤者
稱○〔呼〕好賀反宜君王之欲殺女而立職也告潘崇曰信矣
潘崇曰能事諸乎問能事職不○〔女〕音汝曰不能能行乎曰不
能能行大事乎曰能大事謂弒君冬十月以宮甲圍成王
大子宮甲僖二十八年王以東宮卒從子玉蓋取此宮甲王請食熊蹯而死熊掌難熟
冀久將有外救○〔蹯〕音煩弗聽丁未王縊謚之曰靈不瞑曰成乃
瞑言其忍甚未斂而加惡謚○〔瞑〕亡丁反又亡千反穆王立以其為大子之
室與潘崇使為大師且掌環列之尹環列之尹宮衛之官列兵而環
王宮穆伯如齊始聘焉禮也穆伯公孫敖凡君即位卿出竝
聘踐脩舊好要結外援踐猶履行也好事鄰國以衛社稷
忠信卑讓之道也忠德之正也信德之固也卑讓德
之基也傳因此發凡以明諸侯諒闇則國事皆用吉禮殽之役在僖三十三年晉人
既歸秦帥秦大夫及左右皆言於秦伯曰是敗也孟
明之罪也必殺之秦伯曰是孤之罪也周芮良夫之
詩曰大風有隧貪人敗類詩大雅隧蹊徑也周大夫芮伯刺厲王言貪人之敗
善若大風之行毀壞衆物所在成蹊徑○〔芮〕如銳反聽言則對誦言如醉言昏
亂之君不好典誦之言聞之若醉得道聽塗說之言則喜而荅對匪用其良覆俾我
悖覆反也俾使也不用良臣之言反使我為悖亂是貪故也孤之謂矣孤實
貪以禍夫子夫子何罪復使為政為明年秦晉戰彭衙傳
經二年春王二月甲子晉侯及秦師戰于彭衙秦師

敗績孟明名氏不見非命卿也大崩曰敗績馮翊郃陽縣西北有彭衙城○〔郃〕戶納反丁丑
作僖公主主者殷人以柏周人以栗三年喪終則遷入於廟三月乙巳及晉
處父盟處父為晉正卿不能匡君以禮而親與公盟故貶其族族去則非卿故以微人常稱為耦
以直厭不直不地者盟晉都夏六月公孫敖會宋公陳侯鄭伯晉
士縠盟于垂隴垂隴鄭地滎陽縣東有隴城士縠出盟諸侯受成於衛故貴而書名氏○
〔縠〕戶木反自十有二月不雨至于秋七月無傳周七月今五月也不雨足
為災不書旱五穀猶有收八月丁卯大事于大廟躋僖公大事禘也躋升
也僖公閔公庶兄繼閔而立廟坐宜次閔下今升在閔上故書而譏之時未應吉禘而於大廟行之其譏
已明徒以逆祀故特大其事異其文冬晉人宋人陳人鄭人伐秦四人皆卿
秦穆悔過終用孟明故貶四國大夫以尊秦公子遂如齊納幣傳曰禮也僖公喪終
此年十一月則納幣在十二月也士昏六禮其一納采納徵始有玄纁束帛諸侯則謂之納幣其禮與士
禮不同蓋公為大子時已行昏禮
傳二年春秦孟明視帥師伐晉以報殽之役二月晉
侯禦之先且居將中軍趙衰佐之代郤溱○〔衰〕初危反王官無
地御戎代梁弘狐鞫居為右鞫居續簡伯○〔鞫〕九六反甲子及秦師
戰于彭衙秦師敗績晉人謂秦拜賜之師以孟明言三年將拜
君賜故嗤之戰於殽也晉梁弘御戎萊駒為右戰之明日
晉襄公縛秦囚使萊駒以戈斬之囚呼萊駒失戈狼
瞫取戈以斬囚禽之以從公乘遂以為右箕之役箕役
在僖三十三年○〔呼〕火故反〔瞫〕尺甚反字林式衽反〔乘〕繩證反先軫黜之而立續簡

伯。狼瞫怒。其友曰。盍死之。瞫曰。吾未獲死所。未得可死處。其友曰。吾與女爲難。欲共殺先軫。○難，乃旦反。瞫曰。周志有之。勇則害上。不登於明堂。周志，周書也。明堂，祖廟也。所以策功序德，故不義之士不得升。死而不義。非勇也。共用之謂勇。共用，死國用。○共音恭。吾以勇求右。無勇而黜。亦其所也。言今死而不義，更成無勇，宜見退。謂上不我知。黜而宜。乃知我矣。言今見黜而合宜，則吾不得復言上不我知。子姑待之。及彭衙。既陳。以其屬馳秦師。死焉。屬，屬己兵。○陳，去聲。晉師從之。大敗秦師。君子謂狼瞫於是乎君子。詩曰。君子如怒。亂庶遄沮。詩小雅。言君子之怒，必以止亂。遄，疾也。沮，止也。又曰。王赫斯怒。爰整其旅。詩大雅。言文王赫然奮怒，則整師旅以討亂。怒不作亂而以從師。可謂君子矣。秦伯猶用孟明。孟明增脩國政。重施於民。趙成子言於諸大夫曰。成子，趙衰。○施，去聲。秦師又至。將必辟之。懼而增德。不可當也。詩曰。毋念爾祖。聿脩厥德。詩大雅。言念其祖考，則宜述脩其德以顯之。毋念，念也。孟明念之矣。念德不怠。其可敵乎。爲明年秦人伐晉傳。丁丑。作僖公主。書不時也。過葬十月，故曰不時。例在僖三十三年。晉人以公不朝來討。公如晉。夏四月己巳。晉人使陽處父盟公以恥之。使大夫盟公，欲以恥辱魯也。經書三月，乙巳，經傳必有誤。書曰。及晉處父盟。以厭之也。厭猶損也。晉以非禮盟公，故文厭之以示譏。○厭，於涉反。適晉不書。諱之也。不書公如晉。公未至。六月。穆伯會諸侯及晉司空士縠盟于垂隴。晉討衛故也。討元年衛人伐晉。士縠，士蔿子。書士縠。堪其事也。晉司空非卿也。以士縠能堪卿事，故書。陳侯爲衛請成于晉。執孔達以說。陳始與衛謀，謂可以強得免。今晉不聽，故更執孔達以苟免也。

秋八月丁卯。大事于大廟。躋僖公。逆祀也。僖是閔兄，不得爲父子。嘗爲臣，位應在下，今居閔上，故曰逆祀。於是夏父弗忌爲宗伯。宗伯，掌宗廟昭穆之禮。尊僖公。且明見曰。吾見新鬼大。故鬼小。新鬼，僖公，既爲兄，死時年又長。故鬼，閔公，死時年少。弗忌明言其所見。先大後小。順也。躋聖賢。明也。又以僖公爲聖賢。明順。禮也。君子以爲失禮。禮無不順。祀國之大事也。而逆之。可謂禮乎。子雖齊聖。不先父食久矣。齊，肅也。臣繼君，猶子繼父。○先，去聲。下同。故禹不先鯀。湯不先契。鯀，禹父。契，湯十三世祖。文武不先不窋。不窋，后稷子。○窋，知律反。宋祖帝乙。鄭祖厲王。猶上祖也。帝乙，微子父。厲王，鄭桓公父。二國不以帝乙、厲王不肖而猶尊尚之。是以魯頌曰。春秋匪解。享祀不忒。皇皇后帝。皇祖后稷。忒，差也。皇，美也。后帝，天也。詩頌僖公郊祭上天，配以后稷。○解，佳賣反。君子曰。禮謂其后稷親而先帝也。先稱帝也。詩曰。問我諸姑。遂及伯姊。詩邶風也。衛女思歸而不得，故願致問於姑姊。○邶，音佩。君子曰。禮謂其姊親而先姑也。僖親文公父，夏父弗忌欲阿時君，先其所親，故傳以此二詩深責其意。仲尼曰。臧文仲其不仁者三。不知者三。下展禽。展禽，柳下惠也。文仲知柳下惠之賢，而使在下位。己欲立而立人。○不知，音智。廢六關。塞關、陽關之屬，凡六關，所以禁絕末遊，而廢之。妾織蒲。三不仁也。家人販席，言其與民爭利。作虛器。謂居蔡，山節藻梲也。有其器而無其位，故曰虛。縱逆祀。

聽夏父躋僖公祀爰居三不知也海鳥曰爰居止於魯東門外文仲以爲神命國人祀之冬晉先且居宋公子成陳轅選鄭公子歸生伐秦取汪及彭衙而還以報彭衙之役卿不書爲穆公故尊秦也謂之崇德襄仲如齊納幣禮也凡君卽位好舅甥脩昏姻娶元妃以奉粢盛孝也謂諒闇既終嘉好之事通于外內外之禮始備此除凶之卽位也於是遣卿申好舅甥之國脩禮以昏姻也元妃嫡夫人奉粢盛共祭祀○〔好〕呼報反孝禮之始也

經三年春王正月叔孫得臣會晉人宋人陳人衛人鄭人伐沈沈潰傳例曰民逃其上曰潰沈國名也汝南平輿縣北有沈亭○〔輿〕音餘一音預夏五月王子虎卒不書爵者天王赴也翟泉之盟雖輒假王命周王因以同盟之例爲赴秦人伐晉晉人恥不出以微者告秋楚人圍江雨螽于宋自上而隋有似於雨宋人以其死爲得天祐喜而來告故書○〔雨〕于付反〔隋〕徒火反冬公如晉十有二月己巳公及晉侯盟晉陽處父帥師伐楚以救江

傳三年春莊叔會諸侯之師伐沈以其服於楚也沈潰凡民逃其上曰潰在上曰逃潰衆散流移若積水之潰自壞之象也國君輕走羣臣不知其謀與匹夫逃竄無異是以在衆曰潰在上曰逃各以類言之衛侯如陳拜晉成也二年陳侯爲衞請成于晉夏四月乙亥王叔文公卒來赴弔如同盟禮也王子虎與僖公同盟於翟泉文公是同盟之子故赴以名傳因王子虎異於諸侯王叔又未與文公盟故於此顯示體例也經書五月又不書日從赴也秦伯伐晉濟河焚舟示必死也取王官及郊王官郊晉地晉人不出遂自茅津濟封殽尸而還茅津在河東大陽縣西封埋藏之○〔大〕音泰遂霸西戎用孟明也君子是以知秦穆公之爲君也舉人之周也周備也不偏以一惡弃其善與人之壹也壹無二心孟明之臣也其不解也能懼思也子桑之忠也其知人也能舉善也子桑公孫枝舉孟明者詩曰于以采蘩于沼于沚于以用之公侯之事秦穆有焉詩國風言沼沚之蘩至薄猶采以共公侯以喻秦穆不遺小善夙夜匪解以事一人孟明有焉詩大雅美仲山甫也一人天子也詒厥孫謀以燕翼子子桑有焉詒遺也燕安也翼成也詩大雅美武王能遺其子孫善謀以安成子孫言子桑有舉善之謀秋雨螽于宋隊而死也螽飛至宋隊地而死若雨○〔隊〕直類反楚師圍江晉先僕伐楚以救江晉救江在雨螽下故使圍江之經隨在雨螽下冬晉以江故告于周欲假天子之威以伐楚王叔桓公晉陽處父伐楚以救江桓公周卿士王叔文公之子桓公不書示威名不親伐門于方城遇息公子朱而還子朱楚大夫伐江之帥也聞晉師起而江兵解故晉亦還晉人懼其無禮於公也請改盟改二年處父之盟公如晉及晉侯盟晉侯饗公賦菁菁者莪菁菁者莪詩小雅取其既見君子樂且有儀莊叔以公降拜謝其以公比君子也曰小國受命於大國敢不慎儀君貺之以大禮何樂如之抑小國之樂大國之惠也晉侯降辭降階辭讓公○〔樂〕音洛下同登成拜俱還上成拜禮公賦嘉樂嘉樂詩大雅義取其顯顯令德宜民宜人受祿于天○〔嘉〕

（戶嫁反。）

經四年春，公至自晉。（無傳。）夏，逆婦姜于齊。（稱婦，有姑之辭。）狄侵齊。（無傳。）秋，楚人滅江。（滅例在文十五年。）晉侯伐秦。衛侯使甯俞來聘。冬十有一月壬寅，夫人風氏薨。（僖公母。風，姓也。赴同祔姑，故稱夫人。）

傳四年春，晉人歸孔達于衛，以爲衛之良也，故免之。（二年衛執孔達以說晉。）夏，衛侯如晉拜。（謝歸孔達。）曹伯如晉會正。（會受貢賦之政也。傳言襄公能繼文之業，而諸侯服從。）

逆婦姜于齊，卿不行，非禮也。（禮，諸侯有故，則使卿逆。）君子是以知出姜之不允於魯也。（允，信也。始來不見尊貴，故終不爲國人所敬信也。文公薨而見出，故曰出姜。）曰：貴聘而賤逆之，（公子遂納幣，是貴聘也。）君而卑之，立而廢之，（君，小君也。不以夫人禮迎，是卑廢之。）弃信而壞其主，在國必亂，在家必亡。（主，內主也。○〔壞〕音怪。）不允宜哉。詩曰：畏天之威，于時保之。敬主之謂也。（詩頌。言畏天威，於是保福祿。）

秋，晉侯伐秦，圍邧新城，以報王官之役。（邧新城，秦邑也。王官役在前年。○〔邧〕顧晚反，一音元。）

楚人滅江。秦伯爲之降服、出次、不舉、過數。（降服，素服也。出次，辟正寢。不舉，去盛饌。鄰國之禮有數，今秦伯過之。○〔爲〕于僞反，下同。）大夫諫，公曰：同盟滅，雖不能救，敢不矜乎？吾自懼也。（秦、江同盟，不告，故不書。）君子曰：詩云：惟彼二國，其政不獲。惟此四國，爰究爰度。其秦穆之謂矣。（詩大雅。言夏商之君，政不得人心，故四方諸侯皆懼而謀度其政事也。言秦穆亦能感江之滅，懼而思政。爰，於也。究、度，皆謀也。）

衛甯武子來聘，公與之宴，爲賦湛露及彤弓。（非禮之常，公特命樂人以示意，故言爲賦。湛露、彤弓，詩小雅。）不辭，又不荅賦。使行人私焉。（私問之。）對曰：臣以爲肄業及之也。（肄，習也。魯人失所賦，甯武子佯不知，此其愚不可及。○〔肄〕以二反。）昔諸侯朝正於王，（朝而受政教也。）王宴樂之，於是乎賦湛露，（湛露曰：湛湛露斯，匪陽不晞。晞，乾也。）則天子當陽，諸侯用命也。（言露見日而乾，猶諸侯稟天子命而行。）諸侯敵王所愾而獻其功，（敵猶當也。愾，恨怒也。○〔愾〕苦愛反。）王於是乎賜之彤弓一，彤矢百，玈弓矢千，以覺報宴。（覺，明也。謂諸侯有四夷之功，王賜之弓矢，又爲歌彤弓，以明報功宴樂。○〔玈〕音盧。〔覺〕音角。）今陪臣來繼舊好，（方論天子之樂，故自稱陪臣。）君辱貺之，其敢干大禮以自取戾。（貺，賜也。干，犯也。戾，罪也。）

冬，成風薨。（爲明年王使來含賵傳。）

經五年春王正月，王使榮叔歸含且賵。（珠玉曰含，含，口實。車馬曰賵。○〔含〕戶暗反。）三月辛亥，葬我小君成風。（無傳。反哭成喪，故曰葬我小君。）王使召伯來會葬。（召伯，天子卿也。召，采地；伯，爵也。來不及葬，不譏者，不失五月之內。）夏，公孫敖如晉。（無傳。）秦人入鄀。（入例在十五年。○〔鄀〕音若。）秋，楚人滅六。（六國，今廬江六縣。）冬十月甲申，許男業卒。（無傳。與僖公六同盟。）

傳五年春，王使榮叔來含且賵，召昭公來會葬，禮也。（成風，莊公之妾，天子以夫人禮賵之，明母以子貴，故曰禮。）

初，鄀叛楚即秦，又貳於楚。夏，秦人入鄀。

六人叛楚即東夷。秋，楚成大心、仲歸帥師滅六。（仲歸，子家。）

冬，楚公子燮滅蓼。（蓼，今安豐蓼縣。○〔燮〕息列反。〔蓼〕音了。）

臧文仲聞六與蓼滅，曰：皐陶庭堅不祀忽諸。德之不建，民之無援，哀哉。蓼與六皆皐陶後也。傷二國之君不能建德結援大國，忽然而亡。晉陽處父聘于衛，反過甯，甯嬴從之，甯，晉邑，汲郡脩武縣也。嬴，逆旅大夫。及溫而還。其妻問之，嬴曰：以剛。商書曰：沈漸剛克，高明柔克。沈漸猶滯溺也。高明猶亢爽也。言各當以剛柔勝己本性，乃能成全也。此在洪範，今謂之周書。○〔漸〕似廉反。夫子壹之，其不沒乎。陽子性純剛。天爲剛德，猶不干時，寒暑相順。況在人乎？且華而不實，怨之所聚也。犯而聚怨，言過其行。不可以定身。剛則犯人。余懼不獲其利而離其難，是以去之。爲六年晉殺處父傳。○〔難〕乃旦反。晉趙成子、欒貞子、霍伯、臼季皆卒。成子，趙衰，新上軍帥，中軍佐也。貞子，欒枝，下軍帥也。霍伯，先且居，中軍帥也。臼季，胥臣，下軍佐也。爲六年蒐於夷傳。

經六年春，葬許僖公。無傳。夏，季孫行父如陳。行父，季友孫。秋，季孫行父如晉。八月乙亥，晉侯驩卒。再同盟。冬十月，公子遂如晉。葬晉襄公。卿共葬事，文襄之制也。三月而葬，速。晉殺其大夫陽處父。處父侵官，宜爲國討，故不言賈季殺。晉狐射姑出奔狄。射姑，狐偃子賈季也。奔例在宣十年。○〔射〕音亦，一音夜。閏月不告月，猶朝于廟。諸侯每月必告朔聽政，因朝宗廟。文公以閏非常月，故闕不告朔，怠慢政事。雖朝于廟，則如勿朝，故曰猶。猶者，可止之辭。

傳六年春，晉蒐于夷，舍二軍。僖三十一年晉蒐清原，作五軍，今舍二軍，復三軍之制。夷，晉地。前年四卿卒，故蒐以謀軍帥。○〔舍〕音捨。使狐射姑將中軍，代先且居。趙盾佐之。代趙衰也。盾，趙衰子。○〔盾〕徒本反。陽處父至自溫，往年聘衛，過溫。今始至。○〔過〕古禾反。改蒐于董，易中軍。易以趙盾爲帥，射姑佐之。河東汾陰縣有董亭。陽子，成季之屬也，處父嘗爲趙衰屬大夫。故黨於趙氏，且謂趙盾能，曰：使能，國之利也。是以上之。宣子於是乎始爲國政，宣子，趙盾謚。制事典，典，常也。正法罪，輕重當。○〔當〕丁浪反。辟獄刑，辟猶理也。○〔辟〕婢亦反。董逋逃，董，督也。由質要，由，用也。質要，券契也。治舊洿，治理洿穢。○〔洿〕音烏。本秩禮，貴賤不失其本。續常職，脩廢官。出滯淹。拔賢能也。既成，以授大傅陽子與大師賈佗，使行諸晉國，以爲常法。賈佗，公族，從文公而不在五人之數。○〔佗〕徒何反。〔從〕才用反。臧文仲以陳、衛之睦也，欲求好於陳。夏，季文子聘于陳，且娶焉。臣非君命不越竟，故因聘而自爲娶。秦伯任好卒。任好，秦穆公名。○〔任〕音壬。以子車氏之三子奄息、仲行、鍼虎爲殉，子車，秦大夫氏也。以人從葬爲殉。○〔行〕音航。〔鍼〕其廉反。〔殉〕音徇。皆秦之良也。國人哀之，爲之賦黃鳥。黃鳥，詩秦風。義取黃鳥止于棘桑，往來得其所，傷三良不然。○〔爲〕于僞反。君子曰：秦穆之不爲盟主也，宜哉。死而弃民。先王違世，猶詒之法，而況奪之善人乎？詩曰：人之云亡，邦國殄瘁。詩大雅。言善人亡則國瘁病。○〔詒〕以之反。〔瘁〕似醉反。無善人之謂。若之何奪之？古之王者知命之不長，是以竝建聖哲，建立聖知以司牧民。樹之風聲，因土地風俗，爲立聲教之法。分之采物，旌旗衣服，各有分制。○〔分〕扶問反。著之話言，話，善也。爲作善言遺戒。爲之律度，鐘律度量，所以治歷明時。陳之藝極，藝，準也。極，中也。貢獻多少之法。傳曰：貢之無藝。又曰：貢獻無極。引之表儀，引，道也。表儀猶威儀。○〔道〕音導。予之法制，告之訓典訓典先王之書教之防利防惡興利委之常秩委任也常秩官司之常職道之以禮則使毋失其土宜衆隸賴之而後即命即就也聖王同之今縱無法以遺後嗣而又收其良以死難以在上矣君子是以知秦之不復東征也不能復征討東方諸侯爲霸主○[復]扶又反秋季文子將聘於晉使求遭喪之禮以行季文子季孫行父也聞晉侯疾故其人曰將焉用之其人從者○[從]去聲文子曰備豫不虞古之善教也求而無之實難難卒得過求何害所謂文子三思八月乙亥晉襄公卒靈公少晉人以難故欲立長君立少君恐有難趙孟曰立公子雍趙孟趙盾也公子雍文公子襄公庶弟杜祁之子好善而長先君愛之且近於秦秦舊好也置善則固事長則順立愛則孝結舊則安爲難故故欲立長君有此四德者難必抒矣抒除也○[抒]直呂反又時呂反賈季曰不如立公子樂樂文公子○[樂]音岳一音洛辰嬴嬖於二君辰嬴懷嬴也二君懷公文公也立其子民必安之趙孟曰辰嬴賤班在九人班位也其子何震之有震威也且爲二嬖淫也爲先君子不能求大而出在小國辟也母淫子辟無威陳小而遠無援將何安焉杜祁以君故讓偪姞而上之杜祁杜伯之後祁姓也偪姞姞姓之女生襄公爲世子故杜祁讓使在己上○[辟]匹亦反[偪]彼力反[姞]其吉反以狄故讓季隗而己次之故班在四以季隗是文公託狄時妻故復讓之然則杜祁本班在二○[隗]五罪反先君是以愛其

子而仕諸秦爲亞卿焉亞次也言其賢故位尊秦大而近足以爲援母義子愛足以威民立之不亦可乎使先蔑士會如秦逆公子雍先蔑士伯也士會隨季也賈季亦使召公子樂于陳趙孟使殺諸郫郫晉地○[郫]婢支反賈季怨陽子之易其班也本中軍帥易以爲佐而知其無援於晉也少族多怨九月賈季使續鞫居殺陽處父鞫居狐氏之族書曰晉殺其大夫侵官也君已命帥處父易之故曰侵官冬十月襄仲如晉葬襄公十一月丙寅晉殺續簡伯簡伯續鞫居十一月無丙寅丙寅十二月八日也日月必有誤賈季奔狄宣子使臾駢送其帑帑妻子也宣子以賈季中軍之佐同官故○[駢]蒲賢反又蒲丁反[帑]音奴夷之蒐賈季戮臾駢臾駢之人欲盡殺賈氏以報焉臾駢曰不可吾聞前志有之曰敵惠敵怨不在後嗣忠之道也敵猶對也若及子孫則爲非對非對則爲遷怒夫子禮於賈季我以其寵報私怨無乃不可乎言己蒙宣子寵位介人之寵非勇也介因也損怨益仇非知也殺季家欲以除怨宣子將復怨是益仇也以私害公非忠也釋此三者何以事夫子盡具其帑與其器用財賄親帥扞之送致諸竟扞衛也○[扞]戶旦反[竟]音境閏月不告朔非禮也經稱告月傳稱告朔明告月必以朔閏以正時四時漸差則致閏以正之時以作事順時命事事以厚生事不失時則年豐生民之道於是乎在矣不告閏朔弃時政也何以爲民○[爲]如字治也

經七年春，公伐邾。三月甲戌，取須句。（須句，魯之封內屬國也。僖公反其君之後，邾復滅之。書取，易也。例在襄十三年。○〔句〕其俱反。）遂城郚。（無傳。因伐邾師以城郚。郚，魯邑，卞縣南有郚城。備邾難。○〔郚〕音吾。）夏四月，宋公王臣卒。（二年與魯大夫盟於垂隴。）宋人殺其大夫。（宋人攻昭公，并殺二大夫，故以非罪書。）戊子，晉人及秦人戰于令狐。（趙盾廢嫡而外求君，故貶稱人。晉諱背先蔑而夜薄秦師，以戰告。）晉先蔑奔秦。（不言出，在外奔。）狄侵我西鄙。秋八月，公會諸侯、晉大夫盟于扈。（扈，鄭地，滎陽卷縣西北有扈亭。不分別書會人，揔言諸侯晉大夫盟者，公後會而及其盟。○〔扈〕音戶。〔卷〕音權，又丘權反。）冬，徐伐莒。（不書將帥，徐夷告辭略。）公孫敖如莒涖盟。

傳七年春，公伐邾，閒晉難也。（公因霸國有難而侵小。）三月甲戌，取須句，寘文公子焉，非禮也。（邾文公子叛在魯，故公使為守須句大夫也。絕大皞之祀，以與鄰國叛臣，故曰非禮。）夏四月，宋成公卒。於是公子成為右師，（莊公子。）公孫友為左師，（目夷子。）樂豫為司馬，（戴公玄孫。）鱗矔為司徒，（桓公孫。○〔矔〕古亂反。）公子蕩為司城，（桓公子也。以武公名廢司空為司城。）華御事為司寇。（華元父也。傳言六卿皆公族，昭公不親信之，所以致亂。○〔御〕魚呂反。）昭公將去羣公子，樂豫曰：不可。公族，公室之枝葉也，若去之則本根無所庇廕矣。葛藟猶能庇其本根，（葛之能藟蔓繁滋者，以本枝廕庥之多。○〔去〕起呂反。）故君子以為比，（謂詩人取以喻九族兄弟。）況國君乎？此諺所謂庇焉而縱尋斧焉者也。（縱，放也。）必不可。君其圖之。親之以德，皆股肱也，誰敢攜貳？若之何去之？不聽。穆、襄之族率國人以攻公，（穆公、襄公之子孫，昭公所欲去者。）殺公孫固、公孫鄭于公宮。（二子在公宮，故為亂兵所殺。）六卿和公室，樂豫舍司馬以讓公子卬。（卬，昭公弟。○〔舍〕音捨，下同。〔卬〕五郎反。）昭公即位而葬。書曰宋人殺其大夫，不稱名，眾也，且言非其罪也。（不稱殺者及死者名。殺者眾，故名不可知；死者無罪，則例不稱名。）

秦康公送公子雍于晉，曰：文公之入也無衛，故有呂、郤之難。（僖二十四年，文公入。）乃多與之徒衛。穆嬴日抱大子以啼于朝，曰：先君何罪？其嗣亦何罪？舍適嗣不立，而外求君，將焉寘此？（穆嬴，襄公夫人，靈公母也。○〔適〕丁歷反。）出朝，則抱以適趙氏，頓首於宣子，曰：先君奉此子也而屬諸子，曰：此子也才，吾受子之賜；不才，吾唯子之怨。（欲使宣子教訓之。○〔屬〕音燭。）今君雖終，言猶在耳，（在宣子之耳。）而棄之，若何？宣子與諸大夫皆患穆嬴，且畏偪，（畏國人以大義來偪己。）乃背先蔑而立靈公，以禦秦師。箕鄭居守。趙盾將中軍，先克佐之；（克，先且居子，代狐射姑。）荀林父佐上軍；（箕鄭將上軍，居守，故佐獨行。）先蔑將下軍，先都佐之。步招御戎，戎津為右。及堇陰，（先蔑、士會逆公子雍，前還。晉人始以逆雍出軍，卒然變計立靈公，故車右戎御猶在職。堇陰，晉地。○〔招〕上遙反。〔堇〕音謹，一音靳。）宣子曰：我若受秦，秦則賓也；不受，寇也。既不受矣，而復緩師，秦將生心。先人有奪人之心，（奪敵之戰心也。○〔先〕悉薦反。）軍之善謀也。逐寇如追逃，軍之善政也。訓卒利兵，秣馬蓐食潛師夜起蓐食早食於寢蓐也○[蓐]音辱戊子敗秦師于令狐至于刳首己丑先蔑奔秦士會從之從刳首去也令狐在河東當與刳首相接○[刳]苦胡反先蔑之使也荀林父止之曰夫人大子猶在而外求君此必不行子以疾辭若何不然將及禍將及己攝卿以往可也何必子同官為寮吾嘗同寮敢不盡心乎弗聽為賦板之三章板詩大雅其三章義取芻蕘之言猶不可忽況同寮乎僖二十八年林父將中行先蔑將左行又弗聽及亡荀伯盡送其帑及其器用財賄於秦曰為同寮故也荀伯林父士會在秦三年不見士伯士伯先蔑其人曰能亡人於國言能與人俱亡於晉國不能見於此焉用之何用如此士季曰吾與之同罪俱有迎公子雍之罪非義之也將何見焉言己非慕先蔑之義而從之及歸遂不見責先蔑為正卿而不匡諫且俱出奔惡有黨也士會歸在十三年狄侵我西鄙公使告于晉趙宣子使因賈季問酆舒且讓之酆舒狄相讓其伐魯酆舒問於賈季曰趙衰趙盾孰賢對曰趙衰冬日之日也趙盾夏日之日也冬日可愛夏日可畏秋八月齊侯宋公衛侯陳侯鄭伯許男曹伯會晉趙盾盟于扈晉侯立故也公後至故不書所會凡會諸侯不書所會後也不書所會謂不具列公侯及卿大夫後至不書其國辟不敏也此傳還自釋凡例之意穆伯娶于莒曰戴己生文伯其娣聲己生惠叔穆伯公孫敖也文伯穀也惠叔難也○[己]音紀[難]乃多反戴己卒又聘

于莒莒人以聲己辭則為襄仲聘焉襄仲公孫敖從父昆弟冬徐伐莒莒人來請盟見伐故欲結援穆伯如莒涖盟且為仲逆及鄢陵登城見之美鄢陵莒邑○[鄢]於晚反自為娶之仲請攻之公將許之叔仲惠伯諫惠伯叔牙孫曰臣聞之兵作於內為亂於外為寇寇猶及人亂自及也今臣作亂而君不禁以啓寇讎若之何公止之惠伯成之平二子使仲舍之舍不娶○[舍]音捨公孫敖反之還莒女復為兄弟如初從之為明年公孫敖奔莒傳○[復]音服又扶又反晉郤缺言於趙宣子曰日衛不睦故取其地往日取衛地在元年今已睦矣可以歸之叛而不討何以示威服而不柔何以示懷柔安也非威非懷何以示德無德何以主盟子為正卿以主諸侯而不務德將若之何夏書曰逸書戒之用休有休則戒之以勿休董之用威董督也有罪則督之以威刑勸之以九歌勿使壞九功之德皆可歌也謂之九歌六府三事謂之九功水火金木土穀謂之六府正德利用厚生謂之三事義而行之謂之德禮德正德也禮以制財用之節又以厚生民之命無禮不樂所由叛也若吾子之德莫可歌也其誰來之來猶歸也○[樂]音洛盍使睦者歌吾子乎宣子說之為明年晉歸鄭衛田張本

經八年春王正月夏四月秋八月戊申天王崩冬十月壬午公子遂會晉趙盾盟于衡雍壬午月五日○[雍]於用反乙

酉，公子遂會雒戎，盟于暴。乙酉，月八日也。暴，鄭地。公子遂不受命而盟，宜去族，善其解國患，故稱公子以貴之。公孫敖如京師，不至而復。丙戌，奔莒。不言出，受命而出，自外行。螽。無傳。為災故書。宋人殺其大夫司馬。宋司城來奔。司馬死不舍節，司城奉身而退，故皆書官而不名，貴之。

傳八年春，晉侯使解揚歸匡、戚之田于衞，匡本衞邑，中屬鄭。孔達伐不能克，今晉令鄭還衞，及取戚田，皆見元年。○解音蟹。中，去聲。且復致公壻池之封，自申至于虎牢之竟。公壻池，晉君女壻。又取衞地以封之，今并還衞也。申，鄭地。傳言趙盾所以能相幼主而盟諸侯。○復，扶又反。夏，秦人伐晉，取武城，以報令狐之役。令狐役在七年。秋，襄王崩。為公孫敖如周弔傳。晉人以扈之盟來討。前年盟扈，公後至。冬，襄仲會晉趙孟，盟于衡雍，報扈之盟也。遂會伊雒之戎。伊雒之戎將伐魯，公子遂不及復君，故專命與之盟。書曰「公子遂」，珍之也。珍，貴也。大夫出竟，有可以安社稷、利國家者，專之可也。穆伯如周弔喪，不至，以幣奔莒，從己氏焉。己氏，莒女。宋襄夫人，襄王之姊也，昭公不禮焉。昭公適祖母。夫人因戴氏之族，華、樂、皇皆戴族。以殺襄公之孫孔叔、公孫鍾離及大司馬公子卬，皆昭公之黨也。司馬握節以死，故書以官。節，國之符信也。握之以死，示不廢命。司城蕩意諸來奔，效節於府人而出。效，猶致也。意諸，公子蕩之孫。公以其官逆之，皆復之，亦書以官，皆貴之也。卿違從大夫，公賢其效節，故以本官逆之，請宋而復之。司城官屬悉來奔，故言皆復。夷之蒐，晉侯將登箕鄭父、先都，登之於上軍也。夷蒐在六年。而使士縠、梁益耳將中軍。士縠本司空。○縠，戶木反。先克曰：「狐、趙之勳不可廢也。」從之。狐偃、趙衰有從亡之勳。○從亡，去聲。先克奪蒯得田于菫陰。七年，晉禦秦師於菫陰，以軍事奪其田也。先克，中軍佐。○蒯，苦瞶反。故箕鄭父、先都、士縠、梁益耳、蒯得作亂。為明年殺先克張本。○為，于僞反。

經九年春，毛伯來求金。求金以共葬事。雖踰年而未葬，故不稱王使。夫人姜氏如齊。無傳。歸寧。二月，叔孫得臣如京師。辛丑，葬襄王。卿共葬事，禮也。晉人殺其大夫先都。下軍佐也。以作亂討，故書名。三月，夫人姜氏至自齊。無傳。告于廟。晉人殺其大夫士縠及箕鄭父。與先都同罪也。楚人伐鄭。楚子師于狼淵，不親伐。公子遂會晉人、宋人、衞人、許人救鄭。夏，狄侵齊。無傳。秋八月，曹伯襄卒。無傳。七年同盟于扈。九月癸酉，地震。無傳。地道安靜，以動為異，故書。冬，楚子使椒來聘。稱君以使大夫，其禮辭與中國同。椒不書氏，史略文。秦人來歸僖公、成風之襚。衣服曰襚。秦辟陋，故不稱使，不稱夫人，從來者辭。葬曹共公。無傳。

傳九年春王正月己酉，使賊殺先克。箕鄭等所使也。亂殺先克，不赴，故不書。乙丑，晉人殺先都、梁益耳。乙丑，正月十九日。經書二月，從告。毛伯衞來求金，非禮也。天子不私求財，故曰非禮。不書王命，未葬也。二月，莊叔如周葬襄王。三月甲戌，晉人殺箕鄭父、士縠、蒯得。梁益耳、蒯得不書，皆非卿。范山言於楚子曰：「晉君少，不在諸侯，北方可圖也。」范山，楚大夫。楚子師于狼淵以伐鄭，陳鄭狼淵，為伐鄭援也。潁川潁陰縣西有狼陂。囚公子堅、公子尨及樂耳。三子，鄭大夫。

夫。○〔尨〕莫江反。鄭及楚平。公子遂會晉趙盾、宋華耦、衛孔達、許大夫救鄭，不及楚師。卿不書，緩也。以懲不恪。華耦，華父督曾孫。公子遂獨不在貶者，諸魯事自非指爲其國褒貶，則皆從國史，不同之於他國，此春秋大意，他皆放此。○〔恪〕苦各反。夏，楚侵陳，克壺丘，壺丘，陳邑。以其服於晉也。秋，楚公子朱自東夷伐陳，子朱，息公也。陳人敗之，獲公子茷。陳懼，乃及楚平。以小勝大，故懼而請平也。傳言晉君少，楚陵中國，明年所以有厥貉之會。○〔茷〕扶廢反。〔貉〕武百反。冬，楚子越椒來聘，執幣傲。子越椒，令尹子文從子。傲，不敬。叔仲惠伯曰：是必滅若敖氏之宗。傲其先君，神弗福也。十二年傳曰：先君之敝器，使下臣致諸執事。明奉使皆告廟，故言傲其先君也。爲宣四年楚滅若敖氏張本。秦人來歸僖公、成風之襚，禮也。秦慕諸夏，欲遥敬於魯，因有翟泉之盟，故追贈僖公，并及成風，本非魯方嶽同盟，無相赴弔之制，故不譏其緩，而以接好爲禮。諸侯相弔賀也，雖不當事，苟有禮焉，書也，以無忘舊好。送死不及尸，故曰不當事。書者，書於典策，垂示子孫，使無忘過厚之好。

經十年春王三月辛卯，臧孫辰卒。無傳。公與小斂，故書日。夏，秦伐晉。不稱將帥，告辭略。楚殺其大夫宜申。宜申，子西也。謀弒君，故書名。自正月不雨，至于秋七月。無傳。義與二年同。及蘇子盟于女栗。女栗，地名，闕。蘇子，周卿士。頃王新立，故與魯盟，親諸侯也。○〔女〕音汝，一如字。冬，狄侵宋。無傳。楚子、蔡侯次于厥貉。厥貉，地名，闕。將伐宋而未行，故書次。

傳十年春，晉人伐秦，取少梁。少梁，馮翊夏陽縣。○〔少〕商照反。夏，秦伯伐晉，取北徵。報少梁。○〔徵〕如字，三蒼云音懲，一音張里反。初，楚范巫矞似

矞似，范邑之巫。○〔矞〕尹必反。謂成王與子玉、子西曰：三君皆將強死。城濮之役，王思之，故使止子玉曰：毋死。不及。止子西，子西縊而縣絕。在僖二十八年。○〔強〕其丈反。王使適至，遂止之。使爲商公。商，楚邑，今上雒商縣。沿漢泝江，將入郢。沿，順流。泝，逆流。○〔沿〕悅專反。〔泝〕息路反。〔郢〕以井反。王在渚宮，小洲曰渚。下見之，懼而辭曰：臣免於死，又有讒言謂臣將逃，臣歸死於司敗也。陳、楚名司寇爲司敗。子西畏讒言，不敢之商縣。王使爲工尹，掌百工之官。又與子家謀弒穆王。穆王聞之。五月，殺鬭宜申及仲歸。仲歸，子家。不書，非卿。秋，七月，及蘇子盟于女栗，頃王立故也。僖十年狄滅溫，蘇子奔衛，今復見，蓋王復之。陳侯、鄭伯會楚子于息。冬，遂及蔡侯次于厥貉。陳、鄭及宋、麇子不書者，宋、鄭執卑苟免，爲楚僕任，受役於司馬，麇子逃歸，三君失位降爵，故不列於諸侯。宋、鄭猶然，則陳侯必同也。○〔麇〕九倫反。將以伐宋。宋華御事曰：楚欲弱我也，先爲之弱乎，何必使誘我？我實不能，民何罪？乃逆楚子，勞且聽命。時楚欲誘呼宋共戰。御事，華元父。○〔勞〕力報反。遂道以田孟諸。孟諸，宋大藪也，在梁國睢陽縣東北。○〔道〕音導。〔睢〕音綏。宋公爲右盂，鄭伯爲左盂。盂，田獵陳名。○〔陳〕直覲反。期思公復遂爲右司馬。復遂，楚期思邑公。今弋陽期思縣。子朱及文之無畏爲左司馬。將獵，張兩甄，故置二左司馬。然則右司馬一人當中央。○〔甄〕吉然反。命夙駕載燧。燧，取火者。宋公違命，不夙駕載燧。無畏抶其僕以徇。或謂子舟曰：國君不可戮也。子舟曰：當官而行，何彊之有？子舟，無畏字。○〔抶〕恥乙反。詩

曰：剛亦不吐，柔亦不茹。〔詩大雅。美仲山甫不辟彊禦。○茹，如呂反。〕毋縱詭隨，以謹罔極。〔詩大雅。詭人隨人，無正心者。謹猶慎也。罔，無也。極，中也。○詭，九委反。〕是亦非辟彊也。敢愛死以亂官乎！〔爲宣十四年宋人殺子舟張本。〕厥貉之會，麇子逃歸。〔爲明年楚子伐麇傳。〕

春秋經傳集解文公上第八

春秋經傳集解文公下第九

杜氏註　盡十八年

經十有一年春楚子伐麇討前年逃厥貉會○〔麇〕九倫反夏叔仲彭生會晉郤缺于承匡承匡宋地在陳留襄邑縣西○彭生叔仲惠伯郤缺冀缺秋曹伯來朝公子遂如宋狄侵齊冬十月甲午叔孫得臣敗狄于鹹鹹魯地

傳十一年春楚子伐麇成大心敗麇師於防渚成大心子玉之子大孫伯也防渚麇地潘崇復伐麇至于錫穴錫穴麇地○〔復〕扶又反〔錫〕音羊或星歷反夏叔仲惠伯會晉郤缺于承匡謀諸侯之從於楚者九年陳鄭及楚平十年宋聽楚命秋曹文公來朝即位而來見也襄仲聘于宋且言司城蕩意諸而復之八年意諸來奔歸不書史失之○〔見〕賢遍反因賀楚師之不害也往年楚次厥貉將以伐宋鄋瞞侵齊鄋瞞狄國名防風之後漆姓○〔鄋〕所求反〔瞞〕莫干反遂伐我公卜使叔孫得臣追之吉侯叔夏御莊叔莊叔得臣緜房甥爲右富父終甥駟乘駟乘四人共車○〔乘〕繩證反下皆同冬十月甲午敗狄于鹹獲長狄僑如僑如鄋瞞國之君蓋長三丈獲僑如不書賤夷狄也○〔僑〕其驕反富父終甥摏其喉以戈殺之摏猶衝也○〔摏〕舒容反○埋其首於子駒之門子駒魯郭門骨節非常恐後世怪之故詳其處以命宣伯得臣待事而名其三子因名宣伯曰僑如以旌其功初宋武公之世鄋瞞伐宋在春秋前司徒皇父帥師禦之耏班御皇父充石皇父戴公子充石皇父名○〔耏〕音而公子穀甥爲右司寇牛父駟乘以敗狄于長丘長丘宋地獲長狄緣斯緣斯僑如之先皇父之二子死焉皇父與穀甥及牛父皆死故耏班獨受賞宋公於是以門賞耏班使食其征門關門征稅也謂之耏門晉之滅潞也在宣十五年獲僑如之弟焚如齊襄公之二年魯桓之十六年鄋瞞伐齊齊王子成父獲其弟榮如榮如焚如之弟焚如後死而先說者欲其兄弟伯季相次榮如以魯桓十六年死至宣十五年一百三歲其兄猶在傳言既長且壽有異於人王子成父齊大夫埋其首於周首之北門周首齊邑濟北穀城縣東北有周首亭衞人獲其季弟簡如伐齊退走至衞見獲鄋瞞由是遂亡長狄之種絕郕大子朱儒自安於夫鍾安處也夫鍾郕邑○〔夫〕音扶國人弗徇徇順也爲明年郕伯來奔傳

經十有二年春王正月郕伯來奔稱爵見公以諸侯禮迎之○〔見〕賢遍反杞伯來朝復稱伯舍夷禮○〔舍〕音捨二月庚子子叔姬卒既嫁成人雖見出棄猶以恩錄其卒夏楚人圍巢巢吳楚閒小國廬江六縣東有居巢城秋滕子來朝秦伯使術來聘術不稱氏史略文冬十有二月戊午晉人秦人戰于河曲不書敗績交綏而退不大崩也稱人秦晉無功以微者告也皆陳曰戰例在莊十一年河曲在河東蒲坂縣南季孫行父帥師城諸及鄆鄆莒魯所爭者城陽姑幕縣南有員亭員即鄆也以其遠偪外國故帥師城之○〔鄆〕音運〔員〕音云一音運

傳十二年春郕伯卒郕人立君大子自安於外邑故大子以夫鍾與郕邽來奔郕邽亦邑○〔邽〕音圭公以諸侯逆之非禮也非公寵叛人故書曰郕伯來奔不書地尊諸侯也既尊以爲諸侯故不

復見其竊邑之罪杞桓公來朝始朝公也。公即位始來朝且請絕叔
姬而無絕昏公許之。不絕昏立其娣以爲夫人不書大歸未歸而卒二月叔
姬卒不言杞絕也。既許其絕故不言杞書叔姬言非女也。女未笄而
卒不書楚令尹大孫伯卒成嘉爲令尹。若敖曾孫子孔羣舒叛
楚。羣舒偃姓舒庸舒鳩之屬今廬江南有舒城舒城西南有龍舒夏子孔執舒子平
及宗子遂圍巢。平舒君名宗巢二國羣舒之屬秋滕昭公來朝亦始
朝公也秦伯使西乞術來聘且言將伐晉襄仲辭玉
曰君不忘先君之好照臨魯國鎮撫其社稷重之以
大器寡君敢辭玉。大器圭璋也不欲與秦爲好故辭玉○〔好〕去聲下同對曰不
腆敝器不足辭也。腆厚也○〔腆〕他典反主人三辭賓答曰寡君
願徼福于周公魯公以事君。徼要也魯公伯禽也言願事君以并蒙先君之
福○〔徼〕古堯反〔要〕於堯反下同不腆先君之敝器使下臣致諸執事
以爲瑞節。節信也出聘必告廟故稱先君之器要結好命所以藉寡君
之命結二國之好。藉薦也○〔藉〕在夜反是以敢致之襄仲曰不
有君子其能國乎國無陋矣厚賄之。賄贈送也秦爲令狐
之役故。○〔爲〕于僞反冬秦伯伐晉取羈馬。令狐役在七年羈馬晉邑晉
人禦之趙盾將中軍荀林父佐之。林父代先克郤缺將上
軍。代箕鄭臾駢佐之。代林父○〔駢〕步邊反欒盾將下軍。欒枝子代先蔑○〔盾〕
徒本反胥甲佐之。胥臣子代先都范無恤御戎。代步招○〔招〕上遙反以從
秦師于河曲臾駢曰秦不能久請深壘固軍以待之

從之秦人欲戰秦伯謂士會曰若何而戰。晉士會七年奔秦
對曰趙氏新出其屬曰臾駢必實爲此謀將以老我
師也。臾駢趙盾屬大夫新出佐上軍趙有側室曰穿晉君之壻也。側室
支子穿趙夙庶孫有寵而弱不在軍事。弱年少也又未涉知軍事好勇
而狂且惡臾駢之佐上軍也若使輕者肆焉其可。肆暫
往而退也○〔惡〕烏路反〔輕〕遣政反秦伯以璧祈戰于河。禱求勝十二月
戊午秦軍掩晉上軍趙穿追之不及。上軍不動趙穿獨追之反
怒曰裹糧坐甲固敵是求敵至不擊將何俟焉軍吏
曰將有待也。待可擊穿曰我不知謀將獨出乃以其屬
出宣子曰秦獲穿也獲一卿矣。僖三十三年晉侯以一命命郤缺爲卿不
在軍帥之數然則晉自有散位從卿者秦以勝歸我何以報乃皆出戰
交綏。司馬法曰逐奔不遠從綏不及逐奔不遠則難誘從綏不及則難陷然則古名退軍爲綏秦晉
志未能堅戰短兵未致爭而兩退故曰交綏秦行人夜戒晉師曰兩君之
士皆未憖也明日請相見也。憖缺也○〔憖〕魚覲反又魚轄反方言云傷也字
林云闕也臾駢曰使者目動而言肆懼我也。目動心不安言肆聲放失
常節○〔使〕去聲將遁矣薄諸河必敗之。薄迫也○〔薄〕蒲莫反胥甲趙穿
當軍門呼曰死傷未收而弃之不惠也不待期而薄
人於險無勇也乃止。晉御止爲宣元年放胥甲傳秦師夜遁復侵
晉入瑕城諸及鄍書時也。○〔復〕扶又反
經十有三年春王正月夏五月壬午陳侯朔卒。無傳再同

盟邾子蘧蒢卒未同盟而赴以名○〔蘧〕其居反〔蒢〕丈居反自正月不雨至于秋七月無傳義與二年同大室屋壞大廟之室○〔大〕音泰冬公如晉衛侯會公于沓沓地闕○〔沓〕徒荅反狄侵衛無傳十有二月己丑公及晉侯盟十二月無己丑十一月十一日公還自晉鄭伯會公于棐棐鄭地○〔棐〕芳尾反又非尾反

傳十三年春晉侯使詹嘉處瑕以守桃林之塞詹嘉晉大夫賜其瑕邑令帥衆守桃林以備秦桃林在弘農華陰縣東潼關○〔塞〕悉代反〔潼〕音童晉人患秦之用士會也夏六卿相見於諸浮諸浮晉地趙宣子曰隨會在秦賈季在狄難日至矣若之何六年賈季奔狄○〔難〕乃旦反中行桓子曰請復賈季中行桓子荀林父也僖二十八年始將中行故以爲氏○〔行〕戶郎反能外事且由舊勳有狐偃之舊勳郤成子曰賈季亂且罪大殺陽處父故不如隨會能賤而有恥柔而不犯不可犯以不義其知足使也且無罪乃使魏壽餘僞以魏叛者以誘士會執其帑於晉使夜逸魏壽餘畢萬之後帑壽餘子○〔知〕音智〔帑〕音奴請自歸于秦秦伯許之許受其邑履士會之足於朝躡士會足欲使行○〔躡〕女涉反秦伯師于河西將取魏魏人在東今河北縣於秦爲在河之東壽餘曰請東人之能與夫二三有司言者吾與之先欲與晉人在秦者共先告喻魏有司使士會士會辭曰晉人虎狼也若背其言臣死妻子爲戮無益於君不可悔也辭行示己無去心○〔背〕音佩秦伯曰若背其言所不歸爾帑者有如河言必歸其妻子明白如河乃行繞朝贈之以策策馬撾臨別授之馬撾並示己所策以展情繞朝秦大夫○〔朝〕如字又張遙反〔撾〕張瓜反曰子無謂秦無人吾謀適不用也示己覺其情既濟魏人譟而還喜得士會○〔譟〕素報反秦人歸其帑其處者爲劉氏士會堯後劉累之胤別族復累之姓○〔累〕劣彼反

邾文公卜遷于繹繹邾邑魯國鄒縣北有繹山史曰利於民而不利於君邾子曰苟利於民孤之利也天生民而樹之君以利之也民既利矣孤必與焉左右曰命可長也君何弗爲邾子曰命在養民死之短長時也民苟利矣遷也吉莫如之左右以一人之命爲言文公以百姓之命爲主一人之命各有短長不可如何百姓之命乃傳世無窮故徙之○〔與〕音預遂遷于繹五月邾文公卒君子曰知命秋七月大室之屋壞書不共也簡慢宗廟使至傾頹故書以見臣子不共冬公如晉朝且尋盟衛侯會公于沓請平于晉公還鄭伯會公于棐亦請平于晉公皆成之鄭衛貳於楚畏晉故因公請平鄭伯與公宴于棐子家賦鴻鴈子家鄭大夫公子歸生也鴻鴈詩小雅義取侯伯哀恤鰥寡有征行之勞言鄭國寡弱欲使魯侯還晉恤之季文子曰寡君未免於此言亦同有微弱之憂文子賦四月四月詩小雅義取行役踰時思歸祭祀不欲爲還晉○〔爲〕于僞反子家賦載馳之四章載馳詩鄘風四章以下義取小國有急欲引大國以救助文子賦采薇之四章采薇詩小雅取其豈敢定居一月三捷許爲鄭還不敢安居○〔三〕息暫反又如字鄭伯拜謝公爲行公答拜

經十有四年春王正月公至自晉無傳告於廟邾人伐我南鄙叔彭生帥師伐邾夏五月乙亥齊侯潘卒七年盟于扈乙亥四月二十九日書五月從赴○〔潘〕判干反六月公會宋公陳侯衛侯鄭伯許男曹伯晉趙盾癸酉同盟于新城新城宋地在梁國穀熟縣西秋七月有星孛入于北斗孛彗也既見而後入北斗非常所有故書之○〔孛〕音佩〔彗〕似歲反一雖遂反公至自會無傳晉人納捷菑于邾弗克納邾有成君晉趙盾不度於義而大與諸侯之師涉邾之竟見辭而退雖有服義之善所興者廣所害者衆故貶稱人○〔菑〕側其反〔度〕待各反九月甲申公孫敖卒于齊既許復之故從大夫例書卒齊公子商人弒其君舍舍未踰年而稱君者先君既葬舍已即位弒君例在宣四年宋子哀來奔大夫奔例書名氏貴之故書字冬單伯如齊單伯周卿士爲魯如齊故書○〔單〕音善〔爲〕于僞反齊人執單伯諸侯無執王使之義故不依行人例齊人執子叔姬叔姬魯女齊侯舍之母不稱夫人自魯錄之父母辭

傳十四年春頃王崩周公閱與王孫蘇爭政故不赴凡崩薨不赴則不書禍福不告亦不書奔亡禍也歸復福也○〔頃〕音傾〔閱〕音悅懲不敬也欲使怠慢者自戒邾文公之卒也在前年公使弔焉不敬邾人來討伐我南鄙故惠伯伐邾子叔姬妃齊昭公生舍叔姬無寵舍無威公子商人驟施於國驟數也商人桓公子○〔妃〕音配〔驟〕仕救反〔施〕式豉反而多聚士盡其家貸於公有司以繼之家財盡從公及國之有司富者貸○〔貸〕音特又音忒夏五月昭公卒舍即位邾文公元妃齊姜生定公二妃晉姬生捷菑文公卒邾人立定公捷菑奔晉六月同盟于新城從於楚者服從楚者陳鄭宋且謀邾也謀納捷菑秋七月乙卯夜齊商人弒舍而讓元元商人兄齊惠公也書九月從告七月無乙卯日誤元曰爾求之久矣我能事爾爾不可使多蓄憾不爲君則恨多將免我乎爾爲之言將復殺我有星孛入于北斗周內史叔服曰不出七年宋齊晉之君皆將死亂後三年宋弒昭公五年齊弒懿公七年晉弒靈公史服但言事徵而不論其占固非末學所得詳言晉趙盾以諸侯之師八百乘納捷菑于邾八百乘六萬人言力有餘邾人辭曰齊出貜且長貜且定公○〔貜〕俱縛反又居碧反〔且〕子餘反〔長〕丁丈反宣子曰辭順而弗從不祥乃還立適以長故曰辭順周公將與王孫蘇訟于晉王叛王孫蘇王匡王叛不與而使尹氏與聃啓訟周公于晉訟理之尹氏周卿士聃啓周大夫○〔聃〕乃甘反趙宣子平王室而復之復使和親楚莊王立穆王子也子孔潘崇將襲羣舒使公子燮與子儀守而伐舒蓼即羣舒○〔燮〕昔協反〔守〕手又反二子作亂城郢而使賊殺子孔不克而還八月二子以楚子出將如商密國語曰楚莊王幼弱子儀爲師王子燮爲傅○〔還〕音旋廬戢棃及叔麇誘之遂殺鬭克及公子燮廬今襄陽中廬縣戢棃廬大夫叔麇其佐鬭克子儀也初鬭克囚于秦在僖二十五年秦有殽之敗在僖三十三年而使歸求成成而不得志無賞報也公子燮求令尹而不得故二子作亂傳言楚莊幼弱國內亂所以不能與晉競穆伯之從己氏也在八

年。〇〔己〕音紀。又音祀。魯人立文伯。穆伯之子穀也。穆伯生二子於莒而求復。文伯以爲請。襄仲使無朝聽命。復而不出。不得使與聽政事。終寢於家。故出入不書。三年而盡室以復適莒。文伯疾而請曰。穀之子弱。子。孟獻子。年尚少。請立難也。難。穀弟。〇〔難〕乃多反。又如字。許之。文伯卒。立惠叔。穆伯請重賂以求復。惠叔以爲請。許之。將來。九月。卒于齊。告喪請葬。弗許。請以卿禮葬。宋高哀爲蕭封人以爲卿。蕭。宋附庸。仕附庸。還升爲卿。不義宋公而出。遂來奔。出而待放。從放所來。故曰遂。書曰宋子哀來奔。貴之也。貴其不食汙君之祿。辟禍速也。齊人定懿公。使來告難。故書以九月。齊人不服。故三月而後定。書以九月。明經日月皆從赴。齊公子元不順懿公之爲政也。終不曰公。曰夫己氏。猶言某甲。〇〔夫〕音扶。〔己〕音紀。襄仲使告于王。請以王寵求昭姬于齊。昭姬。子叔姬。曰。殺其子。焉用其母。請受而罪之。〇〔焉〕於虔反。冬。單伯如齊。請子叔姬。齊人執之。恨魯恃王勢。以求女故。又執子叔姬。欲以恥辱魯。

經十有五年。春。季孫行父如晉。三月。宋司馬華孫來盟。華孫奉使鄰國。能臨事制宜。至魯而後定盟。故不稱使。其官皆從。故書司馬。〇〔華〕戶化反。〔從〕才用反。夏。曹伯來朝。齊人歸公孫敖之喪。大夫喪還不書。善魯感子以赦父。敦公族之恩。崇仁孝之教。故特錄敖喪歸以示義。六月。辛丑。朔。日有食之。鼓用牲于社。傳例曰。非禮也。單伯至自齊。晉郤缺帥師伐蔡。戊申。入蔡。傳例曰。獲大城曰入。秋。齊人侵我西鄙。季孫行父如晉。冬。十有一月。諸侯盟于扈。將伐齊。晉侯受賂而止。故摠曰諸侯。言不足序列。十有二月。齊人來歸子叔姬。齊人以王故來送子叔姬。故與直出者異文。齊侯侵我西鄙。遂伐曹。入其郛。郛。郭也。

傳十五年。春。季文子如晉。爲單伯與子叔姬故也。因晉請齊。三月。宋華耦來盟。其官皆從之。書曰宋司馬華孫。貴之也。古之盟會。必備威儀。崇贄幣。賓主以成禮。爲敬。故傳曰卿行旅從。春秋時率多不能備儀。華孫能率其屬以從古典。所以敬事而自重。使重而事敬。則魯尊而禮篤。故貴而不名。〇皆〔從〕才用反。注旅從同。又如字。〔率〕所類反。又音律。公與之宴。辭曰。君之先臣督得罪於宋。殤公名在諸侯之策。臣承其祀。其敢辱君。耦。華督曾孫也。督弑殤公在桓二年。耦自以罪人子孫。故不敢屈辱魯君對共宴會。請承命於亞旅。亞旅。上大夫也。魯人以爲敏。無故揚其先祖之罪。是不敏。魯人以爲敏。明君子所不與也。夏。曹伯來朝。禮也。諸侯五年再相朝。以脩王命。古之制也。十一年曹伯來朝。雖至此乃來。亦五年。傳爲冬齊侯伐曹張本。齊人或爲孟氏謀。孟氏公孫敖家。慶父爲長庶。故或稱孟氏。曰。魯爾親也。飾棺寘諸堂阜。堂阜齊魯竟上地。飾棺不殯。示無所歸。魯必取之。從之。卞人以告。卞人。魯卞邑大夫。惠叔猶毀以爲請。敖卒則惠叔請之。至今期年而猶未已。毀過喪禮。立於朝以待命。許之。取而殯之。殯於孟氏之寢。終叔服之言。齊人送之。書曰齊人歸公孫敖之喪。爲孟氏且國故也。爲惠叔毀請。且國之公族。故聽其歸殯而書之。葬視共仲。制如慶父。皆以罪降。聲己不視帷堂而哭。聲己。惠叔母。怨敖從莒女。故帷堂。襄仲欲勿哭。怨敖取其妻。惠伯曰：喪，親之終也。（惠伯，叔彭生。）雖不能始，善終可也。史佚有言曰：兄弟致美。（各盡其美，義乃終。）救乏、賀善、弔災、祭敬、喪哀，情雖不同，毋絶其愛，親之道也。子無失道，何怨於人？襄仲說，帥兄弟以哭之。他年，其二子來，（敖在莒所生。）孟獻子愛之，聞於國。（獻子，穀之子仲孫蔑。○〔聞〕音問，或如字。）或譖之曰：將殺子。獻子以告季文子。二子曰：夫子以愛我聞，我以將殺子聞，不亦遠於禮乎？遠禮不如死。一人門于句鼆，一人門于戾丘，皆死。（句鼆、戾丘，魯邑。有寇攻門，二子禦之而死。○〔遠〕于萬反，〔句〕古侯反，〔鼆〕莫幸反。）六月辛丑朔，日有食之，鼓用牲于社，非禮也。（得常鼓之月，而於社用牲，爲非禮。）日有食之，天子不舉，（去盛饌。）伐鼓于社，（責羣陰。伐，猶擊也。）諸侯用幣于社，（社尊於諸侯，故請救而不敢責之。）伐鼓于朝，（退自責。）以昭事神、訓民、事君，（天子不舉，諸侯用幣，所以事神。尊卑異制，所以訓民。）示有等威，古之道也。（等威，威儀之等差。）齊人許單伯請而赦之，使來致命。（以單伯執節不移，且畏晉，故許之。）書曰：單伯至自齊，貴之也。（單伯爲魯拘執，既免而不廢禮，終來致命，故貴而告廟。）新城之盟，（在前年。）蔡人不與。（不會盟。○〔與〕音預，下同。）晉郤缺以上軍、下軍伐蔡，（兼帥二軍。）曰：君弱，不可以怠。（怠，解也。）戊申，入蔡，以城下之盟而還。凡勝國，曰滅之；（勝國，絶其社稷，有其土地。○〔還〕音旋。）獲大城焉，曰入之。（得大都而不有。）秋，齊人侵我西鄙，故季文子告于晉。冬十一月，晉侯、宋公、衞侯、蔡侯、陳侯、鄭伯、許男、曹伯盟于扈，尋新城之盟，且謀伐齊也。（齊執王使，且數伐魯。）齊人賂晉侯，故不克而還。於是有齊難，是以公不會。（明今不序諸侯，不以公不會故。）書曰：諸侯盟于扈，無能爲故也。（惡其受賂，不能討齊。）凡諸侯會，公不與，不書，諱君惡也。（謂國無難，不會義事，故爲惡。不書，謂不國別序諸侯。）與而不書，後也。（謂後期也。今貶諸侯，似爲公諱，故傳發例以明之。）齊人來歸子叔姬，王故也。（單伯雖見執，能守節不移，終達王命，使叔姬得歸。）齊侯侵我西鄙，謂諸侯不能也。（不能討己。）遂伐曹，入其郛，討其來朝也。（此年夏朝。）季文子曰：齊侯其不免乎？己則無禮，（執王使而伐無罪。）而討於有禮者，曰：女何故行禮？禮以順天，天之道也。己則反天，而又以討人，難以免矣。詩曰：胡不相畏，不畏于天？（詩小雅。○〔相〕息亮反，又如字。）君子之不虐幼賤，畏于天也。在周頌曰：畏天之威，于時保之。（詩周頌。言畏天威，于是保福祿。）不畏于天，將何能保？以亂取國，奉禮以守，猶懼不終，多行無禮，弗能在矣。（爲十八年齊弑商人傳。○〔守〕手又反。）

經十有六年春，季孫行父會齊侯于陽穀，齊侯弗及盟。（及，與也。）夏五月，公四不視朔。（諸侯每月必告朔聽政，因朝於廟。今公以疾闕，不得視二月、三月、四月、五月朔也。春秋十二公以疾不視朔，非一也，義無所取，故特舉此以表行事，因明公之實有疾，非詐齊。）六月戊辰，公子遂及齊侯盟于郪丘。（信公疾，且以賂故。郪丘，齊地。○〔郪〕音西，又七西反。）秋八月辛未，夫人姜氏薨。（僖公夫人，文公母也。）毁泉臺。（泉臺，臺名。毁壞之也。○〔壞〕音怪。）楚人、秦人、巴人滅庸。冬

十有一月宋人弑其君杵臼稱君君無道也例在宣四年

傳十六年春王正月及齊平齊前年再伐魯魯爲受弱故平公有疾使季文子會齊侯于陽穀請盟齊侯不肯曰請俟君閒閒疾瘳○閒如字瘳勑周反夏五月公四不視朔疾也公使襄仲納賂于齊侯故盟于郪丘有蛇自泉宮出入于國如先君之數伯禽至僖公十七君秋八月辛未聲姜薨毁泉臺魯人以爲蛇妖所出而聲姜薨故壞之楚大饑戎伐其西南至于阜山師于大林又伐其東南至于陽丘以侵訾枝戎山夷也大林陽丘訾枝皆楚邑庸人帥羣蠻以叛楚庸今上庸縣屬楚之小國麇人率百濮聚於選將伐楚選楚地百濮夷也於是申息之北門不啓備中國楚人謀徙於阪高楚險地蔿賈曰不可我能往寇亦能往不如伐庸夫麇與百濮謂我饑不能師故伐我也若我出師必懼而歸百濮離居將各走其邑誰暇謀人乃出師旬有五日百濮乃罷濮夷無屯聚見難則散歸○蔿于委反自盧以往振廩同食往往伐庸也振發也廩倉也同食上下無異饌也次于句澨楚西界也句古侯反○使廬戢梨侵庸戢梨廬大夫及庸方城方城庸地上庸縣東有方城亭庸人逐之囚子揚窻窻戢梨官屬三宿而逸曰庸師衆羣蠻聚焉不如復大師還復句巫師且起王卒合而後進師叔曰不可師叔楚大夫潘尫也○尫烏黃反姑又與之遇以驕之彼驕我怒而後可克先君蚡冒

所以服陘隰也蚡冒楚武王父陘隰地名○蚡扶粉反史記楚世家云蚡冒卒弟熊達殺蚡冒子而代立是爲楚武王與杜異陘音刑又與之遇七遇皆北軍走曰北○北如字一音佩唯裨鯈魚人實逐之裨鯈魚庸三邑魚魚復縣今巴東永安縣輕楚故但使三邑人逐之裨婢支反鯈直留反○庸人曰楚不足與戰矣遂不設備楚子乘馹會師于臨品馹傳車也臨品地名馹人實反傳丁戀反○分爲二隊隊部也兩道攻之子越自石溪子貝自仞以伐庸子越鬭椒也石溪仞入庸道秦人巴人從楚師羣蠻從楚子盟蠻見楚強故遂滅庸傳言楚有謀臣所以興宋公子鮑禮於國人鮑昭公庶弟文公也宋饑竭其粟而貸之年自七十以上無不饋詒也時加羞珍異羞進也無日不數於六卿之門數不踈○數音朔國之材人無不事也有賢材者親自桓以下無不恤也桓鮑之曾祖公子鮑美而豔襄夫人欲通之鮑適祖母而不可以禮自防閑乃助之施昭公無道國人奉公子鮑以因夫人於是華元爲右師元華督曾孫代公子成○施式豉反公孫友爲左師華耦爲司馬代公子卬鱗矔爲司徒蕩意諸爲司城公子朝爲司寇代華御事○矔古亂反朝如字初司城蕩卒公孫壽辭司城壽蕩之子請使意諸爲之意諸壽之子既而告人曰君無道吾官近懼及焉禍及己弃官則族無所庇子身之貳也姑紓死焉姑且也紓緩也雖亡子猶不亡族己在故也既夫人將使公田孟諸而殺之公知之盡以寶行蕩意諸曰

盡適諸侯。公曰：不能其大夫至于君祖母以及國人，（君祖母，諸侯祖母之稱，謂襄夫人。）諸侯誰納我。且既爲人君而又爲人臣，不如死。盡以其寶賜左右而使行。（行，去也。）夫人使謂司城去公。對曰：臣之而逃其難，若後君何。（言無以事後君。）冬十一月甲寅，宋昭公將田孟諸，未至，夫人王姬使帥甸攻而殺之。（襄夫人，周襄王姊，故稱王姬。帥甸，郊甸之帥。）蕩意諸死之。（不書，不告。）書曰宋人弒其君杵臼，君無道也。（始例發於臣之罪，今稱國人，故重明君罪。）文公即位，使母弟須爲司城。（代意諸。）華耦卒而使蕩虺爲司馬。（虺，意諸之弟。○虺，況鬼反。）

經十有七年春，晉人、衛人、陳人、鄭人伐宋。（自閔僖已下，終於春秋，陳侯常在衛侯上，今大夫會在衛下，傳不言陳公孫寧後至，則寧位非上卿故也。）夏四月癸亥，葬我小君聲姜。齊侯伐我西鄙。（西當爲北，蓋經誤。）六月癸未，公及齊侯盟于穀。諸侯會于扈。（昭公雖以無道見弒，而文公猶宜以弒君受討，故林父伐宋，以失所稱人；晉侯平宋，以無功不序。明君雖不君，臣不可不臣，所以督大教。）秋，公至自穀。（無傳。）冬，公子遂如齊。

傳十七年春，晉荀林父、衛孔達、陳公孫寧、鄭石楚伐宋。討曰：何故弒君。猶立文公而還。卿不書，失其所也。（卿不書，謂稱人。）夏四月癸亥，葬聲姜。有齊難，是以緩。（過五月之例。）齊侯伐我北鄙，襄仲請盟。六月，盟于穀。（晉不能救魯，故請服。）晉侯蒐于黃父，（一名黑壤，晉地。）遂復合諸侯于扈，平宋也。（傳不列諸國，而言復合，則如上十五年會扈之諸侯可知也。○復，扶又反。）公不與會，齊難故也。書曰諸侯，無功也。（刺欲平宋而復不能。○與音預。）於是晉侯不見鄭伯，以爲貳於楚也。鄭子家使執訊而與之書，以告趙宣子，（執訊，通訊問之官，爲書與宣子。）曰：寡君即位三年，（魯文二年。）召蔡侯而與之事君。九月，蔡侯入于敝邑以行。（行朝晉也。）敝邑以侯宣多之難，寡君是以不得與蔡侯偕。（宣多既立穆公，恃寵專權。）十一月，克減侯宣多，而隨蔡侯以朝于執事。（減，損也，難未盡而行，言汲汲于朝晉。）十二年六月，歸生佐寡君之嫡夷，（歸生，子家名。夷，大子名。）以請陳侯于楚，而朝諸君。（請陳于楚，與俱朝晉。）十四年七月，寡君又朝，以蕆陳事。（蕆，敕也。敕成前好。○蕆，敕展反。）十五年五月，陳侯自敝邑往朝于君。往年正月，燭之武往朝夷也。（將夷往朝晉。）八月，寡君又往朝。以陳、蔡之密邇於楚，而不敢貳焉，則敝邑之故也。（密邇，比近也。）雖敝邑之事君，何以不免。（免，免罪也。）在位之中，一朝于襄，（襄公。）而再見于君。（君，靈公也。○見，賢遍反。）夷與孤之二三臣相及於絳。（孤之二三臣，謂燭之武、歸生自謂也。絳，晉國都。）雖我小國，則蔑以過之矣。今大國曰：爾未逞吾志。敝邑有亡，無以加焉。古人有言曰：畏首畏尾，身其餘幾。（言首尾有畏，則身中不畏者少。）又曰：鹿死不擇音。（音，所茠蔭之處。古字聲同，皆相假借。○茠，虛求反。蔭，於鴆反。）小國之事大國也，德則其人也，（以德加己，則以人道相事。）不德則其鹿也。鋌而走險，急何能擇。（鋌，疾

走貌言急則欲蔭茠於楚如鹿赴險○〔鋌〕他頂反命之罔極亦知亡矣言晉命無
極將悉敝賦以待於鯈唯執事命之鯈晉鄭之竟言欲以兵距晉○
〔鯈〕直留反文公二年六月壬申朝于齊鄭文二年六月壬申魯莊二十三年
六月二十四日四年二月壬戌為齊侵蔡魯莊二十五年二月無壬戌壬戌三
月二十日亦獲成於楚鄭與楚成居大國之閒而從於彊令豈
其罪也令號令也大國若弗圖無所逃命晉鞏朔行成於
鄭趙穿公壻池為質焉趙穿卿也公壻池晉侯女壻○〔鞏〕九勇反〔質〕音致秋
周甘歜敗戎于邥垂乘其飲酒也歜周大夫邥垂周地河南新城縣北
有垂亭為成元年晉侯平戎于王張本○〔歜〕昌欲反〔邥〕音審冬十月鄭大子夷石
楚為質于晉夷靈公也石楚鄭大夫襄仲如齊拜穀之盟復曰
臣聞齊人將食魯之麥以臣觀之將不能齊君之語
偷臧文仲有言曰民主偷必死偷猶苟且
經十有八年春王二月丁丑公薨于臺下秦伯罃卒
無傳未同盟而赴以名○〔罃〕於耕反夏五月戊戌齊人弒其君商人不稱
盜罪商人六月癸酉葬我君文公秋公子遂叔孫得臣如
齊書二卿以兩事行非相為介冬十月子卒先君既葬不稱君者魯人諱弒以未成君
書之子在喪之稱夫人姜氏歸于齊季孫行父如齊無傳莒弒
其君庶其稱君君無道也
傳十八年春齊侯戒師期將以伐魯而有疾醫曰不及秋
將死公聞之卜曰尚無及期尚庶幾也欲令先御期死○〔先〕悉薦反惠

伯令龜以卜事告龜卜楚丘占之曰齊侯不及期非疾也
君亦不聞言君先齊侯終令龜有咎言令龜者亦有凶咎見於卜兆為惠伯死張本
○〔見〕賢遍反二月丁丑公薨齊懿公之為公子也與邴歜
之父爭田弗勝及即位乃掘而刖之斷其尸足○〔邴〕音丙又彼病反
〔歜〕昌欲反〔掘〕其勿反又其月反而使歜僕僕御也納閻職之妻而使職
驂乘驂乘陪乘○〔乘〕繩證反夏五月公游于申池齊南城西門名申門齊城
無池唯此門左右有池疑此則是二人浴于池歜以扑抶職扑箠也抶擊也
欲以相感激○〔扑〕普卜反〔抶〕勑乙反〔箠〕市棨反又之棨反職怒歜曰人奪女妻而
不怒一抶女庸何傷職曰與刖其父而弗能病者何
如言不以父刖為病恨○〔女〕音汝乃謀弒懿公納諸竹中歸舍爵而
行飲酒訖乃去言齊人惡懿公二人無所畏○〔舍〕音赦齊人立公子元桓公子惠公
六月葬文公秋襄仲莊叔如齊惠公立故且拜葬也
襄仲賀惠公立莊叔謝齊來會葬文公二妃敬嬴生宣公敬嬴嬖而
私事襄仲宣公長而屬諸襄仲襄仲欲立之叔仲不
可叔仲惠伯○〔屬〕音燭仲見于齊侯而請之齊侯新立而欲親
魯許之冬十月仲殺惡及視而立宣公惡大子視其母弟殺視不
書殺之書曰子卒諱之也仲以君命召惠伯詐以子惡命其
宰公冉務人止之曰入必死叔仲曰死君命可也公
冉務人曰若君命可死非君命何聽弗聽乃入殺而
埋之馬矢之中惠伯死不書者史畏襄仲不敢書殺惠伯公冉務人奉其

帑以奔蔡。既而復叔仲氏。不絕其後。夫人姜氏歸于齊。大歸也。惡視之母出姜也。嫌與有罪出者異。故復發傳。將行。哭而過市。曰。天乎。仲爲不道。殺適立庶。市人皆哭。魯人謂之哀姜。所謂出姜。不允於魯。○[過]古禾反。又古臥反。莒紀公生大子僕。又生季佗。愛季佗而黜僕。且多行無禮於國。紀號也。莒夷無謚。故有別號。○[佗]徒何反。僕因國人以弒紀公。以其寶玉來奔。納諸宣公。公命與之邑。曰。今日必授。季文子使司寇出諸竟。曰。今日必達。未見公而文子出之。故來不書。公問其故。季文子使大史克對曰。先大夫臧文仲教行父事君之禮。行父奉以周旋。弗敢失隊。曰。見有禮於其君者。事之如孝子之養父母也。見無禮於其君者。誅之。如鷹鸇之逐鳥雀也。先君周公制周禮曰。則以觀德。則法也。合法則爲吉德。○[隊]音墜。[養]去聲。德以處事。處猶制也。事以度功。度量也。○[度]待洛反。下同。功以食民。食養也。○[食]音嗣。作誓命曰。毀則爲賊。誓要信也。毀則壞法也。○[壞]音怪。掩賊爲藏。掩匿也。竊賄爲盜。賄財也。盜器爲姦。器國用也。主藏之名。以掩賊爲名。賴姦之用。用姦器也。爲大凶德。有常無赦。刑有常。在九刑不忘。誓命以下。皆九刑之書。九刑之書今亡。行父還觀莒僕。莫可則也。還猶周旋。○[還]音旋。孝敬忠信爲吉德。盜賊藏姦爲凶德。夫莒僕則其孝敬。則弒君父矣。則其忠信。則竊寶玉矣。其人則盜賊也。其器則姦兆也。兆域也。保而利之。則主藏

也。以訓則昏民無則焉。不度於善。度居也。而皆在於凶德。是以去之。昔高陽氏有才子八人。高陽帝顓頊之號。八人其苗裔。○[去]起呂反。下同。蒼舒。隤敳。檮戭。大臨。尨降。庭堅。仲容。叔達。此卽垂益禹皋陶之倫。庭堅卽皋陶字。○[隤]音頹。[敳]五才反。一五回反。[檮]音擣。又音桃。[戭]音演。又已震反。[尨]音厖。[降]音杭。齊聖廣淵。明允篤誠。天下之民謂之八愷。齊中也。淵深也。允信也。篤厚也。愷和也。高辛氏有才子八人。高辛帝嚳之號。八人亦其苗裔。○[嚳]苦毒反。伯奮。仲堪。叔獻。季仲。伯虎。仲熊。叔豹。季貍。此卽稷契朱虎熊羆之倫。忠肅共懿。宣慈惠和。天下之民謂之八元。肅敬也。懿美也。宣偏也。元善也。此十六族也。世濟其美。不隕其名。濟成也。隕隊也。以至於堯。堯不能舉。舜臣堯。舉八愷。使主后土。后土地官。禹作司空。平水土。卽主地之官。以揆百事。莫不時序。地平天成。揆度也。成亦平也。舉八元。使布五教于四方。契作司徒。五教在寬。故知契在八元之中。父義。母慈。兄友。弟共。子孝。內平外成。內諸夏。外夷狄。昔帝鴻氏有不才子。帝鴻黃帝。掩義隱賊。好行凶德。醜類惡物。頑嚚不友。是與比周。醜亦惡也。比近也。周密也。○[嚚]魚巾反。心不則德義之經爲頑。口不道忠信之言爲嚚。[比]毗志反。天下之民謂之渾敦。謂驩兜。渾敦不開通之貌。○[渾]戶本反。[敦]徒本反。少皞氏有不才子。少皞金天氏之號。次黃帝。毀信廢忠。崇飾惡言。靖譖庸回。服讒蒐慝。以誣盛德。崇聚也。靖安也。庸用也。回邪也。服行也。蒐隱也。慝惡也。盛德賢人也。○[蒐]所留反。天下之民謂之窮奇。謂共工。其行窮。其好奇。顓頊氏有不才子。不可教訓。不

知話言，（話，善也。○[話]戶怪反。）告之則頑，（德義不入心。）舍之則嚚，（不道忠信。○[舍]音赦。）傲很明德，以亂天常，天下之民謂之檮杌。（謂鯀。檮杌，頑凶無儔匹之貌。○[檮]徒刀反。）此三族也，世濟其凶，增其惡名，以至于堯，堯不能去。（方以宜公比堯，行父比舜，故言堯亦不能去，須賢臣而除之。）縉雲氏有不才子，（縉雲，黃帝時官名。）貪于飲食，冒于貨賄，侵欲崇侈，不可盈厭，聚斂積實，不知紀極，不分孤寡，不恤窮匱。（冒亦貪也。盈，滿也。實，財也。）天下之民以比三凶，（非帝者子孫，故別以比三凶。）謂之饕餮。（貪財為饕，貪食為餮。○[饕]他刀反。[餮]他結反。）○舜臣堯，（為堯臣。）賓于四門，（闢四門，達四聰，以賓禮衆賢。）流四凶族，（案四凶罪狀而流放之。）渾敦、窮奇、檮杌、饕餮，投諸四裔，以禦螭魅。（投，棄也。裔，遠也。放之四遠，使當魑魅之災。魑魅，山林異氣所生，為人害者。○[魑]勑知反。[魅]亡備反。）是以堯崩而天下如一，同心戴舜以為天子，以其舉十六相，去四凶也。故虞書數舜之功，曰「慎徽五典，五典克從」，無違教也。（徽，美也。典，常也。此八元之功。）曰「納于百揆，百揆時序」，無廢事也。（此八愷之功。）曰「賓于四門，四門穆穆」，無凶人也。（流四凶。）舜有大功二十而為天子，（舉十六相，去四凶也。）今行父雖未獲一吉人，去一凶矣，於舜之功二十之一也，庶幾免於戾乎？（史克激稱，以辨宣公之惑，釋行父之志，故其言實惡有過辭，蓋事宜也。）宋武氏之族道昭公子將奉司城須以作亂。（文公殺昭公，故武族欲因其子以作亂。司城須，文公弟。○[道]音導。）十二月，宋公殺母弟須及昭公子，使戴、莊、桓之族攻武氏於司馬子伯之館。（戴族，華、樂也。莊族，公孫師也。桓族，向、魚、鱗、蕩也。司馬子伯，華耦也。○[向]舒亮反。）遂出武、穆之族，（穆族黨於武氏故。）使公孫師為司城，（公孫師，莊公之孫。）公子朝卒，使樂呂為司寇，以靖國人。（樂呂，戴公之曾孫。為宣三年宋師圍曹傳。）

春秋經傳集解文公下第九

春秋經傳集解宣公上第十

（宣公名倭，一名接，又作委。文公子，母敬嬴。謚法：善問周達曰宣。）

杜氏註　盡十一年

經元年春王正月，公即位。（無傳）公子遂如齊逆女。（不譏喪娶者，不待貶責而自明也。卿為君逆，例在文四年。）三月，遂以夫人婦姜至自齊。（稱婦，有姑之辭。不書氏，史闕文。）夏，季孫行父如齊。晉放其大夫胥甲父于衛。（放者，受罪黜免，宥之以遠。）公會齊侯于平州。（平州，齊地，在泰山牟縣西。）公子遂如齊。六月，齊人取濟西田。（魯以賂齊，齊人不用師徒，故曰取。）秋，邾子來朝。（無傳）楚子、鄭人侵陳，遂侵宋。晉趙盾帥師救陳。（傳言救陳宋，經無宋字，蓋闕。○盾，徒本反。）宋公、陳侯、衛侯、曹伯會晉師于棐林，伐鄭。（晉師救陳宋，四國君往會之，共伐鄭也。不言會趙盾，取於兵會，非好會也。棐林，鄭地，滎陽宛陵縣東南有林鄉。○棐，芳尾反。）冬，晉趙穿帥師侵崇。晉人、宋人伐鄭。

傳元年春王正月，公子遂如齊逆女，尊君命也。（諸侯之卿，出入稱名氏，所以尊君命也。傳於此發者，與還文不同，故釋之。）三月，遂以夫人婦姜至自齊，尊夫人也。（遂不言公子，替其尊稱，所以成小君之尊也。公子，當時之寵號，非族也。故傳不言舍族，釋例論之備矣。）夏，季文子如齊，納賂以請會。（宣公篡立，未列於會，故以賂請之。）晉人討不用命者，放胥甲父于衛，（胥甲，下軍佐。文十二年戰河曲，不肯薄秦於險。）而立胥克。（克，甲之子。）先辛奔齊。（辛，甲之屬大夫。）會于平州以定公位。（篡立者，諸侯既與之會，則不得復討。臣子殺之，與弒君同，故公與齊會而位定。）東門襄仲如齊拜成。（謝得會也。）六月，齊人取濟西之田，為立公故，以賂齊也。（濟西，故曹地，僖三十一年晉文以分魯。）宋人之弒昭公也，（在文十六年。）晉荀林父以諸侯之師伐宋，宋及晉平，宋文公受盟于晉。又會諸侯于扈，將為魯討齊，皆取賂而還。（文十五年、十七年，二扈之盟皆受賂。）鄭穆公曰：「晉不足與也。」遂受盟于楚。陳共公之卒，楚人不禮焉。（卒在文十三年。）陳靈公受盟于晉。秋，楚子侵陳，遂侵宋。晉趙盾帥師救陳、宋，會于棐林，以伐鄭也。楚蔿賈救鄭，遇于北林，（與晉師相遇。滎陽中牟縣西南有林亭，在鄭北。）囚晉解揚，晉人乃還。（解揚，晉大夫。）晉欲求成於秦，趙穿曰：「我侵崇，秦急崇，必救之。（崇，秦之與國。）吾以求成焉。」冬，趙穿侵崇，秦弗與成。晉人伐鄭，以報北林之役。（報囚解揚。）於是晉侯侈，趙宣子為政，驟諫而不入，故不競於楚。（競，強也。為明年鄭伐宋張本。）

經二年春王二月壬子，宋華元帥師及鄭公子歸生帥師，戰于大棘。宋師敗績，獲宋華元。（得大夫，生死皆曰獲。例在昭二十三年。大棘在陳留襄邑縣南。）秦師伐晉。夏，晉人、宋人、衛人、陳人侵鄭。（鄭為楚伐宋，獲其大夫。晉趙盾興諸侯之師，將為宋報恥。畏楚而還，失霸者之義，故貶稱人。）秋九月乙丑，晉趙盾弒其君夷皐。（靈公不君，而稱臣以弒者，以示良史之法，深責執政之臣。例在四年。○皐，古刀反。）冬十月乙亥，天王崩。（無傳）

傳二年春，鄭公子歸生受命于楚伐宋，（受楚命也。）宋華元樂呂御之。二月壬子，戰于大棘，宋師敗績，囚華元，獲樂呂，（樂呂，司寇。獲不書，非元帥也。獲，生死通名。經言獲華元，故傳特護之曰囚，以明其生獲，故得見贖而還。）及甲車四百六十乘，俘二百五十人，馘百人。狂狡輅鄭人，鄭人入于井，（狂狡，宋大夫。輅，迎也。○〔馘〕古獲反。〔輅〕五嫁反。）倒戟而出之，獲狂狡。君子曰：失禮違命，宜其為禽也。戎昭果毅以聽之之謂禮，（聽，謂常存於耳，著於心，想聞其政令。○〔倒〕丁老反。〔毅〕魚既反。〔著〕直略反。）殺敵為果，致果為毅。易之，戮也。（易，反易。）將戰，華元殺羊食士，其御羊斟不與。及戰，曰：疇昔之羊，子為政；（疇昔，猶前日也。○〔食〕音嗣。〔斟〕之金反。〔與〕音預。）今日之事，我為政。與入鄭師，故敗。君子謂羊斟非人也，以其私憾，敗國殄民。（憾，恨也。殄，盡也。○〔敗〕必邁反，又如字。）於是刑孰大焉。詩所謂人之無良者，（詩，小雅。義取不良之人相怨以亡。）其羊斟之謂乎！殘民以逞。宋人以兵車百乘、文馬百駟，（畫馬為文，四百匹。○〔逞〕敕領反。）以贖華元于鄭。半入，華元逃歸，立于門外，告而入。（告宋城門而後入，言不苟。）見叔牂，曰：子之馬然也。（叔牂，羊斟也。卑賤得先歸。華元見而慰之。○〔牂〕子郎反。）對曰：非馬也，其人也。（叔牂知前言以顯，故不敢讓罪。）既合而來奔。（叔牂言畢，遂奔魯。合，猶荅也。）宋城，華元為植，巡功。（植，將主也。○〔植〕直吏反。〔將〕子匠反。）城者謳，曰：睅其目，皤其腹，弃甲而復。（睅，出目。皤，大腹。弃甲，謂亡師。○〔睅〕戶板反，大目也。〔皤〕音婆。）于思于思，弃甲復來。（于思，多鬚之貌。○〔思〕如字，又西才反。〔來〕力知反，又如字。〔復〕扶又反。）使其驂乘謂之曰：牛則有皮，犀兕尚多，弃甲則那？（那，猶何也。○〔犀〕音西。〔兕〕徐履反。〔那〕乃多反。）役人曰：從其有皮，丹漆若何？華元曰：去之，夫其口衆我寡。（傳言華元不吝其咎，寬而容衆。）秦師伐晉，以報崇也。（伐崇在元年。）遂圍焦。（焦，晉河外邑。）夏，晉趙盾救焦，遂自陰地及諸侯之師侵鄭，（陰地，晉河南山北，自上洛以東至陸渾。○〔渾〕戶昏反。）以報大棘之役。楚鬬椒救鄭，曰：能欲諸侯而惡其難乎？遂次于鄭以待晉師。趙盾曰：彼宗競于楚，殆將斃矣。（競，強也。鬬椒，若敖之族，自子文以來，世為令尹。○〔惡〕〔難〕皆去聲。）姑益其疾，乃去之。（欲示弱以驕之。傳言趙盾所以稱人，且為四年楚滅若敖氏張本。）晉靈公不君，（失君道也。以明於例應稱國以弑。）厚斂以彫牆；（彫，畫也。）從臺上彈人，而觀其辟丸也；宰夫胹熊蹯不孰，殺之，寘諸畚，使婦人載以過朝。（畚，以草索為之，筥屬。○〔彈〕徒丹反。〔胹〕音而，煮也。〔蹯〕扶元反。〔畚〕音本。）趙盾、士季見其手，問其故而患之。將諫，士季曰：諫而不入，則莫之繼也。會請先，不入則子繼之。三進及溜，而後視之。（士季，隨會也。三進，三伏，公不省而又前也。公知欲諫，故佯不視。○〔溜〕力救反，屋霤也。）曰：吾知所過矣，將改之。稽首而對曰：人誰無過？過而能改，善莫大焉。詩曰：靡不有初，鮮克有終。（詩，大雅也。○〔鮮〕息淺反，少也。）夫如是，則能補過者鮮矣。君能有終，則社稷之固也，豈唯羣臣賴之。又曰：袞職有闕，惟仲山甫補之。能補過也。（詩，大雅也。袞，君之上服。闕，過也。言服袞者有過，則仲山甫能補之。）君能補過，袞不廢矣。（常服袞也。）猶不改。宣子驟諫，公患之，使鉏麑賊之。（鉏麑，晉力士。○〔鉏〕仕俱反。〔麑〕音迷。一五兮反。晨往，寢門闢矣。盛服將朝，尚早，坐而假寐。不解衣冠而睡。○〔闢〕婢亦反。〔盛〕音成。麑退，歎而言曰：「不忘恭敬，民之主也。賊民之主，不忠。弃君之命，不信。有一於此，不如死也。」觸槐而死。槐，趙盾庭樹。○〔槐〕音懷，又音回。秋九月，晉侯飲趙盾酒，伏甲，將攻之。其右提彌明知之，右，車右。○〔飲〕於鴆反。〔提〕上支反。〔彌〕面支反。趨登，曰：「臣侍君宴，過三爵，非禮也。」遂扶以下。公嗾夫獒焉，明搏而殺之。獒，猛犬也。○〔嗾〕素口反。說文云：使犬也。〔夫〕音扶。〔獒〕五羔反。〔搏〕音博。盾曰：「弃人用犬，雖猛何爲？」責公不養士，而更以犬爲己用。鬭且出，提彌明死之。初，宣子田於首山，舍于翳桑。田，獵也。翳桑，桑之多蔭翳者。首山在河東蒲坂縣東南。○〔翳〕於計反。見靈輒餓，問其病。靈輒，晉人。曰：「不食三日矣。」食之，舍其半。問之，曰：「宦三年矣，宦，學也。○〔食〕之，音嗣，下同。〔舍〕音捨。未知母之存否，今近焉，去家近。請以遺之。」使盡之，而爲之簞食與肉，簞，笥也。○〔遺〕唯季反。〔笥〕思嗣反。寘諸橐以與之。既而與爲公介，靈輒爲公甲士。○〔橐〕他洛反。〔與〕音預。倒戟以禦公徒而免之。問何故，對曰：「翳桑之餓人也。」問其名居，問所居。不告而退，不望報也。遂自亡也。輒亦去。乙丑，趙穿攻靈公於桃園。穿，趙盾之從父昆弟子。乙丑，九月二十七日。宣子未出山而復。晉竟之山也。盾出奔，聞公弒而還。大史書曰「趙盾弒其君」，以示於朝。宣子曰：「不然。」對曰：「子爲正卿，亡不越竟，反不討賊，非子而誰？」宣子曰：「烏呼！我之懷矣，自詒伊慼，其我之謂矣。」逸詩也。言人多所懷戀，則自遺憂。孔子曰：「董狐，古之良史也，書法不隱。不隱盾之罪。趙宣子，古之良大夫也，爲法受惡。善其爲法受屈。○〔爲〕于僞反。惜也，越竟乃免。」越竟則君臣之義絕，可以不討賊。宣子使趙穿逆公子黑臀于周而立之。黑臀，晉文公子。○〔臀〕徒門反。壬申，朝于武宮。壬申，十月五日。既有日而無月，冬又在壬申下，明傳文無較例。○〔較〕音角。

初，驪姬之亂，詛無畜羣公子，詛，盟誓。○〔驪〕力知反。自是晉無公族。無公子，故廢公族之官。及成公即位，乃宦卿之適而爲之田，以爲公族，宦，仕也。爲置田邑以爲公族大夫。○〔適〕丁歷反。〔爲〕置，于僞反。又宦其餘子亦爲餘子，餘子，適子之母弟也，亦治餘子之政。其庶子爲公行。庶子，妾子也，掌率公戎行。○〔行〕戶郎反。晉於是有公族、餘子、公行。皆官名。趙盾請以括爲公族，括，趙盾異母弟，趙姬之中子屏季也。○〔中〕如字，又丁仲反。〔屏〕步丁反。曰：「君姬氏之愛子也。趙姬，文公女，成公姊也。微君姬氏，則臣狄人也。」公許之。盾，狄外孫也。姬氏逆之以爲適，事見僖二十四年。冬，趙盾爲旄車之族，旄車，公行之官。盾本卿適，其子當爲公族，辟屏季，故更掌旄車。使屏季以其故族爲公族大夫。盾以其故官屬與屏季，使爲衰之適。○〔衰〕初危反。

經三年春，王正月，郊牛之口傷，改卜牛。牛死，乃不郊。牛不稱牲，未卜日。猶三望。葬匡王。無傳。四月而葬，速。楚子伐陸渾之戎。夏，楚人侵鄭。秋，赤狄侵齊。無傳。宋師圍曹。冬十月丙戌，鄭伯蘭卒。再與文同盟。葬鄭穆公。無傳。

傳三年春，不郊而望，皆非禮也。言牛雖傷死，當更改卜，取其吉者，郊不可廢也前年冬天王崩未葬而郊者不以王事廢天事禮記曾子問天子崩未殯五祀不行既殯而祭自啓至于反哭五祀之祭不行已葬而祭望郊之屬也不郊亦無望可也已有例在僖三十一年復發傳者嫌牛死與卜不從異晉侯伐鄭及郔鄭及晉平士會入盟郔鄭地爲夏楚侵鄭傳○〔郔〕音延楚子伐陸渾之戎遂至于雒觀兵于周疆雒水出上雒冢領山至河南鞏縣入河定王使王孫滿勞楚子王孫滿周大夫○〔勞〕力報反楚子問鼎之大小輕重焉示欲偪周取天下對曰在德不在鼎昔夏之方有德也禹之世遠方圖物圖畫山川奇異之物而獻之貢金九牧使九州之牧貢金鑄鼎象物象所圖物著之於鼎〔鑄〕之樹反〔著〕張慮反○百物而爲之備使民知神姦圖鬼神百物之形使民逆備之故民入川澤山林不逢不若若順也螭魅罔兩螭山神獸形魅怪物罔兩水神○〔螭〕勑知反〔魅〕亡備反莫能逢之逢遇也用能協于上下以承天休民無災害則上下和而受天祐桀有昏德鼎遷于商載祀六百載祀皆年○載祀商曰祀唐虞曰載商紂暴虐鼎遷于周德之休明雖小重也不可遷其姦回昏亂雖大輕也言可移天祚明德有所底止底致也成王定鼎于郟鄏郟鄏今河南也武王遷之成王定之○〔郟〕古洽反〔鄏〕音辱卜世三十卜年七百天所命也周德雖衰天命未改鼎之輕重未可問也夏楚人侵鄭鄭即晉故也宋文公即位三年殺母弟須及昭公子武氏之謀也武氏謀奉母弟須及昭公子以作亂事在文十八年使戴桓之族攻武氏於司馬子伯之館盡逐武

穆之族武穆之族以曹師伐宋秋宋師圍曹報武氏之亂也冬鄭穆公卒初鄭文公有賤妾曰燕姞姞南燕姓○〔姞〕其乙反夢天使與己蘭蘭香草曰余爲伯鯈余而祖也伯鯈南燕祖○〔鯈〕直留反以是爲而子以蘭爲女子名○〔女〕音汝以蘭有國香人服媚之如是媚愛也欲令人愛之如蘭既而文公見之與之蘭而御之辭曰妾不才幸而有子將不信敢徵蘭乎懼將不見信故欲計所賜蘭爲懷子月數公曰諾生穆公名之曰蘭文公報鄭子之妃曰陳嬀鄭子文公叔父子儀也漢律淫季父之妻曰報○〔嬀〕九危反生子華子臧子臧得罪而出出奔宋誘子華而殺之南里在僖十六年南里鄭地使盜殺子臧於陳宋之閒在僖二十四年又娶于江生公子士朝于楚楚人酖之及葉而死葉楚地今南陽葉縣○〔酖〕直蔭反〔葉〕式涉反又娶于蘇生子瑕子俞彌俞彌早卒洩駕惡瑕文公亦惡之故不立也洩駕鄭大夫公逐羣公子公子蘭奔晉從晉文公伐鄭在僖三十年○〔從〕才用反又如字石癸曰吾聞姬姞耦其子孫必蕃姞姓宜爲姬配耦姞吉人也后稷之元妃也姞姓之女爲后稷妃周是以興故曰吉人今公子蘭姞甥也天或啓之必將爲君其後必蕃先納之可以亢寵亢極也○〔亢〕苦浪反與孔將鉏侯宣多納之盟于大宮而立之大宮鄭祖廟○〔大〕音泰以與晉平穆公有疾曰蘭死吾其死乎吾所以生也刈蘭而卒傳言穆氏所以大興於鄭天所啓也

經四年春王正月，公及齊侯平莒及郯，莒人不肯。公伐莒，取向。莒郯二國相怨，故公與齊侯共平之。向，莒邑，東海承縣東南有向城，遠疑也。○〔向〕舒亮反。〔承〕之甑反，一作烝。秦伯稻卒。無傳。未同盟。夏六月乙酉，鄭公子歸生弒其君夷。傳例曰：稱臣，臣之罪也。子公實弒，而書子家，罪其權不足也。赤狄侵齊。無傳。秋，公如齊。無傳。公至自齊。無傳。告于廟，例在桓二年。冬，楚子伐鄭。

傳四年春，公及齊侯平莒及郯，莒人不肯。公伐莒，取向，非禮也。平國以禮不以亂，伐而不治，亂也。責公不先以禮治之，而用伐。以亂平亂，何治之有？無治，何以行禮？楚人獻黿於鄭靈公。穆公大子夷也。○〔黿〕音元。公子宋與子家將見。宋，子公也。子家，歸生。○〔見〕賢遍反。○子公之食指動，第二指也。以示子家，曰：「他日我如此，必嘗異味。」及入，宰夫將解黿，相視而笑。公問之，問所笑。○〔解〕如字。○子家以告。及食大夫黿，召子公而弗與也。欲使指動無效。○〔食〕音嗣。子公怒，染指於鼎，嘗之而出。公怒，欲殺子公。子公與子家謀先。先公為難。○〔染〕如琰反。〔先〕悉薦反。子家曰：「畜老，猶憚殺之，六畜。○〔畜〕許又反，又許六反。而況君乎？」反譖子家。譖子家於公。子家懼而從之。夏，弒靈公。書曰「鄭公子歸生弒其君夷」，權不足也。子家權不足以禦亂，懼譖而從弒君，故書以首惡。君子曰：「仁而不武，無能達也。」初稱畜老，仁也。不討子公，是不武也。故不能自通於仁道，而陷弒君之罪。凡弒君，稱君，君無道也；稱臣，臣之罪也。稱君，謂唯書君名而稱國以弒，言衆所共絕也。稱臣者，謂書弒者之名，以示來世，終為不義。改殺稱弒，辟其惡名，取有漸也。書弒之義，釋例論之備矣。鄭人立子良。穆公庶子。辭曰：「以賢則去疾不足，去疾，子良名。○〔去〕上聲，下皆同。以順則公子堅長。」乃立襄公。襄公，堅也。襄公將去穆氏，逐群兄弟。而舍子良。以其讓己。○〔舍〕音赦，下同。子良不可，曰：「穆氏宜存，則固願也。若將亡之，則亦皆亡，去疾何為？」何為獨留。乃舍之，皆為大夫。初，楚司馬子良生子越椒。子文曰：「必殺之。子文，子良之兄。是子也，熊虎之狀而豺狼之聲，弗殺，必滅若敖氏矣。諺曰：『狼子野心。』是乃狼也，其可畜乎？」子良不可。子文以為大慼。及將死，聚其族，曰：「椒也知政，乃速行矣，無及於難。」且泣曰：「鬼猶求食，若敖氏之鬼不其餒而？」而，語助。言必餒。○〔難〕乃旦反。及令尹子文卒，鬬般為令尹，般，子文之子子揚。○〔般〕音班。子越為司馬。蔿賈為工正，譖子揚而殺之，子越為令尹，己為司馬。賈為椒譖子揚，而己得椒處。○〔蔿〕于委反。子越又惡之，惡賈。○〔惡〕烏路反。乃以若敖氏之族圄伯嬴於轑陽而殺之。圄，囚也。伯嬴，蔿賈也。轑陽，楚邑。○〔圄〕魚呂反。〔轑〕音遼。遂處烝野，將攻王。王以三王之子為質焉，弗受。烝野，楚邑。三王，文、成、穆。○〔質〕音致。師于漳澨。漳澨，漳水邊。○〔漳〕音章。〔澨〕市制反。秋七月戊戌，楚子與若敖氏戰于皋滸。皋滸，楚地。○〔滸〕呼五反。○伯棼射王，汰輈，及鼓跗，著於丁寧。伯棼，越椒也。輈，車轅。汰，過也。箭過車轅上。丁寧，鉦也。○〔棼〕扶云反。〔射〕食亦反。〔汰〕他末反。〔輈〕陟留反。〔跗〕芳扶反。〔著〕直略反。〔鉦〕音征。又射，汰輈，以貫笠轂。兵車無蓋，尊者則邊人執笠，依轂而立，以禦寒暑，名曰笠轂。此言箭過車轅，及王之蓋。○轂，古木反。師懼，退。王使巡師曰：「吾先君文王克息，獲三矢焉，伯棼竊其二，盡於是矣。」鼓而進之，遂滅若敖氏。初，若敖娶於䢵，䢵，國名。○䢵音云。生鬭伯比。若敖卒，從其母畜於䢵，畜，養也。○畜，許六反。淫於䢵子之女，生子文焉。䢵夫人使弃諸夢中。夢，澤名。江夏安陸縣城東南有雲夢城。○夢音蒙，又亡貢反。虎乳之。䢵子田，見之，懼而歸，夫人以告，告女私通所生。○乳，如主反。遂使收之。楚人謂乳穀，謂虎於菟，故命之曰鬭穀於菟。以其女妻伯比。伯比所淫者。○穀，奴口反。於音烏，菟音徒，妻，七計反。實為令尹子文。鬭氏始自子文為令尹。其孫箴尹克黃使於齊，箴尹，官名。克黃，子揚之子。○箴，之金反。還及宋，聞亂。其人曰：「不可以入矣。」箴尹曰：「弃君之命，獨誰受之？君，天也，天可逃乎？」遂歸，復命，而自拘於司敗。王思子文之治楚國也，曰：「子文無後，何以勸善？」使復其所，改命曰生。易其名也。冬，楚子伐鄭，鄭未服也。前年楚侵鄭，不獲成，故曰未服。

經五年春，公如齊。夏，公至自齊。秋九月，齊高固來逆叔姬。高固，齊大夫。不書女歸，降於諸侯。叔孫得臣卒。無傳。不書日，公不與小斂。○與音預。冬，齊高固及子叔姬來。叔姬寧，固反馬。楚人伐鄭。

傳五年春，公如齊，高固使齊侯止公，請叔姬焉。留公強成昏。○強，其丈反。夏，公至自齊，書過也。公既見止，連昏於鄰國之臣，厭尊毀列，累其先君，而於廟行飲至之禮，故書以示過。○厭，於涉反。累，劣偽反。秋九月，齊高固來逆女，自為也，故書曰逆叔姬，卿自逆也。適諸侯稱女，適大夫稱字，所以別尊卑也。此春秋新例，故稱書曰，而不言凡也。不於莊二十七年發例者，嫌見逼而成昏，因明之。○為，于偽反。別，彼列反。冬，來反馬也。禮，送女留其送馬，謙不敢自安。三月廟見，遣使反馬。高固遂與叔姬俱寧，故經傳具見以示譏。楚子伐鄭，陳及楚平。晉荀林父救鄭伐陳。為明年晉衛侵陳傳。

經六年春，晉趙盾、衛孫免侵陳。夏四月。秋八月，螽。無傳。冬十月。

傳六年春，晉、衛侵陳，陳即楚故也。夏，定王使子服求后于齊。子服，周大夫。秋，赤狄伐晉，圍懷及邢丘。邢丘，今河內平皋縣。晉侯欲伐之。中行桓子曰：「使疾其民，驕則數戰，為民所疾。以盈其貫，將可殪也。殪，盡也。貫猶習也。○貫，古患反。殪，於計反。周書曰：『殪戎殷。』周書，康誥也。義取周武王以兵伐殷，盡滅之。此類之謂也。」為十五年晉滅狄傳。冬，召桓公逆王后于齊。召桓公，王卿士。事不關魯，故不書。為成二年王甥舅張本。○召，上照反。楚人伐鄭，取成而還。九年、十一年傳所稱厲之役，蓋在此。鄭公子曼滿與王子伯廖語，欲為卿。二子，鄭大夫。○曼音萬。廖，力彫反。伯廖告人曰：「無德而貪，其在周易豐䷶離下震上，豐。之離䷝，豐上六變而為純離也。周易論變，故雖不筮，必以變言其義。豐上六曰：豐其屋，蔀其家，闚其戶，闃其無人，三歲不覿，凶。義取無德而大其屋，不過三歲必滅亡。○蔀，步口反。闚，苦規反。闃，苦鶪反。弗過之矣。」不過三年。間一歲，鄭人殺之。

經七年春衛侯使孫良夫來盟夏公會齊侯伐萊 傳例曰不與謀也萊國今東萊黃縣 秋公至自伐萊 無傳 大旱 無傳書旱而不書雩雩無功或不雩 冬公會晉侯宋公衛侯鄭伯曹伯于黑壤

傳七年春衛孫桓子來盟始通且謀會晉也 公即位衛始脩好 夏公會齊侯伐萊不與謀也凡師出與謀曰及不與謀曰會 與謀者謂同志之國相與講議利害計成而行之故以相連及為文若不獲已應命而出則以外合為文皆據魯而言師者國之大事存亡之所由故詳其舉動以例別之○〔與〕音預下同 赤狄侵晉取向陰之禾 此無秋字蓋闕文晉用桓子謀故縱狄○〔向〕舒亮反 鄭及晉平公子宋之謀也故相鄭伯以會冬盟于黑壤王叔桓公臨之以謀不睦 王叔桓公周卿士銜天子之命以監臨諸侯不同歃者尊卑之別也 晉侯之立也 在二年 公不朝焉又不使大夫聘晉人止公于會盟于黃父公不與盟以賂免 黃父即黑壤 故黑壤之盟不書諱之也 慢盟主以取執止之辱故諱之

經八年春公至自會 無傳義與五年書過同 夏六月公子遂如齊至黃乃復 無傳蓋有疾而還大夫受命而出雖死以尸將事遂以疾還非禮也 辛巳有事于大廟仲遂卒于垂 有事祭也仲遂卒與祭同日略書有事為繹張本不言公子因上行還閒無異事省文從可知也稱字時君所嘉無義例也垂齊地非魯竟故書地 壬午猶繹萬入去籥 繹又祭陳昨日之禮所以賓尸萬舞名籥管也猶者可止之辭魯人知卿佐之喪不宜作樂而不知廢繹故內舞去籥惡其聲聞○〔去〕起呂反 戊子夫人嬴氏薨 無傳宣公母也 晉師白狄伐秦楚人滅舒蓼秋七月甲子日有食之既 無傳月三十日食 冬十月己丑葬我小君敬嬴 敬謚嬴姓也反哭成喪故稱葬小君 雨不克葬庚寅日中而克葬 克成也 城平陽 今泰山有平陽縣 楚師伐陳

傳八年春白狄及晉平夏會晉伐秦 經在仲遂卒下從赴 晉人獲秦諜殺諸絳市六日而蘇 蓋記異也 有事于大廟襄仲卒而繹非禮也楚為眾舒叛故伐舒蓼滅之 舒蓼二國名○〔為〕于偽反 楚子疆之 正其界也 及滑汭 滑水名也〔滑〕于八反 ○盟吳越而還 吳國今吳郡越國今會稽山陰縣也傳言楚彊吳越服從○〔會〕古外反 晉胥克有蠱疾 惑以喪志○〔蠱〕音古 郤缺為政 代趙盾 秋廢胥克使趙朔佐下軍 朔盾之子代胥克為成十七年胥童怨郤氏張本 冬葬敬嬴旱無麻始用葛茀 記禮變之所由茀所以引柩殯則有之以備火葬則以下柩○〔茀〕方勿反引棺索也 雨不克葬禮也禮卜葬先遠日辟不懷也 懷思也 城平陽書時也陳及晉平楚師伐陳取成而還 言晉楚爭彊

經九年春王正月公如齊 無傳 公至自齊 無傳 夏仲孫蔑如京師齊侯伐萊 無傳 秋取根牟 根牟東夷國也今琅邪陽都縣東有牟鄉 八月滕子卒 未同盟 九月晉侯宋公衛侯鄭伯曹伯會于扈晉荀林父帥師伐陳辛酉晉侯黑臀卒于扈 卒於竟外故書地四與文同盟九月無辛酉日誤 冬十月癸酉衛侯鄭卒 無傳三與文同盟 宋人圍滕楚子伐鄭晉郤缺帥師救鄭陳殺其大夫洩冶 洩冶直諫於淫亂之朝以取死故不為春秋所貴而書名○〔洩〕息列反〔冶〕音也

傳九年春王使來徵聘（徵召也言周徵也徵聘不書徵加諷諭不指斥）夏孟獻子聘於周王以爲有禮厚賄之秋取根牟言易也（○[易]以豉反）滕昭公卒（爲宋圍滕傳）會于扈討不睦也（謀齊陳）陳侯不會（前年與楚成故）晉荀林父以諸侯之師伐陳（不書諸侯師林父帥之無將帥）晉侯卒于扈乃還冬宋人圍滕因其喪也陳靈公與孔寧儀行父通於夏姬皆衷其衵服以戲于朝（二子陳卿夏姬鄭穆公女陳大夫御叔妻衷懷也衵服近身衣○[夏]戶雅反[衷]音忠又丁仲反[衵]女乙反一汝栗反[御]如字一魚呂反）洩冶諫曰公卿宣淫民無效焉（宣示也）且聞不令君其納之（納藏衵服）公曰吾能改矣公告二子二子請殺之公弗禁遂殺洩冶孔子曰詩云民之多辟無自立辟其洩冶之謂乎（辟邪也辟法也詩大雅言邪辟之世不可立法國無道危行言孫○多[辟]匹亦反立[辟]婢亦反）楚子爲厲之役故伐鄭（六年楚伐鄭取成於厲既成鄭伯逃歸事見十一年○[爲]去聲）晉郤缺救鄭鄭伯敗楚師于柳棼（柳棼鄭地○[棼]扶云反）○國人皆喜唯子良憂曰是國之災也吾死無日矣（自是晉楚交兵伐鄭十二年卒有楚子入鄭之禍）

經十年春公如齊公至自齊（無傳）齊人歸我濟西田（元年以賂齊也不言來公如齊因受之）夏四月丙辰日有食之（無傳不書朔官失之）己巳齊侯元卒（未同盟而赴以名）齊崔氏出奔衛（齊略見舉族出因其告辭以見無罪）公如齊五月公至自齊（無傳）癸巳陳夏徵舒弒其君平國（徵舒陳大夫也靈公惡不加民故稱臣以弒）六月宋師伐滕公孫歸父如齊葬齊惠公（無傳歸父襄仲之子）晉人宋人衛人曹人伐鄭（鄭及楚平故）秋天王使王季子來聘（王季子者公羊以爲天王之母弟然則字季子天子大夫稱字）公孫歸父帥師伐邾取繹（繹邾邑魯國鄒縣北有繹山）大水（無傳）季孫行父如齊冬公孫歸父如齊齊侯使國佐來聘（既葬成君故稱君命使也）饑（無傳有水災嘉穀不成）楚子伐鄭

傳十年春公如齊齊侯以我服故歸濟西之田（公比年朝齊故）夏齊惠公卒崔杼有寵於惠公高國畏其偪也（高國二家齊正卿○[杼]音杵[偪]音逼）公卒而逐之奔衛書曰崔氏非其罪也且告以族不以名（典策之法告者皆當書以名今齊特以族告夫子因而存之示無罪又言且告以族不以名者明春秋有因而用之不皆改舊史）凡諸侯之大夫違（違奔放也）告於諸侯曰某氏之守臣某（上某氏者姓下某名○[守]音狩）失守宗廟敢告所有玉帛之使者則告（玉帛之使謂聘）不然則否（恩好不接故亦不告）公如齊奔喪（公親奔喪非禮也公出朝會奔喪會葬皆書如不言其事史之常也）陳靈公與孔寧儀行父飲酒於夏氏公謂行父曰徵舒似女對曰亦似君徵舒病之（靈公卽位於今十五年徵舒已爲卿年大無嫌是公子蓋以夏姬淫放故謂其子多似以爲戲○[女]音汝）公出自其廄射而殺之二子奔楚（○[射]音石）滕人恃晉而不事宋六月宋師伐滕鄭及楚平（前年敗楚師恐楚深怨故與之平）諸侯之師伐鄭取成而還秋劉康公來報聘（報孟獻子之聘卽王季子也其後食采於

劉師伐邾取繹爲子家如齊傳季文子初聘于齊齊侯初即位冬
子家如齊伐邾故也魯侵小恐爲齊所討故往謝國武子來報聘
報文子也楚子伐鄭晉士會救鄭逐楚師于潁北潁水出河南陽
城至下蔡入淮諸侯之師戍鄭鄭子家卒鄭人討幽公之亂
斲子家之棺而逐其族以四年弒君故也斲薄其棺不使從卿禮○〔斲〕竹角反
改葬幽公謚之曰靈

經十有一年春王正月夏楚子陳侯鄭伯盟于辰陵
楚復伐鄭故受盟也辰陵陳地潁川長平縣東南有辰亭公孫歸父會齊人伐莒
無傳秋晉侯會狄于欑函晉侯往會之故以狄爲會主欑函狄地○〔欑〕才端反〔函〕音
咸冬十月楚人殺陳夏徵舒不言楚子而稱人討賊辭也丁亥楚
子入陳楚子先殺徵舒而欲縣陳後得申叔時諫乃復封陳不有其地故書入在殺徵舒之後
納公孫寧儀行父于陳二子淫昏亂人也君弒之後能外託楚以求報君之讎內
結強援於國故楚莊得平步而討陳除弒君之賊於時陳成公播蕩於晉定亡君之嗣靈公成喪賊討國
復功足以補過故君子善楚復之

傳十一年春楚子伐鄭及櫟子良曰晉楚不務德而
兵爭與其來者可也晉楚無信我焉得有信乃從楚
夏楚盟于辰陵陳鄭服也傳言楚與晉狎主盟○〔櫟〕音歷楚左尹子
重侵宋子重公子嬰齊莊王弟王待諸郔郔楚地○〔郔〕音延○令尹蔿艾
獵城沂艾獵孫叔敖也沂楚邑○〔蔿〕羽委反使封人慮事封人其時主築城者慮事
無慮計功○〔慮〕如字一力於反廣雅云無慮都凡也以授司徒司徒掌役量功命日
命日作數分財用財用作具平板榦榦楨也稱畚築量輕重畚盛土器○
〔畚〕音本程土物爲作程限議遠邇均勞逸略基趾趾城足略行也○〔行〕去聲
具餱糧餱乾食也度有司謀監主○〔度〕待各反事三旬而成十日爲旬不
愆于素不過素所慮之期也傳言叔敖之能使民晉郤成子求成于眾狄
眾狄疾赤狄之役遂服于晉赤狄潞氏最強故服役眾狄秋會于
欑函眾狄服也是行也諸大夫欲召狄郤成子曰吾
聞之非德莫如勤非勤何以求人能勤有繼其從之
也勤則功繼之詩曰文王既勤止詩頌文王勤以創業文王猶勤況
寡德乎冬楚子爲陳夏氏亂故伐陳十年夏徵舒弒君謂陳
人無動將討於少西氏少西徵舒之祖子夏之名遂入陳殺夏徵
舒轘諸栗門轘車裂也栗門陳城門○〔轘〕音患因縣陳滅陳以爲楚縣陳侯
在晉靈公子成公午申叔時使於齊反復命而退王使讓之
曰夏徵舒爲不道弒其君寡人以諸侯討而戮之諸
侯縣公皆慶寡人楚縣大夫皆僭稱公女獨不慶寡人何故對
曰猶可辭乎王曰可哉曰夏徵舒弒其君其罪大矣
討而戮之君之義也抑人亦有言曰牽牛以蹊人之
田抑辭也蹊徑也○〔蹊〕音兮而奪之牛牽牛以蹊者信有罪矣而
奪之牛罰已重矣諸侯之從也曰討有罪也今縣陳
貪其富也以討召諸侯而以貪歸之無乃不可乎王
曰善哉吾未之聞也反之可乎對曰可哉吾儕小人

所謂取諸其懷而與之也。（叔時謙言。小人意淺。謂譬如取人物於懷而還之。爲愈於不還。○[賁]仕皆反。）乃復封陳。鄉取一人焉以歸。謂之夏州。（州，鄉屬。示討夏氏所獲也。○[復]扶又反。）故書曰：楚子入陳。納公孫寧、儀行父于陳。書有禮也。（没其縣陳本意，全以討亂存國爲文。善其得禮。）厲之役。鄭伯逃歸。（蓋在六年。）自是楚未得志焉。鄭既受盟于辰陵。又徼事于晉。（爲明年楚圍鄭傳。十年，鄭及楚平。既無其事。辰陵盟後，鄭徼事晉，又無端跡。傳皆特發以明經也。自厲之役，鄭南北兩屬，故未得志。九年，楚子伐鄭，不以黑壤與伐，遂稱厲之役者，志恨在厲役。此皆傳上下相包通之義也。○[徼]古堯反。）

春秋經傳集解宣公上第十

杜氏註　盡十八年

經十有二年春葬陳靈公（無傳賊討國復二十一月然後得葬）楚子圍鄭（前年盟辰陵而又徼事晉故）夏六月乙卯晉荀林父帥師及楚子戰于邲晉師敗績（晉上軍成陳故書戰邲鄭地○[邲]扶必反一音弼）秋七月冬十有二月戊寅楚子滅蕭（蕭宋附庸國十二月無戊寅戊寅十一月九日）晉人宋人衞人曹人同盟于清丘（晉衞背盟故大夫稱人宋華椒承羣僞之言以誤其國宋雖有守信之善而椒猶不免譏清丘衞地今在濮陽縣東南）宋師伐陳衞人救陳（背清丘之盟）

傳十二年春楚子圍鄭旬有七日鄭人卜行成不吉卜臨于大宮（臨哭也大宮鄭祖廟○[臨]力鴆反[大]音泰）且巷出車吉（出車於巷示將見遷不得安居）國人大臨守陴者皆哭（陴城上僻倪皆哭所以告楚窮也○[陴]音皮[僻]普計反[倪]音詣）楚子退師鄭人脩城進復圍之三月克之（哀其窮哭故爲退師而猶不服故復圍之九十日○[復]扶又反）入自皇門至于逵路（塗方九軌曰逵）鄭伯肉袒牽羊以逆（肉袒牽羊示服爲臣僕）曰孤不天（不爲天所祐）不能事君使君懷怒以及敝邑孤之罪也敢不唯命是聽其俘諸江南以實海濱亦唯命其翦以賜諸侯使臣妾之亦唯命（翦削也）若惠顧前好（楚鄭世有盟誓之好）徼福於厲宣桓武不泯其社稷（周厲王宣王鄭之所自出也鄭桓公武公始封之賢君也願楚要福于此四君使社稷不滅泯猶滅也○[泯]彌忍反）使改事君夷於九縣（楚滅九國以爲縣願得比之○九縣莊十四年滅息十六年滅鄧僖五年滅弦十二年滅黃二十六年滅夔文四年滅江五年滅六滅蓼十六年滅庸）君之惠也孤之願也非所敢望也敢布腹心君實圖之左右曰不可許也得國無赦王曰其君能下人必能信用其民矣庸可幾乎退三十里而許之平（退一舍以禮鄭○[下]遐嫁反[幾]音冀）潘尫入盟子良出質（潘尫楚大夫子良鄭伯弟○[尫]烏黃反[質]音致）夏六月晉師救鄭荀林父將中軍（代郤缺）先縠佐之（彘季代林父）士會將上軍（河曲之役郤缺將上軍宣八年代趙盾爲政將中軍士會代將上軍）郤克佐之（郤缺之子代臾駢○[臾]羊朱反[駢]蒲邊反）趙朔將下軍（代欒盾）欒書佐之（欒盾之子代趙朔）趙括趙嬰齊爲中軍大夫（括嬰齊皆趙盾異母弟）鞏朔韓穿爲上軍大夫荀首趙同爲下軍大夫（荀首林父弟趙同趙嬰兄○[鞏]九勇反）韓厥爲司馬（韓萬玄孫）及河聞鄭既及楚平桓子欲還曰無及於鄭而勦民焉用之（桓子林父勦勞也○[勦]初交反又子小反）楚歸而動不後（動兵伐鄭）隨武子曰善（武子士會）會聞用師觀釁而動（釁罪也）德刑政事典禮不易不可敵也不爲是征（言征伐爲有罪不爲有禮○[爲]去聲）楚軍討鄭怒其貳而哀其卑叛而伐之服而舍之德刑成矣伐叛刑也柔服德也二者立矣昔歲入陳（討徵舒）今茲入鄭民不罷勞君無怨讟（讟謗也○[罷]音皮[讟]徒木反）政有經矣（經常也）荊尸而舉（荊楚尸陳陳也楚武王始更爲此陳法遂以爲名○此[陳]直覲反）商農工賈不敗其業而

卒乘輯睦（步曰卒車曰乘○[賈]音古[輯]音集又七入反）事不奸矣（奸犯也）蔿
敖爲宰擇楚國之令典（宰令尹蔿敖孫叔敖○[蔿]于委反）軍行右轅
左追蓐（在車之右者挾轅爲戰備在左者追求草蓐爲宿備傳曰令尹南轅又曰改乘轅楚陳以
轅爲主○[蓐]音辱[挾]胡牒反又古洽反）前茅慮無（慮無如今軍行前有斥候蹋伏皆持以絳
及白爲幡見騎賊舉絳幡見步賊舉白幡備慮有無也茅明也或曰時楚以茅爲旌識○[蹋]徒臘反[識]申
志反一音志）中權後勁（中軍制謀後以精兵爲殿○[殿]丁練反）百官象物而
動軍政不戒而備（物猶類也戒勑令）能用典矣其君之舉也
內姓選於親外姓選於舊（言親疏竝用）舉不失德賞不失
勞老有加惠（賜老則不計勞）旅有施舍（旅客來者施之以惠舍不勞役）君子
小人物有服章（尊卑別也）貴有常尊賤有等威（威儀等差）禮
不逆矣德立刑行政成事時典從禮順若之何敵之
見可而進知難而退軍之善政也兼弱攻昧武之善
經也（昧昏亂經法也）子姑整軍而經武乎（姑且也）猶有弱而昧
者何必楚仲虺有言曰取亂侮亡兼弱也（仲虺湯左相薛之祖
奚仲之後○[虺]音卉）汋曰於鑠王師遵養時晦（汋詩頌篇名鑠美也言美武王
能遵天之道須暗昧者惡積而後取之○[汋]音酌[於]音烏[鑠]舒若反）耆昧也（耆致也致討於昧○
[耆]音旨又音其）武曰無競惟烈（武詩頌篇名烈業也言武王兼弱取昧故成無疆之業）
撫弱耆昧以務烈所可也（言當務從武王之功業撫而取之○烈所絕句）彘
子曰不可（彘子先縠）晉所以霸師武臣力也今失諸侯不
可謂力有敵而不從不可謂武由我失霸不如死且

成師以出聞敵彊而退非夫也（非丈夫）命爲軍帥而卒
以非夫唯羣子能我弗爲也以中軍佐濟（佐彘子所帥也濟渡
河）知莊子曰此師殆哉（莊子荀首○[知]音智）周易有之在師☷
☵（坎下坤上師）之臨䷒（兌下坤上臨師初六變而之臨）曰師出以律否
臧凶（此師卦初六爻辭律法否不也○[否]部鄙反又方九反）執事順成爲臧逆
爲否（今彘子逆命不順成故應不臧之凶）衆散爲弱（坎爲衆今變爲兌兌柔弱）川壅
爲澤（坎爲川今變爲兌兌爲澤是川見壅）有律以如己也（如從也法行則人從法法
敗則法從人坎爲法象今爲衆則散爲川則壅是失法之用從人之象）故曰律否臧且
律竭也（竭敗也坎變爲兌是法敗）盈而以竭夭且不整所以凶也
（水遇夭塞不得整流則竭涸也○[夭]於表反）不行之謂臨（水變爲澤乃成臨卦澤不行之
物）有帥而不從臨孰甚焉此之謂矣（譬彘子之違命亦不可行）果
遇必敗（遇敵）彘子尸之（主此禍）雖免而歸必有大咎（爲明年晉
殺先縠傳）韓獻子謂桓子（獻子韓厥）曰彘子以偏師陷子罪大
矣子爲元帥師不用命誰之罪也失屬亡師爲罪已
重不如進也（令鄭屬楚故曰失屬彘子以偏師陷故曰亡師）事之不捷惡有
所分（捷成也）與其專罪六人同之不猶愈乎（三軍皆敗則六卿同
罪不得獨責元帥）師遂濟楚子北師次於郔（郔鄭北地）沈尹將中
軍（沈或作寢寢縣也今汝陰固始縣）子重將左子反將右將飲馬於
河而歸（子反公子側○[飲]於鴆反）聞晉師既濟王欲還嬖人伍參
欲戰（參伍奢之祖父○[參]七南反）令尹孫叔敖弗欲曰昔歲入陳

今茲入鄭不無事矣戰而不捷參之肉其足食乎參曰若事之捷孫叔爲無謀矣不捷參之肉將在晉軍可得食乎令尹南轅反旆迴車南鄉旆軍前大旗○〔旆〕蒲貝反〔鄉〕許亮反伍參言於王曰晉之從政者新未能行令其佐先縠剛愎不仁未肯用命愎很也○〔愎〕皮逼反〔很〕胡墾反其三帥者專行不獲欲專其所行而不得聽而無上衆誰適從聽彘子趙同趙括則爲軍無上令衆不知所從〔適〕丁歷反○此行也晉師必敗且君而逃臣若社稷何王病之告令尹改乘轅而北之次于管以待之晉師在敖鄗之間滎陽京縣東北有管城敖鄗二山在滎陽縣西北○〔乘〕繩證反〔敖〕五刀反〔鄗〕苦交反鄭皇戌使如晉師曰鄭之從楚社稷之故也未有貳心楚師驟勝而驕其師老矣而不設備子擊之鄭師爲承承繼也○〔戌〕雖律反楚師必敗彘子曰敗楚服鄭於此在矣必許之欒武子曰武子欒書○〔敗〕必邁反○楚自克庸以來在文十六年其君無日不討國人而訓之討治也于民生之不易禍至之無日戒懼之不可以怠于曰也○〔易〕以豉反在軍無日不討軍實而申儆之軍實軍器○〔儆〕敬領反○于勝之不可保紂之百克而卒無後訓之以若敖蚡冒篳路藍縷以啓山林若敖蚡冒皆楚之先君篳路柴車藍縷敝衣言此二君勤儉以啓土○〔蚡〕扶粉反〔篳〕音必〔藍〕力甘反箴之曰民生在勤勤則不匱不可謂驕箴誡先大夫子犯有言曰師直爲壯曲爲老我則不德而徼怨于楚我曲楚直不可謂老不德謂以力爭諸侯徼要也其君之戎分爲二廣君之親兵○〔廣〕古曠反下同廣有一卒卒偏之兩十五乘爲一廣司馬法百人爲卒二十五人爲兩車十五乘爲大偏今廣十五乘亦用舊偏法復以二十五人爲承副右廣初駕數及日中左則受之以至于昏內官序當其夜內官近官序次也以待不虞不可謂無備子良鄭之良也師叔楚之崇也師叔潘尫爲楚人所崇貴師叔入盟子良在楚楚鄭親矣來勸我戰我克則來不克遂往以我卜也鄭不可從趙括趙同曰率師以來唯敵是求克敵得屬又何俟必從彘子得屬服鄭知季曰原屏咎之徒也知季莊子也原趙同屏趙括徒黨也○〔知〕音智荀首後爲知氏〔屏〕步丁反趙莊子曰欒伯善哉莊子趙朔欒伯武子實其言必長晉國實猶充也言欒書之身行能充此言則當執晉國之政也○〔長〕丁丈反〔行〕下孟反楚少宰如晉師少宰官名曰寡君少遭閔凶不能文閔憂也聞二先君之出入此行也二先君楚成王穆王將鄭是訓定豈敢求罪于晉二三子無淹久淹留也隨季對曰昔平王命我先君文侯曰與鄭夾輔周室毋廢王命今鄭不率率遵也寡君使羣臣問諸鄭豈敢辱候人候人謂伺候望敵者○〔伺〕音司一音息嗣反敢拜君命之辱彘子以爲諂使趙括從而更之曰行人失辭言誤對寡君使羣臣遷大國之迹於鄭遷徙也曰無辟敵羣臣無所逃命楚子又使求成于晉晉人許之盟有日矣

（有期日。）楚許伯御樂伯，攝叔爲右，以致晉師。（單車挑戰，又示不欲崇和，以疑晉之羣帥。○〔單〕音丹。〔挑〕徒了反。）許伯曰：「吾聞致師者，御靡旌摩壘而還。」（靡旌，驅疾也。摩，近也。○〔摩〕末多反。〔壘〕力軌反。）樂伯曰：「吾聞致師者，左射以菆，（左，車左也。菆，矢之善者。○〔菆〕側留反。）代御執轡，御下兩馬，掉鞅而還。」（兩，飾也。掉，正也。示閒暇。○〔兩〕力掌反。〔掉〕徒弔反，又乃較反。〔鞅〕於丈反。）攝叔曰：「吾聞致師者，右入壘，折馘，（折馘，斷耳。○〔折〕之設反。〔馘〕古獲反。〔斷〕音短。）執俘而還。」皆行其所聞而復。晉人逐之，左右角之。（張兩角，從旁夾攻之。）樂伯左射馬而右射人，角不能進。矢一而已。麋興於前，射麋麗龜。（麗，著也。龜，背之隆高當心者。○〔麋〕亡悲反。〔著〕直略反。）晉鮑癸當其後，使攝叔奉麋獻焉，曰：「以歲之非時，獻禽之未至，敢膳諸從者。」鮑癸止之，曰：「其左善射，其右有辭，君子也。」既免。（止不逐。）晉魏錡求公族未得，（魏錡，魏犫子。欲爲公族大夫。○〔錡〕魚綺反。〔犫〕尺周反。）而怒，欲敗晉師，請致師，弗許；請使，許之。遂往，請戰而還。楚潘黨逐之，及熒澤，見六麋，射一麋以顧獻，曰：「子有軍事，獸人無乃不給於鮮？敢獻於從者。」（熒澤在熒陽縣東。新殺爲鮮。見六得一，言其不如楚。○〔敗〕必邁反，又如字。〔射〕食亦反。）叔黨命去之。（叔黨，潘尫之子。）趙旃求卿未得，（旃，趙穿子。）且怒於失楚之致師者，請挑戰，弗許；請召盟，許之，與魏錡皆命而往。郤獻子曰：「二憾往矣，（獻子，郤克。）弗備必敗。」彘子曰：「鄭人勸戰，弗敢從也；楚人求成，弗能好也。師無成命，多

備何爲？」士季曰：「備之善。若二子怒楚，楚人乘我，喪師無日矣。（乘，猶登也。）不如備之。楚之無惡，除備而盟，何損於好？若以惡來，有備不敗。且雖諸侯相見，軍衛不徹，警也。」（徹，去也。）彘子不可。（不肯設備。）士季使鞏朔、韓穿帥七覆于敖前，（帥，將也。覆，爲伏兵七處。○〔覆〕扶又反。〔將〕如字。）故上軍不敗。趙嬰齊使其徒先具舟于河，故敗而先濟。潘黨既逐魏錡，（言魏錡見逐而退。）趙旃夜至於楚軍，（二人雖俱受命，而行不相隨。趙旃在後至。）席於軍門之外，使其徒入之。（布席坐，示無所畏也。）楚子爲乘廣三十乘，分爲左右。右廣雞鳴而駕，日中而說；（說，舍也。○〔說〕舒銳反，下同。）左則受之，日入而說。許偃御右廣，養由基爲右；彭名御左廣，屈蕩爲右。（楚王更迭載之，故各有御右。○〔屈〕居勿反。）乙卯，王乘左廣以逐趙旃。趙旃棄車而走林，屈蕩搏之，得其甲裳。（下曰裳。○〔搏〕音博。）晉人懼二子之怒楚師也，使軘車逆之。（軘車，兵車名。○〔軘〕徒溫反。）潘黨望其塵，使騁而告曰：「晉師至矣。」楚人亦懼王之入晉軍也，遂出陳。孫叔曰：「進之！寧我薄人，無人薄我。詩云：『元戎十乘，以先啓行。』先人也。（元戎，戎車，在前也。詩小雅。言王者軍行，必有戎車十乘在前開道，先人爲備。○〔騁〕勑景反。〔陳〕直覲反。〔先〕人，去聲，下同。）軍志曰：『先人有奪人之心。』薄之也。」（奪敵戰心。）遂疾進師，車馳卒奔，乘晉軍。桓子不知所爲，鼓於軍中曰：「先濟者有賞。」中軍、下軍爭舟，舟中之指可掬也。（兩手曰掬。）晉師右移上

軍未動言餘軍皆移去惟上軍在經所以書戰言猶有陳工尹齊將右拒卒以逐下軍工尹齊楚大夫右拒陳名○[拒]音矩下同楚子使唐狡與蔡鳩居告唐惠侯二子楚大夫唐屬楚之小國義陽安昌縣東南有上唐鄉○[狡]古卯反曰不穀不德而貪以遇大敵不穀之罪也然楚不克君之羞也敢藉君靈以濟楚師藉猶假借也使潘黨率游闕四十乘游車補闕者從唐侯以為左拒以從上軍駒伯曰待諸乎駒伯郤克上軍佐也隨季曰楚師方壯若萃於我吾師必盡萃集也不如收而去之分謗生民不亦可乎同奔為分謗不戰為生民殿其卒而退不敗以其所將卒為軍後殿○[殿]多練反王見右廣將從之乘屈蕩戶之曰君以此始亦必以終戶止軍中易乘則恐軍人惑自是楚之乘廣先左以乘左得勝故晉人或以廣隊不能進廣兵車○[隊]直類反楚人惎之脫扃惎教也扃車上兵闌○[惎]其器反○[扃]古熒反服云扃橫木校輪間一曰車前橫木西京賦云旗不脫扃薛綜云扃所以止旗也少進馬還又惎之拔旆投衡乃出還便旋不進旆大旗也拔旗投衡上使不帆風差輕○[帆]凡劍反本作[帊]音怕顧曰吾不如大國之數奔也趙旃以其良馬二濟其兄與叔父以他馬反遇敵不能去棄車而走林逢大夫與其二子乘逢氏○[數]音朔[逢]音龐蜀本作逢謂其二子無顧不欲見趙旃顧曰趙傁在後傁老稱也○[傁]音叟怒之使下指木曰尸女於是授趙旃綏以免明日以表尸之表所指木取其尸○[女]音汝皆重獲在木下兄弟累尸而死○[重]平聲楚熊

負羈囚知罃知莊子以其族反之負羈楚大夫知罃知莊子之子族家兵反還戰○[罃]於耕反[還]音環廚武子御武子魏錡下軍之士多從之知莊子下軍大夫故每射抽矢菆納諸廚子之房抽擢也菆好箭房箭舍○[射]食夜反又食亦反[菆]側留反廚子怒曰非子之求而蒲之愛蒲楊柳可以為箭董澤之蒲可勝既乎董澤澤名河東聞喜縣東北有董澤陂既盡也○[勝]音升知季曰不以人子吾子其可得乎吾不可以茍射故也射連尹襄老獲之遂載其尸射公子穀臣囚之以二者還穀臣楚王子○[射]食亦反及昏楚師軍於邲晉之餘師不能軍不能成營屯宵濟亦終夜有聲言其兵眾將不能用○[將]子匠反丙辰楚重至於邲重輜重也○[重]直勇反又直用反[輜]則其反遂次于衡雍潘黨曰君盍築武軍築軍營以彰武功○[雍]於用反而收晉尸以為京觀積尸封土其上謂之京觀○[觀]古亂反下京觀同臣聞克敵必示子孫以無忘武功楚子曰非爾所知也夫文止戈為武文字武王克商作頌曰載戢干戈載櫜弓矢戢藏也櫜韜也詩美武王能誅滅暴亂而息兵○[戢]側立反[櫜]古刀反我求懿德肆于時夏允王保之肆遂也夏大也言武王既息兵又能求美德故遂大而信王保天下○[夏]戶雅反又作武其卒章曰耆定爾功武頌篇名耆致也言武王誅紂致定其功○[耆]音旨其三曰鋪時繹思我徂惟求定其三三篇鋪布也繹陳也時是也思辭也頌美武王能布政陳教使天下歸往求安定其六曰綏萬邦屢豐年其六六篇綏安也屢數也言武王既安天下數致豐年此三六之數與今詩頌篇次不同蓋楚樂歌之次第夫武禁

暴戢兵保大定功安民和衆豐財者也此武七德故使子孫無忘其章著之篇章使子孫不忘今我使二國暴骨暴矣觀兵以威諸侯兵不戢矣暴而不戢安能保大猶有晉在焉得定功所違民欲猶多民何安焉無德而強爭諸侯何以和衆利人之幾幾危也○〔暴〕骨蒲卜反〔焉〕得於虔反〔強〕其丈反而安人之亂以爲己榮何以豐財兵動則年荒武有七德我無一焉何以示子孫其爲先君宮告成事而已祀先君告戰勝武非吾功也古者明王伐不敬取其鯨鯢而封之以爲大戮於是乎有京觀以懲淫慝鯨鯢大魚名以喻不義之人吞食小國○〔鯨〕其京反〔鯢〕五兮反今罪無所晉罪無所犯也而民皆盡忠以死君命又可以爲京觀乎祀于河作先君宮告成事而還傳言楚莊有禮所以遂興是役也鄭石制實入楚師將以分鄭而立公子魚臣辛未鄭殺僕叔及子服僕叔魚臣也子服石制也君子曰史佚所謂毋怙亂者謂是類也言恃人之亂以要利○〔佚〕音逸〔怙〕音戶〔要〕平聲詩曰亂離瘼矣爰其適歸詩小雅離憂也瘼病也爰於也言禍亂憂病於何所歸乎數之○〔瘼〕音莫歸於怙亂者也夫恃亂則禍歸之○〔夫〕音扶鄭伯許男如楚爲十四年晉伐鄭傳秋晉師歸桓子請死晉侯欲許之士貞子諫曰不可貞子士渥濁○〔渥〕於角反城濮之役晉師三日穀在僖二十八年文公猶有憂色左右曰有喜而憂如有憂而喜乎言憂喜失時公曰得臣猶在憂未歇也歇盡

也○〔歇〕許竭反困獸猶鬬況國相乎及楚殺子玉子玉得臣公喜而後可知也喜見於顏色○〔見〕賢遍反曰莫余毒也已是晉再克而楚再敗也楚是以再世不競成王至穆王今天或者大警晉也警戒也而又殺林父以重楚勝其無乃久不競乎林父之事君也進思盡忠退思補過社稷之衛也若之何殺之夫其敗也如日月之食焉何損於明晉侯使復其位言晉景所以不失霸○〔重〕直用反冬楚子伐蕭宋華椒以蔡人救蕭蕭人囚熊相宜僚及公子丙王曰勿殺吾退蕭人殺之王怒遂圍蕭蕭潰申公巫臣曰師人多寒王巡三軍拊而勉之拊撫慰勉之○〔潰〕戶內反〔拊〕芳甫反三軍之士皆如挾纊纊綿也言說以忘寒○〔挾〕戶牒反〔纊〕音曠遂傅於蕭還無社與司馬卯言號申叔展還無社蕭大夫司馬卯申叔展皆楚大夫也無社素識叔展故因卯呼之○〔傅〕音附〔還〕音旋〔號〕戶到反一戶刀反叔展曰有麥麴乎曰無有山鞠窮乎曰無麥麴鞠窮所以禦濕欲使無社逃泥水中無社不解故曰無軍中不敢正言故謬語○〔麴〕去六反〔鞠〕起弓反河魚腹疾柰何叔展言無禦濕藥將病曰目於眢井而拯之無社意解欲入井故使叔展視虛廢井而求拯己出溺爲拯○〔眢〕烏丸反廢井也字林云井無水也若爲茅絰哭井則已叔展又教結茅以表井須哭乃應以爲信○〔絰〕直結反〔已〕音紀舊音以明日蕭潰申叔視其井則茅絰存焉號而出之號哭也傳言蕭人無守心○〔號〕戶刀反晉原穀宋華椒衛孔達曹人同盟于清丘原穀先穀曰恤病討貳於是卿

不書不實其言也宋伐陳衞救之不討貳也楚伐宋晉不救不恤病也宋爲盟故伐陳陳貳於楚故衞人救之孔達曰先君有約言焉若大國討我則死之衞成公與陳共公有舊好故孔達欲背盟救陳而以死謝晉爲十四年衞殺孔達傳○[約]於妙反又如字

經十有三年春齊師伐莒夏楚子伐宋秋螽無傳爲災故書冬晉殺其大夫先縠書名以罪討

傳十三年春齊師伐莒莒恃晉而不事齊故也夏楚子伐宋以其救蕭也救蕭在前年君子曰清丘之盟唯宋可以免焉宋討陳之貳今宋見伐晉衞不顧盟以恤宋而經同貶宋大夫傳嫌華椒之罪累及其國故曰唯宋可以免秋赤狄伐晉及清先縠召之也邲戰不得志故召狄欲爲變清一名清原冬晉人討邲之敗與清之師歸罪於先縠而殺之盡滅其族君子曰惡之來也己則取之其先縠之謂乎盡滅其族爲誅已甚故曰惡之來也清丘之盟晉以衞之救陳也討焉尋清丘之盟以責衞使人弗去曰罪無所歸將加而師孔達曰苟利社稷請以我說欲自殺以說晉○[說]如字又音悅以[說]音悅又如字罪我之由我則爲政而亢大國之討將以誰任亢禦也謂禦宋討陳也○[任]音壬我則死之爲明年殺孔達傳

經十有四年春衞殺其大夫孔達書名背盟于大國罪之夏五月壬申曹伯壽卒無傳文十四年盟新城晉侯伐鄭秋九月楚子圍宋葬曹文公無傳冬公孫歸父會齊侯于穀

傳十四年春孔達縊而死衞人以說于晉而免以殺告故免于伐○[縊]一賜反遂告于諸侯曰寡君有不令之臣達構我敝邑于大國既伏其罪矣敢告諸殺大夫亦皆告衞人以爲成勞復室其子以有平國之功故以女妻之○[復]扶又反使復其位襲父祿位夏晉侯伐鄭爲邲故也晉敗於邲鄭遂屬楚告於諸侯蒐焉而還蒐簡閱車馬○[蒐]所留反中行桓子之謀也曰示之以整使謀而來鄭人懼使子張代子良于楚十二年子良質於楚子張穆公孫○[行]音杭[質]音致鄭伯如楚謀晉故也鄭以子良爲有禮故召之有讓國之禮楚子使申舟聘于齊曰無假道于宋申舟無畏亦使公子馮聘于晉不假道于鄭申舟以孟諸之役惡宋文十年楚子田孟諸無畏抶宋公僕○[馮]皮冰反[惡]去聲[抶]勑乙反曰鄭昭宋聾昭明也聾闇也晉使不害我則必死王曰殺女我伐之見犀而行犀申舟子以子託王示必死○[使]所吏反及宋宋人止之華元曰過我而不假道鄙我也鄙我亡也以我比其邊鄙是與亡國同○[過]如字又平聲殺其使者必伐我伐我亦亡也亡一也乃殺之楚子聞之投袂而起投振也袂袖也屨及於窒皇窒皇寢門闕○[窒]直結反劍及於寢門之外車及於蒲胥之市秋九月楚子圍宋冬公孫歸父會齊侯于穀見晏桓子與之言魯樂桓子告高宣子桓子晏嬰父宣子高固○[樂]音洛曰子家其亡乎懷於魯矣子家歸父字懷思也懷必貪貪必謀人謀人人亦謀己

一國謀之何以不亡為十八年歸父奔齊傳孟獻子言於公曰
臣聞小國之免於大國也聘而獻物物玉帛皮幣也於是有
庭實旅百主人亦設籩豆百品實於庭以答賓朝而獻功獻其治國若征伐之功於
牧伯於是有容貌采章嘉淑而有加貨容貌威儀容顏也采章車服文
章也嘉淑令辭稱讚也加貨命宥幣帛也言往共則來報亦備謀其不免也誅而薦
賄則無及也薦進也見責而往則不足解罪今楚在宋君其圖之公
說為明年歸父會楚子傳
經十有五年春公孫歸父會楚子于宋夏五月宋人
及楚人平平者總言二國和故不書其人六月癸卯晉師滅赤狄潞
氏以潞子嬰兒歸潞赤狄之別種潞氏國故稱氏子爵也林父稱師從告秦人
伐晉無傳王札子殺召伯毛伯稱殺者名兩下相殺之辭兩下相殺則殺者有
罪王札子王子札也蓋經文倒札字○〔札〕側八反〔召〕上照反秋螽無傳仲孫蔑會齊
高固于無婁無傳無婁杞邑初稅畝公田之法十取其一今又履其餘畝復十收其
一故哀公曰二吾猶不足遂以為常故曰初冬蝝生螽子以冬生遇寒而死故不成螽○〔蝝〕悅
全反字林尹絹反饑風雨不和五稼不豐
傳十五年春公孫歸父會楚子于宋終前年傳宋人使樂
嬰齊告急于晉晉侯欲救之伯宗曰不可伯宗晉大夫古
人有言曰雖鞭之長不及馬腹言非所擊天方授楚未可
與爭雖晉之彊能違天乎諺曰高下在心度時制宜川澤
納汙受汙濁〔汙〕音烏○山藪藏疾山之有林藪毒害者居之瑾瑜匿瑕匿亦
藏也雖美玉之質亦或居藏瑕穢○〔瑾〕其靳反〔瑜〕羊朱反國君含垢忍垢恥天之道
也晉侯恥不救宋故伯宗為說小惡不損大德之喻君其待之待楚衰乃止使
解揚如宋使無降楚曰晉師悉起將至矣鄭人囚而
獻諸楚楚子厚賂之使反其言反言晉不救不許三而許
之登諸樓車樓車車上望櫓使呼宋人而告之遂致其君命
楚子將殺之使與之言曰爾既許不穀而反之何故
非我無信女則棄之速即爾刑對曰臣聞之君能制
命為義臣能承命為信信載義而行之為利謀不失
利以衛社稷民之主也義無二信欲為義者不行兩信信無二
命欲行信者不受二命君之賂臣不知命也受命以出有死無
霣霣廢隊也○〔霣〕于敏反又可賂乎臣之許君以成命也成其君命
死而成命臣之祿也寡君有信臣己不廢命下臣獲考考成
也死又何求楚子舍之以歸夏五月楚師將去宋在宋
積九月不能服宋故申犀稽首於王之馬前曰毋畏知死而不
敢廢王命王棄言焉王不能荅未服宋而去故曰棄言申叔時
僕僕御也曰築室反耕者宋必聽命從之築室於宋分兵歸田示無
去志王從其言宋人懼使華元夜入楚師登子反之牀起之
曰寡君使元以病告兵法因其鄉人而用之必先知其守將左右謁者門者舍人之
姓名因而利道之華元蓋用此術得以自通曰敝邑易子而食析骸以爨
爨炊也○〔析〕思歷反〔骸〕戶皆反雖然城下之盟有以國斃不能從也

寧以國斃，不從城下盟。去我三十里，唯命是聽。子反懼，與之盟，而告王，退三十里。宋及楚平。華元爲質。盟曰：我無爾詐，爾無我虞。楚不詐宋，宋不備楚。盟不書，不告。○〔質〕音致。

潞子嬰兒之夫人，晉景公之姊也。酆舒爲政而殺之，又傷潞子之目。酆舒，潞相。晉侯將伐之。諸大夫皆曰：不可。酆舒有三儁才，儁，絕異也。言有才藝勝人者三。○〔儁〕音俊。不如待後之人。伯宗曰：必伐之。狄有五罪，儁才雖多，何補焉？不祀，一也。耆酒，二也。弃仲章而奪黎氏地，三也。仲章，潞賢人也。黎氏，黎侯國。上黨壺關縣有黎亭。○〔耆〕市志反。虐我伯姬，四也。傷其君目，五也。怙其儁才，而不以茂德，茲益罪也。後之人或者將敬奉德義以事神人，而申固其命，審其政令。若之何待之？不討有罪，曰將待後，後有辭而討焉，毋乃不可乎？夫恃才與衆，亡之道也。商紂由之，故滅。由，用也。天反時爲災，寒暑易節。地反物爲妖，羣物失性。民反德爲亂，亂則妖災生。故文反正爲乏。文，字。盡在狄矣。晉侯從之。六月癸卯，晉荀林父敗赤狄于曲梁。辛亥，滅潞。曲梁，今廣平曲梁縣也。書癸卯，從赴。酆舒奔衞，衞人歸諸晉，晉人殺之。王孫蘇與召氏、毛氏爭政，三人皆王卿士。使王子捷殺召戴公及毛伯衞。王子捷，王札子。卒立召襄。襄，召戴公之子。

秋七月，秦桓公伐晉，次于輔氏。晉地。壬午，晉侯治兵于稷，以略狄土，略，取也。稷，晉地，河東聞喜縣西有稷山。壬午，七月二十九日，晉時新破狄，土地未安，權秦師之弱，故別遣魏顆距秦，而東行定狄地。立黎侯而還。狄奪其地，故晉復立之。及雒，魏顆敗秦師于輔氏，晉侯還及雒也。雒，晉地。獲杜回，秦之力人也。初，魏武子有嬖妾，無子。武子疾，命顆曰：必嫁是。武子，魏顆之父。疾病則曰：必以爲殉。及卒，顆嫁之，曰：疾病則亂，吾從其治也。及輔氏之役，顆見老人結草以亢杜回，亢，禦也。杜回躓而顛，故獲之。夜夢之曰：余，而所嫁婦人之父也。而，女也。○〔躓〕陟吏反，又丁四反。爾用先人之治命，余是以報。傳舉此以示教。晉侯賞桓子狄臣千室，千家。亦賞士伯以瓜衍之縣。士伯，士貞子。曰：吾獲狄土，子之功也。微子，吾喪伯氏矣。伯氏，桓子字。郊之敗，晉侯將殺林父，士伯諫而止。羊舌職說是賞也，職，叔向父。○〔說〕音悅。曰：周書所謂庸庸祗祗者，謂此物也夫。周書，康誥。庸，用也。祗，敬也。物，事也。言文王能用可用，敬可敬。士伯庸中行伯，言中行伯可用。君信之，亦庸士伯，此之謂明德矣。文王所以造周，不是過也。故詩曰：陳錫哉周。能施也。錫，賜也。詩大雅。言文王布陳大利以賜天下，故能載行周道，福流子孫。○〔施〕式豉反。率是道也，其何不濟？晉侯使趙同獻狄俘于周，不敬。劉康公曰：不及十年，原叔必有大咎，劉康公，王季子也。原叔，趙同也。天奪之魄矣。心之精爽，是謂魂魄。爲成八年晉殺趙同傳。

初稅畝，非禮也。穀出不過藉，周法，民耕百畝，公田十畝，借民力而治之，稅不過此。以豐財也。冬，蝝生，饑。幸之也。蝝未爲災，而書之者，幸其冬生，不爲物害。時歲雖饑，猶喜而書之。

經十有六年春王正月晉人滅赤狄甲氏及留吁（甲氏
留吁赤狄別種晉既滅潞氏今又并盡其餘黨士會稱人從告）夏成周宣榭火（傳例曰人
火之也成周洛陽宣榭講武屋別在洛陽者爾雅曰無室曰榭謂屋歇前）秋郯伯姬來歸
冬大有年（無傳○[郯]音談）
傳十六年春晉士會帥師滅赤狄甲氏及留吁鐸辰
（鐸辰不書留吁之屬）三月獻狄俘（獻于王也）晉侯請于王戊申以黻
冕命士會將中軍且爲大傅（代林父將中軍且加以大傅之官黻冕命卿之
服大傅孤卿）於是晉國之盜逃奔于秦羊舌職曰吾聞之
禹稱善人（稱舉也）不善人遠此之謂也夫詩曰戰戰兢
兢如臨深淵如履薄冰善人在上也（言善人居位則無不戒懼○[遠]
于萬反）善人在上則國無幸民諺曰民之多幸國之不
幸也是無善人之謂也夏成周宣榭火人火之也凡
火人火曰火天火曰災秋郯伯姬來歸出也爲毛召
之難故王室復亂（毛召難在前年○[爲]于僞反）王孫蘇奔晉晉人
復之（毛召之黨欲討蘇氏故出奔）冬晉侯使士會平王室定王享
之原襄公相禮（原襄公周大夫相佐也○[相]息亮反）殽烝（烝升也升殽於俎）武
子私問其故（享當體薦而殽烝故怪問之武士會謚季其字）王聞之召武子
曰季氏而弗聞乎王享有體薦（享則半解其體而薦之所以示共儉）宴
有折俎（體解節折升之於俎物皆可食所以示慈惠也○[折]之設反）公當享卿當
宴王室之禮也（公謂諸侯）武子歸而講求典禮以脩晉國

之法（傳言典禮之廢久）
經十有七年春王正月庚子許男錫我卒（無傳再與文同盟○
[錫]星歷反）丁未蔡侯申卒（無傳未同盟而赴以名丁未三月四日）夏葬許昭
公（無傳）葬蔡文公（無傳）六月癸卯日有食之（無傳不書朔官失之）己
未公會晉侯衞侯曹伯邾子同盟于斷道（斷道晉地○[斷]直管
反又音短）秋公至自會（無傳）冬十有一月壬午公弟叔肸卒
（傳例曰公母弟○[肸]許乙反）
傳十七年春晉侯使郤克徵會于齊（徵召也欲爲斷道會）齊頃
公帷婦人使觀之郤子登婦人笑於房（跛而登階故笑之○[頃]音
傾）獻子怒出而誓曰所不此報無能涉河（不復渡河而東）獻
子先歸使欒京廬待命于齊曰不得齊事無復命矣
（欒京廬郤克之介使得齊之罪乃復命○[廬]音盧又音閭）郤子至請伐齊晉侯弗
許請以其私屬又弗許（私屬家衆也爲成二年戰于鞌傳○[鞌]音安）齊侯
使高固晏弱蔡朝南郭偃會（晏弱桓子○[朝]如字）及斂盂高固
逃歸（聞郤克怒故○[斂]音廉又力漸反）夏會于斷道討貳也盟于卷
楚（卷楚即斷道○[卷]音權又音捲）辭齊人晉人執晏弱于野王執蔡
朝于原執南郭偃于溫（執三子不書非卿野王縣今屬河內）苗賁皇使
見晏桓子（賁皇楚鬭椒之子楚滅鬭氏而奔晉食邑于苗地晏弱時在野王故因使而見之○
[賁]扶云反[使]所吏反）歸言於晉侯曰夫晏子何罪昔者諸侯事
吾先君皆如不逮（言汲汲也○[逮]音代或大計反）舉言羣臣不信諸

侯皆有貳志。（舉亦皆也。）齊君恐不得禮。（不見禮待。）故不出。而使四子來。左右或沮之。（沮，止也。○〔沮〕在呂反。）曰君不出。必執吾使。故高子及斂盂而逃。夫三子者曰。若絶君好。寧歸死焉。爲是犯難而來。吾若善逆彼。（彼，齊三人。）以懷來者。吾又執之。以信齊沮。吾不既過矣乎。過而不改。而又久之。以成其悔。何利之有焉。使反者得辭。（反者高固，謂得不當來之辭。）而害來者。以懼諸侯。將焉用之。晉人緩之。逸。（緩，不拘執，使得逃去也。傳言晉不能脩禮，諸侯所以貳。）秋八月。晉師還。范武子將老。（老，致仕。初受隨，故曰隨武子。後更受范，復爲范武子。）召文子曰。燮乎。吾聞之。喜怒以類者鮮。（文子，士會之子。燮，其名。○〔燮〕素協反。）易者實多。（易，遷怒也。）詩曰。君子如怒。亂庶遄沮。君子如祉。亂庶遄已。（詩小雅也。遄，速也。沮，止也。祉，福也。○〔遄〕市專反。）君子之喜怒。以已亂也。弗已者必益之。郤子其或者欲已亂於齊乎。不然。余懼其益之也。余將老。使郤子逞其志。庶有豸乎。（豸，解也。欲使郤子從政，快志以止亂。○〔豸〕直是反，或居牛反，非。）爾從二三子唯敬。（二三子，晉諸大夫。）乃請老。郤獻子爲政。冬。公弟叔肸卒。公母弟也。凡大子之母弟。公在曰公子。不在曰弟。（以兄爲尊。）凡稱弟。皆母弟也。（此策書之通例也。庶弟不得稱公弟，而母弟或稱公子，若嘉好之事，則仍舊史之文，惟相殺害，然後據例以示義，所以篤親親之恩，崇友于之好。釋例論之備矣。）

經十有八年。春。晉侯衞世子臧伐齊。公伐杞。（無傳。）夏四月。秋七月。邾人戕鄫子于鄫。（傳例曰，自外曰戕。邾大夫就鄫殺鄫子。○〔戕〕在良反，又在精反。〔鄫〕才陵反。）甲戌。楚子旅卒。（未同盟而赴以名。吳楚之葬，僭而不典，故絶而不書，同之夷蠻，以徵求名之僞。）公孫歸父如晉。冬十月壬戌。公薨于路寢。歸父還自晉。至笙。遂奔齊。（大夫還不書，春秋之常也。今書歸父還奔，善其能以禮退。不書族者，非常所及，今特書，略之。笙，魯竟外，故不言出。○〔笙〕音生，又勑貞反。案後音是，依二傳文。）

傳十八年。春。晉侯衞大子臧伐齊。至于陽穀。齊侯會晉侯盟于繒。以公子彊爲質于晉。晉師還。蔡朝南郭偃逃歸。（晉既與齊盟，守者解緩，故得逃。○〔繒〕才陵反。）夏。公使如楚乞師。欲以伐齊。（公不事齊，齊與晉盟，故懼而乞師于楚。不書，微者行。）秋。邾人戕鄫子于鄫。凡自虐其君曰弒。自外曰戕。（弒、戕皆殺也。所以別內外之名。弒者所積微而起，所以相測量，非一朝一夕之漸。戕者卒暴之名。）楚莊王卒。楚師不出。既而用晉師。（成二年戰于鞌是。）楚於是乎有蜀之役。（在成二年冬。蜀，魯地，泰山博縣西北有蜀亭。）公孫歸父以襄仲之立公也。有寵。（歸父，襄仲子。）欲去三桓。以張公室。（時三桓強，公室弱，故欲去之以張大公室。○〔去〕起呂反。〔張〕如字，一陟亮反。）與公謀而聘于晉。欲以晉人去之。冬。公薨。季文子言於朝曰。使我殺適立庶。以失大援者。仲也夫。（適謂子惡，齊外甥。襄仲殺之而立宣公，南通於楚，既不能固，又不能堅事齊晉，故云失大援也。○〔適〕丁歷反。）臧宣叔怒曰。當其時不能治也。後之人何罪。子欲去之。許請去之。（宣叔，文仲子，武仲父。許其名也。時爲司寇，主行刑。言子自以歸父害己，欲去者，許請爲子去之。遂逐東門氏。襄仲居東門，故曰東門氏。子家還及笙。子家，歸父字。壇帷，復命於介。除地爲壇而張帷。介，副也。將去，使介反命於君。○壇音善。既復命，袒括髮，以麻約髮。即位哭，三踊而出。依在國喪禮，設哭位。公薨故。遂奔齊。書曰歸父還自晉，善之也。

春秋經傳集解宣公下第十一

春秋經傳集解成公上第十二

成公名黑肱宣公子謚法安名立政曰成

杜氏註　　盡十年

經元年春王正月公卽位無傳二月辛酉葬我君宣公無傳無冰無傳周二月今之十二月而無冰書冬溫三月作丘甲周禮九夫爲井四井爲邑四邑爲丘丘十六井出戎馬一匹牛三頭四丘爲甸甸六十四井出長轂一乘戎馬四匹牛十二頭甲士三人步卒七十二人此甸所賦今魯使丘出之譏重斂故書○〔甸〕繩證反〔斂〕力驗反夏臧孫許及晉侯盟于赤棘晉地秋王師敗績于茅戎茅戎戎別種不言戰王者至尊天下莫之得校故以自敗爲文不書敗地而書茅戎明爲茅戎所敗書秋從告○〔茅〕亡交反冬十月

傳元年春晉侯使瑕嘉平戎于王平文十七年邥垂之役詹嘉處瑕故謂之瑕嘉○〔邥〕音審單襄公如晉拜成單襄公王卿士謝晉爲平戎○〔單〕音善〔爲〕于僞反劉康公徼戎將遂伐之康公王季子也戎平還欲要其無備○〔徼〕古堯反叔服曰背盟而欺大國此必敗叔服周內史〔背〕音佩下同○背盟不祥欺大國不義神人弗助將何以勝不聽遂伐茅戎三月癸未敗績于徐吾氏徐吾氏茅戎之別也爲齊難故作丘甲前年魯乞師於楚欲以伐齊楚師不出故懼而作丘甲○〔難〕乃旦反下同聞齊將出楚師夏盟于赤棘與晉盟懼齊楚秋王人來告敗解經所以秋乃書冬臧宣叔令脩賦繕完治完城郭○〔繕〕市戰反〔完〕和端反具守備曰齊楚結好我新與晉盟晉楚爭盟齊師必至雖晉人伐齊楚必救之是齊楚同我也同共也○〔守〕手又反知難而有備乃可以逞逞解也爲二年齊侯伐我傳○〔解〕音蟹

經二年春齊侯伐我北鄙夏四月丙戌衞孫良夫帥師及齊師戰于新築衞師敗績新築衞地皆陳曰戰大崩曰敗績四月無丙戌丙戌五月一日六月癸酉季孫行父臧孫許叔孫僑如公孫嬰齊帥師會晉郤克衞孫良夫曹公子首及齊侯戰于鞌齊師敗績魯乞師於晉而不以與謀之例者從盟主之令上行於下非匹敵和成之類例在宣七年曹大夫常不書而書公子首者首命於國備於禮成爲卿故也鞌齊地○〔郤〕去逆反〔鞌〕音安秋七月齊侯使國佐如師己酉及國佐盟于袁婁穀梁曰鞌去齊五百里袁婁去齊五十里八月壬午宋公鮑卒未同盟而赴以名○〔鮑〕步卯反庚寅衞侯速卒宣十七年盟于斷道據傳庚寅九月七日取汶陽田晉使齊還魯故書取不以好得故不言歸○〔好〕呼報反冬楚師鄭師侵衞子重不書不親伐十有一月公會楚公子嬰齊于蜀公與大夫會不貶嬰齊者時有許蔡之君故丙申公及楚人秦人宋人陳人衞人鄭人齊人曹人邾人薛人鄫人盟于蜀齊在鄭下非卿傳曰卿不書匱盟也然則楚卿於是始與中國準自此以下楚卿不書皆貶惡也

傳二年春齊侯伐我北鄙圍龍龍魯邑在泰山博縣西南頃公之嬖人盧蒲就魁門焉攻龍門也龍人囚之齊侯曰勿殺吾與而盟無入而封封竟弗聽殺而膊諸城上膊磔也○〔膊〕普各反〔磔〕陟百反齊侯親鼓士陵城三日取龍遂南侵及巢丘取龍

侵巢丘不書其義未聞衛侯使孫良夫石稷甯相向禽將侵齊
與齊師遇齊伐魯還相遇於衛地良夫孫林父之父石稷石碏四世孫甯相甯俞子○〔相〕息亮
反〔向〕舒亮反石子欲還孫子曰不可以師伐人遇其師而
還將謂君何言無以答君若知不能則如無出今既遇矣
不如戰也夏有闕文失新築戰事石成子曰師敗矣子不少
須衆懼盡成子石稷也衛師已敗而孫良夫復欲戰故成子欲使須救子喪師徒
何以復命皆不對又曰子國卿也隕子辱矣隕見禽獲
以衆退我此乃止我於此止禦齊師且告車來甚衆新築人救孫桓
子故竝告令軍中齊師乃止次于鞫居鞫居衛地〔鞫〕居六反○新築人
仲叔于奚救孫桓子桓子是以免于奚守新築大夫既衛人
賞之以邑賞于奚辭請曲縣軒縣也周禮天子樂宮縣四面諸侯軒縣闕南方○
〔縣〕音懸繁纓以朝許之繁纓馬飾皆諸侯之服○〔繁〕步干反仲尼聞之曰
惜也不如多與之邑唯器與名不可以假人器車服名爵號
君之所司也名以出信名位不愆爲民所信信以守器動不失信則車
服可保器以藏禮車服所以表尊卑禮以行義尊卑有禮各得其宜義以
生利得其宜則利生利以平民政之大節也若以假人與人
政也政亡則國家從之弗可止也已孫桓子還於新
築不入不入國遂如晉乞師臧宣叔亦如晉乞師皆主
郤獻子宣十七年郤克至齊爲婦人所笑遂怒故魯衛因之孫桓子臧宣叔皆不以國命各自詣
郤克故不書晉侯許之七百乘五萬二千五百人郤子曰此城濮

之賦也城濮在僖二十八年有先君之明與先大夫之肅故捷
克於先大夫無能爲役不中爲之役使請八百乘許之六萬人
郤克將中軍士燮佐上軍范文子代荀庚欒書將下軍代趙朔
韓厥爲司馬以救魯衛臧宣叔逆晉師且道之季文
子帥師會之及衛地韓獻子將斬人郤獻子馳將救
之至則既斬之矣郤子使速以徇告其僕曰吾以分
謗也不欲使韓氏獨受謗師從齊師于莘莘齊地六月壬申師至
于靡笄之下靡笄山名○〔靡〕如字又音摩〔笄〕音雞齊侯使請戰曰子以
君師辱於敝邑不腆敝賦詰朝請見詰朝平旦〔見〕賢遍反○對
曰晉與魯衛兄弟也來告曰大國朝夕釋憾於敝邑
之地大國謂齊敝邑魯衛自稱寡君不忍使羣臣請於大國無令
輿師淹於君地輿衆也淹久也能進不能退君無所辱命言自
欲戰不復須君命齊侯曰大夫之許寡人之願也若其不許
亦將見也齊高固入晉師桀石以投人桀擔也〔擔〕丁甘反○禽
之而乘其車既獲其人因釋己車而載所獲者車繫桑本焉以徇齊壘
將至齊壘以桑樹繫車而走欲自異曰欲勇者賈余餘勇賈買也言己勇有餘欲賣
之癸酉師陳于鞌邴夏御齊侯逢丑父爲右晉解張
御郤克鄭丘緩爲右齊侯曰余姑翦滅此而朝食姑且
也翦盡也○〔陳〕直覲反〔邴〕音丙〔解〕音蟹不介馬而馳之介甲也郤克傷於
矢流血及屨未絕鼓音中軍將自執旗鼓故雖傷而擊鼓不息曰余病

矣。張侯曰：自始合，而矢貫余手及肘，余折以御，左輪朱殷，豈敢言病？吾子忍之。（張侯，解張也。朱，血色。血色久則殷。殷音近烟，今人謂赤黑爲殷色。言血多汙車輪，御猶不敢息。○〔折〕之設反。〔殷〕於閑反，又於辰反。〔汙〕音烏，又一故反。）緩曰：自始合，苟有險，余必下推車，子豈識之？然子病矣。（以其不識己推車。○〔推〕昌誰反，又他回反。）張侯曰：師之耳目，在吾旗鼓，進退從之。此車一人殿之，可以集事。（殿，鎮也。集，成也。○〔殿〕多練反。）若之何其以病敗君之大事也？擐甲執兵，固即死也。（擐，貫也。即，就也。○〔擐〕音患。）病未及死，吾子勉之！左并轡，右援枹而鼓，馬逸不能止，師從之。（晉師從郤克車。○〔并〕必政反。〔援〕音爰。〔枹〕音浮，鼓槌也。）齊師敗績。逐之，三周華不注。（華不注，山名。○〔華〕如字，又戶化反。）韓厥夢子輿謂己曰：且辟左右！（子輿，韓厥父。）故中御而從齊侯。（居中代御者。自非元帥，御者皆在中，將在左。）邴夏曰：射其御者，君子也。公曰：謂之君子而射之，非禮也。（齊侯不知戎禮。○〔射〕食亦反，下皆同。）射其左，越于車下。（越，隊也。○〔隊〕直類反。）射其右，斃于車中。綦毋張喪車，從韓厥曰：請寓乘。（綦毋張，晉大夫。寓，寄也。○〔毋〕音無。〔乘〕繩證反。）從左右，皆肘之，使立於後。（以左右皆死，不欲使立其處。）韓厥俛定其右。（俛，俯也。右被射，仆車中，故俯安隱之。○〔俛〕音勉。）逢丑父與公易位。（居公處。）將及華泉，驂絓於木而止。（驂，馬絓也。○〔華〕戶化反。〔絓〕戶卦反，一音卦。）丑父寢於轏中，（轏，士車。○〔轏〕仕產反，又仕諫反，臥車也。）蛇出於其下，以肱擊之，傷而匿之，故不能推車而及。（爲韓厥所及。丑父欲爲右，故匿其傷。）韓厥執縶馬前，（縶，馬絆也。執之，示脩臣僕之職。○〔縶〕張立反。〔絆〕音半。）再拜稽首，奉觴加璧以進。（進觴璧，亦以示敬。）曰：寡君使羣臣爲魯、衛請，曰：無令輿師陷入君地。（本但爲二國救請，不欲乃過入君地。謙辭。○〔爲〕于僞反。）下臣不幸，屬當戎行，無所逃隱。（屬，適也。○〔屬〕音燭。〔行〕下郎反。）且懼奔辟而忝兩君。臣辱戎士。（若奔辟，則爲辱晉君，并爲齊侯羞，故言二君。此蓋韓厥自處臣僕，謙敬之飾言。○〔辟〕音避。）敢告不敏，攝官承乏。（言欲以己不敏攝承空乏，從君俱還。）丑父使公下，如華泉取飲。鄭周父御佐車，宛茷爲右，載齊侯以免。（佐車，副車。○〔宛〕紆元反。〔茷〕扶廢反。）韓厥獻丑父，郤獻子將戮之。呼曰：自今無有代其君任患者，有一於此，將爲戮乎！郤子曰：人不難以死免其君，我戮之不祥。赦之以勸事君者。乃免之。齊侯免，求丑父，三入三出。（重其代己，故三入晉軍求之。○〔呼〕火故反。〔任〕音壬。〔難〕乃旦反。）每出，齊師以帥退。入于狄卒，（齊師大敗，皆有退心，故齊侯輕出其衆，以帥厲退者。遂迸入狄卒。狄卒者，狄人從晉討齊者。○〔輕〕遣政反。〔迸〕補諍反。）狄卒皆抽戈楯冒之。以入于衛師，衛師免之。（狄、衛畏齊之強，故不敢害齊侯，皆共免護之。○〔楯〕食準反，又音允。）遂自徐關入。齊侯見保者，曰：勉之！齊師敗矣。（所過城邑皆勉勵其守者。）辟女子，（使辟君也。齊侯單還，故婦人不辟之。○〔辟〕音避。）女子曰：君免乎？曰：免矣。曰：銳司徒免乎？曰：免矣。（銳司徒，主銳兵者。○〔銳〕悅歲反。）曰：苟君與吾父免矣，可若何！（言餘人不可復如何。）乃奔。（走辟君。）齊侯以爲有禮，（先問君，後問父故也。）既而問之，辟司徒之妻也。（辟司徒，主壘壁者。○〔辟〕音壁。）予之石窌。（石窌，邑名。濟北盧縣

（東有地名石窌。○[窌]力救反，一力到反。）晉師從齊師，入自丘輿，擊馬陘。（丘輿、馬陘，皆齊邑。○[陘]音刑。）齊侯使賓媚人賂以紀甗、玉磬與地。（媚人，國佐也。甗，玉甑，皆滅紀所得。○[甗]魚輦反，又音彥，又音言。[甑]子孕反。）不可，則聽客之所爲。賓媚人致賂，晉人不可，曰：必以蕭同叔子爲質，（同叔，蕭君之字，齊侯外祖父。子，女也。難斥言其母，故遠言之。○[質]音致，下同。[難]乃旦反。）而使齊之封內盡東其畝。（使壟畝東西行。○[盡]津忍反。[行]戶郎反，又如字。）對曰：蕭同叔子非他，寡君之母也。若以匹敵，則亦晉君之母也。吾子布大命於諸侯，而曰必質其母以爲信，其若王命何？（言違王命。）且是以不孝令也。詩曰：孝子不匱，永錫爾類。（詩大雅。言孝心不乏者，能以孝道長賜其志類。）若以不孝令於諸侯，其無乃非德類也乎？（不以孝德賜同類。）先王疆理天下，物土之宜，而布其利。（疆，界也。理，正也。物土之宜，播殖之物，各從土宜。）故詩曰：我疆我理，南東其畝。（詩小雅。或南或東，從其土宜。）今吾子疆理諸侯，而曰盡東其畝而已，唯吾子戎車是利，（晉之伐齊，循壟東行易。）無顧土宜，其無乃非先王之命也乎？反先王則不義，何以爲盟主？其晉實有闕。（闕，失。）四王之王也，（禹、湯、文、武。○之[王]于況反。）樹德而濟同欲焉。（樹，立也。濟，成也。）五伯之霸也，（夏伯昆吾，商伯大彭、豕韋，周伯齊桓、晉文。○或曰：桓文、宋襄、秦穆、楚莊。）勤而撫之，以役王命。（役，事也。）今吾子求合諸侯，以逞無疆之欲。（疆，竟也。）詩曰：布政優優，百祿是遒。（詩頌殷湯布政優和，故百祿來聚。遒，聚也。）子實不優，而棄百祿，諸侯何害焉？（言不能爲諸侯害。）不然，（不見許。）寡君之命使臣則有辭矣，曰：子以君師辱於敝邑，不腆敝賦，以犒從者，（戰而曰犒，爲孫辭。○[使]所吏反。[從]才用反。）畏君之震，師徒橈敗。（震，動。橈，曲也。○[橈]乃教反。）吾子惠徼齊國之福，不泯其社稷，使繼舊好，唯是先君之敝器、土地不敢愛。子又不許，請收合餘燼，（燼，火餘木。○[燼]似刃反。）背城借一。（欲於城下復借一戰。○[背]音佩。）敝邑之幸，亦云從也。況其不幸，敢不唯命是聽？（言完全之時，尚不敢違晉。今若不幸，則從命。）魯、衛諫曰：齊疾我矣。（諫郤克也。）其死亡者，皆親暱也。子若不許，讎我必甚。唯子則又何求？子得其國寶，（謂甗磬。○[暱]女乙反。）我亦得地，（齊歸所侵。）而紓於難，（齊服則難緩。○[紓]音舒。[難]乃旦反。）其榮多矣。齊、晉亦唯天所授，豈必晉？晉人許之，對曰：羣臣帥賦輿，（賦輿猶兵車。）以爲魯、衛請。若苟有以藉口而復於寡君，（藉，薦。復，白也。○[爲]于僞反。[藉]在夜反。）君之惠也。敢不唯命是聽？禽鄭自師逆公。（禽鄭，魯大夫。歸逆公會晉師。）秋七月，晉師及齊國佐盟于爰婁，使齊人歸我汶陽之田。公會晉師于上鄍，（上鄍，地闕。公會晉師不書，史闕。）賜三帥先路三命之服，（三帥，郤克、士燮、欒書。已嘗受王先路之賜，今改而易新，并此車所建所服之物。）司馬、司空、輿帥、候正、亞旅，（晉司馬、司空皆大夫。輿帥主兵車。候正主斥候。亞旅亦大夫也。皆魯侯賜。）皆受一命之服。八月，宋文公卒。始厚葬，用蜃炭，益車馬，始用殉。（燒蛤爲炭以瘞壙，多埋車馬，用人從葬。○[蜃]市忍反。）重器備。（重猶多也。○[重]直恭反。）椁有四阿。

棺有翰檜。四阿四注椁也。翰旁飾。檜上飾。皆王禮。○[翰]戶旦反。一音韓。[檜]古外反。又音會。君子謂華元、樂舉於是乎不臣。臣治煩去惑者也。是以伏死而爭。今二子者，君生則縱其惑，謂文十八年殺母弟須。○[去]起呂反。死又益其侈，是棄君於惡也，何臣之爲？若言何用爲臣。九月，衛穆公卒，晉三子自役弔焉，哭於大門之外。師還過衛。故因弔之。未復命，故不敢成禮。衛人逆之，逆於門外設喪位。婦人哭於門內。喪位，婦人哭於堂，賓在門外，故移在門內。送亦如之。遂常以葬。至葬行此禮。楚之討陳夏氏也，在宣十一年。莊王欲納夏姬。申公巫臣曰：不可。君召諸侯，以討罪也；今納夏姬，貪其色也。貪色爲淫，淫爲大罰。周書曰：明德慎罰。周書康誥。文王所以造周也。明德，務崇之之謂也；慎罰，務去之之謂也。若興諸侯以取大罰，非慎之也。君其圖之！王乃止。子反欲取之，巫臣曰：是不祥人也。是夭子蠻，子蠻，鄭靈公，夏姬之兄，殺死無後。○[殺]申志反。下殺靈侯同。殺御叔，御叔，夏姬之夫，亦早死。弑靈侯，陳靈公也。戮夏南，夏姬子徵舒。出孔、儀，孔寧、儀行父。喪陳國，楚滅陳。○[喪]息浪反。何不祥如是？人生實難，其有不獲死乎？言死易得，無爲取夏姬以速之。天下多美婦人，何必是？子反乃止。王以予連尹襄老。襄老死於邲，不獲其尸。邲戰在宣十二年。其子黑要烝焉。黑要，襄老子。○[要]一遙反。巫臣使道焉，曰：歸，吾聘女。道夏姬使歸鄭。○[女]音汝。又使自鄭召之，曰：尸可得也，襄老尸。必來逆之。姬以告王。王

問諸屈巫。屈巫，巫臣。[屈]居勿反。○對曰：其信。知罃之父，成公之嬖也，而中行伯之季弟也。知罃父荀首也。中行伯，荀林父也。邲之戰，楚人囚知罃。○[知]音智。[罃]於耕反。新佐中軍，而善鄭皇戌，甚愛此子。愛知罃也。其必因鄭而歸王子與襄老之尸以求之。王子，楚公子穀臣也。邲之戰，荀首囚之。鄭人懼於邲之役，而欲求媚於晉，其必許之。王遣夏姬歸。將行，謂送者曰：不得尸，吾不反矣。巫臣聘諸鄭，鄭伯許之。聘夏姬。及共王即位，將爲陽橋之役，楚伐魯至陽橋，在此年冬。○[共]音恭。使屈巫聘于齊，且告師期。巫臣盡室以行。室家盡去。申叔跪從其父將適郢，遇之，叔跪，申叔時之子。○[從]才用反。[郢]以井反。曰：異哉！夫子有三軍之懼，而又有桑中之喜，宜將竊妻以逃者也。桑中，衛風淫奔之詩。及鄭，使介反幣，而以夏姬行。介，副也。幣，聘物。將奔齊。齊師新敗，曰：吾不處不勝之國。遂奔晉，而因郤至，至，郤克族子。以臣於晉。晉人使爲邢大夫。邢，晉邑。子反請以重幣錮之，禁錮勿令仕。○[錮]音固。王曰：止！其自爲謀也則過矣，其爲吾先君謀也則忠。忠，社稷之固也，所蓋多矣。蓋，覆也。○自[爲]于僞反。又如字。[爲]吾于僞反。且彼若能利國家，雖重幣，晉將可乎？言不許。若無益於晉，晉將棄之，何勞錮焉？爲七年楚滅巫臣族，晉南通吳張本。晉師歸，范文子後入。武子曰：無爲吾望爾也乎？武子，士會，文子之父。對曰：師有功，國人喜以逆之，先入，必屬耳目焉，是代帥受名也，

故不敢武子曰吾知免矣知其不益己禍○[屬]章欲反郤伯見公
曰子之力也夫對曰君之訓也二三子之力也臣何
力之有焉郤伯郤克○[見]賢遍反○范叔見勞之如郤伯對曰庚
所命也克之制也燮何力之有焉荀庚將上軍時不出范文子上軍佐
代行故稱帥以讓○[勞]力報反欒伯見公亦如之對曰燮之詔也士
用命也書何力之有焉詔告也欒書下軍帥故推功上軍傳言晉將帥克讓所以
能勝齊宣公使求好于楚莊王卒宣公薨不克作好在宣
十八年公即位受盟于晉元年盟赤棘會晉伐齊衛人不行
使于楚不聘楚而亦受盟于晉從於伐齊故楚令尹子
重為陽橋之役以救齊將起師子重曰君弱傳曰寡人生十
年而喪先君共王即位至是三年蓋年十二三矣羣臣不如先大夫師衆而
後可詩曰濟濟多士文王以寧詩大雅言文王以衆士安夫文王
猶用衆況吾儕乎儕等且先君莊王屬之曰無德以及
遠方莫如惠恤其民而善用之乃大戶閱民戶口已責弃逋
責○[逋]補吳反逮鰥施及老鰥○[施]始豉反○救乏赦罪悉師王卒盡行
彭名御戎蔡景公為左許靈公為右王卒盡行故王戎車亦行雖無
楚王令二君當左右之位二君弱皆強冠之冬楚師侵衛遂侵我
師于蜀公賂之而退故不書侵○[強]其丈反[冠]古亂反使臧孫往臧孫宣叔也辭
曰楚遠而久固將退矣無功而受名臣不敢不敢虛受退楚
名楚侵及陽橋陽橋魯地孟孫請往賂之楚侵遂深故孟孫請以賂往孟

孫獻子也以執斲執鍼織紝執斲匠人執鍼女工織紝織繒布者○[斲]竹角反[鍼]之林
反[紝]女金反又而鴆反皆百人公衡為質公衡成公子○[質]音致以請盟
楚人許平十一月公及楚公子嬰齊蔡侯許男秦右
大夫說宋華元陳公孫寧衛孫良夫鄭公子去疾及
齊國之大夫盟于蜀齊大夫不書其名非卿也○[說]音悅[去]起呂反卿不書
匱盟也於是乎畏晉而竊與楚盟故曰匱盟匱乏也蔡
侯許男不書乘楚車也謂之失位乘楚王車為左右則失位也卿不書
則稱人諸侯不書皆不見經君臣之別君子曰位其不可不慎也乎蔡
許之君一失其位不得列於諸侯況其下乎詩曰不
解于位民之攸塈詩大雅言在上者勤正其位則國安而民息也攸所也塈息也○[解]
佳賣反[塈]許器反其是之謂矣楚師及宋公衡逃歸臧宣叔
曰衡父不忍數年之不宴宴樂也○[數]所主反以弃魯國國將
若之何誰居後之人必有任是夫國弃矣居辭也言後人必有
當此患○[居]音基[任]音壬[夫]音扶是行也晉辟楚畏其衆也君子曰
衆之不可以已也大夫為政猶以衆克況明君而善
用其衆乎大誓所謂商兆民離周十人同者衆也大誓
周書萬億曰兆民離則弱合則成衆言殷以散亡周以衆興晉侯使鞏朔獻齊捷
于周王弗見使單襄公辭焉曰蠻夷戎狄不式王命
式用也淫湎毀常王命伐之則有獻捷王親受而勞之
所以懲不敬勸有功也兄弟甥舅侵敗王略兄弟同姓國甥

舅異姓國略經略法度○[湎]面善反[勞]力報反[敗]必邁反王命伐之告事而已不
獻其功所以敬親暱告伐事而不獻囚俘禁淫慝也淫慝謂虣掠百姓取
囚俘也○[慝]他得反[虣]薄報反[掠]音亮今叔父克遂有功于齊克能也而
不使命卿鎮撫王室所使來撫余一人而鞏伯實來
未有職司於王室鞏朔上軍大夫非命卿名位不達於王室又奸先王之
禮謂獻齊捷余雖欲於鞏伯欲受其獻其敢廢舊典以忝叔父
夫齊甥舅之國也而大師之後也齊世與周昏故曰甥舅寧不
亦淫從其欲以怒叔父抑豈不可諫誨士莊伯不能
對莊伯鞏朔[從]子用反○王使委於三吏委屬也三吏三公也三公者天子之吏也
禮之如侯伯克敵使大夫告慶之禮降於卿禮一等
王以鞏伯宴而私賄之使相告之曰非禮也勿籍相相
禮者籍書也王畏晉故私宴賄以慰鞏朔○[相]息亮反

經三年春王正月公會晉侯宋公衛侯曹伯伐鄭宋衛
未葬而稱爵以接鄰國非禮也辛亥葬衛穆公無傳二月公至自伐鄭
無傳甲子新宮災三日哭無傳三年喪畢宣公神主新入廟故謂之新宮書三日哭
善得禮宗廟親之神靈所馮居而遇災故哀而哭之乙亥葬宋文公無傳七月而葬緩
夏公如晉鄭公子去疾帥師伐許公至自晉無傳秋叔
孫僑如帥師圍棘棘汶陽田之邑在濟北蛇丘縣○[蛇]以支反一如字大雩無傳
以過時書晉郤克衛孫良夫伐廧咎如赤狄別種○[廧]在良反[咎]古刀反[種]
章勇反冬十有一月晉侯使荀庚來聘衛侯使孫良夫

來聘丙午及荀庚盟丁未及孫良夫盟先晉後衛尊霸主鄭
伐許無傳不書將帥告辭略

傳三年春諸侯伐鄭次于伯牛討邲之役也伯牛鄭地邲役
在宣十二年遂東侵鄭晉潛軍深入鄭公子偃帥師禦之偃穆公子
使東鄙覆諸鄤覆伏兵也○[覆]扶又反[鄤]亡袁反又武旦反敗諸丘輿鄤丘
輿皆鄭地晉偏軍為鄭所敗故不書皇戌如楚獻捷夏公如晉拜汶陽
之田前年晉使齊歸魯汶陽田故許恃楚而不事鄭鄭子良伐許

晉人歸楚公子穀臣與連尹襄老之尸于楚以求知
罃邲之戰楚獲知罃於是荀首佐中軍矣荀首知罃父故楚人許
之王送知罃曰子其怨我乎對曰二國治戎臣不才
不勝其任以為俘馘執事不以釁鼓以血塗鼓為釁鼓○[勝]音升
使歸即戮君之惠也臣實不才又誰敢怨王曰然則
德我乎對曰二國圖其社稷而求紓其民紓緩也各懲
其忿以相宥也宥赦也兩釋纍囚以成其好纍繫也二國
有好臣不與及其誰敢德言二國本不為己王曰子歸何以
報我對曰臣不任受怨君亦不任受德無怨無德不
知所報王曰雖然必告不穀對曰以君之靈纍臣得
歸骨於晉寡君之以為戮死且不朽戮其不勝任○[任]音壬下同
若從君之惠而免之以賜君之外臣首稱於異國君曰外臣首
其請於寡君而以戮於宗亦死且不朽若不獲命君不

（許戮）而使嗣宗職（嗣其祖宗之位職）次及於事而帥偏師以脩封疆雖遇執事（遇楚將帥）其弗敢違（違，辟也）其竭力致死無有二心以盡臣禮所以報也王曰晉未可與爭重爲之禮而歸之秋叔孫僑如圍棘取汶陽之田棘不服故圍之（僑如，叔孫得臣子）晉郤克衛孫良夫伐廧咎如討赤狄之餘焉（宣十五年，晉滅赤狄潞氏，其餘民散入廧咎如，故討之）廧咎如潰上失民也（此傳釋經之文，而經無廧咎如潰，蓋經闕此四字）冬十一月晉侯使荀庚來聘且尋盟（尋元年赤棘盟）衛侯使孫良夫來聘且尋盟（尋宣七年盟）公問諸臧宣叔曰中行伯之於晉也其位在三（下卿）孫子之於衛也位爲上卿將誰先對曰次國之上卿當大國之中中當其下下當其上大夫（降一等）小國之上卿當大國之下卿中當其上大夫下當其下大夫（降大國二等）上下如是古之制也（古制，公爲大國，侯伯爲次國，子男爲小國）衛在晉不得爲次國（春秋時以強弱爲大小，故衛雖侯爵，猶爲小國）晉爲盟主其將先之（計等則二人位敵，以盟主故先晉）丙午盟晉丁未盟衛禮也十二月甲戌晉作六軍（爲六軍，僭王也。萬二千五百人爲軍）韓厥趙括鞏朔韓穿荀騅趙旃皆爲卿賞鞌之功也（韓厥爲新中軍，趙括佐之；鞏朔爲新上軍，韓穿佐之；荀騅爲新下軍，趙旃佐之。晉舊自有三軍，今增此，故爲大軍。○騅音隹）齊侯朝于晉將授玉（行朝禮）郤克趨進曰此行也君爲婦人之笑辱也寡君未之敢任（言齊侯之來，以謝婦人之笑，非爲脩好，故云晉君不任當此惠。○任音壬）晉侯享齊侯齊侯視韓厥韓厥曰君知厥也乎齊侯曰服改矣（戎朝異服也。言服改，明識其人）韓厥登舉爵曰臣之不敢愛死爲兩君之在此堂也荀罃之在楚也鄭賈人有將寘諸褚中以出既謀之未行而楚人歸之賈人如晉荀罃善視之如實出己賈人曰吾無其功敢有其實乎吾小人不可以厚誣君子遂適齊（傳言知罃之賢。○賈音古，褚中呂反）

經四年春宋公使華元來聘三月壬申鄭伯堅卒（無傳。二年大夫盟于蜀。壬申，二月二十八日）杞伯來朝夏四月甲寅臧孫許卒（無傳）公如晉葬鄭襄公（無傳）秋公至自晉冬城鄆（無傳。公欲叛晉，故城而爲備。○鄆音運）鄭伯伐許

傳四年春宋華元來聘通嗣君也（宋共公即位）杞伯來朝歸叔姬故也（將出叔姬，先脩禮朝魯，言其故）夏公如晉晉侯見公不敬季文子曰晉侯必不免（言將不能壽終也。後十年陷廁而死）詩曰敬之敬之天惟顯思命不易哉（詩頌。言天道顯明，受其命甚難，不可不敬以奉之。○易，以豉反）夫晉侯之命在諸侯矣可不敬乎（敬諸侯則得天命）秋公至自晉欲求成于楚而叛晉季文子曰不可晉雖無道未可叛也國大臣睦而邇於我（邇，近也）諸侯聽焉未可以貳（聽服也）史佚之志有之（周文王大史）曰非我族類其心必異楚雖大非吾族也（與魯異姓）其肯字我乎公

乃止。守，愛也。冬十一月，鄭公孫申帥師疆許田。前年鄭伐許，侵其田，今正其界。許人敗諸展陂。鄭伯伐許，取鉏任泠敦之田。展陂，亦許地。○[任]音壬，[泠]力丁反。晉欒書將中軍，代郤克。荀首佐之，士燮佐上軍，以救許伐鄭，取氾祭。氾祭，鄭地。成皋縣東有氾水。○[氾]音凡，或音祀，[祭]側介反。楚子反救鄭，鄭伯與許男訟焉。於子反前爭曲直。皇戌攝鄭伯之辭，代之對。子反不能決也，曰：君若辱在寡君，寡君與其二三臣共聽兩君之所欲，成其可知也。欲使自屈，於楚子前決之。不然，側不足以知二國之成。側，子反名。為明年許愬鄭於楚張本。晉趙嬰通于趙莊姬。趙嬰，趙盾弟。莊姬，趙朔妻。朔，盾之子。

經五年春王正月，杞叔姬來歸。出也。傳在前年。仲孫蔑如宋。夏，叔孫僑如會晉荀首于穀。穀，齊地。梁山崩。記異也。梁山在馮翊夏陽縣北。秋，大水。無傳。冬十有一月己酉，天王崩。十有二月己丑，公會晉侯、齊侯、宋公、衛侯、鄭伯、曹伯、邾子、杞伯，同盟于蟲牢。蟲牢，鄭地。陳留封丘縣北有桐牢。

傳五年春，原屏放諸齊。放趙嬰也。原同、屏季，嬰之兄。○[屏]步丁反。嬰曰：我在，故欒氏不作。我亡，吾二昆其憂哉。且人各有能有不能，言己雖淫，而能令莊姬護趙氏。舍我何害？弗聽。嬰夢天使謂己：祭余，余福女。使問諸士貞伯，貞伯曰：不識也。既而告其人，自告貞伯從人。○[舍]音捨，又音赦。[聽]吐丁反。[女]音汝。[從]才用反。曰：神福仁而禍淫，淫而無罰，福也。祭，其得亡乎？以得放遣為福。祭之之明日而亡。為八年晉殺趙同、趙括傳。孟獻子如宋，報華元也。前年宋華元來聘。

夏，晉荀首如齊逆女，故宣伯餫諸穀。野饋曰餫，運糧饋之。敬大國也。○[餫]音鄆。梁山崩，晉侯以傳召伯宗。傳，驛。○[傳]中戀反。伯宗辟重，曰：辟傳。重，載之車。○[辟]匹亦反，又甫赤反。曰[辟]音避。重人曰：待我不如捷之速也。捷，邪出。問其所，曰：絳人也。問絳事焉，曰：梁山崩，將召伯宗謀之。問將若之何，曰：山有朽壤而崩，可若何？國主山川，主，謂所主祭。故山崩川竭，君為之不舉，去盛饌。○[為]于偽反。[饌]仕戀反。降服，損盛服。乘縵，車無文。○[縵]武旦反。徹樂，息八音。出次，舍於郊。祝幣，陳玉帛。史辭，自罪責。以禮焉。禮山川。其如此而已。雖伯宗，若之何？伯宗請見之，見之於晉君。○[見]賢遍反。不可。不肯見。遂以告而從之。從重人言。許靈公愬鄭伯于楚。前此年鄭伐許故。六月，鄭悼公如楚，訟不勝，楚人執皇戌及子國。以鄭伯不直故也。子國，鄭穆公子。故鄭伯歸，使公子偃請成于晉。秋八月，鄭伯及晉趙同盟于垂棘。垂棘，晉地。宋公子圍龜為質于楚而歸。圍龜，文公子。○[質]音致。華元享之，請鼓譟以出，鼓譟以復入，出入輒擊鼓。○[復]扶又反。曰：習攻華氏。宋公殺之。蓋宣十五年宋楚平後，華元使圍龜代己為質，故怨而欲攻華氏。冬，同盟于蟲牢，鄭服也。諸侯謀復會，宋公使向為人辭以子靈之難。子靈，圍龜也。宋公不欲會。以新誅子靈為辭。為明年侵宋傳。○[向]舒亮反。十一月己酉，定王崩。經在蟲牢上，傳在下，月倒錯。衆家傳悉無此八字，或衍文。

經六年春王正月公至自會無傳二月辛巳立武宮魯人自鞌之功至今無患故築武軍又作先君武公宮以告成事欲以示後世取鄟附庸國也○〔鄟〕音專又市轉反衛孫良夫帥師侵宋夏六月邾子來朝無傳公孫嬰齊如晉嬰齊叔肸子壬申鄭伯費卒前年同盟蟲牢○〔費〕音祕秋仲孫蔑叔孫僑如帥師侵宋楚公子嬰齊帥師伐鄭冬季孫行父如晉晉欒書帥師救鄭

傳六年春鄭伯如晉拜成謝前年再盟子游相子游公子偃授玉于東楹之東禮授玉兩楹之間鄭伯行疾故東過士貞伯曰鄭伯其死乎自弃也已視流而行速不安其位宜不能久視流不端諦二月季文子以鞌之功立武宮非禮也宣十二年潘黨勸楚子立武軍楚子荅以武有七德非己所堪其爲先君宮告成事而已今魯倚晉之功又非霸主而立武宮故譏之聽於人以救其難不可以立武立武由己非由人也言請人救難勝非己功○〔難〕乃旦反取鄟言易也三月晉伯宗夏陽說衛孫良夫甯相鄭人伊雒之戎陸渾蠻氏侵宋夏陽說晉大夫蠻氏戎別種也河南新城縣東南有蠻城經惟書衛孫良夫獨衛告也○〔說〕音悅〔渾〕戶門反以其辭會也辭會在前年師于鍼衛人不保不守備○〔鍼〕其廉反一音針說欲襲衛曰雖不可入多俘而歸有罪不及死伯宗曰不可衛唯信晉故師在其郊而不設備若襲之是弃信也雖多衛俘而晉無信何以求諸侯乃止師還衛人登陴聞說謀故○〔陴〕音皮晉人謀去故絳晉復命新田爲絳故謂此故絳諸大夫皆曰必居郇瑕氏之地郇瑕古國名河東解縣西北有郇城○〔郇〕音荀〔解〕音蟹沃饒而近盬盬鹽也猗氏縣盬池是○〔盬〕音古〔猗〕於宜反國利君樂不可失也韓獻子將新中軍且爲僕大夫兼大僕○〔樂〕音洛公揖而入獻子從公立於寢庭路寢之庭謂獻子曰何如問諸大夫言是非對曰不可郇瑕氏土薄水淺土薄地下其惡易覯惡疾疢覯成也○〔易〕以豉反〔覯〕古豆反〔疢〕勑覲反易覯則民愁民愁則墊隘墊隘羸困也○〔墊〕丁念反〔隘〕於賣反〔羸〕劣僞反於是乎有沈溺重膇之疾沈溺溼疾重膇足腫○〔膇〕治僞反不如新田今平陽絳邑縣是土厚水深居之不疾高燥故有汾澮以流其惡汾水出太原經絳北西南入河澮水出平陽絳縣南西入汾惡垢穢○〔汾〕扶云反〔澮〕古外反且民從教無災患十世之利也夫山澤林盬國之寶也國饒則民驕佚財易致則民驕佚近寶公室乃貧不可謂樂近寶則民不務本公說從之夏四月丁丑晉遷于新田爲季孫如晉傳六月鄭悼公卒終士貞伯之言子叔聲伯如晉命伐宋晉人命聲伯秋孟獻子叔孫宣伯侵宋晉命也楚子重伐鄭鄭從晉故也前年與晉盟冬季文子如晉賀遷也晉欒書救鄭與楚師遇於繞角繞角鄭地楚師還晉師遂侵蔡楚公子申公子成以申息之師救蔡申息楚二縣禦諸桑隧汝南朗陵縣東有桑里在上蔡西南趙同趙括欲戰請於武子武子將許之武子欒書知莊子荀首中軍佐范文子士燮上軍佐韓獻子韓厥新中軍將諫曰不可

吾來救鄭楚師去我吾遂至於此此蔡地是遷戮也戮而不已又怒楚師戰必不克遷戮不義怒敵難當故不克雖克不令成師以出而敗楚之二縣何榮之有焉大軍悉出故曰成師以大勝小不足爲榮若不能敗爲辱已甚不如還也乃遂還於是軍帥之欲戰者衆或謂欒武子曰聖人與衆同欲是以濟事子盍從衆盍何不也〔帥〕所類反○子爲大政中軍元帥將酌於民者也酌取民心以爲政子之佐十一人六軍之卿佐其不欲戰者三人而已知范韓也欲戰者可謂衆矣商書曰三人占從二人衆故也商書洪範武子曰善鈞從衆鈞等也夫善衆之主也三卿爲主可謂衆矣三卿皆晉之賢人從之不亦可乎傳善欒書得從衆之義且爲八年晉侵蔡傳

經七年春王正月鼷鼠食郊牛角改卜牛鼷鼠又食其角乃免牛無傳稱牛未卜日免放也免牛可也不郊非禮也○〔鼷〕音兮吳伐郯○〔郯〕音談夏五月曹伯來朝不郊猶三望無傳書不郊閒有事三望非禮秋楚公子嬰齊帥師伐鄭公會晉侯齊侯宋公衛侯曹伯莒子邾子杞伯救鄭八月戊辰同盟于馬陵馬陵衛地陽平元城縣東南有地名馬陵公至自會無傳吳入州來州來楚邑淮南下蔡縣是也冬大雩無傳書過衛孫林父出奔晉

傳七年春吳伐郯郯成季文子曰中國不振旅蠻夷入伐而莫之或恤振整也旅衆也無弔者也夫言中國不能相愍恤故夷狄內侵詩曰不弔昊天亂靡有定其此之謂乎詩小雅刺在上者不能弔愍下民故號天告亂○〔昊〕戶老反〔號〕戶刀反有上不弔其誰不受亂上謂霸主吾亡無日矣君子曰知懼如是斯不亡矣鄭子良相成公以如晉見且拜師謝前年晉救鄭之師爲楚伐鄭張本○〔相〕息亮反〔見〕賢遍反夏曹宣公來朝秋楚子重伐鄭師于汜汜鄭地在襄城縣南○〔汜〕音凡諸侯救鄭鄭共仲侯羽軍楚師二子鄭大夫囚鄖公鍾儀獻諸晉八月同盟于馬陵尋蟲牢之盟且莒服故也蟲牢盟在五年莒本屬齊齊服故莒從之晉人以鍾儀歸囚諸軍府軍藏府也爲九年晉侯見鍾儀張本○〔藏〕才浪反楚圍宋之役在宣十四年師還子重請取於申呂以爲賞田王許之分申呂之田以自賞申公巫臣曰不可此申呂所以邑也是以爲賦以御北方若取之是無申呂也言申呂賴此田成邑耳不得此田則無以出兵賦而二邑壞也〔御〕魚呂反○晉鄭必至于漢王乃止子重是以怨巫臣子反欲取夏姬巫臣止之遂取以行子反亦怨之及共王即位楚共王以魯成公元年即位子重子反殺巫臣之族子閻子蕩及清尹弗忌皆巫臣之族及襄老之子黑要以夏姬故幷怨黑要而分其室子重取子閻之室使沈尹與王子罷分子蕩之室子反取黑要與清尹之室巫臣自晉遺二子書子重子反○〔罷〕音皮曰爾以讒慝貪惏事君而多殺不辜余必使爾罷於奔命以死巫臣請使於吳晉侯

許之吳子壽夢說之乃通吳于晉壽夢季札父○〔婪〕力含反〔夢〕莫公反以兩之一卒適吳舍偏兩之一焉司馬法百人爲卒二十五人爲兩車九乘爲小偏十五乘爲大偏蓋留九乘車及一兩二十五人令吳習之○〔舍〕音捨〔乘〕繩證反與其射御教吳乘車教之戰陳教之叛楚前是吳常屬楚○戰〔陳〕直覲反寘其子狐庸焉使爲行人於吳吳始伐楚伐巢伐徐巢徐楚屬國子重奔命救徐巢馬陵之會吳入州來子重自鄭奔命因伐鄭而行子重子反於是乎一歲七奔命蠻夷屬於楚者吳盡取之是以始大通吳於上國上國諸夏衛定公惡孫林父冬孫林父出奔晉林父孫良夫之子衛侯如晉晉反戚焉戚林父邑林父出奔戚隨屬晉

經八年春晉侯使韓穿來言汶陽之田歸之于齊齊服事晉故晉來語魯使還二年所取田○〔語〕魚據反晉欒書帥師侵蔡公孫嬰齊如莒宋公使華元來聘夏宋公使公孫壽來納幣昏聘不使卿今華元將命故特書之宋公無主昏者自命之故稱使也公孫壽蕩意諸之父晉殺其大夫趙同趙括傳曰原屏咎之徒也明本不以德義自居宜其見討故從告辭而稱名秋七月天子使召伯來賜公命諸侯即位天子賜以命圭與之合瑞八年乃來緩也天子天王王者之通稱○〔稱〕尺證反冬十月癸卯杞叔姬卒前五年來歸者女既適人雖見出弃猶以成人禮書之終爲杞伯所葬故稱杞叔姬晉侯使士燮來聘叔孫僑如會晉士燮齊人邾人伐郯先謀而稱會盟主之命不同之於列國衛人來媵古者諸侯取適夫人及左右媵各有姪娣皆同姓之國國三人凡九女所以廣繼嗣也魯將嫁伯姬於宋故衛來媵之○〔媵〕以證反〔適〕丁歷反〔姪〕大結反又丈一反

傳八年春晉侯使韓穿來言汶陽之田歸之于齊季文子餞之餞送行飲酒○〔餞〕錢淺反祖而舍軷飲酒於其側曰餞私焉私與之言曰大國制義以爲盟主是以諸侯懷德畏討無有貳心謂汶陽之田敝邑之舊也而用師於齊使歸諸敝邑用師鞌之戰今有二命曰歸諸齊信以行義義以成命小國所望而懷也信不可知義無所立四方諸侯其誰不解體言不復肅敬於晉詩曰女也不爽士貳其行士也罔極二三其德爽差也極中也詩衛風婦人怨丈夫不一其行喻魯事晉猶女之事夫不敢過差而晉有罔極之心反二三其德○〔差〕初賣反又初佳反七年之中一與一奪二三孰甚焉士之二三猶喪妃耦而況霸主霸主將德是以以用也而二三之其何以長有諸侯乎詩曰猶之未遠是用大簡猶圖也簡諫也詩大雅言王者圖事不遠故用大道諫之行父懼晉之不遠猶而失諸侯也是以敢私言之晉欒書侵蔡六年未得志故遂侵楚獲申驪申驪楚大夫○〔驪〕力馳反楚師之還也晉侵沈獲沈子揖初從知范韓也謂六年遇於繞角時繞角之役欒書從知莊子范文子韓獻子之言不與楚戰自是常從其謀御出有功故傳善之沈國今汝南平輿縣○〔揖〕音集又於立反君子曰從善如流宜哉宜有功也如流喻速詩曰愷悌君子遐不作人遐遠也作用也詩大雅言文王能遠用善人不語助求善也夫作人斯有功績矣是行也鄭伯將會晉師會伐蔡之師○〔夫〕音

扶。門于許東門。大獲焉。過許，見其無備，因攻之。○[過]古禾反。因聲伯如莒。逆也。自爲逆婦，而書者，因聘而逆。○[爲]于僞反。宋華元來聘。聘共姬也。穆姜之女，成公姊妹，爲宋共公夫人。聘不應使卿，故傳發其事而已。夏。宋公使公孫壽來納幣。禮也。納幣應使卿。晉趙莊姬爲趙嬰之亡故，譖之于晉侯。趙嬰亡在五年。曰：原、屏將爲亂。欒、郤爲徵。欒氏、郤氏，亦徵其爲亂。六月，晉討趙同、趙括。武從姬氏畜于公宮。趙武，莊姬之子。莊姬，晉成公女。畜，養也。以其田與祁奚。韓厥言於晉侯曰：成季之勳，宣孟之忠，成季，趙衰。宣孟，趙盾。○[祁]巨之反，[衰]初危反，[盾]徒本反。而無後，爲善者其懼矣。三代之令王，皆數百年保天之祿。夫豈無辟王？賴前哲以免也。言三代亦有邪辟之君，但賴其先人以免禍耳。○[數]所主反，[辟]匹亦反。周書曰：不敢侮鰥寡。所以明德也。周書，康誥。言文王不侮鰥寡而德益明。欲使晉侯之法文王。乃立武，而反其田焉。秋，召桓公來賜公命。召桓公，周卿士。晉侯使申公巫臣如吳，假道于莒。與渠丘公立於池上。渠丘公，莒子朱也。池，城池也。渠丘，邑名。莒縣有蘧里。○[蘧]其居反。曰：城已惡。莒子曰：辟陋在夷，其孰以我爲虞？虞，度也。○[度]待洛反。對曰：夫狡焉狡猾之人。○[狡]交卯反，[猾]于八反。思啓封疆以利社稷者，何國蔑有？唯然，故多大國矣。唯或思或縱也。世有思開封疆者，有縱其暴掠者，莒人當唯此爲命。○[掠]音亮。勇夫重閉，況國乎？爲明年莒潰傳。○[重]直龍反，又直勇反。冬，杞叔姬卒。來歸自杞，故書。愍其見出來歸，故書卒也。若更適大夫，則不復書卒。晉士燮來聘，言伐郯也，以其事

吳故。七年郯與吳成。公賂之，請緩師。文子不可，文子，士燮。曰：君命無貳，失信不立。禮無加貨，事無二成。公私不兩成。君後諸侯，是寡君不得事君也。欲與魯絕。燮將復之。季孫懼，使宣伯帥師會伐郯。衛人來媵共姬，禮也。凡諸侯嫁女，同姓媵之，異姓則否。必以同姓者，參骨肉至親，所以息陰訟。

經九年，春，王正月，杞伯來逆叔姬之喪以歸。公會晉侯、齊侯、宋公、衛侯、鄭伯、曹伯、莒子、杞伯同盟于蒲。蒲，衛地，在長垣縣西南。公至自會。無傳。二月，伯姬歸于宋。宋不使卿逆，非禮。夏，季孫行父如宋致女。女嫁三月，又使大夫隨加聘問，謂之致女，所以致成婦禮。篤昏姻之好。晉人來媵。媵伯姬也。秋，七月，丙子，齊侯無野卒。無傳。五同盟。丙子，六月一日。書七月，從赴。晉人執鄭伯。鄭伯既受盟于蒲，又受楚賂，會于鄧，故執之。稱人者，晉以無道於民告諸侯。例在十五年。晉欒書帥師伐鄭。冬，十有一月，葬齊頃公。無傳。楚公子嬰齊帥師伐莒。庚申，莒潰。民逃其上曰潰。楚人入鄆。鄆，莒別邑也。楚偏師入鄆，故稱人。秦人、白狄伐晉。鄭人圍許。城中城。魯邑也。在東海廩丘縣西南。此閏月城，在十一月之後，十二月之前。故傳曰書時。

傳九年，春，杞桓公來逆叔姬之喪，請之也。叔姬已絕於杞，魯復強請杞使還取葬。○[強]其丈反。杞叔姬卒，爲杞故也。還爲杞婦，故卒稱杞。○[爲]于僞反，下文及爲魯、爲歸同。逆叔姬，爲我也。既棄而復逆其喪，明爲魯故。○逆叔姬絕句，爲我也，本或無爲字。爲歸汶陽之田故，諸侯貳於晉。歸田在前年。晉

人懼會於蒲以尋馬陵之盟馬陵在七年季文子謂范文子曰德則不競尋盟何爲競强也范文子曰勤以撫之寬以待之堅彊以御之明神以要之柔服而伐貳德之次也是行也將始會吳吳人不至爲十五年會鍾離傳○御魚呂反要一遥反二月伯姬歸于宋爲致女復命起楚人以重賂求鄭鄭伯會楚公子成于鄧爲晉人執鄭伯傳夏季文子如宋致女復命公享之賦韓奕之五章韓奕詩大雅篇名其五章言蹶父嫁女於韓侯爲女相所居莫如韓樂文子喻魯侯有蹶父之德宋公如韓侯宋土如韓樂○蹶九衛反爲于僞反樂音洛穆姜出于房再拜曰大夫勤辱不忘先君以及嗣君施及未亡人穆姜伯姬母聞文子言宋樂喜而出謝其行勞婦人夫死自稱未亡人○施以豉反先君猶有望也言先君亦望文子之若此敢拜大夫之重勤又賦綠衣之卒章而入綠衣詩邶風也取其我思古人實獲我心喻文子言得己意○重直勇反又直用反邶音佩晉人來媵禮也同姓故秋鄭伯如晉晉人討其貳於楚也執諸銅鞮銅鞮晉別縣在上黨○鞮丁兮反欒書伐鄭鄭人使伯蠲行成晉人殺之非禮也兵交使在其閒可也明殺行人閒○蠲古縣反又音圭楚子重侵陳以救鄭陳與晉故晉侯觀于軍府見鍾儀問之曰南冠而縶者誰也南冠楚冠縶拘執○縶陟立反有司對曰鄭人所獻楚囚也使稅之鄭獻鍾儀在七年稅解也○稅吐活反又始銳反召而弔之再拜稽首問其族對曰泠人也泠人樂官○泠力丁反公曰能樂乎對曰先父之職官也敢有二事言不敢學他事使與之琴操南音南音楚聲○操七刀反公曰君王何如對曰非小人之所得知也固問之對曰其爲大子也師保奉之以朝于嬰齊而夕于側也嬰齊令尹子重側司馬子反言其尊卿敬老不知其他公語范文子文子曰楚囚君子也言稱先職不背本也樂操土風不忘舊也稱大子抑無私也舍其近事而遠稱少小以示性所自然明至誠○語魚據反名其二卿尊君也尊晉君也不背本仁也不忘舊信也無私忠也尊君敏也敏達也仁以接事信以守之忠以成之敏以行之事雖大必濟言有此四德必能成大事君盍歸之使合晉楚之成公從之重爲之禮使歸求成爲下十二月晉楚結成張本冬十一月楚子重自陳伐莒圍渠丘渠丘城惡衆潰奔莒戊申楚入渠丘月六日莒人囚楚公子平楚人曰勿殺吾歸而俘莒人殺之楚師圍莒莒城亦惡庚申莒潰月十八日楚遂入鄆莒無備故也終巫臣之言君子曰恃陋而不備罪之大者也備豫不虞善之大者也莒恃其陋而不脩城郭浹辰之閒而楚克其三都無備也夫浹辰十二日也○浹子協反又子荅反詩曰雖有絲麻無棄菅蒯雖有姬姜無棄蕉萃凡百君子莫不代匱言備之不可以已也逸詩也姬姜大國之女蕉萃陋賤之人○菅古顏反蒯苦怪反蕉在遥反秦人白狄伐晉諸侯貳故也鄭人圍許

示晉不急君也。此秋晉執鄭伯。是則公孫申謀之，曰：我出師以圍許，示不畏晉。爲將改立君者，而紓晉使，紓，緩也。勿亟遣使詰晉，示欲更立君。○[爲將]竝如字。[亟]紀力反，或欺冀反。晉必歸君。爲明年晉侯歸鄭伯張本。城中城。書，時也。十二月，楚子使公子辰如晉，報鍾儀之使，請脩好結成。鍾儀奉晉命歸，故楚報之。

經十年春，衛侯之弟黑背帥師侵鄭。夏四月，五卜郊，不從，乃不郊。無傳。卜常祀，不郊，皆非禮，故書。五月，公會晉侯、齊侯、宋公、衛侯、曹伯伐鄭。晉侯，大子州蒲也。稱爵，見其生代父居位，失人子之禮。○[見]賢遍反。齊人來媵。無傳。媵伯姬也。異姓來媵，非禮也。丙午，晉侯獳卒。六同盟。據傳丙午，六月七日。有日無月。○[獳]乃侯反。秋七月，公如晉。冬十月。

傳十年春，晉侯使糴茷如楚，糴茷，晉大夫。○[糴]徒弔反，一杜敖反。[茷]扶廢反，一蒲發反。報大宰子商之使也。子商，楚公子辰。使在前年。衛子叔黑背侵鄭，晉命也。晉命衛使侵鄭。鄭公子班聞叔申之謀，改立君之謀。三月，子如立公子繻。子如，公子班。○[繻]音須。夏四月，鄭人殺繻，立髡頑。子如奔許。髡頑，鄭成公大子。○[髡]苦門反。欒武子曰：鄭人立君，我執一人焉，何益？不如伐鄭而歸其君，以求成焉。晉侯有疾。五月，晉立大子州蒲以爲君，而會諸侯伐鄭。生立子爲君，此父不父，子不子。經因書晉侯，其惡明。鄭子罕賂以襄鐘，子罕，穆公子。襄鐘，鄭襄公之廟鐘。子然盟于脩澤，子駟爲質。子然、子駟，皆穆公子。滎陽卷縣東有脩武亭。○[質]音致。[卷]音權，又丘權反。辛巳，鄭伯歸。鄭伯歸不書，鄭不告入。晉侯夢大厲，被髮及地，搏膺而踊，曰：殺余孫，不義。厲，鬼也。趙氏之先祖也。八年，晉侯殺趙同、趙括，故怒。○[被]皮寄反。余得請於帝矣。壞大門及寢門而入。公懼，入于室。又壞戶。公覺，召桑田巫。桑田，晉邑。○[壞]音怪。[覺]古孝反。巫言如夢。巫云鬼怒，如公所夢。公曰：何如？曰：不食新矣。言公不得及食新麥。公疾病，求醫于秦，秦伯使醫緩爲之。緩，醫名。爲，猶治也。未至，公夢疾爲二豎子，曰：彼良醫也，懼傷我，焉逃之？其一曰：居肓之上，膏之下，若我何？肓，鬲也。心下爲膏。○[焉]於虔反，一讀如字，屬上句。[肓]音荒，心下鬲上也。醫至，曰：疾不可爲也。在肓之上，膏之下，攻之不可，達之不及，藥不至焉，不可爲也。達，針。公曰：良醫也。厚爲之禮而歸之。六月丙午，晉侯欲麥。周六月，今四月，麥始熟。使甸人獻麥。甸人，主爲公田者。○[甸]徒練反。饋人爲之。召桑田巫，示而殺之。將食，張，如廁，陷而卒。張，腹滿也。○[饋]其媿反。[張]中亮反。小臣有晨夢負公以登天，及日中，負晉侯出諸廁，遂以爲殉。傳言巫以明術見殺，小臣以言夢自禍。鄭伯討立君者，戊申，殺叔申、叔禽。叔禽，叔申弟。君子曰：忠爲令德，非其人猶不可，況不令乎？言叔申爲忠，不得其人，還害身。秋，公如晉。親弔，非禮。晉人止公，使送葬。於是糴茷未反。是春晉使糴茷至楚結成。晉謂魯貳於楚，故留公，須糴茷還，驗其虛實。冬，葬晉景公。公送葬，諸侯莫在。魯人辱之，故不書，諱之也。諱不書晉葬也。

春秋經傳集解成公上第十二

春秋經傳集解成公下第十三

杜氏註　盡十八年

經十有一年春王三月公至自晉正月公在晉不書諱見止晉侯使郤犨來聘己丑及郤犨盟郤犨郤克從父兄弟○〔犨〕尺由反夏季孫行父如晉秋叔孫僑如如齊○〔僑〕其驕反冬十月

傳十一年春王三月公至自晉晉人以公爲貳於楚故止公公請受盟而後使歸前年七月公如晉至是乃得歸郤犨來聘且涖盟公請受盟故使大夫來臨之聲伯之母不聘聲伯之母叔肸之妻不聘無媒禮○〔肸〕許乙反穆姜曰吾不以妾爲姒昆弟之妻相謂爲姒穆姜宣公夫人宣公叔肸同母昆弟生聲伯而出之嫁於齊管于奚生二子而寡以歸聲伯聲伯以其外弟爲大夫外弟管于奚之子爲魯大夫而嫁其外妹於施孝叔孝叔魯惠公五世孫郤犨來聘求婦於聲伯聲伯奪施氏婦以與之婦人曰鳥獸猶不失儷儷耦也○〔儷〕力計反子將若何曰吾不能死亡言不與郤犨婦懼能忿致禍婦人遂行生二子於郤氏郤氏亡晉人歸之施氏施氏逆諸河沈其二子沈之於河○〔沈〕直蔭反一如字婦人怒曰已不能庇其伉儷而亡之伉敵也○〔已〕音以又音紀〔伉〕苦浪反又不能字人之孤而殺之字愛也將何以終遂誓施氏約誓不復爲之婦也傳言郤犨淫縱所以亡也夏季文子如晉報聘且涖盟也郤犨文子交盟魯晉之君其意一也故但書來盟舉重略輕周公楚惡惠襄之偪也惠王襄王之族○〔惡〕烏路反且與伯與爭政伯與周卿士○〔與〕音餘不勝怒而出及陽樊陽樊晉地王使劉子復之盟于鄄而入三日復出奔晉王既復之而復出所以自絕於周爲明年周公出奔傳鄄周邑○〔鄄〕音絹秋宣伯聘于齊以脩前好鞌以前之好晉郤至與周爭鄇田鄇溫別邑今河內懷縣西南有鄇人亭○〔鄇〕音侯又音候王命劉康公單襄公訟諸晉郤至曰溫吾故也故不敢失言溫郤氏舊邑○〔單〕音善劉子單子曰昔周克商使諸侯撫封各撫有其封內之地蘇忿生以溫爲司寇與檀伯達封于河蘇忿生周武王司寇蘇公也與檀伯達俱封於河內蘇氏卽狄又不能於狄而奔衛事在僖十年襄王勞文公而賜之溫在僖二十五年○〔勞〕力報反狐氏陽氏先處之狐溱陽處父先食溫地○〔溱〕側巾反而後及子若治其故則王官之邑也子安得之晉侯使郤至勿敢爭傳言郤至貪所以亡宋華元善於令尹子重又善於欒武子聞楚人既許晉糴茷成而使歸復命矣在往年○〔華〕戶化反冬華元如楚遂如晉合晉楚之成秦晉爲成將會于令狐晉侯先至焉秦爲明年盟宋西門外張本伯不肯涉河次于王城使史顆盟晉侯于河東史顆秦大夫○〔顆〕苦果反晉郤犨盟秦伯于河西就盟王城范文子曰是盟也何益齊盟所以質信也齊一心質成也會所信之始也始之不從其可質乎秦伯歸而背晉成爲十三年伐秦傳○〔背〕音佩卷內皆同

經十有二年春周公出奔晉夏公會晉侯衛侯于瑣澤 瑣澤地闕 秋晉人敗狄于交剛 交剛地闕 冬十月

傳十二年春王使以周公之難來告 周公奔在前年 書曰周公出奔晉凡自周無出周公自出故也 天子無外故奔者不言出周公為王所復而自絕於周故書出以非之 宋華元克合晉楚之成 終前年事 夏五月晉士燮會楚公子罷許偃 二子楚大夫○罷音皮 癸亥盟于宋西門之外曰凡晉楚無相加戎好惡同之同恤菑危備救凶患若有害楚則晉伐之在晉楚亦如之交贄往來道路無壅 贄幣也○好惡並如字又皆去聲菑音災 謀其不協而討不庭 討背叛不來在王庭者 有渝此盟明神殛之 殛誅也 俾隊其師無克胙國 俾使也隊失也○隊直類反胙才故反 鄭伯如晉聽成 聽猶受也晉楚既成鄭往受命 會于瑣澤成故也 晉既與楚成合諸侯以申成好 狄人閒宋之盟以侵晉而不設備 ○閒宋閒廁之閒 秋晉人敗狄于交剛晉郤至如楚聘且涖盟楚子享之子反相為地室而縣焉 縣鍾鼓也○相息亮反縣音玄 郤至將登 登堂 金奏作於下 擊鍾而奏樂 驚而走出子反曰日云莫矣寡君須矣吾子其入也賓曰君不忘先君之好施及下臣貺之以大禮重之以備樂 貺賜也○莫音暮施以豉反 如天之福兩君相見何以代此下臣不敢 言此兩君相見之禮 子反曰如天之福兩君相見無亦唯是一矢以相加遺焉用樂 言兩君戰乃相見無用此樂○遺唯季反焉於虔反 寡君須矣吾子其入也賓曰 傳諸交讓得賓主辭者多曰賓以明之 若讓之以一矢禍之大者其何福之為世之治也諸侯閒於天子之事則相朝也 王事閒缺則脩私好○閒音閑 於是乎有享宴之禮享以訓共儉 享有體薦設几而不倚爵盈而不飲肴乾而不食所以訓共儉 宴以示慈惠 宴則折俎相與共食 共儉以行禮而慈惠以布政政以禮成民是以息百官承事朝而不夕 不夕言無事○朝直遙反 此公侯之所以扞城其民也 扞蔽也言享宴結好鄰國所以蔽扞其民○扞戶旦反 故詩曰赳赳武夫公侯干城 詩周南之風赳赳武貌干扞也言公侯之與武夫止于扞難而已○干戶旦反又如字 及其亂也諸侯貪冒侵欲不忌爭尋常以盡其民 八尺曰尋倍尋曰常言爭尺寸之地以相攻伐○冒莫報反又亡北反 略其武夫以為己腹心股肱爪牙 略取也言世亂則公侯制禦武夫以從己志使侵害鄰國為搏噬之用無已 故詩曰赳赳武夫公侯腹心 舉詩之正以駁亂義詩言治世則武夫能合德公侯外為扞城內制其腹心 天下有道則公侯能為民干城而制其腹心亂則反之 略其武夫以為己腹心爪牙○能為于偽反 今吾子之言亂之道也不可以為法然吾子主也至敢不從遂入卒事歸以語范文子文子曰無禮必食言吾死無日矣夫 言晉楚不能久和必復相伐為十六年鄢陵戰張本○語魚據反鄢謁晚反又一建反 冬楚公子罷如晉聘且涖盟 報郤至 十二月晉侯及楚公子罷盟于赤棘 晉地

經十有三年春，晉侯使郤錡來乞師。（將伐秦也。侯伯當召兵而乞師，謙辭。〇〔錡〕魚綺反。）三月，公如京師。（伐秦道過京師，因朝王。）夏五月，公自京師，遂會晉侯、齊侯、宋公、衛侯、鄭伯、曹伯、邾人、滕人伐秦。曹伯盧卒于師。（五同盟。〇〔盧〕如字，亦作廬。）秋七月，公至自伐秦。（無傳。）冬，葬曹宣公。

傳十三年春，晉侯使郤錡來乞師，將事不敬。（將事，致君命。）孟獻子曰：郤氏其亡乎！禮，身之幹也；敬，身之基也。郤子無基。且先君之嗣卿也，受命以求師，將社稷是衛，而惰，弃君命也，不亡何爲？（郤錡，郤克子，故曰嗣卿。爲十七年晉殺郤錡傳。）三月，公如京師，宣伯欲賜，（欲王賜己。）請先使，王以行人之禮禮焉。（不加厚。〇〔使〕所吏反。）孟獻子從，王以爲介而重賄之。（介，輔相威儀者。獻子相公以禮，故王重賜之。〇〔從〕才用反。）公及諸侯朝王，遂從劉康公、成肅公會晉侯伐秦。（劉康公，王季子。劉、成二公不書，兵不加秦。）成子受脤于社，不敬。（脤，宜社之肉也，盛以脤器，故曰脤。宜，出兵祭社之名。〇〔脤〕市軫反。〔盛〕音成。）劉子曰：吾聞之，民受天地之中以生，所謂命也。是以有動作禮義威儀之則，以定命也。能者養之以福，（養威儀以致福。）不能者敗以取禍。是故君子勤禮，小人盡力。勤禮莫如致敬，盡力莫如敦篤。敬在養神，篤在守業。國之大事，在祀與戎。祀有執膰，（膰，祭肉。〇〔膰〕音煩。）戎有受脤，神之大節也。（交神之大節。）今成子惰，弃其命矣，（惰則失中和之氣。）其不反乎！（爲成肅公卒于瑕張本。）夏四月戊午，晉侯使呂相絶秦，（呂相，魏錡子。蓋口宣己命。〇〔相〕息亮反。）曰：昔逮我獻公及穆公（晉獻公、秦穆公。〇〔逮〕音代，一音大計反。）相好，戮力同心，申之以盟誓，重之以昏姻。（穆公夫人，獻公之女。〇〔好〕呼報反。〔戮〕音六，又力幽反，字林音遼。）天禍晉國，文公如齊，惠公如秦。（辟驪姬也。不言狄、梁，舉所恃大國。〇〔辟〕音避。）無祿，獻公即世。穆公不忘舊德，俾我惠公用能奉祀于晉。（僖十年，秦納惠公。）又不能成大勳，而爲韓之師。（僖十五年，秦伐晉，獲惠公。）亦悔于厥心，用集我文公，是穆之成也。（集，成也。成功于晉。）文公躬擐甲冑，跋履山川，（草行爲跋。〇〔擐〕音患。〔跋〕蒲末反。）踰越險阻，征東之諸侯，虞、夏、商、周之胤，而朝諸秦，則亦既報舊德矣。鄭人怒君之疆埸，我文公帥諸侯及秦圍鄭。（晉自以鄭貳於楚，故圍之。鄭非侵秦也。以此誣秦，事在僖三十年。〇〔埸〕音亦。）秦大夫不詢于我寡君，擅及鄭盟。（詢，謀也。盟者秦伯，謙言大夫。）諸侯疾之，將致命于秦。（致死命而討秦。時無諸侯，蓋諸侯遙致此意。）文公恐懼，綏靜諸侯，秦師克還無害，則是我有大造于西也。（造，成也。言晉有成功於秦。）無祿，文公即世，穆爲不弔，（不見弔傷。）蔑死我君，寡我襄公，（寡，弱也。）迭我殽地，奸絶我好，伐我保城，殄滅我費滑，（伐保城，誣之。費滑，滑國都於費，今緱氏縣。〇〔迭〕直結反，又音逸。〔費〕扶味反。〔緱〕古侯反。）散離我兄弟，撓亂我同盟，（滑，晉同姓。〇〔撓〕乃卯反。）傾覆我國家。我襄公未忘君之舊勳，（納文公之勳。）而懼社稷之隕，是以有殽之師。（在僖三十三年。）猶願赦罪于穆公。（晉欲求解於秦。）穆公弗聽，而即楚謀我。天誘其衷，成王隕命，（秦使鬭克歸楚求成，事見文十四年。文元年楚弒成王。○〔見〕賢遍反。）穆公是以不克逞志于我。（逞，快也。）穆、襄即世，康、靈即位。（文六年，晉襄、秦穆皆卒。）康公，我之自出，（晉外甥。）又欲闕翦我公室，傾覆我社稷，帥我蝥賊，以來蕩搖我邊疆。（蝥賊，食禾稼蟲名，謂秦納公子雍。○〔闕〕其月反，又如字。〔蝥〕莫侯反。）我是以有令狐之役。（在文七年。）康猶不悛，入我河曲，（悛，改也。○〔悛〕七全反。）伐我涑川，俘我王官，（涑水出河東聞喜縣，西南至蒲坂縣入河。○〔涑〕息錄反，又音速。）翦我羈馬，我是以有河曲之戰。（在文十二年。）東道之不通，則是康公絕我好也。（言康公自絕，故不復東通晉。）及君之嗣也，（君，秦桓公。）我君景公引領西望曰：「庶撫我乎！」（望秦撫恤晉。）君亦不惠稱盟，（不肯稱晉望而共盟。○〔稱〕尺證反。）利吾有狄難，（謂晉滅潞氏時。○〔難〕乃旦反。）入我河縣，焚我箕、郜，芟夷我農功，（夷，傷也。○〔郜〕古報反。）虔劉我邊垂，（虔、劉皆殺也。）我是以有輔氏之聚。（聚衆也。在宣十五年。）君亦悔禍之延，（延，長也。）而欲徼福于先君獻、穆，（晉獻、秦穆。）使伯車來命我景公（伯車，秦桓公子。）曰：「吾與女同好棄惡，復脩舊德，以追念前勳。」言誓未就，景公即世，我寡君是以有令狐之會。（令狐會在十一年。申厲公之命，宜言寡人，稱君誤也。○〔復〕音服，又扶又反。）君又不祥，（祥，善也。）背棄盟誓。白狄及君同州，（及，與也。）君之仇讎，而我昏姻也。（季隗，廧咎如赤狄之女也，白狄伐而獲之，納諸文公。○〔隗〕五罪反。〔廧〕在良反。〔咎〕音羔。）君來賜命曰：「吾與女伐狄。」寡君不敢顧昏姻，畏君之威，而受命于吏。君有二心於狄，曰：『晉將伐女。』狄應且憎，是用告我。（言狄雖應荅秦，而心實憎秦無信。）楚人惡君之二三其德也，亦來告我曰：『秦背令狐之盟，而來求盟于我，昭告昊天上帝、秦三公、楚三王。（三公，穆、康、共。三王，成、穆、莊。○〔昊〕戶老反。〔共〕音恭。）曰：余雖與晉出入，（出入猶往來。）余唯利是視。不穀惡其無成德，是用宣之，以懲不壹。』諸侯備聞此言，斯是用痛心疾首，暱就寡人。（疾亦痛也。暱，親也。○〔暱〕女乙反。）寡人帥以聽命，唯好是求。君若惠顧諸侯，矜哀寡人，而賜之盟，則寡人之願也，其承寧諸侯以退，（承君之意以寧靜諸侯。）豈敢徼亂？（徼，要也。）君若不施大惠，寡人不佞，其不能以諸侯退矣。敢盡布之執事，俾執事實圖利之。」（俾，使也。）秦桓公既與晉厲公為令狐之盟，而又召狄與楚，欲道以伐晉，諸侯是以睦於晉。（晉辭多誣秦，故傳據此三事以正秦罪。）晉欒書將中軍，荀庚佐之，（庚代荀首。）士燮將上軍，（代荀庚。）郤錡佐之，（代士燮。）韓厥將下軍，（代郤錡。）荀罃佐之，（代趙同。）趙旃將新軍，（代韓厥。○〔旃〕之然反。）郤至佐之，（代趙括。）郤毅御戎，欒鍼為右。（郤毅，郤至弟。欒鍼，欒書子。○〔鍼〕其廉反。）孟獻子曰：「晉帥乘和，師必有大功。」（帥，軍帥。乘，車士。○〔帥〕所類反。〔乘〕繩證反。）五月丁亥，晉師以諸侯之師及秦師戰于麻隧。秦師敗績，獲秦成差及不更女父。（不更，秦爵。戰、敗績不書，以為晉直秦曲，則韓役書戰，時公在師，復不須告，克獲有功，亦無所諱，蓋經文闕漏。傳文獨存。○〔差〕初佳反，又初宜反。〔更〕音庚。〔女〕音汝。〔復〕扶又反。曹宣公卒于師。師遂濟涇，及侯麗而還。涇水出安定，東南經扶風、京兆高陵縣入渭也。○〔麗〕力馳反。迓晉侯于新楚。迓，迎也。既戰，晉侯止新楚，故師還過迎之。麻隧、侯麗、新楚皆秦地。成肅公卒于瑕。終劉子之言。瑕，晉地。六月丁卯夜，鄭公子班自訾求入于大宮，不能。殺子印、子羽。訾，鄭地。大宮，鄭祖廟。十年班出奔許，今欲還爲亂。子印、子羽皆穆公子。○〔班〕亦作般。〔訾〕子斯反。〔大〕音泰。反軍于市。己巳，子駟帥國人盟于大宮。子駟，穆公子。遂從而盡焚之。焚，燒也。殺子如、子駹、孫叔、孫知。子如，公子班。子駹，班弟。孫叔，子如子。孫知，子駹子。○〔駹〕武邦反。曹人使公子負芻守，使公子欣時逆曹伯之喪。二子皆曹宣公庶子。○〔芻〕初俱反。秋，負芻殺其大子而自立也。宣公大子。諸侯乃請討之，晉人以其役之勞，請俟他年。冬，葬曹宣公。既葬，子臧將亡，子臧，公子欣時。國人皆將從之。不義負芻故。成公乃懼，成公，負芻。告罪且請焉。請留子臧。乃反而致其邑。還邑於成公，爲十五年執曹伯傳。

經十有四年春王正月，莒子朱卒。無傳。九年盟于蒲。夏，衛孫林父自晉歸于衛。晉納之，故曰歸。秋，叔孫僑如如齊逆女。成公逆夫人，最爲得禮，而經無納幣者，文闕絶也。鄭公子喜帥師伐許。九月，僑如以夫人婦姜氏至自齊。冬十月庚寅，衛侯臧卒。五同盟。秦伯卒。無傳。二年大夫盟於蜀，而不赴以名，闕在隱七年。

傳十四年春，衛侯如晉，晉侯強見孫林父焉。林父以七年奔晉，強見，欲歸之。○〔強〕其丈反。〔見〕賢遍反。定公不可。夏，衛侯既歸，晉侯使郤犨送孫林父而見之。衛侯欲辭，定姜曰：不可。定姜，定公夫人。是先君宗卿之嗣也，同姓之卿。大國又以爲請，不許，將亡。雖惡之，不猶愈於亡乎？君其忍之。違大國必見伐，故亡。○〔惡〕烏路反。安民而宥宗卿，不亦可乎？衛侯見而復之。復林父位。衛侯饗苦成叔，成叔，郤犨。甯惠子相。相，佐禮。惠子，甯殖。苦成叔傲。甯子曰：苦成家其亡乎！古之爲享食也，以觀威儀、省禍福也。故詩曰：兕觵其觩，旨酒思柔。詩小雅。言君子好禮，飲酒皆思柔德。雖設兕觵，觩然不用。以兕角爲觵，所以罰不敬。觩，陳設之貌。○〔傲〕五報反。〔食〕音嗣。〔兕〕辭姊反。〔觵〕古橫反。〔觩〕音虯。彼交匪傲，萬福來求。彼之交於事而不惰傲，乃萬福之所求。今夫子傲，取禍之道也。爲十七年郤氏亡。秋，宣伯如齊逆女，稱族，尊君命也。八月，鄭子罕伐許，敗焉。爲許所敗。○所〔敗〕必邁反。戊戌，鄭伯復伐許。庚子，入其郛。郛，郭也。許人平以叔申之封。四年鄭公孫申疆許田，許人敗之，不得定其封疆。今許以是所封田求和於鄭。九月，僑如以夫人婦姜氏至自齊。舍族，尊夫人也。舍族，謂不稱叔孫。○〔舍〕音捨。故君子曰：春秋之稱微而顯，辭微而義顯。○〔稱〕尺證反。志而晦，志，記也。晦，亦微也。謂約言以記事，事敘而文微。婉而成章，婉，曲也。謂曲屈其辭，有所辟諱，以示大順，而成篇章。盡而不汙，謂直言其事，盡其事實，無所汙曲。○〔汙〕憂于反。懲惡而勸善。善名必書，惡名不滅，所以爲懲勸。非聖人誰能脩之？脩，史策成此五者。衛侯有疾，使孔成子、甯惠子立敬姒之子衎以爲大子。成子，孔達。

之孫敬姒定公妾衍獻公冬十月衞定公卒夫人姜氏既哭而息見大子之不哀也不內酌飲歎曰是夫也將不唯衞國之敗其必始於未亡人定姜言獻公行無禮必從己始下言暴妾使余是也○［內］如字又音納［酌］市略反又張略反烏呼天禍衞國也夫吾不獲鱄也使主社稷鱄衎之母弟○［鱄］市轉反一音專大夫聞之無不聳懼孫文子自是不敢舍其重器於衞寶器○［舍］音赦或音捨盡寘諸戚寘置也戚孫氏邑而甚善晉大夫備亂起欲以爲援爲襄十四年衞侯出奔傳

經十有五年春王二月葬衞定公無傳三月乙巳仲嬰齊卒無傳襄仲子公孫歸父弟宣十八年逐東門氏既而又使嬰齊紹其後曰仲氏癸丑公會晉侯衞侯鄭伯曹伯宋世子成齊國佐邾人同盟于戚晉侯執曹伯歸于京師不稱人以執者曹伯罪不及民歸之京師禮也公至自會無傳夏六月宋公固卒四同盟楚子伐鄭秋八月庚辰葬宋共公三月而葬速宋華元出奔晉宋華元自晉歸于宋華元欲挾晉以自重故以外納告宋殺其大夫山不書氏明背其族宋魚石出奔楚公子目夷之曾孫冬十有一月叔孫僑如會晉士燮齊高無咎宋華元衞孫林父鄭公子鰌邾人會吳于鍾離吳夷未嘗與中國會今始來通晉帥諸侯大夫而會之故殊會明本非同好鍾離楚邑淮南縣○［燮］息協反［鰌］音秋許遷于葉許畏鄭南依楚故以自遷爲文葉今南陽葉縣也○［葉］舒涉反

傳十五年春會于戚討曹成公也討其殺大子而自立事在十三年執而歸諸京師書曰晉侯執曹伯不及其民也惡不及民凡君不道於其民諸侯討而執之則曰某人執某侯稱人示衆所欲執不然則否謂身犯不義者諸侯將見子臧於王而立之子臧辭曰前志有之曰聖達節聖人應天命不拘常禮次守節謂賢者下失節愚者妄動爲君非吾節也雖不能聖敢失守乎遂逃奔宋夏六月宋共公卒爲下宋亂起楚將北師侵鄭衞子囊曰新與晉盟而背之無乃不可乎子反曰敵利則進何盟之有晉楚盟在十二年子囊莊王子公子貞申叔時老矣在申老歸本邑聞之曰子反必不免信以守禮禮以庇身信禮之亡欲免得乎言不得免楚子侵鄭及暴隧遂侵衞及首止鄭子罕侵楚取新石新石楚邑欒武子欲報楚韓獻子曰無庸庸用也使重其罪民將叛之背盟數戰罪也無民孰戰爲明年晉敗楚於鄢陵傳秋八月葬宋共公於是華元爲右師魚石爲左師蕩澤爲司馬蕩澤公孫壽之孫華喜爲司徒華父督之玄孫公孫師爲司城莊公孫向爲人爲大司寇鱗朱爲少司寇鱗矔孫○［矔］古亂反向帶爲大宰魚府爲少宰蕩澤弱公室殺公子肥輕公室以爲弱故殺其枝黨肥文公子華元曰我爲右師君臣之訓師所司也今公室卑而不能正不能討蕩澤吾罪大矣不能治官敢賴寵乎乃出奔晉二

華戴族也。[華元、華喜。]司城莊族也。六官者皆桓族也。[魚石、蕩澤、向為人、鱗朱、向帶、魚府皆出桓公。]魚石將止華元。魚府曰：右師反，必討，是無桓氏也。[恐華元還討蕩澤，并及六族。]魚石曰：右師苟獲反，雖許之討，必不敢。[言畏桓族強。]且多大功，國人與之，不反，懼桓氏之無祀於宋也。[華元大功，克合晉楚之成，劫子反以免宋圍。]右師討，猶有戌在。[向戌，桓公曾孫，言賢，華元必不討。]桓氏雖亡，必偏。[偏，不盡。]魚石自止華元于河上，請討，許之。乃反，使華喜、公孫師帥國人攻蕩氏，殺子山。[喜、師非桓族，故使攻之。]書曰宋殺其大夫山，言背其族也。[蕩氏，宋公族，還害公室，故去族以示其罪。]魚石、向為人、鱗朱、向帶、魚府出舍於睢上。[睢，水名。五大夫畏同族罪及，將出奔。○睢音雖。]華元使止之，不可。冬十月，華元自止之，不可，乃反。[五子不止，華元還。]魚府曰：今不從，不得入矣。[不得復入宋。○復，扶又反。]右師視速而言疾，有異志焉。若不我納，今將馳矣。登丘而望之，則馳。騁而從之，[五子亦馳逐之。○登丘而望之則馳絶句。騁，勑景反。]則決睢澨，[澨，水涯。決，壞也。○澨，市制反。涯，魚佳反。壞音怪。]閉門登陴矣。左師二司寇二宰遂出奔楚。[四大夫不書，獨魚石告。]華元使向戌為左師，老佐為司馬，樂裔為司寇，以靖國人。[老佐，戴公五世孫。]晉三郤害伯宗，譖而殺之，及欒弗忌。[欒弗忌，晉賢大夫。]伯州犁奔楚。[伯宗子。]韓獻子曰：郤氏其不免乎！善人，天地之紀也，而驟絶之，不亡何待？[既殺伯宗，又及弗忌，故曰驟也。為十七年晉殺三郤傳。]

初，伯宗每朝，其妻必戒之曰：盜憎主人，民惡其上。子好直言，必及於難。[傳見雖婦人之言，不可廢。○惡，烏路反。好，呼報反。難，乃旦反。]十一月，會吳于鍾離，始通吳也。[始與中國接。]許靈公畏偪于鄭，請遷于楚。辛丑，楚公子申遷許于葉。

經十有六年春王正月，雨木冰。[無傳。記寒過節，冰封著樹。]夏四月辛未，滕子卒。[不書名，未同盟。]鄭公子喜帥師侵宋。[喜，穆公子子罕也。]六月丙寅朔，日有食之。[無傳。]晉侯使欒黶來乞師。[將伐鄭。黶，欒書子。○黶，於斬反，又於玷反。]甲午晦，晉侯及楚子、鄭伯戰于鄢陵。楚子、鄭師敗績。[楚師未大崩，楚子傷目而退，故曰楚子敗績。鄢陵，鄭地，今屬潁川郡。○鄢，謁晚反，又於建反。]楚殺其大夫公子側。[側，子反。背盟無禮，卒以敗師，故書名。]秋，公會晉侯、齊侯、衞侯、宋華元、邾人于沙隨。[沙隨，宋地，梁國寧陵縣北有沙隨亭。]不見公。[不及鄢陵戰故。不諱者，恥輕於執止。]公至自會。[無傳。]公會尹子、晉侯、齊國佐、邾人伐鄭。[尹子，王卿士。子，爵。]曹伯歸自京師。[為晉侯所赦，故書歸。諸侯歸國，或書名，或不書名，或言歸自某，或言自某歸，無傳義例，從告辭。]九月，晉人執季孫行父，舍之于苕丘。[苕丘，晉地。舍之苕丘，明不以歸，不稱行人，非使人。○苕音條。]冬十月乙亥，叔孫僑如出奔齊。[公未歸，命國人逐之。]十有二月乙丑，季孫行父及晉郤犨盟于扈。[晉許魯平，故盟。]公至自會。[無傳。伐而以會致，史異文。]乙酉，刺公子偃。[魯殺大夫皆言刺，義取於周禮三刺之法。○刺，七賜反，殺也。]

傳十六年春，楚子自武城使公子成以汝陰之田求成于鄭汝水之南近鄭地鄭叛晉子駟從楚子盟于武城爲晉伐鄭起夏四月滕文公卒鄭子罕伐宋滕宋之與國鄭因滕有喪而伐宋故傳舉滕侯卒侵伐經傳異文經從告傳言實他皆放此宋將鉏樂懼敗諸汋陂敗鄭師也樂懼戴公六世孫將鉏樂氏族○〔鉏〕仕魚反又在魚反〔汋〕七藥反又音酌一市藥反退舍於夫渠不儆宋師不儆備○〔夫〕音扶〔儆〕京領反鄭人覆之敗諸汋陵獲將鉏樂懼宋恃勝也汋陂夫渠汋陵皆宋地○〔覆〕敷目反一音扶又反衛侯伐鄭至于鳴鴈爲晉故也鳴鴈在陳留雍丘縣西北晉侯將伐鄭范文子曰若逞吾願諸侯皆叛晉可以逞逞快也晉厲公無道三郤驕故欲使諸侯叛冀其懼而思德若唯鄭叛晉國之憂可立俟也欒武子曰不可以當吾世而失諸侯必伐鄭乃興師欒書將中軍士燮佐之代荀庚郤錡將上軍代士燮荀偃佐之代郤錡偃荀庚子韓厥將下軍郤至佐新軍荀罃居守荀罃下軍佐於是郤犨代趙旃將新軍新上下軍罷矣郤犨如衛遂如齊皆乞師焉欒黶來乞師孟獻子曰有勝矣卑讓有禮故知其將勝楚戊寅晉師起鄭人聞有晉師使告于楚姚句耳與往句耳鄭大夫與往非使也爲先歸張本○〔句〕古侯反〔與〕音預楚子救鄭司馬將中軍子反令尹將左子重右尹子辛將右公子壬夫過申子反入見申叔時叔時老在申○〔過〕古禾反曰師其何如對曰德刑詳義禮信戰之器也器猶用也德以施惠刑以正邪詳以事神義以建利禮以順時信以守物民生厚而德正財足則思無邪○〔邪〕似嗟反用利而事節動不失利則事得其節時順而物成羣生得所上下和睦周旋不逆動順理求無不具下應上各知其極無二心故詩曰立我烝民莫匪爾極烝衆也極中也詩頌言先王立其衆民無不得中正是以神降之福時無災害民生敦厖和同以聽敦厚也厖大也莫不盡力以從上命致死以補其闕闕戰死也此戰之所由克也今楚內弃其民不施惠而外絶其好義不建利〔好〕呼報反○瀆齊盟不詳事神而食話言信不守物○〔話〕戶快反奸時以動禮不順時周四月今二月妨農業○〔奸〕音干而疲民以逞刑不正邪而苟快意民不知信進退罪也人恤所厎其誰致死厎至也○〔厎〕音旨子其勉之吾不復見子矣言其必敗不反○〔復〕扶又反姚句耳先歸子駟問焉對曰其行速過險而不整速則失志不思慮也不整喪列志失列喪將何以戰楚懼不可用也五月晉師濟河聞楚師將至范文子欲反曰我僞逃楚可以紓憂紓緩也夫合諸侯非吾所能也以遺能者我若羣臣輯睦以事君多矣武子曰不可六月晉楚遇於鄢陵范文子不欲戰郤至曰韓之戰惠公不振旅衆散敗也在僖十五年○〔遺〕唯季反箕之役先軫不反命死於狄也在僖三十三年邲之師荀伯不復從荀林父奔走不復故道在宣十二年○〔從〕子容反或如字皆晉之恥也子亦見先君之事矣見先君成敗之事今我辟楚又益恥也文子曰吾先君之亟戰也有故亟數

也去。○〔逐〕吏反。秦狄齊楚皆彊，不盡力，子孫將弱。今三彊服矣。齊秦狄。敵楚而已。唯聖人能內外無患，自非聖人，外寧必有內憂。驕亢則憂患生也。○〔亢〕苦浪反。盍釋楚以爲外懼乎。甲午晦，楚晨壓晉軍而陳。壓窄其未備。○〔陳〕直覲反，下同。〔窄〕側百反。軍吏患之。范匄趨進，匄，士燮子。〔匄〕古害反。○曰：塞井夷竈，陳於軍中而疏行首。疏行首者，當陳前決開營壘爲戰道。○〔行〕戶郎反，又如字。晉楚唯天所授，何患焉？文子執戈逐之，曰：國之存亡，天也。童子何知焉？欒書曰：楚師輕窕，固壘而待之，三日必退。退而擊之，必獲勝焉。郤至曰：楚有六閒，不可失也。其二卿相惡。子重、子反。○〔窕〕勑彫反，又勑弔反。〔惡〕如字，又烏路反。王卒以舊，罷老不代。鄭陳而不整，不整列。蠻軍而不陳，蠻夷從楚者不結陳。陳不違晦，晦，月終，陰之盡。故兵家以爲忌。在陳而囂，囂，喧譁也。○〔囂〕許驕反，徐讀五高反。合而加囂，陳合宜靜。而益有聲。各顧其後，莫有鬭心，人恤其所底。舊不必良，以犯天忌。我必克之。楚子登巢車，以望晉軍。巢車，車上爲櫓。○〔巢〕說文作轈。兵車高如巢，以望敵也。子重使大宰伯州犂侍于王後。州犂，晉伯宗子，前年奔楚。王曰：騁而左右，何也？騁，走也。曰：召軍吏也。皆聚於中軍矣。曰：合謀也。張幕矣。曰：虔卜於先君也。虔，敬也。徹幕矣。曰：將發命也。甚囂，且塵上矣。曰：將塞井夷竈而爲行也。夷，平也。皆乘矣，左右執兵而下矣。曰：聽誓也。左，將帥；右，車右。〔乘〕繩證反。○戰乎？曰：未可知也。乘而左右皆下矣。曰：

戰禱也。禱請於鬼神。伯州犂以公卒告王。公，晉侯。苗賁皇在晉侯之側，亦以王卒告。賁皇，楚鬭椒子，宣四年奔晉。○〔賁〕扶云反。皆曰：國士在，且厚，不可當也。晉侯左右皆以伯州犂在楚，知晉之情，且謂楚衆多，故憚合戰。與苗賁皇意異。○〔憚〕徒旦反。苗賁皇言於晉侯曰：楚之良在其中軍王族而已。請分良以擊其左右，而三軍萃於王卒，萃，集也。必大敗之。公筮之。史曰：吉。其卦遇復䷗，震下坤上。復無變。曰：南國蹙，射其元王中厥目。此卜者辭也。復，陽長之卦，陽氣起子。南行推陰，故曰南國蹙也。南國勢蹙，則離受其咎。離爲諸侯，又爲目，陽氣激南，飛矢之象，故曰射其元王中厥目。○〔蹙〕子六反。〔射〕食亦反。〔中〕丁仲反。國蹙王傷，不敗何待？公從之。從其言而戰。有淖於前，淖，泥也。○〔淖〕乃孝反，又徒較反。乃皆左右相違於淖。違，辟也。步毅御晉厲公，欒鍼爲右。步毅，卽郤毅。彭名御楚共王，潘黨爲右。石首御鄭成公，唐苟爲右。欒范以其族夾公行。二族強，故在公左右。陷於淖。欒書將載晉侯，鍼曰：書退！國有大任，焉得專之？在君前，故子名其父。大任，謂元帥之職。且侵官，冒也。載公爲侵官。○〔冒〕莫報反，又莫北反。失官，慢也。去將而御，失官也。離局，姦也。遠其部曲爲離局。○〔離〕力志反，注同。有三罪焉，不可犯也。乃掀公以出於淖。掀，舉也。○〔掀〕許言反。癸巳，潘尫之黨與養由基蹲甲而射之，徹七札焉。黨，潘尫之子。蹲，聚也。一發達七札，言其能陷堅。○〔尫〕烏黃反。〔蹲〕在尊反，又在損反，一才官反。以示王曰：君有二臣如此，何憂於戰？二子以射夸王。王怒曰：大辱國。賤其不尚知謀。○〔知〕音智。詰朝爾射死藝。言女以射自多。

必當以藝死也。詰朝，猶明朝，是戰日。○[朝]如字。[女]音汝。呂錡夢射月，中之，退入於泥。呂錡，魏錡。○[射]食亦反。占之，曰：「姬姓，日也；周世姬姓尊。異姓，月也，異姓卑。必楚王也。射而中之，退入於泥，亦必死矣。」錡自入泥，亦死象。○[中]丁仲反。及戰，射共王中目。王召養由基，與之兩矢，使射呂錡，中項，伏弢。弢，弓衣。○[弢]他刀反。以一矢復命。言一發而中。郤至三遇楚子之卒，見楚子，必下，免胄而趨風。疾如風。楚子使工尹襄問之以弓，問，遺也。曰：「方事之殷也，殷，盛也。有韎韋之跗注，君子也。韎，赤色。跗注，戎服，若袴而屬於跗，與袴連。○[韎]莫拜反，又音妹。[跗]方于反。[注]之樹反。[袴]苦故反。識見不穀而趨，無乃傷乎？」恐其傷。郤至見客，免胄承命，曰：「君之外臣至從寡君之戎事，以君之靈，閒蒙甲胄，閒，猶近也。不敢拜命。介者不拜。敢告不寧，君命之辱。以君辱賜命，故不敢自安。爲事之故，敢肅使者。」言君辱命來問，以有軍事，不得答，故肅使者。肅，手至地，若今撎。○[爲]于僞反。[撎]伊志反，揖也。三肅使者而退。晉韓厥從鄭伯，從，逐也。其御杜溷羅曰：「速從之！其御屢顧，不在馬，可及也。」韓厥曰：「不可以再辱國君。」乃止。二年鞌戰，韓厥已辱齊侯。○[溷]戶昏、戶本二反。郤至從鄭伯，其右茀翰胡曰：「諜輅之，余從之乘，而俘以下。」欲遣輕兵單進，以距鄭伯車前，而自後登其車以執之。○[茀]府勿反。[翰]音韓。[諜]音牒。[輅]五嫁反。[乘]繩證反。郤至曰：「傷國君有刑。」亦止。石首曰：「衛懿公唯不去其旗，是以敗於熒。」乃內旌於弢中。熒戰在閔二年。○[去]起呂反。[熒]戶扃反。唐苟謂石首曰：「子在君側，敗者壹大。敗者壹大。我不如子，子以君免，我請止。」乃死。謂軍大崩也。言石首亦君之親臣，而執御，與車右不同，故首當御君以退，己當死戰。楚師薄於險，薄，迫也。叔山冉謂養由基曰：「雖君有命，爲國故，子必射！」王有死藝命。○[冉]如琰反。乃射，再發，盡殪。叔山冉搏人以投，中車，折軾。晉師乃止。言二子皆有過人之能。○[中]丁仲反。[折]之設反，又市列反。囚楚公子茷。爲郤至見譖張本。○[茷]扶廢反。欒鍼見子重之旌，請曰：「楚人謂夫旌，子重之麾也。彼其子重也。日臣之使於楚也，子重問晉國之勇，臣對曰：『好以衆整。』曰：『又何如？』又問其餘。○[夫]音扶。[好]呼報反，下同。臣對曰：『好以暇。』暇，閒暇。今兩國治戎，行人不使，不可謂整；臨事而食言，不可謂暇。食好整之言。請攝飲焉。」攝，持也。持飲往飲子重。○往[飲]於鴆反。公許之。使行人執榼承飲，造于子重，承，奉也。○[榼]苦臘反。[造]七報反。曰：「寡君乏使，使鍼御持矛，御，侍也。是以不得犒從者，使某攝飲。」子重曰：「夫子嘗與吾言於楚，必是故也，不亦識乎！」知其以往言好暇，故致飲。○[從]才用反。受而飲之，免使者而復鼓。免，脫也。○[復]扶又反。旦而戰，見星未已。子反命軍吏察夷傷，夷，亦傷也。補卒乘，補死士。繕甲兵，繕，治也。展車馬，展，陳也。雞鳴而食，唯命是聽。欲復戰。晉人患之。苗賁皇徇曰：「蒐乘補卒，蒐，閱也。秣馬利兵，秣，穀馬也。○[秣]音末。脩陳固列，固，堅也。○[陳]直覲反，又如字。蓐食申禱，申，重也。明日復戰。」乃逸楚囚。逸，縱也。王聞之，召子反謀。穀陽豎獻飲於子反，子反醉而不能見。（穀陽，子反內豎。）王曰：天敗楚也夫！余不可以待。乃宵遁。晉入楚軍，三日穀。（食楚粟三日也。○[夫]音扶。）范文子立於戎馬之前，曰：君幼，諸臣不佞，（佞，才也。）何以及此？君其戒之。（戒勿驕。）周書曰：惟命不于常，有德之謂。（周書康誥。言勝無常命，惟德是輿。）楚師還，及瑕。（瑕，楚地。）王使謂子反曰：先大夫之覆師徒者，君不在。（謂子玉敗城濮時，王不在軍。）子無以爲過，不穀之罪也。子反再拜稽首曰：君賜臣死，死且不朽。（王引過，亦所以責子反。）臣之卒實奔，臣之罪也。子重使謂子反曰：初隕師徒者，而亦聞之矣。盍圖之？（聞子玉自殺終。二卿相惡。）對曰：雖微先大夫有之，大夫命側，側敢不義？（言以義命己，不敢不受。）側亡君師，敢忘其死？王使止之，弗及而卒。戰之日，齊國佐、高無咎至于師，（無咎，高固子。）衛侯出于衛，公出于壞隤。（壞隤，魯邑。齊、衛皆後，非獨魯。明晉以僑如故，不見公。○[壞]戶怪反，一音懷。[隤]徒回反。）宣伯通於穆姜，（穆姜，成公母。）欲去季孟而取其室。（季文子、孟獻子。○[去]起呂反。）將行，穆姜送公，而使逐二子。公以晉難告，（會晉伐鄭。○[難]乃旦反。）曰：請反而聽命。姜怒，公子偃、公子鉏趨過，（二子，公庶弟。）指之曰：女不可，是皆君也。（言欲廢公更立君。○[女]音汝。）公待於壞隤，申宮儆備，（申勑宮備。）設守而後行，是以後。（後晉楚戰期。）使孟獻子守于公宮。秋，會于沙隨，謀伐鄭也。（鄭猶未服。）宣伯使告郤犨曰：魯侯待于壞隤以待勝者。（觀晉楚之勝負。）郤犨將

新軍，且爲公族大夫，以主東諸侯。（主齊、魯之屬。）取貨于宣伯而訴公于晉侯。（訴，譖也。）晉侯不見公。曹人請于晉曰：自我先君宣公即世，（在十三年。）國人曰：若之何？憂猶未弭。（弭，息也。既葬，國人皆將從子臧，所謂憂未息。）而又討我寡君，（前年晉侯執曹伯。）以亡曹國社稷之鎮公子，（謂子臧逃奔宋。）是大泯曹也。（泯，滅也。）先君無乃有罪乎？（言今君無罪而見討，得無以先君故。）若有罪，則君列諸會矣。（諸侯雖有篡弑之罪，侯伯已與之會，則不復討。前年會于戚，曹伯在列，盟畢乃執之，故曹人以爲無罪。○[篡]初患反。）君唯不遺德刑，（遺，失也。）以伯諸侯，豈獨遺諸敝邑？敢私布之。（爲曹伯歸不以名告傳。○[伯]如字。）七月，公會尹武公及諸侯伐鄭。將行，姜又命公如初。（復欲使公逐季孟。）公又申守而行。諸侯之師次于鄭西。我師次于督揚，不敢過鄭。（督揚，鄭東地。○[守]手又反。）子叔聲伯使叔孫豹請逆于晉師。（豹，叔孫僑如弟也。僑如作亂，豹因是遂奔齊。）爲食於鄭郊。師逆以至。（聲伯戒叔孫以必須所逆晉師至乃食。）聲伯四日不食以待之，食使者（使者，豹之介。○[食]音嗣。）而後食。（言其忠也。）諸侯遷于制田。（滎陽宛陵縣東有制澤。）知武子佐下軍，（武子，荀罃。）以諸侯之師侵陳，至于鳴鹿。（陳國武平縣西南有鹿邑。）遂侵蔡。未反，（侵陳、蔡不書，公不與。）諸侯遷于潁上。戊午，鄭子罕宵軍之，宋、齊、衛皆失軍。（將主與軍相失。宋、衛不書，後也。）曹人復請于晉。晉侯謂子臧：反，吾歸而君。（以曹人重子臧故。）子臧反，曹伯歸。（子臧自宋還。）子臧盡致其邑與卿而不出。（不出仕。）宣

伯使告郤犨曰魯之有季孟猶晉之有欒范也政令
於是乎成今其謀曰晉政多門不可從也政不由君寧事
齊楚有亡而已蔑從晉矣蔑無也若欲得志於魯請止
行父而殺之行父季文子也我斃蔑也蔑孟獻子時留守公宮而事晉
蔑有貳矣魯不貳小國必睦不然歸必叛矣九月晉
人執季文子于苕丘公還待于鄆鄆魯西邑東郡廩丘縣東有鄆城○〔廩〕
力甚反使子叔聲伯請季孫于晉郤犨曰苟去仲孫蔑
而止季孫行父吾與子國親於公室親魯甚於晉公室○〔去〕起呂反
對曰僑如之情子必聞之矣聞其淫慝情若去蔑與行父
是大弃魯國而罪寡君也若猶不弃而惠徼周公之
福使寡君得事晉君則夫二人者魯國社稷之臣也
若朝亡之魯必夕亡以魯之密邇仇讎仇讎謂齊楚亡而
爲讎治之何及言魯屬齊楚則還爲晉讎郤犨曰吾爲子請邑對
曰嬰齊魯之常隸也隸賤官敢介大國以求厚焉介因也
承寡君之命以請承奉也若得所請吾子之賜多矣又
何求范文子謂欒武子曰季孫於魯相二君矣二君宣成
妾不衣帛馬不食粟可不謂忠乎信讒慝而弃忠良
若諸侯何子叔嬰齊奉君命無私不受郤犨請邑○〔衣〕於既反〔食〕舊如
字對上句應作嗣音謀國家不貳謂四日不食以堅事晉圖其身不忘其
君辭邑不食皆先君而後身若虛其請是弃善人也子其圖之乃

許魯平赦季孫冬十月出叔孫僑如而盟之僑如奔
齊諸大夫共盟以僑如爲戒十二月季孫及郤犨盟于扈歸刺公
子偃偃與鉏俱爲姜所指而獨殺偃偃與謀召叔孫豹于齊而立之近此
七月聲伯使豹請逆於晉聞魯人將討僑如豹乃辟其難先奔齊生二子而魯乃召之故襄二年豹始見
經傳於此因言其終○〔難〕乃旦反齊聲孟子通僑如聲孟子齊靈公母宋女使
立於高國之閒位比二卿僑如曰不可以再罪奔衞亦閒
於卿傳亦終言僑如之佞晉侯使郤至獻楚捷于周與單襄公
語驟稱其伐伐功也單子語諸大夫曰溫季其亡乎溫季
郤至位於七人之下佐新軍位在八而求掩其上稱己之伐掩上功怨
之所聚亂之本也多怨而階亂何以在位怨爲亂階夏書
曰怨豈在明不見是圖逸書也不見細微也將慎其細也今而
明之其可乎言郤至顯稱己功所以明怨咎
經十有七年春衞北宮括帥師侵鄭括成公曾孫夏公會
尹子單子晉侯齊侯宋公衞侯曹伯邾人伐鄭晉未能服
鄭故假天子威周使二卿會之晉爲兵主而猶先尹單尊王命也單伯稱子蓋降爵六月乙酉
同盟于柯陵柯陵鄭西地秋公至自會無傳齊高無咎出奔
莒九月辛丑用郊無傳九月郊祭非禮明矣書用郊從史文晉侯使荀罃
來乞師無傳將伐鄭冬公會單子晉侯宋公衞侯曹伯齊
人邾人伐鄭鄭猶未服故十有一月公至自伐鄭無傳壬申
公孫嬰齊卒于貍脤十一月無壬申日誤也貍脤闕○〔脤〕市軫反十有二

月丁巳朔日有食之無傳邾子貜且卒無傳五同盟○[貜]俱縛反[且]子餘反晉殺其大夫郤錡郤犨郤至楚人滅舒庸

傳十七年春王正月鄭子駟侵晉虛滑虛滑晉二邑滑故滑國爲秦所滅時屬晉後屬周○[虛]起居反衛北宮括救晉侵鄭至于高氏不書救以侵告高氏在陽翟縣西南夏五月鄭大子髡頑侯獳爲質於楚侯獳鄭大夫○[髡]苦門反[獳]乃侯反楚公子成公子寅戍鄭公會尹武公單襄公及諸侯伐鄭自戲童至于曲洧今新汲縣治曲洧城臨洧水○[戲]許宜反[洧]于軌反晉范文子反自鄢陵前年鄢陵戰還使其祝宗祈死祝宗主祭祀祈禱者曰君驕侈而克敵是天益其疾也難將作矣愛我者唯祝我使我速死無及於難范氏之福也六月戊辰士燮卒傳言厲公無道故賢臣憂懼因禱自裁○[難]乃旦反[祝]之又反乙酉同盟于柯陵尋戚之盟也戚盟在十五年楚子重救鄭師于首止諸侯還畏楚强齊慶克通于聲孟子與婦人蒙衣乘輦而入于閎慶克慶封父蒙衣亦爲婦人服與婦人相冒閎巷門鮑牽見之以告國武子鮑牽鮑叔牙曾孫武子召慶克而謂之慶克久不出慚臥於家夫人所以怪之而告夫人曰國子讁我讁譴責也夫人怒國子相靈公以會會伐鄭高鮑處守高無咎鮑牽及還將至閉門而索客蒐索備姦人孟子訴之曰高鮑將不納君而立公子角國子知之角頃公子○[頃]音傾秋七月壬寅刖鮑牽而逐高無咎無咎奔莒高弱以盧叛弱無咎子盧高氏邑齊人來召鮑國而立之國鮑牽之弟文子初鮑國去鮑氏而來爲施孝叔臣施氏卜宰匡句須吉卜立家宰○[句]其俱反施氏之宰有百室之邑與匡句須邑使爲宰以讓鮑國而致邑焉施孝叔曰子實吉對曰能與忠良吉孰大焉鮑國相施氏忠故齊人取以爲鮑氏後仲尼曰鮑莊子之知不如葵葵猶能衛其足葵傾葉向日以蔽其根言鮑牽居亂不能危行言孫○[知]之義反冬諸侯伐鄭前夏未得志故十月庚午圍鄭楚公子申救鄭師于汝上十一月諸侯還不書圍畏楚救不成圍而還初聲伯夢涉洹洹水出汲郡林慮縣東北至魏郡長樂縣入清水○[洹]音桓今土俗音袁[慮]力於反[樂]音洛或與己瓊瑰食之瓊玉瑰珠也食珠玉含象○[瑰]古回反[含]戶暗反泣而爲瓊瑰盈其懷淚下化爲珠玉滿其懷從而歌之曰濟洹之水贈我以瓊瑰歸乎歸乎瓊瑰盈吾懷乎從就也夢中爲此歌懼不敢占也還自鄭壬申至于貍脤而占之曰余恐死故不敢占也今衆繁而從余三年矣無傷也言之之莫而卒繁猶多也傳戒數占夢○[莫]音暮[數]所角反齊侯使崔杼爲大夫使慶克佐之帥師圍盧討高弱○[杼]直呂反國佐從諸侯圍鄭以難請而歸請於諸侯[難]乃旦反○遂如盧師殺慶克以穀叛疾克淫亂故殺之齊侯與之盟于徐關而復之十二月盧降使國勝告難于晉待命于清國勝國佐子使以高氏難告晉齊欲討國佐故留其子於外清陽平樂縣是爲明年殺國佐傳○[降]戶江反晉厲

公侈，多外嬖。外嬖，愛幸大夫。反自鄢陵，欲盡去羣大夫，而立其左右。胥童以胥克之廢也，怨郤氏，童，胥克之子。宣八年郤缺廢胥克，終如士燮言。而嬖於厲公。郤錡奪夷陽五田，五亦嬖於厲公。郤犨與長魚矯爭田，執而梏之，梏，械也。與其父母妻子同一轅。繫之車轅。既，矯亦嬖於厲公。欒書怨郤至，以其不從己而敗楚師也，欲廢之。鄢陵戰，欒書欲固壘，郤至言楚有六閒，以取勝也。使楚公子茷告公曰：「此戰也，郤至實召寡君。鄢陵戰，晉囚公子茷以歸。以東師之未至也，齊、魯、衞之師。與軍帥之不具也。荀罃佐下軍居守，郤犨將新軍乞師，故言不具。曰：『此必敗，吾因奉孫周以事君。』」孫周，晉襄公曾孫悼公。君，楚王也。公告欒書，書曰：「其有焉。不然，豈其死之不恤，而受敵使乎？謂鄢陵戰時，楚子問郤至以弓。君盍嘗使諸周而察之？」嘗，試也。〇[使]所吏反，又如字。郤至聘于周，欒書使孫周見之。公使覘之，信。覘，伺也。遂怨郤至。厲公田，與婦人先殺而飲酒，後使大夫殺。傳言厲公無道，先婦人而後卿佐。郤至奉豕，進之於公。寺人孟張奪之，寺人，奄士。郤至射而殺之。公曰：「季子欺余。」季子，郤至。公反以為郤至奪孟張豕。〇[射]食亦反。厲公將作難，胥童曰：「必先三郤，族大，多怨。去大族不偪，不偪公室。〇[偪]彼力反。敵多怨有庸。」討多怨者，易有功。公曰：「然。」郤氏聞之，郤錡欲攻公，曰：「雖死，君必危。」郤至曰：「人所以立，信、知、勇也。信不叛君，知不害民，勇不作亂。失茲三者，其誰與我？死而多怨，將安用之？言俱死，無用多其怨咎。〇[知]音智，下同。君實有臣而殺之，其謂君何？我之有罪，吾死後矣。若殺不辜，將失其民，欲安得乎？言不得安君位。待命而已。受君之祿，是以聚黨。有黨而爭命，罪孰大焉？」爭死命。傳言郤至無反心。壬午，胥童、夷羊五帥甲八百，八百人。將攻郤氏。長魚矯請無用衆，公使清沸魋助之。沸魋亦嬖人。〇[魋]徒回反。抽戈結衽，衽，裳際。而偽訟者。偽與清沸魋訟。三郤將謀於榭，榭，講武堂。矯以戈殺駒伯、苦成叔於其位。位，所坐處也。駒伯，郤錡。苦成叔，郤犨。溫季曰：「逃威也。」遂趨。郤至本意欲稟君命而死，今矯等不以君命而來，故欲逃。凶賊為害，故曰威，言可畏也。或曰：畏當為藏。矯及諸其車，以戈殺之，皆尸諸朝。陳其尸於朝。胥童以甲劫欒書、中行偃於朝。矯曰：「不殺二子，憂必及君。」公曰：「一朝而尸三卿，余不忍益也。」對曰：「人將忍君。」人謂書、偃。臣聞亂在外為姦，在內為軌。御姦以德，德綏遠。〇[御]魚呂反，下同。御軌以刑。刑治近。不施而殺，不可謂德；臣偪而不討，不可謂刑。德刑不立，姦軌並至。臣請行。」遂出奔狄。行，去也。〇[施]如字，或式豉反。公使辭於二子，辭，謝書與偃。曰：「寡人有討於郤氏，郤氏既伏其辜矣，大夫無辱，其復職位。」胥童劫而執之，故云辱。皆再拜稽首曰：「君討有罪，而免臣於死，君之惠也。二臣雖死，敢忘君德？」乃皆歸。公使胥童為卿。公遊于匠麗氏，匠麗，嬖大夫家。欒書、中行偃遂執公焉。召士匄，士匄辭。

（辭不往。）召韓厥，韓厥辭曰：「昔吾畜於趙氏，孟姬之讒，吾能違兵。（畜，養也。違，去也。韓厥少爲趙盾所待養，及孟姬之亂，晉將討趙氏，而厥去其兵，示不與黨。）（言此者，明己無所偏助。孟姬亂在八年。○〔去〕起呂反。）古人有言曰：『殺老牛，莫之敢尸。』而況君乎？二三子不能事君，焉用厥也？」（尸，主也。○〔焉〕於虔反。）

舒庸人以楚師之敗也，（敗於鄢陵。舒庸，東夷國。）道吳人圍巢，伐駕，圍釐、虺，（巢、駕、釐、虺，楚四邑。○〔虺〕以鬼反。）遂恃吳而不設備。楚公子橐師襲舒庸，滅之。

閏月乙卯晦，欒書、中行偃殺胥童。（以其劫己故。○〔橐〕他洛反。）民不與郤氏，胥童道君爲亂，故皆書曰晉殺其大夫。（厲公以私欲殺三郤，而三郤死不以無罪書；書偃以家怨害胥童，而胥童受國討，文明郤氏失民，胥童道亂，宜其爲國戮。）

經十有八年春王正月，晉殺其大夫胥童。（傳在前年，經在今春，從告。）庚申，晉弑其君州蒲。（不稱臣，君無道。）齊殺其大夫國佐。（國武子。）公如晉。夏，楚子、鄭伯伐宋，宋魚石復入于彭城。（傳例曰：以惡入也。彭城，宋邑。今彭城縣。○〔復〕扶又反。）公至自晉。晉侯使士匄來聘。秋，杞伯來朝。八月，邾子來朝。築鹿囿。（築牆爲鹿苑。）己丑，公薨于路寢。冬，楚人、鄭人侵宋。（子重先遣輕軍侵宋，故稱人而不言伐。○〔輕〕遣政反。）晉侯使士魴來乞師。（○〔魴〕音房。）十有二月，仲孫蔑會晉侯、宋公、衛侯、邾子、齊崔杼同盟于虛朾。（虛朾，地闕。○〔虛〕起居反。〔朾〕他丁反。）丁未，葬我君成公。

傳十八年春王正月庚申，晉欒書、中行偃使程滑弑厲公，（程滑，晉大夫。）葬之于翼東門之外，以車一乘。（言不以君禮葬。諸侯葬車七乘。）使荀罃、士魴逆周子于京師而立之，（悼公周。）生十四年矣。大夫逆于清原，周子曰：「孤始願不及此，雖及此，豈非天乎？（言有命。）抑人之求君，使出命也。立而不從，將安用君？二三子用我今日，否亦今日，共而從君，神之所福也。」（傳言其少有才，所以能自固。○〔少〕詩照反。）對曰：「羣臣之願也，敢不唯命是聽。」庚午，盟而入，（與諸大夫盟。）館于伯子同氏。（晉大夫家。館，舍也。）辛巳，朝于武宮，（武公，曲沃始命君。）逐不臣者七人。（夷羊五之屬。）周子有兄而無慧，不能辨菽麥，故不可立。（菽，大豆也。豆麥殊形易別，故以爲癡者之候。不慧，蓋世所謂白癡。○〔菽〕音叔。）

齊爲慶氏之難，（前年國佐殺慶克。○〔爲〕于僞反。）故甲申晦，齊侯使士華免以戈殺國佐于內宮之朝。（華免，齊大夫。內宮，夫人宮。）師逃于夫人之宮。（伏兵內宮。恐不勝。）書曰齊殺其大夫國佐，弃命專殺，以穀叛故也。（國佐本疾淫亂，殺慶克，齊以是討之。嫌其罪不及死，故傳明言其三罪。）使清人殺國勝。（勝，國佐子，前年待命于清者。）國弱來奔，（弱，勝之弟。）王湫奔萊。（湫，國佐黨。○〔湫〕子小反。〔萊〕音來。）慶封爲大夫，慶佐爲司寇。（慶封、慶佐，皆慶克子。）既，齊侯反國弱，使嗣國氏，禮也。（佐之罪不及不祀。）

二月乙酉朔，晉悼公即位于朝。（朝廟五日而即位也。厲公殺絕，故悼公不以嗣子居喪。○〔殺〕音弑。）始命百官，（始爲政。）施舍已責，（施恩惠，舍勞役，止逋責。○〔施〕舍如字，一始豉反。）逮鰥寡，（惠及微。）振廢滯，（起舊德。）匡乏困，救災患，（匡亦救也。）禁淫慝，薄賦斂，宥罪戾。宥，寬也。○[戾]力計反。節器用。節，省也。時用民。使民以時。欲無犯時。不縱私欲。使魏相、士魴、魏頡、趙武爲卿。相，魏錡子。魴，士會子。頡，魏顆子。武，趙朔子。此四人，其父祖皆有勞於晉國。○[相]息亮反。[頡]戶結反。荀家、荀會、欒黶、韓無忌爲公族大夫，使訓卿之子弟共儉孝弟。無忌，韓厥子。○[弟]音悌。使士渥濁爲大傅，使脩范武子之法。渥濁，士貞子。武子爲景公大傅。右行辛爲司空，使脩士蔿之法。辛將右行，因以爲氏。士蔿，獻公司空也。弁糾御戎，校正屬焉。弁糾，欒糾也。校正，主馬官。○[弁]皮彥反。[校]戶孝反。使訓諸御知義。戎士尚節義。荀賓爲右，司士屬焉。司士，車右之官。使訓勇力之士時使。勇力皆車右也。勇力多不順命，故訓之以共時之使。○[共]音恭。卿無共御，立軍尉以攝之。省卿戎御，令軍尉攝御而已。祁奚爲中軍尉，羊舌職佐之；魏絳爲司馬，魏犨子也。張老爲候奄；鐸遏寇爲上軍尉；籍偃爲之司馬。偃，籍談父，爲上軍司馬。○[遏]於葛反，又音謁。使訓卒乘親以聽命。相親以聽上命。程鄭爲乘馬御，六騶屬焉，使訓羣騶知禮。程鄭，荀氏別族。乘馬御，乘車之僕也。六騶，六閑之騶。周禮，諸侯有六閑馬。乘車尚禮容，故訓羣騶使知禮。○[騶]側留反。凡六官之長，皆民譽也。大國三卿，晉時置六卿爲軍帥，故總舉六官。則知羣官無非其人。○[長]丁丈反。舉不失職，官不易方，官守其業，無相踰易。爵不踰德，量德授爵。師不陵正，旅不偪師，正，軍將命卿也。師，二千五百人之帥也。旅，五百人之帥也。言上下有禮，不相陵偪。民無謗言，所以復霸也。此以上通言悼公所行，未必皆在即位之年。○[復]扶又反。公如晉，朝嗣君也。夏六月，鄭伯侵宋，及曹門外。曹門，宋城門。遂會楚

子伐宋，取朝郟。楚子辛、鄭皇辰侵城郜，取幽丘，同伐彭城。朝郟、城郜、幽丘，皆宋邑。○取[朝]如字。[郟]古洽反。[郜]古報反。納宋魚石、向爲人、鱗朱、向帶、魚府焉。五子以十五年出奔楚。獨書魚石，爲帥告。以三百乘戍之而還。書曰復入。惡其依阻大國，以兵威還，故書復入。凡去其國，國逆而立之曰入。謂本無位，紹繼而立。復其位曰復歸。亦國逆。○[復歸]音服。一扶又反。諸侯納之曰歸。謂諸侯以言語告請而納之。有位無位皆曰歸。以惡曰復入。謂身爲戎首，稱兵入伐，害國殄民者也。此四條所以明外內之援，辨逆順之辭，通君臣取國有家之大例。○[復]扶又反。宋人患之。西鉏吾曰：「何也？西鉏吾，宋大夫。○[吾]音魚。若楚人與吾同惡，以德於我，吾固事之也，不敢貳矣。惡謂魚石。大國無厭，鄙我猶憾。言己事之，則以我爲鄙邑，猶恨不足。此吾患也。○[厭]於鹽反。不然而收吾憎，使贊其政，謂不同惡魚石，而用之使佐政。以閒吾釁，亦吾患也。今將崇諸侯之姦而披其地，崇，長也。謂楚今取彭城以封魚石。披猶分也。○[閒]如字，又去聲。[披]普彼反。[長]丁丈反。以塞夷庚。夷庚，吳晉往來之要道。楚封魚石於彭城，欲以絕吳晉之道。逞姦而攜服，毒諸侯而懼吳晉。隔吳晉之道，故懼。攜，離也。吾庸多矣，非吾憂也。且事晉何爲？晉必恤之。」言宋常事晉，何爲顧有此患難。公至自晉。晉范宣子來聘，且拜朝也。拜謝公朝。君子謂晉於是乎有禮。有卑讓之禮。秋，杞桓公來朝，勞公，且問晉故。公以晉君語之。語其德政。○[勞]力報反。[語]魚據反。杞伯於是驟朝于晉而請爲昏。爲平公不徹樂張本。七月，宋老佐、華喜圍彭城，老佐卒焉。言所以不克彭城。八月，邾宣公

來朝。即位而來見也。○〔見〕賢遍反。築鹿囿。書不時也。非土功時。己丑，公薨于路寢。言道也。在路寢，得君薨之道。冬十一月，楚子重救彭城，伐宋。使偏師與鄭人侵宋，子重為後鎮。宋華元如晉告急。韓獻子為政，於是欒書卒，韓厥代將中軍。曰：「欲求得人，必先勤之。勤恤其急。成霸安彊，自宋始矣。」晉侯師于台谷以救宋。台谷，地闕。○〔台〕勑才反，一音臺。遇楚師於靡角之谷。楚師還。畏晉强也。靡角，宋地。

晉士魴來乞師。將救宋。季文子問師數於臧武仲。武仲，宣叔之子。對曰：「伐鄭之役，知伯實來，下軍之佐也。知伯，荀罃。今彘季亦佐下軍。彘季，士魴。○〔彘〕直例反。如伐鄭可也。伐鄭在十七年。事大國無失班爵而加敬焉，禮也。」從之。從武仲言。十二月，孟獻子會于虛朾，謀救宋也。宋人辭諸侯而請師以圍彭城。不敢煩諸侯，故但請其師，為襄元年圍彭城傳。孟獻子請于諸侯而先歸會葬。丁未，葬我君成公，書順也。薨于路寢，五月而葬，國家安靜，世適承嗣，故曰書順也。

春秋經傳集解成公下第十三

春秋經傳集解襄公一第十四

襄公名午成公子母定姒謚法因事有功曰襄辟土有德曰襄

杜氏註　盡九年

經元年春王正月公即位 無傳於是公年四歲 仲孫蔑會晉欒黶宋華元衛甯殖曹人莒人邾人滕人薛人圍宋彭城 魯與謀於虛打而書會者稟命霸主非匹敵故○〔與〕音預 夏晉韓厥帥師伐鄭仲孫蔑會齊崔杼曹人邾人杞人次于鄫 鄫鄭地在陳留襄邑縣東南書次兵不加鄭次鄫以待晉師○〔鄫〕才陵反 秋楚公子壬夫帥師侵宋九月辛酉天王崩 無傳辛酉九月十五日 邾子來朝冬衛侯使公孫剽來聘 剽子叔黑背子○〔剽〕匹妙反 晉侯使荀罃來聘 冬者十月初也王崩赴未至皆未聞喪故各得行朝聘之禮而傳善之

傳元年春己亥圍宋彭城 下有二月則此己亥爲正月正月無己亥日誤 非宋地追書也 成十八年楚取彭城以封魚石故曰非宋地夫子治春秋追書繫之宋 於是爲宋討魚石故稱宋且不登叛人也 登成也不與其專邑叛君故使彭城還繫宋 謂之宋志 稱宋亦以成宋志 彭城降晉晉人以宋五大夫在彭城者歸寘諸瓠丘 彭城降不書賤略之瓠丘晉地河東東垣縣東南有壺丘五大夫魚石向爲人鱗朱向帶魚府○〔降〕戶江反〔瓠〕侯吳反一戶故反 齊人不會彭城晉人以爲討二月齊大子光爲質於晉 光齊靈公大子 夏五月晉韓厥荀偃帥諸侯之師伐鄭入其郛 荀偃不書非元帥○〔郛〕芳夫反 敗其徒兵於洧上 徒兵步兵洧水出密縣東南至長平入潁○〔洧〕于軌反 於是東諸侯之師次于鄫以待晉師 齊魯曹邾杞 晉師自鄭以鄫之師侵楚焦夷及陳 於是孟獻子自鄫先歸不與侵陳楚故不書○〔焦〕如字又在堯反 晉侯衛侯次于戚以爲之援 爲韓厥援 秋楚子辛救鄭侵宋呂留 呂留二縣今屬彭城郡 鄭子然侵宋取犬丘 譙國酇縣東北有犬丘城迂迴疑○〔酇〕才河反又子旦反〔迂〕音于 九月邾子來朝禮也 邾宣公 冬衛子叔晉知武子來聘禮也凡諸侯即位小國朝之 小事大 大國聘焉 大字小 以繼好結信謀事補闕禮之大者也 闕猶過也禮以安國家利民人爲大

經二年春王正月葬簡王 無傳五月而葬速 鄭師伐宋 書伐從告 夏五月庚寅夫人姜氏薨六月庚辰鄭伯睔卒 未與襄同盟而赴以名庚辰七月九日書六月經誤○〔睔〕古困反又胡忖反 晉師宋師衛甯殖侵鄭 宋雖非卿師重故敘衛上 秋七月仲孫蔑會晉荀罃宋華元衛孫林父曹人邾人于戚己丑葬我小君齊姜 齊謚也三月而葬速○〔齊〕如字執心克莊曰齊 叔孫豹如宋 豹於此始自齊還爲卿 冬仲孫蔑會晉荀罃齊崔杼宋華元衛孫林父曹人邾人滕人薛人小邾人于戚遂城虎牢 以偪鄭 楚殺其大夫公子申

傳二年春鄭師侵宋楚令也 以彭城故 齊侯伐萊萊人使正輿子賂夙沙衛以索馬牛皆百匹 夙沙衛齊寺人索簡擇好者○〔索〕所白反 齊師乃還君子是以知齊靈公之爲靈也 謚法亂而

不損曰靈。言諡應其行。夏，齊姜薨。初，穆姜使擇美檟，檟，梓之屬。○〔檟〕古雅反。以自爲櫬與頌琴，櫬，棺也。頌琴，琴名，猶言雅琴。皆欲以送終。○〔櫬〕初覲反。季文子取以葬。君子曰：非禮也。禮無所逆，婦養姑者也，虧姑以成婦，逆莫大焉。穆姜，成公母；齊姜，成公婦。○〔養〕余亮反。詩曰：其惟哲人，告之話言，順德之行。詩大雅。哲，知也。話，善也。言知者行事無不順。○〔話〕戶怪反。〔知〕音致。季孫於是爲不哲矣。言逆德。且姜氏，君之姒也，襄公適母，故曰君之姒。詩曰：爲酒爲醴，烝畀祖妣，以洽百禮，降福孔偕。詩周頌。烝，進也。畀，與也。偕，偏也。言敬事祖妣，則鬼神降福。季孫葬姜氏，不以禮，是不敬祖妣。齊侯使諸姜宗婦來送葬。宗婦，同姓大夫之婦。婦人越疆送葬，非禮。召萊子，萊子不會，故晏弱城東陽以偪之。爲六年滅萊傳。東陽，齊竟上邑。鄭成公疾，子駟請息肩於晉。欲辟楚役，以負擔喻。○〔擔〕都暫反。公曰：楚君以鄭故，親集矢於其目，謂鄢陵戰，晉射楚王目。○〔射〕食亦反。非異人任，寡人也。言楚子任此患，不爲他人，蓋在己。○非異人任，絶句。〔任〕音壬。一讀至人字絶句。若背之，是棄力與言，其誰暱我？言，盟誓之言。○力，一本作功。〔暱〕女乙反。免寡人唯二三子。秋七月庚辰，鄭伯睔卒。於是子罕當國，攝君事。子駟爲政，爲政卿。子國爲司馬。晉師侵鄭。晉伐喪，非禮。諸大夫欲從晉。子駟曰：官命未改。成公未葬，嗣君未免喪，故言未改。不欲違先君意。會于戚，謀鄭故也。鄭久叛晉，謀討之。孟獻子曰：請城虎牢以偪鄭。虎牢，舊鄭邑，今屬晉。知武子曰：善。鄫之會，吾子聞崔子之言，今不來矣。元年，孟獻子與齊崔杼次于鄫，崔杼有不服晉之言，獻子以告知武子。滕、薛、小邾之不至，皆齊故也。三國，齊之屬。寡君之憂不唯鄭。言復憂齊叛。○〔復〕扶又反，下同。罃將復於寡君，而請於齊。以城事白晉君，而請齊會之，欲以觀齊志。得請而告，吾子之功也。得請，謂齊人應命，告諸侯會築虎牢。若不得請，事將在齊。將伐齊。吾子之請，諸侯之福也，城虎牢足以服鄭，息征伐。豈惟寡君賴之？傳言荀罃能用善謀。穆叔聘于宋，通嗣君也。冬，復會于戚，齊崔武子及滕、薛、小邾之大夫皆會，知武子之言故也。武子言事將在齊，齊人懼，帥小國而會之。遂城虎牢。鄭人乃成。如孟獻子之謀。楚公子申爲右司馬，多受小國之賂，以偪子重、子辛。偪奪其權勢。楚人殺之，故書曰：楚殺其大夫公子申。言所以致國討之文。

經三年春，楚公子嬰齊帥師伐吳。公如晉。夏四月壬戌，公及晉侯盟于長樗。晉侯出其國都，與公盟于外。○〔樗〕勑居反。公至自晉。無傳。不以長樗至，本非會。六月，公會單子、晉侯、宋公、衛侯、鄭伯、莒子、邾子、齊世子光。己未，同盟于雞澤。雞澤在廣平曲梁縣西南。周靈王新即位，使王官伯出與諸侯盟，以安王室，故無譏。陳侯使袁僑如會。陳疾楚政，而來屬晉，本非召會，而自來，故言如會。戊寅，叔孫豹及諸侯之大夫及陳袁僑盟。諸侯既盟，袁僑乃至，故使大夫別與之盟。言諸侯之大夫，則在雞澤之諸侯也。殊袁僑者，明諸侯大夫所以盟，盟袁僑也。據傳，盟在秋，長曆推戊寅七月十三日，經誤。秋，公至自會。無傳。冬，晉荀罃帥師伐許。

傳三年春，楚子重伐吳，爲簡之師，簡，選練。克鳩茲，至于衡山鳩茲吳邑在丹陽蕪湖縣東今皋夷也衡山在吳興烏程縣南使鄧廖帥組甲三百被練三千組甲被練皆戰備也組甲漆甲成組文被練練袍○〔廖〕力彫反〔組〕音祖〔被〕去聲以侵吳吳人要而擊之獲鄧廖其能免者組甲八十被練三百而已子重歸既飲至三日吳人伐楚取駕駕良邑也鄧廖亦楚之良也君子謂子重於是役也所獲不如所亡當時君子〔要〕於遙反○楚人以是咎子重子重病之遂遇心疾而卒憂恚故成心疾公如晉始朝也公即位而朝夏盟於長樗孟獻子相公稽首相儀也稽首至地知武子曰天子在而君辱稽首寡君懼矣稽首事天子之禮孟獻子曰以敝邑介在東表密邇仇讎仇讎謂齊楚與晉爭寡君將君是望敢不稽首傳言獻子能固事盟主晉爲鄭服故且欲脩吳好鄭服在前年將合諸侯使士匄告于齊曰寡君使匄以歲之不易不虞之不戒寡君願與一二兄弟相見不易多難也虞度也戒備也列國之君相謂兄弟○〔易〕以豉反以謀不協請君臨之使匄乞盟齊侯欲勿許而難爲不協乃盟於耏外與士匄盟耏水名○〔耏〕音而○祁奚請老老致仕晉侯問嗣焉嗣續其職者稱解狐其讎也將立之而卒解狐卒○〔解〕音蟹○又問焉對曰午也可午祁奚子於是羊舌職死矣晉侯曰孰可以代之對曰赤也可赤職之子伯華於是使祁午爲中軍尉羊舌赤佐之各代其父君子謂祁奚於是能舉善矣稱其讎不爲諂立

其子不爲比舉其偏不爲黨諂媚也偏屬也○〔諂〕他檢反〔比〕毗志反商書曰無偏無黨王道蕩蕩商書洪範也蕩蕩平正無私其祁奚之謂矣解狐得舉未得位故曰得舉祁午得位伯華得官建一官而三物成一官軍尉物事也能舉善也夫唯善故能舉其類詩云惟其有之是以似之祁奚有焉詩小雅言唯有德之人能舉似己者也○〔夫〕音扶絕句一讀夫爲下句首六月公會單頃公及諸侯己未同盟于雞澤單頃公王卿士○〔頃〕音傾晉侯使荀會逆吳子于淮上吳子不至道遠多難楚子辛爲令尹侵欲於小國陳成公使袁僑如會求成患楚侵欲袁僑濤塗四世孫晉侯使和組父告于諸侯告陳服秋叔孫豹及諸侯之大夫及陳袁僑盟陳請服也其君不來使大夫盟之匹敵之宜晉侯之弟揚干亂行於曲梁行陳次○〔行〕戶郎反注同〔陳〕直覲反魏絳戮其僕僕御也晉侯怒謂羊舌赤曰合諸侯以爲榮也揚干爲戮何辱如之必殺魏絳無失也對曰絳無貳志事君不辟難有罪不逃刑其將來辭何辱命焉言終魏絳至授僕人書僕人晉侯御僕將伏劍士魴張老止之公讀其書曰日君乏使使臣斯司馬斯此也臣聞師衆以順爲武順莫敢違軍事有死無犯爲敬守官行法雖死不敢有違君合諸侯臣敢不敬君師不武執事不敬罪莫大焉臣懼其死以及揚干無所逃罪懼自犯不武不敬之罪不能致訓至於用鉞用鉞斬揚干之

僕臣之罪重敢有不從以怒君心言不敢不從戮請歸死於司寇致尸於司寇使戮之公跣而出曰寡人之言親愛也吾子之討軍禮也寡人有弟弗能教訓使干大命寡人之過也子無重寡人之過聽絳死爲重過敢以爲請請使無死晉侯以魏絳爲能以刑佐民矣反役與之禮食使佐新軍羣臣旅會今欲顯絳故特爲設禮食○[食]音嗣又如字張老爲中軍司馬代魏絳士富爲候奄代張老士富士會別族楚司馬公子何忌侵陳陳叛故也許靈公事楚不會于雞澤冬晉知武子帥師伐許

經四年春王三月己酉陳侯午卒前年大夫盟雞澤三月無己酉日誤夏叔孫豹如晉秋七月戊子夫人姒氏薨成公妾襄公母姒杞姓葬陳成公無傳八月辛亥葬我小君定姒無傳定謚也赴同祔姑反哭成喪皆以正夫人禮母以子貴踰月而葬速冬公如晉陳人圍頓

傳四年春楚師爲陳叛故猶在繁陽前年何忌之師侵陳今猶未還繁陽楚地在汝南鮦陽縣南○[鮦]音紂一音童韓獻子患之言於朝曰文王帥殷之叛國以事紂唯知時也知時未可爭今我易之難哉晉力未能服楚受陳爲非時三月陳成公卒楚人將伐陳聞喪乃止軍禮不伐喪陳人不聽命不聽楚命臧武仲聞之曰陳不服於楚必亡大國行禮焉而不服在大猶有咎而況小乎夏楚彭名侵陳陳無禮故也爲下陳圍頓傳穆叔如晉報知武子之聘也武子聘在元年晉侯享之金奏肆夏之三不拜肆夏樂曲名周禮以鍾鼓奏九夏其二曰肆夏一名樊三曰韶夏一名遏四曰納夏一名渠蓋擊鍾而奏此三夏曲○[夏]戶雅反工歌文王之三又不拜工樂人也文王之三大雅之首文王大明緜歌鹿鳴之三三拜小雅之首鹿鳴四牡皇皇者華韓獻子使行人子員問之行人通使之官○[員]音云[使]所吏反曰子以君命辱於敝邑先君之禮藉之以樂以辱吾子藉薦也○[藉]在夜反吾子舍其大而重拜其細敢問何禮也對曰三夏天子所以享元侯也元侯牧伯○[舍]音捨使臣弗敢與聞文王兩君相見之樂也臣不敢及及與也文王之三皆稱文王之德受命作周故諸侯會同以相樂○[樂]音洛鹿鳴君所以嘉寡君也敢不拜嘉晉以叔孫爲嘉賓故歌鹿鳴之詩取其我有嘉賓叔孫奉君命而來嘉叔孫乃所以嘉魯君四牡君所以勞使臣也敢不重拜詩言使臣乘四牡騑騑然行不止勤勞也晉以叔孫來聘故以此勞之○[勞]力報反勤[勞]平聲[騑]芳非反皇皇者華君教使臣曰必諮於周皇皇者華君遣使臣之詩言忠臣奉使能光輝君命如華之皇皇然又當諮于忠信以補己不及忠信爲周其詩曰周爰諮諏周爰諮謀周爰諮度周爰諮詢言必於忠信之人諮此四事○[諏]子須反[度]待洛反下同臣聞之訪問於善爲咨問善道咨親爲詢問親戚之義咨禮爲度問禮宜咨事爲諏問政事咨難爲謀問患難○[難]乃旦反臣獲五善敢不重拜五善謂諮詢度諏謀秋定姒薨不殯于廟無櫬不虞櫬親身棺季孫以定姒本賤既無器備議其喪制欲殯不過廟又不反哭○[過]古禾反匠慶謂季文子匠慶魯大匠曰子爲正卿而小君之

喪不成謂如季孫所議則爲夫人禮不成不終君也慢其母是不終事君之道君
長誰受其咎言襄公長將責季孫○〔長〕丁丈反初季孫爲己樹六檟
於蒲圃東門之外蒲圃場圃名季文子樹檟欲自爲櫬匠慶請木爲定姒作
櫬季孫曰略不以道取爲略匠慶用蒲圃之檟季孫不御御止
也傳言遂得成禮故經無異文○〔御〕魚呂反君子曰志所謂多行無禮必
自及也其是之謂乎冬公如晉聽政受貢賦多少之政晉侯
享公公請屬鄫鄫小國也欲得使屬魯如須句顓臾之比使助魯出貢賦公時年七歲蓋
相者爲之言鄫今琅邪鄫縣晉侯不許孟獻子曰以寡君之密邇
於仇讎而願固事君無失官命晉官徵發之命鄫無賦於司
馬晉司馬又掌諸侯之賦爲執事朝夕之命敝邑敝邑褊小闕
而爲罪闕不共也○〔共〕音恭寡君是以願借助焉借鄫以自助○〔借〕子亦反
晉侯許之爲明年叔孫豹鄫世子巫如晉傳楚人使頓閒陳而侵伐
之故陳人圍頓閒何閒缺○〔閒〕去聲〔何〕音司〔閒〕音閑又去聲無終子嘉父
使孟樂如晉無終山戎國名孟樂其使臣因魏莊子納虎豹之皮
以請和諸戎欲戎與晉和莊子魏絳晉侯曰戎狄無親而貪不
如伐之魏絳曰諸侯新服陳新來和將觀於我我德
則睦否則攜貳勞師於戎而楚伐陳必弗能救是弃
陳也諸華必叛諸華中國戎禽獸也獲戎失華無乃不可
乎夏訓有之曰有窮后羿夏訓夏書有窮國名后君也羿有窮君之號公
曰后羿何如怪其言不次故問之對曰昔有夏之方衰也后羿

自鉏遷于窮石因夏民以代夏政禹孫大康淫放失國夏人立其弟仲
康仲康亦微弱仲康卒子相立羿遂代相號曰有窮鉏羿本國名恃其射也羿善射不
脩民事而淫于原獸淫放原野弃武羅伯因熊髡尨圉四子
皆羿之賢臣○〔髡〕苦門反〔尨〕莫邦反〔圉〕魚呂反而用寒浞寒浞伯明氏之讒
子弟也寒國北海平壽縣東有寒亭伯明其君名○〔浞〕仕角反又在角反伯明后寒
弃之夷羿收之夷氏信而使之以爲己相浞行媚于內
內宮人而施賂于外愚弄其民欺罔之而虞羿于田樂之以遊
田○〔樂〕音洛下樂安同樹之詐慝以取其國家樹立也外內咸服
信浞詐羿猶不悛悛改也○〔悛〕七全反將歸自田羿獵還家衆殺而
亨之以食其子食羿子○〔亨〕普彭反〔食〕音嗣其子不忍食諸死于
窮門殺之於國門靡奔有鬲氏靡夏遺臣事羿者有鬲國名今平原鬲縣○〔鬲〕音革
浞因羿室就其妃妾生澆及豷恃其讒慝詐僞而不德于
民使澆用師滅斟灌及斟尋氏二國夏同姓諸侯仲康之子后相所依
樂安壽光縣東南有灌亭北海平壽縣東南有斟亭○〔澆〕五弔反〔豷〕許器反處澆于過處豷
于戈過戈皆國名東萊掖縣北有過鄉戈在宋鄭之閒○〔過〕古禾反靡自有鬲氏收
二國之燼燼遺民○〔燼〕才刃反以滅浞而立少康少康夏后相之子少
康滅澆于過后杼滅豷于戈后杼少康子○〔杼〕直呂反有窮由是
遂亡失人故也浞因羿室故不改有窮之號昔周辛甲之爲大史
也命百官官箴王闕辛甲周武王大史闕過也使百官各爲箴辭戒王過於虞
人之箴虞人掌田獵曰芒芒禹迹畫爲九州芒芒遠貌畫分也經

啓九道。（啓開九州之道。）民有寢廟，獸有茂草，各有攸處，德用不擾。（人神各有所歸，故德不亂。○[處]如字。）在帝夷羿，冒于原獸，（冒，貪也。）忘其國恤，而思其麀牡。（言但念獵。）武不可重，（重猶數也。）用不恢于夏家。（羿以好武，雖有夏家，而不能恢大之。）獸臣司原，敢告僕夫。（獸臣，虞人。告僕夫，不敢斥尊。）虞箴如是，可不懲乎？於是晉侯好田，故魏絳及之。（及后羿事。）公曰：然則莫如和戎乎？對曰：和戎有五利焉：戎狄荐居，貴貨易土，（荐，聚也。易猶輕也。○[荐]在薦反。[易]以豉反。）土可賈焉，一也。邊鄙不聳，民狎其野，穡人成功，二也。（聳，懼也。狎，習也。○[賈]音古。）戎狄事晉，四鄰振動，諸侯威懷，三也。以德綏戎，師徒不勤，甲兵不頓，四也。（頓，壞也。）鑒于后羿，而用德度，（以后羿為鑒戒。）遠至邇安，五也。君其圖之。公說，使魏絳盟諸戎，脩民事，田以時。（傳言晉侯能用善謀。）冬十月，邾人、莒人伐鄫，臧紇救鄫，侵邾，敗於狐駘。（臧紇，武仲也。鄫屬魯，故救之。狐駘，邾地。魯國蕃縣東南有目台亭。○[紇]恨發反。[駘]徒來反，又敕才反。）國人逆喪者皆髽。魯於是乎始髽。（髽，麻髮合結也。遭喪者多，故不能備凶服，髽而已。○[髽]側瓜反。[結]音計。）國人誦之曰：臧之狐裘，敗我於狐駘。（臧紇時服狐裘。）我君小子，朱儒是使。朱儒朱儒，使我敗於邾。（襄公幼弱，故曰小子。臧紇短小，故曰朱儒。敗不書，魯人諱之。）

經五年春，公至自晉。夏，鄭伯使公子發來聘。（發，子產父。）叔孫豹、鄫世子巫如晉。（比魯大夫，故書巫如晉。）仲孫蔑、衛孫林父會吳于善道。（魯、衛俱受命於晉，故不言及。吳先在善道，二大夫往會之，故曰會吳。善道，地闕。）秋，大雩。楚殺其大夫公子壬夫。（書名，罪其貪。）公會晉侯、宋公、陳侯、衛侯、鄭伯、曹伯、莒子、邾子、滕子、薛伯、齊世子光、吳人、鄫人于戚。（穆叔使鄫人聽命于會，故鄫見經。不殊吳者，吳來會于戚。）公至自會。（無傳。）冬，戍陳。（諸侯在戚會，皆受命戍陳，各還國遣戍，不復有告命，故獨書魯戍。）楚公子貞帥師伐陳。公會晉侯、宋公、衛侯、鄭伯、曹伯、齊世子光救陳。十有二月，公至自救陳。（無傳。）辛未，季孫行父卒。

傳五年春，公至自晉。（公在晉，既聽屬鄫，聞其見伐，遂命臧紇出救，故傳稱經公至以明之。）王使王叔陳生愬戎于晉。（王叔，周卿士也。戎陵虣周室，故告愬於盟主。○[虣]白報反。）晉人執之。士魴如京師，言王叔之貳於戎也。（王叔反有二心於戎，失奉使之義，故晉執之。）夏，鄭子國來聘，通嗣君也。（鄭僖公初即位。）穆叔覿鄫大子于晉，以成屬鄫。（覿，見也。前年請屬鄫，故將鄫大子巫如晉以成之。○[見]賢遍反。）書曰：叔孫豹、鄫大子巫如晉，言比諸魯大夫也。（豹與巫俱受命於魯，故經不書及，比之魯大夫。）吳子使壽越如晉，（壽越，吳大夫。）辭不會于雞澤之故，（三年會雞澤，吳不至，今來謝之。）且請聽諸侯之好。（更請會。）晉人將為之合諸侯，使魯、衛先會吳，且告會期。（以其道遠，故使魯衛先告期。○[為]于偽反。）故孟獻子、孫文子會吳于善道。（二子皆受晉命而行。）秋，大雩，旱也。（雩，夏祭，所以祈甘雨。若旱則又脩其禮，故雖秋雩，非書過也。然經與過雩同文，是以傳每釋之曰旱也。雩而獲雨，故書雩而不書旱。）楚人討陳叛故。討治也。曰：由令尹子辛實侵欲焉。乃殺之。書曰：
楚殺其大夫公子壬夫。貪也。君子謂楚共王於是不
刑。陳之叛楚，罪在子辛。共王既不能素明法教，陳叛之日，又不能嚴斷威刑以謝小國，而擁其罪人與兵致討，加禮於陳，而陳恨彌篤，乃怨而歸罪子辛。子辛之貪，雖足以取死，然共王用刑爲失其節，故言不
刑。詩曰：周道挺挺，我心扃扃，講事不令，集人來定。逸詩也。挺挺，正直也。扃扃，明察也。講，謀也。言謀事不善，當聚致賢人以定之。○〔扃〕工迥反。己則無信，
而殺人以逞，不亦難乎？共王伐宋，封魚石，背盟，敗于鄢陵，殺子反、公子申及壬夫。八年之中戮殺三卿，欲以屬諸侯，故君子以爲不可。夏書曰：成允成功。亦逸書也。允，信也。言信成然後有成功。九月丙午，盟于戚，會吳，且命戍陳也。公及其會而不書盟，非公後會，蓋不以盟告廟。穆叔以屬鄫爲不利，使鄫大夫
聽命于會。鄫近魯竟，故欲以爲屬國。既而與莒有忿，魯不能救，恐致譴責，故復乞還之。傳言鄫人所以見於戚會。○〔復〕扶又反。〔見〕賢遍反。楚子囊爲令尹。公子貞。范宣子曰：
我喪陳矣！楚人討貳而立子囊，必改行，改子辛所行。○〔喪〕息浪反。〔行〕如字，又下孟反。而疾討陳。疾，急也。陳近於楚，民朝夕急，能無
往乎？有陳，非吾事也；無之而後可。言晉力不能及陳，故七年陳侯逃歸。
冬，諸侯戍陳。備楚。子囊伐陳。十一月甲午，會于城棣以
救之。公及救陳而不及會，故不書城棣。城棣，鄭地，陳留酸棗縣西南有棣城。○〔棣〕力計反，一徒妹反。
季文子卒。大夫入斂，公在位。在阼階西鄉。宰庀家器爲葬
備，庀，具也。○〔庀〕匹婢反。無衣帛之妾，無食粟之馬，無藏金玉，無
重器備。器備，謂珍寶甲兵之物。○〔衣〕於既反。〔食〕如字，又音嗣。〔重〕如字，又直龍反。君子是
以知季文子之忠於公室也。相三君矣，而無私積，可
不謂忠乎？○〔積〕子賜反。

經六年春王三月壬午，杞伯姑容卒。夏，宋華弱來奔。
華椒孫。秋，葬杞桓公。無傳。滕子來朝。莒人滅鄫。冬，叔孫豹
如邾。季孫宿如晉。行父之子。十有二月，齊侯滅萊。書十二月，從告。

傳六年春，杞桓公卒，始赴以名，同盟故也。杞入春秋，未嘗書名。
桓公三與成同盟，故赴以名。宋華弱與樂轡少相狎，長相優，又相
謗也。狎，親習也。優，調戲也。○〔少〕詩照反。〔長〕丁丈反。子蕩怒，以弓梏華弱于
朝。子蕩，樂轡也。張弓以貫其頸，若械之在手，故曰梏。○〔梏〕古毒反。平公見之，曰：司武
而梏於朝，難以勝矣！司武，司馬。言其懦弱，不足以勝敵。○〔懦〕乃亂反，又乃臥反。遂
逐之。夏，宋華弱來奔。司城子罕曰：同罪異罰，非刑也。
專戮於朝，罪孰大焉？亦逐子蕩。子蕩射子罕之門，曰：
幾日而不我從？言我射女門，女亦當以不勝任見逐。○〔射〕食亦反。子罕善之
如初。言子罕雖見辱，不進忿，所以得安。秋，滕成公來朝，始朝公也。莒
人滅鄫，鄫恃賂也。鄫有貢賦之賂在魯，恃之而慢莒，故滅之。冬，穆叔如邾，
聘，且脩平。平四年狐駘戰。晉人以鄫故來討，曰：何故亡鄫？鄫屬
魯，恃賂而慢莒，魯不致力輔助，無何以還晉，尋便見滅，故晉責魯。季武子如晉見，且
聽命。始代父爲卿，見大國，且謝亡鄫，聽命受罪。十一月，齊侯滅萊，萊恃謀
也。賂夙沙衛之謀也，事在二年。於鄭子國之來聘也，四月，晏弱城
東陽而遂圍萊。子國聘在五年。二年晏弱城東陽，至五年四月，復託治城，因遂圍萊。甲

寅堙之環城傅於堞堞女墻也堙土山也周城爲土山及女墻○〔環〕戶關反又音患〔傅〕音附及杞桓公卒之月此年三月乙未王湫帥師及正輿子棠人軍齊師王湫故齊人成十八年奔萊正輿子萊大夫棠萊邑也北海卽墨縣有棠鄉三人帥別邑兵來解圍○〔湫〕子小反齊師大敗之敗湫等丁未入萊萊共公浮柔奔棠正輿子王湫奔莒莒人殺之四月陳無宇獻萊宗器于襄宮無宇桓子陳完玄孫襄宮齊襄公廟晏弱圍棠十一月丙辰而滅之遷萊于郳遷萊子于郳國○〔郳〕五兮反高厚崔杼定其田定其疆界高厚高固子

經七年春郯子來朝夏四月三卜郊不從乃免牲稱牲既卜日也卜郊又非禮也小邾子來朝城費南遺假事難而城之○〔費〕音祕〔難〕乃旦反秋季孫宿如衛八月螽無傳爲災故書冬十月衛侯使孫林父來聘壬戌及孫林父盟楚公子貞帥師圍陳十有二月公會晉侯宋公陳侯衛侯曹伯莒子邾子于鄬謀救陳陳侯逃歸不成救故不書救也鄬鄭地○〔鄬〕于軌反鄭伯髡頑如會未見諸侯丙戌卒于鄵實爲子駟所弒以瘧疾赴故不書弒稱名爲書卒同盟故也如會會於鄵也未見諸侯未至會所而死鄵鄭地不欲再稱鄭伯故約文上其名於會上○〔鄵〕七報反又采南反〔爲〕于僞反陳侯逃歸畏楚逃晉而歸

傳七年春郯子來朝始朝公也夏四月三卜郊不從乃免牲孟獻子曰吾乃今而後知有卜筮夫郊祀后稷以祈農事也郊祀后稷以配天后稷周始祖能播殖者是故啓蟄而郊郊而後耕今既耕而卜郊宜其不從也啓蟄夏正建寅之月耕謂春分○〔蟄〕直立反南遺爲費宰費季氏邑叔仲昭伯爲隧正隧正主役徒昭伯叔仲惠伯之孫欲善季氏而求媚於南遺謂遺請城費使遺請城吾多與而役故季氏城費傳言祿去公室季氏所以强小邾穆公來朝亦始朝公也亦郯子也秋季武子如衛報子叔之聘且辭緩報非貳也子叔聘在元年言國家多難故不時報冬十月晉韓獻子告老公族穆子有廢疾穆子韓厥長子成十八年爲公族大夫將立之代厥爲卿辭曰詩曰豈不夙夜謂行多露詩言雖欲早夜而行懼多露之濡己義取非禮不可妄行又曰弗躬弗親庶民弗信詩小雅言在位者不躬親政事則庶民不奉信其命言己有疾不能躬親政事無忌不才讓其可乎請立起也無忌穆子名起無忌弟宣子也與田蘇游而曰好仁田蘇晉賢人蘇言起好仁詩曰靖共爾位好是正直神之聽之介爾景福靖安也介助也景大也詩小雅言君子當思不出其位求正直之人與之並立如是則神明順之致大福也恤民爲德靖共其位所以恤民正直爲正正己心正曲爲直正人曲參和爲仁德正直三者備乃爲仁○〔參〕七南反或音三如是則神聽之介福降之立之不亦可乎言起有此三德故可立庚戌使宣子朝遂老韓厥致仕晉侯謂韓無忌仁使掌公族大夫爲之御長衛孫文子來聘且拜武子之言而尋孫桓子之盟盟在成三年公登亦登禮登階臣後君一等叔孫穆子相趨進曰諸侯之會寡君未嘗後衛君敵體並登今吾

子不後寡君寡君未知所過吾子其少安安徐也孫子無辭亦無悛容悛改也穆叔曰孫子必亡爲臣而君過而不悛亡之本也詩曰退食自公委蛇委蛇委蛇順貌詩召南言人臣自公門入私門無不順禮謂從者也從順行衡而委蛇必折衡橫也橫不順道必毀折爲十四年林父逐君起本楚子囊圍陳會于鄬以救之晉會諸侯鄭僖公之爲大子也於成之十六年魯成公與子罕適晉不禮焉又與子豐適楚亦不禮焉子豐穆公子及其元年朝于晉鄭僖元年魯襄三年子豐欲愬諸晉而廢之子罕止之及將會于鄬子駟相又不禮焉侍者諫不聽又諫殺之及鄬子駟使賊夜弒僖公而以瘧疾赴于諸侯傳言經所以不書弒簡公生五年奉而立之僖公子陳人患楚楚圍陳故慶虎慶寅謂楚人曰吾使公子黃往而執之二慶陳執政大夫公子黃哀公弟楚人從之爲執黃二慶使告陳侯于會鄬之會曰楚人執公子黃矣君若不來羣臣不忍社稷宗廟懼有二圖背君屬楚陳侯逃歸鄬會所以不書救

經八年春王正月公如晉夏葬鄭僖公無傳鄭人侵蔡獲蔡公子燮鄭子國稱人刺其無故侵蔡以生國患燮蔡莊公子季孫宿會晉侯鄭伯齊人宋人衛人邾人于邢丘時公在晉晉悼難勞諸侯唯使大夫聽命故季孫在會而公先歸○〔難〕乃旦反公至自晉無傳莒人伐我東鄙秋九月大雩冬楚公子貞帥師伐鄭晉侯使士匄來聘

傳八年春公如晉朝且聽朝聘之數晉悼復脩霸業故朝而稟其多少○〔復〕扶又反鄭羣公子以僖公之死也謀子駟子駟先之夏四月庚辰辟殺子狐子熙子侯子丁辟罪也加罪以戮之○〔先〕悉薦反〔辟〕婢亦反孫擊孫惡出奔衛二孫子狐之子庚寅鄭子國子耳侵蔡獲蔡司馬公子燮鄭侵蔡欲以求媚於晉子耳子良之子不言敗唯以獲告鄭人皆喜唯子產不順子產子國子不順衆而喜曰小國無文德而有武功禍莫大焉楚人來討能勿從乎從之晉師必至晉楚伐鄭自今鄭國不四五年弗得寧矣子國怒之曰爾何知國有大命而有正卿童子言焉將爲戮矣大命起師行軍之命五月甲辰會于邢丘以命朝聘之數使諸侯之大夫聽命季孫宿齊高厚宋向戌衛甯殖邾大夫會之晉難重煩諸侯故使大夫聽命鄭伯獻捷于會故親聽命獻蔡捷也大夫不書尊晉侯也晉悼復文襄之業制朝聘之節儉而有禮德義可尊故退諸侯大夫以崇之莒人伐我東鄙以疆鄫田莒既滅鄫魯侵其西界故伐魯東鄙以正其封疆秋九月大雩旱也冬楚子囊伐鄭討其侵蔡也子駟子國子耳欲從楚子孔子蟜子展欲待晉待晉來救子孔穆公子子蟜子游子子展子罕子○〔蟜〕居表反子駟曰周詩有之曰俟河之清人壽幾何逸詩也言人壽促而河清遲喻晉之不可待兆云詢多職競作羅兆卜詢謀也職主也言既卜且謀多則競作羅網之難無成功

○[難]乃旦反。謀之多族，民之多違。（族，家也。）事滋無成。（滋，益也。）民急矣，姑從楚以紓吾民。晉師至，吾又從之。敬共幣帛以待來者，小國之道也。犧牲玉帛，待於二竟，（二竟，晉楚界上。）以待彊者而庇民焉。寇不為害，民不罷病，不亦可乎？子展曰：小所以事大，信也。小國無信，兵亂日至，亡無日矣。五會之信，（謂三年會雞澤，五年會戚，又會城棣，七年會鄬，八年會邢丘。）今將背之，雖楚救我，將安用之？（言失信得楚，不足貴。）親我無成，（晉親鄭。）鄙我是欲，（楚欲以鄭為鄙邑，而反欲與成。）不可從也。（言子駟不可從。）不如待晉。晉君方明，四軍無闕，八卿和睦，必不棄鄭。（四軍，謂上中下新軍也。軍有二卿。）楚師遼遠，糧食將盡，必將速歸，何患焉？舍之聞之：（舍之，子展名。）杖莫如信，完守以老楚，杖信以待晉，不亦可乎？子駟曰：詩云：謀夫孔多，是用不集。（詩小雅。孔，甚也。集，就也。言人欲為政，是非相亂而不成。○[守]手又反，或如字，下守官同。）發言盈庭，誰敢執其咎？（言謀者多，若有不善，無適受其咎。○[適]丁歷反。）如匪行邁謀，是用不得于道。（匪，彼也。行邁謀，謀於路人也。不得于道，衆無適從。）請從楚，騑也受其咎。（騑，子駟名。○[騑]芳非反。）○乃及楚平。使王子伯騈告于晉，（伯騈，鄭大夫。）曰：君命敝邑，脩而車賦，儆而師徒，以討亂略。蔡人不從。敝邑之人，不敢寧處，悉索敝賦，（索，盡也。○[索]悉各反，又所百反。）以討于蔡，獲司馬燮，獻于邢丘。今楚來討曰：女何故稱兵于蔡？（稱，舉也。）焚我郊保，（郭外曰郊。保，守也。）馮陵我城郭。（馮，迫也。○[馮]皮冰反。）敝邑之衆，夫婦男女，不皇啓處，以相救也。（遑，暇也。啓，跪也。）翦焉傾覆，無所控告。（翦，盡也。控，引也。）民死亡者，非其父兄，即其子弟，夫人愁痛，（夫人，猶人人也。○[夫]音扶。）不知所庇。民知窮困，而受盟于楚。孤也與其二三臣不能禁止。（孤，鄭伯。）不敢不告。知武子使行人子員對之曰：君有楚命，（見討之命。）亦不使一介行李告于寡君，（一介，獨使也。行李，行人也。○[介]古賀反。獨[使]所吏反。）而即安于楚，君之所欲也，誰敢違君？寡君將帥諸侯以見于城下，唯君圖之。（為明年晉伐鄭傳。）晉范宣子來聘，且拜公之辱，（謝公此春朝。）告將用師于鄭。公享之，宣子賦摽有梅。（摽有梅，詩召南。摽，落也。梅盛極則落，詩人以興女色盛則有衰，衆士求之，宜及其時。宣子欲魯及時共討鄭，取其汲汲相赴。）季武子曰：誰敢哉？（言誰敢不從命。）今譬於草木，寡君在君，君之臭味也。（言同類。）歡以承命，何時之有？（遲速無時。）武子賦角弓。（角弓，詩小雅。取其兄弟婚姻無相遠矣。）賓將出，武子賦彤弓。（彤弓，天子賜有功諸侯之詩。欲使晉君繼文之業，復受彤弓於王。）宣子曰：城濮之役，（在僖二十八年。）我先君文公獻功于衡雍，受彤弓于襄王，以為子孫藏。（藏之以示子孫。○[雍]於用反。）匄也，先君守官之嗣也，敢不承命。（言己嗣其父祖為先君守官，不敢廢命，欲匡晉君。）君子以為知禮。（彤弓之義，義在晉君，故范匄受之，所謂知禮。）

經九年，春，宋災。（天火曰災。來告，故書。）夏，季孫宿如晉。五月辛酉，夫人姜氏薨。（成公母。）秋八月癸未，葬我小君穆姜。（無傳。四月而葬速。冬，公會晉侯、宋公、衛侯、曹伯、莒子、邾子、滕子、薛伯、杞伯、小邾子、齊世子光伐鄭。十有二月己亥，同盟于戲。伐鄭而書同盟，則鄭受盟可知。傳言十有一月己亥，以長曆推之，十二月無己亥，經誤。戲，鄭地。○戲，許宜反。楚子伐鄭。

傳九年春，宋災。樂喜爲司城以爲政。樂喜，子罕也。爲政卿，知將有火災，素戒爲備火之政。使伯氏司里，伯氏，宋大夫。司里，里宰。火所未至，徹小屋，塗大屋，大屋難徹，就塗之。陳畚挶，具綆缶，畚，簣籠。挶，土轝。綆，汲索。缶，汲器。○畚音本，草器也。挶，九錄反。綆，古杏反。缶，方九反。簣，其位反。籠，力東反。轝音預。備水器，盆鑒之屬。○鑒，戶暫反。量輕重，計人力所任。○任音壬。蓄水潦，積土塗，巡丈城，繕守備，巡，行也。丈，度也。繕，治也。行度守備之處，恐因災有亂。○行，下孟反。度，待洛反。表火道。火起則從其所趣標表之。使華臣具正徒，華臣，華元子，爲司徒。正徒，役徒也。司徒之所主也。令隧正納郊保，奔火所。隧正，官名也。五縣爲隧。納聚郊野保守之民，使隨火所起往救之。使華閱討右官，官庀其司，亦華元子，代元爲右師。討，治也。庀，具也。使具其官屬。○庀，芳婢反。向戌討左，亦如之。向戌，左師。使樂遄庀刑器，亦如之。樂遄，司寇。刑器，刑書。○遄，市專反。使皇鄖命校正出馬，工正出車，備甲兵，庀武守，皇鄖，皇父充石之後。校正主馬，工正主車，使各備其官。○鄖音云。校，戶教反。出如字，又尺遂反。使西鉏吾庀府守，西鉏吾，大宰也。府守，六官之典。令司宮、巷伯儆宮。司宮，奄臣。巷伯，寺人。皆掌宮內之事。○吾音魚。二師令四鄉正敬享，二師，左右師也。鄉正，鄉大夫。享，祀也。祝宗用馬于四墉，祀盤庚于西門之外。祝，大祝。宗，宗人。墉，城也。用馬祭于四城以禳火。盤庚，殷王，宋之遠祖。城積陰之氣，故祀之。凡天災有幣無牲，用馬祀盤庚，皆非禮。晉侯問於士弱曰：弱，士渥濁之子莊子。吾聞之，宋災於是乎知有天道，何故？問宋何故自知天道將災。對曰：古之火正，或食於心，或食於咮，以出內火，是故咮爲鶉火，心爲大火。謂火正之官配食於火星。建辰之月，鶉火星昏在南方，則令民放火。建戌之月，大火星伏在日下，夜不得見，則令民內火，禁放火。○咮，竹又反，又丁遘反。出如字，又尺遂反。內如字，又音納。鶉音純。陶唐氏之火正閼伯居商丘，陶唐，堯有天下號。閼伯，高辛氏之子。傳曰遷閼伯于商丘，主辰。辰，大火也。今爲宋星。然則商丘在宋地。○閼，於葛反。祀大火，而火紀時焉。謂出內火時。相土因之，故商主大火。相土，契孫，商之祖也。始代閼伯之後，居商丘，祀大火。○相，息亮反。商人閱其禍敗之釁，必始於火，是以日知其有天道也。閱，猶數也。商人數所更歷，恒多火災。宋是殷商之後，故知天道之災必火。公曰：可必乎？對曰：在道。國亂無象，不可知也。言國無道則災變亦殊，故不可必知。夏，季武子如晉，報宣子之聘也。宣子聘在八年。穆姜薨於東宮。太子宮也。穆姜淫僑如，欲廢成公，故徙居東宮。事在成十六年。始往而筮之，遇艮之八䷳。艮下艮上。周禮大卜掌三易，然則雜用連山、歸藏、周易。二易皆以七八爲占，故言遇艮之八。史曰：是謂艮之隨䷐。震下兌上，隨。史疑古易遇八爲不利，故更以周易占變爻，得隨卦而論之。隨，其出也。史謂隨非閉固之卦。君必速出。姜曰：亡。亡，猶無也。○亡如字，或音無。是於周易曰：隨，元亨利貞，無咎。易筮皆以變者占，遇一爻變義異，則論象，故姜亦以象爲占也。史據周易，故指言周易以折之。元，體之長也；亨，嘉之會也；利，義之和也；貞，事之幹也。體仁足以長人，嘉德足以合禮，利物足以和義，貞固足以幹事，然故不可誣也。是以雖隨無咎。（言不誣四德，乃遇隨无咎。明無四德者，則爲淫而相隨，非吉事。）今我婦人而與於亂，固在下位，（婦人卑於丈夫。○〔與〕音預。）而有不仁，不可謂元。不靖國家，不可謂亨。作而害身，不可謂利。弃位而姣，（姣，淫之別名。○〔姣〕戶交反，又如字，又音效。）不可謂貞。有四德者，隨而無咎。我皆無之，豈隨也哉？我則取惡，能無咎乎？必死於此，弗得出矣。（傳言穆姜辯而不德。）秦景公使士雃乞師于楚，將以伐晉，楚子許之。子囊曰：不可。當今吾不能與晉爭。晉君類能而使之，（隨所能。○〔雃〕苦田反。）舉不失選，（得所選。○〔選〕息戀反。）官不易方。（方猶宜也。）其卿讓於善，（讓勝己者。）其大夫不失守，（各任其職。）其士競於教，（奉上命。）其庶人力於農穡，（種曰農，收曰穡。）商工皁隸不知遷業。（四民不雜。）韓厥老矣，知罃稟焉以爲政。（代將中軍。）范匄少於中行偃而上之，使佐中軍。（使匄佐中軍，偃將上軍。○〔少〕詩照反。中〔行〕戶郎反。）韓起少於欒黶，而欒黶、士魴上之，使佐上軍。（欒黶、士魴讓起，起佐上軍。黶將下軍，魴佐之。○〔黶〕於斬反。）魏絳多功，以趙武爲賢而爲之佐。（武新軍將。）君明臣忠，上讓下競。（尊官相讓，勞職力競。）當是時也，晉不可敵，事之而後可。君其圖之！王曰：吾既許之矣，雖不及晉，必將出師。秋，楚子師于武城以爲秦援。秦人侵晉。晉饑，弗能報也。（爲十年晉伐秦傳。）冬十月，諸侯伐鄭。（鄭從楚也。）庚午，季武子、齊崔杼、宋皇鄖從荀罃、士匄門于鄟門。（鄭城門也。三國從中軍。）衛北宮括、曹人、邾人從荀偃、韓起門于師之梁。（師之梁亦鄭城門。三國從上軍。）滕人、薛人從欒黶、士魴門于北門。（二國從下軍。）杞人、郳人從趙武、魏絳斬行栗。（二國從新軍。行栗，表道樹。○〔行〕如字，道也。）甲戌，師于氾。（衆軍還聚氾。氾，鄭地，東氾。○〔氾〕音凡。）令於諸侯曰：脩器備，（兵器戰備。）盛餱糧，（餱，乾食。○〔盛〕音成。〔餱〕音侯。）歸老幼，（示將久師。）居疾于虎牢，（諸侯已取鄭虎牢，故使諸軍疾病息其中。）肆眚圍鄭。（肆，緩也。眚，過也。不書圍鄭，逆服不成圍。○〔眚〕生領反，又所幸反。）鄭人恐，乃行成。（與晉成也。）中行獻子曰：遂圍之，以待楚人之救也，而與之戰。不然無成。（獻子，荀偃也。恐楚救鄭，鄭復屬之。）知武子曰：許之盟而還師，以敝楚人。（敝，罷也。）吾三分四軍，（分四軍爲三部。）與諸侯之銳以逆來者，（來者，楚也。）於我未病，楚不能矣。（晉各一動，而楚三來，故曰不能。）猶愈於戰。（勝聚戰。）暴骨以逞，不可以爭。（言爭當以謀，不可以暴骨。○〔暴〕蒲卜反。）大勞未艾。君子勞心，小人勞力，先王之制也。（艾，息也。言當從勞心之勞。○〔艾〕魚廢反，又五蓋反。）諸侯皆不欲戰，乃許鄭成。十一月己亥，同盟于戲，鄭服也。（鄭服，故言同盟。）將盟，鄭六卿公子騑、（子駟。）公子發、（子國。）公子嘉、（子孔。）公孫輒、（子耳。）公孫蠆、（子蟜。○〔蠆〕勑邁反。）公孫舍之（子展。）及其大夫、門子皆從鄭伯。（門子，卿之適子。○〔從〕才用反。）晉士莊子爲載書，（莊子，士弱。載書，盟書。）曰：自今日既盟之後，鄭國而不唯晉命是聽，而或有異志者，有如此盟。（如違盟之罰。）公子騑趨進曰：天禍鄭國，使介居二大國之閒（介，猶閒也。）大國，不加德音而亂以要之，（謂以兵亂之力強要鄭。○〔要〕一遙反。〔強〕其丈反。）使其鬼神不獲歆其禋祀，其民人不獲享其土利，夫婦辛苦墊隘，無所厎告。（墊隘，猶委頓。厎，至也。○〔墊〕丁念反。）自今日既盟之後，鄭國而不唯有禮與彊可以庇民者是從，而敢有異志者，亦如之。（亦如此盟。）荀偃曰：「改載書。」（子駟亦以所言載於策，故欲改之。）公孫舍之曰：「昭大神要言焉。（要誓以告神。）若可改也，大國亦可叛也。」知武子謂獻子曰：「我實不德，而要人以盟，豈禮也哉？非禮，何以主盟？姑盟而退，脩德息師而來，終必獲鄭，何必今日？我之不德，民將棄我，豈唯鄭？若能休和，遠人將至，何恃於鄭？」乃盟而還。（遂兩用載書。）晉人不得志於鄭，以諸侯復伐之。十二月癸亥，門其三門。（三門，鄟門、師之梁、北門也。癸亥，月五日。晉果三分其軍，各攻一門。）閏月戊寅，濟于陰阪，侵鄭。（以長曆參校上下，此年不得有閏月戊寅。戊寅是十二月二十日。疑閏月當為門五日，五字上與門合，為閏則後學者自然轉日為月。晉人三番四軍，更攻鄭門，門各五日，晉各一攻，鄭三受敵，欲以苦之。癸亥去戊寅十六日，以癸亥始攻，攻輒五日，凡十五日，鄭故不服而去。明日戊寅，濟于陰阪，復侵鄭外邑。陰阪，洧津。○〔閏月〕依注讀為門五日。〔阪〕音反，又扶板反。〔番〕芳元反。〔更〕音庚。）次于陰口而還。（陰口，鄭地名。）子孔曰：「晉師可擊也，師老而勞，且有歸志，必大克之。」子展曰：「不可。」（傳言子展能守信。）

公送晉侯。晉侯以公宴于河上，問公年。季武子對曰：「會于沙隨之歲，寡君以生。」（沙隨在成十六年。）晉侯曰：「十二年矣，是謂一終，一星終也。（歲星十二歲而一周天。）國君十五而生子。冠而生子，禮也。（冠，成人之服，故必冠而後生子。○〔冠〕古亂反，下同。）君可以冠矣。大夫盍為冠具？」武子對曰：「君冠，必以祼享之禮行之，（祼謂灌鬯酒也。享，祭先君也。○〔祼〕古亂反。）以金石之樂節之，（以鍾磬為舉動之節。）以先君之祧處之。（諸侯以始祖之廟為祧。○〔祧〕他彫反。）今寡君在行，未可具也。請及兄弟之國而假備焉。」晉侯曰：「諾。」公還及衛，冠于成公之廟，（成公，今衛獻公之曾祖。從衛所處。）假鍾磬焉，禮也。

楚子伐鄭，（與晉成故。）子駟將及楚平。子孔、子蟜曰：「與大國盟，口血未乾而背之，可乎？」子駟、子展曰：「吾盟固云唯彊是從。今楚師至，晉不我救，則楚彊矣。盟誓之言，豈敢背之？且要盟無質，神弗臨也，（質，主也。）所臨唯信。信者，言之瑞也，（瑞，符也。）善之主也，是故臨之。（神臨之。）明神不蠲要盟，（蠲，潔也。）背之可也。」乃及楚平。公子罷戎入盟，同盟于中分。（中分，鄭城中里名。罷戎，楚大夫。○〔罷〕音皮，又音彼。）楚莊夫人卒。（共王母。）王未能定鄭而歸。

晉侯歸，謀所以息民。魏絳請施舍，（施恩惠，舍勞役。）輸積聚以貸。（輸，盡也。○〔積〕子賜反，下同。〔貸〕他代反。）自公以下，苟有積者，盡出之。國無滯積，（散在民。）亦無困人。（不匱乏。）公無禁利，（與民共。）亦無貪民。（禮讓行。）祈以幣更，（不用牲。）賓以特牲，（務崇省。）器用不作，（因仍舊。）車服從給，（足給事也。）行之期年，國乃有節。三駕而楚不能與爭。（三駕，三興師。謂十年師於牛首，十一年師於向，其秋觀兵於鄭東門。自是鄭遂服。○［期］音基。

春秋經傳集解襄公一第十四

春秋經傳集解襄公二第十五

杜氏註　盡十五年

經十年春，公會晉侯、宋公、衛侯、曹伯、莒子、邾子、滕子、薛伯、杞伯、小邾子、齊世子光會吳于柤。吳子在柤，晉以諸侯往會之，故曰會吳。吳不稱子，從所稱也。柤，楚地。○〔柤〕莊加反。夏五月甲午，遂滅偪陽。偪陽，妘姓國，今彭城傳陽縣也。因柤會而滅之，故曰遂。○〔偪〕甫目反，又彼力反。〔妘〕音云。公至自會。無傳。楚公子貞、鄭公孫輒帥師伐宋。晉師伐秦。荀罃不書，不親兵也。秋，莒人伐我東鄙。公會晉侯、宋公、衛侯、曹伯、莒子、邾子、齊世子光、滕子、薛伯、杞伯、小邾子伐鄭。齊世子光先至於師，爲盟主所尊，故在滕上。冬，盜殺鄭公子騑、公子發、公孫輒。非國討，當兩稱名氏，殺者非卿，故稱盜，以盜爲文，故不得言其大夫。戍鄭虎牢。伐鄭諸侯各受晉命戍虎牢，不復爲告命，故獨書魯戍，而不敘諸侯。楚公子貞帥師救鄭。公至自伐鄭。無傳。

傳十年春，會于柤，會吳子壽夢也。壽夢，吳子乘。○〔夢〕莫公反。三月癸丑，齊高厚相大子光以先會諸侯于鍾離，不敬。吳子未至，光從東道與東諸侯會遇，非本期地，故不書會。高厚，高固子也。癸丑，月二十六日。○〔相〕息亮反，下同。士莊子曰：「高子相大子以會諸侯，將社稷是衛，而皆不敬，厚與光俱不敬。棄社稷也，其將不免乎！」爲十九年齊殺高厚、二十五年弒其君光傳。夏四月戊午，會于柤。經書春，書始行也。戊午，月一日。晉荀偃、士匄請伐偪陽而封宋向戌焉。以宋常事晉，而向戌有賢行，故欲封之爲附庸。荀罃曰：「城小而固，勝之不武，弗勝爲笑。」固請。丙寅，圍之，弗克。丙寅，四月九日。孟氏之臣秦堇父輦重如役。堇父，孟獻子家臣。步挽重車以從師。○〔堇〕音謹。〔挽〕音晚。偪陽人啓門，諸侯之士門焉。見門開，故攻之。縣門發，郰人紇抉之以出門者。門者，諸侯之士在門內者也。紇，郰邑大夫，仲尼父叔梁紇也。郰邑，魯縣東南莝城是也。言紇多力，抉舉縣門，出在內者。○〔縣〕音懸，下同。〔郰〕側留反。〔紇〕恨發反。〔抉〕烏穴反，又古穴反。〔出〕如字，一尺遂反。狄虒彌建大車之輪而蒙之以甲以爲櫓，狄虒彌，魯人也。蒙，覆也。櫓，大楯。○〔虒〕音斯。〔櫓〕音魯。〔楯〕常尹反，又音尹。左執之，右拔戟，以成一隊。百人爲隊。孟獻子曰：「詩所謂『有力如虎』者也。」詩，邶風也。○〔邶〕音佩。主人縣布，堇父登之，及堞而絕之。偪陽人縣布以試外勇者。○〔堞〕音牒。隊則又縣之，蘇而復上者三。主人辭焉，乃退。主人嘉其勇，故辭謝不復縣布。○〔隊〕直類反。〔復〕扶又反。〔三〕息暫反，又如字。帶其斷以徇於軍三日。帶其斷布以示勇。○〔斷〕徒亂反。諸侯之師久於偪陽，荀偃、士匄請於荀罃曰：「水潦將降，懼不能歸，向夏恐有久雨，從丙寅至庚寅二十五日，故曰久。請班師。」班，還也。知伯怒，知伯，荀罃。○〔知〕音智。投之以机，出於其閒，出偃匄之閒。○〔机〕本作几。曰：「女成二事而後告余，二事，伐偪陽、封向戌。○〔女〕音汝，下同。余恐亂命，以不女違。既成改之，爲亂命。女既勤君而興諸侯，牽帥老夫以至于此，既無武守，無武功可執守。而又欲易余罪，曰：『是實班師，不然克矣。』謂偃匄將言爾。余羸老也，可重任乎？不任受女此責。○〔羸〕劣危反。〔任〕音壬，注同。七日不克，必爾乎取之！」言當取女以謝不克之罪。五月庚寅，四月日。荀偃、士匄帥卒攻偪陽，親受矢石。(躬在矢石閒。)甲午，滅之。(月八日。)書曰「遂滅偪陽」，言自會也。(言其因會以滅國，非之也。)以與向戌。向戌辭曰：「君若猶辱鎮撫宋國，而以偪陽光啓寡君，羣臣安矣，其何貺如之？(言見賜之厚，無過此。)若專賜臣，是臣興諸侯以自封也，其何罪大焉？敢以死請。」乃予宋公。宋公享晉侯於楚丘，請以桑林。(桑林，殷天子之樂名。)荀罃辭。(辭讓之。)荀偃、士匄曰：「諸侯宋、魯於是觀禮。(宋，王者後；魯以周公故，皆用天子禮樂，故可觀。)魯有禘樂，賓祭用之。(禘，三年大祭，則作四代之樂；別祭羣公，則用諸侯樂。)宋以桑林享君，不亦可乎？」(言俱天子樂也。)舞師題以旌夏，(師，樂師也。旌夏，大旌也。題，識也。以大旌表識其行列。○夏，戶雅反。識，申志反，又如字。)晉侯懼而退入于房。(旌夏非常，卒見之，人心偶有所畏。○卒，寸忽反。)去旌，卒享而還。及著雍，疾。(晉侯疾也。著雍，晉地。○去，起呂反。著，都慮反，一除慮反。雍，於用反。)卜桑林見。(祟見於卜兆。○見，賢遍反。祟，息遂反。)荀偃、士匄欲奔請禱焉。(奔走還宋禱謝。)荀罃不可，曰：「我辭禮矣，彼則以之。(以，用也。)猶有鬼神，於彼加之。」(言自當加罪於宋。)晉侯有閒。(閒，疾差也。○差，初賣反。)以偪陽子歸，獻于武宮，謂之夷俘。(諱俘中國，故謂之夷。)偪陽，妘姓也。使周內史選其族嗣，納諸霍人，禮也。(霍人，晉邑。內史，掌爵祿廢置者。使選偪陽宗族賢者，令居霍，奉妘姓之祀，善不滅姓，故曰禮也。使周史者，示有王命。)師歸，孟獻子以秦堇父為右。(嘉其勇力。)生秦丕茲，事仲尼。(言二父以力相尚，子事仲尼以德相高。)六月，楚子囊、鄭子耳伐宋，師于訾毋。(宋地。○訾，子斯反。)

庚午，圍宋，門于桐門。(不成圍而攻其城門。)晉荀罃伐秦，報其侵也。(侵在九年。)衛侯救宋，師于襄牛。鄭子展曰：「必伐衛，不然，是不與楚也。得罪於晉，又得罪於楚，國將若之何？」子駟曰：「國病矣！」(師數出，疲病也。)子展曰：「得罪於二大國，必亡。病不猶愈於亡乎？」諸大夫皆以為然。故鄭皇耳帥師侵衛，楚令也。(亦兼受楚之敕命也。皇耳，皇戌子。)孫文子卜追之，獻兆於定姜。姜氏問繇。(繇，兆辭。○繇，直救反。)曰：「兆如山陵，有夫出征，而喪其雄。」姜氏曰：「征者喪雄，禦寇之利也。大夫圖之。」衛人追之，孫蒯獲鄭皇耳于犬丘。(蒯，孫林父子。○喪，息浪反。蒯，苦怪反。)秋七月，楚子囊、鄭子耳侵我西鄙。(於魯無所恥，諱而不書，其義未聞。)還圍蕭，八月丙寅，克之。(蕭，宋邑。)九月，子耳侵宋北鄙。孟獻子曰：「鄭其有災乎！師競已甚。(競，爭競也。)周猶不堪競，況鄭乎？(周謂天王。)有災，其執政之三士乎！」(鄭簡公幼少，子駟、子國、子耳秉政，故知三士任其禍也。為下盜殺三大夫傳。○任，音壬。)莒人閒諸侯之有事也，故伐我東鄙。(諸侯有討鄭之事。)諸侯伐鄭。齊崔杼使大子光先至于師，故長於滕。(大子宜賓之以上卿，而今晉悼以一時之宜，令在滕侯上，故傳從而釋之。○長，丁丈反。)己酉，師于牛首。(鄭地。)初，子駟與尉止有爭，將禦諸侯之師，而黜其車。(禦牛首師也。黜，減損。)尉止獲，又與之爭。(獲，囚俘。)子駟抑尉止曰：「爾車非禮也。」(言女車猶多過制。)遂弗使獻。(不使獻所獲。)初，子駟為田洫，司氏、堵氏、侯氏、子師氏皆喪田焉。洫，田畔溝也。子駟爲田洫，以正封疆，而侵四族田。○〔洫〕況域反。〔堵〕音者，或丁古反。〔喪〕息浪反。故五族聚羣不逞之人，因公子之徒以作亂。八年子駟所殺公子嬰等之黨。○〔嬰〕許其反，本作熙。於是子駟當國，攝君事也。子國爲司馬，子耳爲司空，子孔爲司徒。冬十月戊辰，尉止、司臣、侯晉、堵女父、子師僕帥賊以入，晨攻執政于西宮之朝，公宮。殺子駟、子國、子耳，劫鄭伯以如北宮。子孔知之，故不死。子孔，公子嘉也。知難不告，利得其處也。爲十九年殺公子嘉傳。○〔難〕乃旦反。書曰盜，言無大夫焉。尉止等五人皆士也。大夫謂卿。子西聞盜，不儆而出，子西，公孫夏，子駟子。尸而追盜。先臨尸而追盜。盜入於北宮，乃歸授甲，臣妾多逃，器用多喪。子產聞盜，子產，子國子。爲門者，置守門。庀羣司，具衆官。○〔庀〕匹婢反。閉府庫，愼閉藏，完守備，成列而後出，兵車十七乘，千二百七十五人。○〔藏〕才浪反，又如字。〔守〕手又反。尸而攻盜於北宮，子蟜帥國人助之，殺尉止、子師僕，盜衆盡死。侯晉奔晉。堵女父、司臣、尉翩、司齊奔宋。尉翩，尉止子。司齊，司臣子。○〔翩〕音篇。子孔當國，代子駟。爲載書，以位序，聽政辟。自羣卿諸司，各守其職位，以受執政之法，不得與朝政。○〔辟〕音闢。〔與〕音預。大夫、諸司、門子弗順，將誅之。子孔欲誅不順者。子產止之，請爲之焚書。既止子孔，又勸令燒除載書。○〔爲〕于僞反。子孔不可，曰：爲書以定國，衆怒而焚之，是衆爲政也，國不亦難乎？難以至治。子產曰：衆怒難犯，專欲難成，合二難以安國，危之道也。不如焚書以安衆，子得所欲，欲爲政也。衆亦得安，不亦可乎？專欲無成，犯衆興禍，子必從之。乃焚書於倉門之外，衆而後定。不於朝內燒，欲使遠近見所燒。

諸侯之師城虎牢而戍之。晉師城梧及制，欲以偪鄭也。不書城，魯不與也。梧、制皆鄭舊地。士魴、魏絳戍之。書曰戍鄭虎牢，非鄭地也，言將歸焉。二年晉城虎牢而居之，今鄭復叛，故脩其城而置戍。鄭服則欲以還鄭，故夫子追書繫之于鄭，以見晉志。鄭及晉平。楚子囊救鄭。十一月，諸侯之師還鄭而南，至於陽陵。還，繞也。陽陵，鄭地。○〔還〕戶關反，又音患。楚師不退。知武子欲退，曰：今我逃楚，楚必驕，驕則可與戰矣。武子，荀罃。欒黶曰：逃楚，晉之恥也。合諸侯以益恥，不如死。我將獨進。師遂進。己亥，與楚師夾潁而軍。潁水出城陽，至下蔡入淮。子蟜曰：諸侯既有成行，必不戰矣。言有成去之志。從之將退，不從亦退。從猶服也。退，楚必圍我。猶將退也，不如從楚，亦以退之。以退楚。宵涉潁，與楚人盟。夜渡，畏晉知之。欒黶欲伐鄭師，伐涉潁者。荀罃不可，曰：我實不能禦楚，又不能庇鄭，鄭何罪？不如致怨焉而還。致怨爲後伐之資。今伐其師，楚必救之。戰而不克，爲諸侯笑。克不可命，勝負難要，不可命以必克。○〔要〕一遙反。不如還也。丁未，諸侯之師還，侵鄭北鄙而歸。欲以致怨。楚人亦還。鄭服故也。王叔陳生與伯輿爭政。二子，王卿士。王右伯輿。右，助也。王叔陳生怒而出奔。及河，王復之。欲奔晉。殺史狡以說焉。說王叔也。○〔狡〕古卯反。〔說〕音悅，又如字。不入，遂處之。處叔河上。晉侯使士匄平王室，王叔與伯輿訟焉。爭曲直。王叔之宰宰，家臣。與伯輿之大夫瑕禽瑕禽，伯輿屬大夫。坐獄於王庭，獄，訟也。周禮：命夫命婦不躬坐獄訟，故使宰與屬大夫對爭曲直。士匄聽之。王叔之宰曰：篳門閨竇之人而皆陵其上，其難爲上矣。篳門，柴門。閨竇，小戶，穿壁爲戶，上銳下方，狀如圭也。言伯輿微賤之家。○〔竇〕音豆。瑕禽曰：昔平王東遷，吾七姓從王，牲用備具，王賴之，而賜之騂旄之盟，平王徙時，大臣從者有七姓，伯輿之祖皆在其中，主爲王備犧牲，共祭祀。王特其用，故與之盟，使世守其職。騂旄，赤牛也。舉騂旄者，言得重盟，不以犬雞。○〔從〕才用反，又如字。〔騂〕息營反。曰：世世無失職。若篳門閨竇，其能來東底乎？且王何賴焉？言我若貧賤，何能來東，使王特其用，而與之盟邪？底，至也。○〔底〕音旨。今自王叔之相也，政以賄成，隨財制政。而刑放於寵。寵臣專刑，不任法。官之師旅不勝其富，師旅之長皆受賂。○〔勝〕音升。吾能無篳門閨竇乎？言王叔之屬富，故使吾貧。唯大國圖之。圖猶議也。下而無直，則何謂正矣？正者不先下之直。范宣子曰：天子所右，寡君亦右之；所左，亦左之。宣子知伯輿直，不欲自專，故推之於王。○〔右〕音又，〔左〕音佐，下同，亦並如字。使王叔氏與伯輿合要，合要辭。王叔氏不能舉其契。要契之辭。○〔契〕苦計反。王叔奔晉。不書，不告也。單靖公爲卿士，以相王室。代王叔。

經十有一年春王正月，作三軍。增立中軍，萬二千五百人爲軍。夏四月，四卜郊，不從，乃不郊。無傳。鄭公孫舍之帥師侵宋。公會晉侯、宋公、衛侯、曹伯、齊世子光、莒子、邾子、滕子、薛伯、杞伯、小邾子伐鄭。世子光至，復在莒子之先，故晉悼亦進之。秋七月己未，同盟于亳城北。亳城，鄭地。伐鄭而書同盟，鄭與盟可知。○〔亳〕蒲洛反。〔與〕音預。公至自伐鄭。無傳。楚子、鄭伯伐宋。公會晉侯、宋公、衛侯、曹伯、齊世子光、莒子、邾子、滕子、薛伯、杞伯、小邾子伐鄭，晉遂尊光。會于蕭魚。鄭服而諸侯會。蕭魚，鄭地。公至自會。無傳。以會至者，觀兵而不果侵伐。楚人執鄭行人良霄。良霄，公孫輒子伯有也。冬，秦人伐晉。

傳十一年春，季武子將作三軍，魯本無中軍，唯上下二軍，皆屬於公。有事，三卿更帥以征伐。季氏欲專其民人，故假立中軍，因以改作。○〔更〕音庚。告叔孫穆子曰：請爲三軍，各征其軍。征，賦稅也。三家各征其軍之家屬。穆子曰：政將及子，子必不能。政者，霸國之政令。禮，大國三軍，魯次國而爲大國之制，貢賦必重，故憂不能堪。武子固請之。穆子曰：然則盟諸？穆子知季氏將復變易，故盟之。乃盟諸僖閎，僖宮之門。詛諸五父之衢。五父衢，道名，在魯國東南。詛以禍福之言相要。正月，作三軍，三分公室而各有其一。三分國民衆。三子各毀其乘。壞其軍乘，分以足成三軍。○〔乘〕繩證反。〔壞〕音怪。〔足〕將住反，亦如字。季氏使其乘之人以其役邑入者無征，使軍乘之人率其邑役入季氏者，無公征。不入者倍征。不入季氏者，則使公家倍征之。設利病，欲驅使入己，故昭五年傳曰季氏盡征之。民辟倍征，故盡屬季氏。孟氏使半爲臣，若子若弟。取其子弟之半也。四分其乘之人，以三歸公，而取其一。叔孫氏使盡爲臣。盡取子弟，以其父兄歸公。不然不舍。制軍分民，不如是則三家不舍其故而改作也。此蓋三家盟詛之本言。○〔舍〕音捨。鄭人患晉、楚之故，諸大夫曰：不從晉，國幾亡。幾，近也。○〔幾〕音機，徐音譏。

二三一

楚弱於晉，晉不吾疾也。疾，急也。晉疾，楚將辟之，何爲而使晉師致死於我？言何當作計。楚弗敢敵，而後可固與也。固與晉也。子展曰：與宋爲惡，諸侯必至，吾從之盟。楚師至，吾又從之，則晉怒甚矣。晉能驟來，楚將不能，吾乃固與晉。大夫說之，使疆埸之司惡於宋。使守疆埸之吏侵犯宋。○說音悅，埸音亦。宋向戌侵鄭，大獲。子展曰：師而伐宋可矣。若我伐宋，諸侯之伐我必疾，吾乃聽命焉，且告於楚。楚師至，吾又與之盟，而重賂晉師，乃免矣。言如此乃免於晉楚之難。夏，鄭子展侵宋。欲以致諸侯。四月，諸侯伐鄭。己亥，齊大子光、宋向戌先至于鄭，門于東門。傳釋齊大子光所以序莒上也。向戌不書，宋公在會故。其莫，晉荀罃至于西郊，東侵舊許。許之舊國，鄭新邑。○莫音暮。衛孫林父侵其北鄙。六月，諸侯會于北林，師于向，向地在潁川長社縣東北。○向音餉。右還，次于瑣。北行而西爲右還。熒陽宛陵縣西有瑣侯亭。○宛，於阮反，又於元反。圍鄭。觀兵于南門。觀，示也。西濟于濟隧。濟隧，水名。○濟，子禮反。鄭人懼，乃行成。秋七月，同盟于亳。范宣子曰：不慎，必失諸侯。慎，敬威儀，謹辭令。諸侯道敝而無成，能無貳乎？數伐鄭，皆罷於道路。○數，所角反。罷音皮。乃盟，載書曰：凡我同盟，毋蘊年，蘊積年穀，而不分災。○蘊，紆粉反。毋壅利，專山川之利。○壅，於勇反。毋保姦，藏罪人。毋留慝，速去惡。○慝，他得反。救災患，恤禍亂，同好惡，獎王室。獎，助也。○好惡並如字，或上呼報反，下烏路反。或閒茲命，司慎、司盟、名山、名川，二司，天神。群神、群祀，群祀，在祀典者。先王、先公，先王，諸侯之大祖，宋祖帝乙、鄭祖厲王之比也。先公，始封君。○大音泰。七姓十二國之祖，七姓：晉、魯、衛、鄭、曹、滕，姬姓；邾、小邾，曹姓；宋，子姓；齊，姜姓；莒，己姓；杞，姒姓；薛，任姓。實十三國，言十二，誤也。○己音紀，或音杞。任音壬。明神殛之，殛，誅也。俾失其民，隊命亡氏，踣其國家。踣，斃也。○隊，直類反。踣，蒲北反，又敷豆反。楚子囊乞旅于秦，乞師旅於秦。秦右大夫詹帥師從楚子，將以伐鄭。鄭伯逆之。丙子，伐宋。鄭逆服，故更伐宋也。秦師不書，不與伐宋而還。○與音預。九月，諸侯悉師以復伐鄭。此夏諸侯皆復來，故曰悉師。○復，扶又反。鄭人使良霄、大宰石㚟如楚，告將服于晉，曰：孤以社稷之故，不能懷君。君若能以玉帛綏晉，不然則武震以攝威之，孤之願也。楚人執之。書曰行人，言使人也。書行人，言非使人之罪。古者兵交，使在其閒，所以通命示整。或執殺之，皆以爲譏也。既成而後告，故書在蕭魚下。石㚟爲介，故不書。○㚟，敕略反。攝如字，又之涉反。諸侯之師觀兵于鄭東門。鄭人使王子伯駢行成。甲戌，晉趙武入盟鄭伯。冬十月丁亥，鄭子展出盟晉侯。二盟不書，不告。十二月戊寅，會于蕭魚。經書秋，史失之。庚辰，赦鄭囚，皆禮而歸之。納斥候，不相備也。○斥音尺，一昌夜反。禁侵掠，晉侯使叔肸告于諸侯。叔肸，叔向也。告諸侯亦使赦鄭囚。○掠音亮。肸，許乙反。向，許丈反。公使臧孫紇對曰：凡我同盟，小國有罪，大國致討，苟有以藉手，鮮不赦宥。寡君聞命矣。言晉討小國，有藉手之功，則赦其罪人。德義如是，不敢不承命。○藉，在夜反。鄭人賂晉侯以師悝、師觸、師蠲，悝、觸、蠲皆樂師名○〔悝〕苦回反〔蠲〕古縣反又音圭廣車軘車淳十五乘甲兵備廣車軘車皆兵車名淳耦也○〔廣〕古曠反〔軘〕徒溫反〔淳〕述倫反又之倫反凡兵車百乘他兵車及廣軘共百乘歌鍾二肆肆列也縣鍾十六爲一肆二肆三十二枚及其鎛磬鎛磬皆樂器○〔鎛〕音博女樂二八十六人晉侯以樂之半賜魏絳曰子教寡人和諸戎狄以正諸華在四年八年之中九合諸侯如樂之和無所不諧諧亦和也○九合諸侯謂五年會戚又會城棣救陳七年會鄬八年會邢丘九年盟于戲十年會柤又伐鄭戍虎牢十一年同盟亳城北又會蕭魚請與子樂之共此樂○〔樂〕音洛一音岳辭曰夫和戎狄國之福也八年之中九合諸侯諸侯無慝君之靈也二三子之勞也臣何力之有焉抑臣願君安其樂而思其終也詩曰樂旨君子殿天子之邦詩小雅也謂諸侯有樂美之德可以鎮撫天子之邦殿鎮也○〔殿〕都遍反樂旨君子福祿攸同攸所也便蕃左右亦是帥從便蕃數也言遠人相帥來服從便蕃然在左右○〔蕃〕音煩夫樂以安德和其心也義以處之處位以義禮以行之行教令信以守之守所行仁以厲之厲風俗而後可以殿邦國同福祿來遠人所謂樂也言五德皆備乃爲樂非但金石書曰居安思危逸書思則有備有備無患敢以此規規正公公曰子之教敢不承命抑微子寡人無以待戎待遇接納不能濟河渡河南服鄭夫賞國之典也藏在盟府司盟之府有賞功之制不可廢也子其受之魏絳於是乎始有金石之樂禮也禮大夫有功則賜樂秦庶長鮑庶長武帥師伐晉以救鄭庶長秦爵也不書救鄭已屬晉無所救○〔長〕丁丈反〔鮑〕步卯反鮑先入晉地士魴御之少秦師而弗設備壬午武濟自輔氏從輔氏渡河○〔御〕魚呂反後放此與鮑交伐晉師己丑秦晉戰于櫟晉師敗績易秦故也不書敗績晉恥易秦而敗故不告也櫟晉地○〔櫟〕力的反又失灼反〔易〕以豉反

經十有二年春王三月莒人伐我東鄙圍台琅邪費縣南有台亭○〔台〕勑才反又音臺一翼之反季孫宿帥師救台遂入鄆鄆莒邑○〔鄆〕音運夏晉侯使士魴來聘秋九月吳子乘卒五年會於戚公不與盟而赴以名冬楚公子貞帥師侵宋公如晉

傳十二年春莒人伐我東鄙圍台季武子救台遂入鄆乘勝入鄆報見伐取其鐘以爲公盤夏晉士魴來聘且拜師謝前年伐鄭師秋吳子壽夢卒壽夢吳子之號臨於周廟禮也周廟文王廟也周公出文王故魯立其廟吳始通故曰禮○〔臨〕力蔭反下同凡諸侯之喪異姓臨於外於城外向其國同姓於宗廟所出王之廟同宗於祖廟始封君之廟同族於禰廟父廟也同族謂高祖以下是故魯爲諸姬臨於周廟諸姬同姓國爲邢凡蔣茅胙祭臨於周公之廟卽祖廟也六國皆周公之支子別封爲國共祖周公○〔胙〕才故反〔祭〕側界反又如字冬楚子囊秦庶長無地伐宋師于楊梁以報晉之取鄭也取鄭在前年梁國睢陽縣東有地名楊梁靈王求后于齊齊侯問對於晏桓子桓子對曰先王之禮辭有之天子求后於諸侯諸侯對

曰夫婦所生若而人（不敢譽亦不敢毀故曰若如人○〔譽〕音餘）妾婦之子若而人（言非適也）無女而有姊妹及姑姊妹則曰先守某公之遺女若而人齊侯許昏王使陰里結之（陰里周大夫結成也為十五年劉夏逆王后傳○〔守〕手又反）公如晉朝且拜士魴之辱禮也（士魴聘在此年夏嫌君臣不敵故曰禮）秦嬴歸于楚（秦景公妹為楚共王夫人）楚司馬子庚聘于秦為夫人寧禮也（子庚莊王子午也諸侯夫人父母既沒歸寧使卿故曰禮）

經十有三年春公至自晉夏取邿（邿小國也任城亢父縣有邿亭傳例曰書取言易也○〔邿〕音詩〔任〕音壬〔亢〕苦浪反又音剛）秋九月庚辰楚子審卒（共王也成二年大夫盟于蜀）冬城防

傳十三年春公至自晉孟獻子書勞于廟禮也（書勳勞於策也桓二年傳曰公至自唐告於廟也凡公行告宗廟反行飲至舍爵策勳焉禮也桓十六年傳又曰公至自伐鄭以飲至之禮也然則還告廟及飲至及書勞三事偏行一禮則亦書至悉闕乃不書至傳因獻子之事以發明凡例釋例詳之）夏邿亂分為三（國分為三部志力各異）師救邿遂取之（魯師也經不稱師不滿二千五百人傳通言之）凡書取言易也（不用師徒及用師徒而不勞雖國亦曰取）用大師焉曰滅（敵人距戰斬獲俘馘用力難重雖邑亦曰滅）弗地曰入（謂勝其國邑不有其地）荀罃士魴卒晉侯蒐于緜上以治兵（為將命軍帥也必蒐而命之所以與衆共）使士匄將中軍辭曰伯游長（伯游荀偃○〔長〕上聲）昔臣習於知伯是以佐之非能賢也（七年韓厥老知罃代將中軍士匄佐之匄今將讓故謂爾時之舉不以己賢事見九年）請從伯游荀偃將中軍（代荀罃）士匄佐之（位如故）使韓起將上軍辭以趙武又使欒黶（以武位卑故不聽更命黶）辭曰臣不如韓起韓起願上趙武君其聽之使趙武將上軍（武自新軍超四等代荀偃）韓起佐之（位如故）欒黶將下軍魏絳佐之（黶亦如故絳自新軍佐超一等代士魴）新軍無帥（將佐皆遷）晉侯難其人使其什吏率其卒乘官屬以從於下軍禮也（得慎舉之禮○〔難〕乃旦反或如字）晉國之民是以大和諸侯遂睦君子曰讓禮之主也范宣子讓其下皆讓欒黶為汰弗敢違也晉國以平數世賴之刑善也夫（刑法也○〔汰〕音泰〔數〕所主反）一人刑善百姓休和可不務乎書曰一人有慶兆民賴之其寧惟永其是之謂乎（周書呂刑也一人天子也寧安也永長也義取上有好善之慶則下賴其福）周之興也其詩曰儀刑文王萬邦作孚（詩大雅言文王善用法故能為萬國所信孚信也）言刑善也及其衰也其詩曰大夫不均我從事獨賢（詩小雅刺幽王役使不均故從事者怨恨稱己之勞以為獨賢無讓心）言不讓也世之治也君子尚能而讓其下（能者在下位則貴尚而讓之）小人農力以事其上是以上下有禮而讒慝黜遠由不爭也謂之懿德及其亂也君子稱其功以加小人（加陵也君子在位者○〔遠〕于萬反又如字）小人伐其技以馮君子（馮亦陵也自稱其能為伐○〔技〕其綺反〔馮〕音憑）是以上下無禮亂虐竝生由爭善也（爭自善也）謂之昏德國家之敝恒必由之（傳言晉之所以興）

楚子疾告大夫曰不穀不德少主社稷生十年而喪先君未及習師保之教訓而應受多福（多福謂爲君）是以不德而亡師于鄢（鄢在成十六年○〔鄢〕音偃）以辱社稷爲大夫憂其弘多矣（弘大也）若以大夫之靈獲保首領以沒於地唯是春秋窀穸之事（窀厚也穸夜也厚夜猶長夜春秋謂祭祀長夜謂葬埋○〔窀〕張倫反一徒門反〔穸〕音夕）所以從先君於禰廟者（從先君代爲禰廟）請爲靈若厲（欲受惡謚以歸先君也亂而不損曰靈戮殺不辜曰厲）大夫擇焉莫對及五命乃許秋楚共王卒子囊謀謚大夫曰君有命矣子囊曰君命以共若之何毀之赫赫楚國而君臨之撫有蠻夷奄征南海以屬諸夏而知其過可不謂共乎請謚之共大夫從之（傳言子囊之善○〔共〕音恭）吳侵楚養由基奔命子庚以師繼之（子庚楚司馬）養叔曰吳乘我喪謂我不能師也（養叔養由基也）必易我而不戒（戒備也○〔易〕以豉反）子爲三覆以待我（覆伏兵○〔覆〕扶又反）我請誘之子庚從之戰于庸浦（庸浦楚地）大敗吳師獲公子黨君子以吳爲不弔（不用天道相弔恤）詩曰不弔昊天亂靡有定（言不爲昊天所恤則致罪也爲明年會向傳）冬城防書事時也（土功雖有常節通以事閒爲時○〔閒〕音閑）於是將早城臧武仲請俟畢農事禮也鄭良霄大宰石㚟猶在楚（十一年楚人執之至今○〔㚟〕勑略反）石㚟言於子囊曰先王卜征五年（先征五年而卜吉凶也征謂巡守征行○〔先〕悉薦反）而歲習其祥祥習則行（五年五卜皆同吉乃巡狩）不習則增脩德而改卜（不習謂卜不吉○習不習則增句絕）今楚實不競行人何罪（不能脩德與晉競）止鄭一卿以除其偪（一卿謂良霄）使睦而疾楚以固於晉焉用之（位不偪則大臣睦怨疾楚則事晉固）使歸而廢其使（行而見執於楚鄭又遂堅事晉是鄭廢本見使之意○其〔使〕所吏反下同）怨其君以疾其大夫而相牽引也不猶愈乎楚人歸之

經十有四年春王正月季孫宿叔老會晉士匄齊人宋人衞人鄭公孫蠆曹人莒人邾人滕人薛人杞人小邾人會吳于向（叔老聲伯子也魯使二卿會晉敬事霸國晉人自是輕魯幣而益敬其使故叔老雖介亦列於會也齊崔杼宋華閱衞北宮括在會惰慢不攝故貶稱人蓋欲以督率諸侯獎成霸功也吳來在向諸侯會之故曰會吳向鄭地）二月乙未朔日有食之（無傳）夏四月叔孫豹會晉荀偃齊人宋人衞北宮括鄭公孫蠆曹人莒人邾人滕人薛人杞人小邾人伐秦（齊宋大夫不書義與向同）己未衞侯出奔齊（諸侯之策書孫甯逐衞侯春秋以其自取奔亡之禍故諸侯失國者皆不書逐君之賊也不書名從告）莒人侵我東鄙（無傳報入鄆）秋楚公子貞帥師伐吳冬季孫宿會晉士匄宋華閱衞孫林父鄭公孫蠆莒人邾人于戚

傳十四年春吳告敗于晉（前年爲楚所敗）會于向爲吳謀楚故也（謀爲吳伐楚○〔爲〕于僞反）范宣子數吳之不德也以退吳人（吳伐楚喪故以爲不德數而遣之卒不爲伐楚）執莒公子務婁（在會不書非卿○〔務〕莫侯

反。又如字。〔婁〕力侯反。或力俱反。以其通楚使也。莒貳於楚。故比年伐魯。將執戎子駒支。駒支，戎子名。范宣子親數諸朝。行之所在，亦設朝位。曰。來。姜戎氏。昔秦人迫逐乃祖吾離于瓜州。四嶽之後皆姜姓，又別爲允姓。瓜州地在今燉煌。○〔燉〕徒門反。乃祖吾離被苫蓋。蓋，苫之別名。○〔被〕普皮反。〔苫〕式占反。〔蓋〕戶臘反。爾雅曰：白蓋謂之苫。蒙荆棘以來歸我先君。蒙，冒也。我先君惠公有不腆之田。腆，厚也。○〔腆〕他典反。與女剖分而食之。中分爲剖。○〔女〕音汝。下同。〔中〕丁仲反。又如字。今諸侯之事我寡君不如昔者。蓋言語漏洩。則職女之由。職，主也。詰朝之事。爾無與焉。詰朝，明旦。不使復得與會事。○〔詰〕起吉反。〔與〕音預。下同。○與將執女。對曰。昔秦人負恃其衆。貪于土地。逐我諸戎。惠公蠲其大德。蠲，明也。謂我諸戎是四嶽之裔胄也。四嶽，堯時方伯，姜姓也。裔，遠。胄，後也。○〔裔〕以制反。毋是翦弃。翦，削也。賜我南鄙之田。狐狸所居。豺狼所嗥。我諸戎除翦其荆棘。驅其狐狸豺狼。以爲先君不侵不叛之臣。至于今不貳。不內侵，亦不外叛。○〔嗥〕戶羔反。昔文公與秦伐鄭。秦人竊與鄭盟而舍戍焉。在僖三十年。於是乎有殽之師。在僖三十三年。晉禦其上。戎亢其下。亢猶當也。〔亢〕苦浪反。○秦師不復。我諸戎實然。譬如捕鹿。晉人角之。諸戎掎之。掎其足也。○〔掎〕居綺反。與晉踣之。踣，僵也。○〔踣〕蒲北反。戎何以不免。自是以來。晉之百役與我諸戎相繼于時。言給晉役不曠時。以從執政。猶殽志也。意常如殽無中二也。豈敢離逷。今官之師旅無乃實有所闕。以攜諸侯而罪我諸戎。我諸戎飲食衣服不與華同。贄幣不通。言語不達。何惡之能爲。不與於會。亦無瞢焉。瞢，悶也。○〔逷〕他歷反。不〔與〕音預。〔瞢〕莫贈反。又武登反。一武忠反。賦青蠅而退。青蠅，詩小雅。取其愷悌君子無信讒言。○〔蠅〕以登反。宣子辭焉。辭，謝。使即事於會。成愷悌也。成愷悌，不信讒也。不書者，戎爲晉屬，不得特達。於是子叔齊子爲季武子介以會。自是晉人輕魯幣而益敬其使。齊子，叔老字也。言晉敬魯使，經所以並書二卿。吳子諸樊既除喪。諸樊，吳子乘之長子也。乘卒至此春十七月，既葬而除喪。將立季札。札，諸樊少弟。○〔札〕側八反。季札辭曰。曹宣公之卒也。諸侯與曹人不義曹君。曹君，公子負芻也。殺大子而自立。事在成十三年。將立子臧。子臧去之。遂弗爲也。以成曹君。君子曰。能守節。君義嗣也。諸樊適子，故曰義嗣。誰敢奸君。有國。非吾節也。札雖不才。願附於子臧。以無失節。固立之。弃其室而耕。乃舍之。傳言季札之讓，且明吳兄弟相傳。夏。諸侯之大夫從晉侯伐秦。以報櫟之役也。櫟役在十一年。晉侯待于竟。使六卿帥諸侯之師以進。言經所以不稱晉侯。及涇。不濟。諸侯之師不肯渡也。涇水出安定朝那縣，至京兆高陵縣入渭。○〔朝〕如字。〔那〕乃多反。叔向見叔孫穆子。穆子賦匏有苦葉。詩邶風也。義取於深則厲，淺則揭，言己志在於必濟。叔向退而具舟。魯人莒人先濟。鄭子蟜見衛北宮懿子曰。與人而不固。取惡莫甚焉。若社稷何。懿子說。二子見諸侯之師而勸之濟。濟涇而次。傳言北宮括所以書於伐秦。○〔說〕音悅。秦人毒涇上流，師人多死。飲毒水故。鄭司馬子蟜帥鄭師以進，師皆從之，至于棫林，棫林，秦地。○〔棫〕位逼反。不獲成焉。秦不服。荀偃令曰：「雞鳴而駕，塞井夷竈，示不反。唯余馬首是瞻。」言進退從己。欒黶曰：「晉國之命，未是有也。余馬首欲東。」乃歸。黶惡偃自專，故棄之歸。下軍從之。左史謂魏莊子曰：「不待中行伯乎？」中行伯，荀偃也。莊子，魏絳也。左史，晉大史。莊子曰：「夫子命從帥。夫子謂荀偃。欒伯，吾帥也，吾將從之。從帥，所以待夫子也。」以從命爲待也。欒黶，下軍帥，莊子爲佐，故曰吾帥。伯游曰：「吾令實過，悔之何及，多遺秦禽。」軍帥不和，恐多爲秦所禽獲。○〔遺〕唯季反。乃命大還。晉人謂之遷延之役。遷延，却退。欒鍼曰：「此役也，報櫟之敗也。役又無功，晉之恥也。吾有二位於戎路，欒鍼，欒黶弟也。二位謂黶將下軍，鍼爲戎右。敢不恥乎？」與士鞅馳秦師，死焉。士鞅反。士鞅，士匄子。欒黶謂士匄曰：「余弟不欲往，而子召之。余弟死，而子來，是而子殺余之弟也。弗逐，余亦將殺之。」士鞅奔秦。欒黶汰，後誣逐士鞅也。而，女也。於是齊崔杼、宋華閱、仲江會伐秦，不書，惰也。臨事惰慢，不脩也。仲江，宋公孫師之子。向之會亦如之。衞北宮括不書於向，亦惰。書於伐秦，攝也。能自攝整，從鄭子蟜俱濟涇。秦伯問於士鞅曰：「晉大夫其誰先亡？」對曰：「其欒氏乎！」秦伯曰：「以其汰乎？」對曰：「然。欒黶汰虐已甚，猶可以免。其在盈乎！」盈，黶之子。秦伯曰：「何故？」對曰：「武子之德在民，如周人

之思召公焉，愛其甘棠，況其子乎？武子，欒書，黶之父也。召公奭聽訟於甘棠之下，周人思之，不害其樹，而作勿伐之詩，在召南。欒黶死，盈之善未能及人，武子所施沒矣，而黶之怨實章，將於是乎在。」秦伯以爲知言，爲之請於晉而復之。爲傳二十一年晉滅欒氏張本。○〔施〕如字，又始豉反。衞獻公戒孫文子、甯惠子食，勑戒二子，欲共宴食。皆服而朝。服朝服，待命於朝。日旰不召，旰，晏也。○〔旰〕古旦反。而射鴻於囿。二子從之，從公於囿。○〔射〕食亦反。不釋皮冠而與之言。皮冠，田獵之冠也。既不釋冠，又不與食。二子怒。孫文子如戚，戚，孫文子邑。孫蒯入使。孫蒯，孫文子之子。○〔使〕所吏反，又如字。公飲之酒，使大師歌巧言之卒章。巧言，詩小雅。其卒章曰：彼何人斯，居河之麋，無拳無勇，職爲亂階。戚，衞河上邑。公欲以喻文子居河上而爲亂。大師掌樂大夫。○〔飲〕於鴆反。〔麋〕亡悲反。〔拳〕音權。大師辭，師曹請爲之。辭以爲不可。師曹，樂人。初，公有嬖妾，使師曹誨之琴，誨，教也。師曹鞭之。公怒，鞭師曹三百。故師曹欲歌之，以怒孫子，以報公。公使歌之，遂誦之。恐孫蒯不解故。蒯懼，告文子。文子曰：「君忌我矣，弗先，必死。」欲先公作亂。○〔先〕息薦反。并帑於戚，帑，子也。○〔并〕必政反。〔帑〕音奴。而入見蘧伯玉，曰：「君之暴虐，子所知也。大懼社稷之傾覆，將若之何？」伯玉，蘧瑗。對曰：「君制其國，臣敢奸之？奸，猶犯也。雖奸之，庸知愈乎？」言逐君更立，未知當差否。遂行，從近關出。懼難作，欲速出竟。公使子蟜、子伯、子皮與孫子盟于丘宮，孫子皆殺之。三子，衞羣公子。疑孫子，故盟之。丘宮，近戚地。○〔蟜〕居表反。四月己未，子展

奔齊。子展，衛獻公弟。公如鄄。鄄，衛地。〇鄄，音絹。使子行於孫子，孫子又殺之。使往請和也。子行，羣公子。公出奔齊，孫氏追之，敗公徒于阿澤。濟北東阿縣西南有大澤。鄄人執之。公徒因敗散還，故爲公執之。〇爲，于僞反。初，尹公佗學射於庾公差，庾公差學射於公孫丁。二子追公。二子，佗與差，爲孫氏逐公。〇佗，徒河反。差，初佳反，又初宜反。公孫丁御公。爲公御也。子魚曰：「射爲背師，不射爲戮，射爲禮乎。」子魚，庾公差。禮射不求中。〇射，食亦反，下除禮射皆同。背，音佩。射兩軥而還。軥，車軛卷者。〇軥，其俱反，又古豆反。軛，於革反。尹公佗曰：「子爲師，我則遠矣。」乃反之。佗不從丁學，故言遠。始與公差俱逐，悔而獨還射丁。公孫丁授公轡而射之，貫臂。貫佗臂。〇貫，古亂反，一音官。子鮮從公。子鮮，公母弟。〇鮮，音僊。及竟，公使祝宗告亡，且告無罪。告宗廟也。定姜曰：「無神何告？若有，不可誣也。誣，欺也。定姜，公適母。有罪，若何告無？舍大臣而與小臣謀，一罪也。先君有冢卿以爲師保，而蔑之，二罪也。謂不釋皮冠之比。〇舍，音捨。比，必里反。余以巾櫛事先君，而暴妾使余，三罪也。告亡而已，無告無罪。」時姜在國，故不使得告無罪。〇櫛，側乙反。公使厚成叔弔于衛，曰：「寡君使瘠聞君不撫社稷，而越在他竟。越，遠也。瘠，厚成叔名。〇瘠，在亦反。若之何不弔？以同盟之故，使瘠敢私於執事。執事，衛諸大夫。曰：『有君不弔，弔，恤也。有臣不敏，敏，達也。君不赦宥，臣亦不帥職，增淫發洩，其若之何？』」衛人使大叔儀對，大叔儀，衛大夫。〇洩，息列反。曰：「羣臣不佞，得罪於寡君，寡君

不以即刑，而悼弃之，以爲君憂。君不忘先君之好，辱弔羣臣，又重恤之。重恤，謂愍其不達也。敢拜君命之辱，重拜大貺。」謝重恤之賜。厚孫歸，復命，語臧武仲曰：「衛君其必歸乎！有大叔儀以守，守於國。〇語，魚據反。守，手又反。有母弟鱄以出，或撫其內，或營其外，能無歸乎？」齊人以郲寄衛侯。郲，齊所滅郲國。〇鱄，市轉反，又音專。郲，音來。及其復也，以郲糧歸。言其貪。右宰穀從而逃歸，衛人將殺之。穀，衛大夫也。以其從君，故欲殺之。〇從，才用反，又如字。辭曰：「余不說初矣。言初從君，非說之，不獲已耳。〇說，音悅，注及下同。余狐裘而羔袖。」言一身盡善，唯少有惡。喻己雖從君出，其罪不多。乃赦之。衛人立公孫剽，剽，穆公孫。〇剽，匹妙反，一甫遙反。孫林父、甯殖相之，以聽命於諸侯。聽盟會之命。〇相，息亮反。衛侯在郲，臧紇如齊唁衛侯。衛侯與之言，虐。退而告其人曰：「衛侯其不得入矣。其言糞土也。亡而不變，何以復國？」武仲不書，未爲卿。〇唁，魚變反。弔失國曰唁。子展、子鮮聞之，見臧紇，與之言，道。順道理。臧孫說，謂其人曰：「衛君必入。夫二子者，或輓之，或推之，欲無入，得乎？」爲二十六年衛侯歸傳。〇輓，音晚。推，如字，又他回反。師歸自伐秦，晉侯舍新軍，禮也。成國不過半天子之軍。成國，大國。〇舍，音捨。周爲六軍，諸侯之大者，三軍可也。於是知朔生盈而死，朔，知罃之長子。盈，朔弟也。盈生而朔死。〇知，音智。盈生六年而武子卒，彘裘亦幼，皆未可立也。新軍無帥，故舍之。彘裘，士魴子也。十三年，荀罃、士魴卒，其子皆幼，未任爲卿，故

新軍無帥，遂舍之。〔彘〕直例反，〔任〕音壬。○師曠侍於晉侯，師曠，晉樂大師子野。晉侯曰：衛人出其君，不亦甚乎？對曰：或者其君實甚。良君將賞善而刑淫，養民如子，蓋之如天，容之如地。民奉其君，愛之如父母，仰之如日月，敬之如神明，畏之如雷霆，其可出乎？夫君，神之主而民之望也。若困民之主，匱神乏祀，百姓絶望，社稷無主，將安用之？弗去何爲？天生民而立之君，使司牧之，勿使失性。有君而爲之貳，貳，卿佐。○〔去〕起呂反。使師保之，勿使過度。是故天子有公，諸侯有卿，卿置側室，側室，支子之官。大夫有貳宗，貳宗，宗子之副貳者。士有朋友，庶人工商皁隸牧圉皆有親暱，以相輔佐也。善則賞之，賞謂宣揚。〔暱〕女乙反。○過則匡之，匡，正也。患則救之，救其難也。失則革之，革，更也。自王以下各有父兄子弟以補察其政。補其愆過，察其得失。史爲書，謂大史，君舉則書。瞽爲詩，瞽，盲者，爲詩以風刺。○〔風〕芳鳳反。工誦箴諫，工，樂人也。誦箴諫之辭。大夫規誨，規正，諫誨其君。士傳言，士卑，不得徑達，聞君過失，傳告大夫。庶人謗，庶人不與政，聞君過則誹謗。商旅于市，旅，陳也。陳其貨物，以示時所貴尚。百工獻藝。獻其技藝，以喻政事。故夏書曰：遒人以木鐸徇于路，逸書。遒人，行人之官也。木鐸，木舌金鈴。徇於路，求歌謠之言。○〔遒〕在由反。官師相規，官師，大夫。自相規正。工執藝事以諫。所謂獻藝。正月孟春，於是乎有之，諫失常也。有道人徇路之事。天之愛民甚矣，豈其使一人肆於民上，肆，放也。以從其淫而弃天地之性？必不然矣。傳善師曠能因問盡言。○〔從〕子用反。秋，楚子爲庸浦之役故，在前年。〔爲〕于僞反。○子囊師于棠以伐吴，吴不出而還。子囊殿，殿軍後。〔殿〕多練反。○以吴爲不能而弗儆。吴人自皁舟之隘要而擊之，皁舟，吴險阨之道。〔要〕一遙反，〔阨〕於賣反。○楚人不能相救，吴人敗之，獲楚公子宜穀。傳言不備，不可以師。王使劉定公賜齊侯命，將昏於齊故也。定公，劉夏。位賤，以能而使之。傳稱謚，舉其終。曰：昔伯舅大公右我先王，股肱周室，師保萬民，世胙大師，以表東海。胙，報也。表，顯也。謂顯封東海以報大師之功。王室之不壞，繄伯舅是賴。繄，發聲。今余命女環，環，齊靈公名。○〔女〕音汝。兹率舅氏之典，纂乃祖考，無忝乃舊。敬之哉，無廢朕命。纂，繼也。因昏而加褒顯，傳言王室不能命有功。晉侯問衛故於中行獻子。問衛逐君當討否。獻子，荀偃。對曰：不如因而定之。衛有君矣，謂剽已立。伐之未可以得志，而勤諸侯。史佚有言曰：因重而撫之。重不可移，就撫安之。仲虺有言曰：亡者侮之，亂者取之。推亡固存，國之道也。仲虺，湯左相。君其定衛以待時乎。待其昏亂之時，乃伐之。冬，會于戚，謀定衛也。定立剽。范宣子假羽毛於齊而弗歸，齊人始貳。析羽爲旌，王者游車之所建。齊私有之，因謂之羽毛。宣子聞而借觀之。楚子囊還自伐吴，卒。將死，遺言謂子庚：必城郢。楚徙都郢，未有城郭。公子燮、公子儀因築城爲亂，事未得訖。子囊欲訖而未暇，故遺言見意。君子謂子囊忠。君薨不忘增其名，謂前年謚君爲共。將死不忘衛社稷，可不謂忠乎？忠民之望也。詩曰：行歸于周，萬民所望。忠也。詩小雅。忠信爲周。言德行歸於忠信，即爲萬民所瞻望。○〔行〕下孟反。

經十有五年春，宋公使向戌來聘。二月己亥，及向戌盟于劉。劉夏逆王后于齊。劉，采地。夏，名也。天子卿書字。劉夏非卿，故書名。天子無外，所命則成，故不言逆女。夏，齊侯伐我北鄙，圍成。公救成，至遇。無傳。遇，魯地。書至遇，公畏齊，不敢至成。季孫宿、叔孫豹帥師城成郛。備齊故。夏城，非例所譏。秋八月丁巳，日有食之。無傳。八月無丁巳，丁巳，七月一日也。日月必有誤。邾人伐我南鄙。冬十有一月癸亥，晉侯周卒。四同盟。

傳十有五年春，宋向戌來聘，且尋盟。報二年豹之聘，尋十一年亳之盟。見孟獻子，尤其室。尤，責過也。曰：子有令聞，而美其室，非所望也。對曰：我在晉，吾兄爲之，毁之重勞，且不敢閒。傳言獻子友于兄，且不隱其實。○〔閒〕音間，去聲。

官師從單靖公逆王后于齊。卿不行，非禮也。官師，劉夏也。天子官師非卿也。劉夏獨過魯告昏，故不書單靖公。天子不親昏，使上卿逆而公監之，故曰卿不行非禮。○〔過〕古禾反。

楚公子午爲令尹，代子囊。公子罷戎爲右尹，蔿子馮爲大司馬，子馮，叔敖從子。○〔罷〕音皮。公子櫜師爲右司馬，公子成爲左司馬，屈到爲莫敖，屈到，屈蕩子。○〔屈〕居勿反。公子追舒爲箴尹，追舒，莊王子子南。屈蕩爲連尹，養由基爲宮廄尹，以靖國人。君子謂楚於是乎能官人。官人，國之急也。能官人，則民無覦心。無覬覦以求幸。○〔廄〕音救。詩云：嗟我懷人，寘彼周行。能官人也。詩周南也。寘，置也。行，列也。周，徧也。詩人嗟歎，言我思得賢人，置之徧於列位，是后妃之志，以官人爲急。○〔行〕戶郎反，下同。王及公、侯、伯、子、男、甸、采、衛、大夫，各居其列，所謂周行也。言自王以下，諸侯大夫各任其職，則是詩人周行之志也。甸、采、衛，五服之名也。天子所居千里曰圻，其外曰侯服，次曰甸服，次曰男服，次曰采服，次曰衛服，五百里爲一服。不言侯、男，略舉也。○〔任〕音壬。

鄭尉氏、司氏之亂，其餘盜在宋。亂在十年。鄭人以子西、伯有、子產之故，三子之父皆爲尉氏所殺故。納賂于宋，以馬四十乘，百六十匹。與師茷、師慧。樂師也。茷、慧，其名。○〔茷〕扶廢反，徐音伐。三月，公孫黑爲質焉。公孫黑，子晳。○〔質〕音致。司城子罕以堵女父、尉翩、司齊與之。良司臣而逸之，賢而放之。○〔女〕音汝。託諸季武子，武子寘諸卞。子罕以司臣託季氏。鄭人醢之三人也。三人，堵女父、尉翩、司齊。師慧過宋朝，將私焉。私，小便。其相曰：朝也。相，師者。○〔相〕息亮反。慧曰：無人焉。相曰：朝也，何故無人？慧曰：必無人焉。若猶有人，豈其以千乘之相易淫樂之矇？必無人焉故也。千乘相，謂子產等也。言不爲子產殺三盜，得賂而歸之，是重淫樂而輕相國。○〔易〕以豉反，輕也。子罕聞之，固請而歸之。言子罕能改過。

夏，齊侯圍成，貳於晉故也。不畏霸主，故敢伐魯。於是乎城成郛。郛，郭也。

秋，邾人伐我南鄙，使告于晉。亦貳於晉故。晉將爲會以討邾、莒。十二年、十四年，莒人伐魯，未之討也。晉侯有疾，乃止。冬，晉悼公卒，遂不克會。爲明年會溴梁傳。○〔溴〕古闃反。

鄭公孫夏如晉奔喪，子蟜送葬。夏，子西也。言諸侯畏晉，故卿共葬。○〔共〕音恭。宋人或得玉。獻諸子罕。子罕弗受。獻玉者曰。以示玉人。玉人，能治玉者。玉人以爲寶也。故敢獻之。子罕曰。我以不貪爲寶。爾以玉爲寶。若以與我。皆喪寶也。不若人有其寶。稽首而告曰。小人懷璧。不可以越鄉。言必爲盜所害。○〔喪〕息浪反。納此以請死也。請免死。子罕寘諸其里。使玉人爲之攻之。攻，治也。富而後使復其所。賣玉得富。十二月。鄭人奪堵狗之妻。而歸諸范氏。堵狗，堵女父之族。狗娶於晉范氏。鄭人既誅女父，畏狗因范氏而作亂，故奪其妻歸范氏，先絕之。傳言鄭之有謀。○〔堵〕音者。

春秋經傳集解襄公二第十五

春秋經傳集解襄公三第十六

杜氏註　盡二十年

經十有六年春王正月葬晉悼公踰月而葬速也三月公會晉侯宋公衛侯鄭伯曹伯莒子邾子薛伯杞伯小邾子于溴梁不書高厚逃歸故也溴水出河內軹縣東南至溫入河○溴古闃反軹之氏反戊寅大夫盟諸大夫本欲盟高厚高厚逃歸故遂自共盟雞澤會重序諸侯今此闕無異事即上諸侯大夫可知○重直用反晉人執莒子邾子以歸邾莒二國數侵魯又無道於其民故稱人以執不以歸京師非禮也齊侯伐我北鄙無傳齊貳晉故夏公至自會無傳五月甲子地震無傳叔老會鄭伯晉荀偃衛甯殖宋人伐許荀偃主兵當序鄭上方示叔老可以會鄭伯故荀偃在下秋齊侯伐我北鄙圍成大雩無傳書過冬叔孫豹如晉

傳十六年春葬晉悼公平公即位平公悼公子彪○彪彼虯反羊舌肸為傅肸叔向也代士渥濁○肸許乙反張君臣為中軍司馬張老子代其父祁奚韓襄欒盈士鞅為公族大夫祁奚去中軍尉為公族大夫去劇職就閑官韓襄無忌子也虞丘書為乘馬御代程鄭○乘繩證反改服脩官烝于曲沃既葬改喪服脩官選賢能曲沃晉祖廟烝冬祭也諸侯五月而葬既葬卒哭作主然後烝嘗於廟今晉踰月葬作主而烝祭傳言晉將有溴梁之會故速葬警守而下會于溴梁順河東行故曰下命歸侵田諸侯相侵取之田以我故執邾宣公莒犁比公犁比莒子號也十二年十四年莒人侵魯前年邾人伐魯晉將為魯討之悼公卒不克會故平公終其事○犁力私反一力兮反比音毗注同且曰通齊楚之使邾莒在齊楚往來道中故幷以此責之經書執在大夫盟下既盟而後告晉侯與諸侯宴于溫使諸大夫舞曰歌詩必類歌古詩當使各從義類齊高厚之詩不類齊有二心故荀偃怒且曰諸侯有異志矣使諸大夫盟高厚高厚逃歸齊為大國高厚若此知小國必當有從者於是叔孫豹晉荀偃宋向戌衛甯殖鄭公孫蠆小邾之大夫盟曰同討不庭自曹以下大夫不書故傳舉小邾以包之○向舒亮反戌音恤蠆勑邁反許男請遷于晉許欲叛楚諸侯遂遷許許大夫不可晉人歸諸侯唯以其師討許之不肯遷鄭子蟜聞將伐許遂相鄭伯以從諸侯之師鄭與許有宿怨故其君親行○蟜居表反穆叔從公從公歸○從才用反又如字齊子帥師會晉荀偃書曰會鄭伯為夷故也夷平也春秋於魯事所記不與外事同者客主之言所以為文固當異也魯卿每會公侯春秋無譏故於此示例不先書主兵之荀偃而書後至之鄭伯時皆諸侯大夫義取皆平故得會鄭伯夏六月次于棫林庚寅伐許次于函氏棫林函氏皆許地○棫為逼反又于目反晉荀偃欒黶帥師伐楚以報宋揚梁之役晉師獨進揚梁役在十二年○黶於斬反楚公子格帥師及晉師戰于湛阪襄城昆陽縣北有湛水東入汝○湛市林反一直斬反阪音反又扶板反楚師敗績晉師遂侵方城之外不書不告復伐許而還許未還故○復扶又反○秋齊侯圍郕郕魯孟氏邑貳晉故伐魯孟孺子速徼之孟獻子之子莊子速也徼要也○徼古堯反齊侯曰是好勇去之以為之名速遂塞海陘而還海陘魯隘道○陘音刑冬穆叔如晉聘且言齊故言齊再伐魯晉人

曰以寡君之未禘祀（禘祀，三年喪畢之吉祭）與民之未息（新伐許及楚）不然不敢忘穆叔曰以齊人之朝夕釋憾於敝邑之地是以大請敝邑之急朝不及夕引領西望曰庶幾乎（庶幾晉來救）比執事之閒恐無及也見中行獻子賦圻父（圻父，詩小雅。周司馬掌封畿之兵甲，故謂之圻父。詩人責圻父為王爪牙，不脩其職，使百姓受困苦之憂，而無所止居。○〔比〕必利反〔閒〕音閑〔行〕戶郎反〔圻〕其依反）獻子曰偃知罪矣敢不從執事以同恤社稷而使魯及此（及此憂）見范宣子賦鴻鴈之卒章（鴻鴈，詩小雅。卒章曰：鴻鴈于飛，哀鳴嗸嗸。唯此哲人，謂我劬勞。言魯憂困嗸嗸然，若鴻鴈之失所。大曰鴻，小曰鴈）宣子曰匄在此敢使魯無鳩乎（鳩，集也。○〔匄〕古害反〔鳩〕居牛反）

經十有七年春王二月庚午邾子牼卒（無傳。宣公也。四同盟。○〔牼〕苦耕反）宋人伐陳夏衛石買帥師伐曹（石買，石稷子）秋齊侯伐我北鄙圍桃高厚帥師伐我北鄙圍防（弁縣東南有桃虛。○〔虛〕起居反）九月大雩（無傳。書過）宋華臣出奔陳（暴亂宗室，懼而出奔。實以冬出，書秋者，以始作亂時來告。○〔華〕戶化反）冬邾人伐我南鄙

傳十七年春宋莊朝伐陳獲司徒卬卑宋也（司徒卬，陳大夫。卑宋，不設備。○〔朝〕如字，凡人名字皆放此。〔卬〕五郎反）衛孫蒯田于曹隧（越竟而獵。孫蒯，林父之子。○〔蒯〕苦怪反）飲馬于重丘（重丘，曹邑。○〔飲〕於鴆反〔重〕直龍反）毀其瓶重丘人閉門而訽之（訽，罵也。○〔訽〕呼豆反〔罵〕馬嫁反）曰親逐而君爾父為厲（厲，惡鬼。林父逐君在十四年）是之不憂而何以田為夏衛石買孫蒯伐曹取重丘（孫蒯不書，非卿）曹人愬于晉（為明年晉人執石買傳。○〔愬〕悉路反）齊人以其未得志于我故（前年圍成，辟孟孺子）秋齊侯伐我北鄙圍桃高厚圍臧紇于防（防，臧紇邑。○〔紇〕恨發反）○師自陽關逆臧孫至于旅松（陽關在泰山鉅平縣東。旅松近防地也。魯師畏齊，不敢至防）郰叔紇臧疇臧賈帥甲三百宵犯齊師送之而復（郰叔紇，叔梁紇。臧疇、臧賈，臧紇之昆弟也。三子與臧紇共在防，故夜送臧紇於旅松，而復還守防。○〔郰〕側留反）齊師去之（失臧紇故）齊人獲臧堅（堅，臧紇之族）齊侯使夙沙衛唁之且曰無死（使無自殺）堅稽首曰拜命之辱抑君賜不終姑又使其刑臣禮於士以杙抉其傷而死（言使賤人來唁己，是惠賜不終也。夙沙衛，奄人，故謂之刑臣。○〔杙〕音弋〔抉〕烏穴反，又音抉）冬邾人伐我南鄙為齊故也（齊未得志於魯，故邾助之。○〔為〕于僞反）宋華閱卒華臣弱皐比之室（臣，閱之弟。皐比，閱之子。弱，侵易之。○〔比〕音毗〔易〕以豉反）使賊殺其宰華吳賊六人以鈹殺諸盧門合左師之後（盧門，宋城門。合，向戌邑。後，屋後。○〔鈹〕普皮反）左師懼曰老夫無罪賊曰皐比私有討於吳遂幽其妻（幽吳妻也）曰畀余而大璧（畀，與也）宋公聞之曰臣也不唯其宗室是暴大亂宋國之政必逐之左師曰臣也亦卿也大臣不順國之恥也不如蓋之乃舍之左師為己短策苟過華臣之門必騁（惡之。○〔騁〕勑領反〔惡〕烏路反）十一月甲午國人逐瘈狗瘈狗入於華臣氏國人從之華臣懼遂奔陳（華臣心不自安，見逐狗而驚走。○〔瘈〕居世反一

宋皇國父爲大宰爲平公築臺妨於農收周十一月今九月收斂時子罕請俟農功之畢公弗許築者謳曰澤門之晳實興我役澤門宋東城南門也皇國父白晳而居近澤門○〔晳〕星歷反邑中之黔實慰我心子罕黑色而居邑中○〔黔〕音琴一其廉反子罕聞之親執扑扑杖○〔扑〕普卜反以行築者而抶其不勉者曰吾儕小人皆有闔廬以辟燥濕寒暑闔謂門戶閉塞○〔行〕下孟反〔抶〕恥乙反今君爲一臺而不速成何以爲役役事也謳者乃止或問其故子罕曰宋國區區而有詛有祝禍之本也傳善子罕分謗○〔詛〕莊慮反〔祝〕之又反

齊晏桓子卒晏嬰父也晏嬰麤縗斬斬不緝之也縗在胷前麤三升布○〔麤〕本作麄〔縗〕七雷反苴絰帶杖菅屨苴麻之有子者取其麤也杖竹杖菅草屨○〔苴〕七徐反〔菅〕古顏反食鬻居倚廬寢苫枕草此禮與士喪禮略同其異唯枕草耳然枕凷亦非喪服正文○〔鬻〕之六反謂一朝一溢米暮一溢米〔苫〕傷廉反〔枕〕之鴆反〔凷〕苦對反苦怪反其老曰非大夫之禮也時之所行士及大夫縗服各有不同晏子爲大夫而行士禮其家臣不解故譏之曰唯卿爲大夫晏子惡直己以斥時失禮故孫辭略荅家老

經十有八年春白狄來不言朝不能行朝禮夏晉人執衛行人石買石買即是伐曹者宜即懲治本罪而晉因其爲行人之使執之故書行人以罪晉秋齊師伐我北鄙不書齊侯齊侯不入竟冬十月公會晉侯宋公衛侯鄭伯曹伯莒子邾子滕子薛伯杞伯小邾子同圍齊齊數行不義諸侯同心俱圍之曹伯負芻卒于師無傳禮當與許男同三同盟

楚公子午帥師伐鄭

傳十八年春白狄始來白狄狄之別名未嘗與魯接故曰始夏晉人執衛行人石買于長子執孫蒯于純留長子純留二縣今皆屬上黨郡孫蒯不書父在位蒯非卿○〔長〕丁丈反或如字〔純〕徒温反或如字爲曹故也前年衛伐曹

秋齊侯伐我北鄙中行獻子將伐齊夢與厲公訟弗勝厲公獻子所弑者公以戈擊之首隊於前跪而戴之奉之以走見梗陽之巫皋梗陽晉邑在太原晉陽縣南皋巫名也夢并見之○〔隊〕直位反他日見諸道與之言同〔跪〕其委反〔奉〕芳勇反巫亦夢見獻子與厲公訟巫曰今茲主必死若有事於東方則可以逞巫知獻子有死徵故勸使快意伐齊獻子許諾晉侯伐齊將濟河獻子以朱絲係玉二瑴雙玉曰瑴○〔瑴〕古學反○而禱曰齊環怙恃其險負其衆庶環齊靈公名負依也棄好背盟陵虐神主神主民也謂數伐魯殘民人曾臣彪將率諸侯以討焉彪晉平公名稱臣者明上有天子以謙告神曾臣猶末臣其官臣偃實先後之守官之臣偃獻子名○〔先〕悉薦反〔後〕戶豆反○苟捷有功無作神羞羞恥也官臣偃無敢復濟偃信巫言故以死自誓○〔復〕扶又反唯爾有神裁之沈玉而濟冬十月會于魯濟尋湨梁之言同伐齊湨梁在十六年盟曰同討不庭○〔沈〕音鴆或如字齊侯禦諸平陰塹防門而守之廣里平陰城在濟北盧縣東北其城南有防防有門於門外作塹橫行廣一里故經書圍○〔廣〕古曠反夙沙衛曰不能戰莫如守險謂防門不足爲險弗聽諸侯之士門焉齊人多死范宣子告析

文子。析文子，齊大夫子家。○析，星礫反。曰：吾知子，敢匿情乎。魯人、莒人皆請以車千乘自其鄉入，既許之矣。若入，君必失國。子盍圖之。子家以告公，公恐。晏嬰聞之曰：君固無勇，而又聞是，弗能久矣。不能久敵晉。齊侯登巫山以望晉師。巫山在盧縣東北。晉人使司馬斥山澤之險，雖所不至，必旆而疏陳之。斥，候也。疏建旌旗以爲陳，示衆也。○斥音尺。陳，直覲反。使乘車者左實右僞，以旆先，僞以衣服爲人形也。建旆以先驅。輿曳柴而從之。以揚塵。齊侯見之，畏其衆也，乃脫歸。脫不張旗幟。丙寅晦，齊師夜遁。師曠告晉侯曰：鳥烏之聲樂，齊師其遁。烏鳥得空營，故樂也。邢伯告中行伯，邢伯，晉大夫邢侯也。中行伯，獻子。曰：有班馬之聲，夜遁馬不相見，故鳴。班，別也。○別，彼列反。齊師其遁。叔向告晉侯曰：城上有烏，齊師其遁。十一月丁卯朔，入平陰，遂從齊師。夙沙衛連大車以塞隧而殿。此衛所欲守險。○殿，都練反。殖綽、郭最曰：子殿國師，齊之辱也。奄人殿師，故以爲辱。子姑先乎。乃代之殿。衛殺馬於隘以塞道。恨二子，故塞其道，欲使晉得之。晉州綽及之，射殖綽，中肩，兩矢夾脰。脰，頸也。○脰音豆。曰：止，將爲三軍獲。不止，將取其衷。不止，復欲射兩矢中央。○衷音忠。顧曰：爲私誓。州綽曰：有如日。言必不殺女，明如日。乃弛弓而自後縛之。縛，反縛也。○弛，式氏反。其右具丙亦舍兵而縛郭最，州綽之右。皆衿甲面縛，衿甲，不解甲。○舍音捨。衿，其鴆反。坐于中軍之鼓下。晉人欲逐歸者，魯、衛請攻險。險，固城守者。己卯，荀偃、士匄以中軍克京茲。在平陰城東南。乙酉，魏絳、欒盈以下軍克邿。欒黶死，其子盈佐下軍。平陰西有邿山。○邿音詩。趙武、韓起以上軍圍盧，弗克。十二月戊戌，及秦周伐雍門之萩。秦周，魯大夫。趙武及之，共伐萩也。雍門，齊城門。○雍，於用反。范鞅門于雍門，其御追喜以戈殺犬于門中。殺犬，示閑暇。孟莊子斬其橁以爲公琴。莊子，孺子速也。橁，木名。○橁，勑倫反，又相倫反。己亥，焚雍門及西郭、南郭。劉難、士弱率諸侯之師焚申池之竹木。二子，晉大夫。○難，乃多反，又如字。壬寅，焚東郭、北郭。范鞅門于揚門。齊西門。州綽門于東閭。齊東門。左驂迫，還于門中，以枚數闔。枚，馬檛也。闔，門扇也。數其板，示不恐。○還音旋，一音患。數，所主反。檛，陟瓜反。○齊侯駕，將走郵棠。郵棠，齊邑。大子與郭榮扣馬，大子，光也。榮，齊大夫。曰：師速而疾，略也。言欲略行其地，無久攻意。○行，下孟反。將退矣，君何懼焉。且社稷之主不可以輕，輕則失衆。君必待之。將犯之，大子抽劍斷鞅，乃止。甲辰，東侵及濰，南及沂。濰水在東莞東北，至北海都昌縣入海。沂水出東莞蓋縣，至下邳入泗。○莞音官。鄭子孔欲去諸大夫，欲專權。○去，起呂反，下同。將叛晉而起楚師以去之，使告子庚。子庚，楚令尹公子午。子庚弗許。楚子聞之，使揚豚尹宜告子庚曰：國人謂不穀主社稷而不出師，死不從禮。不能承先君之業，死將不得從先君之禮。不穀即位，於今五年，師徒不出，人其以不穀爲自逸而忘先君之業矣。謂己未嘗統師自出。大夫圖之其若之何子庚歎曰君王其謂午懷安乎吾以利社稷也見使者稽首而對曰諸侯方睦於晉臣請嘗之嘗試其難易也若可君而繼之不可收師而退可以無害君亦無辱子庚帥師治兵於汾襄城縣東北有汾丘城於是子蟜伯有子張從鄭伯伐齊子張公孫黑肱子孔子展子西守二子知子孔之謀二子子展子西○[守]手又反下同○完守入保完城郭內保守子孔不敢會楚師楚師伐鄭次於魚陵魚陵魚齒山也在南陽犨縣北鄭地○[犨]尺由反右師城上棘遂涉潁次于旃然將涉潁故於水邊權築小城以爲進退之備旃然水出滎陽成皋縣東入汴蔿子馮公子格率銳師侵費滑胥靡獻于雍梁胥靡獻于雍梁皆鄭邑河南陽翟縣東北有雍氏城○[蔿]于委反[馮]皮冰反[費]扶味反[雍]於用反右回梅山在滎陽密縣東北○[回]如字又胡猥反侵鄭東北至于蟲牢而反子庚門于純門信于城下而還信再宿也○[純]如字一市荀反涉於魚齒之下魚齒山之下有滍水故言涉○[滍]音雉○甚雨及之楚師多凍役徒幾盡晉人聞有楚師師曠曰不害吾驟歌北風又歌南風南風不競多死聲楚必無功歌者吹律以詠八風南風音微故曰不競也師曠唯歌南北風者聽晉楚之強弱○[幾]音祈董叔曰天道多在西北歲在豕韋月又建亥故曰多在西北南師不時必無功不時謂觸歲月叔向曰在其君之德也言天時地利不如人和

經十有九年春王正月諸侯盟于祝柯前年圍齊之諸侯也祝柯縣今屬濟南郡晉人執邾子稱人以執惡及民也公至自伐齊無傳取邾田自漷水取邾田以漷水爲界也漷水出東海合鄉縣西南經魯國至高平湖陸縣入泗○[漷]好虢反又音郭季孫宿如晉葬曹成公無傳夏衛孫林父帥師伐齊秋七月辛卯齊侯環卒世子光三與魯同盟晉士匄帥師侵齊至穀聞齊侯卒乃還詳錄所至及還者善得禮八月丙辰仲孫蔑卒無傳齊殺其大夫高厚鄭殺其大夫公子嘉冬葬齊靈公無傳城西郛魯西郭叔孫豹會晉士匄于柯魏郡內黃縣東北有柯城城武城泰山南武城縣

傳十九年春諸侯還自沂上盟于督揚曰大毋侵小督揚即祝柯也執邾悼公以其伐我故伐魯在十七年遂次于泗上疆我田正邾魯之界也泗水名取邾田自漷水歸之于我邾田在漷水北今更以漷爲界故曰取邾田晉侯先歸公享晉六卿于蒲圃六卿過魯賜之三命之服軍尉司馬司空輿尉候奄皆受一命之服如鞌戰還之賜唯無先輅○[鞌]音安賄荀偃束錦加璧乘馬先吳壽夢之鼎荀偃中軍元帥故特賄之五匹爲束四馬爲乘壽夢吳子乘也獻鼎於魯因以爲名古之獻物必有以先今以璧馬爲鼎之先○[先]悉薦反又如字[夢]莫公反荀偃癉疽癉疽惡創○[癉]丁但反又音旦[疽]七徐反[瘍]音羊[創]初良反生瘍於頭濟河及著雍病目出大夫先歸者皆反士匄請見弗內請後曰鄭甥可士匄中軍佐故問後也鄭甥荀吳其母鄭女○[著]張慮反又直慮反[雍]於用反[見]賢遍反二月甲寅卒而視不可含目開口噤○[含]戶暗反○宣子盥而撫

之曰事吳敢不如事主猶視(大夫稱主)欒懷子曰其爲未卒事於齊故也乎(懷子，欒盈)乃復撫之曰主苟終所不嗣事于齊者有如河乃瞑受含(嗣，續也。○〔復〕扶又反〔瞑〕亡丁反，一亡千反)宣子出曰吾淺之爲丈夫也(自恨以私待人)晉欒魴帥師從衛孫文子伐齊(爲懷子之言故也。欒魴，欒氏族。不書，兵并林父，不別告也。經書夏，從告)季武子如晉拜師(謝討齊)晉侯享之范宣子爲政(代荀偃將中軍)賦黍苗(黍苗，詩小雅，美召伯勞來諸侯，如陰雨之長黍苗也。喻晉君憂勞魯國，猶召伯)季武子興再拜稽首曰小國之仰大國也如百穀之仰膏雨焉若常膏之其天下輯睦豈唯敝邑賦六月(六月，尹吉甫佐天子征伐之詩，以晉侯比吉甫出征以匡王國。○〔佐〕如字，又五亮反，下同。〔膏〕雨如字，又古報反。常〔膏〕古報反，又如字)季武子以所得於齊之兵作林鐘而銘魯功焉(林鐘，律名。鑄鐘，聲應林鐘，因以爲鐘名)臧武仲謂季孫曰非禮也夫銘天子令德(天子銘德，不銘功)諸侯言時計功(舉得時，動有功則可銘也)大夫稱伐(銘其功伐之勞)今稱伐則下等也(從大夫故)計功則借人也(借晉力也。○〔借〕如字，一積亦反)言時則妨民多矣何以爲銘且夫大伐小取其所得以作彝器(彝，常也。謂鐘鼎爲宗廟之常器)銘其功烈以示子孫昭明德而懲無禮也今將借人之力以救其死若之何銘之小國幸於大國(以勝大國爲幸)而昭所獲焉以怒之亡之道也(爲城西郛武城傳)齊侯娶于魯曰顏懿姬無子其姪鬷聲姬生光以爲大子(兄子曰姪。顏、鬷，皆二姬母

姓，因以爲號。懿、聲皆謚。○〔姪〕直結反〔鬷〕子公反)諸子仲子戎子戎子嬖(諸子，諸妾姓子者。二子皆宋女)仲子生牙屬諸戎子(屬，託之。○〔屬〕之蜀反)戎子請以爲大子許之(齊侯許之)仲子曰不可廢常不祥(廢立嫡之常)閒諸侯難(事難成也)光之立也列於諸侯矣(列諸侯之會)今無故而廢之是專黜諸侯(謂光已有諸侯之尊)而以難犯不祥也君必悔之公曰在我而已遂東大子光(廢而徙之東鄙)使高厚傅牙以爲大子夙沙衛爲少傅齊侯疾崔杼微逆光疾病而立之光殺戎子(殺言之。○〔杼〕直呂反)尸諸朝非禮也婦人無刑(無黥刖之刑。○〔刖〕音月，又五刮反)雖有刑不在朝市(謂犯死刑者，猶不暴尸。○〔暴〕蒲卜反)夏五月壬辰晦齊靈公卒(經書七月辛卯，光定位而後赴)莊公即位(大子光也)執公子牙於句瀆之丘以夙沙衛易己衛奔高唐以叛(光謂衛教公易己。高唐在祝柯縣西北。○〔句〕古侯反〔瀆〕音豆)晉士匄侵齊及穀聞喪而還禮也(禮之常，不必待君命)於四月丁未(於此年四月)鄭公孫蠆卒赴於晉大夫范宣子言於晉侯以其善於伐秦也(十四年晉伐秦，子蟜見諸侯師而勸之濟涇)六月晉侯請於王王追賜之大路使以行禮也(大路，天子所賜車之總名。以行葬禮。傳言大夫有功則賜服路)秋八月齊崔杼殺高厚於灑藍而兼其室(灑藍，齊地。○〔灑〕色買反，又所綺反)書曰齊殺其大夫從君於昏也(傳解經不言崔杼殺，而爲國討文)鄭子孔之爲政也專(專權)國人患之乃討西宮之難(十年尉止等作難西宮，子孔知而不言)與純門之

師。前年子孔召楚師至純門。子孔當罪。以其甲及子革子良氏之甲守。以自守也。甲辰。子展子西率國人伐之。殺子孔而分其室。書曰鄭殺其大夫。專也。亦以國討爲文。子然子孔。宋子之子也。子然子革父。士子孔。圭嬀之子也。宋子、圭嬀皆鄭穆公妾。士子孔子良父。○〔嬀〕居危反。圭嬀之班。亞宋子。而相親也。亞，次也。士子孔亦相親也。僖之四年。子然卒。鄭僖四年，魯襄六年。簡之元年。士子孔卒。魯襄八年。司徒孔實相子革子良之室。司徒孔與二父相親。故相助其子。○〔相〕息亮反。三室如一。言同心。故及於難。故二子并及難。子革子良出奔楚。子革爲右尹。子革卽鄭丹。鄭人使子展當國。子西聽政。立子產爲卿。簡公猶幼，故大夫當國。齊慶封圍高唐。弗克。夙沙衞以叛，故圍之。冬十一月。齊侯圍之。見衞在城上。號之。乃下。衞下與齊侯語。○〔號〕胡報反，召也。一戶刀反。問守備焉。以無備告。揖之。乃登。齊侯以衞告誠，揖而禮之，欲生之也。衞志於戰死，故不順齊侯之揖而還登城。聞師將傅。食高唐人。殖綽工僂會夜縋納師。因其會食。二子齊大夫。○〔傅〕音附。〔食〕音嗣。〔僂〕力侯反。醢衞于軍。城西郛。懼齊也。前年與晉伐齊，又鑄其器爲鐘，故懼。齊及晉平。盟于大隧。大隧，地闕。故穆叔會范宣子于柯。齊晉平，魯懼齊，故爲柯會以自固。穆叔見叔向。賦載馳之四章。四章曰：控于大邦，誰因誰極。控，引也。取其欲引大國以自救助。叔向曰。肸敢不承命。叔向度齊未肯以盟服，故許救魯。穆叔歸曰。齊猶未也。不可以不懼。乃城武城。衞石共子卒。石買。○〔共〕音恭。悼子不哀。買之子石惡。孔

成子曰。是謂蹷其本。蹷猶拔也。○〔蹷〕求月反。一居月反。又居衞反。必不有其宗。爲二十八年石惡出奔傳。

經二十年春王正月辛亥。仲孫速會莒人盟于向。向，莒邑。○〔向〕舒亮反。夏六月庚申。公會晉侯齊侯宋公衞侯鄭伯曹伯莒子邾子滕子薛伯杞伯小邾子盟于澶淵。澶淵在頓丘縣南，今名繁汙。此衞地，又近戚田。○〔澶〕市然反。〔汙〕音紆。秋。公至自會。無傳。仲孫速帥師伐邾。蔡殺其大夫公子燮。莊公子。蔡公子履出奔楚。燮母弟也。陳侯之弟黃出奔楚。稱弟，明無罪也。叔老如齊。冬。十月丙辰朔。日有食之。無傳。季孫宿如宋。

傳二十年春。及莒平。孟莊子會莒人盟于向。督揚之盟故也。莒數伐魯，前年諸侯盟督揚以和解之，故二國自復共盟，結其好。夏盟于澶淵。齊成故也。齊與晉平。邾人驟至。以諸侯之事弗能報也。驟，數也。謂十五年、十七年伐魯。秋。孟莊子伐邾以報之。既盟而伐之，非。又蔡公子燮欲以蔡之晉。背楚。蔡人殺之。公子履其母弟也。故出奔楚。與兄同謀故。陳慶虎慶寅畏公子黃之偪。二慶，陳卿。恐黃偪奪其政。愬諸楚曰。與蔡司馬同謀。同欲之晉。楚人以爲討。討，責陳。公子黃出奔楚。奔楚自理。初。蔡文侯欲事晉。曰。先君與於踐土之盟。先君，文侯父莊侯甲午也。踐土盟在僖二十八年。○〔與〕音預。晉不可棄。且兄弟也。畏楚不能行而卒。宣十七年文侯卒。楚人使蔡無常。徵發無準。公子燮求從先君以利蔡。不能而死。書

曰。蔡殺其大夫公子燮。言不與民同欲也。罪其違衆。陳侯之弟黄出奔楚。言非其罪也。稱弟。罪陳侯。及二慶。公子黄將出奔。呼於國曰。慶氏無道。求專陳國。暴蔑其君。而去其親。五年不滅。是無天也。爲二十三年陳殺二慶傳。○[呼]好故反。[去]起呂反。齊子初聘于齊。禮也。齊魯有怨。朝聘禮絶。今始復通。故曰初。繼好息民。故曰禮。冬。季武子如宋。報向戌之聘也。向戌聘在十五年。褚師段逆之以受享。段。共公子石子也。逆以入國。受享禮。○[褚]張呂反。[段]徒亂反。賦常棣之七章以卒。武子賦也。七章以卒。盡八章。取其妻子好合。如鼓瑟琴。宜爾室家。樂爾妻孥。言二國好合。宜其室家。相親如兄弟。宋人重賄之。歸復命。公享之。賦魚麗之卒章。魚麗。詩小雅。卒章曰。物其有矣。維其時矣。喻聘宋得其時。公賦南山有臺。南山有臺。詩小雅。取其樂只君子。邦家之基。邦家之光。喻武子奉使能爲國光輝。武子去所。曰。臣不堪也。去所。辟席。衛甯惠子疾。召悼子。悼子。甯喜。曰。吾得罪於君。悔而無及也。名藏在諸侯之策。曰。孫林父甯殖出其君。君入則掩之。掩惡名。若能掩之。則吾子也。若不能。猶有鬼神。吾有餒而已。不來食矣。餒。餓也。悼子許諾。惠子遂卒。爲二十六年衛侯歸傳。

經。二十有一年。春。王正月。公如晉。邾庶其以漆閭丘來奔。二邑在高平南平陽縣。東北有漆鄉。西北有顯閭亭。以邑出爲叛。適魯而言來奔。內外之辭。夏。公至自晉。無傳。秋。晉欒盈出奔楚。盈不能防閑其母。以取奔亡。稱名罪之。九月。庚戌。朔。日有食之。無傳。冬。十月。庚辰。朔。日有食之。無傳。曹伯來朝。公會晉侯。齊侯。宋公。衛侯。鄭伯。曹伯。莒子。邾子于商任。商任地闕。○[任]音壬。

傳。二十一年。春。公如晉。拜師及取邾田也。謝十八年伐齊之師。漷水之田。邾庶其以漆閭丘來奔。庶其。邾大夫。季武子以公姑姊妻之。計公年。不得有未嫁姑姊。蓋寡者二人。皆有賜於其從者。於是魯多盜。季孫謂臧武仲曰。子盍詰盜。詰。治也。○[從]才用反。[詰]起吉反。武仲曰。不可詰也。紇又不能。季孫曰。我有四封。而詰其盜。何故不可。子爲司寇。將盜是務去。若之何不能。武仲曰。子召外盜而大禮焉。何以止吾盜。吾。謂國中。○[去]起呂反。下皆同。子爲正卿而來外盜。使紇去之。將何以能。庶其竊邑於邾以來。子以姬氏妻之。而與之邑。使食漆閭丘。其從者皆有賜焉。若大盜禮焉以君之姑姊與其大邑。其次皁牧輿馬。給其賤役。從皁至牧。凡八等之人。其小者衣裳劍帶。是賞盜也。賞而去之。其或難焉。紇也聞之。在上位者。洒濯其心。壹以待人。軌度其信。可明徵也。徵。驗也。○[洒]西禮反。[度]待洛反。而後可以治人。夫上之所爲。民之歸也。上所不爲而民或爲之。是以加刑罰焉。而莫敢不懲。若上之所爲而民亦爲之。乃其所也。又可禁乎。夏書曰。念茲在茲。逸書也。茲。此也。謂行此事。當念使可施之於此。釋茲在茲。釋。除也。謂欲有所治除於人。亦當顧己得無亦有之。名言茲在茲。名此事。言此事。亦皆當令可施於此。允出茲

在茲 允信也信出於此則善亦在此 惟帝念功 言帝念功則功成也 將謂由己壹也 信由己壹而後功可念也 言非但意念而已當須信己誠至 庶其非卿也 以地來 雖賤必書 重地也 重地故書其人其人書則惡名彰以懲不義 齊侯使慶佐爲大夫 慶佐崔杼黨 復討公子牙之黨 執公子買于句瀆之丘 公子鉏來奔 叔孫還奔燕 三子齊公族言莊公斥逐親戚以成崔慶之勢終有弒殺之禍○〔復〕扶又反〔鉏〕仕居反〔還〕音旋 夏 楚子庚卒 楚子使薳子馮爲令尹 訪於申叔豫 叔豫叔時孫 叔豫曰 國多寵而王弱 王弱政教微而貴臣強 國不可爲也 遂以疾辭 方暑 闕地 下冰而牀焉 重繭衣裘 鮮食而寢 繭緜衣○〔闕〕求月反〔衣〕裘於既反〔鮮〕息淺反 楚子使醫視之 復曰 瘠則甚矣 瘠瘦也○〔瘠〕在亦反 而血氣未動 言無疾 乃使子南爲令尹 子南公子追舒也爲二十二年殺追舒傳 欒桓子娶於范宣子 生懷子 桓子欒黶懷子欒盈也 范鞅以其亡也 怨欒氏 十四年欒黶彊逐范鞅使奔秦○〔彊〕其丈反 故與欒盈爲公族大夫而不相能 桓子卒 欒祁與其老州賓通 欒祁桓子妻范宣子女盈之母也范氏堯後祁姓 幾亡室矣 言亂甚○〔幾〕其依反 懷子患之 祁懼其討也 愬諸宣子曰 盈將爲亂 以范氏爲死桓主而專政矣 桓主欒黶 曰 吾父逐鞅也 不怒而以寵報之 謂宣子不爲黶責怒鞅而反與鞅寵位 又與吾同官而專之 同爲公族大夫而鞅專其權勢 吾父死而益富 死吾父而專於國 有死而已 吾蔑從之矣 言宣子專政盈欲以死作難 其謀如是 懼害於主 吾不敢不言 范鞅爲之徵 證其有此 懷子好施 士多歸之 宣子畏其多士也 信之 懷子爲下卿 下軍佐○〔好〕呼報反〔施〕式豉反 宣子使城著而遂逐之 著晉邑在外易逐○〔著〕直據反又張慮反〔易〕以豉反 秋 欒盈出奔楚 宣子殺箕遺 黃淵 嘉父 司空靖 邴豫 董叔 邴師 申書 羊舌虎 叔羆 十子皆晉大夫欒盈之黨也羊舌虎叔向弟 囚伯華 叔向 籍偃 籍偃上軍司馬 人謂叔向曰 子離於罪 其爲不知乎 譏其受囚而不能去○〔知〕音智 叔向曰 與其死亡若何 言雖囚何若於死亡 詩曰 優哉游哉 聊以卒歲 知也 詩小雅言君子優游於衰世所以辟害卒其壽是亦知也 樂王鮒見叔向曰 吾爲子請 叔向弗應 出不拜 樂王鮒晉大夫樂桓子○〔鮒〕音附 其人皆咎叔向 叔向曰 必祁大夫 祁大夫祁奚也食邑於祁因以爲氏祁縣今屬大原 室老聞之 曰 樂王鮒言於君無不行 其言皆得行 求赦吾子 吾子不許 謂不應出不拜 祁大夫所不能也 不能動君 而曰必由之 何也 叔向曰 樂王鮒 從君者也 何能行 祁大夫外舉不棄讎 內舉不失親 其獨遺我乎 詩曰 有覺德行 四國順之 詩大雅言德行直則天下順之 夫子 覺者也 覺較然正直○〔較〕音角 晉侯問叔向之罪於樂王鮒 對曰 不棄其親 其有焉 言叔向篤親親必與叔虎同謀 於是祁奚老矣 老去公族大夫 聞之 乘馹而見宣子 曰 詩曰 惠我無疆 子孫保之 詩周頌也言文武有惠訓之德加於百姓故子孫保賴之○〔馹〕人實反傳也 書曰 聖有謨勳 明徵定保 逸書謨謀也勳功也

言聖哲有謀功者當明信定安之○[謩]莫胡反[勳]如字書作訓夫謀而鮮過惠訓不
倦者叔向有焉謀鮮過有謩勳也惠訓不倦惠我無疆也社稷之固也猶
將十世宥之以勸能者今壹不免其身壹以弟故以弃社
稷不亦惑乎鯀殛而禹興言不以父罪廢其子伊尹放大甲而
相之卒無怨色大甲湯孫也荒淫失度伊尹放之桐宮三年改悔而復之而無恨心言不
以一怨妨大德管蔡爲戮周公右王言兄弟罪不相及若之何其以
虎也弃社稷子爲善誰敢不勉多殺何爲宣子說與
之乘以言諸公而免之共載入見公○[說]音悅[見]賢遍反不見叔向
而歸言爲國非私叔向也○[爲]于僞反下同叔向亦不告免焉而朝不告
謝之明不爲己初叔向之母妬叔虎之母美而不使不使見叔向父
○[妬]丁故反其子皆諫其母其母曰深山大澤實生龍蛇
言非常之地多生非常之物彼美余懼其生龍蛇以禍女女敝族
也敝衰壞也龍蛇喻奇怪○[女]音汝國多大寵六卿專權不仁人閒之不
亦難乎余何愛焉使往視寢生叔虎美而有勇力欒
懷子嬖之故羊舌氏之族及於難欒盈過於周周西
鄙掠之劫掠財物○[閔]去聲[掠]音亮辭於行人王行人也曰天子陪臣
盈諸侯之臣稱於天子曰陪臣得罪於王之守臣范宣子爲王所命故曰守臣
將逃罪罪重於郊甸重得罪於郊甸謂爲郊甸所侵掠也郭外曰郊郊外曰甸無
所伏竄敢布其死布陳也昔陪臣書能輸力於王室王
施惠焉輸力謂輔相晉國以翼戴天子其子黶不能保任其父之勞

大君若不弃書之力亡臣猶有所逃大君謂天王○[任]音壬若
弃書之力而思黶之罪臣戮餘也罪戮之餘將歸死於尉
氏尉氏討姦之官不敢還矣敢布四體唯大君命焉布四體言無所
隱王曰尤而效之其又甚焉尤晉逐盈而自掠之是效尤使司徒
禁掠欒氏者歸所取焉使候出諸轘轅候送迎賓客之官也轘轅
關在緱氏縣東南冬曹武公來朝始見也即位三年始來見公會於商
任錮欒氏也禁錮欒盈使諸侯不得受齊侯衛侯不敬叔向曰二
君者必不免會朝禮之經也禮政之輿也政須禮而行政
身之守也政存則身安怠禮失政失政不立是以亂也爲二
十五年齊弒光二十六年衛弒剽傳知起中行喜州綽邢蒯出奔齊四子
晉大夫○[知]音智[行]戶郎反[蒯]苦怪反皆欒氏之黨也樂王鮒謂范宣
子曰盍反州綽邢蒯勇士也宣子曰彼欒氏之勇也
余何獲焉言不爲己用王鮒曰子爲彼欒氏乃亦子之勇
也言子待之如欒氏亦爲子用也齊莊公朝指殖綽郭最曰是寡人
之雄也州綽曰君以爲雄誰敢不雄然臣不敏平陰
之役先二子鳴十八年晉伐齊及平陰州綽獲殖綽郭最故自比於雞鬭勝而先鳴○[先]
二悉薦反莊公爲勇爵設爵位以命勇士殖綽郭最欲與焉自以爲勇
○[與]音預下同州綽曰東閭之役臣左驂迫還於門中識其
枚數識門板數亦在十八年其可以與於此乎公曰子爲晉君
也對曰臣爲隸新言但爲僕隸尚新耳然二子者譬於禽獸臣

食其肉而寢處其皮矣（言讐射得之）

經二十有二年春王正月公至自會（無傳）夏四月秋七月辛酉叔老卒（無傳子叔齊子）冬公會晉侯齊侯宋公衛侯鄭伯曹伯莒子邾子薛伯杞伯小邾子于沙隨公至自會（無傳）楚殺其大夫公子追舒（書名者寵近小人貪而多馬爲國所患）

傳二十二年春臧武仲如晉（公頻與晉侯外會今各將罷還魯之守衛遣武仲爲公謝不敏故不書）雨過御叔御叔在其邑將飲酒（御叔魯御邑大夫○〔過〕古禾反〔御〕魚呂反又魚據反）曰焉用聖人（武仲多知時人謂之聖○〔焉〕於虔反）我將飲酒而已雨行何以聖爲穆叔聞之曰不可使也而傲使人（言御叔不任使四方〔使〕人所吏反〔任〕音壬）○國之蠹也令倍其賦（古者家有國邑故以重賦爲罰傳言穆叔能用教）夏晉人徵朝于鄭（召鄭使朝）鄭人使少正公孫僑對（少正鄭卿官也公孫僑子產）曰在晉先君悼公九年我寡君於是卽位（魯襄八年）卽位八月（卽位年之八月）而我先大夫子駟從寡君以朝于執事執事不禮於寡君（言朝執事謙不敢斥晉侯）寡君懼因是行也我二年六月朝于楚（因朝晉不見禮生朝楚心）晉是以有戲之役（在九年○〔戲〕許宜反）楚人猶競而申禮於敝邑敝邑欲從執事而懼爲大尤曰晉其謂我不共有禮是以不敢攜貳於楚我四年三月先大夫子蟜又從寡君以觀釁於楚（實朝言觀釁飾辭也言欲往視楚知可去否○〔共〕音恭）晉於是乎有蕭魚之役（在十一年）謂我敝邑邇在晉國譬諸草木吾臭味也（晉鄭同姓故）而何敢差池（差池不齊一○〔差〕初宜反又初佳反一七河反〔池〕直知反一徒河反）楚亦不競寡君盡其土實（土地所有）重之以宗器（宗廟禮樂之器鍾磬之屬）以受齊盟（齊同也）遂帥羣臣隨于執事以會歲終（朝正）貳於楚者子侯石盂歸而討之（石盂石㚖○〔盂〕音于〔㚖〕勑略反）湨梁之明年（湨梁在十六年）子蟜老矣公孫夏從寡君以朝于君見於嘗酎（酒之新熟重者爲酎嘗新飲酒爲嘗酎○〔見〕賢遍反又如字〔酎〕直又反）與執燔焉（助祭○〔燔〕音煩）閒二年聞君將靖東夏（謂二十年澶淵盟○〔閒〕去聲又如字）四月又朝以聽事期（先澶淵二月往朝以聽會期）不朝之閒無歲不聘無役不從以大國政令之無常國家罷病不虞荐至（荐仍也○〔罷〕音皮）無日不惕豈敢忘職（惕懼也）大國若安定之其朝夕在庭何辱命焉（言自將往不須來召）若不恤其患而以爲口實（口實但有其言而已）其無乃不堪任命而翦爲仇讎（翦削也謂見削削不堪命則成仇讎）敝邑是懼其敢忘君命委諸執事執事實重圖之（傳言子產有辭所以免大國之討）秋欒盈自楚適齊晏平仲言於齊侯曰商任之會受命於晉（受錮欒氏之命）今納欒氏將安用之小所以事大信也失信不立君其圖之弗聽退告陳文子曰君人執信臣人執共忠信篤敬上下同之天之道也君自棄也弗能久矣（爲二十五年齊弒其君光傳）九月鄭公孫黑肱有疾歸邑于公（黑肱子張）召室老宗

人立段段子石黑肱子而使黜官薄祭黜官無多受職祭以特羊殷以少牢四時祀以一羊三年盛祭以羊豕殷盛也足以共祀盡歸其餘邑曰吾聞之生於亂世貴而能貧民無求焉可以後亡敬共事君與二三子生在敬戒不在富也己巳伯張卒君子曰善戒詩曰慎爾侯度用戒不虞鄭子張其有焉詩大雅侯維也義取慎法度戒未然○〔盡〕津忍反冬會于沙隨復錮欒氏也晉知欒盈在齊故復錮也○〔復〕扶又反下皆同欒盈猶在齊晏子曰禍將作矣齊將伐晉不可以不懼爲明年齊伐晉傳楚觀起有寵於令尹子南未益祿而有馬數十乘言子南偏寵觀起令富楚人患之王將討焉子南之子弃疾爲王御士御王車者王每見之必泣弃疾曰君三泣臣矣敢問誰之罪也王曰令尹之不能爾所知也國將討焉爾其居乎問能止事我否對曰父戮子居君焉用之洩命重刑臣亦不爲漏泄君命罪之重○〔泄〕息列反又以制反王遂殺子南於朝轘觀起於四竟轘車裂以徇○〔轘〕音患子南之臣謂弃疾請徙子尸於朝欲犯命取殯曰君臣有禮唯二三子不欲犯命移尸三日弃疾請尸王許之既葬其徒曰行乎行去也曰吾與殺吾父行將焉入曰然則臣王乎曰弃父事讎吾弗忍也於事是讎於實是君故雖謂讎而不敢報○〔輿〕音預遂縊而死傳譏康王與人子謀其父失君臣之義○〔縊〕一賜反復使薳子馮爲令尹公子齮爲司馬屈建爲莫敖屈建子木也○〔齮〕五綺反〔屈〕居勿反有寵於薳子者八人皆無祿而多馬他日朝與申叔豫言弗應而退從之入於人中申叔辟薳子不欲與語又從之遂歸退朝見之薳子就申叔家見之曰子三困我於朝吾懼不敢不見吾過子姑告我何疾我也對曰吾不免是懼何敢告子言恐與子并罪故不敢與子語○〔見〕賢遍反曰何故對曰昔觀起有寵於子南子南得罪觀起車裂何故不懼自御而歸不能當道薳子惶懼意不在御至謂八人者曰吾見申叔夫子所謂生死而肉骨也已死復生白骨更肉知我者如夫子則可夫子謂申叔也如夫子謂以義匡己不然請止止不相知辭八人者而後王安之辭遣之十二月鄭游眅將如晉游眅公孫蠆子未出竟遭逆妻者奪之以館于邑舍止其邑丁巳其夫攻子明殺之以其妻行不復行十二月無丁巳丁巳十一月十四日也子展廢良而立大叔良游眅子大叔眅弟曰國卿君之貳也民之主也不可以苟請舍子明之類子明有罪而良又不賢故○〔舍〕音捨求亡妻者使復其所使游氏勿怨鄭國不討專殺之人所以抑彊扶弱臨時之宜曰無昭惡也交怨則父之不脩益明也

春秋經傳集解襄公三第十六

春秋經傳集解襄公四第十七

杜氏註　盡二十五年

經二十有三年春王二月癸酉朔日有食之無傳三月己巳杞伯匄卒五同盟○[匄]古害反夏邾畀我來奔無傳畀我是庶其之黨同有竊邑叛君之罪來奔故書○[畀]必利反葬杞孝公無傳陳殺其大夫慶虎及慶寅書名皆罪其專國叛君言及史異辭無義例陳侯之弟黃自楚歸于陳諸侯納之曰歸黃至楚自理得直故爲楚所納晉欒盈復入于晉以惡入曰復入入于曲沃兵敗奔曲沃據曲沃衆還與君爭非欲出附他國故不言叛○[還]戸關反秋齊侯伐衛遂伐晉兩事故言遂八月叔孫豹帥師救晉次于雍榆豹救晉待命于雍榆故書次雍榆晉地汲郡朝歌縣東有雍城○[雍]於用反[朝]如字己卯仲孫速卒孟莊子也冬十月乙亥臧孫紇出奔邾書名者阿順季氏爲之廢長立少以取奔亡罪之晉人殺欒盈齊侯襲莒輕行掩其不備曰襲因伐晉還襲莒不言遂者閒有事○[輕]遣政反

傳二十三年春杞孝公卒晉悼夫人喪之悼夫人晉平公母杞孝公姊妹○[喪]如字平公不徹樂非禮也徹去也禮爲鄰國闕禮諸侯絶期故以鄰國責之○[爲]于僞反[期]居其反陳侯如楚朝也公子黃愬二慶於楚楚人召之二慶虎及寅也二十年二慶譖黃黃奔楚自理今陳侯往楚乃信黃爲召二慶○[愬]息路反使慶樂往殺之慶樂二慶之族二慶畏誅故不敢自往○使慶樂往絶句慶氏以陳叛因陳侯在楚而叛之不書叛不以告夏屈建從陳侯圍陳陳人城治城以距君屈建楚莫敖○[從]才用反又如字板隊而殺人役人相命各殺其長慶氏忿其板隊遂殺築人故役人怒而作亂○[隊]直類反遂殺慶虎慶寅楚人納公子黃君子謂慶氏不義不可肆也肆放也故書曰惟命不于常周書康誥言有義則存無義則亡晉將嫁女于吳齊侯使析歸父媵之以藩載欒盈及其士藩車之有障蔽者使若媵妾在其中○[析]星歷反[媵]以正反[藩]方元反納諸曲沃欒盈邑也欒盈夜見胥午而告之胥午守曲沃大夫對曰不可天之所廢誰能興之子必不免吾非愛死也知不集也集成也○[知]音智又如字盈曰雖然因子而死吾無悔矣我實不天子無咎焉言我雖不爲天所祐子無咎故可因許諾伏之而觴曲沃人胥午匿盈而飲其衆○[飲]於鴆反樂作午言曰今也得欒孺子何如孺子欒盈對曰得主而爲之死猶不死也皆歎有泣者爵行又言皆曰得主何貳之有盈出徧拜之謝衆之思己四月欒盈帥曲沃之甲因魏獻子以晝入絳獻子魏舒絳晉國都初欒盈佐魏莊子於下軍莊子魏絳獻子之父獻子私焉故因之私相親愛趙氏以原屛之難怨欒氏成八年莊姬譖之欒郤爲徵○[屛]薄輕反韓趙方睦韓起讓趙武故和睦中行氏以伐秦之役怨欒氏十四年晉伐秦欒黶違荀偃命曰余馬首欲東而固與范氏和親范宣子佐中行偃於中軍知悼子少而聽於中行氏悼子知罃之子荀盈也少年十七知氏中行氏同祖故相聽從○[知]音智程鄭嬖於公鄭亦荀氏宗唯魏氏及七輿大夫與之七輿官名欒王鮒侍坐於范宣子或告曰欒氏至矣

宣子懼桓子曰奉君以走固宮必無害也桓子樂王鮒且欒氏多怨子爲政欒氏自外子在位其利多矣既有利權又執民柄賞罰爲民柄將何懼焉欒氏所得其唯魏氏乎而可強取也夫克亂在權子無懈矣公有姻喪夫人有杞喪○〔強〕其丈反王鮒使宣子墨縗冒絰晉自殽戰還遂常墨縗○〔縗〕七雷反二婦人輦以如公恐欒氏有內應距之故爲婦人服而入奉公以如固宮固宮宮之有臺觀備守者○〔觀〕古喚反范鞅逆魏舒用王鮒計欲強取之則成列既乘將逆欒氏矣趨進曰欒氏帥賊以入鞅之父與二三子在君所矣二三子諸大夫使鞅逆吾子鞅請驂乘持帶驂乘必持帶備隋隊〔隋〕徒果反〔隊〕直類反○遂超乘跳上獻子車○〔跳〕徒彫反右撫劍左援帶劫之○〔援〕音袁命驅之出僕請請所至鞅曰之公宣子逆諸階逆獻子執其手賂之以曲沃恐不與己同心初斐豹隸也著於丹書蓋犯罪沒爲官奴以丹書其罪○〔斐〕音非一芳匪反欒氏之力臣曰督戎國人懼之斐豹謂宣子曰苟焚丹書我殺督戎宣子喜曰而殺之所不請於君焚丹書者有如日言不負要明如日乃出豹而閉之閉著門外〔著〕陟略反○督戎從之踰隱而待之隱短牆也督戎踰入豹自後擊而殺之范氏之徒在臺後公臺之後欒氏乘公門乘登也宣子謂鞅曰矢及君屋死之鞅用劍以帥卒用劍短兵接敵欲致死欒氏退攝車從之鞅攝宣子戎車遇欒樂樂盈之族曰樂免之死將訟

女於天言雖死猶不舍女罪樂射之不中又注注屬矢於弦也○〔射〕食亦反〔中〕去聲〔注〕之住反〔屬〕之玉反則乘槐本而覆欒樂車轢槐而覆〔覆〕芳服反〔轢〕音歷○或以戟鉤之斷肘而死欒魴傷欒盈奔曲沃晉人圍之魴欒氏族○〔斷〕音短秋齊侯伐衛先驅穀榮御王孫揮召揚爲右先驅前鋒軍○〔召〕上照反申驅成秩御莒恆申鮮虞之傅摯爲右申驅次前軍傅摯申鮮虞之子○〔鮮〕音僊曹開御戎晏父戎爲右公御右也貳廣上之登御邢公盧蒲癸爲右貳廣公副車○〔廣〕古曠反啓牢成御襄罷師狼蘧疏爲右左翼曰啓○〔罷〕音皮又音彼一皮買反胠商子車御侯朝桓跳爲右右翼曰胠○〔胠〕起居反又音脅〔朝〕如字一直遙反〔跳〕徒彫反大殿商子游御夏之御寇崔如爲右大殿後軍○〔殿〕都練反〔夏〕戶雅反〔御〕魚呂反燭庸之越駟乘四人共乘殿車也傳具載此言莊公廢舊臣任武力自衛將遂伐晉晏平仲曰君恃勇力以伐盟主若不濟國之福也不德而有功憂必及君崔杼諫曰不可臣聞之小國閒大國之敗而毀焉必受其咎君其圖之弗聽陳文子見崔武子文子陳完之孫須無武子崔杼也曰將如君何武子曰吾言於君君弗聽也以爲盟主而利其難羣臣若急君於何有言有急不能顧君欲弒之以說晉子姑止之文子退告其人曰崔子將死乎謂君甚而又過之弒君之惡過於背盟主不得其死過君以義猶自抑也況以惡乎自抑損齊侯遂伐晉取朝歌朝歌今屬汲郡爲二隊入孟門登

大行。二隊，分兵爲二部。孟門，晉隘道。大行，山在河內郡北。○〔隊〕徒對反。〔大〕音泰。張武軍於熒庭。張武軍，謂築壘壁。熒庭，晉地。○〔熒〕戸局反。戍郫邵。取晉邑而守之。○〔郫〕婢支反。封少水。封晉尸於少水，以爲京觀。○〔少〕詩照反。以報平陰之役，乃還。平陰役在十八年。趙勝帥東陽之師以追之，獲晏氂。趙勝，趙旃之子。東陽，晉之山東，魏郡廣平以北。晏氂，齊大夫。○〔勝〕音升，一申證反。〔氂〕力之反。八月，叔孫豹帥師救晉，次于雍榆，禮也。救盟主，故曰禮。季武子無適子，公彌長而愛悼子，欲立之。公彌，公鉏。悼子，紇也。○〔適〕丁歷反。〔紇〕恨發反。訪於申豐曰：「彌與紇，吾皆愛之，欲擇才焉而立之。」申豐趨退，歸，盡室將行。申豐，季氏屬大夫。他日又訪焉，對曰：「其然，將具敝車而行。」其然，猶必爾。乃止。止不立紇。訪於臧紇，臧紇曰：「飲我酒，吾爲子立之。」季氏飲大夫酒，臧紇爲客。爲上賓。○〔飲〕於鴆反，下同。既獻，獻酒已。臧孫命北面重席，新樽絜之。酒樽既新，復絜滌之。○〔重〕去聲。召悼子，降，逆之，大夫皆起。臧孫下迎悼子。及旅，而召公鉏，獻酬禮畢，而通行爲旅。使與之齒。使從庶子之禮，列在悼子之下。季孫失色。恐公鉏不從。季氏以公鉏爲馬正，馬正，家司馬。愠而不出。閔子馬見之，閔子馬，閔馬父。曰：「子無然。禍福無門，唯人所召。爲人子者，患不孝，不患無所。所，位處。敬共父命，何常之有？言廢置在父，無常位也。若能孝敬，富倍季氏可也。父寵之，則可富。姦回不軌，禍倍下民可也。」禍甚於貧賤。公鉏然之，敬共朝夕，恪居官次。次，舍。季孫喜，使飲己酒，而以具往，盡舍旃。具，饗燕之具。○〔舍〕音捨。

故公鉏氏富，又出爲公左宰。出季氏家臣，仕於公。孟孫惡臧孫，不相善。○〔惡〕烏路反。季孫愛之。愛其成己志。孟氏之御騶豐點好羯也。羯，孟莊子之庶子，孺子秩之弟孝伯也。○〔騶〕側留反。〔好〕呼報反。〔羯〕居竭反。曰：「從余言，必爲孟孫。」爲孟孫後。再三云，羯從之。孟莊子疾，豐點謂公鉏：「苟立羯，請讎臧氏。」使孟氏與公鉏共憎臧孫。公鉏謂季孫曰：「孺子秩，固其所也。固自當立。若羯立，則季氏信有力於臧氏矣。」臧氏因季孫之欲而爲定之，猶爲有力；今若專立孟氏之少，則季氏有力過於臧氏。弗應。己卯，孟孫卒，公鉏奉羯立于戶側。戶側，喪主。季孫至，入，哭而出，曰：「秩焉在？」公鉏曰：「羯在此矣。」季孫曰：「孺子長。」公鉏曰：「何長之有？唯其才也。季孫廢鉏立紇，云欲擇才，故以此荅之。且夫子之命也。」遂誣孟孫。遂立羯。秩奔邾。臧孫入，哭，甚哀，多涕。出，其御曰：「孟孫之惡子也，而哀如是。季孫若死，其若之何？」臧孫曰：「季孫之愛我，疾疢也。常志相順從，身之害。○〔疢〕恥刃反。孟孫之惡我，藥石也。常志相違戾，猶藥石之療疾。美疢不如惡石。夫石猶生我，愈己疾也。疢之美，其毒滋多。孟孫死，吾亡無日矣。」孟氏閉門，告於季孫曰：「臧氏將爲亂，不使我葬。」欲爲公鉏讎臧氏。季孫不信。臧孫聞之，戒。戒爲備也。冬十月，孟氏將辟，藉除於臧氏。辟，穿藏也。於臧氏借人除葬道。○〔辟〕婢亦反，又甫亦反。〔藉〕音借，又如字。〔藏〕去聲。臧孫使正夫助之。正夫，隧正。○〔隧〕音遂。除於東門，甲從己而視之。長孟氏故從甲士視作者。○〔從〕才用反，一如字。孟氏又告季孫，季孫

怒命攻臧氏見其有甲故乙亥臧紇斬鹿門之關以出奔
邾魯南城東門初臧宣叔娶于鑄生賈及爲而死鑄國濟北蛇丘
縣所治[蛇]音移○繼室以其姪女子謂兄弟之子爲姪○[姪]大結反又丈一反穆姜
之姨子也姪穆姜姨母之子與穆姜爲姨昆弟生紇長於公宮姜氏愛
之故立之立爲宣叔嗣臧賈臧爲出在鑄還舅氏也臧武仲自
邾使告臧賈且致大蔡焉大蔡大龜曰紇不佞失守宗祧
遠祖廟爲祧○[祧]他凋反敢告不弔不爲天所弔恤紇之罪不及不祀言應
有後子以大蔡納請其可請爲先人立後賈曰是家之禍也非
子之過也賈聞命矣再拜受龜使爲以納請賈使爲爲己請
遂自爲也爲自爲請臧孫如防防臧孫邑使來告曰紇非能害
也知不足也言使甲從己但慮事淺耳○[知]音智非敢私請爲其先人請也苟
守先祀無廢二勳二勳文仲宣叔敢不辟邑據邑請後故孔子以爲要君
乃立臧爲臧紇致防而奔齊其人曰其盟我乎謂陳其罪
惡盟諸大夫以爲戒臧孫曰無辭廢長立少季孫所忌故謂無辭以罪己將盟臧
氏季孫召外史掌惡臣而問盟首焉惡臣謂奔亡者盟首載書之章
首對曰盟東門氏也曰毋或如東門遂不聽公命殺
適立庶文公命立子惡公子遂殺之立宣公盟叔孫氏也曰毋或如叔
孫僑如欲廢國常蕩覆公室謂譖公與季孟於晉○[覆]芳服反季孫
曰臧孫之罪皆不及此孟椒曰盍以其犯門斬關季
孫用之乃盟臧氏曰無或如臧孫紇干國之紀犯門

斬關干亦犯也臧孫聞之曰國有人焉誰居其孟椒乎孟椒
孟獻子之孫子服惠伯居猶與也○[居]音基[與]音餘晉人克欒盈于曲沃盡殺
欒氏之族黨欒魴出奔宋書曰晉人殺欒盈不言大
夫言自外也自外犯君而入非復晉大夫齊侯還自晉不入不入國
遂襲莒門于且于且于莒邑○[且]子餘反傷股而退齊侯傷明日
將復戰期于壽舒壽舒莒地杞殖華還載甲夜入且于之
隧宿於莒郊二子齊大夫且于隧狹路○[殖]市力反[華]胡化反[還]音旋明日先遇
莒子於蒲侯氏蒲侯氏近莒之邑莒子重賂之使無死曰請
有盟欲以盟要二子無致死戰華周對曰貪貨棄命亦君所惡也
華周即華還昏而受命日未中而弃之何以事君莒子親
鼓之從而伐之獲杞梁杞梁即杞殖莒人行成勝大國益懼故行成
齊侯歸遇杞梁之妻於郊梁戰死妻行迎喪使弔之辭曰殖
之有罪何辱命焉言若有罪不足弔若免於罪猶有先人之
敝廬在下妾不得與郊弔婦人無外事故下猶賤也○[與]音預齊侯弔
諸其室傳善婦人有禮齊侯將爲臧紇田與之田邑臧孫聞之見
齊侯與之言伐晉齊侯自道伐晉之功[見]賢遍反齊侯絕句○對曰多則
多矣抑君似鼠夫鼠晝伏夜動不穴於寢廟畏人故
也今君聞晉之亂而後作焉作起兵也寧將事之非鼠如
何乃弗與田臧孫知齊侯將敗不欲受其邑故以比鼠欲使怒而止仲尼曰知
之難也有臧武仲之知謂能辟齊禍[知]音智下同○而不容於魯

國抑有由也作不順而施不恕也夏書曰念茲在茲逸書也念此事在此身言行事當常念如在己身也順事恕施也

經二十有四年春叔孫豹如晉賀克欒氏仲孫羯帥師侵齊夏楚子伐吳秋七月甲子朔日有食之既無傳齊崔杼帥師伐莒大水無傳八月癸巳朔日有食之無傳公會晉侯宋公衛侯鄭伯曹伯莒子邾子滕子薛伯杞伯小邾子于夷儀冬楚子蔡侯陳侯許男伐鄭公至自會無傳陳鍼宜咎出奔楚陳鍼子八世孫慶氏之黨書名惡之也○[鍼]其廉反[惡]烏路反叔孫豹如京師大饑無傳

傳二十四年春穆叔如晉范宣子逆之問焉曰古人有言曰死而不朽何謂也穆叔未對宣子曰昔匄之祖自虞以上爲陶唐氏陶唐堯所治地大原晉陽縣也終虞之世以爲號故曰自虞以上在夏爲御龍氏謂劉累事見昭二十九年在商爲豕韋氏豕韋國名東郡白馬縣東南有韋城在周爲唐杜氏唐杜二國名殷末豕韋國於唐周成王滅唐遷之於杜爲杜伯杜伯之子隰叔奔晉四世及士會食邑於范復爲范氏杜今京兆杜縣晉主夏盟爲范氏其是之謂乎晉爲諸夏盟主范氏復爲之佐言己世爲興家穆叔曰以豹所聞此之謂世祿非不朽也魯有先大夫曰臧文仲既沒其言立立謂不廢絕其是之謂乎豹聞之大上有立德黃帝堯舜○[大]音泰其次有立功禹稷其次有立言史佚周任臧文仲雖久不廢此之謂不朽若夫保姓受氏以守宗祊祊廟門○[祊]布彭反世不絕祀無國無之祿之大者不可謂不朽傳善穆叔之知言范宣子爲政諸侯之幣重鄭人病之二月鄭伯如晉子產寓書於子西以告宣子寓寄也曰子爲晉國四鄰諸侯不聞令德而聞重幣僑也惑之僑聞君子長國家者非無賄之患而無令名之難夫諸侯之賄聚於公室則諸侯貳貳離也○[長]丁丈反若吾子賴之則晉國貳賴恃用之諸侯貳則晉國壞晉國貳則子之家壞何沒沒也沒沒沈滅之言○[沒]如字一音妹將焉用賄夫令名德之輿也德須令名以遠聞○[聞]音問又如字德國家之基也有基無壞無亦是務乎有德則樂樂則能久詩云樂旨君子邦家之基有令德也夫詩小雅言君子樂美其道爲邦家之基所以濟令德○樂[樂]竝音洛上帝臨女無貳爾心有令名也夫詩大雅言武王爲天所臨不敢懷貳心所以濟令名○[女]音汝恕思以明德則令名載而行之是以遠至邇安毋寧使人謂子子實生我無寧寧也而謂子浚我以生乎浚取也言取我財以自生象有齒以焚其身賄也焚斃也宣子說乃輕幣是行也鄭伯朝晉爲重幣故且請伐陳也鄭伯稽首宣子辭子西相曰以陳國之介恃大國而陵虐於敝邑介因也大國楚也寡君是以請罪焉請得罪於陳也敢不稽首爲明年鄭入陳傳孟孝伯侵齊晉故也前年齊伐晉魯爲晉報侵夏楚子爲舟師以伐吳舟師水軍不爲軍

政。不設賞罰之差。無功而還。爲下吳召舒鳩起本。齊侯既伐晉而懼。將欲見楚子。楚子使薳啓彊如齊聘。且請期。請會期。○〔彊〕其良反。又居良反。齊社蒐軍實。使客觀之。祭社因閱數軍器以示薳啓彊。陳文子曰。齊將有寇。吾聞之。兵不戢。必取其族。戢藏也。族類也。取其族還自害也。○〔戢〕側立反。秋。齊侯聞將有晉師。夷儀之師。使陳無宇從薳啓彊如楚。辭且乞師。辭有晉師未得相見。崔杼帥師送之。遂伐莒。侵介根。介根莒邑。今城陽黔陬縣東北計基城是也。○齊既與莒平。因兵出侵之。言無信也。〔黔〕其廉反。又其今反。〔陬〕側留反。會于夷儀。將以伐齊。水不克。晉合諸侯以報前年見伐。冬。楚子伐鄭。以救齊。門于東門。次于棘澤。以齊無宇乞師故也。諸侯還救鄭。夷儀諸侯。晉侯使張骼輔躒致楚師。求御于鄭。欲得鄭人自御知其地利故也。○〔骼〕庚百反。一古洛反。〔躒〕力狄反。又音洛。鄭人卜宛射犬吉。射犬鄭公孫。○〔宛〕於元反。〔射〕食亦反。子大叔戒之曰。大國之人不可與也。言不可與等也。欲使卑下之。大叔游吉。○〔大〕叔音泰。對曰。無有衆寡。其上一也。言在己上者有常分。無大小國之異。大叔曰。不然。部婁無松柏。部婁小阜。松柏大木。喻小國異於大國。○〔部〕蒲口反。又扶苟反。〔婁〕路口反。又力侯反。二子在幄。坐射犬于外。二子張骼輔躒。幄帳也。既食而後食之。使御廣車而行。廣車兵車。○後〔食〕音嗣。〔廣〕古曠反。已皆乘乘車。乘車安車。將及楚師。而後從之乘。皆踞轉而鼓琴。轉衣裝。○〔轉〕張戀反。近不告而馳之。射犬恨。故近敵不告而馳。皆取胄於櫜而胄。入壘。皆下搏人以投。收禽挾囚。禽獲也。○〔櫜〕古毛反。〔挾〕音協。弗待而出。射犬又不待二子。皆超乘。抽弓而射。既免。復踞轉而鼓琴。曰。公孫同乘。兄弟也。言同乘義如兄弟。胡再不謀。謂不告而馳。不待而出。對曰。曩者志入而已。今則怯也。皆笑曰。公孫之亟也。亟急也。言其性急。不能受屈。楚子自棘澤還。使薳啓彊帥師送陳無宇。傳言齊楚固相結也。吳人爲楚舟師之役故。在此年夏。〔爲〕于僞反。○召舒鳩人。舒鳩人叛楚。舒鳩楚屬國。召欲與吳共伐楚。楚子師于荒浦。荒浦舒鳩地。使沈尹壽與師祁犂讓之。二子楚大夫。舒鳩子敬逆二子。而告無之。且請受盟。二子復命。王欲伐之。薳子曰。不可。令尹薳子馮。彼告不叛。且請受盟。而又伐之。伐無罪也。姑歸息民。以待其卒。卒終也。卒而不貳。吾又何求。若猶叛我。無辭有庸。乃還。彼無辭。我有功。爲明年楚滅舒鳩傳。陳人復討慶氏之黨。鍼宜咎出奔楚。言宜咎所以稱名。齊人城郟。郟王城也。於是穀雒鬭毀王宮。齊叛晉。欲求媚於天子。故爲王城之。○〔郟〕古洽反。穆叔如周聘。且賀城。王嘉其有禮也。賜之大路。大路天子所賜車之總名。爲昭四年叔孫以所賜路葬張本。晉侯嬖程鄭。使佐下軍。代欒盈也。鄭行人公孫揮如晉聘。揮子羽也。程鄭問焉。曰。敢問降階何由。問自降下之道。子羽不能對。歸以語然明。然明鬷蔑。○〔語〕魚據反。〔鬷〕子公反。然明曰。是將死矣。不然將亡。貴而知懼。懼而思降。乃得其階。下人而已。又何問焉。階猶道也。言易知。且夫既登而求降階者。知人也。不在程鄭。其有亡釁乎。不然。其有惑疾。將

死而憂也言鄭本小人為明年程鄭卒張本○〔知〕音智

經二十有五年春齊崔杼帥師伐我北鄙夏五月乙亥齊崔杼弑其君光齊侯雖背盟主未有無道於民故書臣罪崔杼也公會晉侯宋公衛侯鄭伯曹伯莒子邾子滕子薛伯杞伯小邾子于夷儀六月壬子鄭公孫舍之帥師入陳子產之言陳以不義見入故舍之言無譏釋例詳之秋八月己巳諸侯同盟于重丘夷儀之諸侯也重丘齊地己巳七月十一日經誤○〔重〕直龍反公至自會無傳衛侯入于夷儀夷儀本邢地衛滅邢而為衛邑晉愍衛之衎失國使衛分之一邑書入者自外而入辭非國逆之例○〔衎〕苦旦反楚屈建帥師滅舒鳩傳在衛侯入夷儀上經在下從告冬鄭公孫夏帥師伐陳陳猶未服十有二月吳子遏伐楚門于巢卒遏諸樊也為巢牛臣所殺不書滅者楚人不獲其尸吳以卒告未同盟而赴以名○〔遏〕音頞又音謁

傳二十五年春齊崔杼帥師伐我北鄙以報孝伯之師也前年魯使孟孝伯為晉伐齊公患之使告于晉孟公綽曰崔子將有大志志在弑君孟公綽魯大夫不在病我必速歸何患焉其來也不寇不為寇害使民不嚴欲得民心異於他日齊師徒歸徒空也齊棠公之妻東郭偃之姊也棠公齊棠邑大夫東郭偃臣崔武子棠公死偃御武子以弔焉見棠姜而美之美其色也使偃取之為己取也○〔取〕如字又七住反偃曰男女辨姓辨別也今君出自丁齊丁公崔杼之祖臣出自桓不可齊桓公小白東郭偃之祖同姜姓故不可昏武子筮之遇困䷮坎下兌上困之大過䷛巽下兌上大過困六三變為大過史皆曰吉阿崔子示陳文子文子曰夫從風坎為中男故曰夫變而為巽故曰從風風隕妻不可娶也風能隕落物者變而隕落故曰妻不可娶且其繇曰困于石據于蒺蔾入于其宮不見其妻凶困六三爻辭○〔繇〕直又反困于石往不濟也坎為險為水水之險者石不可以動據于蒺蔾所恃傷也坎為險兌為澤澤之生物而為險者蒺蔾恃之則傷入于其宮不見其妻凶無所歸也易曰非所困而困名必辱非所據而據身必危既辱且危死期將至妻其可得見邪今卜昬而遇此卦六三失位無應則喪其妻失其所歸也崔子曰嫠也何害先夫當之矣寡婦曰嫠言棠公已當此凶遂取之莊公通焉驟如崔氏以崔子之冠賜人侍者曰不可公曰不為崔子其無冠乎言雖不為崔子猶自應有冠崔子因是因是怒公又以其閒伐晉也閒晉之難而伐之曰晉必將報欲弑公以說于晉而不獲閒公鞭侍人賈舉而又近之乃為崔子閒公伺公閒隙○〔說〕音悅又如字〔為〕去聲下同夏五月莒為且于之役故莒子朝于齊且于役在二十三年○〔且〕音疽甲戌饗諸北郭崔子稱疾不視事欲使公來乙亥公問崔子疾問疾遂從姜氏姜入于室與崔子自側戶出公拊楹而歌歌以命姜○〔拊〕芳甫反侍人賈舉止衆從者而入閉門為崔子閉公也重言侍人者別下賈舉甲興公登臺而請弗許請免請盟弗許請自刃於廟弗許求還廟自殺也皆曰君之臣杼疾病不能

聽命。（不能親聽公命。）近於公宮。（言崔子宮近公宮，淫者或詐稱公。）陪臣干掫有淫者。不知二命。（干掫，行夜。言行夜得淫人，受崔子命討之，不知他命。〇〔干〕讀曰犴，胡旦反，又如字。〔掫〕側柳反，又子侯反。一音陬。說文：掫，夜戒有所擊也。〔行〕去聲。）公踰牆。又射之。中股。反隊。遂弒之。賈舉。州綽。邴師。公孫敖。封具。鐸父。襄伊。僂堙。皆死。（八子皆齊勇力之臣，爲公所嬖者，與公共死於崔子之宮。〇〔射〕食亦反。〔中〕丁仲反。〔隊〕直類反。〔僂〕力侯反。〔堙〕音因。）祝佗父祭於高唐。（高唐有齊別廟也。）至復命。不說弁而死於崔氏。（爵弁，祭服。〔說〕他活反。）〇申蒯侍漁者。（侍漁，監取魚之官。〇〔蒯〕苦怪反。）退謂其宰曰。爾以帑免。（帑，宰之妻子。〇〔帑〕音奴。）我將死。其宰曰。免。是反子之義也。與之皆死。（反死君之義。）崔氏殺鬷蔑于平陰。（鬷蔑，平陰大夫，公外嬖。傳言莊公所養非國士，故其死難皆嬖寵之人。）晏子立於崔氏之門外。（聞難而來。）其人曰。死乎。曰。獨吾君也乎哉。吾死也。（言己與衆臣無異。）曰。行乎。曰。吾罪也乎哉。吾亡也。（自謂無罪。）曰。歸乎。曰。君死安歸。（言安可以歸。）君民者豈以陵民。社稷是主。臣君者豈爲其口實。社稷是養。（言君不徒居民上，臣不徒求祿，皆爲社稷。〇〔爲〕于僞反，注及下同。）故君爲社稷死則死之。爲社稷亡則亡之。（謂以公義死亡。）若爲己死而爲己亡。非其私暱。誰敢任之。（私暱，所親愛也。非所親愛，無爲當其禍。〇〔暱〕女乙反。〔任〕音壬。）且人有君而弒之。吾焉得死之。而焉得亡之。（言己非正卿，見待無異於衆臣，故不得死其難也。）將庸何歸。（將用死亡之義，何所歸趣。）門啓而入。枕尸股而哭。（以公尸枕己股。〇〔枕〕之鴆反。）興。三踊而出。人謂崔子必殺之。崔子曰。民之望也。舍之得民。（舍，置也。）盧蒲癸奔晉。王何奔莒。（二子，莊公黨，爲二十八年殺慶舍張本。）叔孫宣伯之在齊也。（宣伯，魯叔孫僑如，成十六年奔齊。）叔孫還納其女於靈公。嬖。生景公。（還，齊羣公子。納宣伯女於靈公。〇〔還〕音旋。）丁丑。崔杼立而相之。慶封爲左相。盟國人於大宮。（大宮，大公廟。）曰。所不與崔慶者。晏子仰天歎曰。嬰所不唯忠於君利社稷者是與。有如上帝。乃歃。（盟書云所不與崔慶者，有如上帝。讀書未終，晏子抄荅易其辭，因自歃。〇〔歃〕所洽反。）辛巳。公與大夫及莒子盟。（莒子朝齊，遇崔杼作亂，未去，故復與景公盟。）大史書曰。崔杼弒其君。崔子殺之。其弟嗣書而死者二人。（嗣，續也。弁前有三人死。）其弟又書。乃舍之。南史氏聞大史盡死。執簡以往。聞既書矣。乃還。（傳言齊有直史，崔杼之罪所以聞。）閭丘嬰以帷縛其妻而載之。與申鮮虞乘而出。（二子，莊公近臣。〇〔縛〕直轉反。）鮮虞推而下之。（下嬰妻也。〇〔推〕如字，又他回反。）曰。君昬不能匡。危不能救。死不能死。而知匿其暱。（匿，藏也。暱，親也。〇〔暱〕女乙反。）其誰納之。行及弇中。將舍。（弇中，狹道。〇〔弇〕於檢反，又於廉反。）嬰曰。崔慶其追我。鮮虞曰。一與一。誰能懼我。（言道狹，雖衆無所用。）遂舍。枕轡而寢。（恐失馬也。〇〔枕〕之鴆反。）〇食馬而食。駕而行。出弇中。謂嬰曰。速驅之。崔慶之衆不可當也。遂來奔。（道廣，衆得用，故不可當。〇〔食〕馬音嗣。）崔氏側莊公于北郭。（側，瘞埋之，不殯於廟。）丁亥。葬諸士孫之里。（士孫，人姓，因名里。死十三日便葬，不待五月。）四翣。（喪車之飾，諸侯六翣。〇〔翣〕所甲反。）不蹕。

躍。止行人。下車七乘。不以兵甲。下車。送葬之車。齊舊依上公禮。九乘。又有兵甲。今皆降損。晉侯濟自泮。泮闕。會于夷儀。伐齊。以報朝歌之役。朝歌役在二十三年。不書伐齊。齊人逆服。兵不加。齊人以莊公說。以弒莊公說晉也。○〔說〕如字。又音悅。使隰鉏請成。慶封如師。慶封獨使於晉。不通諸侯。故不書。鉏。隰朋之曾孫。○〔鉏〕仕居反。男女以班。賂晉侯以宗器樂器。宗器。祭祀之器。樂器。鍾磬之屬。自六正。三軍之六卿。五吏。三十帥。五吏。文職。三十帥。武職。皆軍卿之屬官。○〔帥〕所類反。三軍之大夫。百官之正長。師旅。百官正長。羣有司也。師旅。小將帥。及處守者。皆有賂。皆以男女爲賂。處守。守國者。○處〔守〕手又反。晉侯許之。晉侯受賂還。不譏者。齊有喪。師自宜退。使叔向告於諸侯。告齊服。公使子服惠伯對曰。君舍有罪。以靖小國。君之惠也。寡君聞命矣。晉侯使魏舒宛沒逆衛侯。衛獻公以十四年奔齊。○〔宛〕於元反。將使衛與之夷儀。崔子止其帑。以求五鹿。崔杼欲得衛之五鹿。故留衛侯妻子於齊以質之。初。陳侯會楚子伐鄭。在前年。當陳隧者。井堙木刊。隧。徑也。堙。塞也。刊。除也。鄭人怨之。六月。鄭子展子產帥車七百乘伐陳。宵突陳城。突。穿也。遂入之。陳侯扶其大子偃師奔墓。欲逃冢閒。遇司馬桓子曰。載余。陳之司馬。曰。將巡城。不欲載公。以巡城辭。遇賈獲。賈獲。陳大夫。載其母妻。下之而授公車。公曰。舍而母。辭曰。不祥。雖急猶不欲男女無別。與其妻扶其母以奔墓。亦免。子展命師無入公宮。與子產親御諸門。欲服之而已。故禁侵掠。○〔御〕魚呂反。〔掠〕音亮。陳侯使司馬桓子賂以

宗器。陳侯免擁社。免。喪服。擁社。抱社主。示服。○〔免〕音問。注同。使其衆男女別而纍。以待於朝。纍。自囚係以待命。○〔纍〕類悲反。一呂軌反。子展執縶而見。見陳侯。○〔縶〕陟立反。再拜稽首。承飲而進獻。承飲奉觴。示不失臣敬。子美入數俘而出。子美。子產也。但數其所獲人數。不將以歸。○〔數〕所主反。祝祓社。司徒致民。司馬致節。司空致地。乃還。祓除也。節兵符。陳亂故。正其衆官。脩其所職。以安定之。乃還也。○〔祓〕芳弗反。又音廢。秋七月己巳。同盟于重丘。齊成故也。伐齊而稱同盟。以明齊亦同盟。趙文子爲政。趙武代范匄。令薄諸侯之幣。而重其禮。以重禮待諸侯。穆叔見之。謂穆叔曰。自今以往。兵其少弭矣。弭。止也。○〔弭〕亡氏反。齊崔慶新得政。將求善於諸侯。武也知楚令尹。令尹屈建。若敬行其禮。道之以文辭。以靖諸侯。兵可以弭。爲二十七年晉楚盟于宋傳。楚薳子馮卒。屈建爲令尹。屈建子木。屈蕩爲莫敖。代屈建。宣十二年邲之役。楚有屈蕩爲左廣之右。世本屈蕩。屈建之祖父。今此屈蕩與之同姓名。○〔邲〕扶必反。〔廣〕古曠反。舒鳩人卒叛。前年辭不叛。楚令尹子木伐之。及離城。離城。舒鳩城。吳人救之。子木遽以右師先。先至舒鳩。子彊息桓子捷子駢子盂帥左師以退。五人不及子木。與吳人相遇而退。吳人居其閒七日。居楚兩軍之閒。子彊曰。久將墊隘。隘乃禽也。不如速戰。墊隘。虞水雨。○〔墊〕丁念反。請以其私卒誘之。簡師陳以待我。簡閱精兵。駐後爲陳。○〔陳〕直覲反。我克則進。奔則亦視之。視其形勢而救助之。乃可以免。不然。必爲吳禽。從之。五人以其私卒先擊吳師。吳師奔。登

山以望見楚師不繼復逐之傳諸其軍吳還逐五子至其本軍○
〔傳〕音附饋師會之吳師大敗遂圍舒鳩舒鳩潰八月楚
滅舒鳩五子既敗吳師遂前及子木共圍滅舒鳩衛獻公入于夷儀爲下自夷
儀與甯喜言張本鄭子產獻捷于晉獻入陳之功而不獻其俘戎服將事
戎服軍旅之衣異於朝服晉人問陳之罪對曰昔虞閼父爲周陶
正以服事我先王閼父舜之後當周之興閼父爲武王陶正我先王賴其
利器用也與其神明之後也舜聖故謂之神明庸以元女大
姬配胡公庸用也元女武王之長女胡公閼父之子滿也○〔大〕音泰而封諸陳以
備三恪周得天下封夏殷二王後又封舜後謂之恪并二王後爲三國其禮轉降示敬而已故曰
三恪則我周之自出至于今是賴言陳周之甥至今賴周德桓公之
亂蔡人欲立其出陳桓公鮑卒於是陳亂事在魯桓五年蔡出桓公之子厲公也我
先君莊公奉五父而立之五父佗桓公弟殺大子免而代之鄭莊公因就定其
位蔡人殺之欲立其出故我又與蔡人奉戴厲公奉戴猶奉事
至於莊宣皆我之自立陳莊公宣公皆厲公子夏氏之亂成公
播蕩又我之自入君所知也播蕩流移失所宣十一年陳夏徵舒弒靈公靈
公之子成公奔晉自晉因鄭而入也今陳忘周之大德蔑我大惠弃我
姻親介恃楚衆以馮陵我敝邑不可億逞億度也逞盡也我
是以有往年之告謂鄭伯稽首告晉請伐陳未獲成命未得伐陳命則
有我東門之役前年陳從楚伐鄭東門當陳隧者井堙木刊敝
邑大懼不競而恥大姬上辱大姬之靈天誘其衷啓敝邑心

啓開也開道其心故得勝陳知其罪授手于我用敢獻功晉人曰
何故侵小對曰先王之命唯罪所在各致其辟辟誅也○
〔辟〕婢亦反且昔天子之地一圻方千里○〔圻〕音祈列國一同方百里
自是以衰衰差降○〔衰〕初危反今大國多數圻矣若無侵小何
以至焉晉人曰何故戎服對曰我先君武莊爲平桓
卿士鄭武公莊公爲周平王桓王卿士○〔數〕色主反下同城濮之役文公布命
曰各復舊職晉文公命我文公戎服輔王以授楚捷不
敢廢王命故也城濮在僖二十八年士莊伯不能詰士莊伯士弱也復
於趙文子文子曰其辭順犯順不祥乃受之冬十月
子展相鄭伯如晉拜陳之功謝晉受其功子西復伐陳陳
及鄭平前雖入陳服之而已故更伐以結成仲尼曰志有之志古書言以
足志文以足言足猶成也○〔足〕將住反又如字不言誰知其志言之
無文行而不遠雖得行猶不能及遠晉爲伯鄭入陳非文辭不
爲功慎辭哉樞機之發榮辱之主楚蔿掩爲司馬蔿子馮之子子木
使庀賦庀治○〔庀〕匹婢反數甲兵閱數之甲午蔿掩書土田書土
地之所宜度山林度量山林之材以共國用○〔度〕待洛反鳩藪澤鳩聚也聚成藪澤使
民不得焚燎壞之欲以備田獵之處辨京陵辨別也絕高曰京大阜曰陵別之以爲冢墓之地
表淳鹵淳鹵埆薄之地表異輕其賦稅○〔淳〕音純〔鹵〕音魯說文云鹵西方鹹也數疆潦
疆界有流潦者計數減其租入規偃豬偃豬下濕之地規度其受水多少○〔偃〕於建反一如字
町原防廣平曰原防隄也隄防閒地不得方正如井田別爲小頃町○〔町〕徒頂反牧隰皋

隰皐水厓下溼爲芻牧之地 井衍沃 衍沃平美之地則如周禮制以爲井田六尺爲步步百爲畝畝百爲夫九夫爲井○〔衍〕以善反下平曰衍有流曰沃 量入脩賦 量九土之所入而治理其賦稅○〔量〕音良又音亮 賦車籍馬 籍疏其毛色歲齒以備軍用 賦車兵 車兵甲士 徒兵 步卒 甲楯之數 使器杖有常數○〔楯〕食準反又音尹 既成以授子木禮也 得治國之禮傳言楚之所以興 十二月吳子諸樊伐楚以報舟師之役 舟師在二十四年也 門于巢 攻巢門 巢牛臣曰吳王勇而輕若啓之將親門 啓開門也○〔輕〕遣政反 我獲射之必殪 殪死也○〔射〕食亦反〔殪〕於計反 是君也死彊其少安從之吳子門焉牛臣隱於短牆以射之卒楚子以滅舒鳩賞子木辭曰先大夫蒍子之功也以與蒍掩 往年楚子將伐舒鳩蒍子馮請退師以須其叛楚子從之卒獲舒鳩故子木辭賞以與其子 晉程鄭卒子產始知然明 前年然明謂程鄭將死今如其言故知之 問爲政焉對曰視民如子見不仁者誅之如鷹鸇之逐鳥雀也子產喜以語子大叔且曰他日吾見蔑之面而已 蔑然明名○〔鸇〕之然反〔語〕魚據反 今吾見其心矣子大叔問政於子產子產曰政如農功日夜思之思其始而成其終朝夕而行之行無越思 思而後行 如農之有畔 言有次 其過鮮矣衛獻公自夷儀使與甯喜言 求復國也 甯喜許之大叔文子聞之 大叔儀也 曰烏乎詩所謂我躬不說皇恤我後者甯子可謂不恤其後矣 皇暇也詩小雅言今我不能自容說何暇念其後乎謂甯子必身受禍不得恤其後也○〔說〕音悅 將可乎哉殆必不可君子之行思其終也 思使終可成 思其復也 思其可復行 書曰慎始而敬終終以不困 逸書 詩曰夙夜匪解以事一人 一人以喻君 今甯子視君不如弈棋 弈圍棋也 其何以免乎弈者舉棋不定不勝其耦而況置君而弗定乎必不免矣九世之卿族一舉而滅之可哀也哉 甯氏出自衛武公及喜九世也

春秋經傳集解襄公四第十七

春秋經傳集解襄公五第十八

杜氏註　盡二十八年

傳會于夷儀之歲齊人城郟在二十四年不直言會夷儀者別二十五年夷儀會○〔郟〕古洽反其五月秦晉爲成晉韓起如秦涖盟秦伯車如晉涖盟伯車秦伯之弟鍼也○〔鍼〕其廉反成而不結不結固也傳爲後年脩成起本當繼前年之末而特跳此者傳寫失之

經二十六年春王二月辛卯衛甯喜弒其君剽○〔剽〕匹妙反衛孫林父入于戚以叛衎雖未居位林甫專邑背國猶爲叛也甲午衛侯衎復歸于衛復其位曰復歸名與不名傳無義例夏晉侯使荀吳來聘吳荀偃子公會晉人鄭良霄宋人曹人于澶淵卿會公侯皆應貶方責宋向戌後期故書良霄以駮之若皆稱人則嫌向戌直以會公貶之○〔澶〕市延反〔駮〕邦角反秋宋公殺其世子痤稱君以殺惡其父子相殘害○〔痤〕才何反〔惡〕烏路反晉人執衛甯喜八月壬午許男甯卒于楚未同盟而赴以名冬楚子蔡侯陳侯伐鄭葬許靈公

傳二十六年春秦伯之弟鍼如晉脩成脩會夷儀歲之成叔向命召行人子員欲使答秦命○〔員〕音云行人子朱曰朱也當御御進也言次當行三云叔向不應子朱怒曰班爵同同爲大夫何以黜朱於朝黜退也撫劍從之從叔向也叔向曰秦晉不和久矣今日之事幸而集集成晉國賴之不集三軍暴骨子員道二國之言無私子常易之姦以事君者吾所能御也拂衣從之拂衣褰裳也○〔暴〕蒲卜反〔御〕魚呂反人救之平公曰晉其庶乎庶幾於治吾臣之所爭者大師曠曰公室懼卑臣不心競而力爭謂二子不心競爲忠而撫劍拂衣不務德而爭善爭謂所行爲善私欲已侈能無卑乎私欲侈則公義廢○〔侈〕昌氏反衛獻公使子鮮爲復使爲己求反國○〔鮮〕音仙〔爲〕于僞反注同辭辭不能敬姒強命之敬姒獻公及子鮮之母○〔強〕其丈反對曰君無信臣懼不免敬姒曰雖然以吾故也許諾初獻公使與甯喜言言復國甯喜曰必子鮮在不然必敗子鮮賢國人信之必欲使在其閒故公使子鮮子鮮不獲命於敬姒不得止命以公命與甯喜言曰苟反政由甯氏祭則寡人甯喜告蘧伯玉伯玉曰瑗不得聞君之出敢聞其入十四年孫氏欲逐獻公瑗走從近關出○〔瑗〕于眷反遂行從近關出告右宰穀衛大夫右宰穀曰不可獲罪於兩君前出獻公今弒剽天下誰畜之畜猶容也○〔畜〕許六反悼子曰吾受命於先人不可以貳悼子甯喜也受命在二十年穀曰我請使焉而觀之觀知可還否○〔使〕所吏反〔還〕音環遂見公於夷儀反曰君淹恤在外十二年矣淹久也而無憂色亦無寬言猶夫人也言其爲人猶如故○〔夫〕音扶若不已死無日矣已止也悼子曰子鮮在右宰穀曰子鮮在何益多而能亡於我何爲言子鮮爲義多不過亡出悼子曰雖然弗可以已孫文子在戚孫嘉聘於齊孫襄居守二子孫文子之子二月庚寅甯喜右

宰穀伐孫氏，不克，伯國傷。（伯國，孫襄也。父兄皆不在，故乘弱攻之。）甯子出舍於郊。（欲奔。）伯國死，孫氏夜哭。國人召甯子，甯子復攻孫氏，克之。辛卯，殺子叔及大子角。（子叔，衛侯剽。言子叔，剽無謚故。）書曰「甯喜弒其君剽」，言罪之在甯氏也。（嫌受父命納舊君無罪，故發之。）孫林父以戚如晉。（以邑屬晉。）書曰「入于戚以叛」，罪孫氏也。臣之祿，君實有之。義則進，否則奉身而退，專祿以周旋，戮也。（林父事剽而衎入，義可以退，唯以專邑自隨為罪，故傳發之。）甲午，衛侯入。書曰「復歸」，國納之也。（本晉納之夷儀，今從夷儀入，國嫌若晉所納，故發國納之例。言國之所納而復其位。）大夫逆於竟者，執其手而與之言；道逆者，自車揖之；逆於門者，頷之而已。（頷，搖其頭。言衎驕心易生。○〔竟〕音境。〔頷〕戶感反。）公至，使讓大叔文子曰：「寡人淹恤在外，二三子皆使寡人朝夕聞衛國之言，（二三子，諸大夫。）吾子獨不在寡人。（在，存問之。公聞文子荅甯喜之言，故怨之。）古人有言曰：『非所怨勿怨。』寡人怨矣。」（所怨在親親。）對曰：「臣知罪矣。臣不佞，不能負羈絏以從扞牧圉，臣之罪一也。有出者，有居者，（出謂衎，居謂剽也。○〔絏〕息列反。〔扞〕戶幹反。）臣不能貳，通外內之言以事君，臣之罪二也。有二罪，敢忘其死？」乃行，從近關出。公使止之。（傳言衛侯不能安和大臣。）衛人侵戚東鄙，（以林父叛故。）孫氏愬于晉，晉戍茅氏。（茅氏，戚東鄙。）殖綽伐茅氏，殺晉戍三百人。（殖綽，齊人，今來在衛。）孫蒯追之，弗敢擊。文子曰：「厲之不如。」（厲，惡鬼也。）遂從衛師，敗之圉。（蒯感父言，更還逐殖綽。圉，衛地。）雍鉏獲殖綽。（雍鉏，孫氏臣。）復愬于晉。（為下晉討衛張本。）

鄭伯賞入陳之功。（入陳在前年。）三月甲寅朔，享子展，賜之先路三命之服，（先路、次路皆王所賜車之總名。蓋請之於王。）先八邑。（以路及命服為邑先。八邑，三十二井。○〔先〕悉薦反。）賜子產次路再命之服，先六邑。子產辭邑，曰：「自上以下，隆殺以兩，禮也。臣之位在四，（上卿子展，次卿子西，十一年良霄見經，十九年乃立子產為卿，故位在四。○〔殺〕所界反。）且子展之功也，臣不敢及賞禮，請辭邑。（賞禮，以禮見賞，謂六邑也。）公固予之，乃受三邑。（位次當受二邑，以公固與之，故受三邑。）公孫揮曰：「子產其將知政矣。（知國政。）讓不失禮。」

晉人為孫氏故，召諸侯，將以討衛也。夏，中行穆子來聘，召公也。（為召公澶淵會。）

楚子、秦人侵吳，及雩婁，聞吳有備而還。（雩婁，今屬安豐郡。○〔婁〕如字，徐力俱反。）遂侵鄭。五月，至于城麇。鄭皇頡戍之，（皇頡，鄭大夫。守城麇之邑。○〔麇〕九倫反。〔頡〕戶結反。）出，與楚師戰，敗。穿封戌囚皇頡，公子圍與之爭之。（公子圍，共王子靈王也。○〔戌〕音恤。）正於伯州犁。（正曲直也。）伯州犁曰：「請問於囚。」乃立囚。伯州犁曰：「所爭，君子也，其何不知？」（言王子圍及穿封戌皆非細人，易別識也。）上其手，曰：「夫子為王子圍，寡君之貴介弟也。」（介，大也。）下其手，曰：「此子為穿封戌，方城外之縣尹也。誰獲子？」（上下手以道囚意。）囚曰：「頡遇王子，弱焉。」（弱，敗也。言為王子所得。）戌怒，抽戈逐王子圍，弗及。楚人以皇頡歸。印堇父與皇頡戍城麇，（印堇父，鄭大夫。）楚人囚之以獻於秦。鄭人取貨於印氏以請之。子大叔爲令正。主作辭令之正。以爲請。子產曰：不獲。謂大叔辭以貨請堇父，必不得。○爲，去聲。受楚之功而取貨於鄭，不可謂國，秦不其然。受楚獻功，大名也。以貨免之，小利，故謂秦不爾。若曰拜君之勤鄭國，微君之惠，楚師其猶在敝邑之城下。其可。辭如此，堇父可得。弗從，遂行。秦人不予。更幣，從子產而後獲之。更遣使執幣，用子產辭，乃得堇父。傳稱子產之善。六月，公會晉趙武、宋向戌、鄭良霄、曹人于澶淵，以討衛疆戚田。正戚之封疆。取衛西鄙懿氏六十以與孫氏。戚城西北五十里有懿城，因姓以名城。取田六十井也。趙武不書，尊公也。罪武會公侯。向戌不書，後也。後會期。鄭先宋，不失所也。如期至。於是衛侯會之。晉將執之，不得與會，故不書。晉人執甯喜、北宮遺，使女齊以先歸。討其弒君伐孫氏也。遺，北宮括之子。女齊，司馬侯。歸晉而後告諸侯，故經書在秋。○〔女〕音汝。衛侯如晉，晉人執而囚之於士弱氏。士弱，晉主獄大夫。秋七月，齊侯、鄭伯爲衛侯故如晉。欲共請之。晉侯兼享之。晉侯賦嘉樂。嘉樂，詩大雅。取其嘉樂君子，顯顯令德，宜民宜人，受祿于天。○〔嘉〕戶嫁反。國景子相齊侯，景子，國弱。賦蓼蕭。蓼蕭，詩小雅。言大平澤及遠，若露之在蕭，以喻晉君恩澤及諸侯。○〔蓼〕音六。子展相鄭伯，賦緇衣。緇衣，詩鄭風。義取適子之館兮，還予授子之粲兮。言不敢違遠於晉。叔向命晉侯拜二君，曰：寡君敢拜齊君之安我先君之宗祧也，敢拜鄭君之不貳也。蓼蕭、緇衣。二詩所趣各不同，故拜二君辭異。國子使晏平仲私於叔向，私與叔向語。

曰：晉君宣其明德於諸侯，恤其患而補其闕，正其違而治其煩，所以爲盟主也。今爲臣執君，若之何？謂晉爲林父執衛侯。叔向告趙文子，文子以告晉侯。晉侯言衛侯之罪，使叔向告二君。言自以殺晉戍三百人爲罪，不以林父故。國子賦轡之柔矣。逸詩，見周書。義取寬政以安諸侯，若柔轡之御剛馬。子展賦將仲子兮。將仲子，詩鄭風。義取衆言可畏，衛侯雖別有罪，而衆人猶謂晉爲臣執君。○〔將〕七羊反。晉侯乃許歸衛侯。叔向曰：鄭七穆，罕氏其後亡者也，子展儉而壹。子展，鄭子罕之子。居身儉而用心壹。鄭穆公十一子，子然、二子孔三族已亡，子羽不爲卿，故唯言七穆。○鄭七穆，謂子展，公孫舍之，罕氏也。子西，公孫夏，駟氏也。子產，公孫僑，國氏也。伯有，良霄，良氏也。子大叔，游吉，游氏也。子石，公孫段，豐氏也。伯石，印段，印氏也。穆公十一子，謂子良，公子去疾也。子罕，公子喜也。子駟，公子騑也。子國，公子發也。子孔，公子嘉也。子游，公子偃也。子豐也。子印也。子羽也。子然也。士子孔也。子然、二子孔已亡，子羽不爲卿，故止七也。初，宋芮司徒生女子，芮司徒，宋大夫。○〔芮〕如銳反。赤而毛，棄諸堤下。共姬之妾取以入，共姬，宋伯姬也。名之曰棄。長而美。平公入夕，平公，共姬子也。○〔長〕丁丈反。共姬與之食。公見棄也，而視之尤。尤，甚也。姬納諸御，嬖，生佐。佐，元公。惡而婉。佐貌惡而心順。大子痤美而很。貌美而心很戾。○〔很〕胡懇反。合左師畏而惡之。合左師，向戌。○〔惡〕烏路反。寺人惠牆伊戾爲大子內師而無寵。惠牆氏，伊戾名。秋，楚客聘於晉，過宋。上已有秋，復發傳者，中閒有初，不言秋，則嫌楚客過在他年。大子知之，請野享之。公使往，伊戾請從之。公曰：夫不惡女乎？夫，謂大子也。○〔夫〕音扶。〔女〕音汝。對曰：小人之事君子也惡之不敢遠好之不敢近敬以待命敢有貳心乎縱有共其外莫共其內伊戾爲大子內師不行恐內侍廢闕○〔遠〕于萬反〔好〕呼報反臣請往也遣之至則欿用牲加書徵之詐作盟處爲大子反徵驗也○〔欿〕口感反而騁告公騁馳也○〔騁〕勑景反曰大子將爲亂既與楚客盟矣公曰爲我子又何求對曰欲速言欲速得公位公使視之則信有焉有盟徵也問諸夫人與左師夫人佐母弃也則皆曰固聞之公囚大子大子曰唯佐也能免我以其婉也召而使請曰日中不來吾知死矣左師聞之聒而與之語聒讙也欲使佐失期○〔讙〕呼端反過期乃縊而死佐爲大子公徐聞其無罪也乃亨伊戾左師見夫人之步馬者步馬習馬○〔縊〕一賜反〔亨〕普彭反問之對曰君夫人氏也左師曰誰爲君夫人余胡弗知圉人歸以告夫人夫人使饋之錦與馬先之以玉以玉爲錦馬之先○〔先〕悉薦反又如字曰君之妾弃使某獻左師改命曰君夫人而後再拜稽首受之左師令使者改命也傳言宋公闇左師諛大子所以無罪而死鄭伯歸自晉請衞侯歸使子西如晉聘辭曰寡君來煩執事懼不免於戾言自懼失敬於大國而得罪使夏謝不敏夏子西名君子曰善事大國將求於人必先下之言鄭所以能自安初楚伍參與蔡大師子朝友其子伍舉與聲子相善也聲子子朝之子伍舉子胥祖父椒舉也○〔朝〕如字伍舉娶於王子牟王子牟爲申公而亡獲罪出奔楚人曰伍

舉實送之伍舉奔鄭將遂奔晉聲子將如晉遇之於鄭郊班荆相與食而言復故班布也布荆坐地共議歸楚事朋友世親聲子曰子行也吾必復子及宋向戌將平晉楚平在明年聲子通使於晉爲國通平事還如楚令尹子木與之語問晉故焉故事且曰晉大夫與楚孰賢對曰晉卿不如楚其大夫則賢皆卿材也如杞梓皮革自楚往也杞梓皆木名雖楚有材晉實用之言楚亡臣多在晉子木曰夫獨無族姻乎夫謂晉對曰雖有而用楚材實多歸生聞之歸生聲子名善爲國者賞不僭而刑不濫賞僭則懼及淫人刑濫則懼及善人若不幸而過寧僭無濫與其失善寧其利淫無善人則國從之從之亡也詩曰人之云亡邦國殄瘁無善人之謂也詩大雅殄盡也瘁病也故夏書曰與其殺不辜寧失不經懼失善也逸書也不經不用常法商頌有之曰不僭不濫不敢怠皇命于下國封建厥福詩商頌言殷湯賞不僭差刑不濫溢不敢怠解自寬暇故能爲下國所命爲天子此湯所以獲天福也古之治民者勸賞而畏刑樂行賞憚用刑而恤民不倦賞以春夏刑以秋冬順天時是以將賞爲之加膳加膳則飫賜飫饜也酒食賜下無不饜足所謂加膳也此以知其勸賞也將刑爲之不舉不舉則徹樂不舉盛饌此以知其畏刑也夙興夜寐朝夕臨政此以知其恤民也三者禮之大節也有禮無

敗今楚多淫刑其大夫逃死於四方而爲之謀主以害楚國不可救療所謂不能也療治也所謂楚人不能用其材也子儀之亂析公奔晉在文十四年晉人寘諸戎車之殿以爲謀主殿後軍○[殿]多練反繞角之役晉將遁矣析公曰楚師輕窕易震蕩也若多鼓鈞聲以夜軍之鈞同其聲○[窕]勑堯反又通弔反楚師必遁晉人從之楚師宵潰晉遂侵蔡襲沈獲其君敗申息之師於桑隧獲申麗而還成六年晉欒書救鄭與楚師遇於繞角楚師還晉侵沈獲沈子八年復侵楚敗申息獲申麗○[麗]力馳反鄭於是不敢南面楚失華夏則析公之爲也雍子之父兄譖雍子君與大夫不善是也不是其曲直雍子奔晉晉人與之鄐鄐晉邑○[鄐]許六反又超六反以爲謀主彭城之役晉楚遇於靡角之谷在成十八年晉將遁矣雍子發命於軍曰歸老幼反孤疾二人役歸一人簡兵蒐乘簡擇蒐閱秣馬蓐食師陳焚次次舍也焚舍示必死○[陳]直覲反明日將戰行歸者而逸楚囚欲使楚知之楚師宵潰晉降彭城而歸諸宋以魚石歸在元年○[降]戶江反楚失東夷子辛死之則雍子之爲也楚東小國及陳見楚不能救彭城皆叛五年楚人討陳叛故殺令尹子辛子反與子靈爭夏姬子靈巫臣而雍害其事子反亦雍害巫臣不使得取夏姬○[雍]於勇反子靈奔晉晉人與之邢邢晉邑以爲謀主扞禦北狄通吳於晉教吳叛楚教之乘車射御驅侵使其子狐庸爲吳行人焉

吳於是伐巢取駕克棘入州來駕棘皆楚邑譙國酇縣東北有棘亭○[譙]在遙反[酇]才多反又子旦反楚罷於奔命至今爲患則子靈之爲也事見成七年○[罷]音皮若敖之亂伯賁之子賁皇奔晉晉人與之苗若敖亂在宣四年苗晉邑○[賁]扶云反以爲謀主鄢陵之役在成十六年○[鄢]音偃楚晨壓晉軍而陳晉將遁矣苗賁皇曰楚師之良在其中軍王族而已言楚之精卒唯在中軍○[陳]直覲反若塞井夷竈成陳以當之塞井夷竈以爲陳欒范易行以誘之欒書時將中軍范燮佐之易行謂簡易兵備欲令楚貪己不復顧二穆之兵○[易]以豉反又音亦[行]戶郎反又音衡中行二郤必克二穆郤錡時將上軍中行偃佐之郤至佐新軍令此三人分良以攻二穆之兵楚子重子辛皆出穆王故曰二穆○[錡]魚綺反吾乃四萃於其王族必大敗之四萃四面集攻之晉人從之楚師大敗王夷師熸夷傷也吳楚之間謂火滅爲熸○[熸]子潛反子反死之鄭叛吳興楚失諸侯則苗賁皇之爲也子木曰是皆然矣聲子曰今又有甚於此椒舉娶於申公子牟子牟得戾而亡君大夫謂椒舉女實遣之懼而奔鄭引領南望曰庶幾赦余亦弗圖也言楚亦不以爲意今在晉矣晉人將與之縣以比叔向以舉材能比叔向彼若謀害楚國豈不爲患子木懼言諸王益其祿爵而復之聲子使椒鳴逆之椒鳴伍舉子傳言聲子有辭伍舉所以得反子孫復仕於楚許靈公如楚請伐鄭十六年晉伐許他國皆大夫獨鄭伯自行故許恚欲報之○[恚]一睡反曰師不興孤不歸矣八

月卒于楚楚子曰不伐鄭何以求諸侯冬十月楚子伐鄭鄭爲許鄭人將禦之子產曰晉楚將平諸侯將和和在明年楚王是故昧於一來昧猶貪冒不如使逞而歸乃易成也逞快也夫小人之性釁於勇嗇於禍以足其性而求名焉者非國家之利也若何從之釁動也嗇貪也言鄭之欲與楚戰者皆釁勇貪名之人非能爲國計慮久利不可從也○〔釁〕許覲反〔足〕子住反又如字子展說不禦寇十二月乙酉入南里墮其城南里鄭邑○〔說〕音悅〔墮〕許規反涉於樂氏樂氏津名門于師之梁鄭城門縣門發獲九人焉涉于氾而歸於氾城下涉汝水南歸○〔縣〕音懸〔氾〕音凡而後葬許靈公卒靈公之志而後葬之衛人歸衛姬于晉乃釋衛侯衛侯以女說晉而後得免君子是以知平公之失政也傳言晉之衰晉韓宣子聘于周王使請事問何事來聘對曰晉士起將歸時事於宰旅無他事矣起宣子名禮諸侯大夫入天子國稱士時事四時貢職宰旅冢宰之下士言獻職貢於宰旅不敢斥尊王聞之曰韓氏其昌阜於晉乎辭不失舊阜大也傳言周衰諸侯莫能如禮唯韓起不失舊齊人城郟之歲在二十四年其夏齊烏餘以廩丘奔晉烏餘齊大夫廩丘今東郡廩丘縣故城是襲衛羊角取之今廩丘縣所治羊角城是遂襲我高魚高魚城在廩丘縣東北有大雨自其竇入雨故水竇開○〔竇〕音豆介于其庫入高魚庫而介其甲以登其城克而取之取魯高魚無所諱而不書其義未聞又取邑于宋於是范宣子卒宣子范匄諸侯弗能治也及趙文子爲政乃卒治之文子言於晉侯曰晉爲盟主諸侯或相侵也則討而使歸其地今烏餘之邑皆討類也言於比類宜見討而貪之是無以爲盟主也請歸之公曰諾孰可使也對曰胥梁帶能無用師晉侯使往胥梁帶晉大夫能無用師言有權謀

經二十有七年春齊侯使慶封來聘景公即位通嗣君也夏叔孫豹會晉趙武楚屈建蔡公孫歸生衛石惡陳孔奐鄭良霄許人曹人于宋案傳會者十四國齊秦不交相見邾滕爲私屬皆不與盟宋爲主人地於宋則與盟可知故經唯序九國大夫楚先晉歃而書先晉貴信也陳于晉會常在衛上孔奐非上卿故在石惡下○〔奐〕呼亂反〔先〕悉薦反又如字衛殺其大夫甯喜甯喜弒剽立衎衎今雖不以弒剽致討於大義宜追討之故經以國討爲文書名也書在宋會下從赴衛侯之弟鱄出奔晉衛侯始者云政由甯氏祭則寡人而今復患其專緩荅免餘既負其前信且不能友于賢弟使至出奔故書弟以罪兄○〔鱄〕市轉反又音專秋七月辛巳豹及諸侯之大夫盟于宋夏會之大夫也豹不倚順以顯弱命之君而辨小是以自從故以違命貶之釋例論之備矣冬十有二月乙亥朔日有食之今長曆推十一月朔非十二月傳曰辰在申再失閏若是十二月則爲三失閏故知經誤

傳二十七年春胥梁帶使諸喪邑者具車徒以受地必周諸喪邑謂齊魯宋也周密也必密來勿以受地爲名○〔喪〕息浪反使烏餘具車徒以受封烏餘以地來故詐許封之烏餘以其衆出出受封使諸侯僞效烏餘之封者效致也使齊魯宋僞若致邑封烏餘者而遂執之盡獲之皆獲其徒衆皆取其邑而歸諸侯諸侯是以睦於晉

（傳言趙文子賢，故平公雖失政，而諸侯猶睦。）齊慶封來聘，其車美。孟孫謂叔孫曰：慶季之車，不亦美乎。（季，慶封字。）叔孫曰：豹聞之，服美不稱，必以惡終。美車何爲。叔孫與慶封食，不敬。爲賦相鼠，亦不知也。（相鼠，詩鄘風。曰：相鼠有皮，人而無儀；人而無儀，不死何爲。慶封不知。此詩爲己言其闇甚，爲明年慶封來奔傳。○稱，尺證反。鄘音容。）衞甯喜專，公患之。公孫免餘請殺之。（免餘，衞大夫。）公曰：微甯子不及此。（及此，反國也。）吾與之言矣。（言政由甯氏。）事未可知，（恐伐之未必勝。）祇成惡名，止也。（祇，適也。○祇音支。）對曰：臣殺之，君勿與知。乃與公孫無地、公孫臣謀，（二公孫，衞大夫。○勿與音預。）使攻甯氏，弗克，皆死。（無地及臣皆死。）公曰：臣也無罪，父子死余矣。（獻公出時，公孫臣之父爲孫氏所殺。）夏，免餘復攻甯氏，殺甯喜及右宰穀，尸諸朝。（穀不書，非卿也。）石惡將會宋之盟，受命而出，衣其尸，枕之股而哭之。欲斂以亡，懼不免，且曰：受命矣。乃行。（行會于宋。爲明年石惡奔傳。○衣，於既反。枕，之鴆反。）子鮮曰：逐我者出，（謂孫林父。）納我者死。（謂甯喜。）賞罰無章，何以沮勸。君失其信而國無刑，不亦難乎。（難以治國。）且鱄實使之。（使甯喜納君。）遂出奔晉。公使止之，不可。（不肯留。）及河，又使止之。止使者而盟於河。（誓不還。）託於木門，（木門，晉邑。）不鄉衞國而坐。（怨之深也。○鄉，許亮反。）木門大夫勸之仕。不可，曰：仕而廢其事，罪也；從之，昭吾所以出也。將誰愬乎。（從之，謂治其事也。事治，則明己出欲仕，無所自愬。）吾不可以立於人之朝矣。終身不仕。（自誓不仕終身。）公喪之如稅服終身。（稅即繐也。喪服，繐縗裳縷細而希，非五服之常，本無月數，痛愍子鮮，故特爲此服。此服無月數，而獻公尋薨，故言終身。○喪，息郎反。稅音歲，又吐外反。）公與免餘邑六十，辭曰：唯卿備百邑，臣六十矣。下有上祿，亂也。（此一乘之邑，非四井之邑。論語稱千室，又云十室，明通稱。○通稱，尺證反。）臣弗敢聞。且甯子唯多邑，故死。臣懼死之速及也。公固與之，受其半。以爲少師。公使爲卿，辭曰：大叔儀不貳，能贊大事，（贊，佐也。）君其命之。乃使文子爲卿。（文子，大叔儀。）宋向戌善於趙文子，又善於令尹子木，欲弭諸侯之兵以爲名。（欲獲息民之名。）如晉，告趙孟。趙孟謀於諸大夫。韓宣子曰：兵，民之殘也，財用之蠹，（蠹，害物之蟲。）小國之大菑也。將或弭之，雖曰不可，必將許之。（言雖知兵不得久弭。今不可不許。○菑音災。）弗許，楚將許之，以召諸侯，則我失爲盟主矣。晉人許之。如楚，楚亦許之。如齊，齊人難之。陳文子曰：晉楚許之，我焉得已。且人曰弭兵，而我弗許，則固攜吾民矣，將焉用之。齊人許之。告於秦，秦亦許之。皆告於小國，爲會於宋。五月甲辰，晉趙武至於宋。丙午，鄭良霄至。六月丁未朔，宋人享趙文子，叔向爲介。司馬置折俎，禮也。（折俎，體解節折，升之於俎，合卿享宴之禮，故曰禮也。周禮司馬掌會同之事。○難之，乃旦反，下同。）仲尼使舉是禮也，以爲多文辭。（宋向戌自美弭兵之意，敬逆趙武。趙武、叔向因享宴之會，展賓主之辭，故仲尼以爲多文辭。）戊申，叔孫豹齊慶封陳須無衛石惡至須無陳文子甲寅晉荀盈從趙武至趙武命盈追己故言從趙武後武遣盈如楚丙辰邾悼公至小國故君自來壬戌楚公子黑肱先至成言於晉時令尹子木止陳遣黑肱就晉大夫成盟載之言兩相然可丁卯宋向戌如陳從子木成言於楚就於陳成楚之要言戊辰滕成公至亦小國君自來子木謂向戌請晉楚之從交相見也使諸侯從晉楚者更相朝見○〔見〕賢遍反庚午向戌復於趙孟趙孟曰晉楚齊秦匹也晉之不能於齊猶楚之不能於秦也不能服而使之楚君若能使秦君辱於敝邑寡君敢不固請於齊請齊使朝楚壬申左師復言於子木子木使馹謁諸王馹傳也謁告也○〔馹〕人實反〔傳〕陟戀反王曰釋齊秦他國請相見也經所以不書齊秦秋七月戊寅左師至從陳還是夜也趙孟及子晳盟以齊言子晳公子黑肱素要齊其辭至盟時不得復訟爭庚辰子木至自陳陳孔奐蔡公孫歸生至二國大夫與子木俱至曹許之大夫皆至以藩爲軍示不相忌晉楚各處其偏晉處北楚處南伯夙謂趙孟伯夙荀盈曰楚氛甚惡懼難氛氣也言楚有襲晉之氣○〔氛〕芳云反趙孟曰吾左還入於宋若我何營在宋北東頭爲上故晉營在東有急可左迴入宋東門辛巳將盟於宋西門之外楚人衷甲甲在衣中欲因會擊晉○〔衷〕音忠又丁仲反伯州犂曰合諸侯之師以爲不信無乃不可乎夫諸侯望信於楚是以來服若不信是弃其所以服諸侯也固請釋甲子木

曰晉楚無信久矣事利而已苟得志焉焉用有信大宰退大宰伯州犂告人曰令尹將死矣不及三年求逞志而弃信志將逞乎志以發言言以出信信以立志參以定之志言信三者具而後身安存信亡何以及三爲明年子木死起本趙孟患楚衷甲以告叔向叔向曰何害也匹夫一爲不信猶不可單斃其死單盡也斃踣也○〔單〕音丹〔踣〕蒲北反若合諸侯之卿以爲不信必不捷矣食言者不病不病者單斃於死非子之患也楚食言當死晉不食言故無患夫以信召人而以僭濟之濟成必莫之與也僭不信也○〔僭〕子念反安能害我且吾因宋以守病爲楚所病則欲入宋城則夫能致死雖倍楚可也宋爲地主致死助我則力可倍楚○〔夫〕如字或音扶子何懼焉又不及是曰弭兵以召諸侯而稱兵以害我稱舉也吾庸多矣非所患也晉獨取信故其功多季武子使謂叔孫以公命曰視邾滕兩事晉楚則貢賦重故欲比小國武子恐叔孫不從其言故假公命以敕之既而齊人請邾宋人請滕皆不與盟私屬二國故○〔與〕音預叔孫曰邾滕人之私也我列國也何故視之宋衛吾匹也乃盟故不書其族言違命也季孫專政於國魯君非得有命今君唯以此命告豹豹宜崇大順以顯弱命之君而遂其小是故貶之晉楚爭先爭先歃血晉人曰晉固爲諸侯盟主未有先晉者也楚人曰子言晉楚匹也若晉常先是楚弱也且晉楚狎主諸侯之盟也久矣狎更也○〔先〕賢去聲或如字〔狎〕戶甲

反〔更〕音庚豈專在晉叔向謂趙孟曰諸侯歸晉之德只只辭
〇〔只〕之氏反非歸其尸盟也尸主也子務德無爭先且諸侯
盟小國固必有尸盟者小國主辨具〇〔辨〕皮莧反楚爲晉細不亦
可乎欲推使楚主盟乃先楚人書先晉晉有信也蓋孔子追正之壬
午宋公兼享晉楚之大夫趙孟爲客客一坐所尊故季孫飲大夫酒
臧紇爲客子木與之言弗能對使叔向侍言焉子木亦不
能對也乙酉宋公及諸侯之大夫盟于蒙門之外前盟
諸大夫不敢敵公禮也今宋公以近在其國故謙而重盟重盟故不書蒙門宋城門子木問於
趙孟曰范武子之德何如士會賢聞於諸侯故問之對曰夫子之
家事治言於晉國無隱情其祝史陳信於鬼神無愧
辭祝陳馨香德足副之故不愧子木歸以語王王曰尚矣哉尚上也〇
〔語〕魚據反能歆神人歆享也使神享其祭人懷其德〇〔歆〕許金反宜其光輔五
君以爲盟主也五君謂文襄靈成景子木又語王曰宜晉之伯
也有叔向以佐其卿楚無以當之不可與爭晉荀盈
遂如楚涖盟重結楚之好鄭伯享趙孟于垂隴自宋還過鄭子
展伯有子西子產子大叔二子石從二子石印段公孫段〇〔從〕才用
反趙孟曰七子從君以寵武也請皆賦以卒君貺武
亦以觀七子之志詩以言志子展賦草蟲草蟲詩召南曰未見君子憂心
忡忡亦既見止亦既覯止我心則降以趙孟爲君子〇〔忡〕敕忠反〔降〕戶江反又如字趙孟曰善
哉民之主也在上不忘降故可以主民抑武也不足以當之辭君子

伯有賦鶉之賁賁鶉之賁賁詩鄘風衛人刺其君淫亂鶉鵲之不若義取人之無良我
以爲兄我以爲君也〇〔鶉〕順倫反〔賁〕音奔趙孟曰牀第之言不踰閾況在
野乎非使人之所得聞也第簀也此詩刺淫亂故云牀第之言閾門限使人趙
孟自謂〇〔第〕側里反子西賦黍苗之四章黍苗詩小雅四章曰肅肅謝功召伯營之
列列征師召伯成之比趙孟於召伯趙孟曰寡君在武何能焉推善於其君
子產賦隰桑隰桑詩小雅義取思見君子盡心以事之曰既見君子其樂如何〇〔盡〕津忍反
趙孟曰武請受其卒章卒章曰心乎愛矣遐不謂矣中心藏之何日忘之趙武欲
子產之見規誨子大叔賦野有蔓草野有蔓草詩鄭風取其邂逅相遇適我願兮
趙孟曰吾子之惠也大叔喜於相遇故趙孟受其惠印段賦蟋蟀蟋蟀
詩唐風曰無以大康職思其居好樂無荒良士瞿瞿言瞿瞿然顧禮儀趙孟曰善哉保
家之主也吾有望矣能戒懼不荒所以保家公孫段賦桑扈桑扈
詩小雅義取君子有禮文故能受天之祜趙孟曰匪交匪敖福將焉往此桑
扈詩卒章趙孟因以取義〇〔敖〕五報反若保是言也欲辭福祿得乎卒
享文子告叔向曰伯有將爲戮矣詩以言志志誣其
上而公怨之以爲賓榮言誣則鄭伯未有其實趙孟倡賦詩以自寵故言公怨之
以爲賓榮其能久乎幸而後亡言必先亡叔向曰然已侈所謂
不及五稔者夫子之謂矣稔年也爲三十年鄭殺良霄傳〇〔侈〕昌氏反又尸氏
反〔稔〕而甚反文子曰其餘皆數世之主也子展其後亡者
也在上不忘降謂賦草蟲曰我心則降〇〔降〕胡江反印氏其次也樂而
不荒謂賦蟋蟀曰好樂無荒樂以安民不淫以使之後亡不亦

可乎宋左師請賞曰請免死之邑欲宋君稱功加厚賞故謙言免死之邑也公與之邑六十以示子罕子罕曰凡諸侯小國晉楚所以兵威之畏而後上下慈和慈和而後能安靖其國家以事大國所以存也無威則驕驕則亂生亂生必滅所以亡也天生五材金木水火土也民並用之廢一不可誰能去兵兵之設久矣所以威不軌而昭文德也聖人以興謂湯武○〔去〕起呂反下同亂人以廢謂桀紂廢興存亡昏明之術皆兵之由也而子求去之不亦誣乎以誣道蔽諸侯罪莫大焉縱無大討而又求賞無厭之甚也削而投之削賞左師之書○〔厭〕於鹽反左師辭邑向氏欲攻司城司城子罕左師曰我將亡夫子存我德莫大焉又可攻乎君子曰彼已之子邦之司直詩鄭風司主也○〔已〕音記樂喜之謂乎樂喜子罕也善其不阿向戌何以恤我我其收之逸詩恤憂也收取之向戌之謂乎善向戌能知其過齊崔杼生成及彊而寡偏喪曰寡寡特也○〔喪〕息浪反娶東郭姜生明東郭姜以孤入曰棠無咎無咎棠公之子與東郭偃相崔氏東郭偃姜之弟○〔相〕去聲崔成有疾而廢之有惡疾也而立明成請老于崔濟南東朝陽縣西北有崔氏城成欲居崔邑以終老崔子許之偃與无咎弗予曰崔宗邑也必在宗主宗邑宗廟所在宗主謂崔明成與彊怒將殺之告慶封曰夫子之身亦子所知也唯无咎與偃是從父兄莫得進矣

大恐害夫子敢以告夫子謂崔杼慶封曰子姑退吾圖之告盧蒲嫳嫳慶封屬大夫封以成彊之言告嫳○〔嫳〕普結反盧蒲嫳曰彼君之讎也天或者將弃彼矣彼實家亂子何病焉君謂齊莊公爲崔杼所弒崔之薄慶之厚也崔敗則慶專權他日又告成彊復告慶封曰苟利夫子必去之難吾助女九月庚辰崔成崔彊殺東郭偃棠无咎於崔氏之朝崔子怒而出其衆皆逃求人使駕不得使圉人駕寺人御而出圉人養馬者寺人奄士且曰崔氏有福止余猶可恐滅家禍不止其身遂見慶封慶封曰崔慶一也言如一家是何敢然請爲子討之使盧蒲嫳帥甲以攻崔氏崔氏堞其宮而守之堞短垣使其衆居短垣內以守○〔堞〕音牒弗克使國人助之遂滅崔氏殺成與彊而盡俘其家其妻縊妻東郭姜嫳復命於崔子且御而歸之嫳爲崔子御至則無歸矣乃縊終入於其宮不見其妻凶崔明夜辟諸大墓開先人之冢以藏之○〔辟〕婢亦反又甫亦反辛巳崔明來奔慶封當國當國秉政楚薳罷如晉涖盟罷令尹子蕩報荀盈也○〔罷〕音皮晉侯享之將出賦既醉既醉詩大雅曰既醉以酒既飽以德君子萬年介爾景福以美晉侯比之大平君子也叔向曰薳氏之有後於楚國也宜哉承君命不忘敏子蕩將知政矣敏以事君必能養民政其焉往言政必歸之崔氏之亂在二十五年申鮮虞來奔僕賃於野以喪莊公爲齊莊公服喪○〔賃〕女鴆反〔喪〕如字又息浪反冬楚人召之遂如

楚爲右尹。傳言楚能用賢。十一月乙亥朔，日有食之。辰在申，司歷過也，再失閏矣。謂斗建指申。周十一月，今之九月。斗當建戌而在申，故知再失閏也。文十一年三月甲子至今年七十一歲，應有二十六閏。今長歷推得二十四閏，通計少再閏。釋例言之詳矣。

經　二十有八年春，無冰。前年知其再失閏，頓置兩閏，以應天正，故此年正月建子，得以無冰爲災而書。夏，衞石惡出奔晉。甯喜之黨。書名，惡之。○惡，烏路反。邾子來朝。秋八月，大雩。仲孫羯如晉。告將朝楚。○羯，居謁反。冬，齊慶封來奔。崔杼之黨，耆酒荒淫而出。書名，罪之。自魯奔吳，不書，以絶位，不爲卿。○耆，市志反。十有一月，公如楚。爲宋之盟故朝楚。十有二月甲寅，天王崩。靈王也。乙未，楚子昭卒。康王也。十二月無乙未，日誤。

傳　二十八年春，無冰。梓慎曰：今茲宋、鄭其饑乎。梓慎，魯大夫。今年鄭游吉、宋向戌言之。明年饑甚，傳乃詳其事。歲在星紀，而淫於玄枵。歲，歲星也。星紀在丑，斗牛之次。玄枵在子，虛危之次。十八年晉董叔曰：天道多在西北，是歲歲星在亥。至此年十一歲，故在星紀，明年乃當在玄枵。今已在玄枵，淫行失次。以有時菑，陰不堪陽。時菑，無冰也。盛陰用事而溫，無冰，是陰不勝陽，地氣發洩。○菑音災。洩，息列反。蛇乘龍。蛇，玄武之宿，虛危之星。龍，歲星。歲星，木也，木爲青龍，失次出虛危下，爲蛇所乘。龍，宋、鄭之星也。歲星本位在東方，東方房心爲宋，角亢爲鄭，以龍爲宋鄭之星。○亢音剛，又苦浪反。宋、鄭必饑。玄枵，虛中也。玄枵三宿，虛星在其中。枵，耗名也。土虛而民耗，不饑何爲？歲爲宋鄭之星，今失常，淫入虛耗之次。時復無冰，地氣發洩，故曰土虛民耗。夏，齊侯、陳侯、蔡侯、北燕伯、杞伯、胡子、沈子、白狄朝于晉，宋之盟故也。陳侯、蔡侯、胡子、沈子，楚屬也。宋盟曰：晉楚之從交相見，故朝晉。燕國，今薊縣。○薊音計。齊侯將行，慶封曰：我不與盟，何爲於晉？以宋盟釋齊秦。陳文子曰：先事後賄，禮也。事大國，當先從其政事，而後薦賄，以副己心。小事大，未獲事焉，從之如志，禮也。言當從大國請事，以順其志。雖不與盟，敢叛晉乎？重丘之盟，未可忘也。子其勸行。重丘盟在二十五年。○重，直龍反。

衞人討甯氏之黨，故石惡出奔晉。衞人立其從子圃，以守石氏之祀，禮也。石惡之先石碏有大功於衞國，惡之罪不及不祀，故曰禮。○從，才用反。碏，七略反。

邾悼公來朝，時事也。傳言來朝非宋盟。宋盟唯施於朝晉楚。

秋八月，大雩，旱也。

蔡侯歸自晉，入于鄭。鄭伯享之，不敬。子產曰：蔡侯其不免乎？不免禍。日其過此也，往日至晉時。○過，古禾、古臥二反。君使子展廷勞於東門之外，而傲。廷，往也。○廷，于況反。後同。吾曰：猶將更之。今還，受享而惰，乃其心也。君小國，事大國，而惰傲以爲己心，將得死乎？若不免，必由其子。其爲君也，淫而不父。通大子班之妻。僑聞之，如是者，恆有子禍。爲三十年蔡世子班弒其君傳。

孟孝伯如晉，告將爲宋之盟故如楚也。魯，晉屬，故告晉而行。

蔡侯之如晉也，鄭伯使游吉如楚。及漢，楚人還之，曰：宋之盟，君實親辱。君謂鄭伯。○還音環。今吾子來，寡君謂吾子姑還，吾將使馹奔問諸晉而以告。問鄭君應來朝否。○馹，人實反。子大叔曰：宋之盟，君命將利小國，而亦使安定其社稷，鎮撫其民人，以禮承天之休（休，福祿也）此君之憲令而小國之望也（憲，法也）寡君是故使吉奉其皮幣（聘用乘皮束帛）以歲之不易聘於下執事（言歲有饑荒之難，故鄭伯不得自朝楚。○〔易〕以豉反）今執事有命曰女何與政令之有必使而君弃而封守跋涉山川蒙犯霜露以逞君心小國將君是望敢不唯命是聽無乃非盟載之言以闕君德而執事有不利焉小國是懼不然其何勞之敢憚子大叔歸復命告子展曰楚子將死矣不脩其政德而貪昧於諸侯以逞其願欲久得乎周易有之在復䷗（震下坤上，復）之頤䷚（震下艮上，頤。復上六變得頤）曰迷復凶（復上六爻辭也。復，反也。極陰反陽之卦，上處極位，迷而復反，失道已遠，遠而無應，故凶）其楚子之謂乎欲復其願（謂欲得鄭朝以復其願）而弃其本（不脩德）復歸無所是謂迷復（失道已遠，又無所歸）能無凶乎君其往也送葬而歸以快楚心（言楚子必死，君往當送其葬）楚不幾十年未能恤諸侯也（幾，近也。言失道遠者，復之亦難）吾乃休吾民矣（休，息也。言楚不能復為害）裨竈曰今茲周王及楚子皆將死（裨竈，鄭大夫）歲棄其次而旅於明年之次以害鳥帑周楚惡之（旅，客處也。歲星弃星紀之次，客在玄枵。歲星所在，其國有福。失次於北，禍衝在南。南為朱鳥，鳥尾曰帑。鶉火、鶉尾，周楚之分，故周王、楚子受其咎。俱論歲星過次，梓慎則曰宋鄭饑，裨竈則曰周楚王死，傳故備舉以示卜占惟人所在。○〔帑〕音奴，〔惡〕如字，一烏路反）九月鄭游吉如晉告將朝于楚以從宋之盟子產相鄭伯以如楚舍不為壇（至敵國郊，除地封土為壇，以受郊勞）外僕言曰昔先大夫相先君適四國未嘗不為壇（外僕，掌次舍者）自是至今亦皆循之今子草舍無乃不可乎子產曰大適小則為壇小適大苟舍而已焉用壇僑聞之大適小有五美宥其罪戾赦其過失救其菑患賞其德刑（刑，法也）教其不及小國不困懷服如歸是故作壇以昭其功宣告後人無怠於德（怠，解也）小適大有五惡說其罪戾（自解說也）請其不足行其政事（奉行大國之政）共其職貢從其時命（從朝會之命）不然則重其幣帛以賀其福而弔其凶皆小國之禍也焉用作壇以昭其禍所以告子孫無昭禍焉可也（無昭禍以告子孫）齊慶封好田而耆酒與慶舍政（舍，慶封子。慶封當國，不自為政，以付舍。○〔耆〕市志反）則以其內實遷于盧蒲嫳氏易內而飲酒（內實，寶物妻妾也。移而居嫳家）數日國遷朝焉（就盧蒲氏朝見封）使諸亡人得賊者以告而反之（亡人，辟崔氏難出奔者）故反盧蒲癸癸臣子之（子之，慶舍）有寵妻之（子之以其女妻癸。○〔妻〕七計反）慶舍之士謂盧蒲癸曰男女辨姓子不辟宗何也（辨，別也。別姓而後可相取。慶氏、盧蒲氏皆姜姓）曰宗不余辟（言舍欲妻己）余獨焉辟之賦詩斷章余取所求焉惡識宗（言己苟欲有求於慶氏，不能復顧禮，譬如賦詩者取其一章而已。○〔斷〕音短，〔惡〕音烏，注同）癸言王何而反之二人皆嬖（二子皆莊公黨。二十五年，崔氏弒莊公，癸、何出奔，今還求寵於慶氏，欲為莊公報讎）使執寢戈而先後之（寢戈，親近兵杖。○〔先〕

悉薦反。[後]戶豆反。公膳日雙雞。鄭大夫之膳食。饔人竊更之以鶩。御者知之，則去其肉而以其洎饋。御，進食者。饔人、御者欲使諸大夫怨慶氏，減其膳。蓋盧蒲癸、王何之謀。○[鶩]音木，鴨也。[去]起呂反，藏也。[洎]其器反，肉汁也。子雅、子尾怒。二子皆惠公孫。慶封告盧蒲嫳。以二子怒告嫳。盧蒲嫳曰：譬之如禽獸，吾寢處之矣。言能殺而席其皮。使析歸父告晏平仲。欲與共謀。子雅、子尾。平仲曰：嬰之衆不足用也，知無能謀也。言弗敢出。不敢泄謀。○[知]音智。有盟可也。子家曰：子之言云，子家，析歸父。又焉用盟？告北郭子車。子車，齊大夫。子車曰：人各有以事君，非佐之所能也。佐，子車名。陳文子謂桓子曰：桓子，文子之子無宇。禍將作矣，吾其何得？對曰：得慶氏之木百車於莊。慶封時有此木，積於六軌之道。文子曰：可慎守也已。善其不志於貨財。盧蒲癸、王何卜攻慶氏，示子之兆，龜兆。曰：或卜攻讎，敢獻其兆。子之曰：克，見血。冬十月，慶封田于萊，陳無宇從。丙辰，文子使召之。請曰：無宇之母疾病，請歸。慶季卜之，季，慶封。○[萊]音來。[從]去聲。示之兆，曰：死。奉龜而泣。無宇泣。○[奉]芳勇反。乃使歸。慶嗣聞之，嗣，慶封之族。曰：禍將作矣。謂子家速歸。子家，慶封字。禍作必於嘗，嘗，秋祭。歸猶可及也。子家弗聽，亦無悛志。悛，改寤也。○[悛]七全反。子息曰：亡矣，幸而獲在吳、越。子息，慶嗣。陳無宇濟水而戕舟發梁。戕，殘壞也。不欲慶封得救難。○[戕]在羊反。盧蒲姜謂癸曰：有事而不告我，必不捷矣。姜，癸妻，慶舍女。癸告之。告欲殺慶舍。

姜曰：夫子愎，莫之止，將不出，我請止之。夫子謂慶舍。○[愎]皮逼反。癸曰：諾。十一月乙亥，嘗于大公之廟，慶舍涖事。臨祭事。盧蒲姜告之，且止之。弗聽，曰：誰敢者？遂如公。至公所。麻嬰爲尸，爲祭尸。慶奊爲上獻。上獻，先獻者。○[奊]戶結反。盧蒲癸、王何執寢戈。慶氏以其甲環公宮。廟在宮內。○[環]如字，又音患。陳氏、鮑氏之圉人爲優，優，俳。慶氏之馬善驚，士皆釋甲束馬，束，絆之也。而飲酒，且觀優，至於魚里。魚里，里名。優在魚里，就觀之。欒、高、陳、鮑之徒介慶氏之甲。欒，子雅。高，子尾。陳，須無。鮑，鮑國。子尾抽桷擊扉三，桷，椽也。扉，門闔也。以桷擊扉，爲期。○[桷]音角。盧蒲癸自後刺子之，王何以戈擊之，解其左肩。猶援廟桷，動於甍，甍，屋棟。○[刺]七亦反。[甍]亡耕反。以俎壺投，殺人而後死。言其多力。遂殺慶繩、麻嬰。慶繩，慶奊。公懼，鮑國曰：羣臣爲君故也。言欲尊公室，非爲亂。陳須無以公歸，稅服而如內宮。言公懼於外難。○[稅]吐活反。一如字。慶封歸，遇告亂者。丁亥，伐西門，弗克；還伐北門，克之。入伐內宮，陳、鮑在公所故。弗克。反陳于嶽，嶽，里名。○[陳]直覲反。請戰，弗許，遂來奔。獻車於季武子，美澤可以鑑。光鑑形也。展莊叔見之，魯大夫。曰：車甚澤，人必瘁，宜其亡也。叔孫穆子食慶封，慶封氾祭。禮食有祭，示有所先也。氾祭，遠散所祭，不共。○[氾]芳劍反。穆子不說，使工爲之誦《茅鴟》，工，樂師。茅鴟，逸詩。刺不敬。○[說]音悅。亦不知。既而齊人來讓，讓魯受慶封。奔吳。吳句餘予之朱方，句餘，吳子夷末也。朱方，吳邑。○[句]古侯反。聚其族焉而居之富於其舊子服惠伯謂叔孫曰天殆富淫人慶封又富矣穆子曰善人富謂之賞淫人富謂之殃天其殃之也其將聚而殲旃殲盡也旃之也爲昭四年殺慶封傳○〔殲〕子潛反癸巳天王崩未來赴亦未書禮也嫌時已聞喪當書故發例崔氏之亂喪羣公子故鉏在魯叔孫還在燕賈在句瀆之丘在襄二十一年及慶氏亡皆召之具其器用而反其邑焉還反也與晏子邶殿其鄙六十邶殿齊別都以邶殿邊鄙六十邑與晏嬰○〔邶〕蒲對反〔殿〕多薦反亦如字弗受子尾曰富人之所欲也何獨弗欲對曰慶氏之邑足欲故亡吾邑不足欲也益之以邶殿乃足欲足欲亡無日矣在外不得宰吾一邑不受邶殿非惡富也恐失富也且夫富如布帛之有幅焉爲之制度使無遷也遷移也○〔惡〕去聲〔夫〕音扶夫民生厚而用利於是乎正德以幅之言厚利皆人之所欲唯正德可以爲之幅使無黜嫚黜猶放也謂之幅利利過則爲敗吾不敢貪多所謂幅也與北郭佐邑六十受之與子雅邑辭多受少與子尾邑受而稍致之致還公公以爲忠故有寵釋盧蒲嫳于北竟釋放也求崔杼之尸將戮之不得叔孫穆子曰必得之武王有亂十人亂治也崔杼其有乎不十人不足以葬葬必須十人崔氏不能令十人同心故必得既崔氏之臣曰與我其拱璧崔氏大璧吾獻其柩於是得之十二月乙

亥朔齊人遷莊公殯于大寢更殯之於路寢也十二月戊戌朔乙亥誤○〔柩〕其救反以其棺尸崔杼於市崔氏弑莊公又葬不如禮故以莊公棺著崔杼尸邊以章其罪○〔著〕丁略反○國人猶知之皆曰崔子也始求崔杼之尸不得故傳云國人皆知之爲宋之盟故公及宋公陳侯鄭伯許男如楚公過鄭鄭伯不在已在楚伯有廷勞於黃崖不敬滎陽宛陵縣西有黃水西南至新鄭城西入洧○〔廷〕音旺〔勞〕力報反穆叔曰伯有無戾於鄭鄭必有大咎伯有不受戮必還爲鄭國害敬民之主也而弃之何以承守言無以承先祖守其家鄭人不討必受其辜濟澤之阿言薄土○〔濟〕子禮反行潦之蘋藻言菜賤寘諸宗室薦宗廟季蘭尸之敬也言取蘋藻之菜於阿澤之中使服蘭之女而爲之主神猶享之以其敬也敬可弃乎爲三十年鄭殺良霄傳及漢楚康王卒公欲反叔仲昭伯曰我楚國之爲豈爲一人行也昭伯叔仲帶○〔爲〕于僞反子服惠伯曰君子有遠慮小人從邇邇近也飢寒之不恤誰遑其後遑暇也不如姑歸也叔孫穆子曰叔仲子專之矣言足專任子服子始學者也言未識遠榮成伯曰遠圖者忠也成伯榮駕鵞○〔駕〕音加〔鵞〕五河反公遂行從昭伯謀宋向戌曰我一人之爲非爲楚也飢寒之不恤誰能恤楚姑歸而息民待其立君而爲之備宋公遂反楚屈建卒趙文子喪之如同盟禮也宋盟有衷甲之隙不以此廢好故曰禮○〔喪〕如字又息浪反王人來告喪問崩日以甲寅告故書之以徵過也徵審也此緩告非有事宜

直臣子怠慢，故於此發例。○〔徵〕張陵反。

春秋經傳集解襄公五第十八

春秋經傳集解襄公六第十九

杜氏註　盡三十一年

經二十有九年春王正月公在楚公在外闕朝正之禮甚多而唯書此一年者魯公如楚既非常此公又踰年故發此一事以明常夏五月公至自楚庚午衛侯衎卒無傳四同盟○[衎]苦旦反閽弒吳子餘祭閽守門者下賤非士故不言盜○[祭]側界反仲孫羯會晉荀盈齊高止宋華定衛世叔儀鄭公孫段曹人莒人滕人薛人小邾人城杞公孫段伯石也三十年伯有死乃命爲卿今蓋以攝卿行○[羯]居謁反晉侯使士鞅來聘杞子來盟杞復稱子用夷禮也吳子使札來聘吳子餘祭既遣札聘上國而後死札以六月到魯未聞喪也不稱公子其禮未同於上國○[札]側八反秋九月葬衛獻公無傳齊高止出奔北燕止高厚之子○[燕]音煙冬仲孫羯如晉

傳二十九年春王正月公在楚釋不朝正于廟也釋解也告廟在楚解公所以不朝正楚人使公親襚諸侯有遣使賵襚之禮今楚欲依遣使之比○[襚]音遂說文衣死人衣[賵]芳鳳反[比]必利反公患之穆叔曰祓殯而襚則布幣也先使巫祓除殯之凶邪而行襚禮與朝而布幣無異○[祓]音拂又音廢乃使巫以桃茢先祓殯茢黍穰○[茢]音列又音例[穰]如羊反茢苕箒也楚人弗禁既而悔之禮君臨臣喪乃祓殯故楚悔之二月癸卯齊人葬莊公於北郭兵死不入兆域故葬北郭夏四月葬楚康王公及陳侯鄭伯許男送葬至于西門之外諸侯之大夫皆至于墓楚郟敖即位郟敖康王子熊麇也○[郟]音夾[麇]九倫反王子圍爲令尹圍康王弟鄭行人子羽曰是謂不宜必代之昌松柏之下其草不殖言楚君弱令尹强物不盛爲昭元年圍弒郟敖起本公還及方城季武子取卞取卞邑以自益使公冶問問公起居公冶季氏屬大夫璽書追而與之璽印也○[璽]音徙曰聞守卞者將叛臣帥徒以討之既得之矣敢告公冶致使而退致季氏使命○[使]所吏反及舍而後聞取卞發書乃聞之公曰欲之而言叛祇見疏也言季氏欲得卞而欺我言叛益疏我○[祇]音支適也公謂公冶曰吾可以入乎以季氏疏己故不敢入對曰君實有國誰敢違君公與公冶冕服以卿服玄冕賞之固辭强之而後受公欲無入榮成伯賦式微乃歸式微詩邶風曰式微式微胡不歸式用也義取寄寓之微陋勸公歸也○[强]其丈反五月公至自楚公冶致其邑於季氏本從季氏得邑故還之而終不入焉不入季孫家曰欺其君何必使余季孫見之則言季氏如他日不見則終不言季氏及疾聚其臣大夫家臣曰我死必無以冕服斂非德賞也言公長季氏而賞其使非以我有德○[斂]力驗反且無使季氏葬我葬靈王不書魯不會鄭上卿有事子展使印段往伯有曰弱不可印段年少官卑子展曰與其莫往弱不猶愈乎詩云王事靡盬不遑啓處詩小雅盬不堅固也啓跪也言王事無不堅固故不暇跪處○[盬]音古東西南北誰敢寧處謂上卿堅事晉楚以蕃王室也言我固事晉楚乃所以蕃屏王室○[蕃]芳元反王事無曠何常之有遂使印段如周傳言周衰卑於晉楚吳人伐越

獲俘焉以爲閽使守舟吳子餘祭觀舟閽以刀弒之
言以刀明近刑人鄭子展卒子皮即位子皮代父爲上卿於是鄭饑
而未及麥民病子皮以子展之命餼國人粟戶一鍾
在喪故以父命也六斛四斗曰鍾○[餼]許氣反是以得鄭國之民故罕氏常
掌國政以爲上卿宋司城子罕聞之曰鄰於善民之
望也民亦望君爲善宋亦饑請於平公出公粟以貸使大夫
皆貸司城氏貸而不書施而不德○[施]始豉反下同爲大夫之無
者貸宋無饑人叔向聞之曰鄭之罕宋之樂其後亡
者也二者其皆得國乎得掌國政○[向]許丈反○民之歸也施而
不德樂氏加焉其以宋升降乎升降隨宋盛衰晉平公杞出
也故治杞治理其地脩其城六月知悼子合諸侯之大夫以
城杞孟孝伯會之鄭子大叔與伯石往大叔不書不親事○[知]音
智[大]叔音泰子大叔見大叔文子文子衛大叔儀與之語文子曰
甚乎其城杞也子大叔曰若之何哉晉國不恤周宗
之闕而夏肄是屏周宗諸姬也夏肄杞肄餘也屏城也○[肄]以二反其棄諸
姬亦可知也已諸姬是棄其誰歸之吉也聞之棄同
即異是謂離德詩曰協比其鄰昏姻孔云詩小雅言王者和協
近親則昏姻甚歸附也晉不鄰矣其誰云之云猶旋也旋歸之齊高子容
與宋司徒見知伯女齊相禮子容高止也司徒華定也知伯荀盈也女齊司
馬侯也相禮侍威儀也○[女]音汝賓出司馬侯言於知伯曰二子皆

將不免子容專專自是也司徒侈皆亡家之主也知伯曰
何如對曰專則速及速及禍也侈將以其力斃力盡而自斃專
則人實斃之將及矣爲此秋高止出奔燕昭二十年華定出奔陳傳范獻子
來聘拜城杞也謝魯爲杞城公享之展莊叔執幣公將以酬賓
射者三耦二人爲耦○[耦]音偶公臣不足取於家臣家臣展瑕
展王父爲一耦公臣公巫召伯仲顏莊叔爲一耦鄫
鼓父黨叔爲一耦言公室卑微公臣不能備於三耦○[召]上照反[鄫]才陵反[黨]音掌
晉侯使司馬女叔侯來治杞田使魯歸前侵杞田所歸少故不書弗
盡歸也晉悼夫人慍曰齊也取貨夫人平公母杞女也謂叔侯取貨於
魯故不盡歸杞田○[慍]紆運反先君若有知也不尚取之不尚叔侯之取貨
公告叔侯叔侯曰虞虢焦滑霍揚韓魏皆姬姓也八國
皆晉所滅焦在陝縣揚屬平陽郡○[虢]瓜百反晉是以大若非侵小將何所
取武獻以下兼國多矣武公獻公晉始盛之君誰得治之杞夏
餘也而即東夷行夷禮魯周公之後也而睦於晉以杞
封魯猶可而何有焉何有盡歸之魯之於晉也職貢不乏
玩好時至公卿大夫相繼於朝史不絕書書魯朝聘府無
虛月無月不受魯貢如是可矣何必瘠魯以肥杞且先君而
有知也毋寧夫人而焉用老臣言先君毋寧怪夫人○之所爲無用責我
[瘠]在亦反杞文公來盟魯歸其田故來盟書曰子賤之也賤其用夷禮
吳公子札來聘見叔孫穆子說之謂穆子曰子其不

得死乎。不得以壽死。○[說]音悅。好善而不能擇人。吾聞君子務在擇人。吾子爲魯宗卿，而任其大政，不慎舉，何以堪之？禍必及子。爲昭四年豎牛作亂起本。請觀於周樂。魯以周公故有天子禮樂。使工爲之歌周南、召南。此皆各依其本國歌所常用聲曲。曰：美哉！美其聲。始基之矣，周召南，王化之基。猶未也，猶有商紂，未盡善也。然勤而不怨矣。未能安樂，然其音不怨怒。爲之歌邶、鄘、衛。武王伐紂，分其地爲三監，三監叛，周公滅之，更封康叔，并三監之地，故三國盡被康叔之化。曰：美哉淵乎！憂而不困者也。淵，深也。亡國之音哀以思，其民困。衛康叔、武公德化深遠，雖遭宣公淫亂，懿公滅亡，民猶秉義不至於困。吾聞衛康叔、武公之德如是，是其衛風乎？康叔，周公弟。武公，康叔九世孫，皆衛之令德君也。聽聲以爲別，故有疑言。○[別]彼列反。爲之歌王。王，黍離也。幽王遇西戎之禍，平王東遷，王政不行於天下，風俗下與諸侯同，故不爲雅。曰：美哉！思而不懼，其周之東乎！宗周隕滅，故憂思，猶有先王之遺風，故不懼。爲之歌鄭。詩第七。曰：美哉！其細已甚，民弗堪也，是其先亡乎！美其有治政之音，譏其煩碎，知不能久。爲之歌齊。詩第八。曰：美哉！泱泱乎！大風也哉！泱泱，弘大之聲。○[泱]於良反，又於郎反。表東海者，其大公乎！大公封齊，爲東海之表式。國未可量也。言其或將復興。爲之歌豳。詩第十五。豳，周之舊國，在新平漆縣東北。曰：美哉！蕩乎！樂而不淫，其周公之東乎！蕩乎，蕩然也。樂而不淫，言有節。周公遭管蔡之變，東征三年，爲成王陳后稷先公不敢荒淫，以成王業，故言其周公之東乎。○[樂]音岳，又音洛。爲之歌秦。詩第十一。後仲尼刪定，故不同。曰：此之謂夏聲。夫能夏則大，大之至也。其周之舊乎！秦本在西戎汧隴之

西，秦仲始有車馬禮樂，去戎狄之音而有諸夏之聲，故謂之夏聲。及襄公佐周平王東遷，而受其故地，故曰周之舊。○[汧]苦賢反。[去]上聲。爲之歌魏。詩第九。魏，姬姓國，閔元年，晉獻公滅之。曰：美哉！渢渢乎！大而婉，險而易行，以德輔此，則明主也。渢渢，中庸之聲。婉，約也。險當爲儉字之誤也。大而約，則儉節易行，惜其國小，無明君也。○[渢]扶弓反，又敷劍反，又音凡。爲之歌唐。詩第十。唐，晉詩。曰：思深哉！其有陶唐氏之遺民乎？不然，何憂之遠也？晉本唐國，故有堯之遺風，憂深思遠，情發於聲。○[思]息嗣反。非令德之後，誰能若是？爲之歌陳。詩第十二。曰：國無主，其能久乎？淫聲放蕩，無所畏忌，故曰國無主。自鄶以下無譏焉。鄶第十三，曹第十四。言季子聞此二國歌，不復譏論之，以其微也。○[鄶]古外反。爲之歌小雅。小雅，小正，亦樂歌之常。曰：美哉！思而不貳，思文武之德，無貳叛之心。怨而不言，有哀音。其周德之衰乎？衰，小也。猶有先王之遺民焉。謂有殷王餘俗。故未大衰。爲之歌大雅。大雅陳文王之德，以正天下。曰：廣哉！熙熙乎！熙熙，和樂聲。曲而有直體，論其聲。其文王之德乎！雅頌所以詠盛德形容，故但歌其美者，不皆歌變雅。爲之歌頌。頌者以其成功告於神明。曰：至矣哉！言道備。直而不倨，倨，傲。○[倨]音據，又音居。曲而不屈，屈，橈。○[橈]音鬧。邇而不偪，謙退。○[偪]彼力反。遠而不攜，攜，貳。遷而不淫，淫，過蕩。復而不厭，常日新。○[厭]去聲，又平聲。哀而不愁，知命。樂而不荒，節之以禮。用而不匱，德弘大。廣而不宣，不自顯。施而不費，因民所利而利之。○[施]始豉反。取而不貪，義然後取。處而不底，守之以道。○[底]音抵。行而不流，制之以義。五聲和，宮商角徵羽謂之五聲。八風平，八方之氣謂之八風。節有度，守有序。八音克諧。

（節有度也，無相奪倫，守有序也）盛德之所同也（頌有殷魯，故日盛德之所同）見舞象箾南籥者（象箾舞所執，南籥以籥舞也，皆文王之樂。○箾音朔）曰美哉猶有憾（美哉，美其容也。文王恨不及己致大平）見舞大武者（武王樂）曰美哉周之盛也其若此乎見舞韶濩者（殷湯樂。○濩音護，又戶郭反）曰聖人之弘也而猶有慙德聖人之難也（慙於始伐）見舞大夏者（禹之樂）曰美哉勤而不德非禹其誰能脩之（盡力溝洫，勤也）見舞韶箾者（舜樂。○箾音簫）曰德至矣哉大矣如天之無不幬也（幬，覆也）如地之無不載也雖甚盛德其蔑以加於此矣觀止矣若有他樂吾不敢請已（魯用四代之樂，故及韶箾而季子知其終也。季札賢明才博，在吳雖已涉見此樂歌之文，然未聞中國雅聲，故請作周樂，欲聽其聲，然後依聲以參時政，知其興衰也。聞秦詩謂之夏聲，聞頌曰五聲和，八風平，皆論聲以參政也。舞畢知其樂終，是素知其篇數）其出聘也通嗣君也（吳子餘祭嗣立）故遂聘于齊說晏平仲謂之曰子速納邑與政（納歸之公。○說音悅，下皆同）無邑無政乃免於難齊國之政將有所歸未獲所歸難未歇也（歇，盡也。○難，乃旦反）故晏子因陳桓子以納政與邑是以免於欒高之難（難在昭八年）聘於鄭見子產如舊相識與之縞帶子產獻紵衣焉（大帶也。吳地貴縞，鄭地貴紵，故各獻己所貴，示損己而不為彼貨利。○縞，古老反，繒也）謂子產曰鄭之執政侈難將至矣政必及子子為政慎之以禮不然鄭國將敗（侈謂伯有）適衛說蘧瑗（蘧伯玉。○瑗，于眷反）史狗（史朝之子文子）史鰌（史魚。○鰌音秋）公子荊

公叔發（公叔文子）公子朝曰衛多君子未有患也自衛如晉將宿於戚（孫文子之邑）聞鐘聲焉曰異哉吾聞之也辯而不德必加於戮（辯猶爭也）夫子獲罪於君以在此（孫文子以戚叛）懼猶不足而又何樂夫子之在此也猶燕之巢于幕上（言至危）君又在殯而可以樂乎（衛獻公卒未葬）遂去之（不止宿）文子聞之終身不聽琴瑟（聞義能改）適晉說趙文子韓宣子魏獻子曰晉國其萃於三族乎（言晉國之政將集於三家）說叔向將行謂叔向曰吾子勉之君侈而多良大夫皆富政將在家（富必厚施，故政在家。○施，式豉反）吾子好直必思自免於難秋九月齊公孫蠆公孫竈放其大夫高止於北燕（蠆，子尾。竈，子雅。放者，宥之以遠。○蠆，敕邁反）乙未出書曰出奔罪高止也（實放，書奔，所以示罪）高止好以事自為功且專故難及之冬孟孝伯如晉報范叔也（范叔，士鞅也。此年夏來聘）為高氏之難故高豎以盧叛（豎，高止子。○為，于偽反）十月庚寅閭丘嬰帥師圍盧高豎曰苟使高氏有後請致邑（還邑於君）齊人立敬仲之曾孫酀（敬仲，高傒。○酀，於顯反。傒音兮）良敬仲也（良猶賢也）十一月乙卯高豎致盧而出奔晉晉人城緜而寘旃（晉人善其致邑）鄭伯有使公孫黑如楚（黑，子皙）辭曰楚鄭方惡而使余往是殺余也伯有曰世行也（言女世為行人。○女音汝）子皙曰可則往難則已何世之有伯有將強使之子皙怒將伐伯

有氏和大夫之十二月己巳鄭大夫盟於伯有氏裨諶曰是盟也其與幾何言不能久也裨諶鄭大夫○[彊]上聲[與]如字或音預詩曰君子屢盟亂是用長今是長亂之道也禍未歇也必三年而後能紓紓解也○[屢]力住反[長]丁丈反[紓]直呂反又音舒[解]音蟹然明曰政將焉往裨諶曰善之代不善天命也其焉辟子產言政必歸子產○[焉]於虔反舉不踰等則位班也子產位班次應知政擇善而舉則世隆也世所高也天又除之奪伯有魄喪其精神爲子產驅除○[驅][除]如字子西卽世將焉辟之天禍鄭久矣其必使子產息之乃猶可以戾戾定也不然將亡矣

經三十年春王正月楚子使薳罷來聘○[罷]音皮夏四月蔡世子般弒其君固○[般]音班五月甲午宋災天火曰災宋伯姬卒天王殺其弟佞夫稱弟以惡王殘骨肉王子瑕奔晉不言出奔周無外秋七月叔弓如宋葬宋共姬共姬從夫謚也叔弓叔老之子卿共葬事禮過厚三月而葬速鄭良霄出奔許耆酒荒淫書名罪之自許入于鄭不言復入獨還無兵鄭人殺良霄冬十月葬蔡景公無傳晉人齊人宋人衛人鄭人曹人莒人邾人滕人薛人杞人小邾人會于澶淵宋災故會未有言其事者此言宋災故以惡宋人不克己自責而出會求財○[澶]市然反

傳三十年春王正月楚子使薳罷來聘通嗣君也郟敖卽位穆叔問王子之爲政何如王子圍爲令尹對曰吾儕小人食而聽事猶懼不給命而不免於戾焉與知政固問焉不告穆叔告大夫曰楚令尹將有大事子蕩將與焉子蕩薳罷○[焉]於虔反[與]音預下同助之匿其情矣子圍素貴郟敖微弱諸侯皆知其將爲亂故穆叔問之子產相鄭伯以如晉叔向問鄭國之政焉對曰吾得見與否在此歲也駟良方爭未知所成駟氏子皙也良氏伯有也若有所成吾得見乃可知也叔向曰不既和矣乎對曰伯有侈而愎愎很也○[愎]皮力反[很]胡懇反子皙好在人上莫能相下也雖其和也猶相積惡也惡至無日矣爲此年秋良霄出奔傳二月癸未晉悼夫人食輿人之城杞者輿衆也城杞在往年絳縣人或年長矣無子而往與於食有與疑年使之年使言其年曰臣小人也不知紀年臣生之歲正月甲子朔四百有四十五甲子矣其季於今三之一也所稱正月謂夏正月也三分六甲之一得甲子甲戌盡癸未吏走問諸朝皆不知故問之師曠曰魯叔仲惠伯會郤成子于承匡之歲也在文十一年是歲也狄伐魯叔孫莊叔於是乎敗狄于鹹獲長狄僑如及虺也豹也而皆以名其子七十三年矣叔孫僑如叔孫豹皆取長狄名○[鹹]音咸[虺]虛鬼反史趙曰亥有二首六身史趙晉大史亥字二畫在上并三六爲身如筭之六下二如身是其日數也下亥上二畫豎置身旁士文伯曰然則二萬六千六百有六旬也文伯士弱之子趙孟問其縣大夫則其屬也屬趙武召之

而謝過焉。曰：武不才，任君之大事，以晉國之多虞，不能由吾子，（由，用也。）使吾子辱在泥塗久矣，武之罪也。敢謝不才。遂仕之，使助為政。辭以老，與之田，使為君復陶，（復陶，主衣服之官。○復音服，又音福。）以為絳縣師，（縣師，掌地域，辨其夫家人民。）而廢其輿尉。（以役孤老故。）於是魯使者在晉，歸以語諸大夫。季武子曰：晉未可媮也。（媮，薄也。○〔語〕魚據反。）有趙孟以為大夫，有伯瑕以為佐，（伯瑕，士文伯。）有史趙、師曠而咨度焉，有叔向、女齊以師保其君。其朝多君子，其庸可媮乎？勉事之而後可。（傳言晉所以強，不失諸侯，且明歷也。）

夏四月己亥，鄭伯及其大夫盟。（駟良爭故。）君子是以知鄭難之不已也。（鄭伯微弱，不能制其臣下，君臣詛盟，故曰亂未已。）

蔡景侯為大子般娶于楚，通焉。大子弒景侯。（終子產言有子禍也。○〔為〕于偽反。）

初，王儋季卒，（儋季，周靈王弟。○〔儋〕丁甘反。）其子括將見王而歎。（括除服見靈王，入朝而歎。）單公子愆期為靈王御士，過諸廷，（愆期行過王廷。○〔單〕音善。）聞其歎而言曰：烏乎！必有此夫。（欲有此朝廷之權。）入以告王，且曰：必殺之。不慼而願大，視躁而足高，心在他矣。不殺，必害。王曰：童子何知。及靈王崩，儋括欲立王子佞夫。（佞夫，靈王子，景王弟。○〔躁〕早報反。）佞夫弗知。戊子，儋括圍蔿，逐成愆。（成愆，蔿邑大夫。○〔蔿〕于委反。）成愆奔平時。（平時，周邑。○〔時〕音上，又音市。）五月癸巳，尹言多、劉毅、單蔑、甘過、鞏成殺佞夫。（五子，周大夫。）括、瑕、廖奔晉。（括、廖不書，賤也。○〔廖〕力彫反，一音勅留反。）書曰天王殺其弟佞夫，罪在王也。（佞夫不知，故經書在宋災下，從赴。）

或叫于宋大廟，（叫，呼也。○〔呼〕火故反。）曰：譆譆，出出。（譆譆，熱也。出出，戒伯姬。○〔譆〕許其反。〔出〕如字。）鳥鳴于亳社，（殷社。）如曰譆譆。（皆火妖也。）甲午，宋大災。宋伯姬卒，待姆也。（姆，女師。○〔姆〕音茂。）君子謂宋共姬女而不婦，女待人，（待人而行。）婦義事也。（義從宜也。伯姬時年六十左右。）

六月，鄭子產如陳涖盟，歸復命，告大夫曰：陳，亡國也，不可與也。（不可與結好。○〔好〕呼報反。）聚禾粟，繕城郭，恃此二者，而不撫其民。其君弱植，公子侈，大子卑，大夫敖，政多門，（政不由一人。○〔植〕直吏反，一音時力反。〔敖〕亦作傲。）以介於大國，（介，間也。）能無亡乎？不過十年矣。（為昭八年楚滅陳傳。）

秋七月，叔弓如宋，葬共姬也。（傷伯姬之遇災，故使卿共葬。）

鄭伯有耆酒，為窟室，（窟室，地室。○〔耆〕市志反。）而夜飲酒，擊鐘焉，朝至未已。朝者曰：公焉在？（家臣故謂伯有為公。○〔焉〕在於虔反。）其人曰：吾公在壑谷。（壑谷，窟室。）皆自朝布路而罷。（布路，分散。）既而朝，（伯有朝鄭君。）則又將使子皙如楚，歸而飲酒。庚子，子皙以駟氏之甲伐而焚之。伯有奔雍梁，（雍梁，鄭地。○〔雍〕於用反。）醒而後知之，遂奔許。大夫聚謀，子皮曰：仲虺之志（仲虺，湯左相。○〔醒〕星頂反。）云：亂者取之，亡者侮之，推亡固存，國之利也。罕、駟、豐同生。（罕，子皮；駟，子皙；豐，公孫段也。三家本同母兄弟。）伯有汰侈，故不免。（三家同出，而伯有孤特，又汰侈，所以亡。）人謂子產就直助彊。（時謂子皙直，三家彊。）子產曰：豈為我徒？（徒，黨也。言不以駟良為黨。）國之禍難。誰知所儆。或主彊直。難乃不生。（言能彊能直則可弭難。今三家未能，則伯有方爭。○[難]乃旦反。下同。）姑成吾所。（欲以無所附著爲所。○[著]直略反。）辛丑。子產斂伯有氏之死者而殯之。不及謀而遂行。（不與於國謀。○[斂]力驗反。）印段從之。（義子產。）子皮止之。衆曰。人不我順。何止焉。子皮曰。夫子禮於死者。況生者乎。遂自止之。壬寅。子產入。癸卯。子石入。（子石，印段。）皆受盟于子晳氏。乙巳。鄭伯及其大夫盟于大宮。（大宮，祖廟。）盟國人于師之梁之外。（師之梁，鄭城門。）伯有聞鄭人之盟己也。怒。聞子皮之甲不與攻己也。喜。曰。子皮與我矣。癸丑。晨。自墓門之瀆入。（墓門，鄭城門。○[瀆]音豆。）因馬師頡介于襄庫。以伐舊北門。（馬師頡，子羽孫。○[頡]音纈。）駟帶率國人以伐之。（駟帶，子西之子，子晳之宗主。）皆召子產。（駟氏、伯有俱召。）子產曰。兄弟而及此。吾從天所與。（兄弟恩等，故無所偏助。）伯有死於羊肆。（羊肆，市列。）子產襚之。枕之股而哭之。斂而殯諸伯有之臣在市側者。既而葬諸斗城。（斗城，鄭地名。○[枕]之鴆反。）子駟氏欲攻子產。子皮怒之曰。禮。國之幹也。殺有禮。禍莫大焉。乃止。（斂葬伯有，爲有禮。）於是游吉如晉還。聞難不入。（懼禍幷及。）復命于介。八月甲子。奔晉。駟帶追之。及酸棗。與子上盟。用兩珪質于河。（子上，駟帶也。沈珪於河，爲信也。酸棗，陳留縣。）使公孫肸入盟大夫。己巳。復歸。（游吉歸也。○[肸]許乙反。）○書曰。鄭人殺良霄。不稱大夫。言自外入也。（既出，位絕，非復鄭大夫。）

於子蟜之卒也。（子蟜，公孫蠆，卒在十九年。○[蟜]音矯。）將葬。公孫揮與裨竈晨會事焉。（會葬事。）過伯有氏。其門上生莠。子羽曰。其莠猶在乎。（子羽，公孫揮。以莠喻伯有。伯有後，知其不能久存。）於是歲在降婁。降婁中而旦。（降婁，奎婁也。周七月，今五月，降婁中而天明。○[降]戶江反。）裨竈指之曰。猶可以終歲。（指降婁也。歲星十二年而一終。）歲不及此次也已。（不及降婁。）及其亡也。歲在娵訾之口。（娵訾，營室、東壁。二十八年，歲星淫在玄枵。今三十年在娵訾，是歲星停在玄枵二十年。○[娵]子須反。[訾]音茲。）其明年乃及降婁。僕展從伯有。與之皆死。（僕展，鄭大夫。伯有黨。）羽頡出奔晉。爲任大夫。（羽頡，馬師頡。任，晉縣。今屬廣平郡。○[任]音壬。）雞澤之會。（在三年。）鄭樂成奔楚。遂適晉。羽頡因之。與之比。而事趙文子。言伐鄭之說焉。以宋之盟故。不可。（宋盟約弭兵故。）子皮以公孫鉏爲馬師。（鉏，子罕之子。代羽頡。）楚公子圍殺大司馬蔿掩而取其室。（蔿掩，二十五年爲大司馬。）申無宇曰。王子必不免。（無宇，芋尹。）善人國之主也。王子相楚國。將善是封殖。而虐之。是禍國也。且司馬。令尹之偏。（偏，佐也。）而王之四體也。（俱股肱也。）絕民之主。去身之偏。艾王之體。以禍其國。無不祥大焉。何以得免。（爲昭十三年楚弑靈王傳。○[去]起呂反。[艾]魚廢反。）爲宋災故。諸侯之大夫會。以謀歸宋財。冬十月。叔孫豹會晉趙武、齊公孫蠆、宋向戌、衛北宮佗、（佗，北宮括之子。○[佗]音沱。）鄭罕虎、（虎，子皮。）及小邾之大夫會于澶淵。既而無歸於宋。故不書其人。君子曰。

信其不可不慎乎澶淵之會卿不書不信也夫諸侯之上卿會而不信寵名皆弃不信之不可也如是寵謂族也詩曰文王陟降在帝左右信之謂也詩大雅言文王所以能上接天下接人動順帝者唯以信又曰淑慎爾止無載爾僞不信之謂也逸詩也言當慎舉止無載行詐僞書曰某人某人會于澶淵宋災故尤之也傳云既而無歸所以釋諸侯大夫之不書也又云宋災故尤之所以釋向戌之并貶也戌為正卿深致火災燒殺其夫人未聞克己之意而以求財合諸侯故與不歸財者同文不書魯大夫諱之也向戌既以災求財諸大夫許而不歸客主皆貶君子以尊尊之義也君不親有隱故略不書魯大夫以示闕鄭子皮授子產政伯有死子皮知政以子產賢故讓之辭曰國小而偪偪近大國族大寵多不可為也為猶治也子皮曰虎帥以聽誰敢犯子子善相之國無小言在治政小能事大國乃寬為大所恤故也子產為政有事伯石賂與之邑伯石公孫段有事欲使之子大叔曰國皆其國也奚獨賂焉言鄭大夫共憂鄭國事何為獨賂之子產曰無欲實難言人不能無欲皆得其欲以從其事而要其成非我有成其在人乎言成猶在我非在他也○〔要〕一遙反何愛於邑邑將焉往言猶在國子大叔曰若四國何恐為四鄰所笑子產曰非相違也而相從也言賂以邑欲為和順四國何尤焉鄭書有之鄭國史書曰安定國家必大焉先先和大族而後國家安姑先安大以待其所歸要其成也既伯石懼而歸邑卒與之卒終也伯有既死使大史命伯石為卿辭大

史退則請命焉請大史更命己復命之又辭如是三乃受策入拜子產是以惡其為人也惡其虛飾○〔三〕息暫反又如字使次己位畏其作亂故寵之子產使都鄙有章國都及邊鄙車服尊卑各有分部○〔分〕扶運反上下有服公卿大夫服不相踰田有封洫封疆也洫溝也廬井有伍廬舍也九夫為井使五家相保大人之忠儉者謂卿大夫從而與之泰侈者因而斃之因其有罪而斃踣之○〔踣〕蒲北反豐卷將祭請田焉弗許田獵也○〔卷〕眷勉反曰唯君用鮮鮮野獸衆給而已衆臣祭以芻豢為足子張怒子張豐卷退而徵役召兵欲攻子產子產奔晉子皮止之而逐豐卷豐卷奔晉子產請其田里請於公不沒入三年而復之反其田里及其入焉田里所收入從政一年輿人誦之曰取我衣冠而褚之褚畜也奢侈者畏法故畜藏○〔褚〕音主〔畜〕音蓄取我田疇而伍之孰殺子產吾其與之并畔為疇〔並〕蒲杏反○及三年又誦之曰我有子弟子產誨之我有田疇子產殖之殖生也○〔殖〕時力反又是吏反子產而死誰其嗣之嗣續也傳言鄭所以興

經三十有一年春王正月夏六月辛巳公薨于楚宮公不居先君之路寢而安所樂失其所也○〔樂〕音洛一音岳一五教反秋九月癸巳子野卒不書葬未成君己亥仲孫羯卒冬十月滕子來會葬諸侯會葬非禮癸酉葬我君襄公十有一月莒人弒其君密州不稱弒者主名君無道也

傳三十一年春王正月穆叔至自會澶淵會還見孟孝伯

語之曰：趙孟將死矣。其語偷，不似民主。偷，苟且。○〔語〕之，魚據反，下語諸同。且年未盈五十，而諄諄焉如八九十者，弗能久矣。成二年戰於鞌，趙朔已死，於是趙文子始生。至襄三十年會澶淵，蓋年四十七八，故言未盈五十。○〔諄〕之閏反，又之純反。若趙孟死，爲政者其韓子乎。韓子，韓起。吾子盍與季孫言之，可以樹善，君子也。言韓起有君子之德，今方知政，可素往立善。晉君將失政矣，若不樹焉，使早備魯。使韓子早爲魯備。既而政在大夫，韓子懦弱，大夫多貪，求欲無厭，齊、楚未足與也，魯其懼哉。孝伯曰：人生幾何，誰能無偷？朝不及夕，將安用樹？穆叔出而告人曰：孟孫將死矣。吾語諸趙孟之偷也，而又甚焉。言朝不及夕，偷之甚也。○〔懦〕乃亂反。〔厭〕於鹽反。又與季孫語晉故，如與孟孫言。季孫不從。及趙文子卒，在昭元年。晉公室卑，政在侈家。韓宣子爲政，不能圖諸侯。魯不堪晉求，讒慝弘多，是以有平丘之會。平丘會在昭十三年，晉人執季孫意如。齊子尾害閭丘嬰，欲殺之，使帥師以伐陽州。陽州，魯地。我問師故。魯以師往，問齊何故伐我。夏五月，子尾殺閭丘嬰以說于我師。言伐魯者，嬰所爲也。伐陽州不書，不成伐。○〔說〕如字。工僂灑、渻竈、孔虺、賈寅出奔莒。四子，嬰之黨。○〔僂〕力侯反。〔灑〕所蟹反。〔渻〕生領反。〔虺〕許鬼反。出羣公子。爲昭十年欒、高之難，復羣公子起本。公作楚宮。適楚，好其宮，歸而作之。穆叔曰：大誓云：民之所欲，天必從之。今尚書大誓亦無此文，故諸儒疑之。君欲楚也夫，故作其宮。若不復適楚，必死是宮也。六月辛

巳，公薨于楚宮。叔仲帶竊其拱璧，拱璧，公大璧。以與御人，納諸其懷，而從取之，由是得罪。得罪，謂魯人薄之，故子孫不得志於魯。立胡女敬歸之子子野，胡，歸姓之國。敬歸，襄公妾。次于季氏。秋九月癸巳，卒，毀也。過哀毀瘠，以致滅性。○〔瘠〕在亦反。己亥，孟孝伯卒。終穆叔言。立敬歸之娣齊歸之子公子裯。齊，謚。裯，昭公名。○〔裯〕直由反。穆叔不欲，曰：大子死，有母弟則立之，無則立長。立庶子則以年。年鈞擇賢，義鈞則卜，古之道也。先人事，後卜筮。義〔鈞〕，謂賢等。非適嗣，何必娣之子？言子野非適嗣。○〔適〕丁歷反。且是人也，居喪而不哀，在慼而有嘉容，是謂不度。不度之人，鮮不爲患。若果立之，必爲季氏憂。武子不聽，卒立之。比及葬，三易衰，衰衽如故衰。言其嬉戲無度。○〔比〕必利反。〔三〕如字，又息暫反。〔衰〕七雷反。於是昭公十九年矣，猶有童心，君子是以知其不能終也。爲昭二十五年公孫於齊傳。冬十月，滕成公來會葬，惰而多涕。惰，不敬也。○〔涕〕他禮反。子服惠伯曰：滕君將死矣。怠於其位，而哀已甚，兆於死所矣，有死兆。能無從乎？爲昭三年滕子卒傳。癸酉，葬襄公。公薨之月，子產相鄭伯以如晉，晉侯以我喪故，未之見也。子產使盡壞其館之垣而納車馬焉。士文伯讓之曰：敝邑以政刑之不脩，寇盜充斥，充，滿。斥，見。言其多。○〔壞〕音怪，下皆同。斥〔見〕賢遍反，下同。無若諸侯之屬辱在寡君者何，是以令吏人完客所館，館，舍也。高其閈閎，閎，門也。○〔閈〕戶旦反。閭也，里門曰閈。

〔閎〕獲耕反衡門謂之閎厚其牆垣以無憂客使無令客使憂寇盜○〔使〕所吏反今吾子壞之雖從者能戒其若異客何以敝邑之爲盟主繕完葺牆葺覆也○〔從〕才用反下同以待賓客若皆毀之其何以共命寡君使匄請命請問毀垣之命○〔共〕音恭〔匄〕古害反士文伯名也對曰以敝邑褊小介於大國介閒也誅求無時誅責也是以不敢寧居悉索敝賦以來會時事隨時來朝會○〔索〕所白反逢執事之不閒而未得見又不獲聞命未知見時不敢輸幣亦不敢暴露其輸之則君之府實也非薦陳之不敢輸也薦陳猶獻見也○〔閒〕音閑〔暴〕步卜反下同其暴露之則恐燥濕之不時而朽蠹以重敝邑之罪僑聞文公之爲盟主也僑子產名文公晉重耳○〔燥〕素早反宮室卑庳無觀臺榭以崇大諸侯之館館如公寢庫廄繕脩司空以時平易道路易治也○〔庳〕音婢亦音卑〔觀〕古亂反圬人以時塓館宮室圬人塗者塓塗也○〔圬〕音烏〔塓〕莫歷反諸侯賓至甸設庭燎庭燎設火於庭僕人巡宮巡宮行夜○〔行〕下孟反下巡行同車馬有所有所處賓從有代代客役巾車脂轄巾車主車之官隸人牧圉各瞻其事瞻視客所當得百官之屬各展其物展陳也謂羣官各陳其物以待賓公不留賓而亦無廢事賓得速去則事不廢憂樂同之事則巡之巡行也教其不知而恤其不足賓至如歸無寧菑患言見遇如此寧當復有菑患邪無寧寧也○〔菑〕音災不畏寇盜而亦不患燥濕今銅鞮之宮數里銅鞮晉離宮○〔鞮〕丁令反〔數〕所主反而諸侯舍於隸人舍如隸人舍門不容車而不可踰越門庭之內迫迮又有牆垣之限○〔迮〕側百反盜賊公行而夭癘不戒癘猶災也言水潦無時賓見無時命不可知若又勿壞是無所藏幣以重罪也敢請執事將何所命之問晉命己所止之宜○〔見〕賢遍反雖君之有魯喪亦敝邑之憂也言鄭與魯亦有同姓之憂若獲薦幣薦進也脩垣而行行去也君之惠也敢憚勤勞文伯復命反命於晉君趙文子曰信信如子產言我實不德而以隸人之垣以贏諸侯贏受也○〔贏〕音盈是吾罪也使士文伯謝不敏焉晉侯見鄭伯有加禮禮加敬厚其宴好而歸之乃築諸侯之館叔向曰辭之不可以已也如是夫子產有辭諸侯賴之若之何其釋辭也詩曰辭之輯矣民之協矣辭之繹矣民之莫矣詩大雅言辭輯睦則民協同辭說繹則民安定莫猶定也其知之矣謂詩人知辭之有益鄭子皮使印段如楚以適晉告禮也得事大國之禮莒犂比公生去疾及展輿犂比莒子密州之號○〔比〕音毗〔去〕起呂反既立展輿立以爲世子又廢之犂比公虐國人患之十一月展輿因國人以攻莒子弒之乃立展輿爲君去疾奔齊齊出也母齊女也展輿吳出也爲明年奔吳傳書曰莒人弒其君買朱鉏買朱鉏密州之字○〔鉏〕仕居反言罪之在也罪在鉏也傳始例申明君臣書弒者父子故復重明例○〔復〕扶又反今吳子使屈狐庸聘于晉狐庸巫臣之子也成七年適吳爲行人○〔屈〕君勿反通路也通吳晉之

路趙文子問焉曰延州來季子其果立乎延州來季札邑巢
隕諸樊在二十五年閽戕戴吳在二十九年戴吳餘祭○〔祭〕側界反天似啓
之何如對曰不立是二王之命也非啓季子也若天
所啓其在今嗣君乎嗣君謂夷末甚德而度德不失民民歸
德度不失事審事情民親而事有序其天所啓也有吳
國者必此君之子孫實終之季子守節者也雖有國
不立言其三兄雖欲傳國與之終不肯立十二月北宮文子相衞襄公
以如楚文子北宮佗襄公獻公子宋之盟故也晉楚之從交相見也過鄭印
段廷勞于棐林如聘禮而以勞辭用聘禮而用郊勞之辭○〔過〕工禾反
〔廷〕于況反〔勞〕力報反〔棐〕芳尾反文子入聘報印段子羽爲行人馮簡子
與子大叔逆客逆文子事畢而出言於衞侯曰鄭有禮
其數世之福也其無大國之討乎詩云誰能執熱逝
不以濯詩大雅濯以水濯手○〔數〕所主反禮之於政如熱之有濯也
濯以救熱何患之有此以上文子辭子產之從政也擇能而
使之馮簡子能斷大事子大叔美秀而文其貌美其才秀○〔斷〕
丁亂反公孫揮能知四國之爲知諸侯所欲爲而辨於其大夫
之族姓班位貴賤能否而又善爲辭令裨諶能謀謀
於野則獲得所謀也謀於邑則否此才性之蔽鄭國將有諸侯
之事子產乃問四國之爲於子羽且使多爲辭令與
裨諶乘以適野使謀可否而告馮簡子使斷之事成

乃授子大叔使行之以應對賓客是以鮮有敗事北
宮文子所謂有禮也傳跡子產行事以明北宮文子之言○〔乘〕去聲鄭人游
于鄉校鄉之學校○〔校〕戶孝反鄭國謂學爲校以論執政論其得失然明謂
子產曰毀鄉校何如患人於中謗議國政子產曰何爲夫人朝
夕退而游焉以議執政之善否其所善者吾則行之
其所惡者吾則改之是吾師也若之何毀之我聞忠
善以損怨爲忠善則怨謗息○〔朝〕直遙反〔惡〕去聲又如字不聞作威以防怨
欲毀鄉校即作威豈不遽止然猶防川遽畏懼也大決所犯傷人
必多吾不克救也不如小決使道道通也〔道〕音導○不如吾
聞而藥之也以爲己藥石然明曰蔑也今而後知吾子之
信可事也小人實不才若果行此其鄭國實賴之豈
唯二三臣仲尼聞是語也曰以是觀之人謂子產不
仁吾不信也仲尼以二十二年生於是十歲長而後聞之子皮欲使尹何
爲邑爲邑大夫子產曰少未知可否尹何年少子皮曰愿吾愛
之不吾叛也愿謹善也使夫往而學焉夫亦愈知治矣夫謂
尹何子產曰不可人之愛人求利之也今吾子愛人則
以政以政與之猶未能操刀而使割也其傷實多多自傷子
之愛人傷之而已其誰敢求愛於子子於鄭國棟也
棟折榱崩僑將厭焉敢不盡言子有美錦不使人學
製焉製裁也○〔榱〕所追反〔厭〕於甲反又於輒反下同大官大邑身之所庇也

而使學者製焉，其爲美錦不亦多乎？（言官邑之重，多於美錦。）僑聞學而後入政，未聞以政學者也。若果行此，必有所害。譬如田獵，射御貫則能獲禽，（貫，習也。）若未嘗登車射御，則敗績厭覆是懼，何暇思獲？」子皮曰：「善哉！虎不敏。吾聞君子務知大者遠者，小人務知小者近者。我，小人也。衣服附在吾身，我知而愼之；大官大邑所以庇身也，我遠而慢之。（慢，易也。）微子之言，吾不知也。他日我曰：『子爲鄭國，我爲吾家，以庇焉，其可也。』今而後知不足。（自知謀慮不足謀其家。）自今請雖吾家，聽子而行。」子產曰：「人心之不同，如其面焉，吾豈敢謂子面如吾面乎？抑心所謂危，亦以告也。」子皮以爲忠，故委政焉。子產是以能爲鄭國。（傳言子產之治，乃子皮之力。）

衞侯在楚，北宮文子見令尹圍之威儀，言於衞侯曰：「令尹似君矣，將有他志。（言語瞻視，行步不衞。）雖獲其志，不能終也。詩云：『靡不有初，鮮克有終。』終之實難，令尹其將不免。」公曰：「子何以知之？」對曰：「詩云：『敬愼威儀，惟民之則。』令尹無威儀，民無則焉。民所不則，以在民上，不可以終。」公曰：「善哉！何謂威儀？」對曰：「有威而可畏謂之威，有儀而可象謂之儀。君有君之威儀，其臣畏而愛之，則而象之，故能有其國家，令聞長世。臣有臣之威儀，其下畏而愛之，故能守其官職，保族宜家。順是以下皆如是，是以上下能相固也。衞詩曰：『威儀棣棣，不可選也。』（詩邶風。棣棣，富而閑也。選，數也。○〔鮮〕息淺反。〔選〕息兗反。〔數〕所主反，下同。）言君臣、上下、父子、兄弟、內外、大小皆有威儀也。周詩曰：『朋友攸攝，攝以威儀。』（詩大雅。攸，所也。攝，佐也。）言朋友之道必相教訓以威儀也。周書數文王之德，（逸書。）曰：『大國畏其力，小國懷其德。』言畏而愛之也。詩云：『不識不知，順帝之則。』言則而象之也。（大雅。又言文王行事無所斟酌，唯在則象上天。）紂囚文王七年，諸侯皆從之囚，紂於是乎懼而歸之，可謂愛之。文王伐崇，再駕而降爲臣，（文王聞崇德亂而伐之，三旬不降，退脩教而復伐之，因壘而降。）蠻夷帥服，可謂畏之。文王之功，天下誦而歌舞之，可謂則之。文王之行，至今爲法，可謂象之。有威儀也。故君子在位可畏，施舍可愛，進退可度，周旋可則，容止可觀，作事可法，德行可象，聲氣可樂，動作有文，言語有章，以臨其下，謂之有威儀也。」（○〔行〕下孟反，下同。〔樂〕音洛，又音岳。）

春秋經傳集解襄公六第十九

春秋經傳集解昭公一第二十

昭公名裯襄公子母齊歸在位二十五年遜于齊在外八年凡三十三年薨于乾侯謚法威儀恭明曰昭

杜氏註　盡三年

經元年春王正月公卽位無傳叔孫豹會晉趙武楚公子圍齊國弱宋向戌衛齊惡陳公子招蔡公孫歸生鄭罕虎許人曹人于虢招實陳侯母弟不稱弟者義與莊二十五年公子友同今讀舊書則楚當先晉而先書趙武者亦取宋盟貴武之信故尚之也衛在陳蔡上先至於會○〔招〕常遙反〔虢〕瓜百反當〔先〕悉薦反三月取鄆不稱將帥將卑師少書取言易也○〔鄆〕音運夏秦伯之弟鍼出奔晉稱弟罪秦伯○〔鍼〕其廉反六月丁巳邾子華卒無傳三同盟晉荀吳帥師敗狄于大鹵大鹵大原晉陽縣○〔大〕鹵如字又音泰秋莒去疾自齊入于莒國逆而立之曰入○〔去〕起呂反莒展輿出奔吳弒君賊未會諸侯故不稱爵叔弓帥師疆鄆田春取鄆今正其封疆葬邾悼公無傳冬十有一月己酉楚子麇卒楚以瘧疾赴故不書弒○〔麇〕九倫反楚公子比出奔晉書名罪之

傳元年春楚公子圍聘于鄭且娶於公孫段氏伍舉爲介伍舉椒舉介副也將入館就客舍鄭人惡之知楚懷詐○〔惡〕烏路反使行人子羽與之言乃館於外舍城外既聘將以衆逆以兵入逆婦子產患之使子羽辭曰以敝邑褊小不足以容從者請墠聽命欲於城外除地爲墠行昏禮○〔褊〕必淺反〔墠〕音善令尹命大宰伯州犂對曰君辱貺寡大夫圍謂圍將使豐氏撫有而室豐氏公孫段圍布几筵告於莊共之廟而來莊王圍之祖共王圍之父若野賜之是委君貺於草莽也是寡大夫不得列於諸卿也言不得從卿禮不寧唯是又使圍蒙其先君蒙欺也告先君而來不得成禮於女氏之廟故以爲欺先君將不得爲寡君老大臣稱老懼辱命而黜退其蔑以復矣唯大夫圖之子羽曰小國無罪恃實其罪恃大國而無備則是罪將恃大國之安靖己而無乃包藏禍心以圖之小國失恃而懲諸侯使莫不憾者距違君命而有所壅塞不行是懼言己失所恃則諸侯懲恨以距君命壅塞不行所懼唯此不然敝邑館人之屬也館人守舍人也其敢愛豐氏之祧祧遠祖廟〔祧〕他彫反○伍舉知其有備也請垂櫜而入垂櫜示無弓○〔櫜〕音羔弓衣也許之正月乙未入逆而出遂會於虢虢鄭地尋宋之盟也宋盟在襄二十七年祁午謂趙文子曰宋之盟楚人得志於晉得志謂先歃午祁奚子○〔歃〕所洽反今令尹之不信諸侯之所聞也子弗戒懼又如宋恐楚復得志子木之信稱於諸侯猶詐晉而駕焉駕猶陵也詐謂衷甲○〔衷〕音忠況不信之尤者乎尤甚也楚重得志於晉晉之恥也子相晉國以爲盟主於今七年矣襄二十五年始爲政以春言故云七年○〔重〕直用反再合諸侯襄二十五年會夷儀二十六年會澶淵三合大夫襄二十七年會于宋三十年會澶淵及今會虢也服齊狄寧東夏襄二十八年齊侯白狄朝晉平秦

亂（襄二十六年秦晉爲成）城淳于（襄二十九年城杞之淳于杞遷都）師徒不頓國家不罷民無謗讟（讟誹也）諸侯無怨天無大災子之力也有令名矣而終之以耻午也是懼吾子其不可以不戒文子曰武受賜矣（受午言）然宋之盟子木有禍人之心武有仁人之心是楚所以駕於晉也今武猶是心也楚又行僭（僭不信）非所害也武將信以爲本循而行之譬如農夫是穮是蔉（穮耘也壅苗爲蔉○〔穮〕音標〔蔉〕音袞）雖有饑饉必有豐年（言耕鉏不以水旱息必獲豐年之收○〔饉〕其靳反〔收〕手又反又如字）且吾聞之能信不爲人下吾未能也（自恐未能信也）詩曰不僭不賊鮮不爲則信也（詩大雅僭不信賊害人也）能爲人則者不爲人下矣吾不能是難楚不爲患楚令尹圍請用牲讀舊書加于牲上而已（舊書宋之盟書楚恐晉先歃故欲從舊書加于牲上不歃血經所以不書盟○〔難〕乃旦反）晉人許之三月甲辰盟楚公子圍設服離衛（設君服二人執戈陳於前以自衛離陳也）叔孫穆子曰楚公子美矣君哉（美服似君）鄭子皮曰二執戈者前矣（禮國君行有二執戈者在前）蔡子家曰蒲宮有前不亦可乎（公子圍在會特緝蒲爲王殿屋屏蔽以自殊異言既造王宮而居之雖服君服無所怪也）楚伯州犂曰此行也辭而假之寡君（聞諸大夫譏之故言假以飾令尹過）鄭行人揮曰假不反矣（言將遂爲君）伯州犂曰子姑憂子晳之欲背誕也（襄三十年鄭子晳殺伯有背命放誕將爲國難言子且自憂此無爲憂令尹不反戈○〔背〕音佩）子羽曰當璧猶在假而不反子其無憂乎（子羽行人揮當璧謂弃疾事在昭十三年言弃疾有當璧之命圍雖取國猶將有難不無憂也）齊國子曰吾代二子愍矣（國子國弱也二子謂王子圍及伯州犂圍此冬篡位不能自終州犂亦尋爲圍所殺故言可愍）陳公子招曰不憂何成二子樂矣（言以憂生事事成而樂○〔樂〕音洛）衛齊子曰苟或知之雖憂何害（齊子齊惡言先知爲備雖有憂難無所損害）宋合左師曰大國令小國共吾知共而已（共承大國命不能知其禍福○〔共〕音恭）晉樂王鮒曰小旻之卒章善矣吾從之（小旻詩小雅其卒章義取非唯暴虎馮河之可畏也不敬小人亦危殆王鮒從斯義故不敢譏議公子圍○〔鮒〕音付）退會子羽謂子皮曰叔孫絞而婉（絞切也譏其似君反謂之美故曰婉）宋左師簡而禮（無所臧否故曰簡共事大國故曰禮○〔否〕音鄙）樂王鮒字而敬（字愛也不犯凶人所以自愛敬）子與子家持之（子皮子家蔡公孫歸生持之言無所取與）皆保世之主也齊衛陳大夫其不免乎國子代人憂子招樂憂齊子雖憂弗害夫弗及而憂與可憂而樂與憂而弗害皆取憂之道也憂必及之大誓曰民之所欲天必從之（逸書○〔樂〕音洛）三大夫兆憂憂能無至乎（開憂兆也）言以知物其是之謂矣（物類也察言以知禍福之類八年陳招殺大子國弱齊惡當身各無患）季武子伐莒取鄆（兵未加莒而鄆服故書取而不言伐）莒人告於會楚告於晉曰尋盟未退（尋弭兵之盟）而魯伐莒瀆齊盟（瀆慢也）請戮其使（時叔孫豹在會欲戮之）樂桓子相趙文子（桓子樂王鮒相佐也）欲求貨於叔孫而爲之請使請帶焉（難指

求貨故以帶爲辭。○而〔爲〕去聲。弗與。梁其踁曰。貨以藩身。子何愛焉。踁叔孫家臣。○〔踁〕戶定反。叔孫曰。諸侯之會。衛社稷也。我以貨免。魯必受師。言不戮其使，必伐其國。是禍之也。何衛之爲。人之有牆。以蔽惡也。喻己爲國衛，如牆爲人蔽。牆之隙壞。誰之咎也。咎在牆。衛而惡之。吾又甚焉。罪甚牆。雖怨季孫。魯國何罪。怨季孫之伐莒。叔出季處。有自來矣。吾又誰怨。季孫守國，叔孫出使，所從來久，今遇此戮，無所怨也。然鮒也賄。弗與不已。召使者。裂裳帛而與之。曰。帶其褊矣。言帶褊盡，故裂裳示不相逆。趙孟聞之。曰。臨患不忘國。忠也。謂言魯國何罪。思難不越官。信也。謂言叔出季處。○〔難〕乃旦反，下同。圖國忘死。貞也。謂不以貨免。謀主三者。義也。三者，忠信貞。有是四者。又可戮乎。幷義而四。乃請諸楚曰。魯雖有罪。其執事不辟難。執事謂叔孫。畏威而敬命矣。謂不敢辟戮。子若免之。以勸左右。可也。若子之羣吏處不辟汚。汚，勞事。出不逃難。不苟免。其何患之有。患之所生。汚而不治。難而不守。所由來也。能是二者。又何患焉。不靖其能。其誰從之。安靖賢能，則衆附從。魯叔孫豹可謂能矣。請免之以靖能者。子會而赦有罪。不伐魯。又賞其賢。赦叔孫。諸侯其誰不欣焉望楚而歸之。視遠如邇。疆埸之邑。一彼一此。何常之有。言今衰世，疆埸無定主。王伯之令也。言三王五伯有令德時。引其封疆。引，正也。正封界。而樹之官。樹，立也。立官以守國。舉之表旗。旌旗以表貴賤。而著之

制令。爲諸侯作制度法令，使不得相侵犯。過則有刑。猶不可壹。於是乎虞有三苗。三苗，饕餮，放三危者。夏有觀扈。觀國，今頓丘衛縣。扈在始平鄠縣。書序曰：啓與有扈戰于甘之野。○〔觀〕音館。商有姺邳。二國，商諸侯。邳，今下邳縣。○〔姺〕西典反，又西禮反。周有徐奄。二國皆嬴姓。書序曰：成王伐淮夷，遂踐奄。徐卽淮夷。自無令王。諸侯逐進。逐猶競也。狎主齊盟。其又可壹乎。彊弱無常，故更主盟。○〔更〕音庚。恤大舍小。足以爲盟主。大謂篡弒滅亡之禍。又焉用之。焉用治小事。○〔焉〕於虔反。封疆之削。何國蔑有。主齊盟者。誰能辯焉。辯，治也。吳濮有釁。楚之執事。豈其顧盟。吳在東，濮在南。今建寧郡南有濮夷。釁，過也。莒之疆事。楚勿與知。諸侯無煩。不亦可乎。莒魯爭鄆。爲日久矣。苟無大害於其社稷。可無亢也。亢，禦。○〔與〕音預。〔亢〕苦浪反，又音剛。去煩宥善。莫不競勸。子其圖之。固請諸楚。楚人許之。乃免叔孫。令尹享趙孟。賦大明之首章。大明，詩大雅。首章言文王明明照於下，故能赫赫盛於上。令尹意在首章，故特稱首章，以自光大。○〔去〕起呂反。趙孟賦小宛之二章。小宛，詩小雅。二章取其各敬爾儀，天命不又。言天命一去不可復還，以戒令尹。事畢。趙孟謂叔向曰。令尹自以爲王矣。何如。問將能成否。對曰。王弱。令尹彊。其可哉。言可成。雖可不終。趙孟曰。何故。對曰。彊以克弱而安之。彊不義也。安於勝君，是彊而不義。不義而彊。其斃必速。詩曰。赫赫宗周。褒姒滅之。彊不義也。詩小雅。褒姒，周幽王后。幽王惑焉而行不義，遂至滅亡。言雖赫赫盛彊，不義足以滅之。○〔滅〕如字，詩作威。令尹爲王。必求諸侯。晉少懦矣。懦，弱也。○〔懦〕乃亂反。

諸侯將往若獲諸侯其虐滋甚滋益也民弗堪也將何以終夫以彊取取不以道不義而克必以爲道以不義爲道道以淫虐弗可久已矣爲十三年楚弒靈王傳夏四月趙孟叔孫豹曹大夫入于鄭會罷過鄭鄭伯兼享之子皮戒趙孟戒享期禮終趙孟賦瓠葉受所戒禮畢而賦詩瓠葉詩小雅義取古人不以微薄廢禮雖瓠葉兔首猶與賓客享之○〔瓠〕戶故反子皮遂戒穆叔且告之告以趙孟賦瓠葉穆叔曰趙孟欲一獻瓠葉詩義取薄物而以獻酬知欲一獻子其從之子皮曰敢乎言不敢穆叔曰夫人之所欲也又何不敢夫人趙孟○〔夫〕音扶及享具五獻之籩豆於幕下朝聘之制大國之卿五獻趙孟辭趙孟自以今非聘鄭故辭五獻私於子產私語曰武請於冢宰矣冢宰子皮請謂賦瓠葉乃用一獻趙孟爲客禮終乃宴卿會公侯享宴皆折俎不體薦○〔折〕之設反穆叔賦鵲巢鵲巢詩召南言鵲有巢而鳩居之喻晉君有國趙孟治之趙孟曰武不堪也又賦采蘩采蘩亦詩召南義取蘩菜薄物可以薦公侯享其信不求其厚也曰小國爲蘩大國省穡而用之其何實非命穆叔言小國微薄猶蘩菜大國能省愛用之而不弃則何敢不從命穡愛也○〔省〕所景反又所幸反子皮賦野有死麕之卒章野有死麕詩召南卒章曰舒而脫脫兮無感我帨兮無使尨也吠脫脫安徐帨佩巾義取君子徐以禮來無使我失節而使狗驚吠喻趙孟以義撫諸侯無以非禮相加陵○〔脫〕吐外反〔帨〕始銳反趙孟賦常棣常棣詩小雅取其凡今之人莫如兄弟言欲親兄弟之國且曰吾兄弟比以安尨也可使無吠穆叔子皮及曹大夫興拜三大夫皆兄弟國興受子皮之詩○〔比〕毗志反下同

起也舉兕爵曰小國賴子知免於戾矣兕爵所以罰不敬言小國蒙趙孟德比以安自知免此罰戮飲酒樂趙孟出曰吾不復此矣不復見此樂○〔樂〕音洛〔復〕去聲下同天王使劉定公勞趙孟於潁館於雒汭王周景王定公劉夏潁水出陽城縣雒汭在河南鞏縣南水曲流爲汭○〔勞〕去聲下同〔潁〕音穎劉子曰美哉禹功見河雒而思禹功明德遠矣微禹吾其魚乎吾與子弁冕端委以治民臨諸侯禹之力也弁冕冠也端委禮衣子盍亦遠績禹功而大庇民乎言今得共服冠冕有國家者皆由禹之力勸趙孟使纂禹功對曰老夫罪戾是懼焉能恤遠吾儕偷食朝不謀夕何其長也言欲苟免目前不能念長久劉子歸以語王曰諺所謂老將知而耄及之者八十曰耄耄亂也○〔知〕音智其趙孟之謂乎爲晉正卿以主諸侯而儕於隸人朝不謀夕言其自比於賤人而無恤民之心弃神人矣民爲神主不恤民故神人皆去神怒民叛何以能久趙孟不復年矣言將死不復見明年神怒不歆其祀民叛不即其事祀事不從又何以年爲此冬趙孟卒起本叔孫歸號會歸曾夭御季孫以勞之旦及日中不出恨季孫伐莒使己幾被戮曾夭謂曾阜曾阜叔孫家臣曰旦及日中吾知罪矣魯以相忍爲國也忍其外不忍其內焉用之欲受楚戮是忍其外日中不出是不忍其內阜曰數月於外言叔孫勞役在外數月○〔數〕所主反一旦於是庸何傷賈而欲贏而惡囂乎言譬如商賈求贏利者不得惡諠囂之聲○〔賈〕音古〔惡〕烏路反下同〔囂〕許驕反又五高反阜謂叔孫曰可以出

矣叔孫指楹曰雖惡是其可去乎乃出見之楹，柱也，以諭魯。有季孫，猶屋有柱。○［去］起呂反。鄭徐吾犯之妹美犯，鄭大夫。公孫楚聘之矣楚，子南，穆公孫。公孫黑又使强委禽焉禽，鴈也，納采用鴈。○［强］其丈反。犯懼告子產子產曰是國無政非子之患也唯所欲與犯請於二子請使女擇焉皆許之子皙盛飾入布幣而出布陳贄幣。子皙，公孫黑。子南戎服入左右射超乘而出女自房觀之曰子皙信美矣抑子南夫也言丈夫。○［乘］繩證反。夫夫婦婦所謂順也適子南氏子皙怒既而櫜甲以見子南欲殺之而取其妻子南知之執戈逐之及衝擊之以戈衝，交道。子皙傷而歸告大夫曰我好見之不知其有異志也故傷大夫皆謀之子產曰直鈞幼賤有罪罪在楚也先聘，子南直也。子南用戈，子皙直也。子產力未能討，故鈞其事，歸罪於楚。○［好］呼報反，一如字。乃執子南而數之曰國之大節有五女皆奸之奸，犯也。○［女］音汝，下皆同。畏君之威聽其政尊其貴事其長養其親五者所以爲國也今君在國女用兵焉不畏威也奸國之紀不聽政也奸國之紀，謂傷人。○［長］丁丈反，［養］如字。子皙上大夫女嬖大夫而弗下之不尊貴也幼而不忌不事長也忌，畏也。兵其從兄不養親也君曰余不女忍殺宥女以遠勉速行乎無重而罪五月庚辰鄭放游楚於吳將行子南子產咨於大叔大叔，游楚之兄子。○［從］兄，如字，又才用反。大叔曰吉不能亢身焉能亢宗亢，蔽也。○［亢］苦浪反。彼國政也非私難也子圖鄭國利則行之又何疑焉周公殺管叔而蔡蔡叔蔡，放也。○［難］乃旦反，［蔡］上素葛反，下如字。夫豈不愛王室故也吉若獲戾子將行之何有於諸游爲二年鄭殺公孫黑傳。○［夫］音扶。

秦后子有寵於桓如二君於景后子，秦桓公子，景公母弟鍼也。其寵如兩君。其母曰弗去懼選選，數也。恐景公數其罪而加戮。○［選］息轉反，又素短反，［數］所主反。癸卯鍼適晉其車千乘書曰秦伯之弟鍼出奔晉罪秦伯也罪失教。后子享晉侯爲晉侯設享禮。造舟于河造舟爲梁，通秦晉之道。○［造］七報反。十里舍車一舍八乘，爲八反之備。自雍及絳雍絳相去千里，用車八百乘。○［雍］於用反。歸取酬幣備九獻之儀，始禮自齎其一，故續送其八，酬酒幣。終事八反每十里以八乘車各以次載幣相授，而還，不徑至，故言八反。千里用車八百乘。其二百乘以自隨，故言千乘。傳言秦鍼之出，極奢富以成禮，欲盡敬於所赴。司馬侯問焉曰子之車盡於此而已乎對曰此之謂多矣若能少此吾何以得見言己坐車多，故出奔。○［見］賢遍反。女叔齊以告公叔齊，司馬侯。且曰秦公子必歸臣聞君子能知其過必有令圖令圖天所贊也后子見趙孟趙孟曰吾子其曷歸問何時當歸。對曰鍼懼選於寡君是以在此將待嗣君趙孟曰秦君何如對曰無道趙孟曰亡乎對曰何爲一世無道國未艾也艾，絕也。○［艾］魚廢反。國於天地有與立焉言有輔助之者多。不數世淫弗能斃也趙孟曰天乎對曰有焉趙孟曰其幾何對曰鍼聞之國無道而年穀和熟天贊之也贊佐助也鮮不五稔鮮少也少尚當歷五年多則不啻趙孟視蔭曰朝夕不相及誰能待五蔭日景也趙孟意衰以日景自喻故言朝夕不相及誰能待五○[蔭]於金反[景]如字又於領反后子出而告人曰趙孟將死矣主民翫歲而愒日翫愒皆貪也○[愒]苦蓋反其與幾何言不能久○[與]如字又羊茹反鄭爲游楚亂故游楚子南六月丁巳鄭伯及其大夫盟于公孫段氏罕虎公孫僑公孫段印段游吉駟帶私盟于閨門之外實薰隧閨門鄭城門薰隧門外道名實之者爲明年子產數子晳罪稱薰隧盟起本公孫黑強與於盟使大史書其名且曰七子自欲同於六卿故曰七子○[強]其丈反[與]羊茹反子產弗討子晳強討之恐亂國晉中行穆子敗無終及羣狄于大原大原卽大鹵也無終山戎崇卒也崇聚也將戰魏舒曰彼徒我車所遇又阨地險不便車○[阨]於懈反以什共車必克更增十人以當一車之用○[共]音恭困諸阨又克每車困於阨道今去車故爲必克○[去]起呂反請皆卒去車爲步卒自我始乃毀車以爲行魏舒先自毀其屬車爲步陳○[行]戶郎反[陳]直覲反下五陳未陳同五乘爲三伍乘車者車三人五乘十五人今改去車更以五人爲伍分爲三伍○五[乘]繩證反荀吳之嬖人不肯卽卒斬以徇魏舒輒斬之荀吳不恨所以能立功爲五陳以相離兩於前伍於後專爲右角參爲左角偏爲前拒皆臨時處置之名○[拒]九甫反以誘之翟人笑之笑其失常未陳而薄之大敗之傳言荀吳能用善謀莒展輿立而奪羣公子秩公子召

去疾于齊秋齊公子鉏納去疾齊雖納去疾莒人先召之故從國逆例書去疾奔齊在襄三十一年展輿奔吳吳外孫叔弓帥師疆鄆田因莒亂也此春取鄆今正其疆界於是莒務婁瞀胡及公子滅明以大厖與常儀靡奔齊三子展輿黨大厖常儀靡莒二邑○[務]如字又音謀一音無[瞀]音茂一音謀君子曰莒展之不立弃人也夫奪羣公子秩是弃人人可弃乎詩曰無競惟人善矣詩周頌言惟得人則國家彊晉侯有疾鄭伯使公孫僑如晉聘且問疾叔向問焉曰寡君之疾病卜人曰實沈臺駘爲祟史莫之知敢問此何神也子產曰昔高辛氏有二子伯曰閼伯季曰實沈高辛帝嚳○[駘]他才反[閼]於葛反[嚳]音酷居于曠林不相能也曠林地闕○[能]如字又奴代反日尋干戈以相征討尋用也后帝不臧后帝堯也[臧]善也遷閼伯于商丘主辰商丘宋地主祀辰大火也商人是因故辰爲商星商人湯先相土封商丘因閼伯故國祀辰星遷實沈于大夏主參大夏今晉陽縣○[參]音森下同唐人是因以服事夏商唐人若劉累之等累遷魯縣此在大夏其季世曰唐叔虞唐人之季世其君曰叔虞當武王邑姜方震大叔邑姜武王后齊大公之女懷胎爲震大叔成王之弟叔虞○[震]音振又音申[大]音泰夢帝謂己余命而子曰虞帝天取唐君之名將與之唐屬諸參而蕃育其子孫及生有文在其手曰虞遂以命之及成王滅唐而封大叔焉故參爲晉星叔虞封唐是爲晉侯○[屬]之玉反[蕃]音煩由是觀之則實沈參神也昔金天氏有裔

子曰昧爲玄冥師生允格臺駘（金天氏帝少皥裔遠也玄冥水官昧爲水官之長）臺駘能業其官（纂昧之業）宣汾洮（宣猶通也汾洮二水名○〔洮〕他刀反）障大澤（陂障之○〔障〕之尚反又音章）以處大原（大原晉陽也臺駘之所居）帝用嘉之封諸汾川（帝顓頊）沈姒蓐黃實守其祀（四國臺駘之後○〔沈〕音審）今晉主汾而滅之矣（滅四國）由是觀之則臺駘汾神也抑此二者不及君身山川之神則水旱癘疫之災於是乎禜之（有水旱之災則禜祭山川之神若臺駘者周禮四曰禜祭爲營欑用幣以祈福祥○〔禜〕音詠〔欑〕子管反）日月星辰之神則雪霜風雨之不時於是乎禜之（星辰之神若實沈者）若君身則亦出入飲食哀樂之事也山川星辰之神又何爲焉（言實沈臺駘不爲君疾）僑聞之君子有四時朝以聽政（聽國政）晝以訪問（問可否）夕以脩令（念所施）夜以安身於是乎節宣其氣（宣散也）勿使有所壅閉湫底以露其體（湫集也底滯也露羸也壹之則血氣集滯而體羸露○〔壅〕於勇反〔湫〕子小反又音秋〔底〕丁禮反）茲心不爽而昏亂百度（茲此也爽明也百度百事之節）今無乃壹之（同四時也）則生疾矣僑又聞之內官不及同姓（內官嬪御）其生不殖（殖長也）美先盡矣則相生疾（同姓之相與先美矣美極則盡盡則生疾）君子是以惡之故志曰買妾不知其姓則卜之違此二者古之所慎也（壹四時取同姓二者古人所慎○〔惡〕如字又烏路反〔取〕七住反）男女辨姓禮之大司也（辨別也）今君內實有四姬焉（同姓姬四人）其無乃是也乎若由是二者弗可

爲也已（爲治也）四姬有省猶可無則必生疾矣（據異姓去同姓故言省○〔省〕所景反又所幸反）叔向曰善哉肸未之聞也此皆然矣叔向出行人揮送之（送叔向）叔向問鄭故焉且問子皙對曰其與幾何（言將敗不久○〔與〕如字又音預）無禮而好陵人怙富而卑其上弗能久矣（爲明年鄭殺公孫黑傳）晉侯聞子產之言曰博物君子也重賄之晉侯求醫於秦秦伯使醫和視之曰疾不可爲也是謂近女室疾如蠱（蠱惑疾）非鬼非食惑以喪志（惑女色而失志○〔喪〕息浪反）良臣將死天命不祐（良臣不匡救君過故將死而不爲天所祐）公曰女不可近乎對曰節之先王之樂所以節百事也故有五節（五聲之節）遲速本末以相及中聲以降五降之後不容彈矣（此謂先王之樂得中聲聲成五降而息也降罷退○〔彈〕徒丹反又徒旦反）於是有煩手淫聲慆堙心耳乃忘平和君子弗聽也（五降而不息則雜聲並奏所謂鄭衛之聲○〔慆〕吐刀反）物亦如之（言百事皆如樂不可失節）至於煩乃舍也已無以生疾（煩則生疾○〔舍〕音捨）君子之近琴瑟以儀節也非以慆心也（爲之節儀使動不過度）天有六氣（謂陰陽風雨晦明也）降生五味（謂金味辛木味酸水味鹹火味苦土味甘皆由陰陽風雨而生）發爲五色（辛色白酸色青鹹色黑苦色赤甘色黃發見也○〔見〕賢遍反）徵爲五聲（白聲商青聲角黑聲羽赤聲徵黃聲宮徵驗也○〔徵〕張里反）淫生六疾（淫過也滋味聲色所以養人然過則生害）六氣曰陰陽風雨晦明也分爲四時序爲五節（六氣之化分而序之則成四時得五行之節）過

則爲菑。陰淫寒疾，寒過則爲冷。陽淫熱疾，熱過則喘渴。風淫末疾，末，四支也。風爲緩急。雨淫腹疾，雨濕之氣爲泄注。晦淫惑疾，晦，夜也。爲宴寢過節則心惑亂。明淫心疾。明，晝也。思慮煩多，心勞生疾。女陽物而晦時，淫則生內熱惑蠱之疾。女常隨男，故言陽物。家道常在夜，故言晦時。今君不節不時，能無及此乎？出告趙孟。趙孟曰：誰當良臣？對曰：主是謂矣。主相晉國，於今八年，晉國無亂，諸侯無闕，可謂良矣。和聞之，國之大臣，榮其寵祿，任其大節，有菑禍興而無改焉，改，改行以救菑。○[行]去聲。必受其咎。今君至於淫以生疾，將不能圖恤社稷，禍孰大焉？主不能禦，吾是以云也。云主將死。趙孟曰：何謂蠱？對曰：淫溺惑亂之所生也。溺，沈沒於嗜欲。於文，皿蟲爲蠱。文，字也。皿，器也。器受蟲害者爲蠱。○[皿]命景反，又讀若猛。穀之飛亦爲蠱。穀久積則變爲飛蟲，名曰蠱。在周易，女惑男，風落山，謂之蠱䷑。巽下艮上。蠱，巽爲長女，爲風；艮爲少男，爲山。少男而說長女，非匹，故惑。山木得風而落。皆同物也。物猶類也。趙孟曰：良醫也。厚其禮而歸之。賄贈之禮。楚公子圍使公子黑肱、伯州犂城犨、櫟、郟，黑肱，王子圍之弟子晳也。犨縣屬南陽，郟縣屬襄城，櫟今河南陽翟縣。三邑本鄭地。○[犨]尺州反，[櫟]音歷，又音藥，[郟]音夾。鄭人懼。子產曰：不害。令尹將行大事，謂將弒君。而先除二子也。二子，謂黑肱、伯州犂。禍不及鄭，何患焉？冬，楚公子圍將聘于鄭，伍舉爲介。未出竟，聞王有疾而還。伍舉遂聘。十一月己酉，公子圍至，入問王疾，縊而弒之。縊，絞也。孫卿曰：以冠纓絞之。長歷推己酉十二月六日，經傳皆言十一月，誤也。○[縊]一豉反。遂殺其二子幕及平夏。皆郟敖子。右尹子干出奔晉。子干，王子比。宮廄尹子晳出奔鄭。因築城而去。殺大宰伯州犂于郟，葬王于郟，謂之郟敖。郟敖，楚子麇。使赴于鄭，伍舉問應爲後之辭焉。問赴者。對曰：寡大夫圍。伍舉更之曰：共王之子圍爲長。伍舉更赴辭，使從禮。此告終稱嗣，不以篡弒赴諸侯。○[共]音恭，[長]丁丈反。子干奔晉，從車五乘，叔向使與秦公子同食，食祿同。○[從]才用反。皆百人之餼。百人，一卒也。其祿足百人。○[餼]音塈。趙文子曰：秦公子富。謂秦鍼富彊，秩祿不宜與子干同。叔向曰：厎祿以德，厎，致也。○[厎]音旨。德鈞以年，年同以尊。公子以國，不聞以富。且夫以千乘去其國，彊禦已甚。詩曰：不侮鰥寡，不畏彊禦。詩大雅。侮，陵也。○[夫]音扶。秦、楚匹也。使后子與子干齒。以年高下而齒坐。辭曰：鍼懼選，楚公子不獲，是以皆來，亦唯命。不獲，不得自安。言俱奔，事有優劣，唯主人所命。且臣與羈齒，無乃不可乎？虒，謙辭。后子先來仕，欲自同於晉臣，爲主人；子干後來奔，以爲羈旅之客。史佚有言曰：非羈何忌？忌，敬也。欲謙以自別。楚靈王即位，靈王，公子圍也。易名熊虔。薳罷爲令尹，薳啓彊爲大宰。○[罷]音皮，[彊]其良反。鄭游吉如楚葬郟敖，且聘立君。歸，謂子產曰：具行器矣。行器，會備。楚王汰侈而自說其事，必合諸侯。吾往無日矣。子產曰：不數年未能也。爲四年會申傳。○[說]音悅，一始悅反，[數]所主反。十二月，晉既烝。烝，冬祭也。趙孟適南陽，將會孟子餘（孟子餘趙衰趙武之曾祖其廟在晉之南陽温縣往會祭之）甲辰朔烝于温（趙氏烝祭甲辰十二月朔晉既烝趙孟乃烝其家廟則晉烝當在甲辰之前傳言十二月誤）庚戌卒（十二月七日終劉定公秦后子之言）鄭伯如晉弔及雍乃復（弔趙氏蓋趙氏辭之而還傳言大夫彊諸侯畏而弔之○〔雍〕於用反）

經二年春晉侯使韓起來聘夏叔弓如晉（叔弓叔老子）秋鄭殺其大夫公孫黑（書名惡之薰隧之盟子產不討遂以爲卿故書之○〔惡〕烏路反）冬公如晉至河乃復（弔少姜也晉人辭之故還）季孫宿如晉（致襚服也）（公實以秋行冬還乃書）

傳二年春晉侯使韓宣子來聘（公即位故）且告爲政而來見禮也（代趙武爲政雖盟主而脩好同盟故曰禮○〔見〕賢遍反）觀書於大史氏見易象與魯春秋曰周禮盡在魯矣（易象上下經之象辭魯春秋史記之策書春秋遵周公之典以序事故曰周禮盡在魯矣）吾乃今知周公之德與周之所以王也（易象春秋文王周公之制當此時儒道廢諸國多闕唯魯備故宣子適魯而說之○以〔王〕于況反〔說〕音悦）公享之季武子賦緜之卒章（緜詩大雅卒章義取文王有四臣故能以緜緜致興盛以晉侯比文王以韓子比四輔）韓子賦角弓（角弓詩小雅取其兄弟昏姻無胥遠矣言兄弟之國宜相親）季武子拜曰敢拜子之彌縫敝邑寡君有望矣（彌縫猶補合也謂以兄弟之義）武子賦節之卒章（節詩小雅卒章取式訛爾心以畜萬邦以言晉德可以畜萬邦○〔節〕才結反）既享宴于季氏有嘉樹焉宣子譽之（譽其好也○〔譽〕音餘）武子曰宿敢不封殖此樹以無忘角弓（封厚也殖長也）遂賦甘棠（甘棠詩召南召伯息於甘棠之下詩人思之而愛其樹武子欲封殖嘉樹如甘棠以宣子比召公）宣子曰起不堪也無以及召公宣子遂如齊納幣（爲平公聘少姜）見子雅子雅召子旗（子旗子雅之子）使見宣子宣子曰非保家之主也不臣（志氣亢○〔見〕賢遍反下見彊同）見子尾子尾見彊（彊子尾之子）宣子謂之如子旗（亦不臣）大夫多笑之唯晏子信之曰夫子君子也（夫子韓起）君子有信其有以知之矣（爲十年齊欒施高彊來奔張本）自齊聘於衛衛侯享之北宮文子賦淇澳（淇澳詩衛風美武公也言宣子有武公之德○〔澳〕於六反）宣子賦木瓜（木瓜亦衛風義取於欲厚報以爲好）夏四月韓須如齊逆女（須韓起之子逆少姜）齊陳無宇送女致少姜少姜有寵於晉侯晉侯謂之少齊（爲立別號所以寵異之）謂陳無宇非卿（欲使齊以適夫人禮送少姜○〔適〕丁歷反）執諸中都（中都晉邑在西河界休縣東南）少姜爲之請曰送從逆班（班列也）畏大國也猶有所易是以亂作（韓須公族大夫陳無宇上大夫言齊畏晉改易禮制）（使上大夫送遂致此執辱之罪蓋少姜謙以示譏）叔弓聘于晉報宣子也（此春韓宣子來聘）晉侯使郊勞（聘禮賓至近郊君使卿勞之○〔勞〕力報反）辭曰寡君使弓來繼舊好固曰女無敢爲賓徹命於執事敝邑弘矣（徹達也○〔女〕音汝下皆同）敢辱郊使請辭（辭郊勞○〔使〕所吏反）致館辭曰寡君命下臣來繼舊好好合使成臣之祿也（得通君命）（則於己爲榮祿）敢辱大館（敢不敢）叔向曰子叔子知禮哉吾聞之曰忠信禮之器也卑讓禮之宗也（宗猶主也）辭不忘國

忠信也。(謂稱舊好。)先國後己，卑讓也。(始稱敝邑之弘，先國也；次稱臣之祿，後己也。)詩曰：敬慎威儀，以近有德。夫子近德矣。(詩大雅。)秋，鄭公孫黑將作亂，欲去游氏而代其位。(游氏，大叔之族。黑為游楚所傷，故欲害其族。○去，起呂反。)傷疾作而不果。(前年游楚所擊創。○創，初良反。)駟氏與諸大夫欲殺之。(駟氏，黑之族。)子產在鄙，聞之，懼弗及，乘遽而至。(遽，傳驛。○傳，中戀反。)使吏數之，(責數其罪。)曰：伯有之亂，(在襄三十年。)以大國之事而未爾討也。(務共大國命，不暇治女罪。○共音恭，下同。)爾有亂心無厭，國不女堪。專伐伯有，而罪一也。昆弟爭室，而罪二也。(謂爭徐吾犯之妹。○厭，於鹽反。)薰隧之盟，女矯君位，而罪三也。(謂使大史書七子。)有死罪三，何以堪之？不速死，大刑將至。再拜稽首辭曰：死在朝夕，無助天為虐。子產曰：人誰不死？凶人不終，命也。作凶事，為凶人。不助天，其助凶人乎？請以印為褚師。(印，子皙之子。褚師，市官。○褚，張呂反。)子產曰：印也若才，君將任之；不才，將朝夕從女。女罪之不恤，而又何請焉？不速死，司寇將至。七月壬寅，縊。尸諸周氏之衢，加木焉。(衢，道也。書其罪於木，以加尸上。)晉少姜卒。公如晉，及河。晉侯使士文伯來辭曰：非伉儷也。(晉侯溺於所幸，為少姜行夫人之服，故諸侯弔。不敢以私煩諸侯，故止之。)請君無辱。公還，季孫宿遂致服焉。(致少姜之襚服。公以末秋行，始冬還，還乃書之，故經在冬。)叔向言陳無宇於晉侯曰：彼何罪？(彼，無宇。)君使公族逆之，齊使上大夫送之，猶曰不共，君求以貪。國則不共，(逆卑於送，是晉國不共。)而執其使，君刑已頗，何以為盟主？(頗，不平。○頗，普多反。)且少姜有辭。(謂請無宇之辭。)冬十月，陳無宇歸。(晉侯赦之。)十一月，鄭印段如晉弔少姜。

經三年春王正月丁未，滕子原卒。(襄二十五年盟重丘。○重，直恭反。)夏，叔弓如滕。五月，葬滕成公。(卿共小國之葬，禮過厚。葬襄公，滕子來會，故魯厚報之。○共音恭，下皆同。)秋，小邾子來朝。八月，大雩。冬，大雨雹。(無傳。記災。○雨，于付反。雹，蒲學反。)北燕伯款出奔齊。(不書大夫逐之而言奔，罪之也。書名，從告。)

傳三年春王正月，鄭游吉如晉，送少姜之葬。梁丙與張趯見之。(二子，晉大夫。○趯，他歷反。)梁丙曰：甚矣哉，子之為此來也。(卿共妾葬，過禮甚。○為，于偽反。)子大叔曰：將得已乎？(言不得止。)昔文襄之霸也，(晉文公、襄公。)其務不煩諸侯，令諸侯三歲而聘，五歲而朝，有事而會，不協而盟。(明王之制，歲聘間朝，在十三年。今簡之。)君薨，大夫弔，卿共葬事；夫人，士弔，大夫送葬。(先王之制，諸侯之喪，士弔，大夫送葬，在三十年。蓋時俗過制，故文襄雖節之，猶過於古。)足以昭禮命事謀闕而已，(朝聘以昭禮，盟會以謀闕。)無加命矣。(命有常。)今嬖寵之喪，不敢擇位，而數於守適。(不敢以其位卑，而令禮數如守適夫人。然則時適夫人之喪，弔送之禮已過文襄之制。○而數，所具反，又所主反。適，丁歷反。)唯懼獲戾，豈敢憚煩？少姜有寵而死，齊必繼室。(繼室，復薦女。)今茲吾又將來賀。

不唯此行也。張趯曰：善哉，吾得聞此數也。然自今子其無事矣。譬如火焉，火，心星。火中，寒暑乃退。心以季夏昏中而暑退，季冬旦中而寒退。此其極也，能無退乎？晉將失諸侯，諸侯求煩不獲。言將不能復煩諸侯。二大夫退。子大叔告人曰：張趯有知，其猶在君子之後乎。譏其無隱諱。○〔知〕音智。丁未，滕子原卒。同盟，故書名。同盟於襄之世，亦應從同盟之禮，故傳發之。齊侯使晏嬰請繼室於晉，復以女繼少姜。曰：寡君願事君，朝夕不倦，將奉質幣，以無失時，則國家多難，是以不獲。不得自來。○〔質〕之二反，又如字。〔難〕乃旦反。不腆先君之適，謂少姜。以備內官，焜燿寡人之望，則又無祿，早世隕命，寡人失望。君若不忘先君之好，惠顧齊國，辱收寡人，徼福於大公、丁公，徼，要也。二公，齊先君。言收恤寡人，則先君與之福也。○〔焜〕胡本反，又音昆。〔徼〕古堯反。照臨敝邑，鎮撫其社稷，則猶有先君之適，適夫人之女。及遺姑姊妹，遺，餘也。若而人。言如常人，不敢譽。君若不弃敝邑，而辱使董振擇之，以備嬪嬙，寡人之望也。董，正也。振，整也。嬪嬙，婦官。○〔振〕之刃反，一音真。韓宣子使叔向對曰：寡君之願也。寡君不能獨任其社稷之事，未有伉儷，在縗絰之中，是以未敢請。制夫人之服，則葬訖，君臣乃釋服。○〔任〕音壬。君有辱命，惠莫大焉。若惠顧敝邑，撫有晉國，賜之內主，豈唯寡君，舉群臣實受其貺，其自唐叔以下，實寵嘉之。唐叔，晉之祖。既成昏，許昏成。晏子受禮，受賓享之禮。叔

向從之宴，相與語。叔向曰：齊其何如？問興衰。晏子曰：此季世也，吾弗知齊其為陳氏矣。不知其他，唯知齊將為陳氏。公弃其民，而歸於陳氏。弃民不恤。齊舊四量，豆、區、釜、鍾。四升為豆，各自其四，以登於釜。四豆為區，區斗六升。四區為釜，釜六斗四升。登，成也。○〔量〕音亮，下同。〔區〕烏侯反，下皆同。釜十則鍾。六斛四斗。陳氏三量皆登一焉，鍾乃大矣。登，加也。加一謂加舊量之一也。以五升為豆，五豆為區，五區為釜，則區二斗，釜八斗，鍾八斛。以家量貸，而以公量收之。貸厚而收薄。山木如市，弗加於山；魚鹽蜃蛤，弗加於海。賈如在山海，不加貴。○〔蜃〕食軫反。〔賈〕音嫁。民參其力，二入於公，而衣食其一。言公重賦斂。○〔參〕七南反，又音三。公聚朽蠹，而三老凍餒。三老，謂上壽、中壽、下壽，皆八十已上，不見養遇。國之諸市，屨賤踊貴。踊，刖足者屨。言刖多。○〔踊〕音勇。民人痛疾，而或燠休之。燠休，痛念之聲，謂陳氏也。○〔燠〕於喻反，一於六反。〔休〕虛喻反，又許留反。其愛之如父母，而歸之如流水，欲無獲民，將焉辟之？箕伯、直柄、虞遂、伯戲，四人皆舜後，陳氏之先。○〔戲〕許宜反。其相胡公、大姬，已在齊矣。胡公，四人之後，周始封陳之祖。大姬，其妃也。言陳氏雖為人臣，然將有國，其先祖鬼神已與胡公共在齊。○〔大〕音泰。叔向曰：然。雖吾公室，今亦季世也。戎馬不駕，卿無軍行，言晉衰弱，不能征討救諸侯。○〔行〕戶郎反。公乘無人，卒列無長。百人為卒。言人皆非其人，非其長。○〔乘〕繩證反。庶民罷敝，而宮室滋侈。滋，益也。道殣相望，餓死為殣。○〔殣〕音覲，路冢也。而女富溢尤。女，嬖寵之家。民聞公命，如逃寇讎。欒、郤、胥、原、狐、續、慶、伯，降在皂隸。八姓，晉舊臣之族也。

皁隸賤官政在家門大夫專政民無所依君日不悛以樂慆憂慆藏悛改也○慆音滔樂音洛公室之卑其何日之有言今至讒鼎之銘讒鼎名也曰昧旦丕顯後世猶怠昧旦早起也丕大也言夙興以務大顯後世猶解怠況日不悛其能久乎晏子曰子將若何問何以免此難叔向曰晉之公族盡矣肸聞之公室將卑其宗族枝葉先落則公從之肸之宗十一族同祖爲宗肸許乙反○唯羊舌氏在而已肸又無子無賢子公室無度無法度幸而得死言得以壽終爲幸豈其獲祀言必不得祀初景公欲更晏子之宅曰子之宅近市湫隘囂塵不可以居湫下隘小囂聲塵土○湫子小反徐音秋又在酒反請更諸爽塏者爽明塏燥○塏音凱辭曰君之先臣容焉先臣晏子之先人臣不足以嗣之於臣侈矣侈奢也且小人近市朝夕得所求小人之利也敢煩里旅旅衆也不敢勞衆爲己宅公笑曰子近市識貴賤乎對曰既利之敢不識乎公曰何貴何賤於是景公繁於刑繁多也有鬻踊者故對曰踊貴屨賤既已告於君故與叔向語而稱之傳護晏子令不與張趯同譏○鬻羊六反賣也景公爲是省於刑君子曰仁人之言其利博哉晏子一言而齊侯省刑詩曰君子如祉亂庶遄已詩小雅如行也祉福也遄疾也言君子行福則庶幾亂疾止也○爲于僞反其是之謂乎及晏子如晉公更其宅反則成矣既拜拜謝新宅乃毀之而爲里室皆如其舊本壞里室以大晏子之宅

故復之○壞音怪則使宅人反之還其故宅○還音環且諺曰非宅是卜唯鄰是卜卜良鄰二三子先卜鄰矣二三子謂鄰人違卜不祥君子不犯非禮去儉卽奢爲非禮小人不犯不祥古之制也吾敢違諸乎卒復其舊宅公弗許因陳桓子以請乃許之傳言齊晉之衰賢臣懷憂且言陳氏之興夏四月鄭伯如晉公孫段相甚敬而卑禮無違者晉侯嘉焉授之以策策賜命之書曰子豐有勞於晉國子豐段之父余聞而弗忘賜女州田州縣今屬河內郡○女音汝以胙乃舊勳伯石再拜稽首受策以出君子曰禮其人之急也乎伯石之汰也汰驕也一爲禮於晉猶荷其祿況以禮終始乎詩曰人而無禮胡不遄死其是之謂乎初州縣欒豹之邑也豹欒盈族○荷戶可反及欒氏亡范宣子趙文子韓宣子皆欲之文子曰溫吾縣也州本屬溫溫趙氏邑二宣子曰自郤稱以別三傳矣郤稱晉大夫始受州自是州與溫別至今傳三家○稱尺證反傳直專反晉之別縣不唯州誰獲治之言縣邑既別甚多無有得追而治取之文子病之乃舍之二子曰吾不可以正議而自與也皆舍之及文子爲政趙獲曰可以取州矣獲趙文子之子○乃舍音赦又音捨下同文子曰退使獲退也二子之言義也二子二宣子也違義禍也余不能治余縣又焉用州其以徼禍也君子曰弗知實難患不知禍所起知而弗從禍莫大焉有言州必死豐氏故主韓

氏（故猶舊也豐氏至晉舊以韓氏爲主人）伯石之獲州也韓宣子爲之請之爲其復取之之故（後若還晉因自欲取之爲七年豐氏歸州張本○[爲]去聲自爲介外皆同）五月叔弓如滕葬滕成公子服椒爲介及郊遇懿伯之忌敬子不入（忌怨也懿伯椒之叔父敬子叔弓也叔弓禮椒爲之辟仇）○[辟]音避惠伯曰公事有公利無私忌椒請先入乃先受館敬子從之（惠伯子服椒也傳言叔弓之有禮）晉韓起如齊逆女（爲平公逆）公孫蠆爲少姜之有寵也以其子更公女而嫁公子（更嫁公女○[蠆]敕邁反[更]平聲）人謂宣子子尾欺晉晉胡受之宣子曰我欲得齊而遠其寵寵將來乎（寵謂子尾○[遠]去聲）秋七月鄭罕虎如晉賀夫人且告曰楚人日徵敝邑以不朝立王之故（楚靈王新立）敝邑之往則畏執事其謂寡君而固有外心其不往則宋之盟云（云交相見）進退罪也寡君使虎布之（布陳也）宣子使叔向對曰君若辱有寡君在楚何害脩宋盟也君苟思盟寡君乃知免於戾矣君若不有寡君雖朝夕辱於敝邑寡君猜焉（猜疑也）君實有心何辱命焉（言若有事晉心至楚可不須告）君其往也苟有寡君在楚猶在晉也張趯使謂大叔曰自子之歸也（歸在此年春）小人糞除先人之敝廬曰子其將來今子皮實來小人失望大叔曰吉賤不獲來（賤非上卿）畏大國尊夫人也且孟曰而將無事吉庶幾焉（孟張趯也庶幾如趯言）小邾

穆公來朝季武子欲卑之（不欲以諸侯禮待之）穆叔曰不可曹滕二邾實不忘我好敬以逆之猶懼其貳又卑一睦焉（一睦謂小邾）逆羣好也其如舊而加敬焉志曰能敬無災又曰敬逆來者天所福也季孫從之八月大雩旱也齊侯田於莒（莒齊東竟○[好]去聲）盧蒲嫳見泣且請曰余髮如此種種余奚能爲（嫳慶封之黨襄二十八年放之於竟種種短也自計老不能復爲害○[嫳]普結反[見]賢遍反[種]章勇反）公曰諾吾告二子（二子子雅子尾）歸而告之子尾欲復之子雅不可曰彼其髮短而心甚長其或寢處我矣（言不可信）九月子雅放盧蒲嫳于北燕（恐其復作亂）燕簡公多嬖寵欲去諸大夫而立其寵人冬燕大夫比以殺公之外嬖（比相親比○[去]上聲[比]毗志反）公懼奔齊書曰北燕伯款出奔齊罪之也（款罪輕於衛衎重於蔡朱故舉中示例○[衎]苦旦反）十月鄭伯如楚子產相楚子享之賦吉日（吉日詩小雅宣王田獵之詩楚王欲與鄭伯共田故賦之）既享子產乃具田備王以田江南之夢（楚之雲夢跨江南北○[夢]如字又莫公反）齊公孫竈卒（竈子雅）司馬竈見晏子（司馬竈齊大夫）曰又喪子雅矣晏子曰惜也子旗不免殆哉（以其不臣○[喪]息浪反）○姜族弱矣而嬀將始昌（嬀陳氏○[嬀]九危反）二惠競爽猶可（子雅子尾皆齊惠公之孫也競彊也爽明也）又弱一个焉姜其危哉（○[个]古賀反）

春秋經傳集解昭公一第二十

春秋經傳集解昭公二第二十一

杜氏註　盡七年

經四年春王正月大雨雹（當雪而雹故以爲災而書之○〔雨〕于付反〔雹〕蒲學反）夏楚子蔡侯陳侯鄭伯許男徐子滕子頓子胡子沈子小邾子宋世子佐淮夷會于申（楚靈王始合諸侯○〔沈〕音審）楚人執徐子（稱人以執以不道於其民告）秋七月楚子蔡侯陳侯許男頓子胡子沈子淮夷伐吳（因申會以伐吳不言諸侯者鄭徐滕小邾宋不在故也胡國汝陰縣西北有胡城）執齊慶封殺之（楚子欲行霸爲齊討慶封故稱齊）遂滅賴九月取鄫（鄫莒邑傳例曰克邑不用師徒曰取○〔鄫〕才陵反）冬十有二月乙卯叔孫豹卒

傳四年春王正月許男如楚楚子止之（欲與俱田）遂止鄭伯復田江南許男與焉（前年楚子已與鄭伯田江南故言復○〔復〕扶又反〔與〕羊茹反）使椒舉如晉求諸侯二君待之（二君鄭許）椒舉致命曰寡君使舉曰日君有惠賜盟于宋（宋盟在襄二十七年）曰晉楚之從交相見也以歲之不易（不易言有難○〔易〕以豉反）寡人願結驩於二三君（欲得諸侯謀事補闕）使舉請閒君若苟無四方之虞（虞度也○〔閒〕音閑一居閑反）則願假寵以請於諸侯（欲借君之威寵以致諸侯）晉侯欲勿許司馬侯曰不可楚王方侈天或者欲逞其心以厚其毒而降之罰未可知也其使能終亦未可知也晉楚唯天所相（相助也）不可與爭君其許之而脩德以待其歸若歸於德吾猶將事之況諸侯乎若適淫虐楚將弃之（弃不以爲君）吾又誰與爭曰晉有三不殆其何敵之有（殆危也）國險而多馬齊楚多難（多篡弒之難）有是三者何鄉而不濟對曰恃險與馬而虞鄰國之難是三殆也四嶽（東嶽岱西嶽華南嶽衡北嶽恒○〔鄉〕許亮反）三塗（在河南陸渾縣南○〔渾〕戶昏反）陽城（在陽城縣東北）大室（在河南陽城縣西南○〔大〕音泰）荆山（在新城沶鄉縣南○〔沶〕音市漢書音穉）中南（在始平武功縣南）九州之險也是不一姓（雖是天下至險無德則滅亡）冀之北土（燕代○〔燕〕烏賢反）馬之所生無興國焉恃險與馬不可以爲固也從古以然是以先王務脩德音以亨神人（亨通也）不聞其務險與馬也鄰國之難不可虞也或多難以固其國啓其疆土或無難以喪其國失其守宇（於國則四垂爲宇）若何虞難齊有仲孫之難而獲桓公至今賴之（仲孫公孫無知事在莊九年）晉有里丕之難而獲文公是以爲盟主（里克丕鄭事在僖九年○〔丕〕普悲反）衛邢無難敵亦喪之（閔二年狄滅衛僖二十五年衛滅邢）故人之難不可虞也恃此三者而不脩政德亡於不暇又何能濟君其許之紂作淫虐文王惠和殷是以隕周是以興夫豈爭諸侯乃許楚使使叔向對曰寡君有社稷之事是以不獲春秋時見（言不得自往謙辭○〔見〕賢遍反）諸侯君實有之何辱命焉椒舉遂請昏（蓋楚子遣舉時兼使求昏）晉侯許之

楚子問於子產曰晉其許我諸侯乎對曰許君晉君少安不在諸侯（安於少小不能遠圖）其大夫多求（貪也）莫匡其君在宋之盟又曰如一（晉楚同也）若不許君將焉用之（焉用宋盟）王曰諸侯其來乎對曰必來從宋之盟承君之歡不畏大國（大國晉也）何故不來不來者其魯衛曹邾乎曹畏宋邾畏魯魯衛偪於齊而親於晉唯是不來其餘君之所及也誰敢不至（言楚威力所能及）王曰然則吾所求者無不可乎對曰求逞於人不可（逞快也求以快意人必違之）與人同欲盡濟（爲下會申傳）大雨雹季武子問於申豐曰雹可禦乎（禦止也申豐魯大夫）對曰聖人在上無雹雖有不爲災古者日在北陸而藏冰（陸道也謂夏十二月日在虛危冰堅而藏之）西陸朝覿而出之（謂夏三月日在昴畢蟄蟲出而用冰春分之中奎星朝見東方）其藏冰也深山窮谷固陰沍寒於是乎取之（沍閉也必取積陰之冰所以道達其氣使不爲災）其出之也朝之祿位賓食喪祭於是乎用之（言不獨共公○〔共〕音恭）其藏之也黑牡秬黍以享司寒（黑牡黑牲也秬黑黍也司寒玄冥北方之神故物皆用黑有事於冰故祭其神○〔牡〕茂后反）其出之也桃弧棘矢以除其災（桃弓棘箭所以禳除凶邪將御至尊故）其出入也時食肉之祿冰皆與焉（食肉之祿謂在朝廷治其職事就官食者○〔與〕音預）大夫命婦喪浴用冰（命婦大夫妻）祭寒而藏之（享司寒）獻羔而啓之（謂二月春分獻羔祭韭始開冰室）公始用之（公先用優尊）火出而畢賦（火星昏見東方謂三月四月中）自命夫命婦至於老疾無不受冰（老致仕在家者）山人取之縣人傳之（山人虞官縣人遂屬○〔傳〕平聲）輿人納之隸人藏之（輿隸皆賤官）夫冰以風壯（冰因風寒而堅）而以風出（順春風而散用）其藏之也周（周密也）其用之也徧（及老疾）則冬無愆陽（愆過也謂冬溫）夏無伏陰（伏陰謂夏寒）春無淒風（淒寒也）秋無苦雨（霖雨爲人所患苦）雷出不震（震霆也）無菑霜雹癘疾不降（癘惡氣也）民不夭札（短折爲夭夭死爲札○〔札〕側八反一音截）今藏川池之冰棄而不用（既不藏深山窮谷之冰又火出不畢賦有餘則棄之）風不越而殺雷不發而震（越散也言陰陽失序雷風爲害）雹之爲菑誰能禦之七月之卒章藏冰之道也（七月詩豳風卒章曰二之日鑿冰沖沖謂十二月鑿而取之三之日納于凌陰凌陰冰室也四之日其蚤獻羔祭韭謂二月春分蚤開冰室以薦宗廟○〔凌〕陵證反）夏諸侯如楚魯衛曹邾不會曹邾辭以難公辭以時祭衛侯辭以疾（如子產言○〔難〕乃旦反）鄭伯先待于申（自楚先至會地）六月丙午楚子合諸侯于申椒舉言於楚子曰臣聞諸侯無歸禮以爲歸今君始得諸侯其慎禮矣霸之濟否在此會也夏啓有鈞臺之享（啓禹子河南陽翟縣南有鈞臺陂蓋啓享諸侯於此）商湯有景亳之命（河南鞏縣西南有湯亭或言亳即偃師）周武有孟津之誓（將伐紂也）成有岐陽之蒐（成王歸自奄大蒐於岐山之陽岐山在扶風美陽縣西北）康有酆宮之朝（酆在始平鄠縣東有靈臺康王於是朝諸侯）穆有塗山之會（穆王會諸侯於塗山塗山在壽春東北）齊桓有召陵之師（在僖四年）

晉文有踐土之盟在僖二十八年君其何用宋向戌鄭公孫僑在諸侯之良也君其選焉選擇所用○〔向〕舒亮反〔戌〕音恤王曰吾用齊桓用會召陵之禮王使問禮於左師與子產左師曰小國習之大國用之敢不薦聞言所聞謙示所未行獻公合諸侯之禮六其禮六儀也宋爵公故獻公禮子產曰小國共職敢不薦守獻伯子男會公之禮六鄭伯爵故獻伯子男會公之禮其禮同所從言之異○〔共〕音恭〔守〕手又反君子謂合左師善守先代子產善相小國王使椒舉侍於後以規過規正二子之過卒事不規王問其故對曰禮吾未見者有六焉又何以規左師子產所獻六禮楚皆未嘗行宋大子佐後至王田於武城久而弗見椒舉請辭焉請王辭謝之王使往曰屬有宗祧之事於武城言為宗廟田獵也○〔屬〕章玉反適也〔祧〕他彫反寡君將墮幣焉敢謝後見恨其後至故言將因諸侯會布幣乃相見經并書宋大子佐知此言在會前○〔墮〕許規反〔見〕如字又賢遍反徐子吳出也以為貳焉故執諸申言楚子以疑罪執諸侯楚子示諸侯侈自奢侈椒舉曰夫六王二公之事六王啓湯武成康穆也二公齊桓晉文皆所以示諸侯禮也諸侯所由用命也夏桀為仍之會有緡叛之仍緡皆國名商紂為黎之蒐東夷叛之黎東夷國名周幽為大室之盟戎狄叛之大室中嶽皆所以示諸侯汏也諸侯所由棄命也今君以汏無乃不濟乎王弗聽子產見左師曰吾不患楚矣汏而愎諫愎很也○〔汏〕音泰〔愎〕皮逼反〔很〕胡懇反不過十年左師曰然不十年侈其惡不遠遠惡而後棄惡及遠方則人棄之善亦如之德遠而後興為十三年楚弒其君傳秋七月楚子以諸侯伐吳宋大子鄭伯先歸經所以更敘諸侯也時晉之屬國皆歸獨言二國者鄭伯久於楚宋大子不得時見故慰遣之○〔見〕賢遍反又如字宋華費遂鄭大夫從從伐吳以答見慰〔費〕扶味反〔從〕才用反○使屈申圍朱方朱方吳邑齊慶封所封也屈申屈蕩之子○〔屈〕居勿反八月甲申克之執齊慶封而盡滅其族慶封以襄二十八年奔吳八月無甲申日誤將戮慶封椒舉曰臣聞無瑕者可以戮人慶封唯逆命是以在此逆命謂性不恭順其肯從於戮乎言不肯默而從戮播於諸侯焉用之播揚也○〔播〕波佐反又波可反王弗聽負之斧鉞以徇於諸侯使言曰無或如齊慶封弒其君弱其孤以盟其大夫齊崔杼弒君慶封其黨也故以弒君罪責之慶封曰無或如楚共王之庶子圍弒其君兄之子麇而代之以盟諸侯王使速殺之遂以諸侯滅賴賴子面縛銜璧士袒輿櫬從之造於中軍中軍王所將○〔麇〕九倫反〔袒〕音但王問諸椒舉對曰成王克許在僖六年許僖公如是王親釋其縛受其璧焚其櫬王從之從舉言遷賴於鄢鄢楚邑○〔鄢〕於晚反又於建反楚子欲遷許於賴使鬬韋龜與公子棄疾城之而還為許城也韋龜子文之玄孫申無宇曰楚禍之首將在此矣召諸侯而來伐國而克城竟莫校謂築城於外竟諸侯無與爭○〔竟〕音境王心不

違民其居乎言將有事不得安也民之不處其誰堪之不堪王命乃禍亂也九月取鄅言易也莒亂著丘公立而不撫鄅鄅叛而來故曰取凡克邑不用師徒曰取著丘公去疾也不書奔者潰散而來將帥微也重發例者以通叛而自來○〔易〕以豉反〔著〕直居反又直據反鄭子產作丘賦丘十六井當出馬一匹牛三頭今子產別賦其田如魯之田賦田賦在哀十一年國人謗之謗毀也曰其父死於路謂子國為尉氏所殺己為蠆尾謂子產重賦毒害百姓○〔蠆〕敕邁反以令於國國將若之何子寬以告子寬鄭大夫子產曰何害苟利社稷死生以之以用也且吾聞為善者不改其度故能有濟也民不可逞度不可改度法也詩曰禮義不愆何恤於人言逸詩子產自以為權制濟國於禮義無愆吾不遷矣遷移也渾罕曰國氏其先亡乎渾罕子寬○〔渾〕平聲君子作法於涼其敝猶貪涼薄也作法於貪敝將若之何言不可久行姬在列者在列國也蔡及曹滕其先亡乎偪而無禮蔡偪楚曹滕偪宋鄭先衛亡偪而無法偪晉楚政不率法而制於心民各有心何上之有子產權時救急渾罕譏之正道

冬吳伐楚入棘櫟麻棘櫟麻皆楚東鄙邑譙國酇縣東北有棘亭汝陰新蔡縣東北有櫟亭○〔櫟〕力狄反徐又失灼反〔酇〕才河反以報朱方之役朱方役在此年秋楚沈尹射奔命於夏汭夏汭漢水曲入江今夏口也吳兵在東北楚盛兵在東南以絕其後○〔射〕食夜反又食亦反箴尹宜咎城鍾離宜咎本陳大夫襄二十四年奔楚○〔箴〕之林反薳啓彊城巢然丹城州來然丹鄭穆公孫襄十九年奔楚○〔薳〕于委反東國水不可以城彭生罷賴之師彭生楚大夫罷闞韋龜城賴之師○〔罷〕皮買反

初穆子去叔孫氏及庚宗成十六年辟僑如之難奔齊庚宗魯地○〔難〕乃旦反遇婦人使私為食而宿焉問其行告之故哭而送之婦人聞而哭之適齊娶於國氏國氏齊正卿姜姓生孟丙仲壬夢天壓己弗勝穆子夢也○〔壓〕於甲反〔勝〕音升下同顧而見人黑而上僂上僂肩傴○〔僂〕力主反〔傴〕紆甫反深目而豭喙口象豬○〔豭〕音加〔喙〕許穢反號之曰牛助余乃勝之旦而皆召其徒無之徒從者○〔號〕胡到反一戶刀反且曰志之志識也○〔識〕申志反及宣伯奔齊饋之宣伯僑如穆子之兄成十六年奔齊穆子饋宣伯宣伯曰魯以先子之故先子宣伯先人將存吾宗必召女召女何如對曰願之久矣言兄始為亂己則有今日之願蓋忿言○〔女〕音汝魯人召之不告而歸既立在齊生孟丙仲壬魯召之立為卿襄二年始見經所宿庚宗之婦人獻以雉獻穆子問其姓問有子否○女生曰姓姓謂子也對曰余子長矣能奉雉而從我矣襄二年豎牛五六歲○〔奉〕芳勇反召而見之則所夢也未問其名號之曰牛曰唯皆召其徒使視之遂使為豎豎小臣也傳言從夢未必吉有寵長使為政為家政公孫明知叔孫於齊公孫明齊大夫子明也與叔孫相親知歸未逆國姜子明取之國姜孟仲母○〔取〕七住反故怒其子長而後使逆之子孟丙仲壬田於丘蕕丘蕕地名○〔蕕〕音由遂遇疾焉豎牛欲亂其室而有之強與孟盟不可欲使從己孟不肯○〔強〕其丈反叔孫為孟鐘曰爾未際際接也孟未與

諸大夫相接見○[爲]于僞反又如字饗大夫以落之以豭豬血釁鐘曰落既具饗禮具使豎牛請日請饗日入弗謁謁白也出命之日詐命日及賓至聞鐘聲牛曰孟有北婦人之客北婦人國姜也客謂公孫明怒將往牛止之賓出使拘而殺諸外殺孟丙牛又強與仲盟不可仲與公御萊書觀於公萊書公御士名仲與之私遊觀於公宮○[彊]上聲[觀]古亂反又如字公與之環賜玉環使牛入示之示叔孫入不示出命佩之牛謂叔孫見仲而何而何如何○[見]賢遍反下同叔孫曰何爲怪牛言曰不見既自見矣言仲已自往見公公與之環而佩之矣遂逐之奔齊疾急命召仲牛許而不召杜洩見告之飢渴授之戈杜洩叔孫氏宰也牛不食叔孫叔孫怒欲使杜洩殺之○[洩]息列反[食]音嗣對曰求之而至又何去焉言求食可得無爲去豎牛蓋杜洩力不能去設辭以免○[去]起呂反下同豎牛曰夫子疾病不欲見人使寘饋于个而退寘置也个東西廂○[廂]息羊反牛弗進則置虛命徹寫器令空示若叔孫已食命去之十二月癸丑叔孫不食乙卯卒三日絕糧牛立昭子而相之昭子豹之庶子叔孫婼也○[相]息亮反[婼]敕略反公使杜洩葬叔孫豎牛賂叔仲昭子與南遺昭子叔仲帶也南遺季氏家臣使惡杜洩於季孫而去之憎洩不與己同志杜洩將以路葬且盡卿禮路王所賜叔孫車南遺謂季孫曰叔孫未乘路葬焉用之且冢卿無路介卿以葬不亦左乎冢卿謂季孫介次也左不便季孫曰然使杜洩舍路舍置也○[舍]式夜反或音捨

不可曰夫子受命於朝而聘于王在襄二十四年夫子謂叔孫王思舊勳而賜之路感其有禮以念其先人復命而致之君豹不敢自乘君不敢逆王命而復賜之使三官書之吾子爲司徒實書名謂季孫也書名定位號○[復]扶又反夫子爲司馬與工正書服謂叔孫也服車服之器工正所書孟孫爲司空以書勳勳功也今死而弗以是棄君命也書在公府而弗以是廢三官也若命服生弗敢服死又不以將焉用之乃使以葬季孫謀去中軍豎牛曰夫子固欲去之誣叔孫以媚季孫

經五年春王正月舍中軍襄十一年始立中軍○[舍]音捨傳同楚殺其大夫屈申書名罪之公如晉夏莒牟夷以牟婁及防茲來奔城陽平昌縣西南有防亭姑幕縣東北有茲亭秋七月公至自晉戊辰叔弓帥師敗莒師于蚡泉蚡泉魯地[蚡]扶粉反○秦伯卒無傳不書名未同盟冬楚子蔡侯陳侯許男頓子沈子徐人越人伐吳

傳五年春王正月舍中軍卑公室也罷中軍季孫稱左師孟氏稱右師叔孫氏則自以叔孫爲軍名毀中軍于施氏成諸臧氏季孫不欲親其議二家會諸大夫發毀置之計又取其令名初作中軍三分公室而各有其一三家各有一軍家屬季氏盡征之無所入於公叔孫氏臣其子弟以父兄歸公孟氏取其半焉復以子弟之半歸公及其舍之也四分公室季氏擇二簡擇取二分○二[分]扶運反或如字二子各一皆盡征之而貢于公國人盡屬三家三家隨時獻公而已以書使杜洩告於殯

告叔孫之柩。曰：子固欲毀中軍，既毀之矣，故告。杜洩曰：夫子唯不欲毀也，故盟諸僖閎，詛諸五父之衢。皆在襄十一年。受其書而投之，投擲也。帥士而哭之。痛叔孫之見誣。叔仲子謂季孫曰：帶受命於子叔孫曰，葬鮮者自西門。不以壽終爲鮮。西門非魯朝正門。〔鮮〕音仙，又思淺反。○季孫命杜洩。命使從西門。杜洩曰：卿喪自朝，魯禮也。從生存朝覲之正路。吾子爲國政，未改禮而又遷之。遷，易也。羣臣懼死，不敢自也。自，從也。既葬而行。善杜洩能辟禍。仲至自齊，聞喪而來。季孫欲立之。南遺曰：叔孫氏厚則季氏薄。彼實家亂，子勿與知，不亦可乎？南遺使國人助豎牛以攻諸大庫之庭。攻仲壬也。魯城內有大庭氏之虛，於其上作庫。○〔與〕音預。〔虛〕起居反。司宮射之，中目而死。豎牛取東鄙三十邑以與南遺。取叔孫氏邑。○〔射〕食亦反。昭子卽位，朝其家衆，曰：豎牛禍叔孫氏，使亂大從，使從於亂。大〔從〕如字。○殺適立庶，又披其邑，將以赦罪，披，析也。謂以邑與南遺。昭子不知豎牛餓殺其父，故但言其見罪。○〔披〕普彼反。〔見〕賢遍反。罪莫大焉，必速殺之。豎牛懼，奔齊。孟仲之子殺諸塞關之外，齊魯界上關。○〔塞〕悉代反。投其首於寧風之棘上。寧風，齊地。仲尼曰：叔孫昭子之不勞，不可能也。不以立己爲功勞，據其所言害之時，魯人不以餓死語昭子。周任有言曰：爲政者不賞私勞，不罰私怨。詩云：有覺德行，四國順之。詩大雅。覺，直也。言德行直則四方順從之。○〔任〕音壬。初，穆子之生也，莊叔以周易筮之，莊叔，穆子父得臣也。遇

明夷䷣離下坤上，明夷。之謙䷎，艮下坤上，謙。明夷初九變爲謙。以示卜楚丘。楚丘，卜人姓名。曰：是將行，行，出奔。而歸爲子祀。奉祭祀。以讒人入，其名曰牛，卒以餒死。明夷，日也。離爲日，夷，傷也。日明傷。日之數十，甲至癸。故有十時，亦當十位。自王已下，其二爲公，其三爲卿。日中當王，食時當公，平旦爲卿，雞鳴爲士，夜半爲皁，人定爲輿，黃昏爲隸，日入爲僚，晡時爲僕，日昳爲臺。隅中、日出闕不在第，尊王公，曠其位。○〔皁〕才早反。〔昳〕田結反。日上其中，日中盛明，故以當王。食日爲二，公位。旦日爲三，卿位。明夷之謙，明而未融，其當旦乎？融，明也。離在坤下，日在地中之象。又變爲謙，謙道卑退，故曰明而未融。日明未融，故曰其當旦乎。故曰爲子祀。莊叔，卿也。卜豹爲卿，故知爲子祀。日之謙當鳥，故曰明夷于飛。離爲日，爲鳥。離變爲謙，日光不足，故當鳥。鳥飛行，故曰于飛。明而未融，故曰垂其翼。於日爲未融，於鳥爲垂翼。象日之動，故曰君子于行。明夷初九，得位有應，君子象也。在明傷之世，居謙下之位，故將辟難而行。當三在旦，故曰三日不食。旦位在三，又非食時，故曰三日不食。離，火也；艮，山也。離爲火，火焚山，山敗。離、艮合體故。於人爲言。艮爲言。敗言爲讒。爲離所焚，故言敗。〔敗〕必邁反，又如字。○故曰有攸往，主人有言。言必讒也。離變爲艮，故言有所往。往而見燒，故主人有言。言而見敗，故必讒言。純離爲牛。易：離上離下，離畜牝牛吉，故言純離爲牛。世亂讒勝，勝將適離，故曰其名曰牛。離焚山則離勝，譬世亂則讒勝。山焚則離獨存，故知名牛也。豎牛非牝牛，故不吉。謙不足，飛不翔；謙道沖退，故飛不遠翔。垂不峻，翼不廣。峻，高也。翼垂下，故不能廣遠。故曰其爲子後乎。不遠翔，故知不遠去。吾子，亞卿也。抑少

不終旦日正卿之位莊叔父子世爲亞卿位不足以終盡卦體蓋引而致之楚子以屈申爲貳於吳乃殺之造生貳心以屈生爲莫敖生屈建子使與令尹子蕩如晉逆女過鄭鄭伯勞子蕩于氾勞屈生于菟氏氾菟氏皆鄭地○〔過〕古禾反〔勞〕力報反後皆同〔氾〕徐扶嚴反〔菟〕大胡反晉侯送女于邢丘子産相鄭伯會晉侯于邢丘傳言楚強諸侯畏敬其使公如晉即位而往見自郊勞至于贈賄往有郊勞去有贈賄無失禮揖讓之禮晉侯謂女叔齊曰魯侯不亦善於禮乎對曰魯侯焉知禮公曰何爲自郊勞至于贈賄禮無違者何故不知對曰是儀也不可謂禮禮所以守其國行其政令無失其民者也今政令在家在大夫不能取也有子家羈弗能用也羈莊公玄孫懿伯也奸大國之盟陵虐小國謂伐莒取鄆利人之難謂往年莒亂而取鄆○〔難〕乃旦反下竝同不知其私不自知有私難公室四分民食於他他謂三家也言魯君與民無異思莫在公不圖其終無爲公謀終始者〔思〕息吏反一如字○爲國君難將及身不恤其所禮之本末將於此乎在在恤民與憂國而屑屑焉習儀以亟言以習儀爲急言善於禮不亦遠乎君子謂叔侯於是乎知禮時晉侯亦失政叔齊以此諷諫○〔諷〕芳鳳反晉韓宣子如楚送女叔向爲介鄭子皮子大叔勞諸索氏河南城皐縣東有大索城○〔索〕悉洛反大叔謂叔向曰楚王汰侈已甚子其戒之叔向曰汰侈已甚身之災也焉能及人若奉吾幣帛慎

吾威儀守之以信行之以禮敬始而思終終無不復事皆可復行從而不失儀從順也敬而不失威道之以訓辭奉之以舊法考之以先王以先王之禮成其好度之以二國度晉楚之勢而行之○〔度〕待洛反雖汰侈若我何及楚楚子朝其大夫曰晉吾仇敵也苟得志焉無恤其他今其來者上卿上大夫也若吾以韓起爲閽刖足使守門以羊舌肸爲司宮加宮刑○〔肸〕許乙反足以辱晉吾亦得志矣可乎大夫莫對薳啓彊曰可苟有其備何故不可恥匹夫不可以無備況恥國乎是以聖王務行禮不求恥人朝聘有珪珪以爲信享頫有璋享饗也頫見也既朝聘而享見也臣爲君使執璋○〔頫〕他弔反又他彫反〔見〕賢遍反〔爲〕于僞反小有述職諸侯適天子曰述職大有巡功天子巡守曰巡功設机而不倚爵盈而不飲言務行禮宴有好貨宴飲以貨爲好衣服車馬在客所無○〔好〕去聲飧有陪鼎熟食爲飧陪加也加鼎所以厚殷勤○〔飧〕音孫入有郊勞賓至逆勞之於郊出有贈賄去則贈之以貨賄禮之至也國家之敗失之道也則禍亂興失朝聘宴好之道城濮之役在僖二十八年晉無楚備以敗於邲在宣十二年言兵禍始於城濮○〔邲〕皮必反邲之役楚無晉備以敗於鄢在成十六年○〔鄢〕於晚反自鄢以來晉不失備而加之以禮重之以睦君臣和也是以楚弗能報而求親焉既獲姻親又欲恥之以召寇讎備之若何言何以爲備誰其重此言重怨若有其人恥之可也謂有賢人以敵晉則

可恥之。若其未有，君亦圖之。晉之事君，臣曰可矣。求諸侯而麇至，麇，羣也。○[麇]丘隕反，又其郥反。求昏而薦女，薦，進也。君親送之，上卿及上大夫致之。猶欲恥之，君其亦有備矣。不然，柰何？韓起之下，趙成、中行吳、魏舒、范鞅、知盈，五卿位在韓起之下，皆三軍之將佐也。成，趙武之子。吳，荀偃之子。○[行]戶郎反。[鞅]於丈反。羊舌肸之下，祁午、張趯、籍談、女齊、梁丙、張骼、輔躒、苗賁皇，皆諸侯之選也。言非凡人。○[趯]他歷反。[骼]古百反，或音各。[躒]力狄反，又力各反。[賁]音肦。[選]去聲。韓襄爲公族大夫，韓須受命而使矣。襄，韓無忌子也，爲公族大夫。須，起之門子。年雖幼，已任出使。○[任]音壬。箕襄、邢帶、二人，韓氏族。叔禽、叔椒、子羽，皆韓起庶子。皆大家也。韓賦七邑，皆成縣也。成縣，賦百乘也。羊舌四族，皆彊家也。四族，銅鞮伯華、叔向、叔魚、叔虎，兄弟四人。○[鞮]丁兮反。晉人若喪韓起、楊肸，五卿八大夫五卿，趙成以下。八大夫，祁午以下。○[喪]息浪反。叔向本羊舌氏，食菜於楊。輔韓須、楊石，石，叔向子食我也。○[食]音嗣。因其十家九縣，韓氏七，羊舌氏四，而言十家，舉大數也。羊舌四家共二縣，故但言彊家。長轂九百，長轂，戎車也。縣百乘。[轂]古木反。○其餘四十縣，遺守四千，計遺守國者，尚有四千乘。奮其武怒，以報其大恥，伯華謀之，伯華，叔向兄。中行伯、魏舒帥之，伯，中行吳。其蔑不濟矣。君將以親易怨，失婚姻之親。實無禮以速寇，而未有其備，使羣臣往遺之禽，以逞君心，何不可之有？」王曰：「不穀之過也，大夫無辱。」謝遠啓彊。○[遺]唯季反。厚爲韓子禮。王欲敖叔向以其所不知，而不能，言叔向之多知。○[敖]五報反。亦厚其禮。韓起反，鄭伯勞諸圉，圉，鄭地名。辭不敢見，禮也。奉使君命未反，故。○[見]賢遍反。鄭罕虎如齊，娶於子尾氏。自爲逆也。晏子驟見之，陳桓子問其故，對曰：「能用善人，民之主也。」謂授子產政。夏，莒牟夷以牟婁及防、茲來奔。牟夷非卿而書，尊地也。尊，重也。重地，故書以名其人，終爲不義。莒人愬于晉。愬魯受牟夷。晉侯欲止公。范獻子曰：「不可。人朝而執之，誘也。討不以師，而誘以成之，惰也。爲盟主而犯此二者，無乃不可乎？請歸之，閒而以師討焉。」閒，暇也。○[誘]音酉。[閒]音閑。又如字。乃歸公。秋七月，公至自晉。莒人來討，討受牟夷。不設備。戊辰，叔弓敗諸蚡泉，莒未陳也。嫌君臣異，故重發例。冬十月，楚子以諸侯及東夷伐吳，以報棘、櫟、麻之役。役在四年。薳射以繁揚之師會於夏汭。會楚子。○[射]食夜反，又食亦反。越大夫常壽過帥師會楚子于瑣。瑣，楚地。○[過]古禾反。聞吳師出，薳啓彊帥師從之，從吳師也。遽不設備，吳人敗諸鵲岸。廬江舒縣有鵲尾渚。楚子以馹至於羅汭。馹，傳也。羅，水名。○[馹]人實反。吳子使其弟蹶由犒師，犒勞。○[蹶]居衛反。楚人執之，將以釁鼓。王使問焉，曰：「女卜來吉乎？」對曰：「吉。寡君聞君將治兵於敝邑，卜之以守龜，曰：『余亟使人犒師，請行以觀王怒之疾徐，而爲之備，尚克知之。』言吳令龜如此。○[女]音汝。[守]手又反，下同。龜兆告吉，曰：『克可知也。』君若驩焉，好逆使臣，滋敝邑休怠，休，解也。○[好]呼報反〔懈〕佳賣反而忘其死，亡無日矣。今君奮焉，震電馮怒，馮盛也。○〔馮〕皮冰反虐執使臣，將以釁鼓，則吳知所備矣。敝邑雖羸，若早脩完，完器備。○〔羸〕力危反其可以息師。息楚之御難易有備，可謂吉矣。且吳社稷是卜，豈爲一人？使臣獲釁軍鼓，而敝邑知備，以禦不虞，其爲吉孰大焉？國之守龜，其何事不卜？言常卜。○豈〔爲〕于僞反一臧一否，其誰能常之？城濮之兆，其報在邲。城濮戰，楚卜吉，其效乃在邲。○〔否〕悲矣反今此行也，其庸有報志？言吳有報楚意乃弗殺。楚師濟於羅汭，沈尹赤會楚子，次於萊山，薳射帥繁揚之師，先入南懷，楚師從之，及汝清，南懷、汝清皆楚界吳不可入。有備楚子遂觀兵於坻箕之山。觀示也。○〔坻〕直夷反是行也，吳早設備，楚無功而還，以蹶由歸。楚子懼吳，使沈尹射待命于巢，薳啓彊待命于雩婁，禮也。善有備。○〔雩〕音于。〔婁〕力侯反，又力俱反秦后子復歸於秦，元年奔晉景公卒故也。終五稔之言

經六年春王正月，杞伯益姑卒。再同盟葬秦景公。夏，季孫宿如晉。葬杞文公。無傳宋華合比出奔衛。合比事君不以道，自取奔亡，書名罪之。○〔華〕戶化反。〔比〕如字○秋九月，大雩。楚薳罷帥師伐吳。○〔罷〕音皮冬，叔弓如楚。齊侯伐北燕。

傳六年春王正月，杞文公卒，弔如同盟，禮也。魯怨杞因晉取其田，而今不廢喪紀，故禮之大夫如秦葬景公，禮也。合先王士弔大夫送葬之禮

三月，鄭人鑄刑書。鑄刑書於鼎，以爲國之常法叔向使詒子產書，詒，遺也。○〔遺〕唯季反曰：始吾有虞於子，虞，度也。言準度子產以爲己法。○〔度〕音鐸，下同今則已矣。已，止也昔先王議事以制，不爲刑辟，懼民之有爭心也。臨事制刑，不豫設法也。法豫設則民知爭端。○〔辟〕婢亦反，下同猶不可禁禦，是故閑之以義，閑，防也糾之以政，糾，舉也行之以禮，守之以信，奉之以仁，奉，養也制爲祿位以勸其從，勸從教嚴斷刑罰以威其淫。淫，放也。○〔斷〕丁亂反，下同懼其未也，故誨之以忠，聳之以行，聳，懼也。○〔行〕下孟反教之以務，時所急使之以和，說以使民臨之以敬，涖之以彊，施之於事爲涖斷之以剛，義斷恩猶求聖哲之上，明察之官，上，公王也。官，卿大夫也忠信之長，慈惠之師，民於是乎可任使也，而不生禍亂。民知有辟，則不忌於上，權移於法，故民不畏上並有爭心，以徵於書，而徼幸以成之，因危文以生爭，緣徼幸以成其巧僞。○〔徼〕古堯反弗可爲矣。爲，治也夏有亂政而作禹刑，商有亂政而作湯刑，夏商之亂，著禹湯之法，言不能議事以制周有亂政而作九刑，周之衰亦爲刑書，謂之九刑三辟之興，皆叔世也。言刑書不起於始盛之世今吾子相鄭國，作封洫，在襄三十年。○〔洫〕況域反立謗政，作丘賦在四年制參辟，鑄刑書，制參辟，謂用三代之末法將以靖民，不亦難乎？詩曰：儀式刑文王之德，日靖四方。詩頌。言文王以德爲儀式，故能日有安靖四方之功。刑，法也又曰：儀刑文王，萬邦作孚。詩大雅。言文王作儀法，爲天下所信。孚，信也如是，何辟之有？言詩

唯以德與信不以刑也 民知爭端矣將弃禮而徵於書 以刑書為徵 錐刀之末將盡爭之 錐刀末喻小事 亂獄滋豐賄賂竝行終子之世鄭其敗乎肸聞之國將亡必多制 數改法 其此之謂乎復書曰若吾子之言 復報也 僑不才不能及子孫吾以救世也既不承命敢忘大惠 以見箴戒為惠 士文伯曰火見鄭其火乎 火心星周五月昏見○見音現 火未出而作火以鑄刑器 刑器鼎也 藏爭辟焉火如象之不火何為 象類也同氣相求火未出而用火相感而致災 夏季孫宿如晉拜莒田也 謝前年受牟夷邑不見討 晉侯享之有加籩 籩豆之數多於常禮 武子退使行人告曰小國之事大國也苟免於討不敢求貺 貺賜也 得貺不過三獻 周禮大夫三獻 今豆有加下臣弗堪無乃戾也 懼以不堪為罪 韓宣子曰寡君以為驩也 以加禮致驩心 對曰寡君猶未敢 未敢當此加也 況下臣君之隸也敢聞加貺固請徹加而後卒事晉人以為知禮重其好貨 宴好之貨○好去聲 宋寺人柳有寵 有寵於平公○柳寺人名 大子佐惡之華合比曰我殺之 欲以求媚大子○惡烏路反 柳聞之乃坎用牲埋書 詐為盟處 而告公曰合比將納亡人之族 亡人華臣也襄十七年奔衛 既盟于北郭矣公使視之有焉遂逐華合比合比奔衛於是華亥欲代右師 亥合比弟欲得合比處 乃與寺人柳比從為之徵曰聞之久矣 聞合比欲納華臣○柳比毗志反 公使代之 代合比為右師 見於左師 左師向戌○見賢遍反又如字 左師曰女夫也必亡 女夫謂華亥○女音汝下同 女喪而宗室於人何有人亦於女何有 言人亦不能愛女○喪息浪反 詩曰宗子維城毋俾城壞毋獨斯畏 詩大雅言宗子之固若城俾使也 女其畏哉 為二十年華亥出奔傳 六月丙戌鄭災 終士文伯之言 楚公子弃疾如晉報韓子也 報前年送女 過鄭鄭罕虎公孫僑游吉從鄭伯以勞諸柤辭不敢見 不敢當國君之勞柤鄭地○過如字又平聲從去聲或如字勞去聲柤音查見賢遍反 固請見之見如見王 見鄭伯如見楚王言弃疾共而有禮 以其乘馬八匹私面 私見鄭伯○乘去聲 見子皮如上卿 如見楚卿 以馬六匹見子產以馬四匹見子大叔以馬二匹 降殺以兩○殺所界反 ○禁芻牧採樵不入田 不犯田種 不樵樹不采蓺 蓺種也 不抽屋不強匄誓曰有犯命者君子廢小人降 君子則廢黜不得居位小人則退給下劇也○匄音蓋 舍不為暴主不慁賓 慁患也○慁戶困反 往來如是鄭三卿皆知其將為王也 三卿罕虎公孫僑游吉 韓宣子之適楚也楚人弗逆公子弃疾及晉竟晉侯將亦弗逆叔向曰楚辟我衷 辟邪也衷正也○竟音境辟匹亦反衷音忠 若何效辟詩曰爾之教矣民胥效矣 詩小雅言上教下效 從我而已焉用效人之辟書曰聖作則 逸書則法也 無寧以善人為則 無寧寧也 而則人之辟乎匹夫為善民猶則之況國君乎晉侯說乃逆之 傳言叔向知禮 秋九月大雩旱也徐儀楚聘于楚 儀楚徐大夫 楚子

執之逃歸懼其叛也使薳洩伐徐 薳洩楚大夫 吳人救之令尹子蕩帥師伐吳師于豫章而次于乾谿 乾谿在譙國城父縣南楚東竟 吳人敗其師於房鍾 房鍾吳地 獲宮廄尹弃疾 鬭韋龜之父 子蕩歸罪於薳洩而殺之 歸罪於薳洩不以敗告故不書 冬叔弓如楚聘且弔敗也 弔為吳所敗 十一月齊侯如晉請伐北燕也 告盟主 士匄相士鞅逆諸河禮也 士匄晉大夫相為介得敬逆來者之禮○〔匄〕古害反 晉侯許之十二月齊侯遂伐北燕將納簡公 簡公北燕伯三年出奔齊 晏子曰不入燕有君矣民不貳吾君賄左右諂諛作大事不以信未嘗可也 為明年暨齊平傳

經七年春王正月暨齊平 暨與也燕與齊平前年冬齊伐燕閒無異事故不重言燕從可知 三月公如楚叔孫婼如齊涖盟 無傳公將遠適楚故叔孫如齊尋舊好○〔婼〕敕略反又音釋 夏四月甲辰朔日有食之秋八月戊辰衛侯惡卒 元年大夫盟于虢 九月公至自楚冬十有一月癸未季孫宿卒十有二月癸亥葬衛襄公

傳七年春王正月暨齊平齊求之也 齊伐燕燕人賂之反從求平如晏子言 癸巳齊侯次于虢 虢燕竟 燕人行成曰敝邑知罪敢不聽命先君之敝器請以謝罪 敝器瑤甕玉櫝之屬 公孫晳曰受服而退俟釁而動可也 晳齊大夫 二月戊午盟于濡上 濡水出高陽縣東北至河閒鄚縣入易水○〔濡〕音須又女于反 燕人歸燕姬 嫁女與齊侯 賂以瑤甕玉櫝斝耳不克而還 瑤玉也櫝匱也斝耳玉爵○〔斝〕古雅反一音嫁 楚子之為令尹也為王旌以田 析羽為旌王旌游至於軫○〔游〕音留 芋尹無宇斷之曰一國兩君其誰堪之及即位為章華之宮納亡人以實之 章華南郡華容縣○〔芋〕于付反〔斷〕音短 ○無宇之閽入焉 有罪亡入章華宮 無宇執之有司弗與 王有司也 曰執人於王宮其罪大矣執而謁諸王 執無宇也 王將飲酒 遇其歡也 無宇辭曰天子經略 經營天下略有四海故曰經略 諸侯正封 封疆有定分 古之制也封略之內何非君土食土之毛誰非君臣 毛草也 故詩曰普天之下莫非王土率土之濱莫非王臣 詩小雅濱涯也 天有十日 甲至癸 人有十等 王至臺 下所以事上上所以共神也故王臣公公臣大夫大夫臣士士臣皁皁臣輿輿臣隸隸臣僚僚臣僕僕臣臺馬有圉牛有牧 養馬曰圉養牛曰牧○〔共〕音恭 以待百事今有司曰女胡執人於王宮將焉執之周文王之法曰有亡荒閱 荒大也閱蒐也有亡人當大蒐其眾 所以得天下也吾先君文王 楚文王 作僕區之法 僕區刑書名○僕〔區〕烏侯反僕隱也區匿也 曰盜所隱器 隱盜所得器 與盜同罪所以封汝也 行善法故能啓疆北至汝水 若從有司是無所執逃臣也逃而舍之是無陪臺也 言皆將逃 王事無乃闕乎昔武王數紂之罪以告諸侯曰紂為天下逋逃主萃淵藪 萃集也天下逋逃悉以紂為淵藪集而歸之 故夫致死焉 人欲致死討紂○〔夫〕音扶又方于反 君王始求諸侯而則紂無乃不

可乎若以二文之法取之盜有所在矣（言王亦為盜）王曰取而臣以往（往，去也）盜有寵未可得也（盜有寵王自謂為葬靈王張本）遂赦之（赦無宇）楚子成章華之臺願與諸侯落之（宮室始成祭之為落臺今在華容城內）大宰薳啓彊曰臣能得魯侯薳啓彊來召公辭曰昔先君成公命我先大夫嬰齊曰吾不忘先君之好將使衡父照臨楚國鎮撫其社稷以輯寧爾民嬰齊受命于蜀（蜀盟在成二年衡父公衡）奉承以來弗敢失隕而致諸宗祧（言奉成公此語以告宗廟）日我先君共王引領北望日月以冀（冀魯朝○〔共〕音恭）○傳序相授於今四王矣（四王共康郟敖及靈王）嘉惠未至唯襄公之辱臨我喪（襄公二十八年如楚）（臨康王喪）孤與其二三臣悼心失圖（在哀喪故）社稷之不皇況能懷思君德（皇暇也言有大喪多不暇）今君若步玉趾辱見寡君（趾足也）寵靈楚國以信蜀之役致君之嘉惠是寡君既受貺矣何蜀之敢望（言但欲使君來不敢望如蜀復有質子○〔復〕去聲〔質〕音致下同）其先君鬼神實嘉賴之豈唯寡君君若不來使臣請問行期（問魯見伐之期）寡君將承質幣而見于蜀以請先君之貺（請問也〔見〕音現）○公將往夢襄公祖（祖祭道神）梓慎曰君不果行襄公之適楚也夢周公祖而行今襄公實祖君其不行子服惠伯曰行先君未嘗適楚故周公祖以道之襄公適楚矣而祖以道君不行何之三月公如楚鄭伯勞于師之梁（鄭城門〔勞〕去聲）○孟僖子為介不能相儀（僖子仲孫貜○〔貜〕俱縛反）及楚不能荅郊勞（為下僖子病不能相禮張本）夏四月甲辰朔日有食之晉侯問於士文伯曰誰將當日食對曰魯衛惡之（受其凶惡○〔惡〕之如字或去聲）衛大魯小公曰何故對曰去衛地如魯地（衛地豕韋也魯地降婁也日食於豕韋之末及降婁之始乃息故禍在衛大在魯小周四月今二月故日在降婁○〔降〕戸江反）於是有災魯實受之（災發於衛而魯受其餘禍）其大咎其衛君乎魯將上卿（八月衛侯卒十一月季孫宿卒）公曰詩所謂彼日而食于何不臧者何也（感日食而問詩）對曰不善政之謂也國無政不用善則自取讁于日月之災（讁譴也）故政不可不慎也務三而已一曰擇人（擇賢人）二曰因民（因民所利而利之）三曰從時（順四時之所務）晉人來治杞田（前女叔侯不盡歸今公適楚晉人恨故復來治杞田）季孫將以成與之（成孟氏邑本杞田）謝息為孟孫守不可（謝息僖子家臣○〔為〕去聲下同〔守〕音狩守臣同）曰人有言曰雖有挈缾之知守不假器禮也（挈缾汲者喻小知為人守器猶知不以借人○〔知〕音智）夫子從君而守臣喪邑（夫子謂孟僖子從公如楚○〔喪〕去聲）雖吾子亦有猜焉（言季孫亦將疑我不忠）季孫曰君之在楚於晉罪也（言晉罪君之至楚）又不聽晉魯罪重矣晉師必至吾無以待之不如與之閒晉而取諸杞（晉閒隙可復伐杞取之○〔閒〕如字）吾與子桃（魯國卞縣東南有桃虛）成反誰敢有之是得二成也魯無憂而孟孫益邑子何病焉。辭以無山，與之萊、柞。（萊、柞，二山。○〔萊〕音來。〔柞〕子洛反，又音昨。）乃還于桃。（謝息遷也。）晉人爲杞取成。（不書，非公命。）楚子享公于新臺，（章華臺也。）使長鬣者相。（鬣，鬚也。欲先夸魯侯。○〔鬣〕力輒反。〔相〕去聲。）好以大屈。（宴好之賜。大屈，弓名。○〔好〕呼報反。〔屈〕居勿反。）既而悔之。薳啓彊聞之，見公。公語之，拜賀。公曰：何賀？對曰：齊與晉、越欲此久矣。寡君無適與也，而傳諸君。君其備禦三鄰，（言齊、晉、越將伐魯而取之。○〔見〕賢遍反。〔語〕魚據反。〔適〕丁歷反。）慎守寶矣，敢不賀乎？公懼，乃反之。（傳言楚靈不信，所以不終。）鄭子產聘于晉。晉侯有疾，韓宣子逆客，私焉，（私語。）曰：寡君寢疾，於今三月矣，竝走羣望，（晉所望祀山川，皆走往祈禱。）有加而無瘳。今夢黃熊入於寢門，其何厲鬼也？對曰：以君之明，子爲大政，其何厲之有？昔堯殛鯀于羽山，（羽山在東海祝其縣西南。○〔熊〕音雄，獸名。亦作能，如字，一音奴來反。三足鼈也。解者云：獸非入水之物，故知爲鼈也。說文云：能，熊屬。）其神化爲黃熊，以入于羽淵，實爲夏郊，三代祀之。（鯀，禹父。夏家郊祭之，歷殷、周，二代又通在羣神之數，并見祀。）晉爲盟主，其或者未之祀也乎？（言周衰，晉爲盟主，得佐天子祀羣神。）韓子祀夏郊。（祀鯀。）晉侯有閒。（閒，差也。○〔差〕初賣反。）賜子產莒之二方鼎。（方鼎，莒所貢。）子產爲豐施歸州田於韓宣子，（豐施，鄭公孫段之子。三年，晉以州田賜段。○〔爲〕于僞反。）曰：日君以夫公孫段爲能任其事，而賜之州田。今無祿早世，不獲久享君德。其子弗敢有，不敢以聞於君，私致諸子。（此年正月，公孫段卒。○〔夫〕音扶。〔任〕音壬。下同。）宣子辭。

子產曰：古人有言曰：其父析薪，其子弗克負荷。（荷，擔也。以微薄喻貴重。○〔荷〕河可反。〔擔〕丁甘反。）施將懼不能任其先人之祿，其況能任大國之賜？縱吾子爲政而可，後之人若屬有疆場之言，敝邑獲戾，（恐後代宣子者，將以鄭取晉邑罪鄭。○〔屬〕音燭。）而豐氏受其大討。吾子取州，是免敝邑於戾，而建置豐氏也。敢以爲請。（傳言子產貞而不諒。）宣子受之，以告晉侯。晉侯以與宣子。宣子爲初言，病有之，（初言，謂與趙文子爭州田。）以易原縣於樂大心。（樂大心，宋大夫。原，晉邑，以賜樂大心。）鄭人相驚以伯有，曰：伯有至矣！則皆走，不知所往。（襄三十年，鄭殺伯有。言其鬼至。）鑄刑書之歲二月，（在前年。）或夢伯有介而行，（介，甲也。）曰：壬子，余將殺帶也。（駟帶助子晳殺伯有。壬子，六年三月三日。）明年壬寅，余又將殺段也。（公孫段，豐氏黨。壬寅，此年正月二十八日。）及壬子，駟帶卒，國人益懼。齊、燕平之月，（此年正月。）壬寅，公孫段卒，國人愈懼。其明月，子產立公孫洩及良止以撫之，乃止。（公孫洩，子孔之子也。襄十九年，鄭殺子孔。良止，伯有子也。立以爲大夫，使有宗廟。）子大叔問其故。子產曰：鬼有所歸，乃不爲厲，吾爲之歸也。大叔曰：公孫洩何爲？（子孔不爲厲，問何爲復立洩。）子產曰：說也。爲身無義而圖說，（伯有無義，以妖鬼故立之，恐惑民，并立洩，使若自以大義存誅絕之後者，以解說民心。○〔說〕如字，下同。又始銳反。）從政有所反之，以取媚也。（民不可使知之，故治政或當反道以求媚於民。）不媚不信，（說而後信之。）不信，民不從也。及子產適晉，趙景子問焉，（景子，晉中軍佐趙成曰伯有猶能爲鬼乎子產曰能人生始化曰魄魄形也既生魄陽曰魂陽神氣也用物精多則魂魄強物權勢是以有精爽至於神明爽明也匹夫匹婦強死其魂魄猶能馮依於人以爲淫厲強死不病也人謂匹夫匹婦賤身○〔強〕其丈反下同況良霄我先君穆公之胄子良之孫子耳之子敝邑之卿從政三世矣鄭雖無腆腆厚也○子良公子去疾生子耳公孫輒輒生伯有良霄三世爲鄭卿抑諺曰蕞爾國蕞小貌○〔蕞〕在最反而三世執其政柄其用物也弘矣其取精也多矣其族又大所馮厚矣良霄魂魄所馮者貴重而強死能爲鬼不亦宜乎傳言子產之博敏子皮之族飲酒無度相尚以奢相困以酒故馬師氏與子皮氏有惡馬師氏公孫鉏之子罕朔也襄三十年馬師頡出奔公孫鉏代之爲馬師與子皮俱同一族齊師還自燕之月在此年二月罕朔殺罕魋魋子皮弟罕朔奔晉韓宣子問其位於子產問朔可使在何位子產曰君之羈臣苟得容以逃死何位之敢擇卿違從大夫之位謂以禮去者降位一等罪人以其罪降罪重則降多古之制也朔於敝邑亞大夫也其官馬師也大夫位馬師職獲戾而逃唯執政所寘之得免其死爲惠大矣又敢求位宣子爲子產之敏也使從嬖大夫爲子產故使降一等不以罪降○〔爲〕于僞反秋八月衛襄公卒晉大夫言於范獻子曰衛事晉爲睦睦和也晉不禮焉庇其賊人而取其地賊人孫林父其地戚也故諸侯貳詩曰鶺鴒在原兄弟急難詩小雅鶺鴒雝渠也飛則鳴行則搖喻兄弟相救於急難不可自舍○〔難〕如字又乃旦反又曰死喪之威兄弟孔懷威畏也言有死喪則兄弟宜相懷思兄弟之不睦於是乎不弔不相弔恤況遠人誰敢歸之今又不禮於衛之嗣嗣新君也衛必叛我是絕諸侯也獻子以告韓宣子宣子說使獻子如衛弔且反戚田傳言戚田所由還衛○〔說〕音悅衛齊惡告喪于周且請命王使成簡公如衛弔簡公王卿士也且追命襄公曰叔父陟恪在我先王之左右以佐事上帝陟登也恪敬也帝天也叔父謂襄公命如今之哀策余敢忘高圉亞圉二圉周之先也爲殷諸侯亦受殷王追命者九月公至自楚孟僖子病不能相禮不能相儀答郊勞以此爲己病乃講學之講習也苟能禮者從之及其將死也二十四年孟僖子卒傳終言之召其大夫僖子屬大夫曰禮人之幹也無禮無以立吾聞將有達者曰孔丘僖子卒時孔丘年三十五聖人之後也聖人殷湯而滅於宋孔子六代祖孔父嘉爲宋督所殺其子奔魯其祖弗父何以有宋而授厲公弗父何孔父嘉之高祖宋閔公之子厲公之兄何適嗣當立以讓厲公及正考父弗父何之曾孫佐戴武宣三人皆宋君三命茲益共三命上卿也言位高益共故其鼎銘云考父廟之鼎一命而僂再命而傴三命而俯俯共於傴傴共於僂〔僂〕力主反〔傴〕紆羽反○循牆而走言不敢安行亦莫余敢侮其共如是人亦不敢侮之饘於是鬻於是以餬余口於是鼎中爲饘鬻饘鬻餬屬言至儉○〔饘〕之然反〔鬻〕之六反其共也如是臧孫紇

有言紇武仲也曰聖人有明德者若不當世其後必有達
人聖人之後有明德而不當大位謂正考父今其將在孔丘乎我若獲沒
得以壽終必屬說與何忌於夫子使事之說南宮敬叔何忌孟懿子皆僖
子之子○〔屬〕音燭〔說〕音悅而學禮焉以定其位知禮則位安故孟懿子
與南宮敬叔師事仲尼仲尼曰能補過者君子也詩
曰君子是則是效詩小雅孟僖子可則效已矣單獻公
弃親用羈獻公周卿士單靖公之子頃公之孫羈寄客也○〔單〕音善冬十月辛酉
襄頃之族殺獻公而立成公襄公頃公之父成公獻公弟○〔頃〕音傾十
一月季武子卒晉侯謂伯瑕伯瑕士文伯曰吾所問日食
從矣可常乎衛侯武子皆卒故對曰不可六物不同各異時民
心不壹政教殊事序不類有變易官職不則治官居職非一法同
始異終胡可常也詩曰或燕燕居息或憔悴事國詩小
雅言不同○〔憔〕在遙反詩作盡其異終也如是公曰何謂六物對曰
歲時日月星辰是謂也公曰多語寡人辰而莫同何
謂辰對曰日月之會是謂辰一歲日月十二會所會謂之辰○〔語〕魚據反
故以配日以子丑配甲乙衛襄公夫人姜氏無子姜氏宣姜嬖
人婤姶生孟縶孔成子夢康叔謂己立元成子衛卿孔達之孫
烝鉏也元孟縶弟夢時元未生○〔婤〕音周又直周反〔姶〕烏荅反〔縶〕張立反余使羈之孫圉
與史苟相之羈烝鉏子苟史朝子史朝亦夢康叔謂己余將命
而子苟與孔烝鉏之曾孫圉相元史朝見成子告之

夢夢協協合也晉韓宣子爲政聘于諸侯之歲在二年婤
姶生子名之曰元孟縶之足不良弱行跛也孔成子以
周易筮之曰元尚享衛國主其社稷令蓍辭遇屯䷂
震下坎上屯又曰余尚立縶尚克嘉之嘉善也遇屯䷂之
比䷇坤下坎上比屯初九爻變○〔比〕音鼻以示史朝史朝曰元亨又
何疑焉周易曰屯元亨成子曰非長之謂乎言屯之元亨謂年長非謂名元
○〔長〕丁丈反下同對曰康叔名之可謂長矣善之長也孟非人也
將不列於宗不可謂長足跛非全人不可列爲宗主且其繇曰利
建侯繇卦辭○〔繇〕直又反嗣吉何建建非嗣也嗣子有常位故無所卜又無所
建今以位不定卜嗣得吉則當從吉而建之也二卦皆云謂再得屯卦皆有建侯之文子
其建之康叔命之二卦告之筮襲於夢武王所用也
弗從何爲外傳云大誓曰朕夢協朕卜襲于休祥戎商必克此武王辭弱足者居
跛則偏弱居其家不能行侯主社稷臨祭祀奉民人事鬼神從會
朝又焉得居各以所利不亦可乎孟跛利居元吉利建故孔成
子立靈公十二月癸亥葬衛襄公靈公元也

春秋經傳集解昭公二第二十一

春秋經傳集解昭公三第二十二

杜氏註　盡十二年

經八年春陳侯之弟招殺陳世子偃師以首惡從殺例故稱弟又稱世子○[招]常遙反夏四月辛丑陳侯溺卒襄二十七年大夫盟于宋○[溺]乃歷反叔弓如晉楚人執陳行人于徵師殺之稱行人明非行人罪陳公子留出奔鄭留爲招所立未成君而出奔秋蒐于紅革車千乘不言大者經文闕也紅魯地沛國蕭縣西有紅亭遠疑○[沛]音貝陳人殺其大夫公子過與招共殺偃師書名罪之○[過]古禾反大雩無傳不旱而秋雩過也冬十月壬午楚師滅陳不稱將帥不以告壬午月十八日執陳公子招放之于越無傳復稱公子兄已卒○[復]扶又反殺陳孔奐無傳招之黨楚殺之○[奐]呼亂反葬陳哀公嬖人袁克葬之魯往會故書

傳八年春石言于晉魏榆魏榆晉地晉侯問於師曠曰石何故言對曰石不能言或馮焉謂有精神馮依石而言不然民聽濫也濫失也○[濫]力暫反抑臣又聞之曰抑疑辭作事不時怨讟動于民則有非言之物而言今宮室崇侈民力彫盡彫傷也怨讟竝作莫保其性性命也民不敢自保其性命石言不亦宜乎於是晉侯方築虒祁之宮虒祁地名在絳西四十里臨汾水○[虒]音斯叔向曰子野之言君子哉子野師曠字君子之言信而有徵故怨遠於其身怨咎遠其身也○[遠]于萬反小人之言僭而無徵故怨咎及之詩曰哀哉不能言匪舌是出唯躬是瘁詩小雅也不能言謂不知言理以僭言見退者其言非不從舌出以僭而無信自取瘁病故哀之○[出]如字又尺遂反哿矣能言巧言如流俾躬處休其是之謂乎哿嘉也巧言如流謂非正言而順敘以聽言見答者言其可嘉以信而有徵自取安逸師曠此言緣問流轉終歸于諫故以比巧言如流也當叔向時詩義如此故與今說詩者小異○[哿]古可反是宮也成諸侯必叛君必有咎夫子知之矣謂十年晉侯彪卒傳陳哀公元妃鄭姬生悼大子偃師元妃嫡夫人也二妃生公子留下妃生公子勝二妃嬖留有寵屬諸司徒招與公子過招過皆哀公弟也○[屬]音燭哀公有癈疾○[癈]甫肺反三月甲申公子招公子過殺悼大子偃師而立公子留夏四月辛亥哀公縊憂恚自殺經書辛丑從赴○[恚]一睡反于徵師赴于楚于徵師陳大夫且告有立君公子勝愬之于楚以招過殺偃師告愬也楚人執而殺之殺于徵師公子留奔鄭書曰陳侯之弟招殺陳世子偃師罪在招也楚人執陳行人于徵師殺之罪不在行人也疑爲招赴楚當同罪故重發之叔弓如晉賀虒祁也賀宮成游吉相鄭伯以如晉亦賀虒祁也史趙見子大叔曰甚哉其相蒙也蒙欺也○[相]息亮反下相吾室同可弔也而又賀之子大叔曰若何弔也其非唯我賀將天下實賀言諸侯長晉非獨鄭秋大蒐于紅自根牟至于商衛革車千乘大蒐數軍實簡車馬也根牟魯東界琅邪陽都縣有牟鄉商宋地魯西竟接宋衛也言千乘明大蒐且見魯衆之大數也七月甲戌齊子尾卒子旗欲治其室子旗

欒施也欲并治子尾之家政丁丑殺梁嬰梁嬰子尾家宰八月庚戌逐子成子工子車三子齊大夫子尾之屬子成頃公子固也子工成之弟鑄也子車頃公之孫捷也皆來奔不書非卿而立子良氏之宰子良子尾之子高彊也子旗爲子良立宰其臣曰孺子長矣孺子謂子良而相吾室欲兼我也兼并也授甲將攻之陳桓子善於子尾亦授甲將助之或告子旗子旗不信則數人告將往又數人告於道遂如陳氏桓子將出矣聞之而還聞子旗至游服而逆之去戎備著常游戲之服請命問桓子所至對曰聞彊氏授甲將攻子子聞諸曰弗聞子盍亦授甲無宇請從無宇桓子名○[從]才用反子旗曰子胡然彼孺子也吾誨之猶懼其不濟吾又寵秩之謂爲之立宰其若先人何子盍謂之謂之使無攻我周書曰惠不惠茂不茂周書康誥也言當施惠於不惠者勸勉於不勉者茂勉也康叔所以服弘大也服行也桓子稽顙曰頃靈福子頃公靈公欒氏所事之君吾猶有望望子旗惠及己遂和之如初和欒高二家陳公子招歸罪於公子過而殺之言招所以不死而得放九月楚公子弃疾帥師奉孫吳圍陳孫吳悼大子偃師之子惠公宋戴惡會之戴惡宋大夫冬十一月壬午滅陳壬午十月十八日傳言十一月誤輿嬖袁克殺馬毀玉以葬輿衆也袁克嬖人之貴者欲以非禮厚葬哀公楚人將殺之請寘之寘馬玉既又請私私盡君臣恩私於幄加絰於顙而逃幄帳也逃不欲爲楚臣○[絰]直結反使穿封戌爲陳公戌楚大夫滅陳爲縣

使戌爲縣公曰城麇之役不諂城麇役在襄二十六年戌與靈王爭皇頡○[麇]九倫反侍飲酒於王王曰城麇之役女知寡人之及此女其辟寡人乎及此謂爲王○[女]音汝對曰若知君之及此臣必致死禮以息楚息寧靜也晉侯問於史趙曰陳其遂亡乎對曰未也公曰何故對曰陳顓頊之族也陳祖舜舜出顓頊歲在鶉火是以卒滅陳將如之顓頊氏以歲在鶉火而滅火盛而水滅今在析木之津猶將復由箕斗之閒有天漢故謂之析木之津由用也且陳氏得政于齊而後陳卒亡物莫能兩盛自幕至于瞽瞍無違命幕舜之先瞽瞍舜父從幕至瞽瞍無違天命廢絕者舜重之以明德寘德於遂遂舜後蓋殷之興存舜之後而封遂言舜德乃至於遂遂世守之及胡公不淫故周賜之姓使祀虞帝胡公滿遂之後也事周武王賜姓曰嬀封諸陳紹舜後臣聞盛德必百世祀虞之世數未也繼守將在齊其兆既存矣言陳氏興盛於齊形兆已見

經九年春叔弓會楚子于陳以事往非行會禮許遷于夷許畏鄭欲遷故以自遷爲文夏四月陳災天火曰災陳既已滅降爲楚縣而書陳災者猶晉之梁山沙鹿崩不書晉災害繫於所災所害故以所在爲名秋仲孫貜如齊○[貜]俱縛反

冬築郎囿

傳九年春叔弓宋華亥鄭游吉衛趙黶會楚子于陳楚子在陳故四國大夫往非盟主所召不行會禮故不總書○[黶]於減反二月庚申楚公子弃疾遷許于夷實城父此時改城父爲夷故傳實之城父縣屬譙郡取

州來淮北之田以益之。益許田。伍舉授許男田。然丹遷城父人於陳，以夷濮西田益之。以夷田在濮水西者與城父人。遷方城外人於許。成十五年，許遷於葉，因謂之許。今許遷於夷，故以方城外人實其處。傳言靈王使民不安。〔葉〕始涉反。○周甘人與晉閻嘉爭閻田。甘人，甘大夫襄也。閻嘉，晉閻縣大夫。晉梁丙、張趯率陰戎伐潁。陰戎，陸渾之戎。潁，周邑。○〔趯〕他歷反。王使詹桓伯辭於晉，辭，責讓之。桓伯，周大夫。曰：我自夏以后稷，魏、駘、芮、岐、畢，吾西土也。在夏世以后稷功，受此五國，為西土之長。駘在始平武功縣所治斄城。岐在扶風美陽縣西北。○〔駘〕他來反。〔芮〕如銳反。〔斄〕他來反，一力之反。及武王克商，蒲姑、商奄，吾東土也。樂安博昌縣北有蒲姑城。〔蒲〕如字，又音薄。〔奄〕於檢反。○巴、濮、楚、鄧，吾南土也。肅慎、燕、亳，吾北土也。肅慎，北夷，在玄菟北三千餘里。吾何邇封之有？邇，近也。文、武、成、康之建母弟，以蕃屏周，亦其廢隊是為，為後世廢隊，兄弟之國當救濟之。○〔隊〕音墜。〔為〕去聲。豈如弁髦而因以敝之？童子垂髦，始冠必三加冠，成禮而弃其始冠，故言弁髦因以敝之。弁亦冠也。○始〔冠〕去聲。先王居檮杌于四裔，以禦螭魅。言檮杌，略舉四凶之一。下言四裔，則三苗在其中。故允姓之姦居于瓜州。允姓，陰戎之祖，與三苗俱放三危者。瓜州，今敦煌。伯父惠公歸自秦，而誘以來。僖十五年，晉惠公自秦歸。二十二年，秦晉遷陸渾之戎於伊川。使偪我諸姬，入我郊甸，則戎焉取之。邑外為郊，郊外為甸，言戎取周郊甸之地。○〔焉〕於虔反，又如字。戎有中國，誰之咎也？咎在晉。后稷封殖天下，今戎制之，不亦難乎？后稷修封疆，殖五穀，今戎得之，唯以畜牧。伯父圖之。我在伯父，猶衣服之有冠冕，

木水之有本原，民人之有謀主也。民人謀主，宗族之師長。伯父若裂冠毀冕，拔本塞原，專弃謀主，雖戎狄其何有余一人？伯父猶然，則雖戎狄無所可責。晉率陰戎伐周邑，故云然。叔向謂宣子曰：文之伯也，豈能改物？言文公雖霸，未能改正朔，易服色。○〔伯〕如字，又音霸。翼戴天子，而加之以共。翼，佐也。自文以來，世有衰德，而暴滅宗周，宗周，天子。以宣示其侈，諸侯之貳，不亦宜乎？且王辭直，子其圖之。宣子說。王有姻喪，外親之喪。○〔說〕音悅。使趙成如周弔，且致閻田與襚，襚，送死衣。反潁俘。王亦使賓滑執甘大夫襄以說於晉，晉人禮而歸之。賓滑，周大夫。○〔說〕如字，又音悅。○夏四月，陳災。鄭裨竈曰：五年，陳將復封，封五十二年而遂亡。子產問其故，對曰：陳，水屬也。陳，顓頊之後，故為水屬。○〔復〕扶又反，下同。火，水妃也。火畏水，故為之妃。○〔妃〕平聲，一音配。而楚所相也。相，治也。楚之先祝融為高辛氏火正，主治火事。○〔相〕息亮反。今火出而火陳，火，心星也。火出於周為五月，而以四月出者，以長曆推前年誤置閏。逐楚而建陳也。水得妃而興，陳興則楚衰，故曰逐楚而建陳。妃以五成，故曰五年。妃，合也。五行各相妃合，得五而成，故五歲而陳復封。為十三年陳侯吳歸于陳傳。○〔妃〕音配。歲五及鶉火，而後陳卒亡，楚克有之，天之道也，故曰五十二年。是歲歲在星紀，五歲及大梁，而陳復封，自大梁四歲而及鶉火，後四周四十八歲，凡五及鶉火，五十二年。天數以五為紀，故五及鶉火，火盛水衰。晉荀盈如齊逆女。自為逆。○〔為〕于偽反。還，六月，卒于戲陽。魏郡內黃縣北有戲陽城。○〔戲〕許宜反。殯于絳，未葬。晉侯飲酒樂，膳宰屠蒯

趙入，請佐公使尊。公之使人執尊酌酒，請爲之佐。○[樂]音洛。[蒯]苦怪反。許之。許公之。而遂酌以飲工。工，樂師師曠也。[飲]於鴆反，下同。○曰：女爲君耳，將司聰也。樂所以聰耳。○[女]音汝，下皆同。辰在子卯，謂之疾日。疾，惡也。紂以甲子喪，桀以乙卯亡，故國君以爲忌日。君徹宴樂，學人舍業，爲疾故也。君之卿佐，是謂股肱。股肱或虧，何痛如之。言痛疾過於忌日。○[舍]音捨。[爲]于僞反，下同。女弗聞而樂，是不聰也。不聞是義而作樂。又飲外嬖嬖叔，外都大夫之嬖者。曰：女爲君目，將司明也。服在外，故主視。服以旌禮，旌，表也。禮以行事，事，政令。事有其物，物，類也。物有其容。容，貌也。今君之容，非其物也，有卿佐之喪而作樂歡會，故曰非其物。而女不見，是不明也。亦自飲也，曰：味以行氣，氣以實志，氣和則志充。志以定言，在心爲志，發口爲言。言以出令。臣實司味，二御失官，而君弗命，臣之罪也。工與嬖叔侍御君者，失官不聰明。公說，○[說]音悅。徹酒。初，公欲廢知氏而立其外嬖，爲是悛而止。○[知]音智，下同。[悛]七全反。秋八月，使荀躒佐下軍以說焉。躒，荀盈之子知文子也。佐下軍，代父也。說，自解說。○[躒]力狄反，又音洛。孟僖子如齊殷聘，禮也。自叔老聘齊，至今二十年，禮意久曠，今脩盛聘，以無忘舊好，故曰禮。冬，築郎囿，書時也。季平子欲其速成也，叔孫昭子曰：詩曰：經始勿亟，庶民子來。詩大雅。言文王始經營靈臺，非急疾之，衆民自以子義來勸樂爲之。○[樂]如字，又五教反，一音洛。焉用速成，其以勦民也。勦，勞也。○[勦]初交反，又子小反。無囿猶可，無民其可乎。

經十年春王正月。夏，齊欒施來奔。耆酒好內，以取敗亡，故書名。秋七月，季孫意如、叔弓、仲孫貜帥師伐莒。三大夫皆卿，故書之。季孫爲主，二子從之。戊子，晉侯彪卒。五同盟。九月，叔孫婼如晉，葬晉平公。三月而葬，速。十有二月甲子，宋公成卒。十一同盟也。無冬，史闕文。○[成]音城，或音戌。

傳十年春王正月，有星出于婺女。客星也。不書，非孛。○[孛]蒲對反。鄭裨竈言於子產曰：七月戊子，晉君將死。今茲歲在顓頊之虛，歲，歲星也。顓頊之虛，謂玄枵。○[虛]起魚反。姜氏、任氏實守其地，姜，齊姓。任，薛姓。齊、薛二國守玄枵之地。居其維首，而有妖星焉，告邑姜也。客星居玄枵之維首。邑姜，齊大公女，晉唐叔之母。星占：婺女爲既嫁之女，織女爲處女。邑姜，齊之既嫁女。妖星在婺女，齊得歲，故知禍歸邑姜。邑姜，晉之妣也。天以七紀，二十八宿，面七。戊子，逢公以登，星斯於是乎出。逢公，殷諸侯，居齊地者。逢公將死，妖星出。婺女時非歲星所在，故齊自當禍，而以戊子日卒。吾是以譏之。爲晉侯彪卒傳。齊惠欒、高氏皆耆酒，欒、高二族皆出惠公。信內多怨，說婦人言，故多怨。彊於陳、鮑氏而惡之。惡陳鮑。○[惡]烏路反。夏，有告陳桓子曰：子旗、子良將攻陳、鮑。亦告鮑氏。桓子授甲而如鮑氏，遭子良醉而騁，欲及子良醉，故驅告鮑文子。遂見文子，文子，鮑國。則亦授甲矣。使視二子，二子，子旗、子良。則皆將飲酒。桓子曰：彼雖不信，彼，傳言者。聞我授甲，則必逐我。及其飲酒也，先伐諸。陳、鮑方睦，遂伐欒、高氏。子良曰：先得公，陳、鮑焉往。欲以公自輔助。遂伐虎門。欲入，公不聽，故伐公門。晏平仲端委立于虎門之外，端委，朝服。四族召之，無所往。四族，欒、高、陳、鮑。其徒曰：「助陳、鮑乎？」曰：「何善焉？」言無善義可助。「助欒、高乎？」曰：「庸愈乎？」罪惡不差於陳、鮑。○〔差〕初賣反。「然則歸乎？」曰：「君伐，焉歸？」公召之而後入。公卜使王黑以靈姑銔率，吉，請斷三尺焉而用之。王黑，齊大夫。靈姑銔，公旗名。斷三尺，不敢與君同。○〔銔〕扶眉反，又音丕。〔率〕所律反，又所類反。〔斷〕丁管反。五月庚辰，戰于稷，稷，祀后稷之處。欒、高敗，又敗諸莊。莊，六軌之道。國人追之，又敗諸鹿門。鹿門，齊城門。欒施、高彊來奔。高彊不書，非卿。陳、鮑分其室。晏子謂桓子：「必致諸公。讓，德之主也。讓之謂懿德。凡有血氣，皆有爭心，故利不可強，不可強取。○〔強〕其丈反。思義為愈。義，利之本也。蘊利生孽，蘊，畜也。孽，妖害也。○〔蘊〕紆粉反。姑使無蘊乎！可以滋長。」桓子盡致諸公，而請老于莒。莒，齊邑。○〔長〕丁丈反。桓子召子山，子山、子商、子周，襄三十一年子尾所逐羣公子。私具幄幕、器用、從者之衣屨，私具，不告公。而反棘焉。棘，子山故邑，齊國西安縣東有戟里亭。子商亦如之，而反其邑。子周亦如之，而與之夫于。子周本無邑，故更與之。濟南於陵縣西北有于亭。反子城、子公、公孫捷，三子，八年子旗所逐。而皆益其祿。凡公子、公孫之無祿者，私分之邑。桓子以己邑分之。國之貧約孤寡者，私與之粟。曰：「《詩》云：『陳錫載周』，能施也。詩大雅。言文王能布陳大利，以賜天下，行之周徧。○〔施〕始豉反。桓公是以霸。」齊桓公亦能施以致霸。公與桓子莒之旁邑，辭。讓不受。穆孟姬為之請高唐，陳氏始大。穆孟姬，景公母。傳言陳氏所以興。

秋七月，平子伐莒，取郠，郠，莒邑。取郠不書，公見討於平丘，魯諱之。○〔郠〕音梗。獻俘，始用人於亳社。以人祭殷社。臧武仲在齊，聞之，曰：「周公其不饗魯祭乎！周公饗義，魯無義。《詩》曰：『德音孔昭，視民不佻。』詩小雅。佻，偷也。言盟德君子必愛民。○〔佻〕他彫反。佻之謂甚矣，而壹用之，將誰福哉？」壹，同也。同人於畜牲。

戊子，晉平公卒。如裨竈之言。鄭伯如晉，及河，晉人辭之。游吉遂如晉。禮，諸侯不相弔，故辭。九月，叔孫婼、齊國弱、宋華定、衛北宮喜、鄭罕虎、許人、曹人、莒人、邾人、滕人、薛人、杞人、小邾人如晉，葬平公也。經不書諸侯大夫者，非盟會。鄭子皮將以幣行，見新君之贄。○〔見〕音現，下「至因見」同。子產曰：「喪焉用幣？用幣必百兩，載幣用車百乘。百兩必千人。千人至，將不行。行用也。不行，必盡用之。不得見新君，將自費用盡。幾千人而國不亡？」言千人之費不可數。○〔幾〕音紀。〔數〕所角反。子皮固請以行。既葬，諸侯之大夫欲因見新君。叔孫昭子曰：「非禮也。」弗聽。叔向辭之，曰：「大夫之事畢矣，送葬禮畢。而又命孤。孤斬焉在衰絰之中，既葬未卒哭，故猶服斬衰。其以嘉服見，則喪禮未畢；其以喪服見，是重受弔也。大夫將若之何？」皆無辭以見。子皮盡用其幣。歸，謂子羽曰：「非知之實難，將在行之。言不患不知患不能行。○以〔見〕音現，下同。夫子知之矣，我則不足。言己由子產之戒，既知其不可，而遂行之，是我之不足。《書》曰：『欲敗度，縱敗禮。』逸書。我之謂矣。夫子知度與禮矣。我實縱欲而不能自克也。欲因喪以慶新君，故縱而行之，不能自勝。○勝音升。昭子至自晉，大夫皆見。高彊見而退。高彊，子良。昭子語諸大夫曰：爲人子不可不慎也哉！昔慶封亡，子尾多受邑而稍致諸君，君以爲忠而甚寵之。將死，疾于公宮。在公宮被疾。○語，魚據反。輦而歸，君親推之。推其車而送之。○推如字，又他回反。其子不能任，是以在此。忠爲令德，其子弗能任，罪猶及之，難不慎也。喪夫人之力，弃德曠宗，以及其身，不亦害乎？夫人謂子尾。曠，空也。○任音壬。喪，息浪反。詩曰：不自我先，不自我後，其是之謂乎！詩小雅。言禍亂不在他，正當己身，以喻高彊身自取此禍。冬十二月，宋平公卒。初，元公惡寺人柳，欲殺之。元公，平公大子佐也。○惡，烏路反。及喪，柳熾炭于位，以溫地。將至則去之。使公坐其處。○去，起呂反。比葬，又有寵。言元公好惡無常。

經十有一年春王二月，叔弓如宋，葬宋平公。夏四月丁巳，楚子虔誘蔡侯般，殺之于申。蔡侯雖弒父而立，楚子誘而殺之，刑其辠士。蔡大夫深怨，故以楚子名告。○般音班。楚公子弃疾帥師圍蔡。五月甲申，夫人歸氏薨。昭公母，胡女，歸姓。大蒐于比蒲。○比音毗。仲孫貜會邾子，盟于祲祥。祲祥，地闕。○祲，子鴆反，又七林反。秋，季孫意如會晉韓起、齊國弱、宋華亥、衛北宮佗、鄭罕虎、曹人、杞人于厥憖。厥憖，地闕。○佗，徒何反。憖，魚靳反，又五巾反，一五轄反。九月己亥，葬我小君齊歸。齊，諡。冬十有一月丁酉，楚師滅蔡，執蔡世子有以歸，用之。用之，殺以祭山。

傳十一年春王二月，叔弓如宋，葬平公也。嫌以聘事行，故傳具之。景王問於萇弘曰：今茲諸侯何實吉？何實凶？萇弘，周大夫。○萇，直良反。對曰：蔡凶。此蔡侯般弒其君之歲也，歲在豕韋。襄三十年，蔡世子般弒其君，歲在豕韋。至今十三年，歲復在豕韋。般即靈侯也。弗過此矣。言蔡凶不過此年。楚將有之，然壅也。蔡近楚，故知楚將有之。楚無德而享大利，所以壅積其惡。歲及大梁，蔡復，楚凶，天之道也。楚靈王弒立之歲，歲在大梁。到昭十三年，歲復在大梁。美惡周必復，故知楚凶。楚子在申，召蔡靈侯。靈侯將往，蔡大夫曰：王貪而無信，唯蔡於感。蔡近楚之大國，故楚常恨其不服順。○感，戶暗反。今幣重而言甘，誘我也，不如無往。蔡侯不可。三月丙申，楚子伏甲而饗蔡侯於申，醉而執之。夏四月丁巳，殺之，刑其士七十人。公子弃疾帥師圍蔡。傳言楚子無道。韓宣子問於叔向曰：楚其克乎？對曰：克哉！蔡侯獲罪於其君，謂弒父而立。而不能其民，不能施德。天將假手於楚以斃之，借楚手以討蔡。何故不克？然肸聞之，不信以幸，不可再也。楚王奉孫吳以討於陳，曰：將定而國。陳人聽命，而遂縣之。事在八年。今又誘蔡而殺其君，以圍其國，雖幸而克，必受其咎，弗能久矣。桀克有緡以喪其國，紂克東夷而隕其身。紂爲黎之蒐，東夷叛之。桀爲仍之會，有緡叛之，故伐而克之。楚小位下，而亟暴於二王，能無咎乎？天之假助不善，非祚之也厚其凶惡而降之罰也且譬之如天其有五材而將用之力盡而敝之是以無拯不可沒振金木水火土五者爲物用久則必有敝盡則弃捐故言無拯拯猶救助也不可沒振猶沒不可復振○〔亟〕數冀反五月齊歸薨大蒐于比蒲非禮也孟僖子會邾莊公盟于祲祥脩好禮也蒐非存亡之由故臨喪不宜爲之盟會以安社稷故喪不盟謂之禮泉丘人有女夢以其帷幕孟氏之廟泉丘魯邑遂奔僖子其僚從之鄰女爲僚友者隨而奔僖子盟于清丘之社曰有子無相弃也二女自共盟僖子使助薳氏之簉簉副倅也薳氏之女爲僖子副妾別居在外故僖子納泉丘人女令副助之○〔薳〕爲彼反〔簉〕初又反反自祲祥宿于薳氏生懿子及南宮敬叔於泉丘人其僚無子使字敬叔字養也似雙生楚師在蔡向四月之師晉荀吳謂韓宣子曰不能救陳又不能救蔡物以無親物事也晉之不能亦可知也已爲盟主而不恤亡國將焉用之秋會于厥慭謀救蔡也不書救不果救鄭子皮將行子產曰行不遠不能救蔡也蔡小而不順楚大而不德天將弃蔡以壅楚盈而罰之盈楚惡蔡必亡矣且喪君而能守者鮮矣三年王其有咎乎美惡周必復王惡周矣元年楚子弑君而立歲在大梁後二年十三歲歲星周復於大梁○〔復〕於去聲晉人使狐父請蔡于楚弗許狐父晉大夫單子會韓宣子于戚單子單成公視下言徐叔向曰單子其將死乎朝有著定著定朝內列位常處謂之表著會有表野會設表以爲位衣有禬帶有結禬領會結帶結也○〔禬〕古外反會朝之言必聞于表著之位所以昭事序也視不過結禬之中所以道容貌也言以命之容貌以明之失則有闕今單子爲王官伯而命事於會視不登帶言不過步貌不道容而言不昭矣不道不共不昭不從貌正曰共言順曰從無守氣矣爲此年冬單子卒起本九月葬齊歸公不慼晉士之送葬者歸以語史趙史趙曰必爲魯郊言昭公必出在郊野不能有國○〔語〕魚據反侍者曰何故曰歸姓也不思親祖不歸也姓生也言不思親則不爲祖考所歸佑叔向曰魯公室其卑乎君有大喪國不廢蒐謂蒐比蒲有三年之喪而無一日之慼國不恤喪不忌君也忌畏也君無慼容不顧親也國不忌君君不顧親能無卑乎殆其失國爲二十五年公孫于齊傳冬十一月楚子滅蔡用隱大子于岡山蔡靈公之大子蔡侯廬之父申無宇曰不祥五牲不相爲用況用諸侯乎五牲牛羊豕犬雞○〔爲〕去聲或如字王必悔之悔爲暴虐十二月單成公卒終叔向之言楚子城陳蔡不羹襄城縣東南有不羹城定陵西北有不羹亭○〔羹〕音郎漢書作更字使弃疾爲蔡公王問於申無宇曰弃疾在蔡何如對曰擇子莫如父擇臣莫如君鄭莊公城櫟而寘子元焉使昭公不立子元鄭公子莊公寘子元於櫟桓十五年厲公因之以殺櫟大夫檀伯遂居櫟卒使昭公不安位而見殺○〔櫟〕力狄反齊桓公城穀而寘管仲

焉至于今賴之城穀在莊三十二年臣聞五大不在邊五細不在庭上古金木水火土謂之五官玄鳥氏丹鳥氏亦有五又以五鳩鳩民五雉爲五工正蓋立官之本也末世隨事施職是以官無常數今無宇稱習古言故云五大也言五官之長專盛過節則不可居邊細弱不勝任亦不可居朝廷親不在外羇不在內今弃疾在外鄭丹在內襄十九年丹奔楚君其少戒王曰國有大城何如對曰鄭京櫟實殺曼伯曼伯檀伯也厲公得櫟又并京○〔曼〕音萬宋蕭亳實殺子游在莊十二年齊渠丘實殺無知在莊九年渠丘今齊國西安縣也齊大夫雍廩邑衛蒲戚實出獻公蒲甯殖邑戚孫林父邑出獻公在襄十四年若由是觀之則害於國末大必折折其本尾大不掉君所知也爲十三年陳蔡作亂傳○〔掉〕徒弔反

經十有二年春齊高偃帥師納北燕伯于陽三年燕伯出奔齊高偃高傒玄孫齊大夫陽即唐燕別邑中山有唐縣不言于燕未得國都○〔傒〕音奚三月壬申鄭伯嘉卒五同盟夏宋公使華定來聘定華椒孫公如晉至河乃復晉人以莒故辭公五月葬鄭簡公三月而葬速楚殺其大夫成熊傳在葬簡公上經從赴秋七月冬十月公子憖出奔齊書名謀亂故也○〔憖〕魚覲反一讀爲整楚子伐徐不書圍以乾谿師告晉伐鮮虞不書將帥史闕文

傳十二年春齊高偃納北燕伯款于唐因其衆也因言唐衆欲納之故得先入唐三月鄭簡公卒將爲葬除除葬道○〔爲〕于僞反及游氏之廟游氏子大叔族將毀焉子大叔使其除徒執用以立而無庸毀用毀廟具曰子產過女而問何故不毀乃曰不忍廟也諾將毀矣教毀廟者之辭○〔女〕音汝既如是子產乃使辟之司墓之室有當道者簡公別營葬地不在鄭先公舊墓故道有臨時迂直也司墓之室鄭之掌公墓大夫徒屬之家○〔迂〕音于毀之則朝而堋堋下棺○〔朝〕如字〔堋〕北鄧反又甫贈反又作窆音砭弗毀則日中而堋子大叔請毀之曰無若諸侯之賓何不欲久留賓子產曰諸侯之賓能來會吾喪豈憚日中無損於賓而民不害何故不爲遂弗毀日中而葬君子謂子產於是乎知禮禮無毀人以自成也夏宋華定來聘通嗣君也宋元公新即位公享之爲賦蓼蕭弗知又不荅賦蓼蕭詩小雅義取燕笑語兮是以有譽處兮樂與華定燕語也又曰既見君子爲龍爲光欲以寵光賓也又曰宜兄宜弟令德壽凱言賓有令德可以壽樂也又曰和鸞雍雍萬福攸同言欲與賓同福祿也昭子曰必亡宴語之不懷懷思也寵光之不宣宣揚也令德之不知同福之不受將何以在爲二十年華定出奔傳齊侯衛侯鄭伯如晉朝嗣君也晉昭公新立公如晉亦欲朝嗣君至河乃復取郠之役在十年莒人愬于晉晉有平公之喪未之治也故辭公公子憖遂如晉憖魯大夫如晉不書還不復命而奔故史不書於策晉侯享諸侯子產相鄭伯辭於享請免喪而後聽命簡公未葬晉人許之禮也善晉不奪孝子之情晉侯以齊侯宴中行穆子相穆子荀吳投壺晉侯先穆子曰有酒如淮有肉如坻淮水名坻山名○〔坻〕直疑反寡君

中此爲諸侯師中之齊侯舉矢曰有酒如澠有肉如陵（澠水出齊國臨淄縣北入時水陵大阜也○〔中〕丁仲反下同〔澠〕音繩）寡人中此與君代興（代更也〔更〕音庚）○亦中之伯瑕謂穆子（伯瑕士文伯）曰子失辭吾固師諸侯矣壺何爲焉其以中儁也（言投壺中不足爲儁異）齊君弱吾君歸弗來矣（欲與晉君代興是弱之）穆子曰吾軍帥彊禦卒乘競勸今猶古也齊將何事（言晉德不衰於古齊不事晉將無所事）公孫傁趨進曰日旰君勤可以出矣以齊侯出（傁齊大夫傳言晉之衰○〔傁〕素口反又所流反〔旰〕古旦反）楚子謂成虎若敖之餘也遂殺之（成虎令尹子玉之孫與鬬氏同出於若敖宣四年鬬椒作亂今楚子信譖而訖討若敖之餘）或譖成虎於楚子成虎知之而不能行書曰楚殺其大夫成虎懷寵也（解經所以書名）六月葬鄭簡公（傳終子產辭享明既葬則爲免喪經書五月誤）晉荀吳僞會齊師者假道於鮮虞遂入昔陽（鮮虞白狄別種在中山新市縣昔陽肥國都樂平沾縣東有昔陽城）秋八月壬午滅肥以肥子緜皐歸（肥白狄也緜皐其君名鉅鹿下曲陽縣西南有肥累城爲下晉伐鮮虞起○〔累〕音壘）周原伯絞虐其輿臣使曹逃（原伯絞周大夫原公也輿衆也曹羣也）冬十月壬申朔原輿人逐絞而立公子跪尋（跪尋絞弟）絞奔郊（郊周也）甘簡公無子立其弟過（甘簡公周卿士○〔過〕古禾反下之子過同）過將去成景之族（成公景公皆過之先君○〔去〕起呂反）成景之族賂劉獻公（欲使殺過劉獻公亦周卿士劉定公子）丙申殺甘悼公（悼公即過）而立成公之孫鰌（鰌平公〔鰌〕音秋）○丁酉殺獻大子之傅庾皮之子過（過劉獻公大子之傅）殺瑕辛于市及宮嬖綽王孫沒劉州鳩陰忌老陽子（六子周大夫及庾過皆甘悼公之黨）（傳言周衰原甘二族所以遂微）季平子立而不禮於南蒯（南蒯南遺之子季氏費邑宰○〔蒯〕苦怪反〔費〕音祕）南蒯謂子仲（子仲公子慭）吾出季氏而歸其室於公（室季氏家財）子更其位（更代也〔更〕音庚）○我以費爲公臣子仲許之南蒯語叔仲穆子且告之故（穆子叔仲帶之子叔仲小也語以欲出季氏以不見禮故○〔語〕魚據反）季悼子之卒也叔孫昭子以再命爲卿（悼子季武子之子平子父也傳言叔孫之見命乃在平子爲卿之前）及平子伐莒克之更受三命（十年平子伐莒以功加三命昭子不伐莒亦以例加爲三命）叔仲子欲構二家（欲構使相憎）謂平子曰三命踰父兄非禮也（言昭子受三命自踰其先人）平子曰然故使昭子（使昭子自貶黜）昭子曰叔孫氏有家禍殺適立庶故婼也及此（禍在四年）若因禍以斃之則聞命矣（言因亂討己不敢辭）若不廢君命則固有著矣（著位次）昭子朝而命吏曰婼將與季氏訟書辭無頗（頗偏也○〔頗〕普何反）季孫懼而歸罪於叔仲子故叔仲小南蒯公子慭謀季氏慭告公而遂從公如晉（慭子仲）南蒯懼不克以費叛如齊子仲還及衛聞亂逃介而先（介副使也）及郊聞費叛遂奔齊（言及郊解經所以書出）南蒯之將叛也其鄉人或知之過之而歎（鄉人過南蒯而歎）且言曰恤恤乎湫乎攸乎（恤恤憂患湫愁隘攸懸危之貌○〔湫〕子小反又在酒反一音秋）深思而淺

謀。適身而遠志。家臣而君圖。家臣而圖人君之事，故言思深而謀淺，身近而志遠。○〔思〕息嗣反。有人矣哉。言今有此人，徵以感之。南蒯枚筮之。不指其事，汎卜吉凶。遇坤䷁坤下坤上。坤。之比䷇坤下坎上。比。坤六五爻變。曰黃裳元吉。坤六五爻辭。以爲大吉也。示子服惠伯曰。即欲有事何如。惠伯曰。吾嘗學此矣。忠信之事則可。不然必敗。外彊內溫。忠也。坎險故彊，坤順故溫。彊而能溫，所以爲忠。和以率貞。信也。水和而土安正。和正信之本也。故曰黃裳元吉。黃。中之色也。裳。下之飾也。元。善之長也。中不忠。不得其色。言非黃。下不共。不得其飾。不爲裳。事不善。不得其極。失中德。外內倡和爲忠。不相違也。○〔和〕戶臥反。率事以信爲共。率猶行也。供養三德爲善。三德謂正直、剛克、柔克也。○〔供〕九用反。〔養〕餘亮反。非此三者弗當。非忠信善，不當此卦。○〔當〕如字，或丁浪反。且夫易不可以占險。將何事也。且可飾乎。夫易猶此易，謂黃裳元吉之卦。問其何事，欲令從下之飾。中美能黃。上美爲元。下美則裳。參成可筮。參美盡備，吉可如筮。猶有闕也。筮雖吉。未也。有闕，謂不參成。將適費。飲鄉人酒。南蒯自其家還適費。○〔飲〕於鴆反。鄉人或歌之曰。我有圃。生之杞乎。言南蒯在費欲爲亂，如杞生於圃，圃非宜也。杞，世所謂枸杞也。從我者子乎。子，男子之通稱。言從己可不失今之尊。○〔稱〕尺證反。去我者鄙乎。倍其鄰者恥乎。鄰猶親也。已乎已乎。非吾黨之士乎。已乎已乎，言自遂不改。平子欲使昭子逐叔仲小。欲以自解說。小聞之不敢朝。昭子命吏謂小待政於朝。曰。吾不爲怨府。

言不能爲季氏逐小，生怨禍之聚。爲明年叔弓圍費傳。楚子狩于州來。狩，冬獵也。次于潁尾。潁水之尾，在下蔡西。使蕩侯。潘子。司馬督。囂尹午。陵尹喜帥師圍徐以懼吳。五子，楚大夫。徐，吳與國，故圍之以偪吳。○〔囂〕五刀反，又許驕反。楚子次于乾谿。在譙國城父縣南。以爲之援。雨雪。王皮冠。秦復陶。秦所遺羽衣也。○〔雨〕于付反。〔復〕音服，一音福。翠被。以翠羽飾被。豹舄。以豹皮爲履。執鞭以出。執鞭以教令。僕析父從。楚大夫。○〔從〕才用反。右尹子革夕。子革，鄭丹。夕，莫見。○〔莫〕音暮。〔見〕賢遍反。○王見之。去冠被。舍鞭。敬大臣。○〔去〕起呂反。〔舍〕音捨。與之語曰。昔我先王熊繹。楚始封君。與呂伋。齊大公之子丁公。王孫牟。衛康叔子康伯。燮父。晉唐叔之子。○〔燮〕素協反。禽父。周公子伯禽。並事康王。康王，成王子。四國皆有分。我獨無有。四國，齊、晉、魯、衛。分，珍寶之器。○〔分〕扶問反，下同。今吾使人於周。求鼎以爲分。王其與我乎。對曰。與君王哉。昔我先王熊繹。辟在荊山。在新城沶鄉縣南。○〔辟〕匹亦反。〔沶〕音市。篳路藍縷。以處草莽。跋涉山林。以事天子。唯是桃弧棘矢以共禦王事。桃弧棘矢以禦不祥。言楚在山林少所出有。○〔共〕音恭。〔禦〕魚呂反。齊。王舅也。成王母，齊大公女。晉及魯衛。王母弟也。楚是以無分。而彼皆有。今周與四國服事君王。將唯命是從。豈其愛鼎。王曰。昔我皇祖伯父昆吾。舊許是宅。陸終氏生六子，長曰昆吾，少曰季連。季連，楚之祖，故謂昆吾爲伯父。昆吾嘗居許地，故曰舊許是宅。今鄭人貪賴其田。而不我與。我若求之。其與我乎。對曰。與君王哉。周不愛鼎。鄭敢愛田。王曰。昔諸侯遠我而畏晉今我大城陳蔡不羹賦皆千乘子與有勞焉諸侯其畏我乎對曰畏君王哉是四國者專足畏也 四國陳蔡二不羹○〔遠〕于萬反〔羹〕音郎〔與〕音預 又加之以楚敢不畏君王哉工尹路請曰君王命剝圭以爲鍼柲 鍼斧也柲柄也破圭玉以飾斧柄○〔鍼〕音戚〔柲〕音秘 敢請命 請制度之命 王入視之析父謂子革吾子楚國之望也今與王言如響國其若之何 譏其順王心如響應聲 子革曰摩厲以須王出吾刃將斬矣 以己喻鋒刃欲自摩厲以斬王之淫慝 王出復語左史倚相趨過 倚相楚史名○〔復〕扶又反〔倚〕於綺反 王曰是良史也子善視之是能讀三墳五典八索九丘 皆古書名○〔索〕所白反 ○對曰臣嘗問焉昔穆王欲肆其心 周穆王肆極也 周行天下將皆必有車轍馬跡焉祭公謀父作祈招之詩以止王心 謀父周卿士祈父周司馬世掌甲兵之職招其名祭公方諫遊行故指司馬官而言此詩逸○〔行〕如字又下孟反〔祭〕側界反〔招〕常遙反 ○王是以獲沒於祇宮 獲沒不見篡弑○〔祇〕音支又音祁 ○臣問其詩而不知也若問遠焉其焉能知之王曰子能乎對曰能其詩曰祈招之愔愔式昭德音 愔愔安和貌式用也昭明也○〔愔〕一心反 思我王度式如玉式如金 金玉取其堅重 形民之力而無醉飽之心 言國之用民當隨其力任如金冶之器隨器而制形故言形民之力去其醉飽過盈之心 王揖而入饋不食寢不寐數日 深感子革之言○〔數〕所主反 不能自克以及於難 克勝也○〔難〕乃旦反〔勝〕升證反又音升 仲尼曰古也有志克己復禮仁也信善哉楚靈王若能如是豈其辱於乾谿晉伐鮮虞因肥之役也 肥役在此年

春秋經傳集解昭公三第二十二

春秋經傳集解昭公四第二十三

杜氏註　盡十七年

經十有三年春叔弓帥師圍費不書南蒯以費叛不以告廟○〔費〕音祕夏四月楚公子比自晉歸于楚弒其君虔于乾谿比去晉而不送書歸者依陳蔡以入言陳蔡猶列國也比歸而靈王死故書弒其君靈王無道而弒稱臣比非首謀而反書弒比雖脅立猶以罪加也靈王死在五月又不在乾谿楚人生失靈王故本其始禍以赴之楚公子弃疾殺公子比比雖為君而未列於諸侯故不稱爵殺不稱人罪弃疾秋公會劉子晉侯齊侯宋公衛侯鄭伯曹伯莒子邾子滕子薛伯杞伯小邾子于平丘平丘在陳留長垣縣西南○〔垣〕音袁八月甲戌同盟于平丘書同齊服故公不與盟魯不堪晉求讒慝弘多公不與盟非國惡故不諱○〔與〕音預晉人執季孫意如以歸公至自會無傳蔡侯廬歸于蔡○〔廬〕音盧又力居反陳侯吳歸于陳陳蔡皆受封于楚故稱爵諸侯納之曰歸冬十月葬蔡靈公蔡復而後以君禮葬之公如晉至河乃復晉人辭公吳滅州來州來楚邑用大師焉曰滅

傳十三年春叔弓圍費弗克敗焉為費人所敗不書諱之平子怒令見費人執之以為囚俘冶區夫曰非也區夫魯大夫○〔區〕烏侯反一丘于反若見費人寒者衣之飢者食之為之令主而共其乏困費來如歸南氏亡矣民將叛之誰與居邑若憚之以威懼之以怒民疾而叛為之聚也若諸侯皆然費人無歸不親南氏將焉入矣平子從之費人叛南氏費叛南氏在明年傳善區夫之謀故言其效○〔衣〕於既反〔食〕音嗣〔共〕音恭〔為〕之聚于偽反楚子之為令尹也殺大司馬薳掩而取其室在襄三十年○〔薳〕于委反及即位奪薳居田居掩之族言薳氏所以怨遷許而質許圍遷許在九年圍許大夫○〔質〕音致蔡洧有寵於王王之滅蔡也其父死焉楚滅蔡在十一年洧仕楚其父在國故死○〔洧〕于軌反王使與於守而行使洧守國王行至乾谿○〔與〕音預〔守〕手又反申之會越大夫戮焉申會在四年王奪鬭韋龜中犨韋龜令尹子文玄孫中犨邑名○〔犨〕尺州反又奪成然邑而使為郊尹成然韋龜子郊尹治郊竟大夫蔓成然故事蔡公蔡公弃疾也故猶舊也韋龜以弃疾有當璧之命故使成然事之故薳氏之族及薳居許圍蔡洧蔓成然皆王所不禮也因羣喪職之族啓越大夫常壽過作亂常壽過申會所戮者○〔過〕古禾反圍固城克息舟城而居之息舟楚邑城之堅固者觀起之死也其子從在蔡事朝吳觀起死在襄二十二年朝吳故蔡大夫聲子之子○〔從〕如字〔朝〕如字曰今不封蔡蔡不封矣我請試之觀從以父死怨楚故欲試作亂以蔡公之命召子干子晳二子皆靈王弟元年子干奔晉子晳奔鄭及郊而告之情告以蔡公不知謀强與之盟入襲蔡蔡公將食見之而逃不知其故驚起辟之○〔强〕其丈反觀從使子干食坎用牲加書而速行使子干居蔡公之牀食蔡公之食故為與蔡公盟之徵驗以示衆己徇於蔡己觀從也○〔己〕音紀曰蔡公召二子將納之與之盟而遣之矣將師而從之詐言蔡公將以師助二子蔡人聚將執之執觀從辭曰失賊成

軍而殺余何益乃釋之賊謂子干子皙也言蔡公已成軍殺己不解罪朝吳曰二三子若能死亡則如違之以待所濟言若能爲靈王死亡則可違蔡公之命以待成敗如何若求安定則如與之以濟所欲言與蔡公則可得安定且違上何適而可言不可違上也上謂蔡公衆曰與之乃奉蔡公召二子而盟于鄧潁川召陵縣西南有鄧城二子子干子皙依陳蔡人以國國陳蔡而依之楚公子比子干公子黑肱子皙公子弃疾蔡公蔓成然蔡朝吳帥陳蔡不羹許葉之師因四族之徒四族薳氏許圍蔡洧蔓成然〇〔羹〕音郎〔葉〕始涉反以入楚及郊陳蔡欲爲名故請爲武軍欲築壘壁以示後人爲復讎之名蔡公知之曰欲速且役病矣請藩而已乃藩爲軍藩籬也蔡公使須務牟與史猈先入因正僕人殺大子祿及公子罷敵須務牟史猈楚大夫蔡公之黨也正僕大子之近官〇〔猈〕皮皆反徐扶蟹反又扶移反〔罷〕音皮徐甫綺反一蒲買反公子比爲王公子黑肱爲令尹次于魚陂竟陵縣城西北有甘魚陂公子弃疾爲司馬先除王宮使觀從從師于乾谿而遂告之從乾谿之師告使叛靈王且曰先歸復所後者劓劓截鼻〇〔劓〕魚器反師及訾梁而潰靈王還至訾梁而衆散〇〔訾〕子斯反王聞羣公子之死也自投于車下曰人之愛其子也亦如余乎侍者曰甚焉小人老而無子知擠于溝壑矣擠隊也〇〔擠〕子細反王曰余殺人子多矣能無及此乎右尹子革曰請待于郊以聽國人聽國人之所與王曰衆怒不可犯也曰

若入於大都而乞師於諸侯王曰皆叛矣曰若亡於諸侯以聽大國之圖君也王曰大福不再祇取辱焉然丹乃歸于楚然丹子革弃王歸〇〔祇〕音支王沿夏將欲入鄢夏漢別名順流爲沿順漢水南至鄢〇〔夏〕上聲〔鄢〕於建反一於晚反芋尹無宇之子申亥曰吾父再奸王命謂斷王旌執人於章華宮〇〔芋〕于付反又音羽王弗誅惠孰大焉君不可忍惠不可弃吾其從王乃求王遇諸棘闈以歸棘里名闈門也夏五月癸亥王縊于芋尹申亥氏癸亥五月二十六日皆在乙卯丙辰後傳終言之經書四月誤申亥以其二女殉而葬之觀從謂子干曰不殺弃疾雖得國猶受禍也子干曰余不忍也子玉曰人將忍子子玉觀從吾不忍俟也乃行國每夜駭曰王入矣相恐以靈王也乙卯夜弃疾使周走而呼曰王至矣周徧也乙卯十八日〇〔呼〕好故反國人大驚使蔓成然走告子干子皙曰王至矣國人殺君司馬將來矣司馬謂弃疾也言司馬見殺以恐子干君若早自圖也可以無辱衆怒如水火焉不可爲謀又有呼而走至者曰衆至矣二子皆自殺不書弑君位未定也丙辰弃疾即位名曰熊居葬子干于訾實訾敖不成君無號謚者楚皆謂之敖殺囚衣之王服而流諸漢乃取而葬之以靖國人使子旗爲令尹子旗蔓成然〇〔衣〕於既反楚師還自徐前年圍徐之師吳人敗諸豫章獲其五帥定二年楚人伐吳師于豫章吳人見舟于豫章而潛師于巢以軍楚師於豫章又柏舉之役吳人舍

舟于淮汭，而自豫章與楚夾漢。此皆當在江北淮水南，蓋後徙在江南豫章。○[汭]所類反。謂蕩侯、潘子、司馬督、囂尹午、陵尹喜。平王封陳蔡，復遷邑，復九年所遷邑。致羣賂，始舉事時所貨賂。施舍寬民，宥罪舉職。舉職脩廢官。召觀從，王曰：唯爾所欲。觀從教子干殺弃疾，弃疾今召用之，明在君為君之義。對曰：臣之先佐開卜。佐卜人開龜兆。乃使為卜尹。使枝如子躬聘于鄭，且致犨櫟之田。犨櫟本鄭邑，楚中取之，平王新立，故還以賂鄭。○[櫟]音歷。事畢弗致。知鄭自說。鄭人請曰：聞諸道路，將命寡君以犨櫟，敢請命。對曰：臣未聞命。既復，王問犨櫟。降服而對，降服，如今解冠也。謝違令。曰：臣過失命，未之致也。王執其手，曰：子毋勤。姑歸，不穀有事，其告子也。王善其有權，有事將復使之。他年芋尹申亥以王柩告，乃改葬之。初，靈王卜曰：余尚得天下。尚，庶幾。不吉，投龜詬天而呼曰：是區區者而不余畀，區區，小天下。○[詬]呼豆反，又許后反。[呼]火故反。余必自取之。民患王之無厭也，故從亂如歸。初，共王無冢適，冢，大也。○[厭]於焉反。[共]音恭。[適]丁歷反，下同。有寵子五人，無適立焉。乃大有事于羣望，羣望，星辰山川。而祈曰：請神擇於五人者，使主社稷。乃徧以璧見於羣望，曰：當璧而拜者，神所立也，誰敢違之？既，乃與巴姬密埋璧於大室之庭。巴姬，共王妾。大室，祖廟。使五人齊，而長入拜。從長幼以次拜。○[齊]側皆反。[長]丁丈反。康王跨之，過其上也。○[跨]苦化反。○靈王肘加焉，子干、子皙皆遠之。平王弱，抱而入，再拜，皆厭紐。微見璧紐，以為審識。○[肘]中九反。[遠]于萬反。[厭]於甲反，又於輒反。[紐]女九反。[識]申志反，又如字。鬬韋龜屬成然焉，知其將立，故託其子。○[屬]音燭。且曰：弃禮違命，楚其危哉！弃立長之禮，違當璧之命，終致靈王之亂。子干歸，韓宣子問於叔向曰：子干其濟乎？對曰：難。宣子曰：同惡相求，如市賈焉，何難？宣子謂弃疾親恃子干，共同好惡，故言如市賈，同利以相求。○[賈]音古。對曰：無與同好，誰與同惡？言弃疾本不與子干同好，則亦不得同惡。取國有五難：有寵而無人，一也；寵須賢人而固。有人而無主，二也；雖有賢人，當須內主為應。有主而無謀，三也；謀，策謀也。有謀而無民，四也；民，眾。有民而無德，五也。四者既備，當以德成。子干在晉十三年矣，晉楚之從不聞達者，可謂無人；晉楚之士從子干游，皆非達人。族盡親叛，可謂無主；無親族在楚。無釁而動，可謂無謀；召子干時，楚未有大釁。為羈終世，可謂無民；終身羈客在晉，是無民。亡無愛徵，可謂無德。楚人無愛念之者。王虐而不忌，靈王暴虐無所畏忌，將自亡。楚君子干涉五難以弒舊君，誰能濟之？言楚借君子干以弒靈王，終無能成。有楚國者，其弃疾乎！君陳蔡，城外屬焉。城，方城也。時穿封戌既死，弃疾并領陳事。苛慝不作，盜賊伏隱，私欲不違，不以私欲違民事。○[苛]音何。民無怨心。先神命之，先神，謂羣望。國民信之。芊姓有亂，必季實立，楚之常也。獲神，一也；當璧拜。○[芊]彌爾反。有民，二也；民信之。令德，三也；無苛慝。寵貴，四也；貴妃子。居常，五也。弃疾季。有五利以去五難，誰能害之？子干之官，則右尹也；數其貴寵，則庶子也。以神所命，則又遠之。其貴亡矣。位不尊。○〔去〕起呂反，〔遠〕于萬反，〔亡〕音無，又如字。其寵弃矣。父既沒故。民無懷焉。非令德。國無與焉。無內主。將何以立？宣子曰：齊桓、晉文不亦是乎？皆庶賤。對曰：齊桓，衛姬之子也，有寵於僖。衛姬，齊僖公妾。有鮑叔牙、賓須無、隰朋以為輔佐，有莒、衛以為外主，齊桓出奔莒，衛有舅氏之助。有國、高以為內主，國氏、高氏，齊上卿。從善如流，言其疾也。下善齊肅，齊，嚴也。肅，敬也。○〔齊〕音齋。不藏賄，清也。不從欲，儉也。○〔從〕子用反。施舍不倦，施舍猶言布恩德。求善不厭，是以有國，不亦宜乎？我先君文公，狐季姬之子也，有寵於獻，好學而不貳，言篤志。生十七年，有士五人，狐偃、趙衰、顛頡、魏武子、司空季子五士從出。○〔衰〕初危反，〔從〕才用反。有先大夫子餘、子犯以為腹心，子餘，趙衰；子犯，狐偃。有魏犨、賈佗以為股肱，魏犨，魏武子也。稱五人而說四士，賈佗又不在本數，蓋叔向所賢。有齊、宋、秦、楚以為外主，齊妻以女，宋贈以馬，楚王享之，秦伯納之。有欒、郤、狐、先以為內主，謂欒枝、郤縠、狐突、先軫也。○〔郤〕去逆反，〔縠〕戶木反。亡十九年，守志彌篤。惠、懷弃民，惠公、懷公不恤民也。民從而與之。獻無異親，民無異望，獻公之子九人，唯文公在。天方相晉，將何以代文？此二君者，異於子干。共有寵子，國有奧主。謂弃疾也。○〔共〕音恭。無施於民，無援於外，去晉而不送，歸楚而不逆，何以冀國？傳言子干所以蒙弑君之名，弃疾所以得國。○〔施〕式豉反。晉成虒祁，在八年。○〔虒〕音斯。諸侯朝而歸者皆有貳心。賤其奢也。為取郠故，取郠在十年。○〔為〕于僞反，〔郠〕工杏反。晉將以諸侯來討。叔向曰：諸侯不可以不示威。知晉德薄，欲以威服之。乃並徵會，告于吳。秋，晉侯會吳子于良。下邳有良城縣。水道不可，吳子辭，乃還。辭不會。七月丙寅，治兵于邾南，甲車四千乘。三十萬人。羊舌鮒攝司馬，鮒，叔向弟也。攝，兼官。遂合諸侯于平丘。子產、子大叔相鄭伯以會，子產以幄、幕九張行，幄幕，軍旅之帳。子大叔以四十，既而悔之，每舍損焉。及會，亦如之。亦九張也。傳言子產之適宜，大叔之從善。次于衛地，叔鮒求貨於衛，淫芻蕘者。欲使衛患之而致貨。○〔蕘〕如遙反。衛人使屠伯饋叔向羹與一篋錦，屠伯，衛大夫。曰：諸侯事晉，未敢攜貳，況衛在君之宇下，屋宇之下，喻近也。而敢有異志？芻蕘者異於他日，敢請之。請止之。叔向受羹反錦，受羹示不逆其意，且非貨。曰：晉有羊舌鮒者，瀆貨無厭，瀆，數也。○〔厭〕於鹽反。亦將及矣。將及禍。為此役也，役，事也。子若以君命賜之，其已。客從之，未退，而禁之。禁芻蕘者。晉人將尋盟，齊人不可。有貳心故。晉侯使叔向告劉獻公，獻公，王卿士劉子。曰：抑齊人不盟，若之何？對曰：盟以厎信，厎，致也。君苟有信，諸侯不貳，何患焉？告之以文辭，董之以武師，雖齊不許，君庸多矣。董，督也。庸，功也。討之有辭，故功多也。天子之老請帥王賦，元戎十乘以先啓行，天子大夫稱老。元戎，戎車在前者。啓，開也。行，道也。遲速唯君。欲佐晉討齊。叔向告于齊曰：諸侯求盟，已在此矣。今君弗利，寡君以為請。對曰諸侯討貳則有尋盟若皆用命何盟之尋託用命以拒晉叔向曰國家之敗有事而無業事則不經業貢賦之業有業而無禮經則不序須禮而有次序有禮而無威序則不共禮須威嚴而後共有威而不昭共則不明威須昭告神明而後信著不明弃共百事不終所由傾覆也信義不明則弃威不威弃禮無禮無經無經無業故百事不成是故明王之制使諸侯歲聘以志業志識也歲聘以脩其職業閒朝以講禮三年而一朝正班爵之義率長幼之序○[閒]去聲再朝而會以示威六年而一會以訓上下之則制財用之節再會而盟以顯昭明十二年而一盟所以昭信義也凡八聘四朝再會王一巡守盟于方嶽之下志業於好聘也○[好]呼報反講禮於等朝也示威於衆會也昭明於神盟也自古以來未之或失也存亡之道恆由是興晉禮主盟依先王先公舊禮主諸侯盟懼有不治奉承齊犧齊盟之犧牲○[犧]許宜反而布諸君求終事也終竟也君曰余必廢之何齊之有唯君圖之寡君聞命矣齊人懼對曰小國言之大國制之敢不聽從既聞命矣敬共以往遲速唯君叔向曰諸侯有閒矣閒隙也不可以不示衆八月辛未治兵習戰建而不旆建立旌旗不曳其旆旆游也壬申復旆之諸侯畏之軍將戰則旆故曳旆以恐之○[復]扶又反邾人莒人愬于晉曰魯朝夕伐我幾亡矣自昭公即位邾魯同好又不朝夕伐莒無故怨愬晉人信之所謂讒慝弘多我之不共魯故之以不共晉貢以魯故也晉侯不見公使叔向來辭

曰諸侯將以甲戌盟寡君知不得事君矣請君無勤託謙辭以絕魯子服惠伯對曰君信蠻夷之訴蠻夷謂邾莒以絕兄弟之國弃周公之後亦唯君寡君聞命矣叔向曰寡君有甲車四千乘在雖以無道行之必可畏也況其率道其何敵之有牛雖瘠僨於豚上其畏不死僨仆也○[僨]方問反南蒯子仲之憂其庸可弃乎弃猶忘也若奉晉之衆用諸侯之師因邾莒杞鄫之怒四國近魯數以小事相忿鄫已滅其民猶存故并以恐魯以討魯罪閒其二憂因南蒯子仲二憂為閒隙何求而弗克魯人懼聽命不敢與盟甲戌同盟于平丘齊服也經所以稱同令諸侯日中造于除除地為壇盟會處[造]七報反[壇]音善○癸酉退朝先盟朝晉[先]悉薦反○子產命外僕速張於除張幄幕子大叔止之使待明日及夕子產聞其未張也使速往乃無所張矣地已滿也傳言子產每事敏於大叔及盟子產爭承承貢賦之次曰昔天子班貢輕重以列列位也列尊貢重周之制也公侯地廣故所貢者多卑而貢重者甸服也甸服謂天子畿內共職貢者鄭伯男也而使從公侯之貢言鄭國在甸服外爵列伯子男不應出公侯之貢懼弗給也敢以為請諸侯靖兵好以為事靖息也○[好]呼報反行理之命行理使人通聘問者無月不至貢之無藝藝法制小國有闕所以得罪也諸侯脩盟存小國也貢獻無極亡可待也存亡之制將在今矣自日中以爭至于昏晉

人許之既盟子大叔咎之曰諸侯若討其可瀆乎瀆易也○[易]以豉反子產曰晉政多門政不出一家貳偷之不暇何暇討貳不壹偷苟且國不競亦陵何國之爲不競爭則爲人所侵陵不成爲國公不與盟信邾莒之訴欲討魯故晉人執季孫意如以幕蒙之蒙裹也使狄人守之司鐸射魯大夫○[射]食亦反又食夜反懷錦奉壺飲冰以蒲伏焉守者御之乃與之錦而入蒲伏竊往飲季孫冰箭筩蓋可以取飲○[奉]芳勇反[蒲]步都反又音扶[伏]蒲北反又音服[御]魚呂反[飲]於鴆反[筩]音童又音勇晉人以平子歸子服湫從湫子服惠伯從至晉○[湫]子小反徐音椒[從]才用反子產歸未至聞子皮卒哭且曰吾已已猶決竟無爲爲善矣唯夫子知我言子皮知己之善仲尼謂子產於是行也足以爲國基矣詩曰樂旨君子邦家之基詩小雅言樂與君子爲治乃國家之基本子產君子之求樂者也且曰合諸侯藝貢事禮也嫌爭競不順故以禮明之鮮虞人聞晉師之悉起也五年傳曰遺守四千今甲車四千乘故爲悉起而不警邊且不脩備言夷狄無謀晉荀吳自著雍以上軍侵鮮虞及中人驅衝競中山望都縣西北有中人城驅衝車與狄爭逐大獲而歸爲十五年晉伐鮮虞起楚之滅蔡也靈王遷許胡沈道房申於荊焉平王即位既封陳蔡而皆復之禮也滅蔡在十一年許胡沈小國也道房申皆故諸侯楚滅以爲邑荊荊山也傳言平王得安民之禮汝南有吳防縣即防國隱大子之子廬歸于蔡禮也隱大子大子有也廬蔡平侯悼大子之子吳歸于陳禮也悼大子偃師也吳陳惠公

冬十月葬蔡靈公禮也國復成禮以葬也此陳蔡事傳皆言禮嫌楚所封不得比諸侯故明之公如晉荀吳謂韓宣子曰諸侯相朝講舊好也執其卿而朝其君有不好焉不如辭之乃使士景伯辭公于河景伯士文伯之子彌牟也○舊[好]呼報反吳滅州來令尹子旗請伐吳王弗許曰吾未撫民人未事鬼神未脩守備未定國家而用民力敗不可悔州來在吳猶在楚也子姑待之傳言平王所以能有國季孫猶在晉子服惠伯私於中行穆子私與之語曰魯事晉何以不如夷之小國魯兄弟也土地猶大所命能具若爲夷弃之使事齊楚其何瘳於晉瘳差也○[爲]于僞反下同親親與大賞共罰否所以爲盟主也子其圖之諺曰臣一主二言一臣必有二主道不合得去事他國吾豈無大國言非獨晉可事穆子告韓宣子且曰楚滅陳蔡不能救而爲夷執親將焉用之乃歸季孫惠伯曰寡君未知其罪合諸侯而執其老老尊卿稱若猶有罪死命可也死晉命也若曰無罪而惠免之諸侯不聞是逃命也何免之爲請從君惠於會欲得盟會見遣不欲私去宣子患之謂叔向曰子能歸季孫乎對曰不能鮒也能鮒叔魚乃使叔魚叔魚見季孫曰昔鮒也得罪於晉君自歸於魯君蓋襄二十一年坐叔虎與欒氏黨奔得罪微武子之賜不至於今武子季平子祖父雖獲歸骨於晉猶子則肉之敢不盡情歸

子而不歸鮒也聞諸吏將爲子除館於西河西使近河其
若之何且泣泣以信其言平子懼先歸惠伯待禮待見遺之禮
經十有四年春意如至自晉書至者喜得免三月曹伯滕卒
無傳四同盟夏四月無傳秋葬曹武公無傳八月莒子去疾卒
未同盟○[去]起呂反冬莒殺其公子意恢以禍亂告不必繫於爲卿故雖公子亦書
意恢與亂君爲黨故書名惡之○[恢]苦回反[惡]烏路反
傳十四年春意如至自晉尊晉罪己也以舍族爲尊晉罪己○[舍]
音捨尊晉罪己禮也禮脩己而不責人南蒯之將叛也盟費人
司徒老祁慮癸二人南蒯家臣僞廢疾使請於南蒯曰臣願
受盟而疾興若以君靈不死請待閒而盟閒差也○[差]初賣反
許之二子因民之欲叛也請朝衆而盟欲因合衆以作亂遂
劫南蒯曰羣臣不忘其君君謂季氏畏子以及今三年聽
命矣子若弗圖費人不忍其君將不能畏子矣不能復畏
子○長子以及今絕句子何所不逞欲請送子送使出奔請期五日
南蒯請期冀有變遂奔齊侍飲酒於景公公曰叛夫戲之對曰
臣欲張公室也張強也子韓皙曰齊大夫家臣而欲張公
室罪莫大焉言越職司徒老祁慮癸來歸費歸魯齊侯使
鮑文子致之南蒯雖叛費人不從未專屬齊二子逐蒯而復其舊故經不書歸費齊使文子
致邑欲以假好非事實也夏楚子使然丹簡上國之兵於宗丘且
撫其民上國在國都之西西方居上流故謂之上國宗丘楚地分貧振窮分與也振

救也○[分]如字徐甫問反長孤幼養老疾收介特介特單身民也收養不使流散
○[長]丁丈反救災患宥孤寡寬其賦稅赦罪戾詰姦慝詰責問也○[詰]
起吉反舉淹滯淹滯有才德而未敘者禮新敘舊新羈旅也祿勳合親
勳功也親九族任良物官物事也使屈罷簡東國之兵於召陵
兵在國都之東者○[罷]音皮[召]上照反亦如之如然丹好於邊疆結好四鄰○[好]
呼報反息民五年而後用師禮也秋八月莒著丘公卒
郊公不慼郊公著丘公子○[著]直居反徐直據反國人弗順欲立著丘
公之弟庚與庚與莒共公○[與]音餘蒲餘侯惡公子意恢而善
於庚與蒲餘侯莒大夫茲夫也意恢莒羣公子○[惡]烏路反下同郊公惡公子鐸
而善於意恢鐸亦羣公子公子鐸因蒲餘侯而與之謀曰
爾殺意恢我出君而納庚與許之爲下冬殺意恢傳楚令尹
子旗有德於王不知度有佐立之德與養氏比而求無厭
養氏子旗之黨養由基之後○[比]毗志反[厭]於鹽反王患之九月甲午楚子殺
鬬成然而滅養氏之族使鬬辛居鄖以無忘舊勳辛子
旗之子鄖公辛○[鄖]音云冬十二月蒲餘侯茲夫殺莒公子意恢
郊公奔齊公子鐸逆庚與於齊齊隰黨公子鉏送之
有賂田莒賂齊以田晉邢侯與雍子爭鄐田邢侯楚申公巫臣之子也
雍子亦故楚人○[鄐]許六反又超六反久而無成士景伯如楚士景伯晉理官
叔魚攝理攝代景伯韓宣子命斷舊獄罪在雍子雍子納
其女於叔魚叔魚蔽罪邢侯蔽斷也○[斷]丁亂反[蔽]必世反邢侯怒

殺叔魚與雍子於朝宣子問其罪於叔向叔向曰三人同罪施生戮死可也 施行罪也 雍子自知其罪而賂以買直鮒也鬻獄邢侯專殺其罪一也己惡而掠美爲昏 掠取也昏亂也○[鬻]羊六反[掠]音亮 貪以敗官爲墨 墨不潔之稱○[敗]必邁反又如字 殺人不忌爲賊 忌畏也 夏書曰昏墨賊殺 逸書三者皆死刑 皋陶之刑也請從之乃施邢侯而尸雍子與叔魚於市仲尼曰叔向古之遺直也 言叔向之直有古人遺風○[施]如字孔晁注國語尸氏反 治國制刑不隱於親 謂國之大問己所荅當也至於他事則宜有隱○[當]丁浪反 三數叔魚之惡不爲末減 末薄也減輕也皆以正言之○[數]色主反又色具反 曰義也夫可謂直矣 於義未安直則有之○[夫]音扶一直芳于反 平丘之會數其賄也 謂言瀆貨無厭 以寬衛國晉不爲暴歸魯季孫稱其詐也 謂言鮒也能 以寬魯國晉不爲虐邢侯之獄言其貪也以正刑書晉不爲頗三言而除三惡加三利 三惡暴虐頗也三惡除則三利加○[頗]普何反 殺親益榮猶義也夫 榮名益己 三罪唯荅宣子問不可以不正其餘則以直傷義故重疑之

經十有五年春王正月吳子夷末卒 無傳未同盟 二月癸酉有事于武宮籥入叔弓卒去樂卒事 略書有事爲叔弓卒起也 武宮魯武公廟成六年復立之○[去]起呂反 夏蔡朝吳出奔鄭 朝吳不遠讒人所以見逐而書名 六月丁巳朔日有食之 無傳 秋晉荀吳帥師伐鮮虞冬公如晉

傳十五年春將禘于武公戒百官 齊戒 梓慎曰禘之日其有咎乎吾見赤黑之祲非祭祥也喪氛也 祲妖氛也蓋見於宗廟故以爲非祭祥也氛惡氣也○[祲]子鴆反[氛]芳云反 其在涖事乎 涖臨也 二月癸酉禘叔弓涖事籥入而卒去樂卒事禮也 大臣卒故爲之去樂○[去]起呂反 ○楚費無極害朝吳之在蔡也 朝吳蔡大夫有功於楚平王故無極恐其有寵疾害之○[費]扶味反 欲去之乃謂之曰王唯信子故處子於蔡子亦長矣而在下位辱必求之吾助子請 請求上位 又謂其上之人 蔡人在上位者 曰王唯信吳故處諸蔡二三子莫之如也而在其上不亦難乎弗圖必及於難夏蔡人逐朝吳朝吳出奔鄭王怒曰余唯信吳故寘諸蔡且微吳吾不及此女何故去之無極對曰臣豈不欲吳 非不欲吳於[難]乃旦反 ○然而前知其爲人之異也 言其多權謀 吳在蔡蔡必速飛去吳所以翦其翼也 以鳥喻也言吳在蔡必能使蔡速強而背楚 六月乙丑王大子壽卒 周景王子 秋八月戊寅王穆后崩 大子壽之母也傳爲晉荀躒如周葬穆后起 晉荀吳帥師伐鮮虞圍鼓 鼓白狄之別鉅鹿下曲陽縣有鼓聚 鼓人或請以城叛穆子弗許左右曰師徒不勤而可以獲城何故不爲穆子曰吾聞諸叔向曰好惡不愆民知所適事無不濟 愆過也適歸也 或以吾城叛吾所甚惡也人以城來吾獨何好焉賞所甚惡若所好何 無以復加所好 若其弗賞是

失信也。何以庇民。力能則進。否則退。量力而行。吾不可以欲城而邇姦。所喪滋多。使鼓人殺叛人而繕守備。圍鼓三月。鼓人或請降。使其民見。曰。猶有食色。姑脩而城。軍吏曰。獲城而弗取。勤民而頓兵。何以事君。穆子曰。吾以事君也。獲一邑而教民怠。將焉用邑。邑以賈怠。不如完舊。（完猶保守。○見，賢遍反。賈音古。下同。）賈怠無卒。（卒，終也。）弃舊不祥。鼓人能事其君。我亦能事吾君。率義不爽。（爽，差也。）好惡不愆。城可獲而民知義所。（知義所在也。荀吳必其能獲，故因以示義。）有死命而無二心。不亦可乎。鼓人告食竭力盡。而後取之。克鼓而反。不戮一人。以鼓子鳶鞮歸。（鳶鞮，鼓君名。○鳶，悅全反。鞮，丁兮反。）冬。公如晉。平丘之會故也。（平丘會，公不與盟。季孫見執。今既得免，故往謝之。）十二月。晉荀躒如周。葬穆后。籍談爲介。既葬除喪。以文伯宴。樽以魯壺。（文伯，荀躒也。魯壺，魯所獻壺樽。○躒，力狄反。）王曰。伯氏。諸侯皆有以鎮撫王室。晉獨無有。何也。（感魯壺而言也。鎮撫王室，謂貢獻之物。）文伯揖籍談。（文伯無辭，揖籍談使對。）對曰。諸侯之封也。皆受明器於王室。（謂明德之分器。○分，扶問反。）以鎮撫其社稷。故能薦彝器於王。（薦，獻也。彝，常也。謂可常寶之器，若魯壺之屬。）晉居深山。戎狄之與鄰。而遠於王室。王靈不及。拜戎不暇。（言王寵靈不見及，故數爲戎所加陵。○遠，于萬反。又如字。）其何以獻器。王曰。叔氏。而忘諸乎。（叔，籍談字。）叔父唐叔。成王之母弟也。其反無分乎。密須之鼓與其大路。文所以大蒐也。（密須，姞姓國也。在安定陰密縣。文王伐之，得其鼓路，以蒐。○蒐，所求反。）闕鞏之甲。武所以克商也。（闕鞏國所出鎧。○鞏，九勇反。）唐叔受之。以處參虛。匡有戎狄。（參虛，實沈之次。晉之分野。○參，所金反。）其後襄之二路。（周襄王所賜晉文公大路、戎路。）鏚鉞秬鬯。（鏚，斧也。鉞，金鉞。秬，黑黍。鬯，香酒。○鏚音戚。鉞音越。）彤弓虎賁。文公受之。以有南陽之田。（事在僖二十八年。）撫征東夏。非分而何。夫有勳而不廢。（加賞。）有績而載。（書功於策。）奉之以土田。（有南陽。）撫之以彝器。（鏚鉞弓之屬。）旌之以車服。（襄之二路。）明之以文章。（旌旗。）子孫不忘。所謂福也。福祚之不登。叔父焉在。（言福祚不在叔父，當在誰邪。○福祚之不登叔父，絕句。）且昔而高祖孫伯黶。司晉之典籍。以爲大政。故曰籍氏。（孫伯黶，晉正卿，籍談九世祖。○黶，以斬反。）及辛有之二子董之晉。於是乎有董史。（辛有，周人也。其二子適晉爲大史。籍黶與之共董督晉典，因爲董氏。董狐其後。）女司典之後也。何故忘之。籍談不能對。賓出。王曰。籍父其無後乎。數典而忘其祖。（忘祖業。○女音汝。數，色主反。）籍談歸。以告叔向。叔向曰。王其不終乎。吾聞之。所樂必卒焉。今王樂憂。若卒以憂。不可謂終。王一歲而有三年之喪二焉。（天子絕期，唯服三年。故后雖期，通謂之三年喪。○期，居其反。）於是乎以喪賓宴。又求彝器。樂憂甚矣。且非禮也。彝器之來。嘉功之由。非由喪也。三年之喪。雖貴遂服。禮也。（天子諸侯除喪當在卒哭。今王既葬而除，故譏其不遂。）王雖弗遂。宴樂以早亦非禮也。言今雖不能遂服，猶當靜嘿，而便宴樂，又失禮也。○〔嘿〕亡北反。禮，王之大經也。一動而失二禮，無大經矣。失二禮，謂既不遂服，又設宴樂。言以考典，考，成也。典以志經，忘經而多言舉典，將焉用之？爲二十二年王室亂傳。

經十有六年春，齊侯伐徐。楚子誘戎蠻子殺之。夏，公至自晉。秋八月己亥，晉侯夷卒。未同盟。九月，大雩。季孫意如如晉。冬十月，葬晉昭公。三月而葬，速。

傳十六年春王正月，公在晉，晉人止公。不書，諱之也。猶以取郠故也。公爲晉人所執止，故諱不書。齊侯伐徐。楚子聞蠻氏之亂也，與蠻子之無質也，質，信也。○〔質〕之實反，或音致。使然丹誘戎蠻子嘉殺之，遂取蠻氏。既而復立其子焉，禮也。詐之，非也；立其子，禮也。河南新城縣東南有蠻城。二月丙申，齊師至于蒲隧。蒲隧，徐地。下邳取慮縣東有蒲如陂。○〔隧〕音遂。〔取〕〔慮〕上音秋，下力居反。徐人行成，徐子及郯人、莒人會齊侯，盟于蒲隧，賂以甲父之鼎。甲父，古國名。高平昌邑縣東南有甲父亭。徐人得甲父鼎，以賂齊。叔孫昭子曰：「諸侯之無伯，害哉！爲小國害。齊君之無道也，興師而伐遠方，會之，有成而還，莫之亢也，無亢禦。無伯也夫！詩曰：『宗周既滅，靡所止戾。正大夫離居，莫知我肄。』詩小雅。戾，定也。肄，勞也。言周舊爲天下宗，今乃衰滅，亂無息定，執政大夫離居異心，無有念民勞者也。○〔肄〕以制反。其是之謂乎！」傳言晉之衰。三月，晉韓起聘于鄭，鄭伯享之。子產戒曰：「苟有位於朝，無有不共恪。」孔張後至，立於客閒，孔張，子孔之孫。執政禦之，執政，掌位列者。禦，止也。適客後，又禦之，適縣閒。縣，樂肆。○〔縣〕音懸。○客從而笑之。事畢，富子諫富子，鄭大夫。諫子產也。曰：「夫大國之人，不可不慎也，幾爲之笑而不陵我？言數見笑，則必陵侮我。○〔幾〕居豈反，又音機。我皆有禮，夫猶鄙我。鄙，賤也。○〔夫〕音扶。○國而無禮，何以求榮？孔張失位，吾子之恥也。」子產怒曰：「發命之不衷，衷，當也。○〔衷〕丁仲反，又音忠。出令之不信，刑之頗類，纇事類以成偏頗。○〔頗〕普多反。〔類〕如字，一力對反。獄之放紛，放，縱也。紛，亂也。會朝之不敬，謂國無禮敬之心。使命之不聽，下不從上命。取陵於大國，罷民而無功，罪及而弗知，僑之恥也。孔張，君之昆孫子孔之後也，昆，兄也。子孔，鄭襄公兄，孔張之祖父。○〔罷〕音皮。執政之嗣也，子孔嘗執鄭國之政。爲嗣大夫，承命以使，周於諸侯，國人所尊，諸侯所知，立於朝而祀於家，卿得自立廟於家。○〔使〕所吏反。有祿於國，受祿邑。有賦於軍，軍出卿賦百乘。喪祭有職，有所主。受脤歸脤，受脤，謂君祭以肉賜大夫。歸脤，謂大夫祭歸肉於公，皆社之戎祭也。○〔脤〕市軫反。其祭在廟，已有著位，在位數世，世守其業，而忘其所，僑焉得恥之？其祭在廟，謂助君祭。○〔數〕色主反。辟邪之人而皆及執政，是先王無刑罰也。言爲過謬者自應用刑罰。○〔辟〕四亦反。子寧以他規我。」規，正也。宣子有環，其一在鄭商。玉環同工共朴，自共爲雙。宣子謁諸鄭伯，謁，請也。子產弗與，曰：「非官府之守器也，寡君不知。」子大叔、子羽謂子產曰：「韓

子亦無幾求言所求少〔幾〕居豈反○晉國亦未可以貳晉國韓
子不可偷也偷薄也若屬有讒人交鬬其閒鬼神而助
之以興其凶怒悔之何及吾子何愛於一環其以取
憎於大國也盍求而與之子產曰吾非偷晉而有二
心將終事之是以弗與忠信故也僑聞君子非無賄
之難立而無令名之患僑聞爲國非不能事大字小
之難無禮以定其位之患夫大國之人令於小國而
皆獲其求將何以給之一共一否爲罪滋大滋益也○〔屬〕音
燭〔難〕乃旦反又如字〔共〕音恭大國之求無禮以斥之何饜之有吾
且爲鄙邑則失位矣不復成國〔饜〕於鹽反○若韓子奉命以使
而求玉焉貪淫甚矣獨非罪乎出一玉以起二罪吾
又失位韓子成貪將焉用之且吾以玉賈罪不亦鋭
乎鋭細小也○〔賈〕音古韓子買諸賈人既成賈矣商人曰必告
君大夫韓子請諸子產曰日起請夫環執政弗義弗
敢復也復重求也○成〔賈〕音嫁請〔夫〕音扶〔重〕直用反今買諸商人商人曰
必以聞敢以爲請子產對曰昔我先君桓公與商人
皆出自周鄭本在周畿內桓公東遷幷與商人俱庸次比耦庸用也用次更相從
耦耕○〔比〕毗志反以艾殺此地斬之蓬蒿藜藋而共處之世
有盟誓以相信也曰爾無我叛我無強賈無強市其物○〔艾〕魚
廢反〔藋〕徒弔反〔強〕其丈反下強奪同又其良反毋或匄奪爾有利市寶賄我
勿與知恃此質誓故能相保以至于今今吾子以好
來辱而謂敝邑強奪商人是教敝邑背盟誓也毋乃
不可乎吾子得玉而失諸侯必不爲也若大國令而
共無藝藝法也鄭鄙邑也亦弗爲也不欲爲鄙邑之事僑若獻
玉不知所成敢私布之布陳也韓子辭玉曰起不敏敢
求玉以徼二罪敢辭之傳言子產知禮宣子能改過○〔徼〕古堯反夏四月
鄭六卿餞宣子於郊餞送行飲酒宣子曰二三君子請皆
賦起亦以知鄭志詩言志也子齹賦野有蔓草子齹子皮之子嬰齊
也野有蔓草詩鄭風取其邂逅相遇適我願兮○〔齹〕才何反字林才可反宣子曰孺子善
哉吾有望矣君子相願己所望也子產賦鄭之羔裘言鄭別於唐羔裘也
取其彼己之子舍命不渝邦之彥兮以美韓子○〔己〕音記〔舍〕音赦又音捨宣子曰起不堪
也不堪國之司直子大叔賦褰裳褰裳詩曰子惠思我褰裳涉溱子不我思豈無他人
言宣子思己將有褰裳之志如不我思亦豈無他人宣子曰起在此敢勤子至
於他人乎言己今崇好在此不復令子適他人子大叔拜謝宣子之有鄭宣子
曰善哉子之言是是褰裳不有是事其能終乎韓起不欲令鄭
求他人子大叔拜以荅之所以晉鄭終善子游賦風雨子游駟帶之子駟偃也風雨詩取其
既見君子云胡不夷子旗賦有女同車子旗公孫段之子豐施也有女同車取其洵美
且都愛樂宣子之志○〔樂〕音洛又五孝反子柳賦蘀兮子柳印段之子印癸也蘀兮詩取其
倡予和女言宣子倡己將和從之○〔蘀〕他洛反宣子喜曰鄭其庶乎庶幾於興盛
二三君子以君命貺起賦不出鄭志六詩皆鄭風故曰不出鄭志

皆昵燕好也昵，親也。賦不出其國，示親好。○昵，女乙反。二三君子數世之主也，可以無懼矣。宣子皆獻馬焉，而賦我將。我將，詩頌。取其日靖四方，我其夙夜，畏天之威。言志在靖亂，畏懼天威。子產拜，使五卿皆拜，曰：吾子靖亂，敢不拜德。宣子私覲於子產以玉與馬，曰：子命起舍夫玉，是賜我玉而免吾死也，敢不藉手以拜。以玉馬藉手拜謝。公至自晉。晉聽公歸。子服昭伯語季平子昭伯，惠伯之子，子服回也。隨公從晉還。曰：晉之公室其將遂卑矣。君幼弱，六卿彊而奢傲，將因是以習，習實爲常，能無卑乎。平子曰：爾幼，惡識國。昭伯尚少，平子不信其言。○惡，烏路反。秋八月，晉昭公卒。爲下平子如晉葬起。九月，大雩，旱也。鄭大旱，使屠擊、祝款、豎柎有事於桑山。三子，鄭大夫。有事，祭也。○柎音附，又方于反。斬其木，不雨。子產曰：有事於山，蓺山林也。蓺，養護令繁殖。○蓺音藝。而斬其木，其罪大矣。奪之官邑。冬十月，季平子如晉葬昭公。平子曰：子服回之言猶信。自往見之，乃信回言。子服氏有子哉。有賢子也。

經十有七年春，小邾子來朝。夏六月甲戌朔，日有食之。秋，郯子來朝。八月，晉荀吳帥師滅陸渾之戎。○渾，戶門反。冬，有星孛于大辰。大辰，房心尾也。妖變非常，故書。○孛音佩。楚人及吳戰于長岸。吳楚兩敗，莫肯告負，故但書戰而不書敗也。長岸，楚地。

傳十七年春，小邾穆公來朝，公與之燕。季平子賦采叔。采叔，詩小雅。取其君子來朝，何錫與之，以穆公喻君子。穆公賦菁菁者莪。菁菁者莪，亦詩小雅。取其既見君子，樂且有儀，以荅采叔。昭子曰：不有以國，其能久乎。嘉其能荅賦，言其賢，故能久有國。夏六月甲戌朔，日有食之。祝史請所用幣。禮，正陽之月日食，當用幣於社，故請之。昭子曰：日有食之，天子不舉，不舉，盛饌。伐鼓於社；責羣陰。諸侯用幣於社，請上公。伐鼓於朝，退自責。禮也。平子禦之，禦，禁也。曰：止也。唯正月朔，慝未作，日有食之，於是乎有伐鼓用幣，禮也。其餘則否。大史曰：在此月也。正月謂建巳正陽之月也，於周爲六月，於夏爲四月。慝，陰氣也。四月純陽用事，陰氣未動而侵陽，災重，故有伐鼓用幣之禮也。平子以爲六月非正月，故大史荅言在此月也。○正音政。日過分而未至，過春分而未夏至。三辰有災，三辰，日月星也。日月相侵，又犯是宿，故三辰皆爲災。於是乎百官降物，降物，素服。君不舉，辟移時，辟正寢，過日食時。樂奏鼓，伐鼓。祝用幣，用幣於社。史用辭。用辭以自責。故夏書曰：辰不集于房，逸書也。集，安也。房，舍也。日月不安其舍則食。瞽奏鼓，瞽，樂師。嗇夫馳，庶人走。車馬曰馳，步曰走，爲救日食備也。此月朔之謂也。當夏四月，謂之孟夏。言此六月當夏家之四月。平子弗從。昭子退曰：夫子將有異志，不君君矣。安君之災，故有異志。秋，郯子來朝，公與之宴。昭子問焉，曰：少皞氏鳥名官，何故也。少皞，金天氏，黃帝之子，己姓之祖也。問何故以鳥名官。郯子曰：吾祖也，我知之。昔者黃帝氏以雲紀，故爲雲師而雲名。黃帝，軒轅氏，姬姓之祖也。黃帝受命有雲瑞，故以雲紀事。百官師長皆以雲爲名號，縉雲氏蓋其一官也。○縉音進。炎帝氏以火紀故爲火師而火名炎帝神農氏姜姓之祖也亦有火瑞以火紀事名百官共工氏以水紀故爲水師而水名共工以諸侯霸有九州者在神農前大皞後亦受水瑞以水名官○[共]音恭大皞氏以龍紀故爲龍師而龍名大皞伏犧氏風姓之祖也有龍瑞故以龍命官我高祖少皞摯之立也鳳鳥適至故紀於鳥爲鳥師而鳥名鳳鳥氏歷正也鳳鳥知天時故以名歷正之官玄鳥氏司分者也玄鳥燕也以春分來秋分去伯趙氏司至者也伯趙伯勞也以夏至鳴冬至止青鳥氏司啓者也青鳥鶬鴳也以立春鳴立夏止○[鶬]音倉[鴳]於諫反丹鳥氏司閉者也丹鳥鷩雉也以立秋來立冬去入大水爲蜃上四鳥皆歷正之屬官○[鷩]必滅反[蜃]市軫反祝鳩氏司徒也祝鳩鷦鳩也鷦鳩孝故爲司徒主教民○[鷦]音焦鴡鳩氏司馬也鴡鳩王鴡也鷙而有別故爲司馬主法制○[鴡]七徐反[鷙]音至鳲鳩氏司空也鳲鳩鴶鵴也鳲鳩平均故爲司空平水土○[鴶]節八反又音吉[鵴]居大反爽鳩氏司寇也爽鳩鷹也鷙故爲司寇主盜賊鶻鳩氏司事也鶻鳩鶻鵰也春來冬去故爲司事五鳩鳩民者也鳩聚也治民上聚故以鳩爲名五雉爲五工正五雉雉有五種西方曰鷷雉東方曰鶅雉南方曰翟雉北方曰鵗雉伊洛之南曰翬雉○[種]章勇反[鷷]音存又音遵[鶅]側其反[翟]音狄又如字[鵗]香衣反[翬]許韋反利器用正度量夷民者也夷平也[量]音亮○九扈爲九農正扈有九種也春扈鳻鶞夏扈竊玄秋扈竊藍冬扈竊黃棘扈竊丹行扈唶唶宵扈嘖嘖桑扈竊脂老扈鷃鷃以九扈爲九農之號各隨其宜以教民事○[扈]音戶[鳻]扶云反[鶞]勑倫反[唶]側百反又助額反[嘖]音責又音賾扈民無淫者也扈止也止民使不淫放自顓頊以來不能紀遠乃紀於近爲民師而命以民事則不

能故也顓頊氏代少皞者德不能致遠瑞而以民事命官仲尼聞之見於郯子而學之於是仲尼年二十八既而告人曰吾聞之天子失官學在四夷猶信失官官不脩其職也傳言聖人無常師晉侯使屠蒯如周請有事於雒與三塗屠蒯晉侯之膳宰也以忠諫見進雒雒水也三塗山名在陸渾南○[蒯]苦怪反萇弘謂劉子曰客容猛非祭也其伐戎乎陸渾氏甚睦於楚必是故也君其備之乃警戎備警戒以備戎也欲因晉以合勢九月丁卯晉荀吳帥師涉自棘津河津名使祭史先用牲于雒陸渾人弗知師從之庚午遂滅陸渾數之以其貳於楚也陸渾子奔楚其衆奔甘鹿甘鹿周地周大獲先警戒備故獲宣子夢文公攜荀吳而授之陸渾故使穆子帥師獻俘于文宮欲以應夢冬有星孛于大辰西及漢夏之八月辰星見在天漢西今孛星出辰西光芒東及天漢申須曰彗所以除舊布新也申須魯大夫○[彗]似銳反又息遂反天事恆象天道恆以象類告示人今除於火火出必布焉諸侯其有火災乎今火向伏故知當須火出出乃布散爲災梓慎曰往年吾見之是其徵也徵始有形象而微也火出而見前年火出時○[見]賢遍反今茲火出而章必火入而伏隨火沒也其居火也久矣歷二年其與不然乎言必然也○[與]如字又音預火出於夏爲三月謂昏見於商爲四月於周爲五月夏數得天得天正若火作其四國當之在宋衛陳鄭乎宋大辰之虛也大辰大火宋分野○[虛]起居反下同陳大皞之

虛也大皡居陳木火所自出鄭祝融之虛也祝融高辛氏之火正居鄭皆火房也房舍也星孛及漢漢水祥也天漢水也衛顓頊之虛也故爲帝丘衛今濮陽縣昔帝顓頊居之其城内有顓頊冢其星爲大水衛星營室營室水也水火之牡也牡雄也其以丙子若壬午作乎水火所以合也丙午火壬子水水火合而相薄水少而火多故水不勝火○〔薄〕音博若火入而伏必以壬午尚未知今孛星當復隨火星俱伏不故言若○〔復〕扶又反不過其見之月火見周之五月鄭裨竈言於子產曰宋衛陳鄭將同日火若我用瓘斝玉瓚鄭必不火瓘珪也斝玉爵也瓚勺也欲以禳火○〔裨〕婢支反〔斝〕古雅反〔瓚〕才旦反〔勺〕上若反子產弗與以爲天災流行非禳所息故也爲明年宋衛陳鄭災傳吳伐楚陽匄爲令尹卜戰不吉陽匄穆王曾孫令尹子瑕司馬子魚曰我得上流何故不吉子魚公子魴也順江而下易用勝敵○〔魴〕音房且楚故司馬令龜我請改卜令曰魴也以其屬死之楚師繼之尚大克之吉得吉兆戰于長岸子魚先死楚師繼之大敗吳師獲其乘舟餘皇餘皇舟名○〔乘〕如字又繩證反使隨人與後至者守之環而塹之及泉環周也○〔環〕如字又音患盈其隧炭陳以待命隧出入道吳公子光光諸樊子闔廬請於其衆曰喪先王之乘舟豈唯光之罪衆亦有焉請藉取之以救死藉衆之力以取舟衆許之使長鬣者三人長鬣多髭鬚與吳人異形狀詐爲楚人○〔鬣〕力輒反潛伏於舟側曰我呼餘皇則對師夜從之師吳師也○〔呼〕呼路反又如字三呼皆迭對迭更也楚人從而殺之楚師亂吳人大敗之取餘皇以歸傳言吳光有謀

春秋經傳集解昭公四第二十三

春秋經傳集解昭公五第二十四

杜氏註　盡二十二年

經十有八年春王三月曹伯須卒未同盟而赴以名夏五月壬午宋衛陳鄭災來告故書天火曰災六月鄅人入鄅鄅國今琅邪開陽縣○〔鄅〕音禹又音矩秋葬曹平公冬許遷于白羽自葉遷也畏鄭而樂遷故以自遷為文○〔葉〕始涉反

傳十八年春王二月乙卯周毛得殺毛伯過毛伯過周大夫得過之族○〔過〕平聲而代之代居其位萇弘曰毛得必亡是昆吾稔之日也侈故之以昆吾夏伯也稔熟也侈惡積熟以乙卯日與桀同誅○〔萇〕音長而毛得以濟侈於王都不亡何待為二十六年毛伯奔楚傳三月曹平公卒為下會葬見原伯起本夏五月火始昏見火心星○〔見〕賢遍反丙子風梓慎曰是謂融風火之始也東北曰融風融木也木火母故曰火之始七日其火作乎從丙子至壬午七日壬午水火合之日故知當火作戊寅風甚壬午大甚宋衛陳鄭皆火梓慎登大庭氏之庫以望之大庭氏古國名在魯城內魯於其處作庫高顯故登以望氣參近占以審前年之言曰宋衛陳鄭也數日皆來告火言經所以書○〔數〕所主反裨竈曰不用吾言鄭又將火前年裨竈欲用瓘斝禳火子產不聽今復請用之鄭人請用之信竈言子產不可子大叔曰寶以保民也若有火國幾亡可以救亡子何愛焉子產曰天道遠人道邇非所及也何以知之竈焉知天道是亦多言矣豈不或信多言者或時有中○〔幾〕音祈又音機遂不與亦不復火傳言天道難明雖裨竈猶不足以盡知之鄭之未災也里析告子產曰將有大祥里析鄭大夫祥變異之氣民震動國幾亡吾身泯焉弗良及也言將先災死○〔先〕悉薦反國遷其可乎子產曰雖可吾不足以定遷矣子產知天災不可逃非遷所免故託以知不足及火里析死矣未葬子產使輿三十人遷其柩以其嘗與己言故火作子產辭晉公子公孫于東門晉人新來未入故辭不使前也使司寇出新客新來聘者禁舊客勿出於宮為其知國情不欲令去使子寬子上巡羣屏攝至于大宮二子鄭大夫屏攝祭祀之位大宮鄭祖廟巡行宗廟不得使火及之○〔屏〕上聲使公孫登徙大龜登開卜大夫使祝史徙主祏於周廟告于先君祏廟主石函周廟厲王廟也有火災故合羣主於祖廟易救護○〔祏〕音石使府人庫人各儆其事儆備火也商成公儆司宮商成公鄭大夫司宮巷伯寺人之官出舊宮人寘諸火所不及舊宮人先公宮女司馬司寇列居火道備非常也行火所焮焮炙也○〔焮〕許靳反城下之人伍列登城為部伍登城備姦也明日使野司寇各保其徵野司寇縣士也火之明日四方乃聞災故戒保所徵役之人郊人助祝史除於國北為祭處於國北者就大陰禳火禳火于玄冥回祿玄冥水神回祿火神祈于四鄘鄘城也城積土陰氣所聚故祈祭之以禳火之餘災○〔鄘〕音容書焚室而寬其征征賦稅也與之材三日哭國不市示憂戚不會市使行人告於諸侯宋衛皆如是陳不救火許不弔災君子是以知陳許之先亡也不義

所以亡。六月，鄅人藉稻。鄅，妘姓國也。其君自出藉稻，蓋履行之。○〔妘〕音云。邾人襲鄅。鄅人將閉門，邾人羊羅攝其首焉，斷得閉門者頭。遂入之，盡俘以歸。鄅子曰：余無歸矣。從帑於邾，邾莊公反鄅夫人而舍其女。爲明年宋伐邾起。○〔帑〕音奴。秋，葬曹平公。往者見周原伯魯焉，原伯魯，周大夫。與之語，不說學。歸以語閔子馬。閔子馬曰：周其亂乎！夫必多有是說，而後及其大人。國亂俗壞，言者適多，漸以及大人。大人，在位者。○〔說〕學音悅。大人患失而惑，又曰：可以無學，無學不害。患有學而失道者，以惑其意。不害而不學，則苟而可。以爲無害，遂不學，則皆懷苟且。於是乎下陵上替，能無亂乎？夫學，殖也。不學將落，原氏其亡乎！殖，生長也。言學之進德，如農之殖苗，日新日益。○〔殖〕時力反。七月，鄭子產爲火故，大爲社，爲，治也。○〔爲〕火，于僞反，下將爲同。祓禳於四方，振除火災，禮也。振，弃也。○〔祓〕芳佛反。○乃簡兵大蒐，將爲蒐除。治兵於廟，城內地迫，故除廣之。子大叔之廟在道南，其寢在道北，其庭小，庭，蒐場也。過期三日，處小，不得一時畢。○〔處〕昌慮反。使除徒陳於道南廟北，曰：子產過女，而命速除，乃毀於而鄉。而，女也。毀女所鄉。○〔女〕音汝，〔鄉〕許亮反。○子產朝，朝君。過而怒之。怒不毀。除者南毀，子產及衝，使從者止之，曰：毀於北方。言子產仁，不忍毀人廟。火之作也，子產授兵登陴，子大叔曰：晉無乃討乎？辭晉公子、公孫而授兵，似若叛晉。子產曰：吾聞之，小國忘守則危，況有災乎？國之不可小，有備故也。既，晉之邊吏讓鄭，曰：鄭國有災，晉君、大夫不敢寧居，卜筮走望，不愛牲玉。鄭之有災，寡君之憂也。今執事撊然授兵登陴，撊然，勁忿貌。○〔撊〕遐板反。將以誰罪？邊人恐懼，不敢不告。子產對曰：若吾子之言，敝邑之災，君之憂也。敝邑失政，天降之災，又懼讒慝之閒謀之，以啓貪人，荐爲敝邑不利，荐，重也。○〔閒〕去聲。以重君之憂。幸而不亡，猶可說也。說，解也。不幸而亡，君雖憂之，亦無及也。鄭有他竟，望走在晉。言鄭雖與他國爲竟，每瞻望晉，歸赴之。既事晉矣，其敢有二心？傳言子產有備。楚左尹王子勝言於楚子曰：許於鄭，仇敵也，而居楚地，以不禮於鄭。十五年，平王復遷邑，許自夷還居葉，特楚而不事鄭。晉、鄭方睦，鄭若伐許，而晉助之，楚喪地矣。君盍遷許？許不專於楚。自以舊國，不專心事楚。鄭方有令政，許曰：余舊國也，許先封。鄭曰：余俘邑也。隱十一年，鄭滅許而復存之，故曰我俘邑。葉在楚國，方城外之蔽也。爲方城外之蔽障。土不可易，易，輕也。○〔易〕以豉反。國不可小，謂鄭。許不可俘，讎不可啓，君其圖之。楚子說。冬，楚子使王子勝遷許於析，實白羽。於傳時白羽改爲析。

經十有九年春，宋公伐邾。爲鄅。夏五月戊辰，許世子止弑其君買。加弑者，責止不舍藥物。○〔舍〕音捨。己卯，地震。無傳。秋，齊高發帥師伐莒。冬，葬許悼公。無傳。

傳十九年春，楚工尹赤遷陰于下陰，陰縣今屬南鄉郡。令尹子瑕城郟。叔孫昭子曰：楚不在諸侯矣，其僅自完也，以持其世而已。還陰城郟，皆欲以自完守。楚子之在蔡也，蓋爲大夫時往聘蔡。郹陽封人之女奔之，生大子建。郹陽，蔡邑。○〔郹〕古闃反。○及即位，使伍奢爲之師。伍奢，伍舉之子，伍員之父。○〔員〕音云。費無極爲少師，無寵焉，欲譖諸王，曰：建可室矣。室，妻也。王爲之聘於秦，無極與逆，勸王取之。正月，楚夫人嬴氏至自秦。王自取之。故稱夫人至，爲下拜夫人起。○〔與〕音預，〔嬴〕音盈。鄅夫人，宋向戌之女也，故向寧請師。寧，向戌子也。請於宋公伐鄅。○〔向〕傷亮反，〔戌〕音恤。二月，宋公伐邾，圍蟲。三月，取之。蟲，邾邑。不書圍取，不以告。○〔蟲〕直中反。乃盡歸鄅俘。夏，許悼公瘧。五月戊辰，飲大子止之藥，卒。止獨進藥，不由醫。○〔瘧〕魚略反。大子奔晉。書曰弒其君，君子曰：盡心力以事君，舍藥物可也。藥物有毒，當由醫，非凡人所知。譏止不舍藥物，所以加弒君之名。○〔舍〕音捨。邾人、郳人、徐人會宋公。乙亥，同盟于蟲。終宋公伐邾事。○〔郳〕五兮反。楚子爲舟師以伐濮。濮，南夷也。費無極言於楚子曰：晉之伯也，邇於諸夏，而楚辟陋，故弗能與爭。若大城城父，而寘大子焉，城父，今襄城城父縣。○〔伯〕音霸，又如字。〔辟〕匹亦反。以通北方，王收南方，是得天下也。王說，從之。故大子建居于城父。令尹子瑕聘于秦，拜夫人也。爲明年譖大子張本。改以爲夫人，遣謝秦。秋，齊高發帥師伐莒。莒不事齊故。莒子奔紀鄣。紀鄣，莒邑也。東海贛榆縣東北有紀城。○〔鄣〕音章。○使孫書伐之。孫書，陳無宇之子，子占也。初，莒有婦人，莒子殺其夫，已爲嫠婦。寡婦爲嫠。〔嫠〕力之反。○及老，託於紀鄣，紡焉以度而去之。因紡纑連所紡以度城而藏之，以待外攻者，欲以報讎。○〔紡〕芳往反，〔度〕待洛反。及師至，則投諸外。投繩城外，隨之而出。或獻諸子占，子占使師夜縋而登。緣繩登城。登者六十人，縋絕。師鼓譟，城上之人亦譟。莒共公懼，啓西門而出。七月丙子，齊師入紀。傳言怨不在大。是歲也，鄭駟偃卒。子游娶於晉大夫，生絲，弱。子游，駟偃也。弱，幼少。其父兄立子瑕。子瑕，子游叔父駟乞。子產憎其爲人也，憎子瑕。且以爲不順，舍子立叔，不順禮也。弗許亦弗止。許之爲違禮，止之爲違衆，故中立。駟氏聳。聳，懼也。他日，絲以告其舅。冬，晉人使以幣如鄭，問駟乞之立故。駟氏懼，駟乞欲逃，子產弗遣；請龜以卜，亦弗予。大夫謀對，子產不待而對客曰：鄭國不天，不獲天福。寡君之二三臣札瘥夭昏。夭死曰札，小疫曰瘥，短折曰夭，未名曰昏。今又喪我先大夫偃，其子幼弱，其一二父兄懼隊宗主，私族於謀而立長親。於私族之謀，宜立親之長者。寡君與其二三老曰：抑天實剝亂是，吾何知焉？言天自欲亂駟氏，非國所知。諺曰：無過亂門。民有兵亂，猶憚過之，而況敢知天之所亂？今大夫將問其故，抑寡君實不敢知，其誰實知之？平丘之會，在十三年。○〔過〕古禾反，下同。君尋舊盟曰：無或失職。若寡君之二三臣，其即世者，晉大夫而專制其位，是晉之縣鄙也，何國之爲？辭客幣而報其使。晉人舍之遣人報晉使○[使]所吏反楚人城州來沈尹戌曰楚人必敗十三年吳滅州來今就城而取之戌莊王曾孫葉公諸梁父也○[戌]音恤[葉]始涉反昔吳滅州來在十三年子旗請伐之王曰吾未撫吾民今亦如之而城州來以挑吳能無敗乎侍者曰王施舍不倦息民五年可謂撫之矣戌曰吾聞撫民者節用於內而樹德於外民樂其性而無寇讎今宮室無量民人日駭勞罷死轉轉遷徙也○[挑]徒了反[罷]音皮忘寢與食非撫之也傳言平王所以不能霸鄭大水龍鬭于時門之外洧淵時門鄭城門也洧水出滎陽密縣東南至潁川長平入潁○[洧]于軌反國人請為禜焉子產弗許曰我鬭龍不我覿也覿見也○[禜]為命反龍鬭我獨何覿焉禳之則彼其室也淵龍之室吾無求於龍龍亦無求於我乃止也傳言子產之知令尹子瑕言蹶由於楚子蹶由吳王弟五年靈王執以歸○[蹶]九衛反曰彼何罪諺所謂室於怒市於色者楚之謂矣言靈王怒吳子而執其弟猶人忿於室家而作色於市人舍前之忿可也乃歸蹶由言楚子能用善言

經二十年春王正月夏曹公孫會自鄚出奔宋無傳嘗有玉帛之使來告故書鄚曹邑○[鄚]莫公反一亡增反秋盜殺衛侯之兄縶齊豹作而不義故書曰盜所謂求名而不得○[縶]張立反冬十月宋華亥向寧華定出奔陳與君爭而出皆書名惡之○[華]戶化反十有一月辛卯蔡侯廬卒無傳未同盟而赴以名○[廬]力烏反又力於反

傳二十年春王二月己丑日南至是歲朔旦冬至之歲也當言正月己丑朔日南至時史失閏閏更在二月後故經因史而書正月傳更具於二月記南至日以正曆也梓慎望氛氛氣也時魯侯不行登臺之禮使梓慎望氣曰今茲宋有亂國幾亡三年而後弭蔡有大喪為宋華向出奔蔡侯卒傳叔孫昭子曰然則戴桓也戴族華氏桓族向氏汰侈無禮已甚亂所在也傳言妖由人興費無極言於楚子曰建與伍奢將以方城之外叛自以為猶宋鄭也齊晉又交輔之將以害楚其事集矣王信之問伍奢伍奢對曰君一過多矣一過納建妻何信於讒王執伍奢忿奢切言使城父司馬奮揚殺大子未至而使遣之知大子冤故遣令去三月大子建奔宋王召奮揚奮揚使城父人執己以至王曰言出於余口入於爾耳誰告建也對曰臣告之君王命臣曰事建如事余臣不佞佞才也不能苟貳奉初以還奉初命以周旋不忍後命故遣之既而悔之亦無及已王曰而敢來何也對曰使而失命召而不來是再奸也奸犯也○[使]所吏反又如字逃無所入王曰歸從政如他日善其言舍使還無極曰奢之子材若在吳必憂楚國盍以免其父召之彼仁必來不然將為患王使召之曰來吾免而父棠君尚謂其弟員棠君奢之長子尚也為棠邑大夫員子胥○[員]音云曰爾適吳我將歸死吾知不逮自以知不及員○[知]音智我能死爾能報聞免父之命

不可以莫之奔也，親戚爲戮，不可以莫之報也。奔死免父，孝也；度功而行，仁也；（仁者貴成功。○[度]待洛反。）擇任而往，知也；（員任報讎。○[任]音壬。）知死不辟，勇也。（尚爲勇。）父不可弃，（俱去爲弃父。）名不可廢，（俱死爲廢名。）爾其勉之，相從爲愈。（愈，差也。）伍尚歸。奢聞員不來，曰：「楚君大夫其旰食乎！」（將有吳憂，不得早食。○[旰]古旦反。）楚人皆殺之。員如吳，言伐楚之利於州于。（州于，吳子僚。）公子光曰：「是宗爲戮，而欲反其讎，不可從也。」（光，吳公子闔廬也。反，復也。）員曰：「彼將有他志，（光欲弒僚，不利員用事，故破其議，而員亦知之。）余姑爲之求士，而鄙以待之。」（計未得用，故進勇士以求入於光，退居邊鄙。○[爲]于僞反。）乃見鱄設諸焉，（鱄諸，勇士。○[見]賢遍反。[鱄]音專。）而耕於鄙。（爲二十七年吳弒僚傳。）

宋元公無信多私，而惡華、向。華定、華亥與向寧謀曰：「亡愈於死，先諸？」（恐元公殺己，欲先作亂。○[惡]烏路反。）華亥僞有疾，以誘羣公子。公子問之，則執之。夏六月丙申，殺公子寅、公子御戎、公子朱、公子固、公孫援、公孫丁，拘向勝、向行於其廩。（八子皆公黨。○[御]魚呂反，又如字。）公如華氏請焉，弗許，遂劫之。（劫公。）癸卯，取大子欒與母弟辰、公子地以爲質。（欒，景公也。辰及地，皆元公弟。○[質]音致。案：公子辰是景公之母弟，地是辰兄，當爲元公之子，今作元公弟，誤。）公亦取華亥之子無慼、向寧之子羅、華定之子啓，與華氏盟，以爲質。（爲此冬華、向出奔傳。）

衛公孟縶狎齊豹，（公孟，靈公兄也。齊豹，齊惡之子，爲衛司寇。狎，輕也。）奪之司寇與鄄。（鄄，豹邑。○[鄄]音絹。）有役則反之，無則取之。（縶足不良，故有役則以官邑還豹使行。）公孟惡北宮喜、褚師圃，欲去之。（喜，貞子。○[惡]烏路反。[褚]中呂反。）公子朝通于襄夫人宣姜，（宣姜，靈公嫡母。○[朝]如字。）懼，而欲以作亂。故齊豹、北宮喜、褚師圃、公子朝作亂。初，齊豹見宗魯於公孟，（薦達也。○[見]賢遍反。）爲驂乘焉。（爲公孟驂乘。）將作亂，而謂之曰：「公孟之不善，子所知也。勿與乘，吾將殺之。」對曰：「吾由子事公孟，子假吾名焉，故不吾遠也。（言子借我以善名，故公孟親近我。○[與]音預，又如字。[遠]于萬反。）雖其不善，吾亦知之；抑以利故，不能去，是吾過也。今聞難而逃，是僭子也。（使子言不信也。○[難]乃旦反。）子行事乎，吾將死之，以周事子；（周，猶終竟也。）而歸死於公孟，其可也。」丙辰，衛侯在平壽。（平壽，衛下邑。）公孟有事於蓋獲之門外，（有事，祭也。蓋獲，衛郭門。）齊子氏帷於門外，而伏甲焉。（齊豹之家。）使祝鼃寘戈於車薪以當門，（要其前也。○[鼃]烏媧反。）使一乘從公孟以出。（亦如前車寘戈於薪，尋其後。○[從]如字，又才用反。）使華齊御公孟，宗魯驂乘。及閎中，（閎，曲門中。○[華]戶化反。）齊氏用戈擊公孟，宗魯以背蔽之，斷肱，以中公孟之肩，皆殺之。公聞亂，乘驅自閱門入，慶比御公，公南楚驂乘，使華寅乘貳車。（公副車。○[斷]丁管反。[中]丁仲反。[比]如字，又毗志反。）及公宮，鴻騮魋駟乘于公。（鴻騮魋復就公，乘一車四人。○[騮]音留。[魋]音頹。）公載寶以出。褚師子申遇公于馬路之衢，遂從。（從公出。○[從]才用反。）過齊氏，使華寅肉袒，執蓋以當其闕。(肉袒示不敢與齊氏爭，執蓋蔽公。去闕，空也。以蓋當侍從空闕之處。)而齊氏射公中南楚之背。公遂出。寅閉郭門，(不欲令追者出。〇〔射〕食亦反。)踰而從公。(踰郭出。〇〔從〕才用反，又如字。)公如死鳥。(死鳥，衛地。)析朱鉏宵從竇出，徒行從公。(朱鉏，成子黑背孫。〇〔竇〕音豆。)齊侯使公孫青聘于衛。(青，頃公之孫。〇〔頃〕音傾。)〇既出，聞衛亂，使請所聘。公曰：猶在竟內，則衛君也。乃將事焉。(將事，行聘事。〇〔竟〕音境。)遂從諸死鳥，請將事。辭曰：亡人不佞，失守社稷，越在草莽，吾子無所辱君命。賓曰：寡君命下臣於朝曰：阿下執事。(阿，比也。命己使比衛臣下。)臣不敢貳。(貳，違命也。)主人曰：君若惠顧先君之好，照臨敝邑，鎮撫其社稷，則有宗祧在。(言受聘當在宗廟也。)乃止。(止，不行聘事。)衛侯固請見之。(欲與青相見。)不獲命，以其良馬見。(以為相見之禮。〇馬〔見〕賢遍反，下同。)為未致使故也。(未致使，故不敢以客禮見。〇〔為〕于偽反。)衛侯以為乘馬。(喜其敬己，故貴其物。〇〔乘〕繩證反，又如字。)賓將掫。(掫，行夜。〇〔掫〕側九反，又祖侯反。〔行〕下孟反。)主人辭曰：亡人之憂，不可以及吾子。草莽之中，不足以辱從者。敢辭。賓曰：寡君之下臣，君之牧圉也。若不獲扞外役，是不有寡君也。(有，相親有。〔扞〕戶旦反。)〇臣懼不免於戾，請以除死。親執鐸，終夕與於燎。(設火燎以備守。〇〔與〕音預，下不與聞同。〔燎〕九召反，又力弔反。)齊氏之宰渠子召北宮子。(北宮喜也。)北宮氏之宰不與聞謀，殺渠子，遂伐齊氏，滅之。丁巳晦，公入，與北宮喜盟于彭水之上。(喜本與齊氏同謀，故公先與喜盟。)

秋七月戊午朔，遂盟國人。八月辛亥，公子朝、褚師圃、子玉霄、子高魴出奔晉。(皆齊氏黨。)閏月戊辰，殺宣姜。(與公子朝通謀故。)衛侯賜北宮喜謚曰貞子，(滅齊氏故。)賜析朱鉏謚曰成子，(宵從公故。)而以齊氏之墓予之。(皆未死而賜謚及墓田，傳終而言之。)衛侯告寧于齊，且言子石。(子石，公孫青。言其有禮。)齊侯將飲酒，徧賜大夫曰：二三子之教也。(喜青敬衛侯。)苑何忌辭曰：與於青之賞，必及於其罰。(何忌，齊大夫。言青若有罪，亦當并受其罰。〇〔苑〕於元反。)在康誥曰：父子兄弟，罪不相及。(尚書康誥。)況在羣臣。臣敢貪君賜以干先王。(言受賜則犯康誥之義。)琴張聞宗魯死，(琴張，孔子弟子。字子開，名牢。)將往弔之。仲尼曰：齊豹之盜，而孟縶之賊，女何弔焉。(言齊豹所以為盜，孟縶所以見賊，皆由宗魯。〇〔女〕音汝。)君子不食姦，(知公孟不善而受其祿，是食姦也。)不受亂，(許豹行事，是受亂也。)不為利疚於回，(疚，病。回，邪也。以利故不能去，是病身於邪。〇〔為〕于偽反。)不以回待人，(知難不告，是以邪待人。〇〔難〕乃旦反。)不蓋不義，(以周事豹，是蓋不義。)不犯非禮。(以二心事縶，是非禮。)宋華向之亂，公子城、(平公子。)公孫忌、樂舍、(舍，樂喜孫。)司馬彊、向宜、向鄭、(宜、鄭，皆向戌子。)楚建、(楚平王之亡大子。)郳甲(小邾穆公子。〇〔郳〕五兮反。)出奔鄭。(八子，宋大夫，皆公黨，辟難出。)其徒與華氏戰于鬼閻。(八子之徒眾也。潁川長平縣西北有閻亭。〔閻〕似廉反，又以冉反。)〇敗子城。子城適晉。(子城為華氏所敗，別走至晉，為明年子城以晉師至起本。)華亥與其妻必盥而食所質公子者而後食。公與夫人每日必適華氏，食公子而後歸。

華亥患之，欲歸公子。向寧曰唯不信故質其子若又歸之死無日矣公請於華費遂將攻華氏（費遂大司馬華氏族）○[盥]古緩反而[食]音嗣下同[質]音致對曰臣不敢愛死無乃求去憂而滋長乎（恐殺大子憂益長○[去]起呂反[長]丁丈反）臣是以懼敢不聽命公曰子死亡有命余不忍其詢（詢恥也○[詢]許候反）冬十月公殺華向之質而攻之戊辰華向奔陳華登奔吳（登費遂之子黨華向者）向寧欲殺大子華亥曰干君而出又殺其子其誰納我且歸之有庸（可以爲功善）使少司寇牼以歸（以三公子歸公也牼華亥庶兄○[牼]苦耕反）曰子之齒長矣不能事人以三公子爲質必免（質信也送公子歸可以自明不叛之信○[質]如字）公子既入華牼將自門行（從公門去）公遽見之執其手曰余知而無罪也入復而所（而女也所所居官）齊侯疥遂痁（痁瘧疾○[痁]失廉反）期而不瘳諸侯之賓問疾者多在（多在齊○[期]音基）梁丘據與裔款（二子齊嬖大夫）言於公曰吾事鬼神豐於先君有加矣今君疾病爲諸侯憂是祝史之罪也諸侯不知其謂我不敬君盍誅於祝固史嚚以辭賓（欲殺嚚固以辭謝來問疾之賓○[嚚]魚巾反）公說告晏子晏子曰日宋之盟（日往日也宋盟在襄二十七年）○[說]音悅屈建問范會之德於趙武趙武曰夫子之家事治言於晉國竭情無私其祝史祭祀陳信不愧其家事無猜其祝史不祈（家無猜疑之事故祝史無求於鬼神○[屈]居勿反）建以

語康王（楚王○[語]魚據反）康王曰神人無怨宜夫子之光輔五君以爲諸侯主也（五君文襄靈成景）公曰據與款謂寡人能事鬼神故欲誅於祝史子稱是語何故對曰若有德之君外內不廢（無廢事）上下無怨動無違事其祝史薦信無愧心矣（君有功德祝史陳說之無所愧）是以鬼神用饗國受其福祝史與焉（與受國福○[與]音預）其所以蕃祉老壽者爲信君使也其言忠信於鬼神其適遇淫君外內頗邪上下怨疾動作辟違從欲厭私（使私情厭足○[頗]普何反[辟]匹亦反[從]子用反下淫從同或如字[厭]於豔反）高臺深池撞鐘舞女斬刈民力輸掠其聚（掠奪取也○[掠]音亮）以成其違不恤後人暴虐淫從肆行非度無所還忌（還猶顧也）不思謗讟不憚鬼神神怒民痛無悛於心其祝史薦信是言罪也（以實白神是爲言君之罪）其蓋失數美是矯誣也（蓋掩也○[數]所主反）進退無辭則虛以求媚（作虛辭以求媚於神）是以鬼神不饗其國以禍之祝史與焉所以夭昏孤疾者爲暴君使也其言僭嫚於鬼神公曰然則若之何對曰不可爲也（言非誅祝史所能治）山林之木衡鹿守之澤之萑蒲舟鮫守之藪之薪蒸虞候守之海之鹽蜃祈望守之（衡鹿舟鮫虞候祈望皆官名也言公專守山澤之利不與民共○[萑]音丸[蜃]市軫反）縣鄙之人入從其政偪介之關暴征其私（介隔也迫近國都之關言邊鄙既入服政役又爲近關所征稅枉暴奪其私物○[其政]如字一音征）承嗣

大夫强易其賄（承嗣大夫世位者○彊其丈反）布常無藝（藝法制也言布政無
法制）徵斂無度宮室日更淫樂不違（違去也）內寵之妾肆
奪於市（肆放也）外寵之臣僭令於鄙（詐爲教令於邊鄙）私欲養
求不給則應（養長也所求不給則應之以罪）民人苦病夫婦皆詛祝
有益也詛亦有損聊攝以東（聊攝齊西界也平原聊城縣東北有攝城○祝
之又反下同）姑尤以西（姑尤齊東界也姑水尤水皆在城陽郡東南入海）其爲人
也多矣雖其善祝豈能勝億兆人之詛（萬萬曰億萬億曰兆）君
若欲誅於祝史脩德而後可公說使有司寬政毀關
去禁薄斂已責（除逋責○去起呂反斂力驗反責本作債逋布胡反）十二月齊
侯田于沛（言疾愈行獵沛澤名○沛音貝）招虞人以弓不進（虞人掌山澤之
官）公使執之辭曰昔我先君之田也旃以招大夫弓
以招士皮冠以招虞人臣不見皮冠故不敢進乃舍
之仲尼曰守道不如守官（君招當往道之常也非物不進官之制也）君子
韙之（韙是也）齊侯至自田晏子侍于遄臺子猶馳而造
焉（子猶梁丘據○遄市專反造七報反）公曰唯據與我和夫晏子對曰
據亦同也焉得爲和公曰和與同異乎對曰異和如
羹焉水火醯醢鹽梅以烹魚肉燀之以薪（燀炊也○夫音扶燀
章善反燃也）宰夫和之齊之以味濟其不及以洩其過（濟益
也洩減也○濟才細反又如字）君子食之以平其心君臣亦然（亦如羹）
君所謂可而有否焉（否不可也）臣獻其否以成其可（獻君之否以成
君可）君所謂否而有可焉臣獻其可以去其否是以
政平而不干民無爭心故詩曰亦有和羹既戒既平
（詩頌殷中宗言中宗能與賢者和齊可否其政如一羹敬戒且平和羹備五味異於大羹○和齊並如字一讀上戶臥反下才細反）鬷嘏無言時靡有爭（鬷總也嘏大也言總大政能使上下
皆如和羹○鬷子工反嘏古雅反）先王之濟五味（濟成也）和五聲也以
平其心成其政也聲亦如味一氣（須氣以動）二體（舞者有文武）
三類（風雅頌）四物（雜用四方之物以成器）五聲（宮商角徵羽）六律（黃鍾大蔟
姑洗蕤賓夷則無射也陽聲爲律陰聲爲呂此十二月氣○蔟七豆反蕤人誰反射音亦）七音（周武
王伐紂自午及子凡七日王因此以數合之以聲昭之故以七同其數以律和其聲謂之七音）八風（八方
之風）九歌（九功之德皆可歌也六府三事謂之九功六府金木水火土穀三事正德利用厚
生也）以相成也（言此九者合然後相成爲和樂）清濁小大短長疾徐哀
樂剛柔遲速高下出入周疏以相濟也（周密也）君子聽
之以平其心心平德和故詩曰德音不瑕（詩豳風也義取心平
則德音無瑕闕）今據不然君所謂可據亦曰可君所謂否據
亦曰否若以水濟水誰能食之若琴瑟之專壹誰能
聽之同之不可也如是飲酒樂公曰古而無死其樂
若何晏子對曰古而無死則古之樂也君何得焉昔
爽鳩氏始居此地（爽鳩氏少皞氏之司寇也）季萴因之（季萴虞夏諸侯代爽
鳩氏者○萴仕側反）有逢伯陵因之（逢伯陵殷諸侯姜姓）蒲姑氏因之（蒲姑
氏殷周之閒代逢公者）而後大公因之古若無死爽鳩氏之樂

非君所願也。齊侯甘於所樂，志於不死。晏子稱古以節其情願。鄭子產有疾。謂子大叔曰：我死，子必爲政。唯有德者能以寬服民，其次莫如猛。夫火烈，民望而畏之，故鮮死焉。水懦弱，民狎而翫之，狎，輕也。則多死焉。故寬難。難以治。疾數月而卒。大叔爲政，不忍猛而寬。鄭國多盜，取人於萑苻之澤。萑苻，澤名。於澤中劫人。○〔萑〕音丸，〔苻〕音蒲，又如字。大叔悔之，曰：吾早從夫子，不及此。興徒兵以攻萑苻之盜，盡殺之，盜少止。仲尼曰：善哉！政寬則民慢，慢則糾之以猛。糾，猶攝也。猛則民殘，殘則施之以寬。寬以濟猛，猛以濟寬，政是以和。詩曰：民亦勞止，汔可小康。惠此中國，以綏四方。施之以寬也。詩大雅。汔，其也。康、綏，皆安也。周厲王暴虐，民勞於苛政，故詩人刺之，欲其施之以寬。○〔汔〕許乙反。毋從詭隨，以謹無良。詭人隨人，無正心，不可從。○〔從〕子用反，注同。謹，勑慎也。式遏寇虐，慘不畏明。糾之以猛也。式，用也。遏，止也。慘，曾也。言爲寇虐曾不畏明法者，亦當用猛政糾治之。柔遠能邇，以定我王。平之以和也。柔，安也。邇，近也。遠者懷附，近者各以能進，則王室定。又曰：不競不絿，不剛不柔，詩殷頌。言湯政得中和。競，彊也。絿，急也。○〔絿〕音求。布政優優，百祿是遒。優優，和也。遒，聚也。○〔遒〕在由反，又子由反。和之至也。及子產卒，仲尼聞之，出涕曰：古之遺愛也。子產見愛，有古人之遺風。

經二十有一年春王三月，葬蔡平公。夏，晉侯使士鞅來聘。晉頃公即位，通嗣君。宋華亥、向寧、華定自陳入于宋南里以叛。自外至，故曰入。披其邑，故曰叛。南里，宋城內里名。○〔披〕普彼反。秋七月壬午朔，日有食之。八月乙亥，叔輒卒。叔弓之子伯張。冬，蔡侯朱出奔楚。朱爲大子則失位，遂微弱，爲國人所逐，故以自出爲文。公如晉，至河乃復。晉人辭公，故還。

傳二十一年春，天王將鑄無射。周景王也。無射，鐘名，律中無射。○〔射〕音亦。泠州鳩曰：王其以心疾死乎。泠，樂官。州鳩，其名也。○〔泠〕力丁反。夫樂，天子之職也。職所主也。夫音，樂之輿也。樂因音而行。而鐘，音之器也。音由器以發。天子省風以作樂，省風俗，作樂以移之。器以鐘之，鐘，聚也。以器聚音。輿以行之。樂須音而行。小者不窕，窕，細不滿。○〔窕〕他彫反。○大者不槬，槬，橫大不入。○〔槬〕戶化反。則和於物，物和則嘉成。嘉樂成也。故和聲入於耳而藏於心，心億則樂。億，安也。窕則不咸，不充滿人心。○〔咸〕如字，本作感，戶暗反。槬則不容，心不堪容。心是以感，感實生疾。今鐘槬矣，王心弗堪，其能久乎。爲明年天王崩傳。三月，葬蔡平公。蔡大子朱失位，位在卑。不在適子位，以長幼齒。大夫送葬者歸，見昭子。昭子問蔡故，以告。昭子歎曰：蔡其亡乎！若不亡，是君也必不終。詩曰：不解于位，民之攸塈。詩大雅。塈，息也。○〔解〕佳賣反。〔塈〕許器反。今蔡侯始即位，而適卑，身將從之。爲蔡侯朱出奔傳。夏，晉士鞅來聘，叔孫爲政。叔孫昭子以三命爲國政。季孫欲惡諸晉，憎叔孫在己上位，欲使得罪於晉。○〔惡〕烏路反。使有司以齊鮑國歸費之禮爲士鞅。鮑國歸費在十四年，牢禮各如其命數。魯人失禮，故

爲鮑國七年。○〔費〕音祕。故〔爲〕于僞反。士鞅怒曰鮑國之位下其國小而
使鞅從其牢禮是卑敝邑也將復諸寡君魯人恐加
四牢焉爲十一牢言魯不能以禮事大國。且爲哀七年吳徵百牢起。宋華費
遂生華貙華多僚華登貙爲少司馬多僚爲御士公御
士。○〔貙〕勅俱反。與貙相惡乃譖諸公曰貙將納亡人亡人華亥等。○
〔惡〕如字。又烏路反。亟言之公曰司馬以吾故亡其良子司馬。謂費
遂爲大司馬。良子謂華登。○〔亟〕欺冀反。死亡有命吾不可以再亡之對
曰君若愛司馬則如亡君若愛大司馬。則當亡走失國。死如可逃何
遠之有言亡可以逃死。勿慮其遠。以恐動公。公懼使侍人召司馬之侍
人宜僚飲之酒而使告司馬告司馬。使逐貙。○〔飲〕於鴆反。司馬歎
曰必多僚也吾有讒子而弗能殺吾又不死抑君有
命可若何乃與公謀逐華貙將使田孟諸而遣之公
飲之酒厚酬之酬。酒幣。賜及從者司馬亦如之亦如公賜。○〔從〕
才用反。張匄尤之張匄。華貙臣。尤。怪賜之厚。曰必有故使子皮承宜
僚以劍而訊之子皮。華貙。訊。問也。宜僚盡以告告欲因田以遣之。張
匄欲殺多僚子皮曰司馬老矣登之謂甚言登亡。傷司馬心已
甚。吾又重之不如亡也五月丙申子皮將見司馬而
行則遇多僚御司馬而朝張匄不勝其怒遂與子皮
臼任鄭翩殺多僚任。翩。亦貙家臣。○〔重〕直用反。〔見〕音現。〔勝〕音升。〔任〕音壬。劫司馬
以叛而召亡人壬寅華向入樂大心豐愆華牼禦諸

横梁國睢陽縣南有横亭。華氏居盧門以南里叛盧門。宋東城南門。六
月庚午宋城舊鄘及桑林之門而守之舊鄘。故城也。桑林。城門名。
秋七月壬午朔日有食之公問於梓慎曰是何物也
禍福何爲物。事也。對曰二至二分二至。冬至。夏至。二分。春分。秋分。日有
食之不爲災日月之行也分同道也至相過也二分日夜
等。故言同道。二至長短極。故相過。其他月則爲災陽不克也故常爲
水陰侵陽。是陽不勝陰。於是叔輒哭日食意在於憂災。昭子曰子叔
將死非所哭也八月叔輒卒冬十月華登以吳師救
華氏登前年奔吳。齊烏枝鳴戍宋烏枝鳴。齊大夫。廚人濮曰濮。宋廚邑
大夫。軍志有之先人有奪人之心後人有待其衰盍及
其勞且未定也伐諸若入而固則華氏衆矣悔無及
也從之丙寅齊師宋師敗吳師于鴻口梁國睢陽縣東有鴻口亭。
○〔先〕悉薦反。〔後〕戶豆反。獲其二帥公子苦雂偃州員二帥。吳大夫。○〔雂〕古
含反。〔員〕音云。又音圓。華登帥其餘吳餘師。以敗宋師公欲出出奔。廚
人濮曰吾小人可藉死可借使死難。而不能送亡君請待
之請君待復戰決勝負。而不能送亡君絕句。○乃徇曰揚徽者公徒也徽。識
也。○〔識〕申志反。又昌志反。衆從之公自揚門見之見國人皆揚徽。睢陽正東門名
揚門。下而巡之曰國亡君死二三子之恥也豈專孤之
罪也齊烏枝鳴曰用少莫如齊致死齊致死莫如去
備備。長兵也。○〔去〕起呂反。○彼多兵矣請皆用劍從之華氏北復

卽之。（北，敗走。）廚人濮以裳裹首而荷以走，曰：得華登矣。遂敗華氏于新里。（新里，華氏所取邑。〔荷〕何可反，又音何。）○翟僂新居于新里，既戰，說甲于公而歸。（居華氏地而助公戰。〔僂〕力主反。〔說〕他活反。）○華妵居于公里，亦如之。（妵，華氏族，故助華氏，亦如僂新說甲歸。傳言古之爲軍，不呰小忿。○〔妵〕他口反。〔呰〕才斯反，又音紫。）十一月癸未，公子城以晉師至。（城以前年奔晉，今還救宋。）曹翰胡（曹大夫。○〔翰〕音寒，又戶旦反。）會晉荀吳（中行穆子。○〔行〕戶郎反。）齊苑何忌（齊大夫。）衛公子朝（前年出奔晉，今還衛。）救宋。丙戌，與華氏戰于赭丘。（赭丘，宋地。○〔赭〕音者。）鄭翩願爲鸛，其御願爲鵞。（鄭翩，華氏黨。鸛、鵞皆陳名。○〔鸛〕古喚反。〔鵞〕五多反。）子祿御公子城，莊堇爲右。（子祿，向宜。○〔堇〕音謹。）干犨御呂封人華豹，張匄爲右。（呂封人華豹，華氏黨。○〔犨〕尺由反。）相遇，城還。華豹曰：城也。城怒而反之。（怒其呼己，還反戰。）將注，豹則關矣。（注，傅矢。關，引弓。○〔注〕之樹反。〔關〕烏環反。〔傅〕音附。）曰：平公之靈，尚輔相余。（平公，公子城之父。）豹射，出其閒。（出子城、子祿之閒。○〔射〕食亦反，又食夜反。）將注，則又關矣。曰：不狎，鄙。（狎，更也。〔更〕音庚。）○抽矢。（豹止不射。）城射之，殪。（豹死。）張匄抽殳而下。（殳長丈二，在車邊。○〔殳〕音殊。〔長〕直亮反，又如字。）射之，折股。扶伏而擊之，折軫。（折城車軫。○〔折〕之設反。〔扶〕〔伏〕並如字，又上音蒲，下蒲北反，或作匍匐，同。）又射之，死。（匄死。）干犨請一矢。（求死。）城曰：余言女於君。（欲活之。〔女〕音汝。）○對曰：不死伍乘，軍之大刑也。（同乘共伍，當皆死。○〔乘〕繩證反。）干刑而從子，君焉用之？子速諸！乃射之，殪。（犨死。）又大敗華氏，圍諸南里。華亥搏膺而呼，見華貙曰：吾爲欒氏矣。（晉欒盈還入作亂而死，事在襄二十三年。○〔搏〕音博。〔呼〕好故反。）貙曰：子無我迋，不幸而後亡。（迋，恐也。○〔迋〕求枉反。）使華登如楚乞師。華貙以車十五乘、徒七十人犯師而出，（犯公師，出送華登。）食於睢上，哭而送之，乃復入。（入南里。〔睢〕音雖。）○楚薳越帥師將逆華氏。大宰犯諫曰：諸侯唯宋事其君，今又爭國，釋君而臣是助，無乃不可乎？王曰：而告我也後，既許之矣。（爲明年華向出奔楚傳。○〔薳〕于委反。）蔡侯朱出奔楚。費無極取貨於東國，（東國，隱大子之子，平侯廬之弟，朱叔父也。）而謂蔡人曰：朱不用命於楚，君王將立東國。若不先從王欲，楚必圍蔡。蔡人懼，出朱而立東國。朱愬于楚，楚子將討蔡。無極曰：平侯與楚有盟，故封。（盟于鄧，依陳、蔡人以國。）其子有二心，故廢之。（子，謂朱也。）靈王殺隱太子，其子與君同惡，德君必甚。又使立之，不亦可乎？且廢置在君，蔡無他矣。（言權在楚，則蔡無他心。）公如晉，及河。鼓叛晉。（鼓叛晉屬鮮虞。）晉將伐鮮虞，故辭公。（將有軍事，無暇於待賓，且懼泄軍謀。）

經二十有二年春，齊侯伐莒。宋華亥、向寧、華定自宋南里出奔楚。（言自南里，別從國去。○〔別〕彼列反。）大蒐于昌閒。（無傳。○〔閒〕如字。）夏四月乙丑，天王崩。六月，叔鞅如京師，葬景王。（叔鞅，叔弓子。三月而葬，亂故，速。○〔鞅〕於丈反。）王室亂。（承叔鞅言而書之，未知誰是，故但曰亂。）劉子、單子以王猛居于皇。（河南鞏縣西南有黃亭。辟子朝難，出居皇。王猛書名，未卽位。○

〔單〕音善。秋，劉子、單子以王猛入于王城。王城，郟鄏，今河南縣。晉助猛，故得還王都。冬十月，王子猛卒。未即位，故不言崩。十有二月癸酉朔，日有食之。無傳。此月有庚戌，又以長曆推校，前後當為癸卯朔，書癸酉，誤。

傳二十二年春王二月甲子，齊北郭啓帥師伐莒。啓，齊大夫北郭佐之後。莒子將戰，苑羊牧之諫曰：牧之，莒大夫。○〔苑〕於元反。齊帥賤，其求不多，不如下之。大國不可怒也。弗聽，敗齊師于壽餘。莒地。○〔下〕遐嫁反。齊侯伐莒。怒敗。莒子行成，司馬竈如莒涖盟，竈，齊大夫。莒子如齊涖盟，盟于稷門之外。稷門，齊城門也。莒於是乎大惡其君。為明年莒子來奔傳。○〔惡〕烏路反。楚薳越使告于宋曰：寡君聞君有不令之臣為君憂，無寧以為宗羞，無寧，寧也。言華氏為宋宗廟之羞恥。寡君請受而戮之。對曰：孤不佞，不能媚於父兄，華向，公族也，故稱父兄。以為君憂，拜命之辱。抑君臣日戰，君曰余必臣是助，亦唯命。人有言曰：唯亂門之無過。君若惠保敝邑，無亢不衷，以獎亂人，孤之望也。唯君圖之。楚人患之。患宋以義距之。○〔過〕古禾反。〔亢〕苦浪反。〔衷〕音忠。諸侯之戍謀曰：若華氏知困而致死，楚恥無功而疾戰，非吾利也。不如出之以為楚功，其亦無能為也已。言華氏不能復為宋患。救宋而除其害，又何求？乃固請出之。宋人從之。己巳，宋華亥、向寧、華定、華貙、華登、皇奄傷、省臧、士平出奔楚。華貙以下五子不書，非卿。○〔省〕悉井反，又所景反。宋公使公孫忌為大司馬，代華費遂。邊卬為大司徒，卬，平公曾孫，代華定。○〔卬〕五郎反。樂祁為司城，祁，子罕孫。樂祁犂。仲幾為左師，幾，仲江孫，代向寧。○〔幾〕音基。樂大心為右師，代華亥。樂輓為大司寇，輓，子罕孫。○〔輓〕音晚。以靖國人。終梓慎之言，三年而後弭。王子朝、賓起有寵於景王。子朝，景王之長庶子。賓起，子朝之傅。○〔朝〕如字。凡人名字皆張遙反。或云朝錯是王子朝之後，音潮。案錯姓亦有兩音。王與賓孟說之，欲立之。孟即起也。王語賓孟，欲立子朝為大子。○〔說〕如字，又音悅。劉獻公之庶子伯蚠事單穆公，獻公，劉摯。伯蚠，劉狄。穆公，單旗。○〔蚠〕扶粉反，一扶云反。惡賓孟之為人也，願殺之；又惡王子朝之言，以為亂，願去之。子朝有欲立之言，故劉蚠惡之。○〔惡〕去聲。〔去〕上聲。賓孟適郊，見雄雞自斷其尾。問之，侍者曰：自憚其犧也。畏其為犧牲奉宗廟，故自殘毀。○〔斷〕丁管反。遽歸告王，且曰：雞其憚為人用乎。人異於是。雞犧雞見寵飾，然卒當見殺；若人見寵飾，則當貴盛，故言異於雞。犧者實用人，人犧實難，己犧何害。言設使寵人如寵犧，則不宜假人以招禍難，使犧在己則無患害。己喻子朝，欲使王早寵異之。王弗應。十五年大子壽卒，王立子猛，後復欲立子朝而未定。賓孟感雞，盛稱子朝，王心許之，故不應。○〔難〕去聲。夏四月，王田北山，使公卿皆從，將殺單子、劉子。北山，洛北芒也。王知單劉不欲立子朝，欲因田獵先殺之。○〔從〕去聲。王有心疾，乙丑，崩于榮錡氏。四月十九日。河南鞏縣西有榮錡澗。○〔錡〕魚綺反。戊辰，劉子摯卒，二十二日。無子，單子立劉蚠。蚠事單子故。五月庚辰，見王，見王猛。○〔見〕賢遍反。遂攻賓起，殺之，子朝黨故。盟羣王子于單氏。王子猛次正，故單劉立之。諸王子或黨子朝，故盟之。懼晉之取鼓也在十五年既獻而反鼓子焉獻於廟又叛於鮮虞叛晉屬鮮虞六月荀吳略東陽略行也東陽晉之山東邑魏郡廣平以北○〔行〕下孟反使師僞糴者負甲以息於昔陽之門外昔陽故肥子所都○〔糴〕音狄遂襲鼓滅之以鼓子鳶鞮歸使涉佗守之守鼓之地涉佗晉大夫○〔鳶〕悅全反〔鞮〕丁兮反〔佗〕徒多反丁巳葬景王王子朝因舊官百工之喪職秩者與靈景之族以作亂百工百官也靈王景王之子孫○〔喪〕息浪反帥郊要餞之甲三邑周地○〔要〕一遙反〔餞〕賤淺反以逐劉子逐伯蚠壬戌劉子奔揚揚周邑單子逆悼王于莊宮以歸悼王子猛也王子還夜取王以如莊宮王子還子朝黨也不欲使單子得王猛故取之癸亥單子出失王故出奔王子還與召莊公謀莊公召伯奐子朝黨也○〔召〕上照反曰不殺單旗不捷旗單子也與之重盟必來背盟而克者多矣從之從還謀也○〔背〕音佩樊頃子曰非言也必不克頃子樊齊單劉黨○〔頃〕音傾遂奉王以追單子王子還奉王及領大盟而復領周地欲重盟令單子劉子復歸殺摯荒以說委罪於荒○〔說〕如字又音悅劉子如劉歸其采邑單子亡乙丑奔于平時平時周地知王子還欲背盟故亡走○〔時〕音止又音市羣王子追之單子殺還姑發弱鬷延定稠八子靈景之族因戰而殺之子朝奔京其黨死故丙寅伐之單子伐京京人奔山劉子入于王城子朝奔京故得入辛未鞏簡公敗績于京乙亥甘平公亦敗焉甘鞏二公周卿士皆爲子朝所敗叔鞅至自京師葬景王還言王室之亂也經所以書閔馬父曰

子朝必不克其所與者天所廢也閔馬父閔子馬魯大夫天所廢謂羣喪職秩者單子欲告急於晉秋七月戊寅以王如平時遂如圃車次于皇出次以示急戊寅七月三日經書六月誤也劉子如劉單子使王子處守于王城王子處子猛黨守王城距子朝盟百工于平宮平宮平王廟辛卯鄩肸伐皇鄩肸子朝黨○〔鄩〕音尋〔肸〕許乙反大敗獲鄩肸壬辰焚諸王城之市焚鄩肸八月辛酉司徒醜以王師敗績于前城醜悼王司徒前城子朝所得邑百工叛司徒醜敗故己巳伐單氏之宮敗焉百工伐單氏爲單氏所敗庚午反伐之單氏反伐百工辛未伐東圉百工所在洛陽東南有圉鄉冬十月丁巳晉籍談荀躒帥九州之戎九州戎陸渾戎十七年滅屬晉州鄉屬也五州爲鄉○〔躒〕力狄反及焦瑕溫原之師焦瑕溫原晉四邑以納王于王城丁巳在十月經書秋誤庚申單子劉蚠以王師敗績于郊爲子朝之黨所敗前城人敗陸渾于社前城子朝衆社周地十一月乙酉王子猛卒乙酉在十一月經書十月誤雖未即位周人謚曰悼王不成喪也釋所以不稱王崩己丑敬王即位敬王王子猛母弟王子匄館于子旅氏子旅周大夫十二月庚戌晉籍談荀躒賈辛司馬督司馬烏帥師軍于陰籍談所軍于侯氏荀躒所軍于谿泉賈辛所軍鞏縣西南有明谿泉次于社司馬督所次王師軍于氾于解次于任人王師分在三邑洛陽西南有大解小解○〔氾〕音凡〔解〕音蟹〔任〕音壬閏月晉箕遺樂徵右行詭濟師取前城三子晉大夫濟師渡伊洛○〔行〕戶郎反〔詭〕九委反軍其東南王師軍于京

楚。辛丑。伐京。毁其西南。京楚子朝所在。

春秋經傳集解昭公五第二十四

春秋經傳集解昭公六第二十五

杜氏註　盡二十六年

經二十有三年春王正月，叔孫婼如晉。（謝取邾師。○[婼]敕略反。）○

癸丑，叔鞅卒。（無傳。）晉人執我行人叔孫婼。（稱行人，譏晉執使人。）晉人圍郊。（討子朝也。郊，周邑。圍郊在叔鞅卒前，經書後，從赴。）夏六月，蔡侯東國卒于楚。（無傳。未同盟而赴以名。）秋七月，莒子庚輿來奔。戊辰，吳敗頓、胡、沈、蔡、陳、許之師于雞父。（不書楚，楚不戰也。雞父，楚地，安豐縣南有雞備亭。）胡子髡、沈子逞滅。（國雖存，君死曰滅。○[髡]苦門反。[逞]敕郢反。）獲陳夏齧。（大夫死生通曰獲。夏齧，徵舒玄孫。○[齧]五結反。）天王居于狄泉。（敬王辟子朝也。狄泉，今洛陽城內大倉西南池水也。時在城外。○[大]音泰。）尹氏立王子朝。（尹氏，周世卿也。書尹氏立子朝，明非周人所欲立。）八月乙未，地震。冬，公如晉，至河，有疾，乃復。

傳二十三年春王正月壬寅朔，二師圍郊。（二師王師晉師也王）癸卯，郊、鄩潰。（河南鞏縣西南有地名鄩中。郊、鄩二邑，皆子朝所得。○[鄩]音尋。師不書，不以告。）丁未，晉師在平陰，王師在澤邑。（平陰，今河陰縣。）王使告閒。（子朝敗故。○[閒]音閑。）庚戌，還。（晉師還。）邾人城翼，（翼，邾邑。）還，將自離姑。（離姑，邾邑。從離姑則道徑魯之武城。○[徑]音經。）公孫鉏曰：魯將御我。（鉏，邾大夫。○[御]魚呂反。）欲自武城還，循山而南。（至武城而還，依山南行，不欲過武城。○[過]古禾反。）徐鉏、丘弱、茅地（三子，邾大夫。）曰：道下，遇雨將不出，是不歸也。（謂此山道下濕。）遂自離姑。（遂過武城。）武城人塞其前，（以兵塞其前道。）斷其後之木而弗殊。邾師過之，乃推而蹷之，遂取邾師，獲鉏、弱、地。（取邾師不書，非公命。○[斷]丁管反。[蹷]其月反，又音厥，又居衛反。）邾人愬于晉。晉人來討。叔孫婼如晉，晉人執之。書曰晉人執我行人叔孫婼，言使人也。（嫌內外異，故重發傳。○[重]直用反。）晉人使與邾大夫坐。（坐訟曲直。）叔孫曰：列國之卿當小國之君，固周制也。（在禮，卿得會伯子男，故曰當小國之君。）邾又夷也。（邾雜有東夷之風。）寡君之命介子服回在，（子服回，魯大夫。為叔孫之介副。）請使當之，不敢廢周制故也。乃不果坐。韓宣子使邾人聚其衆，將以叔孫與之。（與邾使執之。）叔孫聞之，去衆與兵而朝。（示欲以身死。○[去]起呂反。）士彌牟謂韓宣子（彌牟，士景伯。）曰：子弗良圖，而以叔孫與其讎，叔孫必死之。魯亡叔孫，必亡邾。邾君亡國，將焉歸？（時邾君在晉，若亡國，無所歸，將益晉憂。）子雖悔之，何及？所謂盟主，討違命也。若皆相執，焉用盟主？（聽邾衆取叔孫，是為諸侯皆得輒相執。）乃弗與，使各居一館。（分別叔孫、子服回。）士伯聽其辭，而愬諸宣子，乃皆執之。（二子辭不屈，故士伯愬而執之。）士伯御叔孫，從者四人，過邾館以如吏。（欲使邾人見叔孫之屈辱。）先歸邾子。士伯曰：以芻蕘之難，從者之病，將館子於都。（都，別都，謂箕也。）叔孫旦而立期焉。（立待命也。從旦至旦為期。○[期]居其反。）乃館諸箕。舍子服昭伯於他邑。（別囚之。）范獻子求貨於叔孫，使請冠焉。（以求冠為辭。）取其冠法，而與之兩冠，曰：盡矣。（既送作冠模法，又進二冠以與之，為若不

（解其意。）爲叔孫故申豐以貨如晉。（欲行貨以免叔孫。）叔孫曰。見我。吾告女所行貨。見而不出。（留申豐不使得出不欲以貨免。○女音汝。）吏人之與叔孫居於箕者。請其吠狗。弗與。及將歸。殺而與之食之。（示不愛。）叔孫所館者。雖一日必葺其牆屋。（葺補治也。）去之如始至。（不以當去而有所毀壞。）夏四月乙酉。單子取訾。劉子取牆人直人。（三邑屬子朝者。訾在河南鞏縣西南。○訾子斯反。）六月壬午。王子朝入于尹。（自京入尹氏之邑。）癸未。尹圉誘劉佗殺之。（尹圉尹文公也。劉佗劉蚠族。敬王黨。）丙戌。單子從阪道。劉子從尹道伐尹。單子先至而敗。劉子還。（單子敗故。）己丑。召伯奐南宮極以成周人戍尹。（二子周卿士。子朝黨。奐召莊公。）庚寅。單子劉子樊齊以王如劉。（辟子朝出居劉子邑。）甲午。王子朝入于王城。次于左巷。（近東城。）秋七月戊申。鄩羅納諸莊宮。（鄩羅周大夫鄩肸之子。）尹辛敗劉師于唐。（尹辛尹氏族。唐周地。）丙辰。又敗諸鄩。甲子。尹辛取西闈。（西闈周地。）丙寅。攻蒯。蒯潰。（河南縣西南蒯鄉是也。於是敬王居狄泉。尹氏立子朝。○蒯苦怪反。）莒子庚輿虐而好劍。苟鑄劍。必試諸人。國人患之。又將叛齊。烏存帥國人以逐之。（烏存莒大夫。）庚輿將出。聞烏存執殳而立於道左。懼將止死。（殳長丈二而無刃。○殳音殊。）苑羊牧之曰。君過之。（牧之亦莒大夫。）烏存以力聞可矣。何必以弑君成名。遂來奔。齊人納郊公。（郊公著丘公之子。十四年奔齊。○著直除反。又直慮反。）吳人伐州來。楚薳越帥師。（令尹以疾從戎。故薳越攝其事。○薳于委反。）及諸侯之師奔命救州來。吳人禦諸鍾離。子瑕卒。楚師熸。（子瑕令尹。不起所疾也。吳楚之閒謂火滅爲熸。軍之重主喪亡。故其軍人無復氣勢。○熸子潛反。）吳公子光曰。諸侯從於楚者衆。而皆小國也。畏楚而不獲已。是以來。吾聞之曰。作事威克其愛。雖小必濟。（克勝也。軍事尚威。）胡沈之君幼而狂。（狂無常。）陳大夫齧壯而頑。頓與許蔡疾楚政。楚令尹死。其師熸。帥賤多寵。政令不壹。（帥賤薳越非正卿也。軍多寵人。政令不壹於越。○帥所類反。下同。）七國同役而不同心。（七國楚頓胡沈蔡陳許。）帥賤而不能整。無大威命。楚可敗也。若分師先以犯胡沈與陳。必先奔。三國敗。諸侯之師乃搖心矣。諸侯乖亂。楚必大奔。請先者去備薄威。（示之以不整以誘之。○去起呂反。）後者敦陳整旅。（敦厚也。○陳直覲反。）吳子從之。戊辰晦。戰于雞父。（七月二十九日。違兵忌晦戰。擊楚所不意。）吳子以罪人三千先犯胡沈與陳。（囚徒不習戰。以示不整。）三國爭之。吳爲三軍以繫於後。中軍從王。（從吳王。）光帥右。掩餘帥左。（掩餘吳王壽夢子。）吳之罪人或奔或止。三國亂。吳師擊之。三國敗。獲胡沈之君及陳大夫。舍胡沈之囚使奔許與蔡頓。曰。吾君死矣。師譟而從之。三國奔。（三國許蔡頓。○譟素報反。）楚師大奔。書曰。胡子髡沈子逞滅。獲陳夏齧。君臣之辭也。（國君社稷之主。與宗廟共其存亡者。故稱滅。大夫輕。故曰獲。獲得也。）不言戰。楚未陳也。（嫌與陳例相涉。故重發之。）八月丁酉。南宮極震。經書乙未地動魯地也丁酉南宮極震周地亦震也爲屋所壓而死萇弘謂劉文公曰。君其勉之先君之力可濟也。文公劉蚠也先君謂蚠之父獻公也獻公亦欲立子猛未反而卒。周之亡也。其三川震。謂幽王時也三川涇渭洛水也地動川岸崩。今西王之大臣亦震。天弃之矣。子朝在王城故謂西王。東王必大克。敬王居狄泉在王城之東故曰東王。楚大子建之母在郹。郹郹陽也平王娶秦女廢大子建故母歸其家○〔郹〕古闃反。召吳人而啓之。冬十月。甲申。吳大子諸樊入郹。諸樊吳王僚之大子。取楚夫人與其寶器以歸。楚司馬薳越追之。不及。將死。衆曰。請遂伐吳以徼之。徼要其勝負○〔徼〕古堯反。薳越曰。再敗君師。死且有罪。此年秋敗於雞父往復敗爲再敗。亡君夫人。不可以莫之死也。乃縊於薳澨。薳澨楚地○〔澨〕音誓。公爲叔孫故如晉。及河。有疾而復。此年春晉爲邾人執叔孫故公如晉謝之○〔爲〕去聲。楚囊瓦爲令尹。囊瓦子囊之孫子常也代陽匄。城郢。楚用子囊遺言已築郢城矣今畏吳復增脩以自固○〔郢〕以井反。沈尹戌曰。子常必亡郢。苟不能衛城。無益也。古者天子守在四夷。德及遠○〔守〕除下守其皆去聲。天子卑。守在諸侯。政卑損。諸侯守在四鄰。鄰國爲之守。諸侯卑。守在四竟。裁自完。慎其四竟。結其四援。結四鄰國爲援助。民狎其野。狎安習也。三務成功。春夏秋三時之務。民無內憂。而又無外懼。國焉用城。今吳是懼而城於郢。守已小矣。卑之不獲。能無亡乎。不獲守四竟。昔梁伯溝其公宮而民潰。在僖十八年。民弃其上。不亡何待。夫正其

疆埸。脩其土田。險其走集。走集邊竟之壘壁。親其民人。明其伍候。使民有部伍相爲候望。信其鄰國。慎其官守。守其交禮。交接之禮。不僭不貪。不懦不耆。懦弱也耆強也○〔懦〕乃亂反又乃臥反〔耆〕巨支反一直支反。完其守備。以待不虞。又何畏矣。詩曰。無念爾祖。聿脩厥德。詩大雅無念念也聿述也義取念祖考則述治其德以顯之。無亦監乎若敖蚡冒至于武文。四君皆楚先君之賢者○〔蚡〕扶粉反。土不過同。方百里爲一同言未備一圻。慎其四竟。猶不城郢。今土數圻。方千里爲圻。而郢是城。不亦難乎。言守若是難以爲安也爲定四年吳入楚傳。

經二十四年。春。王二月。丙戌。仲孫貜卒。無傳孟僖子也○〔貜〕俱縛反。婼至自晉。喜得赦歸故書至。夏。五月。乙未。朔。日有食之。秋。八月。大雩。丁酉。杞伯郁釐卒。無傳未同盟而赴以名丁酉九月五日有日無月○〔釐〕力之反又音來。冬。吳滅巢。巢楚邑也書滅用大師。葬杞平公。無傳。

傳二十四年。春。王正月。辛丑。召簡公。南宮嚚以甘桓公見王子朝。簡公召莊公之子召伯盈也嚚南宮極之子桓公甘平公之子。劉子謂萇弘曰。甘氏又往矣。對曰。何害。同德度義。度謀也言唯同心同德則能謀義子朝不能於我無害○〔度〕待洛反。大誓曰。紂有億兆夷人。亦有離德。言紂衆億兆兼有四夷不能同德終敗亡。余有亂臣十人。同心同德。武王言我有治臣十人雖少同心也今大誓無此語。此周所以興也。君其務德。無患無人。戊午。王子朝入于鄔。緱氏西南有鄔聚言子朝稍強○〔鄔〕烏戶反〔緱〕古侯反〔聚〕才住反。晉士彌牟逆叔孫于箕。將禮而歸之。叔孫使

梁其踁待于門內踁叔孫家臣○[踁]戶定反曰余左顧而欬乃殺
之疑士伯來殺己故謀殺之○[欬]苦代反右顧而笑乃止叔孫見士伯
士伯曰寡君以爲盟主之故是以久子久執子以謝邾不腆
敝邑之禮將致諸從者使彌牟逆吾子叔孫受禮而
歸二月婼至自晉尊晉也貶婼族所以尊晉行人故不言罪己三月
庚戌晉侯使士景伯涖問周故涖臨也就問子朝敬王知誰曲直士
伯立于乾祭而問於介衆乾祭王城北門介大也○[乾]音干[祭]側界反晉
人乃辭王子朝不納其使衆言子朝曲故夏五月乙未朔日
有食之梓慎曰將水陰勝陽故曰將水昭子曰旱也日過分
而陽猶不克克必甚能無旱乎過春分陽氣盛時而不勝陰陰陽將猥出故
爲旱○[猥]烏罪反陽不克莫將積聚也陽氣莫然不動乃將積聚○莫陽不克莫絶
句六月壬申王子朝之師攻瑕及杏皆潰瑕杏敬王邑鄭
伯如晉子大叔相見范獻子獻子曰若王室何對曰
老夫其國家不能恤敢及王室抑人亦有言曰嫠不
恤其緯嫠寡婦也織者常苦緯少寡婦所宜憂而憂宗周之隕爲將及
焉恐禍及己今王室實蠢蠢焉蠢蠢動擾貌○[蠢]昌允反吾小國懼矣
然大國之憂也吾儕何知焉吾子其早圖之詩曰缾
之罄矣惟罍之恥詩小雅罍大器缾小器常稟於罍者而所受罄盡則罍爲無餘故恥
之王室之不寧晉之恥也獻子懼而與宣子圖之宣子
韓起乃徵會於諸侯期以明年爲明年會黃父傳秋八月大雩

旱也終如叔孫之言冬十月癸酉王子朝用成周之寶珪于
河禱河求福甲戌津人得諸河上珪自出水陰不佞以溫人南
侵不佞敬王大夫晉以溫人助敬王南侵子朝拘得玉者取其玉將賣之
則爲石王定而獻之不佞獻玉與之東訾喜得玉故與之邑鞏縣西南訾
城是也○[訾]子斯反楚子爲舟師以略吳疆略行也行吳界將侵之沈尹
戌曰此行也楚必亡邑不撫民而勞之吳不動而速
之速召也吳踵楚踵躡楚跡而疆埸無備邑能無亡乎越大
夫胥犴勞王於豫章之汭汭水曲○[犴]音岸[勞]力報反越公子倉
歸王乘舟歸遺也○[歸]如字又其媿反[乘]繩證反又如字倉及壽夢帥師從
王壽夢越大夫○[夢]莫公反王及圉陽而還圉陽楚地吳人踵楚而邊
人不備遂滅巢及鍾離而還鍾離不書告敗略沈尹戌曰亡
郢之始於此在矣王壹動而亡二姓之帥二姓之帥守巢鍾離
大夫幾如是而不及郢詩曰誰生厲階至今爲梗詩大雅厲
惡階道梗病也○[幾]居豈反又音機其王之謂乎爲定四年吳入郢傳
經二十有五年春叔孫婼如宋夏叔詣會晉趙鞅宋
樂大心衛北宮喜鄭游吉曹人邾人滕人薛人小邾
人于黃父有鸜鵒來巢此鳥穴居不在魯界故曰來巢非常故書○[鸜]其俱反[鵒]
音欲秋七月上辛大雩季辛又雩季辛下旬之辛也言又重上事○[重]直龍
反又直用反九月己亥公孫于齊次于陽州諱奔故曰孫若自遜讓而
去位者陽州齊魯竟上邑未敢直前故次于竟○[孫]音遜齊侯唁公于野井濟南祝阿

（縣東有野井亭，齊侯來唁公，公不敢遠勞，故逆之，往至野井。○唁，音彥。）冬十月戊辰，叔孫婼卒。（公不與小斂，而書日者，公在外，非無恩。○與，音預。）十有一月己亥，宋公佐卒于曲棘。（陳留外黃縣城中有曲棘里，宋地。未同盟而赴以名。）十有二月，齊侯取鄆。（取鄆以居公也。○鄆，音運。）

傳二十五年春，叔孫婼聘于宋，桐門右師見之，（右師，樂大心。心居桐門。）語卑宋大夫而賤司城氏。（司城，樂氏之大宗也。卑賤，謂其才德薄。）昭子告其人曰：右師其亡乎！君子貴其身而後能及人，是以有禮。（唯禮可以貴身，貴身故尚禮。）今夫子卑其大夫而賤其宗，是賤其身也，（賤人，人亦賤己。）能有禮乎？無禮必亡。（爲定十年樂大心出奔傳。）宋公享昭子，賦新宮。（逸詩。）昭子賦車轄。（詩小雅。周人思得賢女以配君子。昭子將爲季孫迎宋公女，故賦之。）明日宴，飲酒，樂，宋公使昭子右坐，（坐宋公右以相近，言改禮坐。○樂，除樂姓外皆音洛。）語相泣也。樂祁佐，（助宴禮。）退而告人曰：今茲君與叔孫其皆死乎！吾聞之：哀樂（可樂而哀。）而樂哀，（可哀而樂。）皆喪心也。心之精爽，是謂魂魄。魂魄去之，何以能久？（爲此冬叔孫、宋公卒傳。○喪，息浪反。）季公若之姊爲小邾夫人，（平子庶姑與公若同母，故曰公若姊。）生宋元夫人，（宋元夫人，平子之外姊。）生子以妻季平子。昭子如宋聘，且逆之。（平子人臣，而因卿逆，季氏強橫。）公若從，（從昭子。○從，去聲。又如字。）謂曹氏勿與，魯將逐之。（曹氏，宋元夫人。）曹氏告公，公告樂祁。樂祁曰：與之。如是，魯君必出。政在季氏三世矣，（文子、武子、平子。）魯君喪政四公矣。（宣、成、襄、昭。）無民而能逞其志者，未之有也。國君是以鎮撫其民。詩曰：人之云亡，心之憂矣。（詩大雅。言無人則憂患至。）魯君失民矣，焉得逞其志？靖以待命猶可，動必憂。（爲下公孫傳。）夏，會于黃父，謀王室也。（王室有子朝亂，謀定之。）趙簡子令諸侯之大夫，（簡子，趙鞅。）輸王粟，具戍人，曰：明年將納王。（納王於王城。）子大叔見趙簡子，簡子問揖讓周旋之禮焉。對曰：是儀也，非禮也。簡子曰：敢問何謂禮？對曰：吉也聞諸先大夫子產曰：夫禮，天之經也，（經者，道之常。）地之義也，（義者，利之宜。）民之行也。（行者，人所履。○行，下孟反。）天地之經，而民實則之。則天之明，（日月星辰，天之明也。）因地之性，（高下剛柔，地之性也。）生其六氣，（謂陰陽風雨晦明。）用其五行。（金、木、水、火、土。）氣爲五味，（酸、鹹、辛、苦、甘。）發爲五色，（青、黃、赤、白、黑，發見也。）章爲五聲，（宮、商、角、徵、羽。）淫則昏亂，民失其性。（滋味聲色，過則傷性。）是故爲禮以奉之。（制禮以奉其性。）爲六畜、（馬、牛、羊、雞、犬、豕。○畜，許又反，又音蓄。）五牲、（麋、鹿、麏、狼、兔。）三犧，（祭天地宗廟三者謂之犧。）以奉五味。爲九文、（謂山、龍、華、蟲、藻、火、粉米、黼、黻也。華若草華，藻，水草，火，畫火，粉米若白米，黼若斧，黻若兩已相戾。傳曰火、龍、黼、黻，昭其文也。）六采、（畫繢之事，雜用天地四方之色，青與白，赤與黑，玄與黃，皆相次，謂之六色。○繢，戶對反。）五章，以奉五色。（青與赤謂之文，赤與白謂之章，白與黑謂之黼，黑與青謂之黻，五色備謂之繡。集此五章，以奉成五色之用。）爲九歌、八風、七音、六律，以奉五聲。（解見二十年。）爲君臣上下，以則地義。（君臣有尊卑，法地有高下。）爲夫婦外內，以經二物。（夫治外，婦治內，各治其物。）爲父子、兄弟、姑姊甥舅昏媾姻亞以象天明六親和睦以事嚴父若衆星之共辰極也妻父曰昏重昏曰媾壻父曰姻兩壻相謂曰亞爲政事庸力行務以從四時在君爲政在臣爲事民功曰庸治功曰力行其德教務其時要禮之本也爲刑罰威獄使民畏忌以類其震曜殺戮雷震電曜天之威也聖人作刑戮以象類之爲溫慈惠和以效天之生殖長育民有好惡喜怒哀樂生于六氣此六者皆稟陰陽風雨晦明之氣○〔長〕上聲〔好〕〔惡〕並去聲是故審則宜類以制六志爲禮以制好惡喜怒哀樂六志使不過節哀有哭泣樂有歌舞喜有施舍怒有戰鬬喜生於好怒生於惡是故審行信令禍福賞罰以制死生生好物也死惡物也好物樂也惡物哀也哀樂不失乃能協于天地之性是以長久協和也簡子曰甚哉禮之大也對曰禮上下之紀天地之經緯也經緯錯居以相成者民之所以生也是以先王尚之故人之能自曲直以赴禮者謂之成人大不亦宜乎曲直以弼其性簡子曰鞅也請終身守此言也鞅能守此言故終免於晉陽之難宋樂大心曰我不輸粟我於周爲客二王後爲賓客若之何使客晉士伯曰自踐土以來踐土在僖二十八年宋何役之不會而何盟之不同曰同恤王室子焉得辟之子奉君命以會大事而宋背盟無乃不可乎右師不敢對受牒而退右師樂大心士伯告簡子曰宋右師必亡奉君命以使而欲背盟以干盟主無不祥大焉言不善無大此者爲定十年宋樂大心出奔傳○〔使〕所吏反

有鸜鵒來巢書所無也師己曰異哉吾聞文成之世童謠有之師己魯大夫○〔己〕音紀一音祀曰鸜之鵒之公出辱之言鸜鵒來則公出辱也鸜鵒之羽公在外野往饋之馬饋遺也鸜鵒跦跦公在乾侯跦跦跳行貌○〔跦〕張于反又張留反〔跳〕直彫反徵褰與襦褰袴鸜鵒之巢遠哉遙遙裯父喪勞宋父以驕裯父昭公死外故喪勞宋父定公代立故以驕○〔裯〕直留反〔喪〕息浪反鸜鵒鸜鵒往歌來哭昭公生出歌死還哭童謠有是今鸜鵒來巢其將及乎將及禍也秋書再雩旱甚也初季公鳥娶妻於齊鮑文子生申公鳥季公亥之兄平子庶叔父公鳥死季公亥與公思展與公鳥之臣申夜姑相其室公亥即公若也展季氏族相治也○〔夜〕本作射又音亦〔相〕息亮反及季姒與饔人檀通季姒公鳥妻鮑文子女饔人食官而懼乃使其妾抶己以示秦遄之妻秦遄魯大夫妻公鳥妹秦姬也○〔抶〕勑乙反〔遄〕音船曰公若欲使余余不可而抶余又訴於公甫公甫平子弟曰展與夜姑將要余要劫我以非禮○〔要〕平聲秦姬以告公之公之亦平子弟公之與公甫告平子平子拘展於卞而執夜姑將殺之公若泣而哀之曰殺是是殺余也將爲之請平子使豎勿內日中不得請有司逆命執夜姑之有司欲迎受殺生之命○〔爲〕去聲公之使速殺之故公若怨平子季郈之雞鬬季平子郈昭伯二家相近故雞鬬○〔郈〕音后季氏介其雞擣芥子播其羽也或曰以膠沙播之爲介雞郈氏爲之金距平子

怒怒其不下己益宮於郈氏侵郈氏室以自益且讓之讓責也故郈昭伯亦怨平子臧昭伯之從弟會昭伯臧爲子○〔從〕去聲後從者皆同爲讒於臧氏而逃於季氏臧氏執旃平子怒拘臧氏老將禘於襄公萬者二人其衆萬於季氏禘祭也萬舞也於禮公當三十六人臧孫曰此之謂不能庸先君之廟不能用禮也蓋襄公別立廟大夫遂怨平子公若獻弓於公爲公爲昭公子務人且與之出射於外而謀去季氏公爲告公果公賁果賁皆公爲弟○〔去〕上聲〔賁〕音奔又音焚公果公賁使侍人僚柤告公公寢將以戈擊之乃走公曰執之亦無命也獨言執之無勑命○〔柤〕側加反懼而不出數月不見公不怒又使言公執戈以懼之乃走又使言公曰非小人之所及也謂僚柤爲小人公果自言公以告臧孫臧孫以難言難逐告郈孫郈孫以可勸告子家懿伯子家羈莊公之玄孫○勸勸公逐季氏懿伯曰讒人以君徼幸事若不克君受其名受惡名不可爲也舍民數世以求克事不可必也且政在焉其難圖也公退之退使去○〔舍〕音捨辭曰臣與聞命矣言若洩臣不獲死乃館於公恐受洩命之罪故留公宮以自明○〔與〕音預叔孫昭子如闞闞魯邑公居於長府官府名九月戊戌伐季氏殺公之于門遂入之平子登臺而請曰君不察臣之罪使有司討臣以干戈臣請待於沂上以察罪弗許魯城南自有沂水平子欲出城待罪也大

沂水出蓋縣南至下邳入泗請囚于費弗許請以五乘亡弗許子家子曰君其許之政自之出久矣隱民多取食焉隱約窮困爲之徒者衆矣日入慝作弗可知也慝惡也日冥姦人將起叛君助季氏不可知○〔冥〕亡定反衆怒不可蓄也季氏衆蓄而弗治將蘊蘊積也蘊蓄民將生心生心同求將合與季氏同求叛君者君必悔之弗聽郈孫曰必殺之公使郈孫逆孟懿子懿子仲孫何忌叔孫氏之司馬鬷戾言於其衆曰若之何莫對衆疑所助又曰我家臣也不敢知國凡有季氏與無於我孰利皆曰無季氏是無叔孫氏也鬷戾曰然則救諸帥徒以往陷西北隅以入陷公圍也公徒釋甲執冰而踞言無戰心也冰櫝丸蓋或云櫝丸是箭筩其蓋可以取飲遂逐之逐公徒孟氏使登西北隅以望季氏見叔孫氏之旌以告孟氏執郈昭伯殺之于南門之西遂伐公徒子家子曰諸臣僞劫君者而負罪以出君止使若非君本意者君自可止不出意如之事君也不敢不改意如季平子名公曰余不忍也與臧孫如墓謀辭先君且謀所奔遂行己亥公孫于齊次于陽州齊侯將唁公于平陰公先至于野井齊侯曰寡人之罪也使有司待于平陰爲近故也齊侯自咎本不勑有司遠詣陽州而欲近會于平陰故令魯侯過共先至野井遠見迎逆自咎以謝公書曰公孫于齊次于陽州齊侯唁公于野井禮也將求於人則先下之禮之善

物也。物，事也。謂先往至野井。齊侯曰：自莒疆以西，請致千社，二十五家爲社。千社，二萬五千家。欲以給公。以待君命。待君伐季氏之命。寡人將帥敝賦以從執事，唯命是聽。君之憂，寡人之憂也。公喜。子家子曰：天祿不再。天若胙君，不過周公。以魯足矣。失魯而以千社爲臣，誰與之立？爲齊臣。且齊君無信，不如早之晉。弗從。臧昭伯率從者將盟，載書曰：勠力壹心，好惡同之。信罪之有無，信，明也。處者有罪，從者無罪。繾綣從公，無通外內。繾綣，不離散。○〔繾〕音遣。〔綣〕音犬。以公命示子家子。子家子曰：如此，吾不可以盟。羈也不佞，不能與二三子同心，而以爲皆有罪。從者陷君，留者逐君，皆有罪也。或欲通外內，且欲去君。去君爲負罪出奔，不必繾綣從公。二三子好亡而惡定，焉可同也？陷君於難，罪孰大焉？通外內而去君，君將速入，弗通何爲？而何守焉？乃不與盟。何必守公。○〔好〕〔惡〕〔難〕並去聲。〔與〕音預。昭子自闞歸，見平子。平子稽顙，曰：子若我何？昭子曰：人誰不死？子以逐君成名，子孫不忘，不亦傷乎！將若子何？平子曰：苟使意如得改事君，所謂生死而肉骨也。昭子從公于齊，與公言。子家子命適公館者執之。恐從者知叔孫謀。公與昭子言於幄內，曰將安衆而納公。昭子請歸安衆。公徒將殺昭子，伏諸道。伏兵。左師展告公，公使昭子自鑄歸。辟伏兵。平子有異志。不欲復納公。冬十月辛酉，昭子齊於其寢，使祝宗祈死。戊辰，卒。恥爲平子所欺，因而自殺。○〔齊〕側皆反。左師展將以公乘馬而歸，公徒執之。展，魯大夫。欲與公俱輕歸。○〔輕〕去聲。壬申，尹文公涉于鞏，焚東訾，弗克。文公，子朝黨。於鞏縣涉洛水也。東訾，敬王邑。○〔訾〕音資。十一月，宋元公將爲公故如晉。請納公。夢大子欒即位於廟，己與平公服而相之。平公，元公父。○〔相〕去聲。熊相同。且召六卿。公曰：寡人不佞，不能事父兄。父兄，謂華、向。以爲二三子憂，寡人之罪也。若以羣子之靈，獲保首領以歿，唯是楄柎所以藉幹者，楄柎，棺中笭牀也。幹，骸骨也。○〔楄〕音駢。〔柎〕音部，又音附。〔藉〕在夜反。〔笭〕音靈。請無及先君。欲自貶損。仲幾對曰：君若以社稷之故，私降昵宴，羣臣弗敢知。昵，近也。降昵宴，謂損親近聲樂飲食之事。若夫宋國之法，死生之度，先君有命矣。羣臣以死守之，弗敢失隊。臣之失職，常刑不赦。臣不忍其死，君命祇辱。言君命必不行，祇適也。○〔隊〕音墜。〔祇〕音支。宋公遂行。己亥，卒于曲棘。爲明年梁丘據語起本。十二月庚辰，齊侯圍鄆。欲取以居公。不書圍，鄆人自服，不成圍。初，臧昭伯如晉，臧會竊其寶龜僂句，僂句，龜所出地名。○〔僂〕音旅，又音屢。〔句〕居具反。以卜爲信與僭，僭吉。僭，不信也。臧氏老將如晉問，問昭伯起居。會請往。代家老行。昭伯問家故，盡對。故，事也。及內子與母弟叔孫，則不對。內子，昭伯妻。不對，若有他故。再三問，不對。歸，及郊，會逆，問，又如初。又不對。至，次於外而察之，皆無之。執而戮之，逸，奔郈。郈魴假使爲賈正焉。郈在東平無鹽縣東南。魴假郈邑大夫。賈正，掌貨物，使有常價，若市吏。○[魴]音房，[賈]音嫁。計於季氏。送計簿於季氏。臧氏使五人以戈楯伏諸桐汝之閭。桐汝，里名。○[楯]食準反，又音允。會出，逐之，反奔，執諸季氏中門之外。平子怒，曰：「何故以兵入吾門？」拘臧氏老。季、臧有惡。相怨惡。及昭伯從公，平子立臧會。立以為臧氏後。會曰：「僂句不余欺也。」傳言卜筮之驗，善惡由人。

楚子使薳射城州屈，復茄人焉。還復茄人於州屈。[屈]居勿反，一其勿反。○[茄]音加。城丘皇，遷訾人焉。移訾人於丘皇。使熊相禖郭巢，季然郭卷。使二大夫為巢卷築郭也。卷城在南陽葉縣南。○[禖]音梅，[卷]音權，又音捲。子大叔聞之，曰：「楚王將死矣。使民不安其土，民必憂，憂將及王，弗能久矣。」為明年楚子居卒傳。

經二十有六年春王正月，葬宋元公。三月而葬，速。三月，公至自齊，居于鄆。夏，公圍成。成，孟氏邑。不書齊師，賤眾少，重在公。秋，公會齊侯、莒子、邾子、杞伯，盟于鄟陵。鄟陵，地闕。○[鄟]音專，又市轉反，一徒丸反。公至自會，居于鄆。無傳。九月庚申，楚子居卒。未同盟而赴以名。冬十月，天王入于成周。傳言王入在子朝奔後，經在前者，子朝來告晚。尹氏、召伯、毛伯以王子朝奔楚。召伯當言召氏，經誤也。尹、召族奔，非一人，故言氏。書奔在王入下者，王入乃告諸侯。

傳二十六年春王正月庚申，齊侯取鄆。前年已取鄆，至是乃發傳者，為公處鄆起。葬宋元公，如先君，禮也。善宋人違命以合禮。三月，公至自齊，處于鄆，言魯地也。入魯竟，故書至。猶在外，故書地。夏，齊侯將納公，命無受魯貨。申豐從女賈，豐、賈二人，皆季氏家臣。○[女]音汝。以幣錦二兩，二丈為一端，二端為一兩，所謂匹也。二兩，二匹。縛一如瑱，瑱，充耳。縛卷也，急卷使如充耳，易懷藏。○[縛]直轉反，[瑱]它殿反。適齊師，謂子猶之人高齮：齮，子猶家臣。子猶，梁丘據。○[齮]魚綺反。「能貨子猶，為高氏後，粟五千庾。」言若能為我行貨於子猶，當為請使得為高氏後，又當致粟五千庾。庾，十六斗，凡八千斛。○能[為]于偽反，下當為、為魯同。高齮以錦示子猶，子猶欲之。齮曰：「魯人買之，百兩一布，以道之不通，先入幣財。」言魯人買此甚多，布陳之，以百兩為數。子猶受之，言於齊侯曰：「羣臣不盡力于魯君者，非不能事君也。欲行其說，故先示欲盡力納魯君。然據有異焉。異猶怪也。宋元公為魯君如晉，卒於曲棘；叔孫昭子求納其君，無疾而死。不知天之弃魯耶，抑魯君有罪於鬼神，故及此也？君若待于曲棘，使羣臣從魯君以卜焉。卜知可伐否。若可，師有濟也，君而繼之，茲無敵矣。若其無成，君無辱焉。」齊侯從之，使公子鉏帥師從公。鉏，齊大夫。成大夫公孫朝謂平子曰：「有都，以衛國也，請我受師。」許之。以成邑禦齊師。請納質，恐見疑。[質]音致。○弗許，曰：「信女足矣。」告於齊師曰：「孟氏，魯之敝室也。敝，壞也。[女]音汝。○用成已甚，弗能忍也，請息肩于齊。」公孫朝詐齊師，言欲降，使來取成。○[降]戶江反。齊師圍成。成人伐齊師之飲馬于淄者，曰：「將以厭眾。」以厭眾心，不欲使知已降也。淄水出泰山梁父縣西北，入汶。○[飲]於鴆反，[淄]側其反，[厭]於冉反，又於葉反。魯成備而後告曰：「不勝衆告齊言衆不欲降已不能勝○〔勝〕音升又始證反師及齊師戰于炊鼻季氏師距公非公命則不書炊鼻魯地齊子淵捷從洩聲子聲子魯大夫○〔洩〕息列反射之中楯瓦瓦楯脊○〔射〕食亦反〔楯〕常允反又音允繇朐汰輈七入者三寸入楯瓦也朐車軛輈車轅繇過也汰矢激七矢鏃也○〔繇〕音由〔朐〕其俱反〔汰〕他達反〔輈〕陟留反〔軛〕於革反〔鏃〕子木反或七木反聲子射其馬斬鞅殪殪死也○〔鞅〕於丈反〔殪〕於計反改駕人以爲鬷戾也而助之人魯人也鬷戾叔孫氏司馬子車曰齊人也子車卽淵捷將擊子車子車射之殪其御曰又之又欲使射餘人子車曰衆可懼也而不可怒也子囊帶從野洩叱之囊帶齊大夫野洩卽聲子○〔叱〕昌實反洩曰軍無私怒報乃私也將亢子欲以公戰禦之不欲私報其叱又叱之子囊復叱之亦叱之野洩亦叱也言齊無戰心但相叱冉豎射陳武子中手冉豎季氏臣失弓而罵武子罵以告平子曰有君子白晳鬒鬚眉甚口平子曰必子彊也無乃亢諸子彊武子字○〔鬒〕之忍反黑也對曰謂之君子何敢亢之僞言不敢違季氏林雍羞爲顏鳴右下皆魯人羞爲右故下車戰苑何忌取其耳何忌齊大夫不欲殺雍但截其耳以辱之○〔苑〕於阮反顏鳴去之其右見獲懼而去之苑子之御曰視下顧復欲使苑子擊其足苑子刜林雍斷其足𨫼而乘於他車以歸𨫼一足行○〔刜〕芳弗反又父勿反〔斷〕丁管反〔𨫼〕遣政反顏鳴三入齊師呼曰林雍乘言魯人皆致力於季氏不以私怨而相弃○〔呼〕火故反〔乘〕繩證反四月單子如晉告急五月戊午劉人敗王城之師于尸氏劉人劉蚠之屬王城子朝之徒尸氏在鞏

縣西南偃師城戊辰王城人劉人戰于施谷劉師敗績施谷周地秋盟于鄟陵謀納公也齊侯謀七月己巳劉子以王出師敗懼而出庚午次于渠渠周地王城人焚劉燒劉子邑丙子王宿于褚氏洛陽縣南有褚氏亭○〔褚〕音煮丁丑王次于萑谷庚辰王入于胥靡辛巳王次于滑萑谷胥靡滑皆周地胥靡本鄭邑○〔萑〕音丸晉知躒趙鞅帥師納王使女寬守闕塞女寬晉大夫闕塞洛陽西南伊闕口也守之備子朝○〔知〕音智〔躒〕音歷〔女〕音汝〔塞〕素代反九月楚平王卒令尹子常欲立子西子西平王之長庶曰大子壬弱其母非適也壬昭王也○〔適〕音的下同王子建實聘之子西長而好善立長則順建善則治王順國治可不務乎子西怒曰是亂國而惡君王也言王子建聘之是章君王之惡○〔長〕去聲〔好〕去聲國有外援不可瀆也外援秦也瀆慢也王有適嗣不可亂也敗親速讎不立壬秦將來討是速讎也亂嗣不祥我受其名受惡名賂吾以天下吾滋不從也滋益也楚國何爲必殺令尹令尹懼乃立昭王冬十月丙申王起師于滑起發也辛丑在郊郊子朝邑遂次于尸十一月辛酉晉師克鞏知躒趙鞅之師召伯盈逐王子朝伯盈本黨子朝晉師克鞏知子朝不成更逐之而逆敬王王子朝及召氏之族毛伯得尹氏固南宮嚚奉周之典籍以奔楚尹召二族皆奔故稱氏重見尹固名者爲後還見殺○〔見〕音現〔爲〕去聲且爲同陰忌奔莒以叛陰忌子朝黨莒周邑召伯逆王于尸及劉子單子盟召伯新還故盟遂軍

圉澤，次于隄上。（圉澤、隄上，皆周地。○〔隄〕音低，或音啼。）癸酉，王入于成周。（成周，今洛陽。）甲戌，盟于襄宮。（襄王之廟。）晉師使成公般戍周而還。（般，晉大夫。○〔般〕音班。）十二月癸未，王入于莊宮。（莊宮在王城。）王子朝使告于諸侯曰：昔武王克殷，成王靖四方，康王息民，並建母弟，以蕃屏周，亦曰吾無專享文武之功。（不敢專，故建母弟。）且爲後人之迷敗傾覆而溺入于難，則振救之。至于夷王，王愆于厥身。（夷王，厲王父也。愆，惡疾也。○〔覆〕音福。〔難〕乃旦反。）諸侯莫不並走其望，以祈王身。至于厲王，王心戾虐，萬民弗忍，居王于彘。（不忍害王也。厲王之末，周人流王于彘。○〔彘〕直例反。）諸侯釋位，以間王政。（間，猶與也。去其位，與治王之政事。○〔間〕去聲，一如字。）宣王有志，而後效官。（宣王，厲王子。彘之亂，宣王尚少，召公虎取而長之。效，授也。）至于幽王，天不弔周，王昏不若，用愆厥位。（幽王，宣王子。若，順也。愆，失也。）攜王奸命，諸侯替之，而建王嗣，用遷郟鄏。（攜王，幽王少子伯服也。王嗣，宜白也。幽王后申姜生大子宜白，王幸褒姒，生伯服，欲立之而殺大子，大子奔申，申伯與鄫及西戎伐周，戰于戲，幽王死，諸侯廢伯服而立宜白，是爲平王，東遷郟鄏。○〔攜〕戶圭反。〔奸〕音干。〔鄏〕音辱。〔戲〕音希。）則是兄弟之能用力於王室也。至于惠王，天不靖周，生頹禍心，施于叔帶。惠、襄辟難，越去王都。（惠王，平王六世孫。頹，惠王庶叔也。莊十九年作亂，惠王適鄭。襄王，惠王子。叔帶，襄王弟。僖二十四年，叔帶作難，襄王處氾。○〔施〕音異。〔辟〕音避。〔難〕去聲。〔氾〕音凡。）則有晉、鄭咸黜不端，（黜，去也。晉文殺叔帶，鄭厲殺子頹，爲王室去不端直之人。○〔去〕上聲。）以綏定王家，則是兄弟之能率先王之命也。

在定王六年，秦人降妖，（定王，襄王孫。定王六年，魯宣八年。）曰：周其有頿王，亦克能脩其職，諸侯服享，二世共職。（二世，謂靈、景。○〔頿〕子斯反。〔共〕音恭。）王室其有間王位，諸侯不圖，而受其亂災。（閒王位，謂子朝也。今子朝以爲王猛受亂災，謂楚也。今子朝以爲晉。○〔閒〕去聲，下閒先王同。）至于靈王，生而有頿。（靈王，定王孫。）王甚神聖，無惡於諸侯。靈王、景王，克終其世。（景王，靈王子。）今王室亂，單旗、劉狄剝亂天下，壹行不若，（單旗，穆公也。劉狄，劉蚠也。壹，專也。）謂先王何常之有。（言先王無常法。）唯余心所命，其誰敢討之。帥羣不弔之人，（弔，至也。○〔弔〕如字。舊丁歷反。）以行亂于王室。侵欲無厭，規求無度，貫瀆鬼神，（貫，習也。瀆，易也。○〔厭〕於鹽反。〔貫〕古患反。〔易〕以豉反。）慢弃刑法，倍奸齊盟，傲很威儀，矯誣先王，晉爲不道，是攝是贊，（攝，持也。贊，佐也。先王謂景王。○〔倍〕音佩。〔很〕戶懇反。）思肆其罔極。（肆，放也。）茲不穀震盪播越，竄在荊蠻，（茲，此也。此不穀，子朝自謂。○〔盪〕徒黨反。）未有攸厎。（厎，至也。攸，所也。）若我一二兄弟甥舅，獎順天法，無助狡猾，以從先王之命，毋速天罰，赦圖不穀，（赦其憂而圖其難。）則所願也。敢盡布其腹心及先王之經，而諸侯實深圖之。昔先王之命曰：王后無適，則擇立長。年鈞以德，德鈞以卜。（此所謂先王之經。）王不立愛，公卿無私，古之制也。穆后及大子壽早夭即世，（在十五年。）單、劉贊私立少，以間先王。（間錯先王之制。）亦唯伯仲叔季圖之。（伯仲叔季，總謂諸侯。）閔馬父聞子朝之辭，曰：文辭以行禮也子朝干景之命遠晉之大以專其志無禮甚矣文辭何爲傳終王室亂○〔遠〕于萬反齊有彗星出齊之分見不書魯不野○〔彗〕似歲反齊侯使禳之祭以禳除之晏子曰無益也祇取誣焉誣欺也天道不謟謟疑也不貳其命若之何禳之且天之有彗也以除穢也君無穢德又何禳焉若德之穢禳之何損詩曰惟此文王小心翼翼昭事上帝聿懷多福厥德不回以受方國詩大雅翼翼共也聿惟也回違也言文王德不違天人故四方之國歸往之君無違德方國將至何患於彗詩曰我無所監夏后及商用亂之故民卒流亡逸詩也言追監夏商之亡皆以亂故若德回亂民將流亡祝史之爲無能補也公說乃止齊侯與晏子坐于路寢公歎曰美哉室其誰有此乎景公自知德不能久有國故歎也○〔說〕音悅晏子曰敢問何謂也公曰吾以爲在德對曰如君之言其陳氏乎陳氏雖無大德而有施於民豆區釜鍾之數其取之公也薄謂以公量收○〔施〕音翅不出者同〔區〕音甌其施之民也厚謂以私量貸○〔施〕如字又音翅公厚斂焉陳氏厚施焉民歸之矣詩曰雖無德與女式歌且舞詩小雅義取雖無大德要有喜說之心欲歌舞之式用也○〔斂〕力驗反〔女〕音汝陳氏之施民歌舞之矣後世若少惰陳氏而不亡則國其國也已公曰善哉是可若何對曰唯禮可以已之在禮家施不及國民不遷農不移工賈不變守常業○〔賈〕音古

士不濫不失職官不滔滔慢也○〔滔〕吐刀反大夫不收公利不作福公曰善哉我不能矣吾今而後知禮之可以爲國也對曰禮之可以爲國也久矣與天地並有天地則禮義興君令臣共父慈子孝兄愛弟敬夫和妻柔姑慈婦聽禮也君令而不違臣共而不貳父慈而教子孝而箴箴諫也○〔共〕音恭下同兄愛而友弟敬而順夫和而義妻柔而正姑慈而從從不自專婦聽而婉婉順也禮之善物也公曰善哉寡人今而後聞此禮之上也對曰先王所稟於天地以爲其民也是以先王上之稟受也

春秋經傳集解昭公六第二十五

春秋經傳集解昭公七第二十六

杜氏註　盡三十二年

經二十有七年春公如齊自鄆行[鄆]音運○公至自齊居于鄆夏四月吳弑其君僚僚亟戰民罷又伐楚喪故光乘間而動稱國以弑罪在僚○[罷]音皮楚殺其大夫郤宛無極楚之讒人宛所明知而信近之以取敗亡故書名罪宛○[郤]去逆反[宛]於阮反又於元反秋晉士鞅宋樂祁犂衛北宮喜曹人邾人滕人會于扈冬十月曹伯午卒無傳未同盟而赴以名邾快來奔無傳快邾命卿也故書公如齊自鄆行公至自齊居于鄆無傳

傳二十七年春公如齊公至自齊處于鄆言在外也在外邑故書地吳子欲因楚喪而伐之前年楚平王卒使公子掩餘公子燭庸帥師圍潛二子皆王僚母弟潛楚邑在廬江六縣西南使延州來季子聘于上國季子本封延陵後復封州來故曰延州來遂聘于晉以觀諸侯觀彊弱楚莠尹然工尹麇帥師救潛二尹楚官然麇其名○[麇]九倫反左司馬沈尹戌帥都君子與王馬之屬以濟師都君子在都邑之士有復除者王馬之屬王之養馬官屬校人也濟益也○[復]音福與吳師遇于窮令尹子常以舟師及沙汭而還沙水名左尹郤宛工尹壽帥師至于潛吳師不能退楚師彊故吳不得退去吳公子光曰此時也弗可失也欲因其師徒在外國不堪役以弑王告鱄設諸曰上國有言曰不索何獲我王嗣也吾欲求之光吳王諸樊子也故曰我王嗣○[鱄]音專事若克季子雖至不吾廢也至謂聘還鱄設諸曰王可弑也母老子弱是無若我何猶言我無若是何欲以老弱託光光曰我爾身也言我身猶爾身夏四月光伏甲於堀室而享王掘地爲室[堀]苦忽反○王使甲坐於道及其門坐道邊至光門門階戶席皆王親也夾之以鈹羞者獻體改服於門外羞進食也獻體解衣○[鈹]音披劍也執羞者坐行而入坐行膝行執鈹者夾承之承執羞者及體以相授也鈹及進羞者體以所食授王光僞足疾入于堀室恐難作王黨殺己素辟之鱄設諸寘劍於魚中以進全魚炙抽劍刺王鈹交於胷交鱄諸胷遂弑王闔廬以其子爲卿闔廬光也以鱄諸子爲卿季子至曰苟先君無廢祀民人無廢主社稷有奉國家無傾乃吾君也吾誰敢怨哀死事生以待天命非我生亂立者從之先人之道也吳自諸樊以下兄弟相傳而不立適是亂由先人起也季子自知力不能討光故云爾復命哭墓復使命於僚墓復位而待復本位待光命吳公子掩餘奔徐公子燭庸奔鍾吾鍾吾小國楚師聞吳亂而還言聞吳亂明郤宛不取賂而還郤宛直而和國人說之以直事君以和接類鄢將師爲右領右領官名○[鄢]於晚反又烏戶反與費無極比而惡之惡郤宛○[費]扶味反[比]毗志反[惡]烏路反令尹子常賄而信讒無極譖郤宛焉謂子常曰子惡欲飲子酒子惡郤宛○[飲]於鴆反○又謂子惡令尹欲飲酒於子氏子惡曰我賤人也不足以辱令尹令尹

將必來辱。爲惠已甚。吾無以酬之。若何。酬報獻。無極曰。令尹好甲兵。子出之。吾擇焉。擇取以進子常。取五甲五兵。曰。寘諸門。令尹至。必觀之。而從以酬之。日無極辭。及饗日。帷諸門左。張帷陳甲兵其中。無極謂令尹曰。吾幾禍子。子惡將爲子不利。甲在門矣。子必無往。且此役也。此春救潛之役。○[幾]音祈。吳可以得志。子惡取賂焉而還。又誤羣帥。使退其師。曰乘亂不祥。吳乘我喪。我乘其亂。不亦可乎。令尹使視郤氏。則有甲焉。不往。召鄢將師而告之。告子惡門有甲兵。將害己。將師退。遂令攻郤氏。且爇之。爇燒也。○[爇]如悅反。子惡聞之。遂自殺也。國人弗爇。令曰。不爇郤氏。與之同罪。或取一編菅焉。或取一秉秆焉。編菅苫也。秉把也。秆槀也。○[菅]古顏反。[秆]古但反。禾莖也。國人投之。遂弗爇也。令尹炮之。炮燔郤宛。盡滅郤氏之族黨。殺陽令終與其弟完及佗。令終陽匄子。與晉陳及其子弟。晉陳楚大夫。皆郤氏之黨。晉陳之族呼於國曰。鄢氏費氏自以爲王。專禍楚國。弱寡王室。蒙王與令尹以自利也。蒙欺也。○[呼]火故反。令尹盡信之矣。國將如何。令尹病之。爲下殺無極張本。秋。會于扈。令戍周。且謀納公也。宋衛皆利納公。固請之。范獻子取貨於季孫。謂司城子梁與北宮貞子。子梁宋樂祁也。貞子衛北宮喜。曰。季孫未知其罪。而君伐之。請囚請亡。於是乎不獲。君又弗克。而自出也。夫豈無備而能出君乎。季氏之復。天救之也。復猶安也。休公徒之怒。休息也。而啓叔孫氏之心。不然。豈其伐人而說甲執冰以游。叔孫氏懼禍之濫。而自同於季氏。天之道也。魯君守齊。三年而無成。季氏甚得其民。淮夷與之。淮夷魯東夷。○[說]他活反。有十年之備。有齊楚之援。公雖在齊言齊不致力。有天之贊。有民之助。有堅守之心。有列國之權。而弗敢宣也。宣用也。事君如在國。書公行告公至是也。故鞅以爲難。二子皆圖國者也。而欲納魯君。鞅之願也。請從二子以圍魯。無成死之。二子懼。皆辭。乃辭小國。而以難復。以難納白晉君。孟懿子陽虎伐鄆。陽虎季氏家臣。伐鄆欲奪公。鄆人將戰。子家子曰。天命不慆久矣。慆疑也。言弃君不疑。○[慆]他刀反。使君亡者必此衆也。言君據鄆以衆與魯戰必敗亡。天既禍之。而自福也。不亦難乎。猶有鬼神。此必敗也。嗚呼。爲無望也夫。其死於此乎。公使子家子如晉。公徒敗于且知。且知近鄆地也。○[夫]音扶。[且]子餘反。楚郤宛之難。國言未已。進胙者莫不謗令尹。進胙國中祭祀也。謗詛也。沈尹戌言於子常曰。夫左尹與中廄尹莫知其罪。而子殺之。以興謗讟。至于今不已。左尹郤宛也。中廄尹陽令終。戌也惑之。仁者殺人以掩謗。猶弗爲也。今吾子殺人以興謗而弗圖。不亦異乎。夫無極。楚之讒人也。民莫不知。去朝吳。在十五年。○[去]起呂反。[朝]如字。出蔡侯朱。在二十一年。喪大子建殺連尹奢（在二十年。〔奢〕息嗟反。）○屏王之耳目使不聰明不然平王之溫惠共儉有過成莊無不及焉所以不獲諸侯邇無極也（邇，近也。）今又殺三不辜以興大謗（三不辜，郤氏、陽氏、晉陳氏。）幾及子矣子而不圖將焉用之夫鄢將師矯子之命以滅三族國之良也而不愆位（在位無愆過。○〔愆〕音祈。又音機。）吳新有君（光新立也。）疆場日駭楚國若有大事子其危哉知者除讒以自安也今子愛讒以自危也甚矣其惑也子常曰是瓦之罪敢不良圖九月己未子常殺費無極與鄢將師盡滅其族以說于國謗言乃止

冬公如齊齊侯請饗之（設饗禮。〔知〕音智。）○子家子曰朝夕立於其朝又何饗焉其飲酒也乃飲酒使宰獻而請安（比公於大夫也。禮，君不敵臣，宴大夫使宰爲主。獻，獻爵也。請安，齊侯請自安，不在坐也。）子仲之子曰重爲齊侯夫人曰請使重見（子仲，魯公子慭也。十二年謀逐季氏。不能而奔齊。今行飲酒禮，而欲使重見，從宴褻也。○〔重〕直勇反，又直恭反。〔見〕賢遍反。〔慭〕魚覲反。〔褻〕息列反。）子家子乃以君出（辟齊夫人。）十二月晉籍秦致諸侯之戍于周魯人辭以難（經所以不書戍周。籍秦，籍談子。）

經二十有八年春王三月葬曹悼公（無傳。六月而葬，緩。）公如晉次于乾侯（乾侯在魏郡斥丘縣，晉竟內邑。）夏四月丙戌鄭伯寧卒（無傳。未同盟而赴以名。）六月葬鄭定公（無傳。三月而葬，速。）秋七月癸巳滕子寧卒（無傳。未同盟而赴以名。）冬葬滕悼公（無傳。）

傳二十八年春公如晉將如乾侯（齊侯卑公，故適晉。）子家子曰有求於人而即其安人孰矜之其造於竟（欲使次於竟以待命。○〔造〕七報反。）弗聽使請逆於晉晉人曰天禍魯國君淹恤在外君亦不使一个辱在寡人（一个，單使。○〔个〕音箇。）而即安於甥舅其亦使逆君（言齊自使逆君。）使公復于竟而後逆之（逆著乾侯也。言公不能用子家，所以見辱。○〔著〕中略反。）

晉祁勝與鄔臧通室（二子，祁盈家臣也。通室，易妻。○〔鄔〕舊音烏戶反，誤，當作於庶反。）祁盈將執之（盈，祁午之子。）訪於司馬叔游（叔游，司馬叔侯之子。）叔游曰鄭書有之惡直醜正實蕃有徒（鄭書，古書名也。言害正直者實多徒衆。○〔惡〕如字，又去聲。）無道立矣子懼不免（言世亂讒勝。）詩曰民之多辟無自立辟（詩大雅。○〔辟〕匹亦反。立〔辟〕婢亦反。）姑已若何（姑，且也。已，止也。）盈曰祁氏私有討國何有焉（言討家臣無與國事。）遂執之祁勝賂荀躒荀躒爲之言於晉侯晉侯執祁盈（以其專戮。）祁盈之臣曰鈞將皆死（鈞，同也。）慭使吾君聞勝與臧之死也以爲快（慭，發語之音。○〔慭〕魚覲反。）乃殺之夏六月晉殺祁盈及楊食我（楊，叔向邑。食我，叔向子伯石也。○〔食〕音嗣。）食我祁盈之黨也而助亂故殺之遂滅祁氏羊舌氏

初叔向欲娶於申公巫臣氏（夏姬女也。）其母欲娶其黨叔向曰吾母多而庶鮮吾懲舅氏矣（言父多妾媵而庶子鮮少，嫌母氏性不曠。）其母曰子靈之妻殺三夫（子靈，巫臣。妻，夏姬也。三夫，陳御叔、楚襄老及巫臣也。時巫臣已死。）一君（陳靈公。）一子（夏徵舒。）而亡一國（陳也。）兩卿矣

孔寧儀行父可無懲乎吾聞之甚美必有甚惡是鄭穆少
妃姚子之子子貉之妹也子貉鄭靈公夷○〔貉〕亡白反子貉早死
無後而天鍾美於是是夏姬也鍾聚也子貉死在宣四年將必以是大
有敗也昔有仍氏生女黰黑有仍古諸侯也美髮為黰○〔黰〕之忍反而
甚美光可以鑑髮膚光色可以照人名曰玄妻以髮黑故樂正后夔
取之夔舜典樂之君長○〔取〕如字又七住反生伯封實有豕心貪惏無
饜忿類無期謂之封豕類戾也封大也○〔惏〕力耽反〔饜〕於鹽反〔類〕立對反有
窮后羿滅之夔是以不祀羿篡夏后者○〔羿〕音藝且三代之亡
共子之廢皆是物也夏以妺喜殷以妲己周以褒姒三代所由亡也共子晉申生以
驪姬廢○〔共〕音恭〔喜〕音嬉女何以為哉夫有尤物足以移人苟非
德義則必有禍尤異也○〔女〕音汝叔向懼不敢取平公強使
取之生伯石伯石始生子容之母走謁諸姑子容母叔向嫂
伯華妻也姑叔向母○〔取〕七住反又如字〔強〕其丈反曰長叔姒生男兄弟之妻相謂姒○
〔長〕丁丈反姑視之及堂聞其聲而還曰是豺狼之聲也狼
子野心非是莫喪羊舌氏矣遂弗視秋晉韓宣子卒
魏獻子為政獻子魏舒分祁氏之田以為七縣七縣鄔祁平陵梗陽
塗水馬首盂也分羊舌氏之田以為三縣銅鞮平陽楊氏○〔鞮〕丁兮反司
馬彌牟為鄔大夫大原鄔縣賈辛為祁大夫大原祁縣司馬烏
為平陵大夫魏戊為梗陽大夫戊魏舒庶子梗陽在大原晉陽縣南知
徐吾為塗水大夫徐吾知盈孫塗水大原榆次縣韓固為馬首大夫

固韓起孫孟丙為盂大夫大原盂縣樂霄為銅鞮大夫上黨銅鞮縣
趙朝為平陽大夫朝趙勝曾孫平陽平陽縣○〔朝〕如字僚安為楊氏大
夫平陽楊氏縣謂賈辛司馬烏為有力於王室二十二年辛烏帥師
納敬王故舉之謂知徐吾趙朝韓固魏戊餘子之不失
職能守業者也卿之庶子為餘子其四人者皆受縣而後見
於魏子以賢舉也四人司馬彌牟孟丙樂霄僚安也受縣而後見言采衆而舉不以私
也○〔見〕賢遍反魏子謂成鱄鱄晉大夫○〔鱄〕音鄟又市轉反又音附吾與戊也
縣人其以我為黨乎對曰何也戊之為人也遠不忘
君遠疏遠也近不偪同不偪同位居利思義不苟得在約思純無濫
心有守心而無淫行雖與之縣不亦可乎昔武王克
商光有天下光大也○〔行〕下孟反其兄弟之國者十有五人姬
姓之國者四十人皆舉親也夫舉無他唯善所在親
疏一也詩曰唯此文王帝度其心莫其德音其德克
明克明克類克長克君王此大國克順克比比于文
王其德靡悔既受帝祉施于孫子詩大雅美文王能王大國受天福施
及子孫○〔度〕待洛反〔莫〕亡白反又如字〔王〕于況反〔施〕以豉反心能制義曰度帝度其心
德正應和曰莫莫然清靜照臨四方曰明勤施無私曰類
施而無私物得其所無失類也○〔施〕式豉反教誨不倦曰長教誨長人之道賞慶
刑威曰君作威作福君之職也慈和徧服曰順唯順故天下徧服擇善
而從之曰比比方善事使相從也經緯天地曰文經緯相錯故織成文九

德不愆作事無悔九德上九曰也皆無愆過則動無悔吝故襲天祿子孫賴之襲受也主之舉也近文德矣所及其遠哉舉魏戊等勤施無私也其四人者擇善而從故曰近文德所及遠也賈辛將適其縣見於魏子魏子曰辛來昔叔向適鄭鬷蔑惡惡貌醜○〔鬷〕子工反欲觀叔向從使之收器者從隨也隨使人應斂俎豆者而往立於堂下一言而善叔向將飲酒聞之曰必鬷明也素聞其賢故聞其言而知之下執其手以上曰昔賈大夫惡賈國之大夫惡亦醜也娶妻而美三年不言不笑御以如皐為妻御之皐澤射雉獲之其妻始笑而言賈大夫曰才之不可以已我不能射女遂不言不笑夫今子少不颺顏貌不揚顯○〔射〕雉音石〔女〕音汝子若無言吾幾失子矣言之不可以已也如是遂如故知今女有力於王室吾是以舉女因賈辛有功而後舉之言人不可無能○〔幾〕音祁行乎敬之哉毋墮乃力墮損也○〔墮〕許規反仲尼聞魏子之舉也以為義曰近不失親謂舉魏戊遠不失舉以賢舉可謂義矣又聞其命賈辛也以為忠先賞王室之功故為忠詩曰永言配命自求多福忠也詩大雅永長也言能長配天命致多福者唯忠魏子之舉也義其命也忠其長有後於晉國乎冬梗陽人有獄魏戊不能斷以獄上上魏子○〔斷〕丁亂反其大宗賂以女樂訟者之大宗魏子將受之魏戊謂閻沒女寬二人魏子之屬大夫曰主以不賄聞於諸侯若受梗陽人賄莫甚焉吾子必諫皆許諾退朝待於庭魏子朝君退而待於魏子之庭○〔聞〕如字又音問饋入召之召二大夫食比置三歎既食使坐更命之令坐魏子曰吾聞諸伯叔諺曰唯食忘憂吾子置食之間三歎何也同辭而對曰或賜二小人酒不夕食或他人也言飢甚饋之始至恐其不足是以歎中置自咎曰豈將軍食之而有不足是以再歎魏子中軍帥故謂之將軍○〔食〕音嗣及饋之畢願以小人之腹為君子之心屬厭而已屬足也言小人之腹飽猶知厭足君子之心亦宜然○〔屬〕之玉反〔厭〕於鹽反又於豔反獻子辭梗陽人傳言魏氏所以興也

經二十有九年春公至自乾侯居于鄆以乾侯致不得見晉侯故齊侯使高張來唁公唁公至晉不見受高張高偃子公如晉次于乾侯復不見受往乾侯夏四月庚子叔詣卒無傳秋七月冬十月鄆潰無傳民逃其上曰潰潰散叛公○〔潰〕戶對反

傳二十九年春公至自乾侯處于鄆齊侯使高張來唁公稱主君比公於大夫子家子曰齊卑君矣君祇辱焉言往事齊適取辱○〔祇〕音支公如乾侯為齊所卑故復適晉冀見恤三月己卯京師殺召伯盈尹氏固及原伯魯之子皆子朝黨也稱伯魯子終不說學○〔說〕音悅○尹固之復也二十六年尹固與子朝俱奔楚而道還有婦人遇之周郊尤之曰處則勸人為禍行則數日而反是夫也其過三歲乎夏五月庚寅王子趙車入于鄻以

叛陰不佞敗之趙車子朝之餘也見王殺伯盈等故叛鄩周邑○［數］所主反［鄩］列勉反平王每歲賈馬賈買也○［賈］古買反具從者之衣屨而歸之于乾侯公執歸馬者賣之賣其馬乃不歸馬衞侯來獻其乘馬曰啓服啓服馬名○［乘］如字又乘證反塹而死隋塹死也公將爲之櫝爲作棺也子家子曰從者病矣請以食之乃以帷裹之禮曰敝帷不棄爲埋馬也○［從］去聲［食］音嗣公賜公衍羔裘使獻龍輔於齊侯龍輔玉名遂入羔裘齊侯喜與之陽穀陽穀齊邑公衍公爲之生也其母偕出出之產舍公衍先生公爲之母曰相與偕出請相與偕告留公衍使待己共白公三日公爲生其母先以告公爲爲兄公私喜於陽穀而思於魯曰務人爲此禍也務人公爲也始與公若謀逐季氏且後生而爲兄其誣也久矣乃黜之而以公衍爲大子秋龍見于絳郊絳晉國都○［見］賢遍反下同魏獻子問於蔡墨蔡墨晉大史曰吾聞之蟲莫知於龍以其不生得也謂之知信乎對曰人實不知非龍實知言龍無知乃人不知之耳○莫［知］音智下謂之知實知注無知同古者畜龍故國有豢龍氏有御龍氏豢御養也○［豢］音患獻子曰是二氏者吾亦聞之而不知其故是何謂也對曰昔有飂叔安飂古國也叔安其君名○［飂］力謬反有裔子曰董父裔遠也玄孫之後爲裔實甚好龍能求其耆欲以飲食之龍多歸之乃擾畜龍以服事帝舜帝賜之姓曰董擾順也○［好］呼報反［耆］時志反［飲］於鴆反

［食］音嗣［擾］而小反下同氏曰豢龍豢龍官名官有世功則以官氏封諸鬷川鬷夷氏其後也鬷水上夷皆董姓○［鬷］子工反故帝舜氏世有畜龍及有夏孔甲擾于有帝孔甲少康之後九世君也其德能順於天帝賜之乘龍河漢各二合爲四○［乘］繩證反各有雌雄孔甲不能食而未獲豢龍氏有陶唐氏既衰其後有劉累陶唐堯所治地學擾龍于豢龍氏以事孔甲能飲食之夏后嘉之賜氏曰御龍夏后孔甲以更豕韋之後更代也以劉累代彭姓之豕韋累尋遷魯縣豕韋復國至商而滅累之後世復承其國爲豕韋氏在襄二十四年○［更］音庚龍一雌死潛醢以食夏后潛藏也藏以爲醢明龍不知○［醢］音海［知］音智夏后饗之既而使求之求致龍也懼而遷於魯縣不能致龍故懼遷魯縣自貶退也魯縣今魯陽也范氏其後也晉范氏也獻子曰今何故無之對曰夫物物有其官官脩其方方法術朝夕思之一日失職則死及之失職有罪失官不食不食祿官宿其業宿猶安也其物乃至設水官脩則龍至若泯弃之物乃坻伏泯滅也坻止也○［泯］彌忍反［坻］音旨又丁禮反鬱湮不育鬱滯也湮塞也育生也○［湮］音因故有五行之官是謂五官實列受氏姓封爲上公爵上公祀爲貴神社稷五祀是尊是奉五官之君長能脩其業者死皆配食於五行之神爲王者所尊奉木正曰句芒正官長也取木生句曲而有芒角也其祀重焉○［句］古侯反下同［重］直龍反下同火正曰祝融祝融明貌其祀犂焉金正曰蓐收秋物摧蓐而可收也其祀該焉○［蓐］音辱［摧］徂回反水正曰玄冥水陰而幽冥其祀脩及熙焉土正曰后土土爲羣物

主。故稱后也。其祀句龍焉。在家則祀中霤，在野則為社。○〔霤〕力救反。龍，水物也。水官弃矣，故龍不生得。弃，廢也。不然，周易有之，言若不爾，周易無緣有龍。在乾䷀乾下乾上。之姤䷫，巽下乾上。姤，乾初九變。○〔姤〕古豆反。曰：潛龍勿用。乾初九爻辭。其同人䷌，離下乾上。同人，乾九二變。曰：見龍在田。乾九二爻辭。其大有䷍，乾下離上。大有，乾九五變。曰：飛龍在天。乾九五爻辭。其夬䷪，乾下兌上。夬，乾上九變。○〔夬〕古快反。曰：亢龍有悔。乾上九爻辭。其坤䷁，坤下坤上。坤，乾六爻皆變。曰：見羣龍無首，吉。乾用九爻辭。坤之剝䷖，坤下艮上。剝，坤上六變。曰：龍戰于野。坤上六爻辭。若不朝夕見，誰能物之？物謂上六卦所稱龍各不同也。今說易者皆以龍喻陽氣，如史墨之言，則為皆是真龍。獻子曰：社稷五祀，誰氏之五官也？問五官之長皆是誰。對曰：少皞氏有四叔，少皞，金天氏。○〔皞〕戶老反。曰重，曰該，曰脩，曰熙，實能金木及水。能治其官。○〔重〕直龍反。使重為句芒，木正。該為蓐收，金正。脩及熙為玄冥，二子相代為水正。世不失職，遂濟窮桑，窮桑，少皞之號也。四子能治其官，使不失職，濟成少皞之功，死皆為民所祀。窮桑地在魯北。此其三祀也。顓頊氏有子曰犂，為祝融；犂為火正。共工氏有子曰句龍，為后土。共工在大皞後，神農前，以水名官者。其子句龍能平水土，故死而見祀。此其二祀也。后土為社，方荅社稷，故明言為社。稷，田正也。掌播殖也。有烈山氏之子曰柱，為稷，烈山氏，神農世諸侯。自夏以上祀之。祀柱。周弃亦為稷，弃，周之始祖，能播百穀。湯既勝夏，廢柱而以弃代之。自商以來祀之。傳言蔡墨之博物。冬，晉趙鞅、荀寅帥師城汝濱，趙鞅，趙武孫也。荀寅，中行荀吳之子。汝濱，晉所取陸渾地。遂賦晉國一鼓鐵，以鑄刑鼎，令晉國各出功力，共鼓石為鐵，計令一鼓而足。因軍役而為之，故言遂。著范宣子所為刑書焉。仲尼曰：晉其亡乎！失其度矣。夫晉國將守唐叔之所受法度，以經緯其民，卿大夫以序守之，序，位次也。民是以能尊其貴，貴是以能守其業。貴賤不愆，所謂度也。文公是以作執秩之官，為被廬之法，僖二十七年，文公蒐被廬，脩唐叔之法。○〔被〕皮義反。以為盟主。今弃是度也，而為刑鼎，民在鼎矣，何以尊貴？弃禮徵書，故不尊貴。貴何業之守？民不奉上，則上失業。貴賤無序，何以為國？且夫宣子之刑，夷之蒐也，晉國之亂制也，范宣子所用刑，乃夷蒐之法也。夷蒐在文六年，一蒐而三易中軍帥，賈季、箕鄭之徒遂作亂，故曰亂制。若之何以為法？蔡史墨曰：范氏、中行氏其亡乎！蔡史墨即蔡墨。中行寅為下卿，而干上令，擅作刑器，以為國法，是法姦也。又加范氏焉，易之，亡也。范宣子刑書中既廢矣，今復興之，是成其咎。其及趙氏，趙孟與焉，然不得已，若德，可以免。鑄刑鼎本非趙鞅意，不得已而從之。若能脩德，可以免禍。為定十三年荀寅、士吉射入朝歌以叛。○〔與〕音預。〔朝〕如字。

經三十年春王正月，公在乾侯。釋不朝正于廟。夏六月庚辰，晉侯去疾卒。未同盟而赴以名。秋八月，葬晉頃公。三月而葬，速。○〔頃〕音傾。冬十有二月，吳滅徐，徐子章禹奔楚。徐子稱名，以名告也。

傳三十年春王正月，公在乾侯，不先書鄆與乾侯，非公且徵過也徵明也二十七年二十八年公在鄆二十九年公在乾侯而經不釋朝正之禮者所以非責公之妄且明過謬猶可掩故不顯書其所在使若在國然自是鄆人潰叛齊晉卑公子家忠謀終不能用內外弃之非復過誤所當掩塞故每歲書公所在○[徵]直升反夏六月晉頃公卒秋八月葬鄭游吉弔且送葬魏獻子使士景伯詰之曰悼公之喪子西弔子蟜送葬在襄十五年○[詰]起吉反[蟜]居表反今吾子無貳何故弔葬共使[使]所吏反○對曰諸侯所以歸晉君禮也禮也者小事大大字小之謂事大在共其時命隨時共所求○[共]音恭字小在恤其所無以敝邑居大國之閒共其職貢與其備御不虞之患豈忘共命言不敢忘共命以備御者多不及辦之○[御]魚呂反[辦]皮莧反先王之制諸侯之喪士弔大夫送葬唯嘉好聘享三軍之事於是乎使卿晉之喪事敝邑之閒先君有所助執紼矣紼輓索也禮送葬必執紼○[閒]音閑[紼]音弗[輓]音晚若其不閒雖士大夫有所不獲數矣不得如先王禮數大國之惠亦慶其加慶善也謂善其君自行而不討其乏明厎其情厎致也[厎]音旨○取備而已以爲禮也靈王之喪在襄二十九年我先君簡公在楚我先大夫印段實往敝邑之少卿也少年少也王吏不討恤所無也今大夫曰女盍從舊盍何不也○[女]音汝舊有豐有省不知所從從其豐則寡君幼弱是以不共從其省則吉在此矣唯大夫圖之晉人不能詰傳言大叔之敏吳子使徐人執掩餘使鍾吾人執燭庸二十七年奔故二公子奔楚楚子大封而定其徙大封與土田定其所徙之居使監馬尹大心逆吳公子使居養二子奔楚楚使逆之於竟也養卽所封之邑○[監]古銜反莠尹然左司馬沈尹戌城之城養取於城父與胡田以與之胡田故胡子之地將以害吳也子西諫曰吳光新得國而親其民視民如子辛苦同之將用之也若好吾邊疆使柔服焉猶懼其至柔服吾又彊其讎以重怒之無乃不可乎謂不與吳構怨○[好]呼報反吳周之胄裔也而弃在海濱不與姬通今而始大比于諸華光又甚文將自同於先王先王謂大王王季亦自西戎始比諸華不知天將以爲虐乎使翦喪吳國而封大異姓乎其抑亦將卒以祚吳乎其終不遠矣言其事行可知我盍姑億吾鬼神億安也而寧吾族姓以待其歸善惡之歸將焉用自播揚焉播揚猶勞動也○[焉]於虔反[播]彼我反又波賀反王弗聽吳子怒冬十二月吳子執鍾吾子遂伐徐防山以水之防壅山水以灌徐己卯滅徐徐子章禹斷其髮斷髮自刑示懼○[斷]丁緩反攜其夫人以逆吳子吳子唁而送之使其邇臣從之遂奔楚邇近也楚沈尹戌帥師救徐弗及遂城夷使徐子處之夷城父也吳子問於伍員曰初而言伐楚在二十年○[員]音云余知其可也而恐其使余往也又惡人之有余之功也今余將自有之矣伐楚何如對曰楚執

政衆而乖莫適任患若爲三師以肄焉肄猶勞也○〔惡〕去聲〔適〕音的〔任〕音壬〔肄〕以利反一師至彼必皆出彼出則歸彼歸則出楚必道敝罷敝於道○〔罷〕音皮亟肄以罷之亟數也○〔亟〕欺冀反多方以誤之既罷而後以三軍繼之必大克之闔廬從之楚於是乎始病爲定四年吳入楚傳

經三十有一年春王正月公在乾侯季孫意如會晉荀躒于適歷適歷晉地○〔躒〕音歷〔適〕音的夏四月丁巳薛伯穀卒襄二十五年盟重丘○〔重〕平聲晉侯使荀躒唁公于乾侯將使意如迎公故荀躒來唁秋葬薛獻公無傳冬黑肱以濫來奔黑肱邾大夫濫東海昌慮縣不書邾史闕文○〔濫〕力甘反或力暫反〔慮〕音閭又如字十有二月辛亥朔日有食之

傳三十一年春王正月公在乾侯言不能外內也公內不容於臣子外不容於齊晉所以久在乾侯晉侯將以師納公范獻子曰若召季孫而不來則信不臣矣然後伐之若何晉人召季孫獻子使私焉曰子必來我受其無咎言我爲子受無咎之任季孫意如會晉荀躒于適歷荀躒曰寡君使躒謂吾子何故出君有君不事周有常刑子其圖之季孫練冠麻衣跣行示憂慼○〔跣〕素典反伏而對曰事君臣之所不得也敢逃刑命言願事君君不肯還不敢辟罪君若以臣爲有罪請囚于費以待君之察也亦唯君若以先臣之故不絶季氏而賜之死雖賜以死不絶其後○〔費〕音秘若弗殺弗亡君之惠也死且不朽若得從君而歸則固臣之願也敢有異心君皆謂魯侯也蓋季孫探言罪己輕重以荅荀躒○〔探〕他南反夏四月季孫從知伯如乾侯知伯荀躒○〔知〕音智子家子曰君與之歸一慙之不忍而終身慙乎公曰諾衆曰在一言矣君必逐之言晉既憂君君一言使晉晉必逐之荀躒以晉侯之命唁公且曰寡君使躒以君命討於意如意如不敢逃死君其入也公曰君惠顧先君之好施及亡人將使歸糞除宗祧以事君則不能見夫人己所能見夫人者有如河夫人謂季孫也言若見季孫己當受禍明如河以自誓荀躒掩耳而走怪公所言示不忍聽曰寡君其罪之恐敢與知魯國之難言恐獲不納君之罪今納而不入何敢復知耶○〔與〕音預〔難〕乃旦反臣請復於寡君退而謂季孫君怒未怠子姑歸祭歸攝君事子家子曰君以一乘入于魯師季孫必與君歸公欲從之衆從者脅公不得歸傳言君弱不得復自在○〔乘〕繩證反〔從〕才用反薛伯穀卒同盟故書謂書名也入春秋來薛始書名故發傳經在荀躒唁公上傳在下者欲魯事相次秋吳人侵楚伐夷侵潛六皆楚邑楚沈尹戌帥師救潛吳師還楚師遷潛於南岡而還吳師圍弦左司馬戌右司馬稽帥師救弦及豫章左司馬沈尹戌○〔稽〕音啓又古兮反吳師還始用子胥之謀也謀在前年冬邾黑肱以濫來奔賤而書名重地故也黑肱非命卿故曰賤

君子曰：名之不可不慎也如是。是黑肱也。夫有所有名而不如其已。有所謂有地也。言雖有名不如無名。已，止也。以地叛，雖賤必書地，以名其人，終為不義，弗可滅已。是故君子動則思禮，行則思義，不為利回，回正心也。○不[爲]于僞反，下同。不為義疚，疚病也。見義則爲之。或求名而不得，或欲蓋而名章，懲不義也。齊豹為衛司寇，守嗣大夫，守先人嗣，言其尊。作而不義，其書為盜。求名而不得也。二十年，豹殺衛侯兄，欲求不畏彊禦之名。邾庶其，在襄二十一年。莒牟夷，在五年。邾黑肱以土地出，求食而已，不求其名，賤而必書。春秋叛者多，唯取三人來適魯者，三人皆小國大夫，故曰賤。此二物者，所以懲肆而去貪也。物，事也。肆，放也。齊豹書盜，懲肆也。三叛人名，去貪也。○[去]上聲。若艱難其身，身為艱難。以險危大人，大人，在位者。而有名章徹，謂得勇名。攻難之士將奔走之。攻猶作也。奔走猶赴趣也。○[難]去聲。若竊邑叛君以徼大利而無名，謂不書其人名。○[徼]音澆。貪冒之民將寘力焉。盡力爲之，不顧於見書。○[冒]亡北反，又亡報反。是以春秋書齊豹曰盜，三叛人名，以懲不義，數惡無禮，其善志也。無禮惡逆皆數而不志記事之善者也。○[數]所主反。故曰：春秋之稱微而顯，文微而義著。○[稱]尺證反。婉而辯。辭婉而旨別。○[別]彼列反。上之人能使昭明，上之人謂在位者。在位者能行其法。善人勸焉，淫人懼焉，是以君子貴之。非賤人所能。十二月辛亥朔，日有食之。是夜也，趙簡子夢童子羸而轉以歌。轉，宛轉也。○[羸]力果反。且占諸史墨，曰：吾夢如是，今而日食，何也？簡子夢適與日食會，謂咎在己，故問之。對曰：六年及此月也，吳其入郢乎，終亦弗克。史墨知夢非日食之應，故釋日食之咎，而不釋其夢。○[郢]以井反，又羊政反。入郢必以庚辰，庚日有變，日在辰尾，故曰以庚辰。定四年十一月庚辰，吳入郢。日月在辰尾，辰尾，龍尾也。周十二月，今之十月，日月合朔於辰尾而食。庚午之日，日始有謫，火勝金，故弗克。謫，變氣也。庚午，十月十九日，去辛亥朔四十一日，雖食在辛亥，更以始變為占也。午，南方，楚之位也。午，火；庚，金也。日以庚午有變，故災在楚。楚之仇敵唯吳，故知入郢必吳。火勝金者，金為火妃，食在辛亥，亥，水也。水數六，故六年也。○[謫]直革反。

經三十有二年春王正月，公在乾侯。取闞。無傳。公別居乾侯，遣人誘闞而取之，不用師徒。○[闞]口暫反。夏，吳伐越。秋七月。冬，仲孫何忌會晉韓不信、齊高張、宋仲幾、衛世叔申、鄭國參、曹人、莒人、薛人、杞人、小邾人城成周。世叔申，世叔儀孫也。國參，子產之子。不書盟，時公在外，未及告公，公已薨。○[參]七南反。十有二月己未，公薨于乾侯。十五日。

傳三十二年春王正月，公在乾侯，言不能外內，又不能用其人也。其人謂子家羈也。言公不能用其人，故於今猶在乾侯。夏，吳伐越，始用師於越也。自此之前，雖疆事小爭，未嘗用大兵。史墨曰：不及四十年，越其有吳乎。存亡之數不過三紀，歲星三周三十六歲，故曰不及四十年。哀二十二年，越滅吳，至此三十八歲。越得歲而吳伐之，必受其凶。此年歲在星紀，星紀，吳越之分也。歲星所在，其國有福，吳先用兵，故反受其殃。秋八月，王使富辛與石張如晉，請城成周。子朝之亂，其餘黨多在王城，敬王畏之，徙都成周。成周狹小，故請城。

之。天子曰。天降禍于周。俾我兄弟竝有亂心。以爲伯父憂。俾，使也。兄弟謂子朝也。伯父謂晉侯。我一二親暱甥舅不皇啓處。於今十年。謂二十三年，二師圍郊，至于今。○[暱]女乙反。勤戍五年。謂二十八年，晉籍秦致諸侯之戍，至于今。余一人無日忘之。念諸侯勞。閔閔焉如農夫之望歲。懼以待時。閔閔，憂貌。王憂亂，常閔閔冀望安定，如農夫之憂飢，冀望來歲之將熟。伯父若肆大惠。復二文之業。弛周室之憂。肆，展放也。二文，謂文侯仇、文公重耳。弛猶解也。徼文武之福。以固盟主。宣昭令名。則余一人有大願矣。昔成王合諸侯城成周。以爲東都。崇文德焉。作成周，遷殷民，以爲京師之東都，所以崇文王之德。○[徼]古堯反。今我欲徼福假靈于成王。脩成周之城。俾戍人無勤。諸侯用寧。蝥賊遠屏。晉之力也。蝥賊喻災害。○[蝥]亡侯反。其委諸伯父。使伯父實重圖之。俾我一人無徵怨于百姓。徵，召也。○[徵]張升反。而伯父有榮施。先王庸之。庸，功也。先王之靈，以爲大功。○[施]式豉反。范獻子謂魏獻子曰。與其戍周。不如城之。天子實云。云欲罷戍而城。雖有後事。晉勿與知可也。從王命以紓諸侯。晉國無憂。是之不務。而又焉從事。魏獻子曰。善。使伯音對。伯音，韓不信。○[與]音預。[紓]音舒。曰。天子有命。敢不奉承。以奔告於諸侯。遲速衰序。衰，差也。序，次也。○[衰]初危反。於是焉在。在周所命。冬十一月。晉魏舒韓不信如京師。合諸侯之大夫于狄泉。尋盟。且令城成周。尋平丘盟。魏子南面。居君位。衞彪傒曰。魏子必有大咎。干位以令大事。非其任也。彪傒，衞大夫。○[彪]彼蚪反。[傒]音兮。詩曰。敬天之怒。不敢戲豫。敬天之渝。不敢馳驅。詩大雅。戒王者言當敬畏天之譴怒，不可遊戲逸豫、馳驅自恣。渝，變也。況敢干位以作大事乎。己丑。士彌牟營成周。計丈數。計所當城之丈數也。揣高卑。度高曰揣。○[揣]丁果反，又初委反。度厚薄。仞溝洫。度深曰仞。物土方。議遠邇。物，相也。相取土之方面遠近之宜。○[相]息亮反。量事期。知事幾時畢。○[幾]居豈反，下同。計徒庸。知用幾人功。慮材用。知費幾材用。○[費]芳貴反。書餱糧。知用幾糧食。以令役於諸侯。屬役賦丈。付所當城尺丈。○[屬]之欲反。書以授帥。帥，諸侯之大夫。[帥]所類反。○而效諸劉子。效，致也。韓簡子臨之。以爲成命。臨履其事，以命諸侯，經所以不書魏舒。十二月。公疾。徧賜大夫。從公者。○[從]才用反，下同。大夫不受。賜子家子雙琥。琥，玉器。一環。一璧。輕服。細好之服。受之。大夫皆受其賜。己未。公薨。子家子反賜於府人。曰。吾不敢逆君命也。大夫皆反其賜。書曰。公薨于乾侯。言失其所也。不薨路寢，爲失所。趙簡子問於史墨曰。季氏出其君。而民服焉。諸侯與之。君死於外。而莫之或罪也。對曰。物生有兩。有三。有五。有陪貳。故天有三辰。謂有三。地有五行。謂有五。體有左右。謂有兩。各有妃耦。謂有陪貳。○[妃]音配。王有公。諸侯有卿。皆有貳也。天生季氏。以貳魯侯。爲日久矣。民之服焉。不亦宜乎。魯君世從其失。季氏世脩其勤。民忘君矣。雖死於外。其誰矜之。社稷無常奉，(奉之無常人，言唯德也。○[從]子用反。)君臣無常位，自古以然。(史墨言古今以實。)故詩曰：高岸爲谷，深谷爲陵。(詩小雅。言高下有變易。)三后之姓，於今爲庶，主所知也。(三后，虞、夏、商。)在易卦，雷乘乾曰大壯☳☰，(乾下震上，大壯。震在乾上，故曰雷乘乾。)天之道也。(乾爲天子，震爲諸侯，而在乾上，君臣易位，猶臣大强壯，若天上有雷。)昔成季友，桓之季也，文姜之愛子也。始震而卜，卜人謁之，曰：生有嘉聞，(嘉名聞於世。○[震]如字，一音身。[聞]音問。)其名曰友，爲公室輔。及生，如卜人之言，有文在其手曰友，遂以名之。既而有大功於魯，(立僖公。○[名]之，武政反。)受費以爲上卿，至於文子、武子，(文子，行父。武子，宿。○[費]音祕。)世增其業，不廢舊績。魯文公薨，而東門遂殺適立庶，魯君於是乎失國，(失國權。)政在季氏，於此君也四公矣。民不知君，何以得國？是以爲君，慎器與名，不可以假人。(器，車服。名，爵號。)

春秋經傳集解昭公七第二十六

春秋經傳集解定公上第二十七

定公名宋，襄公之子，昭公之弟。謚法，安民大慮曰定。

杜氏註　盡七年

經元年春王公之始年而不書正月公即位在六月故三月，晉人執宋仲幾于京師。晉執人于天子之側而不以歸京師故但書其執不書所歸○[幾]音機夏六月癸亥，公之喪至自乾侯。告於廟故書至戊辰，公即位。定公不得以正月即位失其時故詳而日之記事之宜無義例秋七月癸巳，葬我君昭公。公在外薨故八月乃葬九月，大雩。無傳過也○[雩]音于立煬宮。煬公伯禽子也其廟已毀季氏禱之而立其宮書以譏之○[煬]羊讓反冬十月，隕霜殺菽。無傳周十月今八月隕霜殺菽非常之災○[菽]本又作叔

傳元年春王正月辛巳，晉魏舒合諸侯之大夫于狄泉，將以城成周。魏子涖政。涖臨也代天子大夫為政衛彪傒衛大夫曰：將建天子立天子之居而易位以令，非義也。大事奸義，必有大咎。晉不失諸侯，魏子其不免乎！是行也，魏獻子屬役於韓簡子及原壽過，簡子韓起孫不信也原壽過周大夫○[屬]之欲反[過]古禾反而田於大陸，焚焉，禹貢大陸在鉅鹿北嫌絕遠疑此田在汲郡吳澤荒蕪之地火田并見燒也爾雅廣平曰陸還，卒於甯。甯今脩武縣近吳澤范獻子去其柏椁，以其未復命而田也。范獻子代魏子為政去其柏椁示貶之○[去]起呂反孟懿子會城成周，不書公未即位庚寅，栽。栽設板築○[栽]才代反又音再宋仲幾不受功，曰：滕、薛、郳，吾役也。欲使三國代宋受功役也○[郳]五兮反小邾國薛宰曰：宋為無道，絕我小國於周，以我適楚，故我常從宋。晉文公為踐土之盟，在僖二十八年曰：凡我同盟，各復舊職。若從踐土，若從宋，亦唯命。仲幾曰：踐土固然。固曰從舊薛舊為宋役薛宰曰：薛之皇祖奚仲居薛，以為夏車正。皇大也奚仲為夏禹掌車服大夫奚仲遷于邳，邳下邳縣仲虺居薛，以為湯左相。仲虺奚仲之後若復舊職，將承王官，何故以役諸侯？承奉也仲幾曰：三代各異物，薛焉得有舊？言居周世不得以夏殷為舊為宋役，亦其職也。士彌牟曰：晉之從政者新，言范獻子新為政未習故事子姑受功，歸吾視諸故府。求故事仲幾曰：縱子忘之，山川鬼神其忘諸乎？山川鬼神盟所告士伯怒，謂韓簡子曰：薛徵於人，典籍故事人所知也宋徵於鬼，取證於鬼神宋罪大矣。且己無辭而抑我以神，誣我也。啓寵納侮，開寵過分則納受侵侮其此之謂矣。必以仲幾為戮。乃執仲幾以歸。三月，歸諸京師。知以歸不可故復歸之京師城三旬而畢，乃歸諸侯之戍。齊高張後，不從諸侯。後期不及諸侯之役晉女叔寬曰：周萇弘、齊高張皆將不免。叔寬女寬也○[萇]直良反萇叔違天，高子違人。天既厭周德萇弘欲遷都以延其祚故曰違天諸侯相帥以崇天子而高子後期故曰違人天之所壞，不可支也；衆之所為，不可奸也。為哀三年周人殺萇弘六年高張來奔[illegible]夏，叔孫成子逆公之喪于乾侯。成子叔孫婼之子季孫曰：子家子亟言於我，未嘗不中吾志也。

吾欲與之從政，子必止之，且聽命焉。衆事皆諸問子家子。○〔惡〕去聲。子家子不見叔孫，易幾而哭。幾哭會也。不欲見叔孫，故朝夕哭不同會。叔孫請見子家子，子家子辭曰：「羈未得見，而從君以出，出時成子未爲卿。○〔羈〕居宜反。子家子名。得〔見〕音現。〔從〕才用反。下同。君不命而薨，羈不敢見。」言未受昭公之命，託辭以距叔孫。叔孫使告之曰：「公衍、公爲實使羣臣不得事君，二子始謀逐季氏。若公子宋主社稷，則羣臣之願也。宋，昭公弟，定公。凡從君出而可以入者，將唯子是聽。子家氏未有後，季孫願與子從政，此皆季孫之願也，使不敢以告。」不敢，叔孫成子名。對曰：「若立君，則有卿士、大夫與守龜在，羈弗敢知。若從君者，則貌而出者，入可也；貌出，謂以義從公，與季氏無讐怨。○〔守〕手又反。寇而出者，行可也。與季氏爲寇讎者自可去。若羈也，則君知其出也，君，昭公。而未知其入也，羈將逃也。」喪及壞隤，公子宋先入，從公者皆自壞隤反。出奔。○〔壞〕音懷，又去聲。〔隤〕音頹。六月癸亥，公之喪至自乾侯。戊辰，公即位。諸侯薨五日而殯，殯則嗣子即位。癸亥，昭公喪至，五日殯於宮，定公乃即位。季孫使役如闞公氏，將溝焉。闞，魯羣公墓所在也。季孫惡昭公，欲溝絶其兆域，不使與先君同。○〔闞〕口暫反。〔惡〕去聲，又如字。榮駕鵝曰：「生不能事，死又離之，以自旌也。駕鵝，魯大夫榮成伯也。旌，章也。○〔駕〕音加。〔鵝〕五何反。縱子忍之，後必或恥之。」乃止。季孫問於榮駕鵝曰：「吾欲爲君謚，使子孫知之。」爲惡謚。對曰：「生弗能事，死又惡之，以自信也。將焉用之？」乃止。秋七月癸巳，葬昭公於墓道南。孔子之爲司寇也，溝而合諸墓。明臣無貶君之義。○〔惡〕如字，又去聲。昭公出故，季平子禱于煬公。九月，立煬宮。平子逐君，懼而請禱於煬公。昭公死於外，自以爲獲福，故立其宮。周鞏簡公弃其子弟，而好用遠人。簡公，周卿士。遠人，異族也。爲明年鞏氏賊簡公張本。○〔好〕去聲。

經二年春王正月。夏五月壬辰，雉門及兩觀災。無傳。雉門，公宮之南門。兩觀，闕也。天火曰災。○〔觀〕古亂反。秋，楚人伐吳。囊瓦稱人，見誘以敗軍。冬十月，新作雉門及兩觀。無傳。

傳二年夏四月辛酉，鞏氏之羣子弟賊簡公。傳言弃親用疏所以敗也。桐叛楚。桐，小國。廬江舒縣西南有桐鄉。吳子使舒鳩氏誘楚人，舒鳩，楚屬國。曰：「以師臨我，教舒鳩誘楚，使以師臨吳。我伐桐，爲我使之無忌。」吳伐桐也，爲若畏楚師之臨己而爲伐其叛國以取媚者也，欲使楚不忌吳，所謂多方以誤之。○〔爲〕我于僞反，下同。秋，楚囊瓦伐吳，師于豫章。從舒鳩言。吳人見舟于豫章，僞將爲楚伐桐。○〔見〕賢遍反。而潛師于巢。實欲以擊楚。冬十月，吳軍楚師于豫章，敗之。楚不忌故。遂圍巢，克之，獲楚公子繁。繁，守巢大夫。邾莊公與夷射姑飲酒，私出。射姑，邾大夫。出辟酒。○〔射〕音亦，一音夜。閽乞肉焉，奪之杖以敲之。奪閽杖以敲閽頭也。爲明年邾子卒傳。○〔敲〕苦孝反，又苦學反，又口交反。

經三年春王正月，公如晉，至河乃復。無傳。二月辛卯，邾子穿卒。再同盟。夏四月。秋，葬邾莊公。六月乃葬，緩。冬，仲孫何忌及邾子盟于拔。拔，地闕。○〔拔〕皮八反。

傳三年春二月辛卯，邾子在門臺，門上有臺。臨廷。閽以缾水沃廷，邾子望見之，怒。閽曰：「夷射姑旋焉。」旋，小便。命執之，見其不潔，執射姑。弗得，滋怒，自投于牀，廢于鑪炭，爛，遂卒。廢，隋也。○〔鑪〕力吳反。〔隋〕徒火反。先葬以車五乘，殉五人。欲藏中之潔，故先內車及殉，別爲便房，蓋其遺命。○〔先〕悉薦反，又如字。〔藏〕才浪反。莊公卞急而好潔，故及是。卞，躁疾也。

秋九月，鮮虞人敗晉師于平中，平中，晉地。獲晉觀虎，恃其勇也。爲五年士鞅圍鮮虞張本。

冬，盟于郯，郯，卽拔也。脩邾好也。公卽位，故脩好。

蔡昭侯爲兩佩與兩裘，佩，佩玉也。以如楚，獻一佩一裘於昭王。昭王服之，以享蔡侯。蔡侯亦服其一。子常欲之，弗與。三年止之。唐成公如楚，有兩肅爽馬，子常欲之。○成公，唐惠侯之後。肅爽，駿馬名。○〔肅〕如字，又所六反。〔爽〕音霜。弗與，亦三年止之。唐人或相與謀，請代先從者，許之。飲先從者酒，醉之，竊馬而獻之子常。子常歸唐侯。自拘於司敗，竊馬者自拘。○〔從〕才用反。〔飲〕於鴆反。曰：「君以弄馬之故，隱君身，隱，憂約也。弃國家。羣臣請相夫人以償馬，必如之。」相，助也。夫人，謂養馬者。○〔相〕息亮反。〔夫〕音扶。唐侯曰：「寡人之過也。二三子無辱。」皆賞之。蔡人聞之，固請，而獻佩于子常。子常朝，見蔡侯之徒，命有司曰：「蔡君之久也，官不共也。言楚所以禮遣蔡侯之物不共備故。○〔共〕音恭。明日禮不畢，將死。」遣蔡侯之禮。蔡侯歸，及漢，執玉而沈，曰：「余所有濟漢而南者，有若大川。」自誓言若復渡漢，當受禍，明如大川。○〔沈〕音鴆。蔡侯如晉，以其子元與其大夫之子爲質焉，而請伐楚。爲明年會召陵張本。

經四年春王二月癸巳，陳侯吳卒。無傳。未同盟而赴以名。癸巳，正月七日，書二月，從赴。三月，公會劉子、晉侯、宋公、蔡侯、衛侯、陳子、鄭伯、許男、曹伯、莒子、邾子、頓子、胡子、滕子、薛伯、杞伯、小邾子、齊國夏于召陵，侵楚。於召陵先行會禮，入楚竟，故書侵。夏四月庚辰，蔡公孫姓帥師滅沈，以沈子嘉歸，殺之。五月，公及諸侯盟于皐鼬。召陵會劉子，諸侯總言之也。繁昌縣東南有城皐亭。復稱公者，會盟異處故。○〔姓〕音生。〔鼬〕由又反。杞伯成卒于會。無傳。六月，葬陳惠公。無傳。許遷于容城。無傳。秋七月，公至自會。無傳。劉卷卒。無傳。卽劉蚠也。劉子奉命出盟召陵，一死則天王爲告同盟，故不具爵。○〔卷〕音權，一眷免反。〔蚠〕扶粉反。葬杞悼公。無傳。楚人圍蔡。不服故也。晉士鞅、衛孔圉帥師伐鮮虞。無傳。孔圉，孔羈孫。士鞅，卽范鞅。葬劉文公。無傳。冬十有一月庚午，蔡侯以吳子及楚人戰于柏舉，楚師敗績。師能左右之曰以。皆陳曰戰，大崩曰敗績。吳爲蔡討楚，從蔡計謀，故書蔡侯以吳子，言能左右之也。囊瓦稱人，貪以致敗，不能死難，罪賤之。柏舉，楚地。昭三十一年傳曰「六年十二月庚辰，吳其入郢」，今以十一月者，并數閏。○〔陳〕直覲反。楚囊瓦出奔鄭。書名，惡之。○〔惡〕烏路反。○庚辰，吳入郢。弗地曰入。吳不稱子，史略文。

傳四年春三月，劉文公合諸侯于召陵，謀伐楚也。文公，王官伯也。晉人假王命以討楚之久留蔡侯，故曰文公合諸侯。晉荀寅求貨於蔡侯，弗得言於范獻子曰國家方危諸侯方貳將以襲敵不亦難乎水潦方降疾瘧方起中山不服中山鮮虞棄盟取怨無損於楚晉楚同盟伐之爲取怨而失中山不如辭蔡侯吾自方城以來楚未可以得志晉敗楚侵方城在襄十六年祇取勤焉乃辭蔡侯晉人假羽旄於鄭鄭人與之析羽爲旌王者游車之所建鄭私有之因謂之羽旄借觀之○旄音支明日或旆以會或賤者也繼旐曰旆令賤人施其旆執以從會示卑鄭○旆步貝反令力呈反晉於是乎失諸侯傳言晉無禮所以遂弱將會衛子行敬子言於靈公子行敬子衛大夫曰會同難難得宜嘖有煩言莫之治也嘖至也煩言忿爭○嘖仕責反一音責其使祝佗從祝佗大祝子魚○佗徒何反從才用反公曰善乃使子魚子魚辭曰臣展四體以率舊職猶懼不給而煩刑書若又共二共二職共音恭○徼大罪也且夫祝社稷之常隸也隸賤臣也社稷不動祝不出竟官之制也社稷動謂國遷君以軍行祓社釁鼓師出先有事祓禱於社謂之宜社於是殺牲以血塗鼓鼙爲釁鼓○祓音弗又音廢祝奉以從奉社主也○從如字又才用反於是乎出竟若嘉好之事謂朝會○好呼報反君行師從二千五百人卿行旅從五百人臣無事焉公曰行也及臯鼬將盟將長蔡於衛欲令蔡先衛歃○長丁丈反先悉薦反下先衛同衛侯使祝佗私於萇弘曰聞諸道路不知信否若聞蔡將先衛信乎萇弘曰信蔡叔康叔之兄也蔡叔周公兄康叔周公弟先衛不亦可乎子魚曰以先王觀之則尚德也昔武王克商成王定之選建明德以藩屏周故周公相王室以尹天下尹正也於周爲睦睦親厚也以盛德見親厚分魯公以大路大旂魯公伯禽也此大路金路錫同姓諸侯車也交龍爲旂周禮同姓以封○分扶問反下並同夏后氏之璜璜美玉名封父之繁弱封父古諸侯也繁弱大弓名○繁扶元反殷民六族條氏徐氏蕭氏索氏長勺氏尾勺氏使帥其宗氏輯其分族將其類醜醜衆也○索素各反勺市灼反輯音集又音緝以法則周公用即命于周即就也使六族就周受周公之法制是使之職事于魯共魯公之職事以昭周公之明德昭顯也分之土田陪敦陪增也敦厚也○陪步回反祝宗卜史大祝宗人大卜大史凡四官備物典策典策春秋之制官司彝器官司百官也彝器常用器因商奄之民商奄國名也與四國流言或迸散在魯皆令即屬魯懷柔之○迸彼諍反命以伯禽伯禽周公世子時周公唯遣伯禽之國故皆以付伯禽而封於少皡之虛少皡虛曲阜也在魯城內○虛起居反分康叔康叔衛之祖以大路少帛綪茷旃旌少帛雜帛也綪茷大赤取染草名也通帛爲旃析羽爲旌○綪七見反茷步貝反又音吠大呂鐘名殷民七族陶氏施氏繁氏錡氏樊氏饑氏終葵氏封畛土略自武父以南及圃田之北竟畛塗所徑也略界也武父衛北界圃田鄭藪名○繁步何反錡魚綺反畛之忍反一田音真徑音經取於有閻之土以共王職有閻衛所受朝宿邑蓋近京畿取於相土之東都以會王之東蒐爲湯沐邑王東巡守以助祭泰山○相息亮反聃季授土聃季周公弟司空○聃乃甘反陶叔授民陶叔司徒命以康誥

而封於殷虛。康誥，周書。殷虛，朝歌也。皆啓以商政，疆以周索。皆魯衛也。啓，開也。居殷故地，因其風俗，開用其政。疆理土地以周法。索，法也。分唐叔。唐叔，晉之祖。以大路、密須之鼓、密須國名。闕鞏、甲名。○〔鞏〕九勇反。沽洗，鐘名。○〔洗〕息典反。懷姓九宗，職官五正。懷姓，唐之餘民。九宗，一姓爲九族。職官五正，五官之長。○〔長〕丁丈反。下長衛同。命以唐誥，而封於夏虛。唐誥，誥命篇名也。夏虛，大夏，今大原晉陽也。啓以夏政，亦因夏風俗，開用其政。疆以戎索。大原近戎而寒，不與中國同，故自以戎法。三者皆叔也，而有令德，故昭之以分物。不然，文武成康之伯猶多，而不獲是分也，唯不尚年也。管蔡啓商，惎閒王室。惎，毒也。周公攝政，管叔、蔡叔開道紂子祿父以毒亂王室。○〔惎〕音忌。〔閒〕去聲。王於是乎殺管叔而蔡蔡叔，周公稱王命以討二叔。蔡，放也。○〔蔡〕上素達反。下如字。以車七乘，徒七十人。與蔡叔車徒而放之。其子蔡仲改行帥德，周公舉之，以爲己卿士。爲周公臣。見諸王而命之以蔡。命爲蔡侯。〔見〕賢遍反。○其命書云：王曰：胡，無若爾考之違王命也。胡，蔡仲名。若之何其使蔡先衛也？武王之母弟八人，周公爲大宰，康叔爲司寇，聃季爲司空，五叔無官，豈尚年哉？五叔，管叔鮮、蔡叔度、成叔武、霍叔處、毛叔聃也。○〔先〕悉薦反。曹，文之昭也；文王子，與周公異母。○〔昭〕上饒反。晉，武之穆也。武王子。曹爲伯甸，非尚年也。以伯爵居甸服，言小。今將尚之，是反先王也。晉文公爲踐土之盟，衛成公不在，夷叔，其母弟也，猶先蔡。踐土、召陵二會，經書蔡在衛上，霸主以國大小之序也。子魚所言，盟歃之次。其載書云：王若曰：晉重、文公。○〔重〕直龍反。魯申、僖公。衛武、叔武。蔡甲午、莊侯。鄭捷、文公。齊潘、昭公。宋王臣、成公。○〔王〕如字。或作壬，如林反。莒期。茲丕公也。齊序鄭下，周之宗盟，異姓爲後。藏在周府，可覆視也。吾子欲復文武之略，略，道也。而不正其德，將如之何？萇弘說，告劉子，與范獻子謀之，乃長衛侯於盟。反，自召陵，鄭子大叔未至而卒。晉趙簡子爲之臨，甚哀，曰：黃父之會，在昭二十五年。○〔說〕音悅。〔臨〕力鴆反。夫子語我九言，曰：無始亂，無怙富，無恃寵，無違同，無敖禮，無驕能，以能驕人。○〔語〕魚據反。〔敖〕五報反。無復怒，復，重也。○〔復〕扶又反。無謀非德，非所謀也。無犯非義。傳言簡子能用善言，所以遂興。沈人不會于召陵，晉人使蔡伐之。夏，蔡滅沈。秋，楚爲沈故，圍蔡。伍員爲吳行人以謀楚。楚之殺郤宛也，在昭二十七年。○〔員〕音云。伯氏之族出。郤宛黨。伯州犂之孫嚭爲吳大宰以謀楚。楚自昭王即位，無歲不有吳師，蔡侯因之，以其子乾與其大夫之子爲質於吳。冬，蔡侯、吳子、唐侯伐楚。唐侯不書，兵屬於吳、蔡。○〔嚭〕普鄙反。舍舟于淮汭，吳乘舟從淮來，過蔡而舍之。○〔舍〕音赦，又音捨。自豫章與楚夾漢。豫章，漢東江北地名。左司馬戌謂子常曰：子沿漢而與之上下，沿，緣也。緣漢上下，遮使勿渡。我悉方城外以毀其舟，以方城外人毀吳所舍舟。還塞大隧、直轅、冥阸。三者，漢東之隘道。○〔冥〕如字。或作寘。〔阸〕於懈反。子濟漢而伐之，我自後擊之，必大敗之。既謀而行。武城黑謂子常曰：黑，楚武城大夫。吳用木也，我用革也，

（用軍器）不可久也不如速戰史皇謂子常楚人惡子而好司馬（史皇楚大夫司馬沈尹戌）若司馬毀吳舟于淮塞城口而入（城口三隘道之總名）是獨克吳也子必速戰不然不免乃濟漢而陳自小別至于大別（禹貢漢水至大別南入江然則此二別在江夏界○〔陳〕直覲反下陳于同）三戰子常知不可欲奔（知吳不可勝）史皇曰安求其事（求知政事）難而逃之將何所入子必死之初罪必盡說（言致死以克吳可以免貪賄致寇之罪○〔難〕乃旦反）十一月庚午二師陳于柏舉（經所以書戰二師吳楚師）闔廬之弟夫槩王晨請於闔廬曰楚瓦不仁（子瓦常名）其臣莫有死志先伐之其卒必奔而後大師繼之必克弗許夫槩王曰所謂臣義而行不待命者其此之謂也今日我死楚可入也以其屬五千先擊子常之卒子常之卒奔楚師亂吳師大敗之子常奔鄭史皇以其乘廣死（以戰死○〔乘〕繩證反〔廣〕古曠反）吳從楚師及清發（清發水名）將擊之夫槩王曰困獸猶鬬況人乎若知不免而致死必敗我若使先濟者知免後者慕之蔑有鬬心矣半濟而後可擊也從之又敗之楚人爲食吳人及之奔食而從之敗諸雍澨五戰及郢（奔食食者走不陳故不在戰數○〔澨〕市制反）己卯楚子取其妹季芈畀我以出涉雎（雎水出新城昌魏縣東南至枝江縣入江是楚王西走○〔芈〕面爾反楚姓季芈畀我皆平王女也一云畀我季芈之字〔雎〕七餘反下同）鍼尹固與王同舟王使執燧象以奔吳師（燒火燧繫象尾使赴吳師驚却之○〔鍼〕之林反）庚辰吳入郢以班處宮（以尊卑班次處楚王宮室）子山處令尹之宮（子山吳王子）夫槩王欲攻之懼而去之夫槩王入之（入令尹宮也言吳無禮所以不能遂克）左司馬戌及息而還（息汝南新息也聞楚敗故還）敗吳師于雍澨傷（司馬先敗吳師而身被創○〔創〕初良反）初司馬臣闔廬故恥爲禽焉（司馬嘗在吳爲闔廬臣是以今恥於見禽）謂其臣曰誰能免吾首吳句卑曰臣賤可乎司馬曰我實失子可哉（失不知子賢○〔句〕古侯反）三戰皆傷曰吾不可用也已句卑布裳剄而裹之（司馬已死剄取其首○〔剄〕古頂反）藏其身而以其首免（傳言司馬之忠壯）楚子涉雎濟江入于雲中（入雲夢澤中所謂江南之夢○〔夢〕如字又音蒙）王寢盜攻之以戈擊王王孫由于以背受之中肩王奔鄖鍾建負季芈以從（鍾建楚大夫○〔鄖〕音云〔從〕才用反一如字）由于徐蘇而從（以背受戈故當時悶絶）鄖公辛之弟懷將弒王曰平王殺吾父我殺其子不亦可乎（辛蔓成然之子鬬辛也昭十四年楚平王殺成然○〔殺〕如字又申志反下同）辛曰君討臣誰敢讎之君命天也若死天命將誰讎詩曰柔亦不茹剛亦不吐不侮矜寡不畏彊禦唯仁者能之（詩大雅言仲山甫不辟彊陵弱○〔茹〕音汝〔矜〕古頑反）違彊陵弱非勇也乘人之約非仁也滅宗廢祀非孝也（弒君罪應滅宗）動無令名非知也必犯是余將殺女鬬辛與其弟巢以王奔隨吳人從之謂隨人曰周之子孫在漢川

者楚實盡之天誘其衷致罰於楚而君又竄之竄匿也。○〔知〕音智。〔女〕音汝。周室何罪君若顧報周室施及寡人以獎天衷獎成也。○〔施〕以豉反。君之惠也漢陽之田君實有之楚子在公宮之北隨公宮也。吳人在其南子期似王子期，昭王兄公子結也。逃王而己爲王曰以我與之王必免隨人卜與之不吉乃辭吳曰以隨之辟小而密邇於楚楚實存之世有盟誓至于今未改若難而弃之何以事君執事之患不唯一人一人，楚王。○〔辟〕音僻。〔難〕去聲。若鳩楚竟敢不聽命吳人乃退鳩，安集也。○〔竟〕音境。鑪金初宦於子期氏實與隨人要言要言無以楚王與吳，并欲脫子期。○〔鑪〕又作鑢，金名。音慮。王使見王喜其意，欲引見之，以比王臣，且欲使盟隨人。○〔見〕音現。辭曰不敢以約爲利此約謂要言也。此一時之事，非爲德舉，故辭不敢見，亦不肯爲盟主。○〔約〕如字，又於妙反。王割子期之心以與隨人盟當心前割取血以盟，示其至心。初伍員與申包胥友包胥，楚大夫。其亡也謂申包胥曰我必復楚國復，報也。申包胥曰勉之子能復之我必能興之及昭王在隨申包胥如秦乞師曰吳爲封豕長蛇以荐食上國荐，數也。言吳貪害如蛇豕。○〔荐〕在薦反。〔數〕音朔。虐始於楚寡君失守社稷越在草莽使下臣告急曰夷德無厭若鄰於君疆埸之患也吳有楚則與秦鄰。○〔莽〕莫蕩反。逮吳之未定君其取分焉與吳共分楚地。○取〔分〕扶問反。若楚之遂亡君之土也若以君靈撫之世以事君撫，存恤也。秦伯使辭焉曰寡人聞命矣子姑就館將圖而告對曰寡君越在草莽未獲所伏伏猶處也。下臣何敢卽安立依於庭牆而哭日夜不絕聲勺飲不入口七日秦哀公爲之賦無衣詩秦風。取其王于興師，脩我戈矛，與子同仇。與子偕作，與子偕行。○〔勺〕市灼反，又音灼。〔爲〕去聲。九頓首而坐無衣三章，章三頓首。秦師乃出爲明年包胥以秦師至張本。

經五年春王三月辛亥朔日有食之無傳。夏歸粟于蔡蔡爲楚所圍，飢乏，故魯歸之粟。於越入吳於，發聲也。六月丙申季孫意如卒秋七月壬子叔孫不敢卒無傳。冬晉士鞅帥師圍鮮虞

傳五年春王人殺子朝于楚因楚亂也。終閔馬父之言。夏歸粟于蔡以周亟矜無資亟，急也。越入吳吳在楚也六月季平子行東野東野，季氏邑。○〔行〕下孟反，下桓子行同。還未至丙申卒于房陽虎將以璵璠斂璵璠，美玉，君所佩。○〔璵〕音餘。〔璠〕音煩，又方煩反。仲梁懷弗與懷亦季氏家臣。曰改步改玉昭公之出，季孫行君事，佩璵璠祭宗廟。今定公立，復臣位，改君步，則亦當去璵璠。○〔去〕起呂反。陽虎欲逐之告公山不狃不狃曰彼爲君也子何怨焉不狃，季氏臣，費宰子洩也。爲君不欲使僭。○〔爲〕于僞反。既葬桓子行東野桓子，意如子季孫斯。及費子洩爲費宰逆勞於郊桓子敬之勞仲梁懷仲梁懷弗敬懷時從桓子行，輕慢子洩。○〔勞〕力報反，下同。子洩怒謂陽虎子行之乎行逐懷也。爲下陽虎囚桓子起。申

包胥以秦師至。秦子蒲、子虎帥車五百乘以救楚。五百乘，三萬七千五百人。子蒲曰：「吾未知吳道。」道猶法術。使楚人先與吳人戰，而自稷會之，大敗夫槩王于沂。稷、沂皆楚地。吳人獲薳射於柏舉，薳射，楚大夫。○〔射〕食亦反，又食夜反。其子帥奔徒奔徒，楚散卒。以從子西，敗吳師於軍祥。楚地。秋七月，子期、子蒲滅唐。唐從吳伐楚故。九月，夫槩王歸，自立也。以與王戰而敗，自立爲吳王，號夫槩。奔楚，爲堂谿氏。傳終言之。吳師敗楚師于雍澨，秦師又敗吳師。吳師居麇，麇，地名。○〔麇〕九倫反。子期將焚之，子西曰：「父兄親暴骨焉，不能收，又焚之，不可。」前年楚人與吳戰，多死麇中，言不可并焚。○〔暴〕步卜反。子期曰：「國亡矣！死者若有知也，可以歆舊祀，言焚吳復楚，則祭祀不廢。豈憚焚之？」焚之，而又戰，吳師敗。又戰于公壻之谿，楚地名。吳師大敗，吳子乃歸。囚闉輿罷，闉輿罷請先，遂逃歸。闉輿罷，楚大夫。請先至吳，而逃歸。言吳唯得楚一大夫，復失之，所以不克。○〔闉〕音因。〔輿〕音餘，又羊汝反。〔罷〕音皮。葉公諸梁之弟后臧從其母於吳，不待而歸。諸梁，司馬沈尹戌之子葉公子高也。吳入楚，獲后臧之母。楚定，臧棄母而歸。○〔葉〕舒涉反。〔從〕如字，又才用反。葉公終不正視。不義之。乙亥，陽虎囚季桓子及公父文伯，文伯，季桓子從父昆弟也。陽虎欲爲亂，恐二子不從，故囚之。而逐仲梁懷。冬十月丁亥，殺公何藐。藐，季氏族。○〔藐〕亡角反，又彌小反。己丑，盟桓子于稷門之內。魯南城門。庚寅，大詛，逐公父歜及秦遄，皆奔齊。歜即文伯也。秦遄，平子姑壻也。傳言季氏之亂。○〔詛〕莊慮反。〔歜〕昌欲反。〔遄〕市專反。

楚子入于郢。吳師已歸。初，鬭辛聞吳人之爭宮也，曰：「吾聞之，不讓則不和，不和不可以遠征。吳爭於楚，必有亂。有亂則必歸，焉能定楚？」王之奔隨也，將涉於成臼，江夏竟陵縣有臼水，出聊屈山，西南入漢。○〔屈〕其勿反，又君勿反。藍尹亹涉其帑，亹，楚大夫。○〔亹〕亡匪反。〔帑〕音奴。不與王舟。及寧，王欲殺之。寧，安定也。子西曰：「子常唯思舊怨以敗，君何效焉？」王曰：「善。使復其所，吾以志前惡。」惡，過也。王賞鬭辛、王孫由于、王孫圉、鍾建、鬭巢、申包胥、王孫賈、宋木、鬭懷。九子皆從王，有大功者。子西曰：「請舍懷也。」以初謀弑王也。○〔舍〕音捨，又音赦。王曰：「大德滅小怨，道也。」終從其兄免王，大難，是大德。申包胥曰：「吾爲君也，非爲身也。君既定矣，又何求？且吾尤子旗，其又爲諸？」子旗，蔓成然也。以有德於平王，求欲無厭，平王殺之，在昭十四年。○〔爲〕君、〔爲〕身，于僞反。遂逃賞。王將嫁季芈，季芈辭曰：「所以爲女子，遠丈夫也。鍾建負我矣。」以妻鍾建，以爲樂尹。司樂大夫。○〔遠〕于萬反。〔妻〕七計反。王之在隨也，子西爲王輿服以保路，國于脾洩。脾洩，楚邑也。失王，恐國人潰散，故僞爲王車服，立國脾洩，以保安道路人。聞王所在，而後從王。王使由于城麇，於麇築城。復命，子西問高厚焉，弗知。子西曰：「不能，如辭。言自知不能，當辭勿行。城不知高厚小大，何知？」對曰：「固辭不能，子使余也。人各有能有不能。王遇盜於雲中，余受其戈，其所猶在。」袒而示之背，曰：「此余所能也。脾洩之事，余亦弗能也。傳言昭王所以復國，有賢臣也。○〔袒〕音但。晉士鞅圍鮮虞。報觀虎之役也。三年，鮮虞獲晉觀虎。

經。六年。春。王正月。癸亥。鄭游速帥師滅許。以許男斯歸。游速，大叔子。二月。公侵鄭。公至自侵鄭。無傳。夏。季孫斯。仲孫何忌如晉。秋。晉人執宋行人樂祁犂。稱行人，言非其罪。冬。城中城。無傳。公爲晉侵鄭，故懼而城之。季孫斯。仲孫忌帥師圍鄆。無傳。何忌不言何，闕文。鄆貳於齊，故圍之。

傳。六年。春。鄭滅許。因楚敗也。二月。公侵鄭。取匡。爲晉討鄭之伐胥靡也。胥靡，周地也。周儋翩因鄭人以作亂，鄭爲之伐胥靡，故晉使魯討之。匡，鄭地。取匡不書，歸之晉。○〔儋〕丁甘反。往不假道於衛。及還。陽虎使季孟自南門入。出自東門。陽虎將逐三桓，欲使得罪於鄰國。舍於豚澤。衛侯怒。使彌子瑕追之。彌子瑕，衛嬖大夫。公叔文子老矣。文子，公叔發。輦而如公。曰。尤人而效之。非禮也。昭公之難。君將以文之舒鼎。衛文公之鼎。成之昭兆。寶龜。定之鞶鑑。鞶帶而以鏡爲飾也。今西方羌胡猶然。古之遺服。○〔鞶〕步丹反。苟可以納之。擇用一焉。公子與二三臣之子。諸侯苟憂之。將以爲之質。爲質求納魯昭公。此羣臣之所聞也。今將以小忿蒙舊德。蒙，覆也。無乃不可乎。大姒之子。大姒，文王妃。唯周公康叔爲相睦也。而效小人以弃之。不亦誣乎。天將多陽虎之罪以斃之。君姑待之。若何。乃止。止不伐魯。夏。季桓子如晉。獻鄭俘也。獻此春取匡之俘。陽虎強使孟懿子往報夫人之幣。虎欲困辱三桓，并求媚於晉，故強使正卿報晉夫人之聘。晉人兼享之。賤魯，故不復兩設禮。明經所以不備書。孟孫立于房外。謂范獻子曰。陽虎若不能居魯而息肩於晉。所不以爲中軍司馬者。有如先君。稱先君以徵其言。若欲使晉必厚待之。獻子曰。寡君有官。將使其人。擇得其人。鞅何知焉。獻子謂簡子曰。魯人患陽虎矣。孟孫知其釁。以爲必適晉。故強爲之請。以取入焉。欲令晉人聞虎當逃走，故強設請託之辭，因此言以入晉，令晉素知之。○〔釁〕許靳反。〔爲〕之于僞反。四月。己丑。吳大子終纍敗楚舟師。終纍，闔廬子，夫差兄。舟師，水戰。○〔纍〕力追反，又力軌反。〔夫〕音扶。〔差〕初佳反。獲潘子臣。小惟子。二子，楚舟師之帥。及大夫七人。楚國大惕。懼亡。子期又以陵師敗于繁揚。陵師，陸軍。令尹子西喜曰。乃今可爲矣。言知懼而後可治。於是乎遷郢於鄀。而改紀其政。以定楚國。傳言楚賴子西以安。○〔鄀〕音若。周儋翩率王子朝之徒。因鄭人將作亂于周。儋翩，子朝餘黨。鄭於是乎伐馮。滑。胥靡。負黍。狐人。闕外。鄭伐周六邑。在魯伐鄭取匡前，於此見者，爲成周起也。陽城縣西南有負黍亭。○〔見〕賢遍反。下同。六月。晉閻沒戍周。且城胥靡。爲下天王出居姑蕕起。秋。八月。宋樂祁言於景公曰。諸侯唯我事晉。今使不往。晉其憾矣。樂祁告其宰陳寅。以與公言告之。○〔使〕去聲。陳寅曰。必使子往。他日。公謂樂祁曰。唯寡人說子之言。子必往。陳寅曰。子立後而行。吾室亦不亡。寅知晉政多門，往必有難。

故使樂祁立後而行。○[說]音悅。唯君亦以我爲知難而行也。見溷而行。溷，樂祁子也。見於君，立以爲後。○[溷]侯溫反，又侯困反。趙簡子逆而飲之酒於緜上，獻楊楯六十於簡子。楊，木名。○[楯]食允反，又音允。陳寅曰：「昔吾主范氏，今子主趙氏，又有納焉，以楊楯賈禍，弗可爲也已。知范氏必怨，將得禍。○[賈]音古。然子死晉國，子孫必得志於宋。」以其爲國死。范獻子言於晉侯曰：「以君命越疆而使，未致使而私飲酒，不敬二君，不可不討也。」乃執樂祁。獻子怒祁比趙氏，經所以稱行人。

陽虎又盟公及三桓於周社，盟國人于亳社，詛于五父之衢。傳言三桓微，陪臣專政。爲八年陽虎作亂起。

冬十二月，天王處于姑蕕，姑蕕，周地。辟儋翩之亂也。爲明年單劉逆王起。

經七年春王正月。夏四月。秋，齊侯、鄭伯盟于鹹。衛地。齊人執衛行人北宮結以侵衛。稱行人，非使人之罪。齊侯、衛侯盟于沙。結叛晉也。陽平元城縣東南有沙亭。大雩。無傳。過也。齊國夏帥師伐我西鄙。國夏，國佐孫。九月，大雩。無傳。過也。冬十月。

傳七年春二月，周儋翩入于儀栗以叛。儀栗，周邑。齊人歸鄆、陽關，陽虎居之以爲政。鄆、陽關皆魯邑，中貳於齊，今歸之。不書，虎專之。○[中]丁仲反。

夏四月，單武公、穆公子。劉桓公文公子。敗尹氏于窮谷。尹氏，儋翩黨，共爲亂也。

秋，齊侯、鄭伯盟于鹹，徵會于衛。徵，召也。衛侯欲叛晉，屬齊、鄭也。諸大夫不可。使北宮結如齊，而私於齊侯曰：「執結以侵我。」欲以懼諸大夫。齊侯從之，乃盟于瑣。瑣，即沙也。爲明年涉佗捘衛侯手起。○[捘]子對反。

齊國夏伐我。齊叛晉故。陽虎御季桓子，公斂處父御孟懿子。處父，孟氏家臣，成宰。○[斂]力檢反，又音廉。將宵軍齊師。齊師聞之，墮伏而待之。墮其軍以誘敵而設伏兵。○[墮]許規反。處父曰：「虎不圖禍，而必死。」而，女也。○[女]音汝。苫夷曰：「虎陷二子於難，苫夷，季氏家臣。二子，季、孟。○[苫]始占反。不待有司，余必殺女。」虎懼，乃還，不敗。傳言陪臣强能自相制，季、孟不敢有心。

冬十一月戊午，單子、劉子逆王于慶氏。慶氏，守姑蕕大夫。晉籍秦送王。己巳，王入于王城，己巳，十二月五日。有日無月。館于公族黨氏，黨氏，周大夫。○[黨]音掌。而後朝于莊宮。莊王廟也。

春秋經傳集解定公上第二十七

春秋經傳集解定公下第二十八

杜氏註　盡十五年

經八年春王正月公侵齊報前年伐我西鄙公至自侵齊無傳二月公侵齊未得志故三月公至自侵齊無傳曹伯露卒無傳四年盟皐鼬○〔鼬〕由又反夏齊國夏帥師伐我西鄙公會晉師于瓦瓦衛地將來救魯公逆會之東郡燕縣東北有瓦亭公至自瓦無傳秋七月戊辰陳侯柳卒無傳四年盟皐鼬晉士鞅帥師侵鄭遂侵衛兩事故曰遂葬曹靖公無傳九月葬陳懷公無傳三月而葬速季孫斯仲孫何忌帥師侵衛冬衛侯鄭伯盟于曲濮無傳結叛晉曲濮衛地從祀先公從順也先公閔公僖公也將正二公之位次所順非一親盡故通言先公盜竊寶玉大弓盜謂陽虎也家臣賤名氏不見故曰盜寶玉夏后氏之璜大弓封父之繁弱○〔見〕賢遍反

傳八年春王正月公侵齊門于陽州攻其門士皆坐列言無鬭志曰顔高之弓六鈞顔高魯人三十斤爲鈞六鈞百八十斤古稱重故以爲異強○〔稱〕尺證反〔強〕其丈反皆取而傳觀之陽州人出顔高奪人弱弓籍丘子鉏擊之與一人俱斃子鉏齊人斃仆也偃且射子鉏中頰殪子鉏死○〔且〕如字〔射〕食亦反顔息射人中眉顔息魯人退曰我無勇吾志其目也以自矜師退冉猛僞傷足而先猛魯人欲先歸其兄會乃呼曰猛也殿會見師退而猛不在列乃大呼詐言猛在後爲殿傳言魯無軍政○〔呼〕火故反〔殿〕丁電反二月己丑單子伐穀城劉子伐儀栗討儋翩之黨穀城在河南縣西○〔單〕音善辛卯單子伐簡城劉子伐盂以定王室傳終王室之亂趙鞅言於晉侯曰諸侯唯宋事晉好逆其使猶懼不至今又執之是絶諸侯也將歸樂祁士鞅曰三年止之無故而歸之宋必叛晉執樂祁在六年○〔好〕〔使〕皆去聲獻子私謂子梁獻子范鞅子梁樂祁曰寡君懼不得事宋君是以止子子姑使溷代子溷樂祁子○〔溷〕侯温反又侯困反子梁以告陳寅陳寅曰宋將叛晉是弃溷也不如待之留待勿以子自代樂祁歸卒于大行大行晉東南山○〔大〕音泰〔行〕戶郎反一音衡士鞅曰宋必叛不如止其尸以求成焉乃止諸州州晉地爲明年宋公使樂大心如晉張本公侵齊攻廩丘之郛郛郭也主人焚衝衝戰車或濡馬褐以救之馬褐馬衣遂毀之毀郛主人出師奔攻郛人少故遣後師走往助之陽虎僞不見冉猛者曰猛在此必敗陽州之役猛先歸言若在此必復敗○〔復〕扶又反猛逐之顧而無繼僞顛逐廩丘人虎曰盡客氣也言皆客氣非勇苫越生子將待事而名之苫越苫夷○〔苫〕式占反○陽州之役獲焉名之曰陽州欲自此僑如夏齊國夏高張伐我西鄙報上二侵晉士鞅趙鞅荀寅救我救不書齊師已去未入竟公會晉師于瓦范獻子執羔趙簡子中行文子皆執鴈魯於是始尚羔獻子士鞅也簡子趙鞅也中行文子荀寅也禮卿執羔大夫執鴈魯則同之今始知執羔之尊也卿不書禮不敵公史略之晉師將盟衛侯于鄟澤自瓦還就衛地盟○〔鄟〕音專又市轉反○趙簡子曰羣

臣誰敢盟衛君者。（前年衛叛晉屬齊，簡子意欲摧辱之。）涉佗、成何曰：我能盟之。（二子，晉大夫。）衛人請執牛耳。（盟禮，尊者涖牛耳，主次盟者。衛侯與晉大夫盟，自以當涖牛耳，故請。）成何曰：衛，吾温、原也，焉得視諸侯？（言衛小，可比晉縣，不得從諸侯禮。）將歃，涉佗捘衛侯之手，及捥。（捘，擠也。血至捥。○[歃]所洽反。[捘]子對反。[捥]烏喚反。[擠]子計反。）衛侯怒，王孫賈趨進，（賈，衛大夫。）曰：盟以信禮也。（信猶明也。）有如衛君，其敢不唯禮是事而受此盟也。（言晉無禮，不欲受其盟。）衛侯欲叛晉，而患諸大夫。王孫賈使次于郊。大夫問故。（問不入故。）公以晉詬語之。（詬，恥也。○[詬]呼豆反。[語]魚據反。）且曰：寡人辱社稷，其改卜嗣，寡人從焉。（使改卜他公子，以嗣先君。我從大夫所立。）大夫曰：是衛之禍，豈君之過也？公曰：又有患焉，謂寡人必以而子與大夫之子爲質。（爲質於晉。）大夫曰：苟有益也，公子則往，羣臣之子敢不皆負羈紲以從。將行，王孫賈曰：苟衛國有難，工商未嘗不爲患，使皆行而後可。（欲以激怒國人。○[紲]息列反。[從]才用反。）公以告大夫，乃皆將行之。行有日，（有期日。）公朝國人，使賈問焉，曰：若衛叛晉，晉五伐我，病何如矣？皆曰：五伐我，猶可以能戰。賈曰：然則如叛之，病而後質焉，何遲之有？乃叛晉。晉人請改盟，弗許。秋，晉士鞅會成桓公侵鄭，圍蟲牢，報伊闕也。（桓公，周卿士。不書，監帥不親侵也。六年鄭伐周闕外，晉爲周報之。○[監]古銜反。）遂侵衛。（討衛叛。）九月，師侵衛，晉故也。（魯爲晉討衛。）季寤、（季桓子之弟。）公鉏

極、（公彌，曾孫，桓子族子。）公山不狃（費宰。）皆不得志於季氏。叔孫輒無寵於叔孫氏。（輒，叔孫氏之庶子。）叔仲志不得志於魯。（志，叔孫帶之孫。皆爲國人所薄。）故五人因陽虎。陽虎欲去三桓，以季寤更季氏。（代桓子。○[去]起呂反，下同。[更]音庚，舊古孟反。）以叔孫輒更叔孫氏。（代武叔。）己更孟氏。（陽虎自代懿子。）冬十月，順祀先公而祈焉。（將作大事，欲以順祀取媚。）辛卯，禘于僖公。（辛卯，十月二日。不於大廟者，順祀之義，當退僖公，懼於僖神，故於僖廟行順祀。）壬辰，將享季氏于蒲圃而殺之，戒都車曰：癸巳至。（都邑之兵車也。陽虎欲以壬辰夜殺季孫，明日癸巳以都車攻二家。○[圃]布五反。）成宰公斂處父告孟孫曰：季氏戒都車，何故？孟孫曰：吾弗聞。處父曰：然則亂也，必及於子。先備諸。與孟孫以壬辰爲期。（處父期以兵救孟氏。壬辰先癸巳一日。）陽虎前驅，林楚御桓子，虞人以鈹盾夾之，陽越殿。（越，陽虎從弟。○[鈹]普皮反。[盾]食允反，又音允。）將如蒲圃。桓子咋謂林楚，（咋，暫也。○[咋]仕詐反。）曰：而先皆季氏之良也，爾以是繼之。（欲使林楚免己於難，以繼其先人之良。）對曰：臣聞命後。（後猶晚也。）陽虎爲政，魯國服焉，違之徵死，死無益於主。桓子曰：何後之有？而能以我適孟氏乎？對曰：不敢愛死，懼不免主。桓子曰：往也。（言必往。）孟氏選圉人之壯者三百人，以爲公期築室於門外。（實欲以備難，不欲使人知，故僞築室公門外，因得聚衆。於期，孟氏支子。）林楚怒馬，及衢而騁。（騁，馳也。）陽越射之，不中。築者闔門。（季孫既得入，乃閉門。○[射]食亦反。）有自門間射陽

越殺之。陽虎劫公與武叔（武叔，叔孫不敢之子州仇也。）以伐孟氏。公斂處父帥成人自上東門入，（魯東城之北門。）與陽氏戰于南門之內，弗勝。又戰于棘下，（城內地名。）陽氏敗。陽虎說甲如公宮，取寶玉、大弓以出，舍于五父之衢，寢而爲食。其徒曰：追其將至。虎曰：魯人聞余出，喜於徵死，何暇追余。（徵，召也。陽虎召季氏於蒲圃，將殺之，今得脱，必喜，故言喜於召死。○［説］他活反。）從者曰：嘻。速駕，公斂陽在。（嘻，懼聲。）公斂陽請追之，孟孫弗許。（畏陽虎。）陽欲殺桓子，（欲因亂討季氏，以强孟氏。）孟孫懼而歸之。（不敢殺。）子言辨舍爵於季氏之廟而出。（子言，季寤。辨猶周徧也。徧告廟飲酒，示無懼。○［辨］音遍，［舍］如字。）陽虎入于讙、陽關以叛。（叛不書，略家臣。○［讙］音歡。）鄭駟歂嗣子大叔爲政。（歂，駟乞子，子然也。爲明年殺鄧析張本。○［歂］市專反。）

經九年春王正月。夏四月戊申，鄭伯蠆卒。（無傳。四年盟皐鼬。）得寶玉、大弓。（弓玉，國之分器，得之足以爲榮，失之足以爲辱，故重而書之。○［分］扶問反。）六月，葬鄭獻公。（無傳。三月而葬，速。）秋，齊侯、衛侯次于五氏。（五氏，晉地。不書伐者，諱伐盟主，以次告。）秦伯卒。（無傳。不書名，未同盟。）冬，葬秦哀公。（無傳。）

傳九年春，宋公使樂大心盟于晉，且逆樂祁之尸。辭，僞有疾，乃使向巢如晉盟，且逆子梁之尸。（巢，向戌曾孫。○［向］舒亮反。）子明謂桐門右師出，（子明，樂祁之子溷也。右師，樂大心，子明族父也。右師往到子明舍，子明逐使出門去。）曰：吾猶衰絰，而子擊鐘，何也。（怨其不逆父喪，因責其無同族之恩。）右師曰：喪不在此故也。既而告人曰：己衰絰而生子，余何故舍鐘。（己，子明也。○［舍］音捨。）子明聞之，怒，言於公曰：右師將不利戴氏。（樂氏，戴公族。）不肯適晉，將作亂也。不然無疾。乃逐桐門右師。（逐之在明年，終叔孫昭子之言。）鄭駟歂殺鄧析，而用其竹刑。（鄧析，鄭大夫，欲改鄭所鑄舊制，不受君命而私造刑法，書之於竹簡，故言竹刑。）君子謂子然於是不忠。苟有可以加於國家者，弃其邪可也。（加猶益也。弃不責其邪惡也。）靜女之三章，取彤管焉。（詩邶風也。言靜女三章之詩，雖說美女，義在彤管。彤管，赤管筆，女史記事規誨之所執。）竿旄何以告之，取其忠也。（詩鄘風也。錄竿旄詩者，取其中心願告人以善道也。言此二詩皆以一善見采，而鄧析不以一善存身。）故用其道，不弃其人。詩云：蔽芾甘棠，勿翦勿伐，召伯所茇。（詩召南也。召伯決訟於蔽芾小棠之下，詩人思之，不伐其樹。茇，草舍也。）思其人，猶愛其樹，況用其道而不恤其人乎。子然無以勸能矣。（傳言子然嗣大叔爲政，鄭所以衰弱。）夏，陽虎歸寶玉、大弓。（無益近用而祇爲名，故歸之。○［祇］音支。）書曰得，器用也。凡獲器用曰得，（器用者，謂物之成器可爲人用者也。）得用焉曰獲。（謂用器物以有獲，若麟爲田獲，俘爲戰獲。）六月，伐陽關。（討陽虎也。）陽虎使焚萊門。（陽關邑門。）師驚，犯之而出，奔齊，請師以伐魯，曰：三加必取之。（三加兵於魯。）齊侯將許之。鮑文子諫曰：臣嘗爲隸於施氏矣。（施氏，魯大夫。文子，鮑國也。成十七年，齊人召而立之，至今七十四歲，於是文子蓋九十餘矣。）魯未可取也。上下猶和，衆庶猶睦，能事大國，（大國，晉也。）而無天菑，若之何取之。陽虎欲勤齊師也。齊師罷，大臣必多死亡，己於是乎奮其詐謀。夫陽虎有寵於季氏。而將殺季孫。以不利魯國。而求容焉。求自容。〔罷〕音皮。○親富不親仁。君焉用之。君富於季氏。而大於魯國。茲陽虎所欲傾覆也。魯免其疾。而君又收之。無乃害乎。齊侯執陽虎。將東之。陽虎願東。陽虎欲西奔晉。知齊必反己。故詐以東為願。乃囚諸西鄙。盡借邑人之車。鍥其軸。麻約而歸之。鍥。刻也。欲絕追者。○〔鍥〕苦結反。載葱靈。寢於其中而逃。葱靈。輜車名。○〔葱〕初江反。或音忽。追而得之。囚於齊。又以葱靈逃。奔宋。遂奔晉。適趙氏。仲尼曰。趙氏其世有亂乎。受亂人故。秋。齊侯伐晉夷儀。為衛討也。敝無存之父將室之。辭。以與其弟。無存。齊人也。室之。為取婦。曰。此役也不死。反必娶於高國。高氏。國氏。齊貴族也。無存欲必有功。還取卿相之女。先登。求自門出。死於霤下。既入城。夷儀人不服。故鬭死於門屋霤下也。東郭書讓登。登城。非人所樂。故讓眾使後。而己先登。○〔樂〕如字。又五孝反。犂彌從之。曰。子讓而左。我讓而右。使登者絕而後下。恐書先下。故又譎以讓之。下入城也。書左。彌先下。書從彌言。左行。彌遂自先下。亦讓也。書與王猛息。戰訖共止息。猛曰。我先登。書斂甲。曰。曩者之難。今又難焉。斂甲。起欲擊猛。○〔曩〕乃黨反。嚮也。〔難〕乃旦反。猛笑曰。吾從子。如驂之靳。靳。車中馬也。猛不敢與書爭。言己從書。如驂馬之隨靳也。傳言齊御和。所以能克。○〔靳〕居覲反。晉車千乘在中牟。救夷儀也。今滎陽有中牟縣。迴遠。疑非也。衛侯將如五氏。齊侯在五氏。將往助之。卜過之。龜焦。衛至五氏。道過中牟。畏晉。故卜。龜焦。兆不成。不可以行事也。衛侯曰。可也。

衛車當其半。寡人當其半。敵矣。衛侯怒晉甚。不復顧卜。欲以身當五百乘。乃過中牟。中牟人欲伐之。衛褚師圃亡在中牟。曰。衛雖小。其君在焉。未可勝也。齊師克城而驕。其帥又賤。城。謂夷儀也。帥。謂東郭書。○〔褚〕中呂反。遇必敗之。不如從齊。乃伐齊師。敗之。獲齊車五百乘。事見哀十五年。齊侯致禚。媚。杏於衛。三邑皆齊西界。以答謝衛意。○〔禚〕諸若反。齊侯賞犂彌。犂彌辭。曰。有先登者。臣從之。晳幘而衣貍製。晳。白也。幘。齒上下相值。製。裘也。○〔幘〕音策。又音責。〔衣〕去聲。公使視東郭書。曰。乃夫子也。吾貺子。貺。賜也。公賞東郭書。辭曰。彼賓旅也。言彼與我若賓主。相讓。旅俱進退。乃賞犂彌。齊師之在夷儀也。齊侯謂夷儀人曰。得敝無存者。以五家免。給其五家。令常不共役事。乃得其尸。公三襚之。襚。衣也。比殯三加襚。深禮厚之。與之犀軒與直蓋。犀軒。卿車。直蓋。高蓋。而先歸之。坐引者。以師哭之。停喪車以盡哀也。君方為位而哭。故挽喪者不敢立。親推之三。齊侯自推喪車。輪三轉。○〔推〕如字。又他回反。

經。十年。春。王三月。及齊平。平前八年再侵齊之怨。夏。公會齊侯于夾谷。平故。○〔夾〕古洽反。又古協反。公至自夾谷。無傳。晉趙鞅帥師圍衛。齊人來歸鄆。讙。龜陰田。三邑皆汶陽田也。泰山博縣北有龜山。陰田在其北也。會夾谷。孔子相。齊人服義而歸魯田。○〔鄆〕音運。〔讙〕火官反。叔孫州仇。仲孫何忌帥師圍郈。郈。叔孫氏邑。○〔郈〕音后。秋。叔孫州仇。仲孫何忌帥師圍郈。宋樂大心出奔曹。傳在前年春。書名。罪其稱疾不適晉。宋公子

地出奔陳 貪弄馬以距君命書名罪之也 冬齊侯衛侯鄭游速會于安甫 無傳安甫地闕 叔孫州仇如齊 宋公之弟辰暨仲佗石彄出奔陳 暨與也宋公寵向魋不聽辰請辰忿而將大臣出奔虛請自忿稱弟示首惡也仲佗石彄皆爲國卿不能匡君靜難而爲辰所牽帥出奔稱名亦罪之也○[佗]徒何反[彄]苦侯反[魋]大回反[難]乃旦反[帥]音率

傳十年春及齊平 夏公會齊侯于祝其實夾谷 夾谷即祝其也 孔丘相 相會儀也 犂彌言於齊侯曰孔丘知禮而無勇若使萊人以兵劫魯侯必得志焉 萊人齊所滅萊夷也○[劫]居業反 齊侯從之 孔丘以公退曰士兵之 以兵擊萊人 兩君合好而裔夷之俘以兵亂之 裔遠也 非齊君所以命諸侯也裔不謀夏夷不亂華俘不干盟兵不偪好於神爲不祥 盟將告神犯之爲不祥 於德爲愆義於人爲失禮君必不然 齊侯聞之遽辟之 辟去萊兵也○[辟]婢亦反又音避[去]起呂反 將盟齊人加於載書曰齊師出竟而不以甲車三百乘從我者有如此盟 如此盟詛之禍 孔丘使茲無還揖對 無還魯大夫○[還]音旋 曰而不反我汶陽之田吾以共命者亦如之 須齊歸汶陽田乃當共齊命於是孔子以公退賤者終其事要盟不絜故略不書○[共]音恭[要]一遙反 齊侯將享公孔丘謂梁丘據曰齊魯之故吾子何不聞焉 故舊典 事既成矣 會事成 而又享之是勤執事也且犧象不出門嘉樂不野合 犧象酒器犧尊象尊也嘉樂鐘磬也○[犧]許宜反又息河反 饗而既具是弃禮也若其不具用秕稗也 秕穀不成者稗草之似穀者言享不具禮穢薄若秕稗○[秕]音鄙[稗]皮賣反 用秕稗君辱弃禮名惡子盍圖之夫享所以昭德也不昭不如其已也乃不果享 孔子知齊侯懷詐故以禮距之 齊人來歸鄆讙龜陰之田 陽虎九年以此奔齊經文倒者今魯事 晉趙鞅圍衛報夷儀也 前年齊爲衛伐晉夷儀故伐衛以爲報 初衛侯伐邯鄲午於寒氏 邯鄲廣平縣也午晉邯鄲大夫寒氏即五氏也前年衛人助齊伐五氏○[邯]音寒[鄲]音丹 城其西北而守之宵熸 午衆宵散○[熸]子潛反 及晉圍衛午以徒七十人門於衛西門殺人於門中曰請報寒氏之役 衛開門與午鬬 涉佗曰夫子則勇矣然我往必不敢啓門亦以徒七十人旦門焉步左右皆至而立如植 至其門下步行門左右然後立待如立木不動以示整○[植]如字一音值 日中不啓門乃退反役晉人討衛之叛故曰由涉佗成何 捘衛侯手故 於是執涉佗以求成於衛衛人不許晉人遂殺涉佗成何奔燕君子曰此之謂弃禮必不鈞 言必見殺不得與人等 詩曰人而無禮胡不遄死涉佗亦遄矣哉 詩鄘風遄速也 初叔孫成子欲立武叔公若藐固諫曰不可 藐叔孫氏之族○[藐]音邈又亡小反 成子立之而卒公南使賊射之不能殺 公南叔孫家臣武叔之黨○[射]音石 公南爲馬正使公若爲郈宰武叔既定使郈馬正侯犯殺公若弗能其圉人曰 武叔之圉人 吾以劍過朝公若必曰誰之劍也吾稱子

以告必觀之吾僞固而授之末則可殺也僞爲固陋不知禮者以劍鋒末授之使如之公若曰爾欲吳王我乎見劍向己逆呵之鱄諸殺吳王亦用劍刺之○[刺]七亦反遂殺公若侯犯以郈叛犯以不能副武叔之命故叛叛而以圍告廟故書圍武叔懿子圍郈弗克秋二子及齊師復圍郈弗克叔孫謂郈工師駟赤工師掌工匠之官○[復]扶又反曰郈非唯叔孫氏之憂社稷之患也將若之何對曰臣之業在揚水卒章之四言矣揚水詩唐風卒章四言曰我聞有命叔孫稽首謝其受己命駟赤謂侯犯曰居齊魯之際而無事必不可矣無所服事子盍求事於齊以臨民不然將叛侯犯從之齊使至駟赤與郈人爲之宣言於郈中詐爲齊使言也曰侯犯將以郈易于齊齊人將遷郈民謂易其民人衆兇懼不欲遷○[兇]音凶又上聲駟赤謂侯犯曰衆言異矣不與始同子不如易於齊與其死也猶是郈也而得紓焉何必此言以郈民易取齊人與郈無異勝於守郈爲叛人所殺齊人欲以此偪魯必倍與子地言非徒得民又將得齊地且盍多舍甲於子之門以備不虞侯犯曰諾乃多舍甲焉侯犯請易於齊齊有司觀郈將至駟赤使周走呼曰齊師至矣郈人大駭介侯犯之門甲以圍侯犯駟赤將射之僞爲侯犯射郈人○[呼]火故反侯犯止之曰謀免我侯犯請行許之郈人許之駟赤先如宿宿東平無鹽縣故宿國侯犯殿每出一門郈人閉之閉其後門[殿]丁見反○及郭門止之曰子以叔孫氏之甲出有司若誅之誅責也羣臣懼死駟赤曰叔孫氏之甲有物吾未敢以出物識也赤還救侯犯也[識]申志反又如字○犯謂駟赤曰子止而與之數數甲以相付○[數]色主反駟赤止而納魯人侯犯奔齊齊人乃致郈致其名簿也爲下武叔如齊傳宋公子地嬖蘧富獵地宋景公弟辰之兄也○[蘧]其居反十一分其室而以其五與之與富獵也公子地有白馬四公嬖向魋魋欲之向魋司馬桓魋也公取而朱其尾鬣以與之與魋也地怒使其徒抶魋而奪之魋懼將走公閉門而泣之目盡腫母弟辰曰子分室以與獵也而獨卑魋亦有頗焉子爲君禮禮辟君也○[抶]勑乙反[頗]普多反不過出竟君必止子公子地出奔陳公弗止辰爲之請弗聽辰曰是我迋吾兄也迋欺也○[迋]求往反又古況反吾以國人出君誰與處冬母弟辰暨仲佗石彄出奔陳佗仲幾子彄褚師段子皆宋卿衆之所望故言國人武叔聘于齊謝致郈也經書辰奔在聘後者從告齊侯享之曰子叔孫若使郈在君之他竟寡人何知焉屬與敝邑際故敢助君憂之以致郈德叔孫○[屬]音燭對曰非寡君之望也所以事君封疆社稷是以以猶爲也敢以家隸勤君之執事夫不令之臣天下之所惡也君豈以爲寡君賜言義在討惡非所以賜寡君

經十有一年春宋公之弟辰及仲佗石彄公子地自

陳入于蕭以叛蕭宋邑稱弟例在前年弟夏四月秋宋樂大心自
曹入于蕭入蕭從叛人叛可知故不書叛冬及鄭平平六年侵鄭取匡之怨叔
還如鄭涖盟還叔詣曾孫○〔還〕音旋案世族譜叔還是叔弓曾孫此誤
傳十一年春宋公母弟辰暨仲佗石彄公子地入于
蕭以叛秋樂大心從之大爲宋患寵向魋故也惡宋公寵
不義以致國患冬及鄭平始叛晉也魯自僖公以來世服於晉至今而叛故曰始
經十有二年春薛伯定卒無傳四年盟皋鼬夏葬薛襄公無傳
叔孫州仇帥師墮郈墮毀也患其險固故毀壞其城○〔墮〕許規反〔壞〕音怪又戶怪反
衛公孟彄帥師伐曹彄孟縶子○〔彄〕苦侯反〔縶〕陟立反季孫斯仲孫
何忌帥師墮費秋大雩無傳書過冬十月癸亥公會齊侯
盟于黃無傳結叛晉十有一月丙寅朔日有食之無傳公至
自黃無傳十有二月公圍成公至自圍成無傳國內而書至者成彊
若列國興動大衆故出入皆告廟
傳十二年夏衛公孟彄伐曹克郊郊曹邑還滑羅殿滑羅衛
大夫○〔滑〕于八反未出不退於列未出曹竟羅不退在行列之後其御曰殿
而在列其爲無勇乎羅曰與其素厲寧爲無勇素空也厲
猛也言伐小國當如長者以謙致之仲由爲季氏宰仲由子路將墮三都三都
費郈成也彊盛將爲國害故仲由欲毀之於是叔孫氏墮郈季氏將墮費
公山不狃叔孫輒帥費人以襲魯不狃費宰也輒不得志於叔孫氏
公與三子入于季氏之宮登武子之臺費人攻之弗

克入及公側至臺下仲尼命申句須樂頎下伐之二子魯大
夫仲尼時爲司寇○〔句〕音鉤〔頎〕音祈費人北國人追之敗諸姑蔑二子
奔齊二子不狃輒遂墮費將墮成公斂處父謂孟孫墮
成齊人必至于北門成在魯北竟故且成孟氏之保障也無
成是無孟氏也子僞不知佯不知我將不墮冬十二月
公圍成弗克
經十有三年春齊侯衛侯次于垂葭二君將使師伐晉次垂葭以爲
之援夏築蛇淵囿無傳書不時也大蒐于比蒲無傳夏蒐非時○〔比〕音毗衛
公孟彄帥師伐曹無傳秋晉趙鞅入于晉陽以叛書叛惡可
知冬晉荀寅士吉射入于朝歌以叛吉射士鞅子晉趙鞅
歸于晉韓魏請而復之故曰歸言韓魏之彊猶列國薛弒其君比無傳稱君君無
道
傳十三年春齊侯衛侯次于垂葭實郥氏垂葭改名郥氏高平
鉅野縣西南有郥亭○〔郥〕古闃反使師伐晉將濟河諸大夫皆曰不
可邴意茲曰可意茲齊大夫○〔邴〕彼命反銳師伐河內今河內汲郡傳
必數日而後及絳傳告晉○〔傳〕張戀反又直專反〔數〕所主反絳不三月不
能出河則我既濟水矣乃伐河內齊侯皆斂諸大夫
之軒唯邴意茲乘軒以其言當〔當〕丁浪反○齊侯欲與衛侯乘
共載○〔乘〕繩證反下同與之宴而駕乘廣載甲焉使告曰晉師
至矣齊侯曰比君之駕也寡人請攝以己車攝代衛車○〔廣〕古曠反

乃介而與之乘驅之或告曰無晉師乃止 傳言齊侯輕所以不能成功○[輕]遣政反 ○晉趙鞅謂邯鄲午曰歸我衛貢五百家吾舍諸晉陽午許諾 十年趙鞅圍衛衛人懼貢五百家鞅置之邯鄲今欲徙著晉陽晉陽趙鞅邑 歸告其父兄父兄皆曰不可衛是以爲邯鄲 言衛以五百家在邯鄲常爲是故與邯鄲親○[爲]于僞反 而寘諸晉陽絕衛之道也不如侵齊而謀之 侵齊則齊當來報欲因懼齊而徙則衛與邯鄲好不絕 乃如之而歸之于晉陽 欲如是謀而後歸衛貢 趙孟怒召午而因諸晉陽 趙鞅不察其謀謂午不用命故囚之 使其從者說劍而入涉賓不可 涉賓午家臣不肯說劍入欲謀叛○[從]才用反[說]他活反下同 乃使告邯鄲人曰吾私有討於午也二三子唯所欲立 午趙鞅同族別封邯鄲故使邯鄲人更立午宗親 遂殺午趙稷涉賓以邯鄲叛 稷趙午子 夏六月上軍司馬籍秦圍邯鄲邯鄲午荀寅之甥也荀寅范吉射之姻也 婿父曰姻荀寅子娶吉射女 而相與睦故不與圍邯鄲將作亂 作亂攻趙鞅 董安于聞之 安于趙氏臣 告趙孟曰先備諸趙孟曰晉國有命始禍者死爲後可也安于曰與其害於民寧我獨死 懼見攻必傷害民 請以我說趙孟不可 晉國若討可殺我以自解說 秋七月范氏中行氏伐趙氏之宮趙鞅奔晉陽晉人圍之范皐夷無寵於范吉射而欲爲亂於范氏 皐夷范氏側室子 梁嬰父嬖於知文子 文子荀躒○[知]音智 文子欲以爲卿韓簡子與中行文子相惡 簡子韓起孫不信也中行文子荀寅也[惡]如字又烏路反下同○ 魏襄子亦與范昭子相惡 襄子魏舒孫曼多也昭子士吉射 故五子謀 五子范皐夷梁嬰父知文子韓簡子魏襄子 將逐荀寅而以梁嬰父代之逐范吉射而以范皐夷代之荀躒言於晉侯曰君命大臣始禍者死載書在河 爲盟書沈之河○[躒]力狄反又如字 今三臣始禍而獨逐鞅刑已不鈞矣請皆逐之冬十一月荀躒韓不信魏曼多奉公以伐范氏中行氏弗克二子將伐公齊高彊曰三折肱知爲良醫 高彊齊子尾之子昭十年奔魯遂適晉○[三]如字又息暫反[折]之設反 唯伐君爲不可民弗與也我以伐君在此矣三家未睦 三家知韓魏 可盡克也克之君將誰與若先伐君是使睦也弗聽遂伐公國人助公二子敗從而伐之丁未荀寅士吉射奔朝歌韓魏以趙氏爲請 經所以書趙鞅歸 十二月辛未趙鞅入于絳盟于公宮 傳錄晉衰亂 初衛公叔文子朝而請享靈公 欲令公臨其家 退見史鰌而告之 史鰌史魚○[鰌]音秋 史鰌曰子必禍矣子富而君貪罪其及子乎文子曰然吾不先告子是吾罪也君既許我矣其若之何史鰌曰無害子臣可以免 言能執臣禮 富而能臣必免於難上下同之 言尊卑皆然○[難]乃旦反下同 戍也驕其亡乎 戍文子之子 富而不驕者鮮吾唯子之見驕而不亡者未之有也戍必與焉 與禍難[與]音預 ○及文子卒衛侯始惡於公叔戍

以其富也。公叔戌又將去夫人之黨。靈公夫人南子。黨，宋朝之徒。○〔去〕起呂反。〔朝〕如字。夫人愬之曰：戌將爲亂。爲明年戌來奔傳。

經十有四年春，衞公叔戌來奔。衞趙陽出奔宋。陽，趙黶孫。書名者，親富不親仁。○〔黶〕於減反。二月辛巳，楚公子結、陳公孫佗人帥師滅頓，以頓子牂歸。夏，衞北宮結來奔。亦黨公叔戌，皆惡之。○〔佗〕吐何反。〔牂〕子郎反。〔惡〕去聲，後同。五月，於越敗吳于檇李。於越，越國也。使罪人詐吳亂陳，故從未陳之例書敗也。檇李，吳郡嘉興縣南醉李城。○〔檇〕音醉。〔陳〕直覲反。吳子光卒。未同盟而赴以名。公會齊侯、衞侯于牽。魏郡黎陽縣東北有牽城。公至自會。無傳。秋，齊侯、宋公會于洮。洮，曹地。天王使石尚來歸脤。無傳。石尚，天子之士。石，氏；尚，名。脤，祭社之肉，盛以脤器，以賜同姓諸侯，親兄弟之國，與之共福。○〔脤〕市軫反。衞世子蒯聵出奔宋。○〔蒯〕苦怪反。〔聵〕五怪反。衞公孟彄出奔鄭。彄書名，與蒯聵黨，罪之。宋公之弟辰自蕭來奔。無傳。稱宋公之弟，例在十年。大蒐于比蒲。邾子來會公。無傳。會公于比蒲，來而不用朝禮，故曰會。○〔比〕音毗。城莒父及霄。無傳。公叛晉助范氏，故懼而城二邑也。此年無冬，史闕文。

傳十四年春，衞侯逐公叔戌與其黨，故趙陽奔宋，戌來奔。終史魚之言。梁嬰父惡董安于，謂知文子曰：不殺安于，使終爲政於趙氏，趙氏必得晉國。盍以其先發難也討於趙氏？文子使告於趙孟曰：范、中行氏雖信爲亂，安于則發之，是安于與謀亂也。晉國有命，始禍者死。二子既伏其罪矣，敢以告。告使討安于。○〔知〕〔難〕〔與〕竝去聲。趙孟患之。安于曰：我死而晉國寧，趙氏定，將焉用生？人誰不死？吾死莫矣。乃縊而死。趙孟尸諸市，而告於知氏曰：主命戮罪人，安于既伏其罪矣，敢以告。知伯從趙孟盟。知伯，荀躒。○〔莫〕音暮。而後趙氏定，祀安于於廟。趙氏廟。頓子牂欲事晉，背楚而絕陳好。二月，楚滅頓。傳言小不事大，所以亡。夏，衞北宮結來奔，公叔戌之故也。吳伐越。報五年越入吳。越子勾踐禦之，陳于檇李。勾踐，越王允常子。勾踐患吳之整也，使死士再禽焉，不動。使敢死之士往，輒爲吳所禽，欲使吳師亂取之，而吳不動。使罪人三行，屬劍於頸，以劍注頸。○〔行〕音杭，下同。〔屬〕之欲反，又之住反。而辭曰：二君有治，治軍旅。臣奸旗鼓，犯軍令。不敏於君之行前，不敢逃刑，敢歸死。遂自剄也。師屬之目，越子因而伐之，大敗之。靈姑浮以戈擊闔廬，姑浮，越大夫。○〔剄〕古頂反。闔廬傷將指，取其一屨。其足大指見斬，遂失屨，姑浮取之。○〔將〕子匠反。還，卒於陘，去檇李七里。釋經所以不書滅。夫差使人立於庭，夫差，闔廬嗣子。苟出入，必謂己曰：夫差，而忘越王之殺而父乎？則對曰：唯，不敢忘。三年乃報越。後三年，哀元年。晉人圍朝歌，公會齊侯、衞侯于脾上梁之閒，脾上梁，閒即牽。謀救范、中行氏。齊魯叛晉，故助范中行也。析成鮒、小王桃甲率狄師以襲晉，二子，晉大夫，范中行氏之黨。○〔桃〕如字，又作姚。戰于絳中，不克而還。士鮒奔周，小王桃甲入于朝歌。秋，齊侯、宋公會于洮，范氏故也。謀救范氏。衞侯爲夫人南子召宋朝南子宋女也朝宋公子舊通于南子在宋呼之○[爲]去聲會于洮大子蒯聵獻盂于齊過宋野蒯聵衛靈公大子盂邑名也就會獻之故自衛行而過宋野○[盂]音于野人歌之曰既定爾婁豬盍歸吾艾豭婁豬求子豬以喻南子艾豭喻宋朝艾老也○[豭]音加牡豕也大子羞之謂戲陽速曰從我而朝少君速大子家臣○[戲]許宜反[少]詩照反亦作小少君見我我顧乃殺之速曰諾乃朝夫人夫人見大子大子三顧速不進夫人見其色啼而走見大子色變知其欲殺己曰蒯聵將殺余公執其手以登臺大子奔宋盡逐其黨故公孟彄出奔鄭自鄭奔齊大子告人曰戲陽速禍余戲陽速告人曰大子則禍余大子無道使余殺其母余不許將戕於余戕殘殺也若殺夫人將以余說余是故許而弗爲以紓余死諺曰民保於信吾以信義也使義可信不必信言○[紓]音舒冬十二月晉人敗范中行氏之師於潞獲籍秦高彊二子黨范氏者終景王言籍父無後又敗鄭師及范氏之師于百泉鄭助范氏故幷敗

經十有五年春王正月邾子來朝鼷鼠食郊牛牛死改卜牛無傳不言所食處舉死重也改卜禮也○[鼷]音兮二月辛丑楚子滅胡以胡子豹歸夏五月辛亥郊無傳書過壬申公薨于高寢高寢宮名不於路寢失其所鄭罕達帥師伐宋齊侯衛侯次于渠蒢不果救故書次○[蒢]直居反邾子來奔喪無傳諸侯奔喪非禮秋七月壬申姒氏卒定公夫人八月庚辰朔日有食之無傳九月滕子來會葬無傳諸侯會葬非禮也丁巳葬我君定公雨不克葬戊午日下昃乃克葬辛巳葬定姒辛巳十月三日有日無月冬城漆邾庶其邑

傳十五年春邾隱公來朝邾子益子貢觀焉邾子執玉高其容仰公受玉卑其容俯玉朝者之贄子貢曰以禮觀之二君者皆有死亡焉夫禮死生存亡之體也將左右周旋進退俯仰於是乎取之朝祀喪戎於是乎觀之今正月相朝而皆不度不合法度心已亡矣嘉事不體何以能久嘉事朝禮高仰驕也卑俯替也驕近亂替近疾君爲主其先亡乎爲此年公薨哀七年以邾子益歸傳○[替]他計反吳之入楚也在四年胡子盡俘楚邑之近胡者俘取也楚既定胡子豹又不事楚曰存亡有命事楚何爲多取費焉二月楚滅胡傳言小不事大所以亡○[費]芳味反夏五月壬申公薨仲尼曰賜不幸言而中是使賜多言者也以微知著知之難者子貢言語之士今言而中仲尼懼其易言故抑之○[中]丁仲反鄭罕達敗宋師于老丘罕達子蕃之子老丘宋地宋公子地奔鄭鄭人爲之伐宋欲取地以處之事見哀十二年○[蕃]才何反齊侯衛侯次于蘧挐謀救宋也○[挐]女居反又女加反秋七月壬申姒氏卒不稱夫人不赴且不祔也赴同祔姑夫人之禮二者皆闕故不曰夫人葬定公雨不克襄事禮也襄成也雨而成事若汲汲於欲葬

葬定姒。不稱小君，不成喪也。公未葬而夫人薨，不煩於喪禮。不赴不祔，故不稱小君。臣之怠慢也。反哭於寢，故書葬。冬城漆，書不時告也。實以秋城，冬乃告廟。魯知其不時，故緩告，從而書之，以示譏。

春秋經傳集解定公下第二十八

春秋經傳集解哀公上第二十九

哀公名蔣定公之子蓋夫人定姒所生諡法恭仁短折曰哀

杜氏註　盡十三年

經元年春王正月公卽位無傳楚子陳侯隨侯許男圍蔡隨世服於楚不通中國吳之入楚昭王奔隨隨人免之卒復楚國楚人德之使列於諸侯故得見經定六年鄭滅許此復見者蓋楚封之鼷鼠食郊牛改卜牛夏四月辛巳郊無傳書過也不言所食所食非一處秋齊侯衛侯伐晉冬仲孫何忌帥師伐邾無傳

傳元年春楚子圍蔡報柏舉也在定四年里而栽栽設板築爲圍壘周帀去蔡城一里○〔栽〕才代反又音再築牆長版廣丈高倍壘厚一丈高二丈○〔廣〕古曠反〔高〕如字又古報反夫屯晝夜九日夫猶兵也壘未成故令人在壘裏屯守蔡○〔屯〕徒門反如子西之素子西本計爲壘當用九日而成蔡人男女以辨辨別也男女各別係壘而出降〔辨〕扶免反〔壘〕力追反○使疆于江汝之閒而還楚欲使蔡徙國在江水之北汝水之南求田以自安也蔡權聽命故楚師還蔡於是乎請遷于吳楚既還蔡人更叛楚就吳爲明年蔡遷州來傳吳王夫差敗越于夫椒報檇李也檇李在定十四年夫椒吳郡吳縣西南大湖中椒山○〔夫〕音扶〔檇〕音醉遂入越越子以甲楯五千保于會稽上會稽山也在會稽山陰縣南○〔楯〕食允反又音允〔會〕古外反使大夫種因吳大宰嚭以行成吳子將許之伍員曰不可臣聞之樹德莫如滋去疾莫如盡昔有過澆殺斟灌以伐斟鄩澆寒浞子封於過者二斟夏同姓諸侯襄四年傳曰澆用師滅斟灌○〔嚭〕普鄙反〔員〕音云〔去〕起呂反〔過〕古禾反〔澆〕五叫反一五報反〔灌〕古亂反〔鄩〕音尋〔浞〕仕捉反滅夏后相夏后相啓孫也后相失國依於二斟復爲澆所滅○〔相〕息亮反后緡方娠逃出自竇后緡相妻娠懷身也○〔娠〕音震又音身歸于有仍后緡有仍氏女生少康焉爲仍牧正牧官之長惎澆能戒之惎毒也戒備也○〔惎〕音忌澆使椒求之椒澆臣逃奔有虞爲之庖正以除其害虞舜後諸侯也梁國有虞縣庖正掌膳羞之官賴此以得除己害虞思於是妻之以二姚思有虞君也虞思自以二女妻少康姚虞姓○〔妻〕七計反而邑諸綸綸虞邑有田一成有衆一旅方十里爲成五百人爲旅能布其德而兆其謀兆始以收夏衆撫其官職襄四年傳曰靡自有鬲氏收二國之燼以滅浞而立少康○〔鬲〕音革使女艾諜澆女艾少康臣諜候也○〔女〕如字又音汝使季杼誘豷豷澆弟也季杼少康子后杼也○〔杼〕直呂反〔豷〕許器反遂滅過戈復禹之績過澆國戈豷國○〔過〕〔戈〕並古禾反祀夏配天不失舊物物事也今吳不如過而越大於少康或將豐之不亦難乎言與越成是使越豐大必爲吳難○〔難〕乃旦反句踐能親而務施施不失人所加惠賜皆得其人○〔施〕始豉反下同親不棄勞推親愛之誠則不遺小勞與我同壤而世爲仇讎於是乎克而弗取將又存之違天而長寇讎猶言天與不取後雖悔之不可食已食消也已止也姬之衰也日可俟也姬吳姓言可計月而待介在蠻夷而長寇讎以是求伯必不行矣弗聽退而告人曰越十年生聚而十年教訓生民聚財富而後教之○〔伯〕如字又音霸二十年之外吳其爲沼乎謂吳宮室廢壞當爲汙池爲二

十二年越入吳起本三月越及吳平吳入越不書吳不告慶越不告敗也嫌夷狄不與華同故復發傳夏四月齊侯衛侯救邯鄲圍五鹿趙稷以邯鄲叛范中行氏之黨也五鹿晉邑○(邯)音寒(鄲)音丹吳之入楚也在定四年使召陳懷公懷公朝國人而問焉曰欲與楚者右欲與吳者左陳人從田無田從黨都邑之人無田者隨黨而立不知所與故直從所居田在西者居右在東者居左逢滑當公而進當公不左不右曰臣聞國之興也以福其亡也以禍今吳未有福楚未有禍楚未可弃吳未可從而晉盟主也若以晉辭吳若何公曰國勝君亡非禍而何楚爲吳所勝對曰國之有是多矣何必不復小國猶復況大國乎臣聞國之興也視民如傷是其福也如傷恐驚動其亡也以民爲土芥是其禍也芥草也楚雖無德亦不艾殺其民吳日敝於兵暴骨如莽草之生於廣野莽莽然故曰草莽○(艾)魚廢反(暴)步卜反而未見德焉天其或者正訓楚也使懼而改過禍之適吳其何日之有言今至陳侯從之及夫差克越乃脩先君之怨秋八月吳侵陳脩舊怨也傳言吳不脩德而脩怨所以亡齊侯衛侯會于乾侯救范氏也師及齊師衛孔圉鮮虞人伐晉取棘蒲魯師不書非公命也孔圉孔烝鉏曾孫鮮虞狄帥賤故不書吳師在陳楚大夫皆懼曰闔廬惟能用其民以敗我於柏舉今聞其嗣又甚焉將若之何子西曰二三子恤不相睦無患吳矣昔闔廬食不二味居不重席室不崇壇平地作室不起壇也○(重)平聲器不彤鏤彤丹也鏤刻也宮室不觀觀臺榭○(觀)古亂反舟車不飾衣服財用擇不取費選取堅厚不尚細靡○(費)芳味反在國天有菑癘癘疾疫也親巡孤寡而共其乏困在軍熟食者分而後敢食必須軍士皆分熟食不敢先食分猶徧也○(共)音恭其所嘗者卒乘與焉所嘗甘珍非常食勤恤其民而與之勞逸是以民不罷勞死知不曠知身死不見曠棄○(罷)音皮吾先大夫子常易之所以敗我也易猶反也今聞夫差次有臺榭陂池焉積土爲高曰臺有木曰榭過再宿曰次宿有妃嬙嬪御焉妃嬙貴者嬪御賤者皆內官一日之行所欲必成玩好必從珍異是聚觀樂是務視民如讎而用之日新夫先自敗也已安能敗我爲二十二年越滅吳起本冬十月晉趙鞅伐朝歌討范中行氏

經二年春王二月季孫斯叔孫州仇仲孫何忌帥師伐邾取漷東田及沂西田邾人以賂取之易也○(漷)火號反又音郭(沂)魚依反癸巳叔孫州仇仲孫何忌及邾子盟于句繹句繹邾地取邑盟以要之○(句)音勾夏四月丙子衛侯元卒定四年盟皐鼬滕子來朝無傳晉趙鞅帥師納衛世子蒯聵于戚秋八月甲戌晉趙鞅帥師及鄭罕達帥師戰于鐵鄭師敗績皆陳曰戰大崩曰敗績鐵在戚城南罕達子皮孫冬十月葬衛靈公無傳七月而葬緩十有一月蔡遷于州來畏楚而請遷故以自遷爲文蔡殺其大夫公子

駟（懷土而欺大國，故罪而書名。）

傳二年春，伐邾，將伐絞。（絞，邾邑。）邾人愛其土，故賂以漷沂之田而受盟。初，衛侯遊于郊，子南僕。（子南，靈公子郢也。僕，御也。）公曰：余無子，將立女。（蒯聵奔，無大子。○〔女〕音汝。）不對。他日又謂之，對曰：郢不足以辱社稷，君其改圖。君夫人在堂，三揖在下。（三揖，卿大夫士。）君命祇辱。（言立適當以禮與外內同之，今君私命，事必不從，適為辱。○〔祇〕音支。立〔適〕音的。）夏，衛靈公卒。夫人曰：命公子郢為大子，君命也。對曰：郢異於他子。（言用意不同。）且君沒於吾手，若有之，郢必聞之。（言當以臨沒為正。）且亡人之子輒在。（輒，蒯聵之子出公也，靈公適孫。）乃立輒。六月乙酉，晉趙鞅納衛大子于戚。宵迷，陽虎曰：右河而南，必至焉。（是時河北流過元城界，戚在河外，晉軍已渡河，故欲出河右而南。）使大子絻，（絻者，始發喪之服。○〔絻〕音問。）八人衰絰，僞自衛逆者。（欲為衛人逆，故衰絰成服。）告於門，哭而入，遂居之。秋八月，齊人輸范氏粟，鄭子姚、子般送之。（子姚，罕達。子般，駟弘。○〔般〕音班。）士吉射逆之，趙鞅禦之，遇於戚。陽虎曰：吾車少，以兵車之旆與罕駟兵車先陳。（旆，先驅車也。以先驅車益其兵車，以示衆。○〔陳〕直覲反。）罕駟自後隨而從之，彼見吾貌，必有懼心。（晉人先陳，鄭人隨之，不知其虛實，見車多必懼。）於是乎會之，（會，合戰。）必大敗之。從之。卜戰，龜焦。（兆不成。）樂丁曰：詩曰：爰始爰謀，爰契我龜。（樂丁，晉大夫。詩，大雅。言先人事，後卜筮。）謀協，以故兆詢可也。（詢，諮詢也。故兆，始納衛大子卜得吉兆。言今既謀同，可不須更卜。）簡子誓曰：范氏、中行氏反易天明，（不事君也。）斬艾百姓，欲擅晉國而滅其君。寡君恃鄭而保焉。今鄭為不道，棄君助臣，二三子順天明，從君命，經德義，除詬恥，在此行也。克敵者，上大夫受縣，下大夫受郡，（周書作雒篇：千里百縣，縣有四郡。○〔艾〕魚廢反。〔滅〕或作戕，音殘。〔詬〕呼豆反，又音茍。）士田十萬，（十萬畝也。）庶人工商遂，（得遂進仕。）人臣隸圉免。（去廝役。○〔廝〕又作斯，音同。艾草為防者曰廝，汲水漿者曰役。）志父無罪，君實圖之。（志父，趙簡子之一名也。言己事濟，君當圖其賞。○志父，趙鞅。入晉陽以畔，後得歸，改名志父。春秋仍舊，猶書趙鞅。）若其有罪，絞縊以戮，（絞，所以縊人物。）桐棺三寸，不設屬辟，（屬辟，棺之重數。王棺四重，君再重，大夫一重。○〔屬〕音燭，次大棺也。〔辟〕步歷反，親身棺也。禮，大夫無辟。）素車樸馬，（以載柩。○〔樸〕普卜反。）無入于兆，（兆，葬域。）下卿之罰也。（為衆設賞，自設罰，所以能克敵。）甲戌，將戰，郵無恤御簡子，衛大子為右。（郵無恤，王良也。）登鐵上，（鐵，丘名。）望見鄭師衆，大子懼，自投于車下。子良授大子綏而乘之，曰：婦人也。（言其怯。）簡子巡列，曰：畢萬，匹夫也，七戰皆獲，有馬百乘，死於牖下。（畢萬，晉獻公卿也。皆獲有功，死於牖下，言得壽終。○〔乘〕去聲。）羣子勉之，死不在寇。（言有命。）繁羽御趙羅，宋勇為右。（三子，晉大夫。）羅無勇，麇之。（麇，束縛也。○〔麇〕丘隕反。）○吏詰之，御對曰：痁作而伏。（痁，瘧疾也。○〔詰〕音乞。〔痁〕詩占反。）衛大子禱曰：曾孫蒯聵敢昭告皇祖文王、（周文王。皇，大也。○〔禱〕如字，一丁報反。）烈祖康叔、（烈，顯也。）文祖襄公：（繼業守文，故曰文祖。蒯聵，襄公之孫。）鄭勝亂從，（勝，鄭聲公名。釋君助臣爲從於亂晉午在難午晉定公名○〔難〕乃旦反不能治亂使鞅討之鞅簡子名蒯聵不敢自佚備持矛焉戎右持矛敢告無絕筋無折骨無面傷以集大事無作三祖羞集成也大命不敢請佩玉不敢愛不敢愛故以祈禱鄭人擊簡子中肩斃于車中斃踣也○〔中〕肩陟仲反獲其蠭旗蠭旗旗名○〔蠭〕音蜂大子救之以戈鄭師北獲溫大夫趙羅羅無勇故鄭師雖北猶獲羅大子復伐之鄭師大敗獲齊粟千車趙孟喜曰可矣趙孟簡子也喜大子前怯今更勇○〔復〕扶又反傅傁曰雖克鄭猶有知在憂未艾也傅傁簡子屬也言知氏將爲難後竟有晉陽之患○〔傁〕音叟〔知〕音智〔艾〕魚廢反又五蓋反初周人與范氏田公孫尨稅焉尨范氏臣爲范氏收周人所與田之稅趙氏得而獻之得尨以獻簡子吏請殺之趙孟曰爲其主也何罪止而與之田還其所稅及鐵之戰以徒五百人宵攻鄭師取蠭旗於子姚之幕下獻曰請報主德追鄭師姚般公孫林殿而射前列多死晉前列○姚般子姚子般〔殿〕丁電反〔射〕食亦反趙孟曰國無小言雖小國猶有善射者既戰簡子曰吾伏弢嘔血弢弓衣嘔吐也○〔弢〕吐刀反鼓音不衰今日我上也功爲上大子曰吾救主於車退敵於下我右之上也郵良曰我兩靷將絕吾能止之止使不絕○〔靷〕以刃反我御之上也駕而乘材兩靷皆絕材橫木明細小也傳言簡子不讓下自伐吳洩庸如蔡納聘而稍納師師畢入衆知之元年蔡請遷于吳中悔故因聘襲之○〔洩〕息列反蔡侯告大

夫殺公子駟以說殺駟以說吳言不時遷駟之爲哭而遷墓將遷與先君辭故哭冬蔡遷于州來

經三年春齊國夏衛石曼姑帥師圍戚曼姑爲子圍父知其不義故推齊使爲兵首戚不稱衛非叛人○〔曼〕音萬夏四月甲午地震無傳五月辛卯桓宮僖宮災天火曰災季孫斯叔孫州仇帥師城啓陽無傳魯黨范氏故懼晉比年四城啓陽今琅邪開陽縣宋樂髡帥師伐曹無傳秋七月丙子季孫斯卒蔡人放其大夫公孫獵于吳無傳公子駟之黨冬十月癸卯秦伯卒無傳不書名未同盟叔孫州仇仲孫何忌帥師圍邾無傳

傳三年春齊衛圍戚求援于中山中山鮮虞夏五月辛卯司鐸火司鐸宮名火踰公宮桓僖災桓公僖公廟救火者皆曰顧府言常愛財南宮敬叔至命周人出御書俟於宮敬叔孔子弟子南宮閱周人司周書典籍之官御書進於君者也使待命於宮曰庀女而不在死庀具也○〔庀〕匹婢反〔女〕音汝子服景伯至命宰人出禮書景伯子服何也宰人冢宰之屬以待命命不共有常刑待命求之校人乘馬巾車脂轄校人掌馬巾車掌車乘馬使四四相從爲駕之易○〔校〕音效〔乘〕去聲下同〔爲〕于僞反百官官備府庫慎守官人肅給國有火災恐有變難故慎爲備濟濡帷幕鬱攸從之鬱攸火氣也濡物於水出用爲濟○〔濟〕子細反又子禮反蒙葺公屋以濡物冒覆公屋自大廟始外內以悛悛次也先尊後卑以次救之○〔悛〕七全反助所不給有不用命則有常刑無赦公父文伯至命

校人駕乘車（乘車，公車。）季桓子至，御公立于象魏之外，（象魏，門闕。）命救火者，傷人則止，財可爲也。命藏象魏，（周禮正月縣教令之法于象魏，使萬民觀之，故謂其書爲象魏。）曰：「舊章不可亡也。」富父槐至，（槐，富父終生之後。瀋，汁也。言不備而責辦，不可得。○[瀋]尺審反。）曰：「無備而官辦者，猶拾瀋也。」於是乎去表之槀，（表，表火道，風所向者，去其槀積。○[去]起呂反。[積]子賜反。）道還公宮。（開除道，周币公宮，使火無相連。○[還]又作環，戶關反。）孔子在陳，聞火，曰：「其桓、僖乎！」（言桓、僖親盡而廟不毀，宜爲天所災。）劉氏、范氏世爲婚姻，（劉氏，周卿士。范氏，晉大夫。）萇弘事劉文公，（爲之屬大夫。）故周與范氏。趙鞅以爲討。（責周與范氏。）六月癸卯，周人殺萇弘。（終違天之禍。）秋，季孫有疾，命正常曰：「無死！（正常，桓子之寵臣。欲付以後事，故勑令勿從己死。）南孺子之子，男也，則以告而立之；（南孺子，季桓子之妻。言若生男，告公而立之。）女也，則肥也可。」（肥，康子也。）季孫卒，康子卽位。既葬，康子在朝。（在公朝也。）南氏生男，正常載以如朝，告曰：「夫子有遺言，命其圉臣曰：『南氏生男，則以告於君與大夫而立之。』今生矣，男也，敢告。」遂奔衛。康子請退。（退，辟位也。）公使共劉視之，（共劉，魯大夫。○[共]音恭。）則或殺之矣，乃討之。（討殺者。）召正常，正常不反。（長康子也。傳備言季氏家事。）冬十月，晉趙鞅圍朝歌，師于其南。（范中行所在。）荀寅伐其郛，（伐其北郭圍。）使其徒自北門入，己犯師而出。（荀寅使在外救己之徒擊趙氏圍之北門，因外內攻得出。）癸丑，奔邯鄲。十一月，趙鞅殺士皐夷，惡范氏也。（惡范氏而殺其族，言還怒。○[惡]烏路反。）

經四年春王二月庚戌，盜殺蔡侯申。（賤者故稱盜，不言弑其君，賤盜也。○[殺]申志反。案宣十七年蔡侯申卒，是文侯也。今昭侯是其玄孫，不容與高祖同名，未審何者誤。）蔡公孫辰出奔吳。（弑君賊之黨，故書名。）葬秦惠公。（無傳。）宋人執小邾子。（無傳。邾子無道於其民，故稱人以執。）夏，蔡殺其大夫公孫姓、公孫霍。（皆弑君黨。○[姓]音生。）晉人執戎蠻子赤歸于楚。（晉恥爲楚執諸侯，故稱人以告。若蠻子不道於其民也。赤本屬楚，故言歸。○[爲]于僞反。）城西郛。（無傳。魯西郭。備晉也。）六月辛丑，亳社災。（無傳。天火也。亳社，殷社，諸侯有之，所以戒亡國。）秋八月甲寅，滕子結卒。（無傳。同盟於皐鼬。）冬十有二月，葬蔡昭公。（無傳。亂故，是以緩。）葬滕頃公。（無傳。）

傳四年春，蔡昭侯將如吳，諸大夫恐其又遷也，承，（承音懲，蓋楚言也。）公孫翩逐而射之，入於家人而卒。（翩，蔡大夫。○[射]食亦反。）以兩矢門之，衆莫敢進。（翩以矢自守其門。）文之鍇後至，（鍇，蔡大夫。○[鍇]音楷，又音皆。）曰：「如牆而進，多而殺二人。」（併行如牆俱進。○[併]步頂反。）鍇執弓而先，翩射之，中肘，鍇遂殺之。故逐公孫辰，而殺公孫姓、公孫盱。（盱，卽霍也。○[盱]況于反。）夏，楚人既克夷虎，（夷虎，蠻夷叛楚者。）乃謀北方。左司馬眅、申公壽餘、葉公諸梁致蔡於負函，（三子，楚大夫也。此蔡之故地人民，楚因以爲邑，致之者，會其衆也。○[眅]普版反，又匹姦反。[葉]始涉反。）致方城之外於繒關，（負函、繒關，皆楚地。○[繒]才陵反。）曰：「吳將泝江入郢，（逆流曰泝。）將奔命焉。」爲一昔之期，襲梁及霍。

爲辭當備吳夜結期明日便襲梁霍使不知之梁河南梁縣西南故城也梁南有霍陽山皆蠻子之邑也單浮餘圍蠻氏蠻氏潰浮餘楚大夫○〔單〕音善蠻子赤奔晉陰地陰地河南山北自上雒以東至陸渾○〔渾〕戶門反司馬起豐析與狄戎楚司馬販也析縣屬南鄉郡析南有豐鄉皆楚邑發此二邑人及戎狄以臨上雒左師軍于菟和菟和山在上雒東也○〔菟〕音徒右師軍于倉野倉野在上雒縣使謂陰地之命大夫士蔑命大夫別縣監尹○〔監〕古銜反曰晉楚有盟好惡同之若將不廢寡君之願也不然將通於少習以聽命少習商縣武關也將大開武道以伐晉○〔少〕詩照反士蔑請諸趙孟趙孟曰晉國未寧安能惡於楚必速與之未寧時有范中行之難士蔑乃致九州之戎九州戎在晉陰地陸渾者將裂田以與蠻子而城之以詐蠻子且將爲之卜卜城○〔爲〕于僞反蠻子聽卜遂執之與其五大夫以畀楚師于三戶今丹水縣北三戶亭司馬致邑立宗焉以誘其遺民楚復詐爲蠻子作邑立其宗主而盡俘以歸秋七月齊陳乞弦施衛甯跪救范氏陳乞僖子弦施弦多庚午圍五鹿五鹿晉邑九月趙鞅圍邯鄲冬十一月邯鄲降荀寅奔鮮虞趙稷奔臨臨晉邑○〔降〕戶江反十二月弦施逆之遂墮臨國夏伐晉取邢任欒鄗逆時陰人盂壺口八邑晉地欒在趙國平棘縣西北鄗即高邑縣也路縣東有壺口關○〔墮〕許規反〔任〕音壬〔鄗〕呼洛反〔時〕音止會鮮虞納荀寅于柏人晉邑也今趙國柏人縣也弦施與鮮虞會也

經五年春城毗無傳備晉也夏齊侯伐宋無傳晉趙鞅帥師伐衛秋九月癸酉齊侯杵臼卒再同盟也冬叔還如齊閏月葬齊景公無傳

傳五年春晉圍柏人荀寅士吉射奔齊初范氏之臣王生惡張柳朔言諸昭子使爲柏人爲柏人宰也昭子范吉射○〔惡〕去聲下同昭子曰夫非而讎乎對曰私讎不及公公家之事也○〔夫〕音扶好不廢過惡不去善義之經也臣敢違之及范氏出出柏人奔齊○〔好〕呼報反〔去〕起呂反張柳朔謂其子爾從主勉之我將止死王生授我矣授我死節吾不可以僭之遂死於柏人爲吉射距晉戰死夏趙鞅伐衛范氏之故也遂圍中牟衛助范氏故也齊燕姬生子不成而死燕姬景公夫人不成未冠也○〔燕〕於賢反諸子鬻姒之子荼嬖諸子庶公子也鬻姒景公妾荼安孺子○〔鬻〕音育〔荼〕音舒又音徒諸大夫恐其爲大子也言於公曰君之齒長矣未有大子若之何公曰二三子閒於憂虞則有疾疢亦姑謀樂何憂於無君景公意欲立荼而未發故以此言塞大夫請○〔長〕上聲〔閒〕音閑又音諫〔疢〕敕覲反〔樂〕音洛公疾使國惠子高昭子立荼惠子國夏昭子高張寘羣公子於萊萊齊東鄙邑秋齊景公卒冬十月公子嘉公子駒公子黔奔衛公子鉏公子陽生來奔皆景公子在萊者○〔黔〕巨廉反又音琴萊人歌之曰景公死乎不與埋三軍之事乎不與謀師乎師乎何黨之乎師衆也黨所也之往也稱諡蓋葬後而爲此歌哀羣公子失所○〔與〕音預鄭駟秦富而侈嬖大夫也而常陳

卿之車服於其庭鄭人惡而殺之子思曰詩曰不解于位民之攸塈子思子產子國參也詩大雅攸所也塈息也○解佳賣反塈許器反不守其位而能久者鮮矣商頌曰不僭不濫不敢怠皇命以多福僭差也濫溢也皇暇也言駟秦違詩商頌故受禍○鮮息淺反

經六年春城邾瑕無傳備晉也任城亢父縣北有邾婁城○亢苦浪反父音甫晉趙鞅帥師伐鮮虞吳伐陳夏齊國夏及高張來奔二子阿君廢長立少既受命又不能全書名罪之也叔還會吳于柤無傳○柤莊加反秋七月庚寅楚子軫卒未同盟而赴以名齊陽生入于齊爲陳乞所逆故書入齊陳乞弒其君荼弒荼者朱毛與陽生也而書陳乞所以明乞立陽生而荼見弒則禍由乞始也楚比劫立陳乞流涕子家憚老皆疑於免罪故春秋明而書之以爲弒主冬仲孫何忌帥師伐邾無傳宋向巢帥師伐曹無傳

傳六年春晉伐鮮虞治范氏之亂也四年鮮虞納荀寅于柏人吳伐陳復脩舊怨也元年未得志故也○復扶又反楚子曰吾先君與陳有盟不可以不救乃救陳師于城父陳盟在昭十三年齊陳乞僞事高國者高張國夏受命立荼乞欲害之故先僞事焉每朝必驂乘焉所從必言諸大夫言其罪過○乘去聲後同曰彼皆偃蹇將弃子之命偃蹇驕敖皆曰高國得君得君寵也必偪我盍去諸固將謀子子早圖之圖之莫如盡滅之需事之下也需疑也○去起呂反下同及朝則曰彼虎狼也見我在子之側殺我無日矣請就之位欲與諸大夫謀高國故求就之又謂諸大夫曰

二子者禍矣恃得君而欲謀二三子曰國之多難貴寵之由盡去之而後君定既成謀矣盍及其未作也先諸作而後悔亦無及也大夫從之夏六月戊辰陳乞鮑牧牧鮑國孫及諸大夫以甲入于公宮昭子聞之與惠子乘如公戰于莊敗高國敗也莊六軌之道國人追之國夏奔莒遂及高張晏圉弦施來奔圉晏嬰之子圉施不書非卿秋七月楚子在城父將救陳卜戰不吉卜退不吉王曰然則死也再敗楚師不如死前已敗於柏舉今若退還亦是敗弃盟逃讎亦不如死死一也其死讎乎命公子申爲王不可則命公子結亦不可則命公子啓申子西結子期啓子閭皆昭王兄五辭而後許將戰王有疾庚寅昭王攻大冥卒于城父大冥陳地吳師所在子閭退曰君王舍其子而讓羣臣敢忘君乎從君之命順也從命許立立君之子亦順也二順不可失也與子西子期謀潛師閉塗逆越女之子章立之而後還潛師密發也閉塗不通外使也越女昭王妾章惠王是歲也有雲如衆赤烏夾日以飛三日楚子使問諸周大史周大史曰其當王身乎日爲人君妖氣守之故以爲當王身雲在楚上唯楚見之故禍不及他國若禜之可移於令尹司馬禜禳祭禜音詠○王曰除腹心之疾而寘諸股肱何益不穀不有大過天其夭諸有罪受罰又焉移之遂弗禜初昭王有疾卜曰河爲祟王

弗祭大夫請祭諸郊王曰三代命祀祭不越望諸侯望祀竟內山川星辰江漢睢漳楚之望也四水在楚界○[睢]七餘反禍福之至不是過也不穀雖不德河非所獲罪也遂弗祭孔子曰楚昭王知大道矣其不失國也宜哉夏書曰惟彼陶唐帥彼天常逸書言堯循天之常道有此冀方今失其行亂其紀綱乃滅而亡滅亡謂夏桀也唐虞及夏同都冀州不易地而亡由於不知大道故○[行]如字又下孟反又曰允出茲在茲由己率常可矣又逸書言信出己則福亦在己八月齊邴意茲來奔高國黨陳僖子使召公子陽生召在七月今在八月下記事之次陽生駕而見南郭且于且于齊公子鉏在魯南郭○[且]子餘反曰嘗獻馬於季孫不入於上乘故又獻此請與子乘之畏在家人聞其言故欲二人共載以試馬爲辭○上[乘]繩證反出萊門而告之故魯郭門也闞止知之先待諸外闞止陽生家臣子我也待外欲俱去公子曰事未可知反與壬也處壬陽生子簡公戒之遂行戒使無洩言逮夜至於齊國人知之故以昏至不欲令人知也國人知而不言言陳氏得衆僖子使子士之母養之隱於僖子家內子士母僖子妾與饋者皆入陳僖子又令陽生隨饋食之人入處公宮冬十月丁卯立之將盟盟諸大夫鮑子醉而往其臣差車鮑點點鮑牧臣也差車主車之官○[差]所宜反[點]音沾又如字曰此誰之命也陳子曰受命于鮑子遂誣鮑子曰子之命也見其醉故誣之鮑子曰女忘君之爲孺子牛而折其齒乎而背之也孺子荼也景公嘗銜繩爲牛使荼牽之頓地故折其齒○[折]之舌反又市列反悼公稽首悼公陽生曰吾子奉義而行者也若我可不必亡一大夫言己可爲君必不怨鮑子若我不可不必亡一公子公子自謂也恐鮑子殺己故要之○[要]一遙反義則進否則退敢不唯子是從廢興無以亂則所願也鮑子曰誰非君之子乃受盟言陽生亦君之子固可立使胡姬以安孺子如賴胡姬景公妾也賴齊邑安號也去鬻姒荼之母○[去]起呂反殺王甲拘江說囚王豹于句竇之丘三子景公嬖臣荼之黨也○[說]音悅[句]音鉤公使朱毛告於陳子朱毛齊大夫曰微子則不及此然君異於器不可以二器二不匱君二多難敢布諸大夫僖子不對而泣曰君舉不信羣臣乎舉皆也○[難]乃旦反以齊國之困困又有憂內有飢荒之困又有兵革之憂少君不可以訪是以求長君庶亦能容羣臣乎不然夫孺子何罪毛復命公悔之悔失言毛曰君大訪於陳子而圖其小可也大謂國政小謂殺荼使毛遷孺子於駘不至殺諸野幕之下葬諸殳冒淳恐駘人不從故毛駐於野張帳而殺之駘齊邑殳冒淳地名實以冬殺經書秋者史書秋記始事遂連其死通以冬告魯○[駘]他才反又徒來反[殳]音殊

經七年春宋皇瑗帥師侵鄭晉魏曼多帥師侵衛夏公會吳于鄫鄫今琅邪鄫縣○[瑗]于眷反[鄫]才陵反秋公伐邾八月己酉入邾以邾子益來他國言歸於魯言來外內之辭宋人圍曹冬鄭駟弘帥師救曹

傳七年春宋師侵鄭鄭叛晉故也定八年鄭始叛晉師侵衛衛不服也五年晉伐衛至今未服夏公會吳于鄫吳欲霸中國吳來徵百牢子服景伯對曰先王未之有也吳人曰宋百牢我是時吳過宋宋得百牢魯不可以後宋且魯牢晉大夫過十晉大夫范鞅也在昭二十一年吳王百牢不亦可乎景伯曰晉范鞅貪而弃禮以大國懼敝邑故敝邑十一牢之君若以禮命於諸侯則有數矣有常數若亦弃禮則有淫者矣淫過也周之王也制禮上物不過十二上物天子之牢以爲天之大數也天有十二次故制禮象之今弃周禮而曰必百牢亦唯執事吳人弗聽景伯曰吳將亡矣弃天而背本違周爲背本不與必弃疾於我放弃凶疾來伐我乃與之大宰嚭召季康子嚭吳大夫康子使子貢辭大宰嚭曰國君道長蓋言君長大於道路○〔長〕丁丈反而大夫不出門此何禮也對曰豈以爲禮畏大國也畏大國不敢虛國盡行大國不以禮命於諸侯苟不以禮豈可量也寡君既共命焉其老豈敢弃其國大伯端委以治周禮仲雍嗣之斷髮文身臝以爲飾豈禮也哉有由然也大伯周大王之長子仲雍大伯弟也大伯仲雍讓其弟季歷俱適荊蠻遂有民衆大伯卒無子仲雍嗣立不能行禮致化故效吳俗言其權時制宜以辟災害非以爲禮也端委禮衣也○〔共〕音恭〔斷〕丁管反〔臝〕力果反反自鄫以吳爲無能爲也弃禮知其不能霸也季康子欲伐邾乃饗大夫以謀之子服景伯

曰小所以事大信也大所以保小仁也背大國不信大國吳也伐小國不仁民保於城城保於德失二德者危將焉保二德信與仁也孟孫曰二三子以爲何如怪諸大夫不言故指問之惡賢而逆之孟孫賢景伯欲使大夫不逆其言惡猶安也○〔惡〕音烏對曰禹合諸侯於塗山執玉帛者萬國諸侯執玉附庸執帛塗山在壽春東北今其存者無數十焉唯大不字小小不事大也言諸侯相伐古來以然○〔數〕所主反知必危何故不言知伐邾必危自當言今不言者不危故也大夫以荅孟孫所怪且阿附季孫魯德如邾而以衆加之可乎孟孫忿荅大夫今魯德無以勝邾但欲恃衆可乎言不可不樂而出季孟意異佞直不同故罷饗○〔樂〕音岳一音洛秋伐邾及范門邾郭門也猶聞鐘聲邾不禦寇大夫諫不聽茅成子請告於吳成子邾大夫茅夷鴻不許曰魯擊柝聞於邾言以近○〔聞〕音問又如字吳二千里不三月不至何及於我且國內豈不足言足以距魯成子以茅叛高平西南有茅鄉亭師遂入邾處其公宮衆師晝掠虜掠取財物也○〔掠〕音亮邾衆保于繹繹邾山也在鄒縣北師宵掠以邾子益來益邾隱公也晝夜掠傳言康子無法獻于亳社以其亡國與殷同囚諸負瑕負瑕故有繹負瑕魯邑高平南平陽縣西北有瑕丘城前者魯得邾之繹民使在負瑕故使相就以辱之邾茅夷鴻以束帛乘韋自請救於吳無君命故言自○〔乘〕去聲下同曰魯弱晉而遠吳馮恃其衆馮依○〔馮〕音憑而背君之盟辟君之執事辟陋○〔辟〕匹亦反以陵我小國邾非敢自愛也懼君威之不立

君威之不立小國之憂也若夏盟於鄫衍鄫衍卽鄫也鄫盟不書吳行夷禮禮儀不典非所以結信義故不錄秋而背之成求而不違言魯成其所求無違逆也四方諸侯其何以事君且魯賦八百乘君之貳也貳敵也魯以八百乘之賦貢於吳言其國大邾賦六百乘君之私也爲私屬以私奉貳唯君圖之吳子從之爲明年吳伐我傳宋人圍曹鄭桓子思曰宋人有曹鄭之患也不可以不救桓諡冬鄭師救曹侵宋初曹人或夢衆君子立于社宮社宮社也而謀亡曹曹叔振鐸請待公孫彊許之振鐸曹始祖旦而求之曹無之戒其子曰我死爾聞公孫彊爲政必去之及曹伯陽卽位好田弋曹鄙人公孫彊好弋獲白鴈獻之且言田弋之說說之因訪政事大說之有寵使爲司城以聽政夢者之子乃行彊言霸說於曹伯曹伯從之乃背晉而奸宋宋人伐之晉人不救築五邑於其郊曰黍丘揖丘大城鍾邘爲明年入曹傳也梁國下邑縣西南有黍丘亭○〔說〕如字〔說〕之音悅霸〔說〕如字又始銳反〔揖〕音集一於入反〔邘〕音于

經八年春王正月宋公入曹以曹伯陽歸曹人背晉而奸宋是以致討宋公既還而不忍褚師之詬怒而反兵一舉滅曹滅非本志故以入告吳伐我夏齊人取讙及闡不書伐兵未加而魯與之邑闡在東平剛縣北○〔讙〕音歡〔闡〕尺善反歸邾子益于邾秋七月冬十有二月癸亥杞伯過卒無傳未同盟而赴以名○〔過〕古禾反齊人歸讙及闡不言來命歸之無肯使也○〔使〕所吏反

傳八年春宋公伐曹將還褚師子肥殿子肥宋大夫○〔殿〕丁練反曹人詬之不行詬詈辱也不行殿兵止也○〔詬〕呼豆反師待之公聞之怒命反之遂滅曹執曹伯及司城彊以歸殺之終曹人之夢吳爲邾故將伐魯問於叔孫輒問可伐不輒故魯人叔孫輒對曰魯有名而無情有大國名無情實伐之必得志焉退而告公山不狃不狃亦故魯人公山不狃曰非禮也君子違不適讎國違奔亡也未臣而有伐之奔命焉死之可也未臣所適之國若有伐本國者則可還奔命死其難所託也則隱曾所因託則爲之隱惡且夫人之行也不以所惡廢鄉不以其私怨惡廢弃其鄉黨之好○〔夫〕音扶〔行〕下孟反又如字〔惡〕烏路反又如字今子以小惡而欲覆宗國不亦難乎輒魯公族故謂之宗國若使子率子必辭王將使我子張病之子張輒也王問於子洩子洩不狃對曰魯雖無與立緩時若無能自立必有與斃急則人人知懼皆將同死戰諸侯將救之未可以得志焉晉與齊楚輔之是四讎也與魯而四夫魯齊晉之脣脣亡齒寒君所知也不救何爲三月吳伐我子洩率故道險從武城故由險道欲使魯成備初武城人或有因於吳竟田焉僑田吳界拘鄫人之漚菅者曰何故使吾水滋鄫人亦僑田吳滋濁也○〔漚〕烏豆反〔菅〕古顏反〔滋〕音玄又本作茲子絲反字林云黑也及吳師至拘者道之以伐武城克之鄫人教吳必可克王犯嘗爲之宰澹臺子羽之父好焉國人懼王犯吳大夫故嘗奔魯爲武城宰澹臺子羽武城人

孔子弟子也其父與王犯相善國人懼其爲內應○〔澹〕待甘反懿子謂景伯若之何
對曰吳師來斯與之戰何患焉且召之而至又何求
焉言犯盟伐邾所以召吳吳師克東陽而進舍於五梧明日舍
於蠶室三邑魯地公賓庚公甲叔子與戰于夷獲叔子與
析朱鉏公賓庚公甲叔子并析朱鉏爲三人皆同車傳互言之獻於王王曰此
同車必使能國未可望也同車能俱死是國能使人故不可望得明日
舍于庚宗遂次於泗上微虎欲宵攻王舍微虎魯大夫私
屬徒七百人三踊於幕庭於幕前設格令士試躍之○〔屬〕音燭〔令〕力呈反卒
三百人有若與焉卒終也終得三百人任行有若孔子弟子與在三百人中○〔與〕音預
〔任〕音壬及稷門之內三百人行至稷門或謂季孫曰不足以害
吳而多殺國士不如已也乃止之吳子聞之一夕三
遷畏微虎也〔三〕息暫反○吳人行成求與魯成將盟景伯曰楚人圍
宋易子而食析骸而爨在宣十五年猶無城下之盟我未
及虧而有城下之盟是棄國也吳輕而遠不能久將
歸矣請少待之弗從景伯負載造於萊門以言不見從故負載
書將欲出盟○〔輕〕去聲〔造〕七報反乃請釋子服何於吳吳人許之以
王子姑曹當之而後止釋舍也魯人不以盟爲了欲因留景伯爲質於吳既得吳
之許復求吳王之子以交質吳人不欲留王子故遂兩止吳人盟而還不書盟恥吳夷齊
悼公之來也在五年季康子以其妹妻之即位而逆之
季魴侯通焉魴侯康子叔父○〔魴〕音房女言其情弗敢與也齊侯

怒夏五月齊鮑牧帥師伐我取讙及闡或譖胡姬於
齊侯胡姬景公妾曰安孺子之黨也六月齊侯殺胡姬傳言
齊侯無道所以不終齊侯使如吳請師將以伐我乃歸邾子齊未
得季姬故請師也吳前爲邾討魯懼二國同心故歸邾子邾子又無道吳子使大
宰子餘討之子餘大宰嚭囚諸樓臺栫之以棘栫擁也○〔栫〕在薦反
使諸大夫奉大子革以爲政革邾大子桓公也爲十年邾子來奔傳秋
及齊平九月臧賓如如齊涖盟賓如臧會子齊閭丘明來
涖盟明閭丘嬰之子也盟不書諱略之且逆季姬以歸嬖季姬魴侯所通者
鮑牧又謂羣公子曰使女有馬千乘乎有馬千乘使爲君也鮑牧
本不欲立陽生故諷動羣公子○〔女〕音汝〔乘〕去聲公子愬之公謂鮑子或譖
子子姑居於潞以察之潞齊邑若有之則分室以行若
無之則反子之所出門使以三分之一行半道使以
二乘及潞麇之以入遂殺之麇亦束縛〔麇〕丘隕反○冬十二月
齊人歸讙及闡季姬嬖故也
經九年春王二月葬杞僖公無傳三月而葬速宋皇瑗帥師
取鄭師于雍丘書取覆而敗之雍丘縣屬陳留○〔雍〕於勇反夏楚人伐陳
秋宋公伐鄭冬十月
傳九年春齊侯使公孟綽辭師于吳齊與魯平故辭吳師吳子
曰昔歲寡人聞命今又革之不知所從將進受命於
君爲十年吳伐齊傳鄭武子賸之嬖許瑕求邑無以與之賸罕

達也瑕武子之屬請外取許之瑕請取於他國也故圍宋雍丘宋皇瑗圍鄭師許瑕師每日遷舍作壘塹成輒徙舍合其圍壘合鄭師哭子姚救之大敗子姚武子賸也二月甲戌宋取鄭師于雍丘使有能者無死惜其能也以郟張與鄭羅歸鄭之有能者○[郟]古洽反夏楚人伐陳陳即吳故也宋公伐鄭報雍丘秋吳城邗溝通江淮於邗江築城穿溝東北通射陽湖西北至宋口入淮通糧道也今廣陵韓江是○[邗]音寒[射]食亦反又音亦晉趙鞅卜救鄭遇水適火水火之兆占諸史趙史墨史龜皆晉史史龜曰是謂沈陽火陽得水故沈可以興兵兵陰類也故可以興兵利以伐姜不利子商姜齊姓子商謂宋伐齊則可敵宋不吉史墨曰盈水名也子水位也趙鞅姓盈宋姓子水盈坎乃行子姓又得北方水位名位敵不可干也二水俱盛故言不可干炎帝爲火師神農有火瑞以火名官姜姓其後也水勝火伐姜則可史趙曰是謂如川之滿不可游也既盈而得水位故爲如川之滿不可馮游言其波流盛○[馮]皮冰反鄭方有罪不可救也鄭以嬖寵伐人故以爲有罪救鄭則不吉不知其他救鄭則當伐宋故不吉也陽虎以周易筮之遇泰䷊乾下坤上泰之需䷄乾下坎上需泰六五變曰宋方吉不可與也不可與戰泰六五曰帝乙歸妹以祉元吉帝乙紂父立爲天子故稱帝乙陰而得中有似王者嫁妹得如其願受福祿而大吉微子啓帝乙之元子也宋鄭甥舅也宋鄭爲昏姻甥舅之國宋爲微子之後今卜得帝乙卦故以爲宋吉祉祿也若帝乙之元子歸妹而有吉祿我安得吉焉乃止吉在彼則我伐之爲不吉冬吳子使來儆師伐齊前年齊與吳謀伐魯齊既與魯成而止故吳恨之反與魯謀伐齊

經十年春王二月邾子益來奔公會吳伐齊書會從不與謀三月戊戌齊侯陽生卒以疾赴故不書弒夏宋人伐鄭無傳晉趙鞅帥師侵齊五月公至自伐齊無傳葬齊悼公無傳衛公孟彄自齊歸于衛無傳書歸齊納之○[彄]苦侯反薛伯夷卒無傳赴以名故書秋葬薛惠公無傳冬楚公子結帥師伐陳吳救陳季子不書陳人來告不以名

傳十年春邾隱公來奔齊甥也故遂奔齊終子貢之言公會吳子邾子郯子伐齊南鄙師于鄎鄎齊地邾郯不書兵并屬吳不列於諸侯○[郯]音談[鄎]音息齊人弒悼公赴于師以說吳吳子三日哭于軍門之外徐承帥舟師將自海入齊齊人敗之吳師乃還承吳大夫夏趙鞅帥師伐齊經書侵以侵告大夫請卜之趙孟曰吾卜於此起兵謂往歲卜伐宋不吉利以伐姜故今興兵事不再令再令瀆也卜不襲吉襲重也行也於是乎取犂及轅犂一名隰濟南有隰陰縣祝阿縣西有轅城○[轅]音袁一于眷反毀高唐之郭侵及賴而還秋吳子使來復儆師伐齊未得志故爲明年吳伐齊傳○[復]扶又反冬楚子期伐陳陳即吳故吳延州來季子救陳謂子期曰二君不務德二君吳楚而力爭諸侯民何罪焉我請退以爲子名務德而安民乃還季子吳王壽夢少子也壽夢以襄十二年卒至今七十七

歲。壽夢卒，季子已能讓國，年當十五六，至今蓋九十餘。○[夢]音蒙。

經十有一年，春，齊國書帥師伐我。夏，陳轅頗出奔鄭。書名，貪也。○[頗]破可反，又普多反。五月，公會吳伐齊。甲戌，齊國書帥師及吳戰于艾陵，齊師敗績，獲齊國書。公與伐而不與戰。艾陵，齊地。秋，七月辛酉，滕子虞毋卒。無傳。赴以名，故書之。冬，十有一月，葬滕隱公。無傳。衛世叔齊出奔宋。書名，淫也。

傳十一年，春，齊為鄎故，鄎在前年。國書、高無丕帥師伐我，及清。清，齊地。濟北盧縣東有清亭。○[丕]普悲反。季孫謂其宰冉求曰：冉求，魯人，孔子弟子。「齊師在清，必魯故也。若之何？」求曰：「一子守，二子從公禦諸竟。」季孫曰：「不能。」自度力不能使二子禦諸竟。○[守]去聲。[從]如字，又去聲。[竟]音境。求曰：「居封疆之閒。」封疆，竟內近郊之地。季孫告二子，二子，叔孫、孟孫也。二子不可。求曰：「若不可，則君無出。一子帥師，背城而戰。不屬者，非魯人也。屬，臣屬也。言不戰為不臣。魯之羣室，眾於齊之兵車。羣室，都邑居家。一室敵車，優矣。子何患焉？二子之不欲戰也宜，政在季氏。言二子恨季氏專政，故不盡力。當子之身，齊人伐魯而不能戰，子之恥也。大不列於諸侯矣。」季孫使從於朝，使冉求隨己之公朝。俟於黨氏之溝。黨氏溝，朝中地名。○[黨]音掌。武叔呼而問戰焉，問冉求。對曰：「君子有遠慮，小人何知？」懿子强問之。對曰：「小人慮材而言，量力而共者也。」言子所問非己材力所及，故不能言。○[彊]其丈反。[共]音恭。武叔曰：「是謂我不成丈夫也。」知冉求非己不欲戰，故不對。退而蒐乘。蒐，閱。孟孺子洩帥右師，孺子，孟懿子之子武伯彘。顏羽御，邴洩為右。二子，孟氏臣。冉求帥左師，管周父御，樊遲為右。樊遲，魯人，孔子弟子樊須。○[帥]音率。季孫曰：「須也弱。」有子曰：「就用命焉。」雖年少，能用命。有子，冉求也。○[少]詩照反。季氏之甲七千，冉有以武城人三百為己徒卒，步卒精兵。老幼守宮，次于雩門之外。南城門也。五日，右師從之。五日乃從，言不欲戰。公叔務人務人，公為，昭公子。見保者而泣，保，守城者。曰：「事充，繇役煩。政重，賦稅多。上不能謀，士不能死，何以治民？吾既言之矣，敢不勉乎！」既言人不能死，己不敢不死。師及齊師戰于郊。齊師自稷曲，稷曲，郊地名。師不踰溝。樊遲曰：「非不能也，不信子也。請三刻而踰之。」與眾三刻約信。如之，眾從之。如樊遲言，乃踰溝。師入齊軍。冉求之師。右師奔，齊人從之。逐右師。陳瓘、陳莊涉泗。二陳，齊大夫。○[瓘]古喚反。孟之側後入以為殿，之側，孟氏族也，字反。抽矢策其馬，曰：「馬不進也。」不欲伐善。林不狃之伍曰：「走乎？」不狃，魯士。五人為伍。敗而欲走。不狃曰：「誰不如？」我不如誰而欲走。曰：「然則止乎？」不狃曰：「惡賢？」言止戰惡足為賢，皆無戰志。○[惡]音烏。徐步而死。徐行而死，言魯非無壯士，但季孫不能使。師獲甲首八十，冉求所得。齊人不能師。不能整其師。宵諜曰：「齊人遁。」諜，閒也。冉有請從之三，季孫弗許。孟孺子語人曰：「我不如顏羽，而賢於邴洩。二子與孟孺子同車。○[語]魚據反。子羽銳敏，子羽，顏羽。銳，精也。敏，疾也。言欲戰。我不欲戰而能默，心雖不欲，口不言奔。

洩曰驅之言驅馬欲奔公爲與其嬖僮汪錡乘皆死皆殯皆俱也○[僮]音童[錡]魚綺反[乘]繩證反孔子曰能執干戈以衛社稷可無殤也時人疑童子當殤冉有用矛於齊師故能入其軍孔子曰義也言能以義勇不書戰不皆陳也不書敗勝負不殊夏陳轅頗出奔鄭初轅頗爲司徒賦封田以嫁公女封內之田悉賦稅之有餘以爲己大器大器鐘鼎之屬國人逐之故出道渴其族轅咺進稻醴粱糗腶脯焉糗乾飯也○[糗]起九反一昌紹反[腶]丁亂反喜曰何其給也對曰器成而具具此醴糗曰何不吾諫對曰懼先行恐言不從先見逐爲郊戰故公會吳子伐齊欲以報也○[爲]去聲五月克博壬申至于嬴博嬴齊邑也二縣皆屬泰山中軍從王吳中軍胥門巢將上軍王子姑曹將下軍展如將右軍三將吳大夫齊國書將中軍高無丕將上軍宗樓將下軍陳僖子謂其弟書爾死我必得志書子占也欲獲死事之功宗子陽與閭丘明相厲也相勸厲致死子陽宗樓也桑掩胥御國子國子國書公孫夏曰二子必死亦勸勉之將戰公孫夏命其徒歌虞殯虞殯送葬歌曲示必死陳子行命其徒具含玉子行陳逆也具含玉亦示必死○[行]如字又戶郎反公孫揮命其徒曰人尋約吳髮短約繩也八尺爲尋吳髮短欲以繩貫其首東郭書曰三戰必死於此三矣三戰夷儀五氏與今使問弦多以琴弦多齊人也六年奔魯問遺也曰吾不復見子矣言將死戰陳書曰此行也吾聞鼓而已不聞金矣鼓以進軍金以

退軍不聞金言將死也傳言吳衛彊齊人皆自知將敗甲戌戰于艾陵展如敗高子齊上軍敗國子敗胥門巢吳上軍亦敗王卒助之大敗齊師獲國書公孫夏閭丘明陳書東郭書革車八百乘甲首三千以獻于公公以兵從故以勞公○[從]才用反又如字[勞]力報反將戰吳子呼叔孫叔孫武叔州仇曰而事何也問何職對曰從司馬從吳司馬所命王賜之甲劍鈹曰奉爾君事敬無廢命叔孫未能對衛賜進賜子貢孔子弟子也○[鈹]普悲反曰州仇奉甲從君而拜拜受之公使大史固歸國子之元歸於齊也元首也吳以獻魯寘之新篋褽之以玄纁褽薦也○[褽]音尉加組帶焉寘書于其上曰天若不識不衷何以使下國言天識不善故殺國子吳將伐齊越子率其衆以朝焉王及列士皆有饋賂吳人皆喜唯子胥懼曰是豢吳也夫豢養也若人養犧牲非愛之將殺之諫曰越在我心腹之疾也壤地同而有欲於我欲得吳夫其柔服求濟其欲也不如早從事焉從事擊之得志於齊猶獲石田也無所用之石田不可耕越不爲沼吳其泯矣使醫除疾而曰必遺類焉者未之有也盤庚之誥曰其有顛越不共則劓殄無遺育無俾易種于茲邑盤庚商書也顛越不共從橫不承命者也劓割也殄絕也育長也俾使也易種轉生種類○[劓]音藝[種]章勇反[從]子容反是商所以興也今君易之將以求大不亦難乎弗聽使於齊屬其子於鮑氏爲王孫氏私使人至齊屬以其

子改姓爲王孫欲辟吳禍○[屬]音燭下同反役王聞之使賜之屬鏤以死艾陵役也屬鏤劍名○[鏤]音閭又音婁將死曰樹吾墓檟檟可材也吳其亡乎三年其始弱矣盈必毁天之道也越人朝之伐齊勝之盈之極也爲十三年越伐吳起秋季孫命脩守備曰小勝大禍也齊至無日矣言有備[守]手又反○冬衛大叔疾出奔宋疾卽齊也初疾娶于宋子朝子朝宋人仕衛爲大夫其娣嬖娣所娶女之娣子朝出出奔孔文子使疾出其妻而妻之疾使侍人誘其初妻之娣寘於犂犂衛邑○[妻]之去聲而爲之一宮如二妻文子怒欲攻之仲尼止之遂奪其妻或淫于外州外州人奪之軒以獻外州衛邑軒車也以獻於君恥是二者故出衛人立遺使室孔姞遺疾之弟孔姞孔文子之女疾之妻○[姞]其乙反疾臣向魋爲宋向魋臣○[魋]徒回反納美珠焉與之城鉏城鉏宋邑宋公求珠魋不與由是得罪及桓氏出出在十四年城鉏人攻大叔疾衛莊公復之聽使還使處巢死焉殯於鄖葬於少禘終言疾之失所也巢鄖少禘皆衛地○[鄖]音云初晉悼公子憖亡在衛使其女僕而田僕御田獵○[憖]魚覲反一征領反大叔懿子止而飲之酒懿子大叔儀之孫○[飲]於鴆反遂聘之生悼子悼子大叔疾悼子卽位故夏戊爲大夫夏戊悼子之甥悼子亡衛人翦夏戊翦削其爵邑孔文子之將攻大叔也訪於仲尼仲尼曰胡簋之事則嘗學之矣胡簋禮器名夏曰胡周曰簋甲兵之事未之聞也退命駕而行曰鳥則擇木木豈能擇鳥以鳥自喻文子遽止之曰圉豈敢度其私訪衛國之難也圉文子名度謀也○[度]入聲下同[難]去聲將止仲尼止魯人以幣召之乃歸於是自衛反魯樂正雅頌各得其所季孫欲以田賦丘賦之法因其田財通出馬一疋牛三頭今欲別其田及家財各爲一賦故言田賦○[別]如字又彼列反使冉有訪於仲尼仲尼曰丘不識也三發三發問卒曰卒終也子爲國老待子而行若之何子之不言也仲尼不對不公荅而私於冉有曰君子之行也行政事度於禮施取其厚事舉其中斂從其薄如是則以丘亦足矣丘十六井出戎馬一疋牛三頭是賦之常法○[施]尸豉反若不度於禮而貪冒無厭則雖以田賦將又不足且子季孫若欲行而法則周公之典在若欲苟而行又何訪焉弗聽爲明年用田賦傳○[冒]亡北反又如字[厭]平聲

經十有二年春用田賦直書之者以示改法重賦夏五月甲辰孟子卒魯人諱娶同姓謂之孟子春秋不改所以順時公會吳于橐皋橐皋在淮南逡遒縣東南○[橐]章夜反一音託[逡]音峻[遒]音囚秋公會衛侯宋皇瑗于鄖鄖發陽也廣陵海陵縣東南有發繇口宋向巢帥師伐鄭冬十有二月螽周十二月今十月是歲應置閏而失不置雖書十二月實今之九月司歷誤一月九月之初尚溫故得有螽

傳十二年春王正月用田賦終前年事夏五月昭夫人孟子卒昭公娶于吳故不書姓諱娶同姓故謂之孟子若宋女死不赴

故不稱夫人不稱夫人故不言薨。不反哭，故不言葬小君。反哭者夫人禮也以同姓不成其夫人喪故。孔子與弔，適季氏，季氏不絻，放絰而拜。孔子始老故與弔也絻喪冠也孔子以小君禮往弔季孫不服喪故去絰從主節制○〔與〕音預〔絻〕音問

公會吳于橐皋，吳子使大宰嚭請尋盟。尋鄫盟。公不欲，使子貢對曰：盟所以周信也，周固。故心以制之，制其義。玉帛以奉之，奉贄明神。言以結之，結其信。明神以要之。要以禍福。寡君以爲苟有盟焉，弗可改也已。若猶可改，日盟何益？今吾子曰必尋盟，若可尋也，亦可寒也。尋重也寒歇也。乃不尋盟。

吳徵會于衛。初，衛人殺吳行人且姚而懼，謀於行人子羽。子羽衛大夫也○〔且〕子餘反子羽曰：吳方無道，無乃辱吾君，不如止也。子木曰：吳方無道，子木衛大夫國無道，必弃疾於人。吳雖無道，猶足以患衛。爲衛患也往也！長木之斃，無不標也；標擊○〔標〕敷蕭反又普交反國狗之瘈，無不噬也。瘈狂也噬齧也○〔瘈〕吉世反而況大國乎？秋，衛侯會吳于鄖。公及衛侯、宋皇瑗盟，盟不書畏吳竊盟而卒辭吳盟。吳人藩衛侯之舍。藩籬子服景伯謂子貢曰：夫諸侯之會，事既畢矣，侯伯致禮，地主歸餼，侯伯致禮以禮賓也地主所會主人也餼生物以相辭也。各以禮相辭讓今吳不行禮於衛，而藩其君舍以難之，難苦困也子盍見大宰？乃請束錦以行。以賂吳語及衛故，若本不爲衛請者大宰嚭曰：寡君願事衛君，衛君之來也緩，寡君懼，故將止之。止執子貢曰：衛君之來，必謀於其衆，其衆或欲或否，是以緩來。其欲來者，子之黨也；其不欲來者，子之讎也。若執衛君，是墮黨而崇讎也。墮毀也○〔墮〕許規反夫墮子者得其志矣。且合諸侯而執衛君，誰敢不懼？墮黨崇讎，而懼諸侯，或者難以霸乎！大宰嚭說，乃舍衛侯。衛侯歸，效夷言。子之尚幼，子之公孫彌牟○〔說〕音悅〔舍〕音捨又音赦曰：君必不免，其死於夷乎！執焉而又說其言，從之固矣。出公輒後卒死於越

冬十二月，螽。季孫問諸仲尼。仲尼曰：丘聞之，火伏而後蟄者畢。火心星也火伏在今十月今火猶西流，司歷過也。猶西流言未盡沒知是九月歷官失一閏釋例論之備

宋、鄭之閒有隙地焉，隙地閒田曰彌作、頃丘、玉暢、嵒、戈、錫。凡六邑○〔彌〕亡支反又亡爾反〔頃〕苦穎反又音傾〔嵒〕五咸反〔錫〕音羊一星歷反子產與宋人爲成，曰：勿有是。俱弃之及宋平、元之族自蕭奔鄭，在定十五年鄭人爲之城嵒、戈、錫。城以處平元之族九月，宋向巢伐鄭，取錫，殺元公之孫，遂圍嵒。十二月，鄭罕達救嵒。丙申，圍宋師。此事經在十二月螽上今倒在下更具列其月以爲別者丘明本不以爲義例故不皆齊同

經十有三年春，鄭罕達帥師取宋師于嵒。書取覆而敗之

夏，許男成卒。無傳

公會晉侯及吳子于黃池。陳留封丘縣南有黃亭近濟水夫差欲霸中國尊天子自去其僭號而稱子以告今諸侯故史承而書之○〔去〕起呂反

楚公子申帥師伐陳。無傳

於越入吳。

秋，公至自會。無傳

晉魏曼

多帥師侵衛。無傳葬許元公。無傳九月螽。無傳書災冬十有一月有星孛于東方。無傳平旦衆星皆沒而孛乃見故不言所在之次○〔孛〕步內反〔見〕賢遍反盜殺陳夏區夫。無傳稱盜非大夫○〔區〕烏侯反十有二月螽。無傳前年季孫雖聞仲尼之言而不正曆失閏至此年故復十二月螽實十一月○〔復〕扶又反

傳十三年春宋向魋救其師。救前年圍嵒師鄭子賸使徇曰得桓魋者有賞魋也逃歸遂取宋師于嵒獲成讙郜延二子宋大夫○〔讙〕火官反〔郜〕古報反又古毒反以六邑爲虛空虛之各不有夏公會單平公晉定公吳夫差于黃池平公周卿士也不書尊之不與會六月丙子越子伐吳爲二隧隧道也疇無餘謳陽自南方二子越大夫先及郊吳大子友王子地王孫彌庸壽於姚自泓上觀之觀越師泓水名○〔泓〕烏宏反彌庸見姑蔑之旗姑蔑越地今東陽大末縣○〔大〕音泰又音闥曰吾父之旗也彌庸父爲越所獲故姑蔑人得其旗不可以見讎而弗殺也大子曰戰而不克將亡國請待之彌庸不可屬徒五千屬會也○〔屬〕音燭○王子地助之乙酉戰彌庸獲疇無餘地獲謳陽越子至王子地守丙戌復戰大敗吳師獲大子友王孫彌庸壽於姚丁亥入吳地守故不獲○〔守〕手又反〔復〕扶又反吳人告敗于王王惡其聞也惡諸侯聞之○〔惡〕烏路反自剄七人於幕下以絕口○〔剄〕古頂反秋七月辛丑盟吳晉爭先爭歃血先後吳人曰於周室我爲長吳爲大伯後故爲長○〔長〕上聲晉人曰於姬姓我爲伯爲侯伯趙鞅呼司馬寅寅晉大夫曰日旰矣旰晚也○〔旰〕古旦反大事未成二臣之罪也大事盟也二臣鞅與寅建鼓整列二臣死之長幼必可知也對曰請姑視之反曰肉食者無墨墨氣色下今吳王有墨國勝乎國爲敵所勝大子死乎且夷德輕不忍久請少待之少待無與爭○〔輕〕遣政反乃先晉人盟不書諸侯恥之故不錄吳人將以公見晉侯子服景伯對使者曰王合諸侯則伯帥侯牧以見於王伯王官伯侯牧方伯○〔見〕晉如字又賢遍反以〔見〕賢遍反伯合諸侯則侯帥子男以見於伯伯諸侯長自王以下朝聘玉帛不同故敝邑之職貢於吳有豐於晉無不及焉以爲伯也今諸侯會而君將以寡君見晉君則晉成爲伯矣敝邑將改職貢魯賦於吳八百乘若爲子男則將半邾以屬於吳半邾三百乘而如邾以事晉如邾六百乘且執事以伯召諸侯而以侯終之何利之有焉吳人乃止既而悔之謂景伯欺之將囚景伯景伯曰何也立後於魯矣何景伯名將以二乘與六人從遲速唯命遂囚以還及戶牖戶牖陳留外黃縣西北東昏城是○〔從〕才用反謂大宰曰魯將以十月上辛有事於上帝先王季辛而畢何世有職焉有職於祭事自襄以來未之改也魯襄公若不會祝宗將曰吳實然言魯祝宗將告神云景伯不會坐爲吳所囚吳人信鬼故以是恐之且謂魯不共而執其賤者七人何損焉大宰嚭言於王曰無損於魯而

祇爲名。適爲惡名。不如歸之。乃歸景伯。吳申叔儀乞糧於公孫有山氏。申叔儀，吳大夫。公孫有山，魯大夫。舊相識。曰：佩玉縈兮，余無所繫之。縈然服飾備也，己獨無以繫佩，言吳王不恤下。〇〔縈〕而捶反。旨酒一盛兮，余與褐之父睨之。一盛，一器也。睨，視也。褐，寒賤之人。言但得視，不得飲。〇〔盛〕音成，又市政反。〔睨〕五計反。對曰：粱則無矣，麤則有之。若登首山以呼曰庚癸乎，則諾。軍中不得出糧，故爲私隱。庚，西方，主穀；癸，北方，主水。傳言吳子不與士共飢渴，所以亡。〇〔呼〕火故反。王欲伐宋，殺其丈夫而囚其婦人。以宋不會黃池，故言吳子悖惑。大宰嚭曰：可勝也，而弗能居也。乃歸。冬，吳及越平。終伍員之言。

春秋經傳集解哀公上第二十九

春秋經傳集解哀公下第三十

杜氏註　盡二十七年

經十有四年春西狩獲麟麟者仁獸聖王之嘉瑞也時無明王出而遇獲仲尼傷周道之不興感嘉瑞之無應故因魯春秋而脩中興之教絕筆於獲麟之一句所感而作固所以爲終也冬獵曰狩蓋虞人脩常職故不書狩者大野在魯西故言西狩得用曰獲小邾射以句繹來奔射小邾大夫句繹地名春秋止於獲麟故射不在三叛人之數自此以下至十六年皆魯史記之文弟子欲存孔子卒故并錄以續孔子所脩之經○〔射〕音亦〔句〕古侯反夏四月齊陳恒執其君寘于舒州庚戌叔還卒無傳五月庚申朔日有食之無傳陳宗豎出奔楚無傳○〔豎〕上主反宋向魋入于曹以叛曹宋邑○〔向〕舒亮反莒子狂卒無傳○〔狂〕其廷反六月宋向魋自曹出奔衛宋向巢來奔齊人弒其君壬于舒州秋晉趙鞅帥師伐衛無傳○〔鞅〕於丈反八月辛丑仲孫何忌卒冬陳宗豎自楚復入于陳陳人殺之無傳○〔復〕扶又反陳轅買出奔楚無傳有星孛無傳不言所在史失之饑無傳

傳十四年春西狩於大野叔孫氏之車子鉏商獲麟大野在高平鉅野縣東北大澤是也車子微者鉏商名以爲不祥以賜虞人時所未嘗見故怪之虞人掌山澤之官仲尼觀之曰麟也然後取之言魯史所以得書獲麟小邾射以句繹來奔曰使季路要我吾無盟矣子路信誠故欲得與相要誓而不須盟孔子弟子既續書魯策以繫於經丘明亦隨而傳之終於哀公以卒前事其異事則皆略而不傳故此經無傳者多○〔要〕於妙反又一遙反使子路子路辭季康子使冉有謂之曰千乘之國不信其盟而信子之言子何辱焉對曰魯有事于小邾不敢問故死其城下可也彼不臣而濟其言是義之也由弗能濟成也齊簡公之在魯也闞止有寵焉簡公悼公陽生子壬也闞止子我也事在六年〔闞〕苦暫反○及即位使爲政陳成子憚之驟顧諸朝成子陳常心不安故數顧之諸御鞅言於公鞅齊大夫曰陳闞不可竝也君其擇焉擇用一人弗聽子我夕夕視事陳逆殺人逢之陳逆子行陳氏宗也子我逢之遂執以入執逆至朝陳氏方睦欲謀齊國故宗族和使疾而遺之潘沐備酒肉焉使詐病因內潘沐并得內酒肉潘米汁可以沐頭○〔遺〕去聲〔潘〕音翻饔守囚者醉而殺之而逃子我盟諸陳於陳宗失陳逆懼其反爲患故盟之初陳豹欲爲子我臣豹亦陳氏族使公孫言己言己介達之己有喪而止既而言之既終喪也曰有陳豹者長而上僂肩背僂○〔長〕如字又上聲〔僂〕力主反望視目望陽事君子必得志得君子意欲爲子臣吾憚其爲人也恐多詐故緩以告子我曰何害是其在我也使爲臣他日與之言政說遂有寵謂之曰我盡逐陳氏而立女若何對曰我遠於陳氏矣言己疏遠○〔說〕音悅〔女〕音汝〔遠〕如字又于萬反且其違者不過數人違不從也何盡逐焉遂告陳氏子行曰彼得君弗先必禍子子行舍於公宮子行逃而隱於陳氏今又隱於公宮夏五月壬申成子兄弟四乘如公成子之兄弟昭子莊簡子子齒宣子夷穆子安廩丘子

意兹芒子盈惠子得凡八人二人共一乘子我在幄幄帳也聽政之處出逆之遂入閉門成子入反閉門不納子我侍人禦之子我侍人子行殺侍人子行素在內故得殺之公與婦人飲酒于檀臺成子遷諸寢徙公使居正寢公執戈將擊之疑其欲作亂大史子餘曰非不利也將除害也言將爲公除害成子出舍于庫以公怒故聞公猶怒將出曰何所無君子行抽劍曰需事之賊也言需疑則害事誰非陳宗言陳氏宗族衆多所不殺子者有如陳宗言子若欲出我必殺子明如陳宗乃止子我歸屬徒攻闈與大門闈宮中小門大門公門也○[屬]之欲反皆不勝乃出陳氏追之失道於弇中適豐丘弇中狹路豐丘陳氏邑○[弇]於檢反又音淹豐丘人執之以告殺諸郭關齊關名成子將殺大陸子方子方子我臣陳逆請而免之以公命取車於道子方取道中行人車及耏衆知而東之知其矯命奪車逐使東○[耏]音而出雍門齊城門也○[雍]於用反陳豹與之車弗受曰逆爲余請豹與余車余有私焉事子我而有私於其讎何以見魯衛之士傳言陳氏務施○[施]式豉反東郭賈奔衛賈即子方庚辰陳恒執公于舒州公曰吾早從鞅之言不及此悔不誅陳氏宋桓魋之寵害於公恃寵驕盈公使夫人驟請享焉而將討之夫人景公母也數請享飲欲因請討之未及魋先謀公請以鞌易薄鞌向魋邑薄公邑欲因易邑爲公享宴而作亂公曰不可薄宗邑也宗廟所在乃益鞌七邑而請享公焉僞喜於受賜以日中爲期

家備盡往甲兵之備公知之告皇野曰余長魋也少長育之皇野司馬子仲○[長]上聲今將禍余請即救司馬子仲曰有臣不順神之所惡也而況人乎敢不承命不得左師不可左師向魋兄向巢也○[惡]去聲請以君命召之左師每食擊鍾聞鍾聲公曰夫子將食既食又奏奏樂公曰可矣以乘車往曰迹人來告主迹禽獸者曰逢澤有介麇焉地理志言逢澤在滎陽開封縣東北遠疑非介大也○[麇]九倫反獐也公曰雖魋未來得左師吾與之田若何皇野稱公命君憚告子難以遊戲煩大臣○[難]乃旦反下同野曰嘗私焉嘗試也君欲速故以乘車逆子與之乘至公告之故拜不能起司馬曰君與之言使公與要誓公曰所難子者上有天下有先君言雖誅魋要不負言使禍難及子對曰魋之不共宋之禍也敢不唯命是聽司馬請瑞焉瑞符節以發兵以命其徒攻桓氏桓氏向魋其父兄故臣曰不可司馬故臣與桓魋無怨者其新臣曰從吾君之命遂攻之子頎騁而告桓司馬子頎桓魋弟桓司馬即魋也○[頎]音祈司馬欲入入攻君子車止之車亦魋弟曰不能事君而又伐國民不與也祇取死焉向魋遂入于曹以叛哀八年宋滅曹以爲邑六月使左師巢伐之欲質大夫以入焉巢不能克魋恐公怒欲得國內大夫爲質還入國○[質]音致不能亦入于曹取質不能得大夫故入曹劫曹人子弟而質之欲以自固魋曰不可既不能事君又得罪于民將若之何乃舍之舍曹子弟○[舍]

（音赦又音捨）民遂叛之向魋奔衛向巢來奔宋公使止之曰寡人與子有言矣不可以絕向氏之祀辭曰臣之罪大盡滅桓氏可也若以先臣之故而使有後君之惠也若臣則不可以入矣司馬牛致其邑與珪焉而適齊（牛桓魋弟也珪守邑符信）向魋出於衛地公文氏攻之（公文氏衛大夫）求夏后氏之璜焉與之他玉而奔齊陳成子使為次卿司馬牛又致其邑焉而適吳（亦不與魋同）吳人惡之而反趙簡子召之陳成子亦召之卒於魯郭門之外阬氏葬諸丘輿（阬氏魯人也泰山南城縣西北有輿城錄其卒葬所在愍賢者失所○［惡］去聲［阬］音坑或音岡）甲午齊陳恒弒其君壬于舒州（壬簡公也）孔丘三日齊而請伐齊三公曰魯為齊弱久矣子之伐之將若之何對曰陳恒弒其君民之不與者半以魯之衆加齊之半可克也公曰子告季孫孔子辭（辭不告○日［齊］音齋［三］如字又去聲）退而告人曰吾以從大夫之後也故不敢不言（嘗為大夫而去故言後）初孟孺子洩將圉馬於成（洩孟懿子之子孟武伯也圉畜養也成孟氏邑）成宰公孫宿不受曰孟孫為成之病不圉馬焉（病謂民貧困○［為］于僞反）孺子怒襲成從者不得入乃反成有司使孺子鞭之（恨恚故鞭成有司之使人○［使］去聲）秋八月辛丑孟懿子卒成人奔喪弗內袒免哭于衢聽共弗許（請聽命共使○［內］如字又音納［共］音恭）懼不歸（不敢歸成為明年成叛傳）

經十有五年春王正月成叛夏五月齊高無丕出奔北燕（無傳）鄭伯伐宋（無傳）秋八月大雩（無傳）晉趙鞅帥師伐衛（無傳）冬晉侯伐鄭（無傳）及齊平（魯與齊平）衛公孟彄出奔齊（無傳○［彄］苦侯反）

傳十五年春成叛于齊武伯伐成不克遂城輸（以偪成）夏楚子西子期伐吳及桐汭（宣城廣德縣西南有桐水出白石山西北入丹陽湖）陳侯使公孫貞子弔焉（弔為楚所伐）及良而卒（良吳地）將以尸入（聘禮若賓死未將命則既斂於棺造於朝介將命）吳子使大宰嚭勞且辭曰以水潦之不時無乃廩然隕大夫之尸（廩然傾動貌○［勞］力報反）以重寡君之憂寡君敢辭上介芋尹蓋對（蓋陳大夫貞子上介）曰寡君聞楚為不道薦伐吳國（薦重也）滅厥民人寡君使蓋備使弔君之下吏（備猶副也○備［使］所吏反下同）無祿使人逢天之慼大命隕隊絕世于良（絕世猶言弃世）廢日共積（廢行道之日以共具殯斂所積聚之用○［共］音恭［積］子賜反又如字）一日遷次（一日便遷次不敢留君命）今君命逆使人曰無以尸造于門是我寡君之命委于草莽也且臣聞之曰事死如生禮也於是乎有朝聘而終以尸將事之禮（朝聘而道死則以尸行事）又有朝聘而遭喪之禮（遭所聘之喪）若不以尸將命是遭喪而還也無乃不可乎以禮防民猶或踰之今大夫曰死而弃之是弃禮也其何以為諸侯主（謂主盟也）先民有言曰

無穢虐士虐士，死者。備使奉尸將命苟我寡君之命達于君所雖隕于深淵則天命也非君與涉人之過也吳人內之傳言芉尹蓋知禮。○內，如字，又音納。秋齊陳瓘如楚瓘，陳恒之兄子玉也。過衛仲由見之仲由，子路。○過，音戈。曰天或者以陳氏爲斧斤既斲喪公室而他人有之不可知也其使終饗之亦不可知也饗，受也。○喪，去聲。○若善魯以待時不亦可乎何必惡焉仲由事孔子，故爲魯言。子玉曰然吾受命矣子使告我弟弟成子也。冬及齊平子服景伯如齊子贛爲介見公孫成公孫成，成宰公孫宿也。○贛，與貢同。曰人皆臣人而有背人之心況齊人雖爲子役其有不貳乎言子叛魯，齊人亦將叛子。子周公之孫也多饗大利猶思不義利不可得而喪宗國將焉用之喪宗國，謂以邑入齊，使魯有危亡之禍。成曰善哉吾不早聞命傳言仲尼之徒皆忠於魯國。陳成子館客使景伯子贛就館。曰寡君使恒告曰寡人願事君如事衛君言衛與齊同好，而魯未肯。景伯揖子贛而進之對曰寡君之願也昔晉人伐衛在定八年。齊爲衛故伐晉冠氏喪車五百在定九年。冠氏，陽平館陶縣。○爲，去聲。冠，如字，又古喚反。因與衛地自濟以西禚媚杏以南書社五百二十五家爲社，籍書而致之。○禚，諸若反。○吳人加敝邑以亂在八年。齊因其病取讙與闡亦在八年。寡君是以寒心若得視衛君之事君也則固所願也成子病之乃歸成病其言也。公孫宿以其兵甲

入于嬴嬴，齊邑。衛孔圉取大子蒯聵之姊生悝孔圉，孔文子也。蒯聵姊，孔伯姬。○蒯，苦怪反。聵，魚怪反。悝，苦回反，下同。孔氏之豎渾良夫長而美孔文子卒通於內通伯姬。○渾，戶門反。長，上聲。大子在戚孔姬使之焉使良夫詣大子所。○使，去聲，又如字。大子與之言曰苟使我入獲國服冕乘軒三死無與冕，大夫服。軒，大夫車。三死，死罪三。○無與，音預。與之盟爲請於伯姬良夫爲大子請。閏月良夫與大子入舍於孔氏之外圃圃，園。昏二人蒙衣而乘二人，大子與良夫。蒙衣，爲婦人服也。○乘，去聲，下同。寺人羅御如孔氏孔氏之老欒寧問之稱姻妾以告自稱昏姻家妾。遂入適伯姬氏既食孔伯姬杖戈而先大子與五人介輿豭從之介，被甲。輿豭，豚，欲以盟。迫孔悝於廁強盟之孔氏專政，故劫孔悝，欲令逐輒。○強，上聲。遂劫以登臺欒寧將飲酒炙未熟聞亂使告季子季子，子路也，爲孔氏邑宰。○炙，章夜反，下同。召獲駕乘車召獲，衛大夫。駕乘車，言不欲戰。○召，上照反。行爵食炙奉衛侯輒來奔季子將入遇子羔將出子羔，衛大夫高柴，孔子弟子，將出奔。曰門已閉矣季子曰吾姑至焉且欲至門。子羔曰弗及不踐其難言政不及己，可不須踐其難。○難，去聲，下同。季子曰食焉不辟其難謂食孔氏祿。子羔遂出子路入及門公孫敢門焉守門。曰無入爲也言輒已出，無爲復入。季子曰是公孫也求利焉而逃其難由不然利其祿必救其患有使者出乃入因門開而入。曰大子焉用孔悝雖殺之必或繼之言己必繼孔悝爲難攻大

子。且曰：大子無勇，若燔臺半，必舍孔叔。大子聞之懼，下石乞、盂黶敵子路，二子，蒯聵黨。敵，當也。○[舍]音捨，又如字。[黶]於減反。以戈擊之，斷纓。子路曰：君子死，冠不免。不使冠在地。○[斷]丁管反。結纓而死。孔子聞衛亂，曰：柴也其來，由也死矣。孔悝立莊公。莊公，蒯聵也。莊公害故政，欲盡去之。故政，輒之臣。○[去]起呂反。先謂司徒瞞成曰：寡人離病於外久矣，子請亦嘗之。歸告褚師比，欲與之伐公，不果。比，褚師聲子。為明年瞞成奔起。○[瞞]莫干反。[褚]中呂反。

經十有六年春王正月己卯，衛世子蒯聵自戚入于衛，衛侯輒來奔。書此春，皆從告。二月，衛子還成出奔宋。即瞞成。夏四月己丑，孔丘卒。仲尼既告老去位，猶書卒者，魯之君臣宗其聖德，殊而異之。襄二十二年生，至今七十三也。四月十八日乙丑，無己丑。己丑，五月十二日。日月必有誤。○孔子卒，孔子作春秋，終於獲麟之一句，公羊、穀梁經是也。弟子欲記聖師之卒，故採魯史記以續夫子之經，而終於此。丘明因隨而作傳，終於哀公。從此已下無復經矣。魯襄二十二年生，至今七十三也。

傳十六年春，瞞成、褚師比出奔宋。欲伐莊公，不果而奔。衛侯使鄢武子告于周，武子，衛大夫肸也。○[鄢]於晚反。曰：蒯聵得罪于君父君母，逋竄于晉。晉以王室之故，不弃兄弟，寘諸河上。河上，戚也。天誘其衷，獲嗣守封焉，使下臣肸敢告執事。王使單平公對曰：肸以嘉命來告余一人，往謂叔父，余嘉乃成世，復爾祿次。繼父之世，還居君之祿次。敬之哉！方天之休，言天方授爾以休。弗敬弗休，悔其可追？傳終蒯聵之事。夏四月己丑，孔丘卒。公誄之曰：旻天不弔，不慭遺一老，俾屏余一人以在位，仁覆閔下，故稱旻天。弔，至也。慭，且也。俾，使也。屏，蔽也。○[誄]力軌反。[弔]如字，又音的。[慭]魚覲反。[屏]必領反。煢煢余在疚。嗚呼哀哉！尼父，無自律。疚，病也。律，法也。言喪尼父，無以自為法。○[煢]求營反。子贛曰：君其不沒於魯乎！夫子之言曰：禮失則昏，名失則愆。失志為昏，失所為愆。生不能用，死而誄之，非禮也。稱一人，非名也。天子稱一人，非諸侯之名。君兩失之。六月，衛侯飲孔悝酒於平陽，東郡燕縣東北有平陽亭。重酬之，大夫皆有納焉。納，財賄也。醉而送之，夜半而遣之。夜遣者，懟負孔悝，不欲令人見。載伯姬於平陽而行，載其母俱去。及西門，平陽門。使貳車反祏於西圃。使副車還取廟主。西圃，孔氏廟所在。祏，藏主石函。○[祏]音石。子伯季子初為孔氏臣，新登于公，升為大夫。請追之，遇載祏者，殺而乘其車。子伯殺載祏者。許公為反祏，孔悝怪載祏者久不來，使公為反逆之。○許公為，人姓名。遇之，曰：與不仁人爭明，無不勝。不仁人謂子伯季子也。明，無不勝，言必勝。必使先射，射三發，皆遠許為。許為射之，殪。傳言子伯不仁，所以死也。○[射]食亦反。[遠]于萬反。或以其車從，從公為。得祏於橐中。孔悝出奔宋。楚大子建之遇讒也，自城父奔宋，在昭十九年。又辟華氏之亂於鄭。在昭二十年。○[華]戶化反。鄭人甚善之。又適晉，與晉人謀襲鄭，乃求復焉。鄭人復之如初。晉人使諜於子木，請行而期焉。請行襲鄭之期。

子木卽建也。〔諜〕徒協反。子木暴虐於其私邑，邑人訴之。鄭人省
之，得晉諜焉，遂殺子木。其子曰勝，在吳。子西欲召之。
葉公曰：吾聞勝也詐而亂，無乃害乎？葉公子高沈諸梁也。○〔葉〕始涉
反。子西曰：吾聞勝也信而勇，不爲不利，舍諸邊竟，使
衛藩焉。使爲藩屏之衛。○〔竟〕音境。〔藩〕方元反。葉公曰：周仁之謂信，周親也。
率義之謂勇。率行也。吾聞勝也好復言，言之所許，必欲復行之，不顧道
理。○〔好〕呼報反。而求死士，殆有私乎？私謀復讎。復言，非信也。期死，
非勇也。期必也。子必悔之。弗從。召之，使處吳竟，爲白公。
白，楚邑也。汝陰褒信縣西南有白亭。請伐鄭，子西曰：楚未節也。言楚國新復政
令，猶未得節制。不然，吾不忘也。他日又請，許之。未起師，晉人
伐鄭，楚救之，與之盟。勝怒曰：鄭人在此，讎不遠矣。比子
西於鄭人。勝自厲劍，子期之子平見之，曰：王孫何自厲也？
曰：勝以直聞，不告女，庸爲直乎？將以殺爾父。平以告
子西。子西曰：勝如卵，余翼而長之。以鳥爲喻。楚國第，用士之次
第。我死，令尹、司馬，非勝而誰？勝聞之，曰：令尹之狂也！
得死，乃非我。言我必殺之，若得自死，我乃不復成人。子西不悛。勝謂石
乞石乞，勝之徒。曰：王與二卿士，二卿士，子西、子期。皆五百人當之，
則可矣。乞曰：不可得也。五百人不可得。曰：市南有熊宜僚者，
若得之，可以當五百人矣。乃從白公而見之，與之言，
說。告之故，辭。告欲作亂，宜僚辭距之。○〔說〕音悅。承之以劍，不動。拔劍指其

喉。勝曰：不爲利諂，不爲威惕，不洩人言以求媚者，去
之。吳人伐愼，白公敗之。汝陰愼縣也。請以戰備獻，與吳戰之所得
鎧杖兵器，皆備而獻之，欲因以爲亂。○〔鎧〕苦代反。許之。遂作亂。秋七月，殺子
西、子期于朝，而劫惠王。子西以袂掩面而死。慙於葉公。子
期曰：昔者吾以力事君，不可以弗終。抉豫章以殺人
而後死。以效其多力。豫章，大木。○〔抉〕烏穴反。石乞曰：焚庫弒王，不然不
濟。白公曰：不可。弒王，不祥；焚庫，無聚，將何以守矣？乞
曰：有楚國而治其民，以敬事神，可以得祥，且有聚矣，
何患？弗從。葉公在蔡，蔡遷州來，楚幷其地。方城之外皆曰：可以
入矣。子高曰：吾聞之，以險徼幸者，其求無饜，偏重必
離。險猶惡也。所求無饜則不安，譬如物偏重則離敗，欲須其斃而討之。○〔徼〕古堯反。〔饜〕於豔反。聞
其殺齊管脩也，而後入。管脩，楚賢大夫，故齊管仲之後。聞其殺賢，知其可討。白
公欲以子閭爲王，子閭，平王子啓。五辭王者。子閭不可，遂劫以兵。
子閭曰：王孫若安靖楚國，匡正王室，而後庇焉，啓之
願也，敢不聽從？若將專利以傾王室，不顧楚國，有死
不能。不能從。遂殺之，而以王如高府。高府，楚別府。石乞尹門。
爲門尹。圉公陽穴宮，負王以如昭夫人之宮。公陽，楚大夫。昭夫人，
王母，越女。葉公亦至，及北門，或遇之，曰：君胡不胄？國人望
君如望慈父母焉。盜賊之矢若傷君，是絕民望也，若
之何不胄？乃胄而進。又遇一人，曰：君胡胄？國人望君

如望歲焉〔歲年穀也〕日日以幾〔冀君來[幾]音冀〕○若見君面是得艾也〔艾安也○[艾]音乂又音刈〕民知不死其亦夫有奮心猶將旌君以徇於國〔旌表也○[夫]如字又音扶〕而又掩面以絶民望不亦甚乎乃免胄而進〔言葉公得民心〕遇箴尹固帥其屬將與白公〔欲與白公并〕子高曰微二子者楚不國矣〔二子子西子期也柏舉之敗二子功多〕弃德從賊其可保乎乃從葉公使與國人以攻白公白公奔山而縊其徒微之〔微匿也○[輿]如字一作輿謂輿慶也〕生拘石乞而問白公之死焉對曰余知其死所而長者使余勿言〔長者謂白公也〕曰不言將烹乞曰此事也克則爲卿不克則烹固其所也何害乃烹石乞王孫燕奔頯黃氏〔燕勝弟頯黃吳地○[燕]烏賢反又烏練反[頯]求龜反〕沈諸梁兼二事〔二事令尹司馬〕國寧〔寧安也〕乃使寧爲令尹〔子西之子子國也〕使寬爲司馬〔子期之子〕而老於葉〔傳終言之〕衛侯占夢嬖人〔以能占夢見愛〕求酒於大叔僖子〔僖子大叔遺〕不得與卜人比而告公曰君有大臣在西南隅弗去懼害〔託占卜夢而言○[去]上聲〕乃逐大叔遺遺奔晉衛侯謂渾良夫曰吾繼先君而不得其器若之何〔國之寶器輒皆將去〕良夫代執火者而言〔將密謀屏左右〕曰疾與亡君皆君之子也召之而擇材焉可也〔召輒〕若不材器可得也〔輒若不材可廢其身因得其器〕豎告大子〔大子疾〕大子使五人輿豭從己劫公而强盟之〔盟求必立己○[强]其丈反〕且請殺良夫

公曰其盟免三死〔盟在十五年〕曰請三之後有罪殺之公曰諾哉

傳十七年春衛侯爲虎幄於藉圃〔於藉田之圃新造幄皆以虎獸爲飾〕成求令名者而與之始食焉大子請使良夫〔以良夫應爲令名〕良夫乘衷甸兩牡〔衷甸一轅卿車○[甸]時證反說文作佃一轅車也〕紫衣狐裘〔紫衣君服〕至袒裘不釋劒而食〔食而熱故偏袒亦不敬〕大子使牽以退數之以三罪而殺之〔三罪紫衣袒裘帶劒〕三月越子伐吳吳子禦之笠澤夾水而陳越子爲左右句卒〔句卒鉤伍相著別爲左右屯○[陳]直覲反[句]古侯反[著]直略反〕使夜或左或右鼓譟而進吳師分以禦之越子以三軍潛涉當吳中軍而鼓之吳師大亂遂敗之〔左右句卒爲聲勢以分吳軍而三軍精卒并力擊其中軍故得勝也○[并]如字又必政反〕晉趙鞅使告于衛曰君之在晉也志父爲主請君若大子來以免志父不然寡君其曰志父之爲也〔恐晉君謂志父教使不來〕衛侯辭以難大子又使椓之〔椓訴父欲速得其處○[難]乃旦反[椓]中角反〕夏六月趙鞅圍衛齊國觀陳瓘救衛〔國觀國書之子○[觀]工喚反〕得晉人之致師者子玉使服而見之〔釋囚服服其本服〕曰國子實執齊柄而命瓘曰無辟晉師豈敢廢命〔欲必敵晉〕子又何辱〔言不須來致師自將往戰〕簡子曰我卜伐衛未卜與齊戰乃還〔畏子玉〕楚白公之亂陳人恃其聚而侵楚〔聚積聚也[積]子賜反〕○楚既寧將取陳麥楚子問

帥於大師子穀與葉公諸梁子穀曰右領差車與左史老皆相令尹司馬以伐陳其可使也（言此二人皆嘗輔相子西子期伐陳今復可使）子高曰率賤民慢之懼不用命焉（右領左史皆楚賤官。○[率]所類反）子穀曰觀丁父鄀俘也武王以爲軍率（楚武王。○[鄀]音若）是以克州蓼服隨唐大啓羣蠻彭仲爽申俘也文王以爲令尹實縣申息（楚文王滅申息以爲縣）朝陳蔡封畛於汝（開封畛北至汝水。○[畛]之忍反，一音真）○唯其任也何賤之有子高曰天命不諂（諂疑也。○[諂]本又作謟，他刀反）令尹有憾於陳（十五年子西伐吳，陳使貞子弔吳，以此爲恨）天若亡之其必令尹之子是與君盍舍焉（舍右領與左史。○[舍]音捨，又音赦）○臣懼右領與左史有二俘之賤而無其令德也王卜之武城尹吉（武城尹，子西子公孫朝）使帥師取陳麥陳人御之敗遂圍陳秋七月己卯楚公孫朝帥師滅陳（終鄭裨竈言，五及鶉火，陳卒亡）王與葉公枚卜子良以爲令尹（枚卜不斥言所卜以令龜。子良，惠王弟）沈尹朱曰吉過於其志（志望也）葉公曰王子而相國過將何爲（過相將爲王也）他日改卜子國而使爲令尹（子國寧也）衛侯夢于北宮見人登昆吾之觀（衛有觀在古昆吾之虛，今濮陽城中。○[觀]工喚反。[虛]去魚反）被髮北面而譟曰登此昆吾之虛緜緜生之瓜（緜緜瓜初生也。良夫言己有以小成大之功，若瓜之初生，謂使衛侯得國）余爲渾良夫叫天無辜（本盟當免三死，而幷數一時之事爲三罪殺之，故自謂無辜。○[幷]必政反）公親筮之胥彌赦占之（赦衛筮史）曰不害與之邑寘之而逃奔宋（言衛侯無道，卜人不敢以實對，懼難而逃也。○[難]乃旦反，下同）衛侯貞卜（正卜夢之吉凶）其繇曰如魚竀尾（竀赤也，魚勞則尾赤。○[繇]直又反。[竀]勅呈反）○衡流而方羊裔焉（橫流方羊，不能自安。裔，水邊。言衛侯將若此魚。○[衡]華盲反，又如字。[方]蒲郎反）大國滅之將亡闔門塞竇乃自後踰（此皆繇辭）冬十月晉復伐衛（春伐未得志故。○[復]扶又反）入其郛將入城簡子曰止叔向有言曰怙亂滅國者無後（不欲乘人之衰）衛人出莊公而與晉平晉立襄公之孫般師而還十一月衛侯自鄄入般師出（辟蒯聵也。○[般]音班。[鄄]音絹）初公登城以望見戎州（戎州戎邑）問之以告公曰我姬姓也何戎之有焉（言姬姓國何故有戎邑）翦之（翦壞其邑聚）公使匠久（久不休息）公欲逐石圃（石圃，衛卿石惡從子。○[從]去聲）未及而難作辛巳石圃因匠氏攻公公閉門而請弗許踰于北方而隊折股（終如卜言，乃自後踰。○[隊]音墜。[折]之設反）戎州人攻之大子疾公子青踰從公（青，疾弟）戎州人殺之公入于戎州己氏（己氏，戎人姓。○[己]音紀，又音祀）初公自城上見己氏之妻髮美使髡之以爲呂姜髢（呂姜，莊公夫人。髢，髲也。○[髢]大計反，又庭計反。[髲]皮義反）既入焉而示之璧曰活我吾與女璧己氏曰殺女璧其焉往遂殺之而取其璧衛人復公孫般師而立之十二月齊人伐衛衛人請平立公子起（起，靈公子。○[女]音汝）執般師以歸舍諸潞（潞，齊邑）公會齊侯盟于蒙（齊侯，簡公弟平公敖也。蒙在東莞蒙）

陰縣西故蒙陰城也○[敖]如字一作驁五報反[莞]音官孟武伯相齊侯稽首公拜齊人怒武伯曰非天子寡君無所稽首武伯問於高柴曰諸侯盟誰執牛耳執牛耳尸盟者季羔曰鄫衍之役吳公子姑曹季羔高柴也鄫衍在七年○[衍]以善反發陽之役衛石魋發陽鄭地在十二年石魋石曼姑之子○[魋]徒回反武伯曰然則彘也彘武伯名也鄫衍則大國執發陽則小國執據時執者無常故武伯自以爲可執宋皇瑗之子麇瑗宋右師○[瑗]音院[麇]九倫反有友曰田丙而奪其兄酁般邑以與之酁般慍而行告桓司馬之臣子儀克克在下邑不與魋亂故在○[酁]仕咸反[慍]紆問反子儀克適宋告夫人曰麇將納桓氏公問諸子仲子仲皇野初子仲將以杞姒之子非我爲子爲適子杞姒子仲妻○[適]音的麇曰必立伯也伯非我兄是良材子仲怒弗從故對曰右師則老矣不識麇也言右師老不能爲亂麇則不可知公執之執麇皇瑗奔晉召之召令還

傳十八年春宋殺皇瑗公聞其情復皇氏之族使皇緩爲右師言宋景公無常也緩瑗從子○[緩]戶管反巴人伐楚圍鄾鄾楚邑初右司馬子國之卜也觀瞻曰如志子國未爲令尹時卜爲右司馬得吉兆如其志觀瞻楚開卜大夫觀從之後故命之命以爲右司馬及巴師至將卜帥王曰寧如志何卜焉寧子國也使帥師而行請承承佐王曰寢尹工尹勤先君者也柏舉之役寢尹吳由于以背受戈工尹固執燧象奔吳師皆爲先君勤勞三月楚公孫寧吳由于薳固敗巴師于鄾故封子國於析君子曰惠王知志知用其意夏書曰官占唯能蔽志昆命于元龜逸書也官占卜筮之官蔽斷也昆後也言當先斷意後用龜也其是之謂乎志曰聖人不煩卜筮惠王其有焉不疑故不卜也夏衛石圃逐其君起起奔齊齊所立故衛侯輒自齊復歸逐石圃而復石魋與大叔遺皆蒯聵所逐

傳十九年春越人侵楚以誤吳也誤吳使不爲備夏楚公子慶公孫寬追越師至冥不及乃還冥越地秋楚沈諸梁伐東夷報越三夷男女及楚師盟于敖從越之夷三種敖東夷地冬叔青如京師敬王崩故也言敬王能終其世終萇弘言東王必大克叔青叔還子

傳二十年春齊人來徵會夏會于廩丘爲鄭故謀伐晉十五年晉伐鄭○[爲]去聲下爲降同鄭人辭諸侯秋師還終叔向言晉公室卑吳公子慶忌驟諫吳子曰不改必亡弗聽吳子弗聽出居于艾艾吳邑豫章有艾縣遂適楚聞越將伐吳冬請歸平越遂歸欲除不忠者以說于越吳人殺之言其不量力○[說]如字又音悅十一月越圍吳趙孟降於喪食趙孟襄子無恤時有父簡子之喪楚隆曰三年之喪親暱之極也主又降之無乃有故乎楚隆襄子家臣趙孟曰黃池之役先主與吳王有質黃池在十三年先主簡子質盟信也○[質]如字曰好惡同之今越圍吳嗣子不廢舊業而敵之嗣子襄子自謂欲敵越救吳非晉之所能及也吾是以

爲降楚隆曰若使吳王知之若何趙孟曰可乎隆曰請嘗之（嘗試也）乃往先造于越軍曰吳犯閒上國多矣聞君親討焉諸夏之人莫不欣喜唯恐君志之不從請入視之許之告于吳王曰寡君之老無恤使陪臣隆敢展謝其不共（展陳也○[閒]去聲[共]音恭）黄池之役君之先臣志父得承齊盟曰好惡同之今君在難無恤不敢憚勞非晉國之所能及也使陪臣敢展布之王拜稽首曰寡人不佞不能事越以爲大夫憂拜命之辱與之一簞珠（簞小笥○[難]乃旦反）使問趙孟（問遺也○[遺]唯季反）曰句踐將生憂寡人寡人死之不得矣王曰溺人必笑吾將有問也（以自喻所問不急猶溺人不知所爲而反笑○[句]古侯反）史黯何以得爲君子（晉史黯云不及四十年吳當亡吳王感問此也）對曰黯也進不見惡（時行則行）退無謗言（時止則止）王曰宜哉

傳二十一年夏五月越人始來（越既勝吳欲霸中國始遣使適魯）秋八月公及齊侯邾子盟于顧齊人責稽首（責十七年齊侯爲公稽首不見荅顧齊地）因歌之曰魯人之皋數年不覺使我高蹈（皋緩也高蹈猶遠行也言魯人皋緩數年不知荅齊稽首故使我高蹈來爲此會○[數]所主反[覺]音角又古孝反）唯其儒書以爲二國憂（二國齊邾也言魯據周禮不肯荅稽首令齊邾遠至）是行也公先至于陽穀（先期至也○[先]悉薦反）○齊閭丘息曰君辱舉玉趾以在寡君之軍（息閭丘明之後）羣臣將傳遽以告寡君比其復也君無乃勤爲僕人之未次（次舍也○[傳]中戀反[比]必利反[爲]于僞反下注同）請除館於舟道（舟道齊地）辭曰敢勤僕人（不敢勤齊僕爲魯除館）

傳二十二年夏四月邾隱公自齊奔越曰吳爲無道執父立子越人歸之大子革奔越（邾隱公八年爲吳所囚十年奔齊）冬十一月丁卯越滅吳請使吳王居甬東（甬東越地會稽句章縣東海中洲也○[甬]音勇[句]九具反又音拘）辭曰孤老矣焉能事君乃縊越人以歸（以其尸歸終史墨子胥之言也）

傳二十三年春宋景曹卒（景曹宋元公夫人小邾女季桓子外祖母）季康子使冉有弔且送葬曰敝邑有社稷之事使肥與有職競焉（肥康子名競遽也○[與]音預）是以不得助執紼使求從輿人（求冉有名輿衆也）曰以肥之得備彌甥也（彌遠也康子父之舅氏故稱彌甥）有不腆先人之産馬使求薦諸夫人之宰（薦進也）其可以稱旌繁乎（稱舉也繁馬飾繁纓也終樂祁之言政在季氏○[繁]步干反）夏六月晉荀瑶伐齊（荀瑶荀躒之孫知伯襄子○[知]音智）高無丕帥師御之知伯視齊師馬駭遂驅之曰齊人知余旗其謂余畏而反也及壘而還將戰長武子請卜（武子晉大夫○[御]魚呂反）知伯曰君告于天子而卜之以守龜於宗祧吉矣吾又何卜焉且齊人取我英丘君命瑶非敢燿武也治英丘也（治齊取英丘○[守]手又反）以辭伐罪足矣何必卜壬辰戰于

犂丘。犂丘，隰也。齊師敗績。知伯親禽顔庚。顔庚，齊大夫顔涿聚。○〔涿〕丁角反。秋八月，叔青如越，始使越也。越諸鞅來聘，報叔青也。○〔使〕所吏反。

傳二十四年夏四月，晉侯將伐齊，使來乞師，曰：「昔臧文仲以楚師伐齊，取穀，在僖二十六年。宣叔以晉師伐齊取汶陽，在成二年。寡君欲徼福於周公，願乞靈於臧氏。」以臧氏世勝齊，故欲乞其威靈。臧石帥師會之，取廩丘。石，臧賓如之子。軍吏令繕將進。晉軍吏也。繕治戰備。萊章曰：「君卑政暴，萊章，齊大夫。往歲克敵，禽顔庚。今又勝都，取廩丘。天奉多矣，又焉能進？是躛言也。躛，過也。○〔躛〕戶快反。謂過謬之言。服云：僞不信言也。役將班矣。」晉師乃還。餼臧石牛，生曰餼。大史謝之，晉大史。曰：「以寡君之在行，在軍行。牢禮不度，不如禮度。敢展謝之。」終臧氏有後於魯。邾子又無道，越人執之以歸，終子贛之討。而立公子何。何亦無道。何，大子革弟。公子荆之母嬖，荆，哀公庶子。將以爲夫人，使宗人釁夏獻其禮。宗人，禮官也。對曰：「無之。」公怒曰：「女爲宗司，立夫人，國之大禮也，何故無之？」對曰：「周公及武公娶於薛，武公，敖也。孝、惠娶於商，孝公，稱；惠公，弗皇。商，宋也。○〔稱〕尺證反，又如字。自桓以下娶於齊，桓公始娶文姜。此禮也則有。若以妾爲夫人，則固無其禮也。」公卒立之，而以荆爲大子，國人始惡之。惡公。○〔惡〕烏路反。閏月，公如越，得大子適郢，適郢，越王大子。得相親說也。○適郢，越王句踐大子名。將妻公，而多與之地。公孫有山使告于季孫，季孫懼，使因大宰嚭而納賂焉，乃止。嚭故吳臣也。季孫恐公因越討己，故懼。○〔妻〕七計反。〔嚭〕普美反。

傳二十五年夏五月庚辰，衛侯出奔宋。衛侯輒也。衛侯爲靈臺于藉圃，與諸大夫飲酒焉。褚師聲子韤而登席，古者見君解韤。○〔韤〕亡伐反。足衣也。公怒，辭曰：「臣有疾，異於人，足有創疾。若見之，君將㱿之，㱿，嘔吐也。○〔㱿〕許角反。是以不敢。」不敢解韤。公愈怒。大夫辭之，不可。共辭謝公，公不可解。褚師出，公戟其手，抵徙手屈肘如戟形。○〔抵〕音紙。曰：「必斷而足。」聞之，褚師與司寇亥乘，曰：「今日幸而後亡。」恐死，以得亡爲幸。○〔斷〕丁管反。〔乘〕繩證反。公之入也，奪南氏邑，南氏，子南之子公孫彌牟。而奪司寇亥政。公使侍人納公文懿子之車于池。懿子，公文要。公有忿，使人投其車于池水中。初，衛人翦夏丁氏，在十一年。以其帑賜彭封彌子。彭封彌子，彌子瑕。○〔帑〕音奴。彌子飲公酒，納夏戊之女，嬖，以爲夫人。其弟期，大叔疾之從孫甥也。期，夏戊之子，姊妹之孫爲從孫甥，與孫同列。○〔飲〕衣鴆反。少畜於公，以爲司徒。夫人寵衰，期得罪。公使三匠久。公使優狡盟拳彌，優狡，俳優也。拳彌，衛大夫。使俳優盟之，欲恥辱也。而甚近信之，故褚師比、韤登席者。公孫彌牟、奪邑者。公文要、失車者。司寇亥、奪政者。司徒期，因三匠與拳彌以作亂，皆執利兵，無者執斤。斤，工匠所執。使拳彌入于公宮，信近之，故得入。而自大子疾之宮譟以攻公郢子士請禦之。郢子士，衞大夫。○[郢]音絹。彌援其手，曰：「子則勇矣，將若君何？」言不可救。○[援]音袁。不見先君乎？君何所不逞欲？先君，蒯聵也。亂不速奔，故爲戎州所殺。欲令早去。且君嘗在外矣，豈必不反？當今不可，衆怒難犯，休而易閒也。」乃出。將適蒲，蒲，近晉邑。彌曰：「晉無信，不可。」將適鄄，鄄，齊晉界上邑。彌詐不知謀，故公信之。彌曰：「齊晉爭我，不可。」將適泠，泠，近魯邑。彌曰：「魯不足與，請適城鉏，城鉏，近宋邑。以鉤越，越有君。」宋南近越，轉相鉤牽。乃適城鉏。彌曰：「衞盜不可知也，請速，自我始。」乃載寶以歸。欺衞君。言君以寶自隨，將致衞盜，請速行，己爲先發，而同載寶歸衞也。公爲支離之卒，支離，陳名。因祝史揮以侵衞。揮，衞祝史。衞人病之。懿子知之，知揮爲內閒。見子之，子之，公孫彌牟，文子也。請逐揮。文子曰：「無罪。」懿子曰：「彼好專利而妄。妄，不法。夫見君之入也，將先道焉。若見君有入勢，必道助之。若逐之，必出於南門而適君所。雖知其爲君閒，不審察，私共評之。夫越新得諸侯，將必請師焉。」揮在朝，使吏遣諸其室。難面逐之，先逐其家。○[難]去聲。揮出，信，弗內。再宿爲信。○[內]如字，又音納。五日，乃館諸外里，外里，公所在。遂有寵，使如越請師。請師伐衞求入。六月，公至自越。前年行，今還。季康子、孟武伯逆於五梧。魯南鄙也。郭重僕，爲公僕。○[重]平聲，又去聲。見二子，曰：「惡言多矣，君請盡之。」二子不臣之言甚多，欲使公盡極以觀之。公宴於五梧，武伯爲祝，祝，上壽酒。惡郭重，曰：「何肥也？」嘗毀其貌。○[惡]去聲。季孫曰：「請飲彘也。飲，罰之。以魯國之密邇仇讎，臣是以不獲從君，克免於大行，又謂重也肥。」言重隨君遠行，劬勞，不宜稱肥。公曰：「是食言多矣，能無肥乎？」以激三桓之數食言。飲酒不樂，公與大夫始有惡。爲二十七年公孫邾起。

傳二十六年夏五月，叔孫舒帥師會越皋如、后庸、宋樂茷納衞侯。舒，武叔之子文子也。皋如、后庸，越大夫。樂茷，宋司城子潞。衞侯，輒也。○[茷]扶廢反。文子欲納之。懿子曰：「君愎而虐，少待之，必毒於民，愎，很也。○[愎]皮逼反。乃睦於子矣。」民睦。師侵外州，大獲。越納輒之師。出禦之，大敗。衞師敗。掘褚師定子之墓，焚之于平莊之上。定子，褚師比之父也。平莊，陵名也。文子使王孫齊私於皋如，齊，衞大夫，王孫賈之子昭子也。曰：「子將大滅衞乎？抑納君而已乎？」皋如曰：「寡君之命無他，納衞君而已。」文子致衆而問焉，曰：「君以蠻夷伐國，國幾亡矣，請納之。」衆曰：「勿納。」曰：「彌牟亡而有益，請自北門出。」欲以觀衆心。○[幾]音祈，又音機。衆曰：「勿出。」重賂越人，申開守陴而納公。申，重也。開重門而嚴設守備，欲以恐公，使不敢入。○[守]手又反。公不敢入，師還。立悼公，悼公，蒯聵庶弟公子黚也。○[黚]起廉反。南氏相之。以城鉏與越人。公曰：「期則爲此。」司徒期也。令苟有怨於夫人者報之。夫人，期姊也。怒期而不得加戮，故勑宮女令苦困期姊。司徒期聘於越，爲悼公聘。公攻而奪之幣。期告王，越王也。王命取之，期以衆取之。公怒，殺期之甥之爲大子者，怨期而及其姊爲夫人者，遂復及夫人之子。遂卒于越。終言之也。終效夷言，死于夷。宋景公無子，取公孫周之子得與啓畜諸公宮。周，元公孫子高也。得，昭公也。啓，得弟。畜，養也。未有立焉。於是皇緩爲右師，皇非我爲大司馬，皇懷爲司徒，皇懷，非我從昆弟。靈不緩爲左師，不緩，子靈圍龜之後。樂茷爲司城，茷，樂溷之子。○[溷]戶門反，又戶困反。樂朱鉏爲大司寇，朱鉏，樂輓之子。○[輓]音晚。六卿三族降聽政，三族，皇、靈、樂。降，和同也。因大尹以達。大尹，近官有寵者。六卿因之以自通達於君。大尹常不告，而以其欲稱君命以令。不告君也。國人惡之。司城欲去大尹，左師曰：縱之，使盈其罪。盈，滿也。重而無基，能無敝乎？言勢重而無德以爲基，必敗也。冬，十月，公游于空澤。空澤，宋邑。辛巳，卒于連中。連中，館名。○[連]如字，又音輦。大尹興空澤之士千甲，甲士千人。奉公自空桐入如沃宮。奉公尸也。梁國虞縣東南有地名空桐。沃宮，宋都內宮名。使召六子，曰：聞下有師，君請六子畫。畫，計策。六子至，以甲劫之曰：君有疾病，請二三子盟。乃盟于少寢之庭，曰：無爲公室不利。大尹立啓，奉喪殯于大宮。三日而後國人知之。司城茷使宣言于國曰：大尹惑蠱其君而專其利，今君無疾而死，死又匿之，是無他矣，大尹之罪也。言大尹所弒。得夢啓北首而寢於盧門之外，盧門，宋東門。北首，死象。在門外，失國也。○[首]手又反。已爲烏而集於其上，咮加於南門，尾加於桐門，曰：余夢美，必立。桐門，北門。○[咮]張又反，烏口。大尹謀曰：我不在盟，少寢盟，但以君命盟六卿，大尹不盟。無乃逐我，復盟之乎？使祝爲載書，六子在唐盂。地名。將盟之。祝襄以載書告皇非我。襄，祝名。○[復]扶又反。皇非我因子潞、子潞，樂茷。門尹得、得，樂得。左師謀曰：民與我，逐之乎？皆歸授甲，使徇于國曰：大尹惑蠱其君，以陵虐公室。與我者，救君者也。衆曰：與之。大尹徇曰：戴氏、皇氏將不利公室，戴氏，樂氏。與我者，無憂不富。衆曰：無別。惡其號令與君無別。○[別]彼列反。戴氏、皇氏欲伐公，樂得曰：不可。彼以陵公有罪，我伐公則甚焉。使國人施于大尹，施罪於大尹。大尹奉啓以奔楚，乃立得。司城爲上卿，盟曰：三族共政，無相害也。衛出公自城鉏使以弓問子贛，且曰：吾其入乎？子贛稽首受弓，對曰：臣不識也。私於使者曰：昔成公孫於陳，僖二十八年，衛成公奔楚，遂適陳。○[孫]音遜。甯武子、孫莊子爲宛濮之盟而君入。盟在僖二十八年。○[宛]於阮反。[濮]音卜。獻公孫於齊，在襄十四年。子鮮、子展爲夷儀之盟而君入。在襄二十六年。今君再在孫矣，謂十五年孫魯，今又孫宋。內不聞獻之親，外不聞成之卿，則賜不識所由入也。詩曰：無競惟人，四方其順之。詩周頌。言無強惟得人也。若得其人，四方以爲主，爲主，主四方。而國於何有？

傳二十七年春，越子使后庸來聘，且言邾田，封于駘上。欲使魯還邾田，封竟至駘上。○[駘]他來反，又音臺。二月，盟于平陽，西平陽。三子皆從。季康子、叔孫文子、孟武伯皆從后庸盟。康子病之，恥從蠻夷盟。言及

子贛思子贛曰若在此吾不及此夫不及與越盟武伯曰然
何不召曰固將召之文子曰他日請念言季孫不能用子贛臨難而思之
夏四月己亥季康子卒公弔焉降禮禮不備也言公之多妄
晉荀瑤帥師伐鄭次于桐丘鄭駟弘請救于齊弘駟歂子
齊師將興陳成子屬孤子三日朝屬會死事者之子使朝三日以禮之○〔屬〕音燭
設乘車兩馬繫五邑焉乘車兩馬大夫服又加之五邑召顏
涿聚之子晉曰隰之役而父死焉隰役在二十三年○〔涿〕中角反以
國之多難未女恤也今君命女以是邑也服車而朝
毋廢前勞乃救鄭及留舒違穀七里穀人不知言其整也
留舒齊地違去也及濮雨不涉濮水在陳留酸棗縣傍河東北經濟陰至高平入濟子
思曰大國在敝邑之宇下是以告急今師不行恐無
及也子思國參成子衣製杖戈製雨衣也○〔衣〕於既反〔製〕音制立於阪
上馬不出者助之鞭之知伯聞之乃還畏其得衆一心○〔阪〕音反
扶版反曰我卜伐鄭不卜敵齊使謂成子曰大夫陳子
陳之自出陳之不祀鄭之罪也十七年楚滅陳非鄭之罪蓋知伯誣陳
子故陳子怒謂其多陵人故寡君使瑤察陳衷焉衷善也謂大夫其
恤陳乎若利本之顛瑤何有焉言陳滅於己無傷成子怒曰
多陵人者皆不在知伯其能久乎中行文子告成子
文子荀寅此時奔在齊○〔行〕戶郎反曰有自晉師告寅者將爲輕車千
乘以厭齊師之門則可盡也成子曰寡君命恆曰無

及寡無畏衆雖過千乘敢辟之乎將以子之命告寡
君成子疑其有爲晉之心也○〔輕〕遣政反〔厭〕於甲反又於輒反文子曰吾乃今知
所以亡自恨己無知君子之謀也始衷終皆舉之而後入
焉謀一事則當慮此三變然後入而行之所謂君子三思今我三不知而入之
不亦難乎悔其言不可復公患三桓之侈也欲以諸侯去之
欲求諸侯師以逐三桓○〔去〕起呂反下而去同三桓亦患公之妄也故君臣
多閒閒隙也公游于陵阪遇孟武伯於孟氏之衢曰請
有問於子余及死乎問己可得以壽死不對曰臣無由知之三
問卒辭不對公欲以越伐魯而去三桓秋八月甲戌
公如公孫有陘氏有陘氏即有山氏因孫于邾乃遂如越國
人施公孫有山氏以公從其家出故也終子贛之言君不沒於魯○因〔孫〕音遜悼
之四年晉荀瑤帥師圍鄭悼公哀公之子寧也哀公出孫魯人立悼公未
至鄭駟弘曰知伯愎而好勝早下之則可行也行去也
乃先保南里以待之保守也南里在城外知伯入南里門于桔
柣之門鄭人俘酅魁壘酅魁壘晉士○〔桔〕戶結反〔柣〕大結反〔酅〕戶圭反賂之
以知政欲使反爲鄭閉其口而死將門攻鄭門知伯謂趙孟
入之對曰主在此主謂知伯也言主在此何不自入知伯曰惡而無
勇何以爲子惡貌醜也簡子廢嫡子伯魯而立襄子故知伯言其醜且無勇何故立以爲子
對曰以能忍恥庶無害趙宗乎知伯不悛趙襄子由
是惎知伯惎毒也○〔惎〕其冀反遂喪之知伯貪而愎故韓魏反

而喪之。史記。晉懿公之四年。魯恒公之十四年。知伯帥韓魏圍趙襄子於晉陽。韓魏反與趙氏謀。殺知伯於晉陽之下。在春秋後二十七年。○（喪）息浪反。

春秋經傳集解哀公下第三十